AMERICÆ PARS
Excusum in
Joanni Jans
Amstelodami 1632
MARE TARTARICUM
Circulus Arcticus
Mongul
OCEANUS OCCIDENTALIS
OCEANUS CHINENSIS
Tropicus Cancri
I. Formosa
Lequeo pequeno
Lequeo minor
Philippinæ Insulæ
ARCHIPELAGUS S. LAZARI
Mindanao
Borneo
Celebes
GOLFO DI BENGALA
Gangeticus Sinus
INDIA EXTRA GANGEM
Cauchin China
Ilhas dos ladrones
IAVANI
INC. MOLUCC. et BANDA
CHINENSES
MOSCOVITÆ
TARTARI

図説 世界文化地理大百科
イスラム世界

Francis Robinson
ロンドン大学ロイヤル・ハラウェイ・
カレッジ歴史学講師
専門 インド・ムスリムの政治・社会史

Editor Graham Speake
Art editor Andrew Lawson
Map editors Liz Orrock, Zoë Goodwin
Picture research Christine Forth
Text editor and index Jennifer Drake-Brockman
Design Adrian Hodgkins
Production Clive Sparling

AN EQUINOX BOOK

Published by Phaidon Press Ltd, Littlegate House, St Ebbe's Street, Oxford, England, OX1 1SQ

Planned and produced by Equinox (Oxford) Ltd, Littlegate House, St Ebbe's Street, Oxford, England, OX1 1SQ

Copyright © Equinox (Oxford) Ltd, 1982

All rights reserved. No part of this publication may be reproduced, stored in a retrieval system, or transmitted, in any form or by any means, electronic, mechanical, photocopying, recording or otherwise, without the prior permission of the Publishers.

口絵　礼拝の中のラクアの1サイクル。ムスリムが礼拝中にしなければならない一連の動作をあらわしている。ふつう、礼拝者は一定の方向、すなわちメッカの方角に向いたままである。明解な図解にするために側面からみたいくつかの動作が描かれている。繰り返される動作は省略してある。〔巻末の用語解説中の「ラクア」の項参照〕

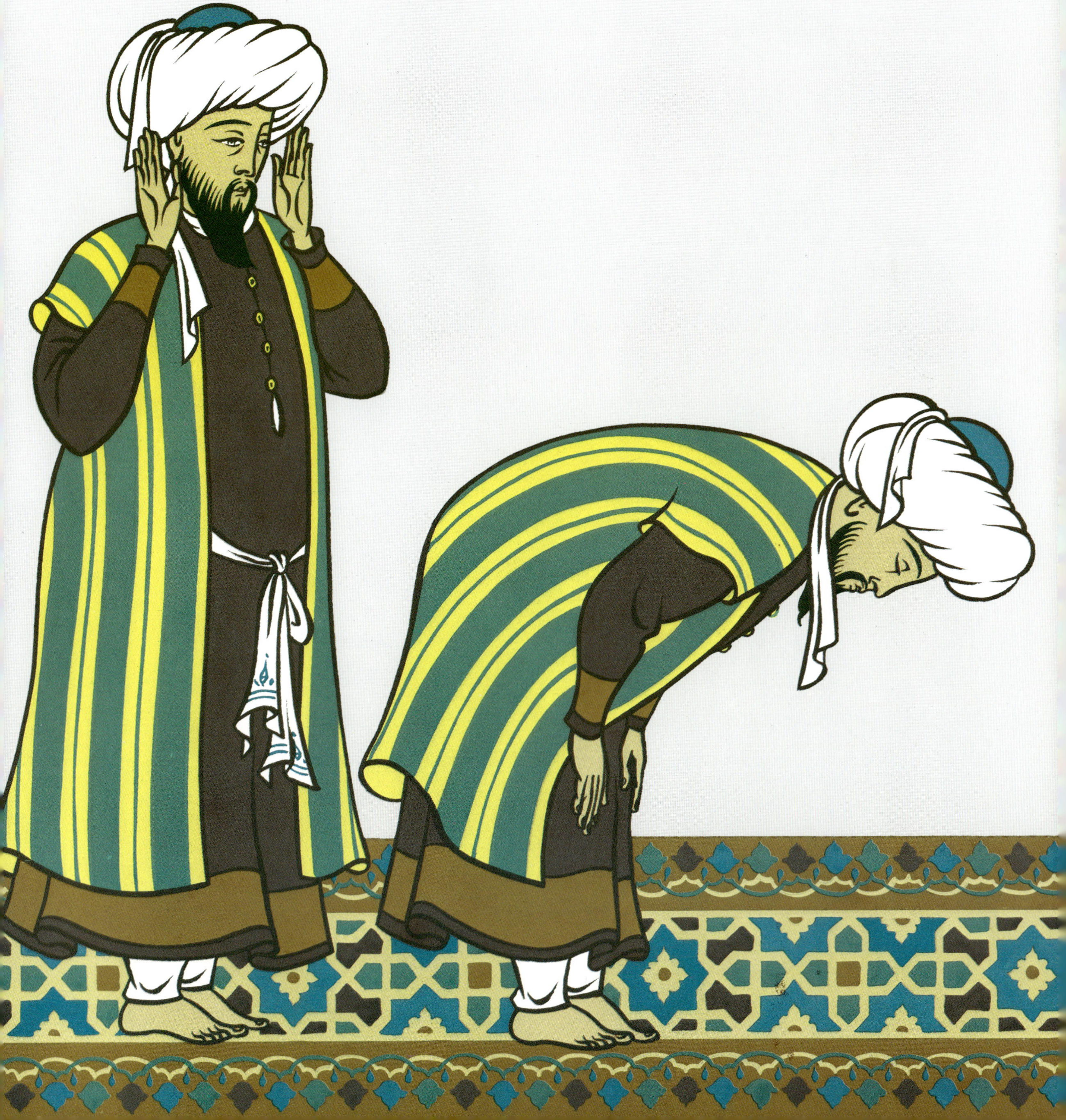

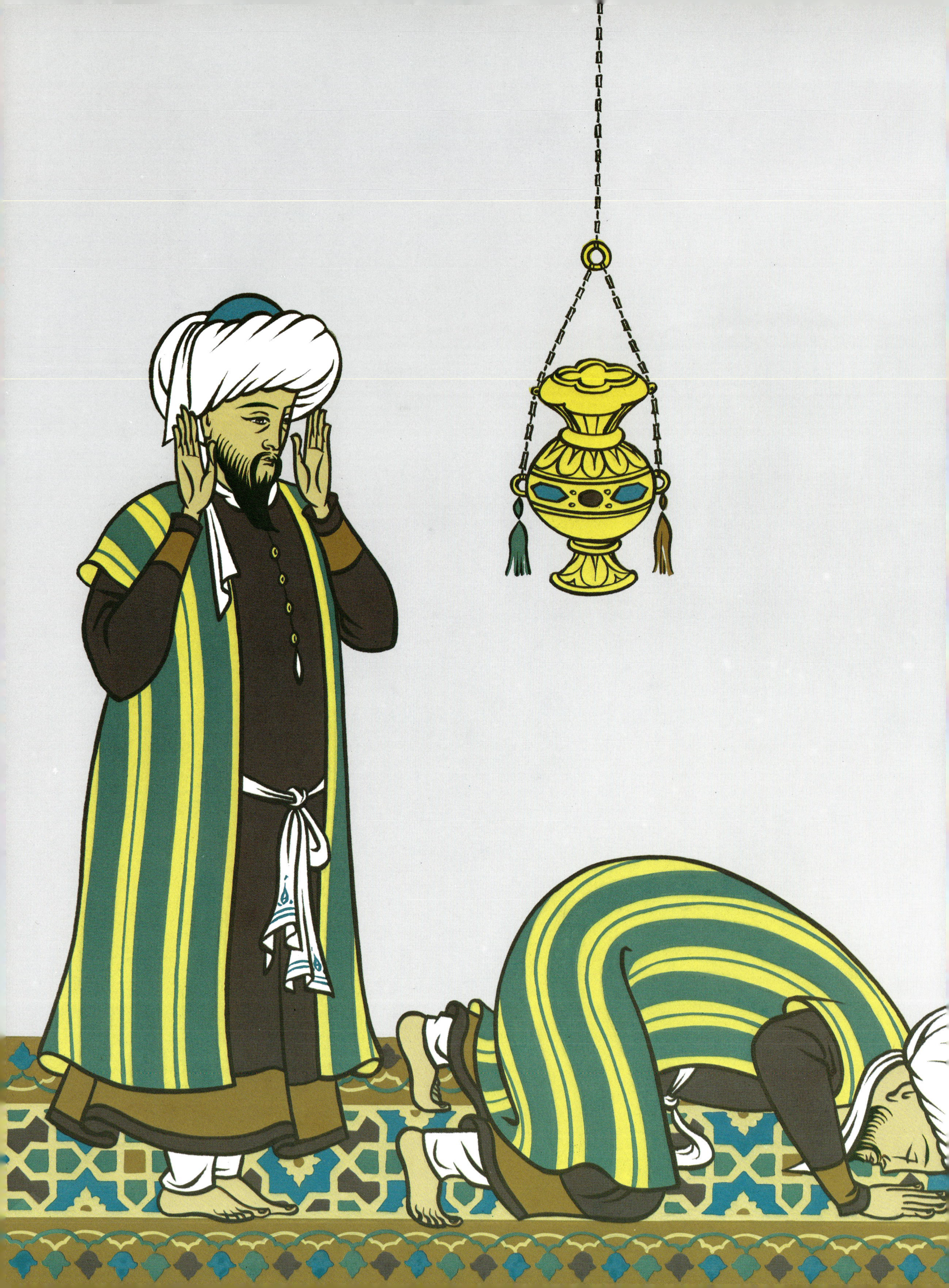

図説 世界文化地理大百科

イスラム世界
Atlas of the
ISLAMIC WORLD
since 1500

フランシス・ロビンスン 著 　　　板垣雄三 監訳

朝倉書店

目　　次

```
 8 年　表
10 イスラム世界の支配者たち
12 序
16 序論　イスラムに対する西洋の姿勢
```

第1部　啓示とイスラム史

```
 22 最初の9世紀間，622—1500年
 44 中心地域の諸王朝，16世紀および17世紀
 88 16世紀から18世紀までの辺境部のイスラムの国々
110 18・19世紀における衰退，改革，復興
130 ヨーロッパの勃興とイスラムの対応，20世紀中葉まで
158 20世紀後半におけるイスラムの再主張
```

トピックス

```
 40 信仰と実践
 50 サファヴィー朝期文化の世界
 64 ムガル朝期文化の世界
 80 オスマン朝期文化の世界
 92 ジャワの文化とイスラム
106 中央アジアのマドラサ
108 辺境部のイスラム諸国のモスク
146 政治的な風刺漫画
162 現代アラブ芸術
176 西洋のイスラム
```

第2部　ムスリムとして生きる

生活のなかの宗教	イスラムの芸術	現代世界とかわりゆく社会
180 コーラン	200 書　道	212 遊牧民の生活
182 モスクにて	204 陶磁器	214 農　村
186 聖廟にて	206 絨　毯	216 まち
188 人生の諸段階		218 家　屋
190 信者の1年		221 女性の地位
192 メッカ巡礼		

```
224 用語解説
226 図版リスト
229 参考文献
232 監訳者のことば
233 地名索引
236 索　引
```

地図リスト

- 14 現イスラム世界の政治・自然地理
- 24 1500年時点でのイスラム世界の拡大
- 29 スンナ派の諸法学派が1500年ごろに,それぞれ優勢だった地域
- 32 1200年から1500年にいたるイスラムの学問の世界的広がり
- 36 1500年ごろの主なスーフィー教団
- 45 16,17世紀のサファヴィー帝国
- 59 1526年から1707年の間のムガル帝国
- 73 オスマン帝国,1512—1683年
- 88 イスラム世界を通る長距離通商路,1500年ごろ
- 89 東南アジアでのイスラムの拡大,1500—1800年
- 91 16,17世紀のマラッカ海峡とジャワ島のスルタン宗主国
- 95 オスマン帝国をこえてアフリカにひろがるイスラム,1500年—18世紀
- 97 アフリカの砂漠,サバンナ,密林の分布
- 101 16世紀の北部イスラム地域
- 103 17,18世紀の中央アジア
- 112 18世紀イランにおけるムスリム勢力の崩壊
- 113 18世紀インドにおけるムガル朝とムスリム勢力の衰退
- 114 18世紀のオスマン朝勢力の衰退
- 115 東南アジアにおけるムスリム勢力の衰退
- 118 18,19世紀のイスラム復興
- 121 アラビアでのサウード・ワッハーブ派勢力の勃興,1744—1818年
- 124 中国のムスリムの分布,タリム盆地を除く,1900年ごろ
- 126 スーダンのマフディー運動
- 126 サハラにおけるサヌーシー派のスーフィー教団修道場のひろがり
- 128 ウスマーン・ダン・フォディオの聖戦とソコト・カリフ国の建設
- 128 マグリブでの伝統主義の復興
- 130 ロシアによる北方イスラム地域の占領
- 131 ヨーロッパのアフリカ進出
- 132 ヨーロッパのオスマン帝国包囲,1812—1923年
- 134 ヨーロッパ帝国主義とムスリム世界,1920年ごろ
- 139 ムハンマド・アリーのもとでのエジプト勢力,1805—48年
- 141 フサイン・マクマホン協定,1915年
- 141 サイクス・ピコ協定（1916年）およびバルフォア宣言（1917年）
- 141 アラブ地域の新たな情勢,1920—21年
- 142 サウディ・アラビア国家の出現
- 143 イランにおけるロシアとイギリスの帝国主義,1800—1946年
- 145 ロシアにおけるムスリムの出版,1917年
- 150 インドのムスリム分離主義とパキスタンの建国
- 152 20世紀前半のマライ諸州
- 155 1800年からのサハラ以南アフリカでのイスラムの進展
- 157 19世紀および20世紀における地中海南岸および東岸のヨーロッパ人入植地
- 158 ムスリム世界の独立達成
- 161 イスラエルの拡張
- 172 1960年代と70年代にみられたイスラムの再評価
- 173 イスラム世界と石油
- 174 国別にみた世界のムスリム人口
- 176 ヨーロッパにおけるムスリム
- 194 1977年のメッカ巡礼
- 206 絨毯生産の中心地
- 212 遊牧民のおもなコミュニティー

年　　表

	サファヴィー朝/イラン	ムガル朝/南アジア	オスマン朝/西アジア, 北アフリカ
1500	1501—10：シャー・イスマーイールがイランを征服，シーア派の国家を樹立． 1514：チャルドランでイラン敗北．ディヤールバクルとイラクを失う． 1524—33, 1579—88：クズルバシュの部族が権力掌握． ウズベクがホラーサーンに侵入． オスマン朝がアゼルバイジャンに侵入． 1588—1629：イランがウズベクとオスマン朝を撃破，失った領土を回復し，強力な中央政府を樹立する． イラン美術の最盛． エスファハーンに新首都が造営される． ある若者　サファヴィー朝，1630年	1526：パーニーパットの戦いでバーブルが勝利，インドにおけるムガル朝支配を確立． 1556—1605：アクバルがインド北部一帯で帝国領土を拡大．宗教的寛容政策． 帝国の庇護の下で美術が栄える． 1569—85：新しい首都がファテプル・シークリーに築かれる． 1598：アーグラに遷都． タージ・マハル　ムガル朝，1648年	1500—70：帝国の東西への拡大：アゼルバイジャン(1514)，シリア，パレスチナ(1516)，エジプト(1517)，1534までにヒジャーズ，イエメン，イラク． 1520—66：スレイマン大帝のヨーロッパ進出：ベオグラード(1521)，モハーチ(1526)，ウィーン包囲(1529)，ギリシア(1540年代)，およびモロッコ(1551)までの北アフリカとマルタ(1565)． 1571：レパントの海戦で敗北． 芸術，とくに陶磁器と建築の隆盛． イズニクの製陶所：1490—1525 青磁と白磁；1525—50 ダマスクス焼と金角湾焼の陶器；1550—1700 ロードス焼の陶器 1489—1587 スィナン，シェフザーデ・モスク(1544—48)，スレイマニエ・モスク(1550—57)，セリーミーエ・モスク(1569—75)の建築者． 1520—66年　スレイマン大帝
1600	王朝とその宗教的正統性の弱体化．	1624：スィルヒンディー死去． 1632—54：シャー・ジャハーンにより，アーグラにタージ・マハルが築かれる． 1638—：デリー（シャージャハーナーバード）に新しい首都が築かれる． 1658—1707：アウラングゼーブがビジャープル(1686)とゴルコンダ(1687)を獲得．ここで帝国は最大領域となるが，芸術の繁栄はおわりを告げ，マラータ同盟はデカン地方に国家を確立．	クレタ占領される(1669)，ウクライナ(1670年代)，ウィーン第2次包囲(1683)． 1699：オスマン帝国，ハンガリー，トランシルバニア，ポドリアを失う．
1700	1722：カンダハールのマフムードがエスファハーンを占領，帝国を打倒． 1736—48：ナーディル・シャーがサファヴィー朝支配を再確立し，1739デリーを略奪． かれの死後，再び部族による支配に．	ヒンドゥー主要領域におけるムスリムの弱体化． 1761：アフガニスタンのアフマド・アブダーリーによりデリーが襲撃される． 1800までに，マラータ同盟のインド亜大陸支配はラージャスターンからデカン地方まで拡大，シク教徒がパンジャーブを支配，ガンジス平原はイギリスの手に落ちる．	中央政府の弱体化． 1718：オスマン帝国，セルビアとワラキアを失うが，1735—39のオーストリア戦争で回復． 1740：アラビアでムハンマド・ブン・アブド・アルワッハーブが革新運動． 1774—1812：黒海北岸，クリミア半島，ベッサラビアをロシアに奪われる． 1798：フランスのエジプト侵略．
1800	イギリスとロシアからの絶え間ない圧力． 西欧式教育の発展．	1803：イギリスによりデリーが陥落． ムジャーヒディーン運動とファラーイズィー運動が改革を唱え． 1818：イギリス支配，インド全域におよぶ． 1857：インド兵反乱．イギリスに対し聖戦が宣言される． 1877：西洋式教育に対応するためアリーガル大学が設立される．	1802—05：イラク，シリア，アラビア半島でのワッハーブ派の運動激化． 1818：エジプトのムハンマド・アリーがワッハーブ派を抑え，オスマン帝国スルタンの主権を復活させる． ワッハーブ派，アラビアで勢力復活． 1830：フランスのアルジェリア侵略；1881：チュニジア侵略． 1869：スエズ運河開通． 1882：イギリスのエジプト占領． オスマン政府，西欧風の世俗的政府に移行．
1900	1908：アングロ・ペルシアン石油会社が油田を発見． 1921：義務教育制度の導入． 1935：テヘラン大学設立． 社会の漸進的なヨーロッパ化と世俗化の進展． 1953：欧米主導のクーデターでモサデク失脚． 1978—79：アーヤトッラー・ホメイニーに指導された革命がイスラム共和国を樹立．	1906：全インド・ムスリム連盟創立． 1947：ムスリム国家パキスタンの成立．インド独立． 1971：バングラデシュ分離により西パキスタン内戦終結．	1908：青年トルコ党，権力を握る． 1920までにオスマン帝国は領土をほぼアナトリアに限定される． 1920：フランスにレバノンとシリアの，イギリスにイラクとトランスヨルダンとパレスティナの委任統治権が与えられる． 1922：アタテュルク，ギリシア軍を撃退． 1923：スルタン廃位；1924：カリフ制廃位；西欧型国家支配の導入． 1925：アブド・アルアズィーズ・ブン・サウードがヒジャーズを征服，1938：サウディ・アラビア王国を建国． 1951：リビアがイドリース国王の下に独立． 1956：チュニジアが，ブルギーバ大統領の下に独立． ナーセルがスエズ運河国有化． 1962：アルジェリアが大統領ベン・ベッラの下に独立． 1981：サーダート大統領暗殺される．

| アフリカ | 東南アジア | 中央アジア，中国 |

モロッコとニジェール川流域に新しい諸帝国．
1506－43：アフマド・グランがキリスト教国エチオピアと戦う．
上エジプトでは，ムスリムのアラブがヌビアを征服．
16世紀半－18世紀：フンジのムスリム・スルタン国．
1570－1619：国王イドリース・アロマがサハラ中部にカネム・ボルヌの支配を確立．
ガオのソンガイ帝国が，ムスリムと伝統的諸宗教信者との間の対立のために弱体化．
モロッコ：イスラムは強くなるが，政治権力は継承争いのため弱体化；文化面ではマラブー・スーフィーの影響力が支配的になる．

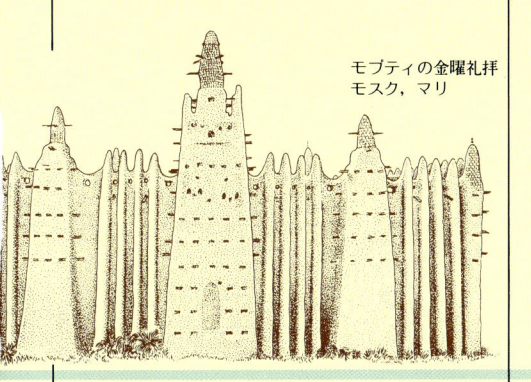

スマトラとジャワでムスリム・スルタン国がヒンドゥー支配にとってかわる．

ブハーラーのウズベクの優勢．
かつてのシルクロード沿いの交易がヨーロッパ人の手に落ちたのにともない，ムスリムの勢力が没落．
アジアとヨーロッパの境界上のタタール・ハーン諸国がロシアに征服される．

モプティの金曜礼拝モスク，マリ

ジャワの踊り子

ヨムト礼拝用 絨毯（部分）

1680：第1次フラニ戦争が，ボンドゥにイスラム国家が成立したことにより最高潮に．

1608－37：スルタン・イスカンダル・ムダにより，アチェは南洋の交易の焦点に；同時に東南アジアの学問の中心に．
1613－46：マタラムのスルタン・アグンがジャワの大部分を支配．
マレー語やバティク模様がひろがり，女性の舞踊がしとやかになることによりイスラム化の進行が示される．
1631－70：ハサヌッディーンがマカッサル帝国を拡大，1667にはオランダに屈服．
1641：オランダのマラッカ征服．

1644：清朝が中国人ムスリムを弾圧．
貨幣鋳造と絨毯製造以外の分野の芸術の衰退

ニジェールの諸国家が異教徒バンバラの手に落ちる．
フラニはイスラムの影響力を西方へ拡大．
1725：第2次フラニ戦争によりフタ・ジャロンにムスリム王朝成立．
1776：第3次フラニ戦争によりフタ・トロにイスラム確立．

1800までに，ジャワとスマトラのスルタンたちはオランダに権力を奪われる．

遊牧民，ロシアの進出の下に征服される．
中国人ムスリムに対する儒教同化の試み．
1758－60：清朝がタリム盆地を支配．

ハルワティー教団とイドリース教団が改革運動を指導．
1804：ウスマーン・ダン・フォディオが，フラニとハウサの支持をえてソコトにスルタン国家をつくる．
1863－93：ニジェールからセネガルにかけてティジャーニー帝国．
1885－98：スーダンにマフディー国家成立．

1803－37：バドリ運動がスマトラでイスラムの影響力をひろめる．
1825－30：ジャワの改革運動がイスラム化を促進．
1873－1916：アチェ戦争が北スマトラにおけるオランダの勢力拡大に対抗．
ここでオランダの権威は多島海全域で完全なものになる．

ナクシュバンディー教団のスーフィーたちがロシアと清に対して聖戦を行い，改革を唱導．
「新行」が中国全土でムスリムに再生を呼びかける．
ロシアが中央アジアを直接支配下に．

1900：イギリスのナイジェリア(含ソコト)植民地化．
1912：フランスのモロッコ，サハラ占領．
1912：イタリアのリビア征服．
ヨーロッパ支配がムスリム諸組織の発展を刺激．
1956：モロッコ独立．

1912：イスラム同盟の結成．
1938：インドネシア・イスラム党の結成．
1942－45：日本の占領にともないイスラムが強まる．
1949：インドネシア独立．

1917：ロシア革命はムスリム住民に文化的荒廃をもたらす．

イスラム世界の支配者たち

モロッコ

サード朝
- 1511 ムハンマド・アルマフディー（在スーサ）
- 1517 アフマド・アルアラジュ（1540まで在マラケシュ）
- 1517 ムハンマド・アッシャイフ・アルマフディー（初めは在スーサ、のちに在フェス）
- 1557 アブド・アッラーフ・アルガーリブ
- 1574 ムハンマド・アルムタワッキル・アルマスルフ
- 1576 アブド・アルマリク
- 1578 アフマド・アルマンスール
- 1603-08 ムハンマド・アッシャイフ・アルマームーン
- 1603-08 アブド・アッラーフ・アルワースィク（在マラケシュ）
- 1603-28 ザイダーン・アンナースィル（初めはもっぱら在フェス）
  アフマドの息子たちが継承争い
- 1623 アブド・アルマリク
- 1631 アル・ワーリド
- 1636 ムハンマド・アルアスガル
- 1654-59 アフマド・アルアッバース（もっぱら在マラケシュ）

フィラール朝
- 1631 ムハンマド1世・アッシャリーフ（在タフィラレット）
- 1635 ムハンマド2世
- 1664 アッ・ラシード
- 1672 イスマーイール・アッサミーン
- 1727 アフマド・アッザハビー
- 1729 アブド・アッラーフ（1735-45 野心家・簒奪者たちの権力争い）
- 1757 ムハンマド3世
- 1790 ヤズィード
- 1792 ヒシャーム
- 1793 スライマーン
- 1822 アブド・アッラフマーン
- 1859 ムハンマド4世
- 1873 アル・ハサン1世
- 1895 アブド・アルアズィーズ
- 1907 アル・ハーフィズ
- 1912 ユースフ
- 1927 ムハンマド5世（第1期）
- 1953 ムハンマド
- 1955 ムハンマド5世（第2期）
- 1962 アル・ハサン2世

ナイジェリア

ソコト・カリフ国
- 1754 ウスマーン・ダン・フォディオ
- 1817 ムハンマド・ベッロ
- 1837 アブー・バクル・アティク
- 1842 アリー
- 1859 アフマド
- 1866 アリー
- 1867 アフマド・ルファイ
- 1873 アブー・バクル
- 1877 ムアズ
- 1881 ウマル
- 1891 アブド・アッラフマーン
- 1902 ムハンマド・アッターヒル1世
- 1903 ムハンマド・アッターヒル2世
- 1915 ムハンマド・マイトゥラ
- 1924 ムハンマド
- 1931 ハサン
- 1938 アブー・バクル

エジプト

ムハンマド・アリーの系列
- 1805 ムハンマド・アリー・バシャ
- 1848 イブラーヒーム・バシャ
- 1848 アッバース1世・バシャ
- 1854 サイード・バシャ
- 1863 イスマーイール（1867以降ヘディーヴ）
- 1879 タウフィーク
- 1892 アッバース2世・ヒルミー
- 1914 フサイン・カーミル（スルタン）
- 1917 アフマド・ファード（1922以降国王）
- 1936 ファールーク
- 1952 ファード2世
- 1953 共和国

大統領
- 1953-54 ナギーブ
- 1956 ナーセル
- 1970 サーダート
- 1981 ムバーラク

オスマン帝国

オスマン朝
- 1481 バヤズィト2世
- 1512 セリム1世・ヤヴィズ（「暴君」）
- 1520 スレイマン2世カーヌーニー「法を授ける者」または「大帝」
- 1566 セリム2世
- 1574 ムラト3世
- 1594 メフメト3世
- 1603 アフメト1世
- 1617 ムスタファ1世（第1期）
- 1618 オスマン2世
- 1622 ムスタファ1世（第2期）
- 1623 ムラト4世
- 1640 イブラヒム
- 1648 メフメト4世
- 1687 スレイマン3世
- 1691 アフメト2世
- 1695 ムスタファ2世
- 1703 アフメト3世
- 1730 マフムト1世
- 1754 オスマン3世
- 1757 ムスタファ3世
- 1774 アブデュルハミト1世
- 1789 セリム3世
- 1807 ムスタファ4世
- 1808 マフムト2世
- 1839 アブデュルメジト1世
- 1861 アブデュルアズィズ
- 1876 ムラト5世
- 1876 アブデュルハミト2世
- 1909 メフメト5世・ラシャト
- 1918 メフメト6世ワーヒドッディーン
- 1922-24 アブデュルメジド（カリフ廃位前の称号）

トルコ
- 1923 ムスタファ・ケマル（アタテュルク）
- 1938 イスメト・イノニュ
- 1950 ジェラール・バヤル
- 1961 ギュルセル将軍
- 1966 上院議員ジェヴデット・スナイ
- 1973 上院議員ファフリー・コロトゥルク
- 1980 将軍ケナン・エヴレン

レバノン
- 1920 フランス委任統治
- 1926 共和国

大統領
- 1926 シャルル・ダッバース
- 1934 ハビーブ・サアド
- 1936 エミール・エッデ
- 1941 独立
- 1941 アルフレッド・ナッカーシュ
- 1943 アル・フーリー
- 1952 カミール・シャムウーン
- 1958 フアード・シーハーブ
- 1964 シャル・ヒルー
- 1970 スライマーン・ファランジーヤ
- 1976 イルヤース・サルキース
- 1982 アミーン・ジュマイエル

シリア
- 1918 ファイサル（アミール・フサインの息子）ダマスクスの自治政府の長
- 1920 フランス委任統治
- 1941 独立
- 1943 共和国

大統領
- 1943 シュクリー・アルクワトリー
- 1949 ハーシム・アルアタースィー
- 1951 将軍ファウズィー・セルー
- 1953-54 シシャクリー将軍
- 1955 ナーセル
- 1958 ナーセル（アラブ連合共和国）
- 1961 ナズィーム・アルクドシー
- 1963 陸軍少将アミーン・アルハーフィズ
- 1966 ヌール・アッディーン・アタースィー
- 1970 アフマド・ハティーブ
- 1971 ハーフィズ・アサド

ヒジャーズ

ハーシム家
- 1908 アミール・フサイン（メッカのシャリーフ）
- 1916 国王の称号を獲得
- 1924 アリー
- 1925 サウード家によりヒジャーズ征服される.

ヨルダン
- 1920 イギリス委任統治（トランス・ヨルダン）

ハーシム家
- 1921 アミール・アブド・アッラーフ
- 1946 アブド・アッラーフが国王の称号を獲得（1949以降はヨルダン国王）
- 1951 タラール
- 1952 フサイン

イラク
- 1920 イギリス委任統治

ハーシム家
- 1921 ファイサル1世（シリアの1918参照）
- 1933 ガーズィー
- 1939 ファイサル2世
- 1958 共和国

大統領
- 1958 陸軍少将ナジーブ・アッルバーイー
- 1963 陸軍元帥アブド・アッサラーム・ムハンマド・アーリフ
- 1966 陸軍中将アブド・アッラフマーン・ムハンマド・アーリフ
- 1968 陸軍少将アフマド・ハサン・バクル
- 1979 サッダーム・フサイン・アッティクリーティー

イエメン

サイド派イマーム：カースィム家
- 1592ごろ アル・カースィム・アルマンスール
- 1620 ムハンマド・アルムアイヤド1世
- 1654 イスマーイール・アルムタワッキル
- 1676 ムハンマド・アルムアイヤド2世
- 1681 ムハンマド・アルハーディー
- 1686 ムハンマド・アルマフディー
- 1716 アル・カースィム・アルムタワッキル
- 1726 アル・フサイン・アルマンスール（第1期）
- 1726 ムハンマド・アルハーディー・アルマジード（？）
- 1728 アル・フサイン・アルマンスール（第2期）
- 1747 アル・アッバース・アルマフディー（？）
- 1776ごろ アリー・アルマンスール
- 1806 アフマド・アルマフディー（？）アリー・アルマンスール（第2期？）
- 1841 アルカースィム・アルマフディー
- 1845 ムハンマド・ヤフヤー
- 1872 オスマン帝国の占領
- 1890 ハミード・アッディーン・ヤフヤー
- 1904 ヤフヤー・マフムード・アルムタワッキル
- 1948 サイフ・アルイスラーム・アフマド
- 1962 ムハンマド・バドル
- 1962 共和国

大統領
- 1962 大佐アブド・アッラーフ・アッサラール
- 1968 アブド・アッラフマーン・アルイルアーニー
- 1974 憲法停止
- 1977 中佐アフマド・イブン・フサイン・アルガシュミー
- 1978 中佐アリー・アブド・アッラーフ・アッサーレフ
- 1980 アリー・ナースィル・ムハンマド

アラビア

サウード家
- 1746 ムハンマド・ブン・サウード
- 1765 アブド・アルアズィーズ
- 1803 サウード・ブン・アブド・アルアズィーズ
- 1814 アブド・アッラーフ1世・ブン・サウード
- 1818-22 オスマン帝国の名のもとでエジプトのムハンマド・アリーの征服
- 1823 トゥルキー
- 1834 ファイサル1世（第1期）
- 1837 ハーリド・ブン・サウード
- 1841 アブド・アッラーフ2世（エジプトのムハンマド・アリーには臣従）
- 1843 ファイサル1世（第2期）
- 1865 アブド・アッラーフ3世・ブン・ファイサル（第1期）
- 1871 サウード・ブン・ファイサル
- 1874 アブド・アッラーフ3世（第2期）
- 1887 ラシード家によるハーイルの占領
- 1889 アブド・アッラフマーン・ブン・ファイサル（ラシード家に臣従）
- 1891 ムハンマド・ブン・ファイサル・アルムタウウィ（ラシード家に臣従）
- 1902 アブド・アルアズィーズ2世
- 1953 サウード
- 1964 ファイサル2世
- 1975 ハーリド
- 1982 ファハド

オマーンおよびザンジバル

連合スルタン国
- 1741 アフマド・ブン・サイード
- 1783 サイード・ブン・アフマド
- ?1786 ハミード・ブン・サイード
- 1792 スルターン・ブン・アフマド
- 1806 サリーム・ブン・スルターン
- 1806 サイード・ブン・スルターン（サイードの死とともに連合スルタン国の分裂）

ザンジバル
- 1856 マジード・ブン・サイード
- 1870 バルガシュ・ブン・サイード
- 1888 ハリーファ・ブン・バルガシュ
- 1890 アリー・ブン・サイード
- 1893 ハミード
- 1896 ハムード
- 1902 アリー・ブン・ハムード
- 1911 ハリーファ
- 1960 アブド・アッラーフ・ブン・ハリーファ
- 1963 ジャムシード
- 1964 革命ついでタンザニア共和国への併合

オマーン
- 1856 スワイニー・ブン・サイード
- 1866 サリーム・ブン・スワイニー
- 1868 アッザーン・ブン・カイス
- 1870 トゥルキー・ブン・サイード
- 1913 タイムール・ブン・ファイサル
- 1932 サイード・ブン・タイムール
- 1970 カーブース・ブン・サイード

イラン

サファヴィー朝
- 1501 イスマーイール1世
- 1524 タフマースブ1世
- 1576 イスマーイール2世
- 1578 ムハンマド・フダーバンデ
- 1588 アッバース1世
- 1629 サフィー1世
- 1642 アッバース2世
- 1666 スレイマーン1世
- 1694 スルターン・フサイン1世
- 1722 タフマースブ2世
- 1732 アッバース3世
- 1749 スレイマーン2世
- 1750 イスマーイール3世
- 1753 フサイン2世
- 1786 ムハンマド
  名目だけの君主たち

アフシャール朝
- 1736 ナーディル・シャー
- 1747 アーディル・シャー
- 1748 イブラーヒーム
- 1748-95 シャー・ルフ（在ホラーサーン）

ザンド朝
- 1750 ムハンマド・カリーム・ハーン
- 1779 アブール・ファトフ ムハンマド・アリー 共同統治
- 1779-81 サーディク（在シーラーズ）
- 1779-85 アリー・ムラード（在イスファハーン）
- 1785 ジャーファル
- 1789-94 ルトゥフ・アリー

カージャール朝
- 1779 アーガー・モハンマド
- 1797 ファトフ・アリー・シャー
- 1834 モハンマド
- 1848 ナーセロッディーン
- 1896 モザッファロッディーン
- 1907 モハンマド・アリー
- 1909-24 アフマド

パフレヴィー朝
- 1925 レザー・シャー
- 1945 モハンマド・レザー・シャー
- 1979 イスラム共和国

大統領
- 1980 アボル・ハサン・バニー・サドル
- 1981 ホッジャトルイスラーム・サイエド・アリー・ハメネイ

インド

ムガル帝国皇帝
- 1526 バーブル
- 1530 フマーユーン（第1期）
- 1540-55 デリーでスール朝スルタン
- 1555 フマーユーン（第2期）
- 1556 アクバル1世
- 1605 ジャハーンギール
- 1627 ダワール・バフシュ
- 1628 シャー・ジャハーン
- 1657 ムラード・バフシュ（在グジャラート）
- 1657 シャー・シュジャー（1660年まで在ベンガル）
- 1658 アウラングゼーブ・アーラムギール
- 1707 アザム・シャー
- 1707 カーム・バフシュ（デカンで）
- 1707 シャー・アーラム1世

1712	アジームシュシャーン
1712	ムイッズッディーン・ジャハーンダール
1713	ファッルフシヤル
1719	ラフィーウッダウラ・シャー2世
1719	ニクーシヤル
1719	ナーセルッディーン・ムハンマド
1748	アフマド・シャー・バハードゥル
1754	アズィーズッディーン・アーラムギール2世
1760	シャー・ジャハーン3世
1760	シャー・アーラム2世(第1期)
1788	ビーダールバフト
1788	シャー・アーラム2世(第2期)
1806	ムイーヌッディーン・アクバル2世
1837	スィラージュッディーン・バハードゥル・シャー2世
1858	イギリス統治下に編入
1947	自治領

総督
1947	マウントバッテン卿
1948	チャクラヴァルティー・ラージゴーパーラチャリ
1950	共和国

大統領
1950	ラジェンドラ・プラサド
1962	サヴェパッリ・ラーダークリシュナン
1967	ザキール・フサイン
1969	ヴァラナグリ・ヴェンカタ・ギリ
1974	ファフルッディーン・アリー・アフメド
1977	ネーラム・サンジヴァ・レッディ
1982	ギャニ・ジェイル・シン
1987	ラーマスワミ・ベンカタラマン

パキスタン
総督
1947	ムハンマド・アリー・ジンナー
1948	ハワージャ・ナズィームッディーン
1951	グーラム・モハンマド
1955	少将イスカンデル・ミルザー
1956	イスラム共和国

大統領
1956	少将イスカンデル・ミルザー
1958	陸軍元帥アイユーブ・ハーン
1969	少将ヤフヤー・ハーン
1971	ズルフィカル・アリー・ブットー
1973	ファズルッラーヒ・チョウドリ
1978	将軍ズィヤーウル・ハック

バングラデシュ
| 1971 | 共和国 |

大統領
1972	アブー・サイエド・チョウドリー
1973	モハンマド・ウッラー
1975	シャイフ・ムジーブル・ラフマーン
1975	ムシュターク・アフマド
1975	アブーサーダート・モハンマド・サイエム
1977	少将ズィヤーウッラフマーン
1981	アブドゥス・サッタール
1982	将軍モハンマド・ホサイン・エルシャド

アフガニスタン
ドゥッラーニー朝
1747	アフマド・シャー・ドゥッラーニー
1773	ティムール・シャー
1793	ザマーン・シャー
1800	マフムード・シャー(第1期)
1803	シャー・シュジャー(第1期はカーブルで. 1800年からベシャーワルで支配者だった)
1809	マフムード(第2期, カーブルでは1818年まで, ヘラートでは1829年まで)
1818	アリー・シャー
1839	シュジャー(第2期)
1842	ファトフ・ジャング

バーラクザーイー朝
1819	ドースト・モハンマド
1863	シール・アリー(第1期)
1866	アフザル
1867	シール・アリー(第2期)
1879	モハンマド・ヤークーブ・ハーン
1880	アブドゥラフマーン・ハーン
1901	ハビーブッラー
1919	アマーヌッラー
1929	ナーディル・シャー
1933	モハンマド・ザーヒル・シャー
1973	共和国

大統領(国家元首)
1973	サルダル・モハンマド・ダーウード
1978	ヌール・ムハンマド・タラキー
1979	ハーフェズッラー・アミーン
1979	バブラク・カルマル
1986	モハンマド・ナジーブッラー

クリミア
ギライ・ハーン国
1478	メングリ(第3期)
1514	ムハンマド1世
1523	ガーズィー1世
1524	サアーダト1世
1532	イスラーム1世
1532	サーヒブ1世
1551	ダウラト1世
1577	ムハンマド2世
1584	イスラーム2世
1588	ガーズィー2世(第1期)
1596	ファトフ1世
1606	ガーズィー2世(第2期)
1608	トクタミシュ
1608	サラーマト1世
1610	ムハンマド3世(第1期)
1610	ジャーンベグ(第1期)
1623	ムハンマド3世(第2期)
1627	ジャーンベグ(第2期)
1635	イナーヤト
1637	バハードル1世
1641	ムハンマド4世(第1期)
1644	イスラーム3世
1654	ムハンマド4世(第2期)
1666	アーディル
1671	セリム1世(第1期)
1678	ムラード
1683	ハージジ2世
1684	セリム1世(第2期)
1691	サアーダト2世
1691	サファー
1692	セリム1世(第3期)
1699	ダウラト2世(第1期)
1702	セリム1世(第4期)
1704	ガーズィー3世
1707	カプラン1世(第1期)
1708	ダウラト2世(第2期)
1713	カプラン1世(第2期)
1716	ダウラト3世
1717	サアーダト3世
1724	メングリ2世(第1期)
1730	カプラン1世(第3期)
1736	ファトフ2世
1737	メングリ2世(第2期)
1740	サラーマト2世
1743	セリム2世
1748	アルスラーン(第1期)
1756	ハリーム
1758	キリーム(第1期)
1767	アルスラーン(第2期)
1767	マクスード(第1期)
1768	キリーム(第2期)
1769	ダウラト4世(第1期)
1770	カプラン2世
1770	セリム3世(第2期)
1771	マクスード(第2期)
1772	サービヒ2世
1775	ダウラト4世(第2期)
1777	シャーヒン(第1期)
1783	ロシアのクリミア併合
1784	バハードル2世
1785	シャーヒン(第2期)
	ロシアに従属した形で

中央アジア
サマルカンド(シャイバーニー朝)
1500	ムハンマド・シャイバーニー
1510	コチクンジー
1530	アブー・サイード
1533	ウバイドッラー
1539	アブドゥラー
1540	アブドゥラティーフ
1551	ヌールーズ・アフマド
1555	ビール・ムハンマド1世
1560	イスカンダル

ブハーラー(シャイバーニー朝)
1583	アブドゥラー
1598	アブドゥルムーミン
1599	ビール・ムハンマド2世

(ジャーン朝)
1599	バーキー・ムハンマド
1605	ワーリー・ムハンマド
1608	イマーム・クーリー
1640	ナーズィル・ムハンマド
1647	アブドゥルアズィーズ
1680	スブハン・クーリー
1702	ウバイドゥッラー
1705	アブール・ファイズ
1747	アブド・アルムーミン
1751	ウバイド・アッラー2世(マンギット傀儡)
1758	アブール・ガーズィー

マンギット朝
1785	ミール・マスーム・シャー・ムラード
1800	ハイダル・トーラ
1826	フサイン
1826	ウマル
1827	ナスルッラー
1860	ムザッファルッディーン
1868	ロシアの保護領に

ヒヴァ
1515ごろ	イルバルス1世
1525ごろ	スルタン・ハージジ
	ハサン・クーリー
	スフヤーン
	ブジュガ
	アワナク
	カル
1540ごろ	アカタイ
1546	ドースト
1558	ハージジ・ムハンマド1世
1602	アラブ・ムハンマド1世
1623	イスファンディヤル
1643	アブール・ガーズィー1世
1663	アヌーシャ
1674ごろ	ムハンマド・マランク
1687	イスハーク・アーカー・シャー・ニヤーズ
1702	アラブ・ムハンマド2世
	ハージジ・ムハンマド2世
1714	ヤーディガール
1714	アランク
1715	シール・ガーズィー
1730ごろ	イルバルス2世
1740	ナーディル・シャーによる併合
1741	タギール, ペルシアの総督
1741	アブー・ムハンマド
1741	アブール・ガーズィー2世
1745	カイブ
1770ごろ	アブール・ガーズィー3世
1804	イルタザル
1806	ムハンマド・ラヒーム
1825	アッラーフ・クーリー
1842	ラヒーム・クーリー
1845	ムハンマド・アミーン
1855	アブドゥラー
1855	クトルグ・ムハンマド
1856?	サイード・ムハンマド
1865	サイード・ムハンマド・ラヒーム
1873	ロシアの保護領に

ホーカンド
1700ごろ	シャー・ルフ・ベグ
	ラヒーム
	アブドルカリーム
	エルデニ
1770	スライマーン
1770	シャー・ルフ2世
1770?	ナルブータ
1800	アーリム
1809	ムハンマド・ウマル
1822	ムハンマド・アリー
1840	シール・アリー
1841	ムラード
1845	フダーヤール(第1期)
1857	マッラ
1859	シャー・ムラード
1861	フダーヤール(第2期)
1864	サイード・スルターン
1871	フダーヤール(第3期)
1875	ナーセルッディーン
1876	ロシアにより併合

インドネシア
マタラム王国
1575	マス・ンガベヒ・スタ・ウィジャヤ(スノパティ)
1601	パネンバハン・セダ・クラビアク(ラデン・ジョラン)
1613	スルタン・アグン(マス・ランサン)
1649	マンクラト1世(セダ・テガル・アルム)
1677	マンクラト2世(カルトスロ)
1703	マンクラト3世
1708	バクブウォノ1世(ブグル)
1719	マンクラト4世(ジョウブ)
1727	バクブウォノ2世(ブルボヨ)
1749	バクブウォノ3世(スワルゴ)

スラカルタ
1788	バクブウォノ4世(バグス)
1820	バクブウォノ5世(スギ)
1823	バクブウォノ6世(バングン)
1830	バクブウォノ7世(プルボヨ)
1858	バクブウォノ8世(アンゴベヒ)
1861	バクブウォノ9世(バングン・コドトン)
1893	バクブウォノ10世(ウィチャクソノ)
1939	バクブウォノ11世
1944	バクブウォノ12世

ジョグジャカルタ
1755	マンクブウォノ1世(スワルゴ)
1792-1810	マンクブウォノ2世(セブ)(第1期)
1810-11	マンクブウォノ3世(ロジヨ)(第1期)
1811-12	マンクブウォノ2世(第2期)
1812-14	マンクブウォノ3世(第2期)
1814-22	マンクブウォノ4世(セダ・ベスィヤル)
1822-26	マンクブウォノ5世(メノル)(第1期)
1826-28	マンクブウォノ2世(第3期)
1828-55	マンクブウォノ5世(第2期)
1855	マンクブウォノ6世
1877	マンクブウォノ7世(アンゴベヒ)
1921	マンクブウォノ8世
1939	マンクブウォノ9世

アチェ
1496	アリー・マガーレト・シャー
1528	サラーフ・アッディーン・イブン・アリー
1537	アラー・アッディーン・アッザハール・イブン・アリー
1568	フサイン
1575	スルタン・ムダ
1575	スルタン・スリ・アーラム
1576	ザイナル・アビディーン
1577	ペラクのアラー・アッディーン(マンスール・シャー)
1589?	スルタン・ボヨン
1596	アラー・アッディーン・リアーヤト・シャー
1604	アリー・リアーヤト・シャー
1607	イスカンダル・ムダ(メウクタ・アーラム)
1636	イスカンダル・タニ
1641	サフィーヤト・アッディーン・タージ・アルアーラム・ビント・イスカンダル・ムダ(イスカンダル・タニの未亡人)
1675	ナキーヤト・アッディーン・ヌール・アルアーラム
1678	ザキーヤト・アッディーン・イナーヤト・シャー
1688	カマーラト・シャー・ズィーナト・アッディーン
1699	バドル・アルアーラム・シャリーフ・ハスリム・ジャマール・アッディーン
1702	ペルカラ・アーラム・シャリーフ・ラムトゥイ
1703	ジャマール・アルアーラム・バドル・アルムニール
1726	シャムス・アルアーラム
1727	アラー・アッディーン・アフマド・シャー
1735	アラー・アッディーン・ジョハン・シャー
1760	マフムード・シャー(第1期)
1764	バドル・アッディーン・ジョハン・シャー
1765	マフムード・シャー(第2期)
1773	スライマーン・シャー(ウダナ・レラ)
1773	マフムード・シャー(第3期)
1781	アラー・アッディーン・ムハンマド・シャー
1795	アラー・アッディーン・ジャウハル・アルアーラム(1815-23年の間シャリーフ・サイフ・アルアーラムと争う)
1823	ムハンマド・シャー
1838	スライマーン(1850-57年の間アリー・アラー・アッディーン・マンスール・シャーと争う)
1857	アリー・アラー・アッディーン・マンスール・シャー(イブラヒーム)
1870	マフムード・シャー
1874	ムハンマド・ダーウード・シャー
1874	オランダによる占領
1945-49	独立戦争
1949	共和国

大統領
1950	ムハンマド・アフマド・スカルノ
1966	幹部会
1968	スハルト将軍

序

　イスラムが勃興してからこれまで14世紀間にわたりムスリムが地球上で他の人々との間にとりかわしてきた相互作用は，世界史の中でも最大のテーマの一つである．イスラムによって定められた生活様式は，人類の主要な生き方の一つとなっている．イスラムによって確立された人生の目的は，人類が生存に意味を与えようとしてきた見方の中でも主要なものとなっている．以上のことだけでも，イスラムがわれわれの注意を引くに十分な理由となる．今日，世界の人口の5分の1はムスリムであり，かれらの大部分は発展途上地域に居住している．地球上のさまざまな地域で営まれる人間の生活が日ごとに政治的・経済的に相互依存の度を強めているという事実は，ムスリムの動向がその他の地域に及ぼす影響が刻々増大しつつあることを示している．一方，西洋の主要な国々の内部にも，移住によって，無視できない規模のムスリム・コミュニティーが成立するに至っている．今や，ムスリムの歴史の動態とムスリムの価値観とについて広く理解がすすむことは，かつてないほど重要になっているのである．

　このアトラスの目的の一つは，ムスリムの過去500年の歴史を理解する助けとなるような一つの枠組を提供することである．とりわけ，イスラム社会がいかにして維持され，いかにしてその社会が世代から世代へと受け継がれ，そしていかにして世界中に広められたか，を描き出すことに注意が払われた．第1章では，まずイスラム史の最初の9世紀に関する簡潔な概観を示してから，この時期に確立された諸制度，すなわちイスラム社会を形成し，世代・地域を越えてその形態と価値体系とを伝達していくための諸制度を検討する．第2章と第3章では，1500年から18世紀までのムスリム世界の状況を，六つの主要な地域——すなわちサファヴィー朝，ムガル帝国，オスマン帝国，東南アジア，アフリカ，そして中央アジアおよび中国——について検討する．ここでとくに注意をはらったのは，イスラム文化の伝達者たちの行動であって，かれらと政治権力を握っていた人々との間の相互関係，あるいはかれらと——かれらがその間をしばしば往来した——非ムスリム諸民族もしくは部分的にイスラム化された諸民族との間の相互関係も検討されている．第4章は，18世紀に至っていかにムスリムの権力が崩壊しはじめたか，イスラム世界全体を通じて，いかにイスラム文化の伝達者たちが復興と改革の諸運動を指導したかを記述する．第5章は，19世紀および20世紀にヨーロッパの力に圧倒されるという危機に直面したとき，ムスリムのエリートたちの多くがこの危機に対処するにあたって，いかに自分たちの社会をヨーロッパ的モデルにならってつくり変えようと努力したかを叙述する．第6章では，近年に至ってこのヨーロッパ的モデルの魅力がいくぶん色あせてきた観があるのはなぜか，またなぜムスリムたちが進歩についてのかれら独自のイスラム的見解を，以前より自信をもって主張するようになったのかを考察する．

　第2の目的は，読者にムスリムたちの生き方を紹介することである．可能な限りムスリム自身をして語らしめる形をとったので，われわれはかれらがどのように神に礼拝を捧げるのか，どのように巡礼の喜びへの期待に胸ふくらますのか，西洋のやり方とは対立するものとして自分たちのやり方をどのように主張するのかを，かれら自身の口からきくことになる．とくに第2部は，宗教生活の諸側面，イスラム的価値観の芸術的表現の諸形態，ムスリム社会のさまざまなタイプとそれらが現代世界とどのようにかかわり合っているかを取り扱っている．第1部と第2部とをあわせて読めば，読者は，ムスリムの信仰とは何か，またかれらの信仰がかれらの生活にいかなる多様性を与えているかを，明確に知ることができるようになるであろう．

　第3の目的は，イスラム世界をより包括的にとらえるための基礎的視角を提供することにある．イスラムに対する既存の理解は，かなりの程度まで，中心部のイスラムの国々についての知見にもとづくものであった．われわれは，これに，東南アジア，アフリカ，そして中央アジアおよび中国など，辺境部のイスラムの国々についての知見を付け加えることに注意をはらった．このような地域に関する知見は，中心部についてのそれとはしばしば非常に異なっている．というのも，これら辺境の地域では，イスラムは強力な諸文化と——時には対等以下の立場で——わたり合わなければならなかったからである．中心部に劣らず多くのムスリムが住んでいる，ムスリム世界のこの部分についての研究は立ち遅れている．これらの地域について知ることは，われわれがムスリムの成しとげたことを評価する上で，またムスリムには多様なあり方があるということを理解する上で，プラスになるであろう．

　説明の重要な部分は，これを地図が受けもっているが，その多くはまったく新しいものであり，これまでになかった情報を提供している．地図は，とくに断っていない場合は，

ほとんどすべてメルカトル図法によるものである．これは，赤道から離れるにつれて東西の縮尺上の歪みが増しはするが，輪郭は正しく保たれるということを意味している．実際，地図の多くが地球上の広汎な諸地域を一望に収めようとするものであるため，この図法はとくに便利なのである．縮尺を示すものさしは地図の中に書きこまれていないが，赤道部で計算した場合の縮尺が示されている．

　転写，つまりさまざまなムスリム諸語の発音をローマ字で正しくあらわすという作業は，いつもながら厄介なものである．『イスラム百科』（エンサイクロペディア・オブ・イスラム）は，さまざまなムスリム諸語の発音表記を，アラビア語を基準とした単一の表記方式に従わせる，という方法をとっている．この方法の問題点は，アラビア語を解さない者が他の音訳形式でなじんでいる多くの単語が，似ても似つかぬ姿になってしまうことにある．マーシャル・ホジスンは異なる言語ごとに異なる表記方式をとるという方法をとっている．しかし，この場合は逆に，異なる言語によってあらわされた同一の単語間の対応関係が（対応関係は存在するわけであるが）わからなくなってしまう，という短所がある．しかしながら，専門家にとっては重大問題である以上のような問題は，一般読者にとってはほとんど意味をもたないものである．要は，よりよく通じさえすればよいのである．それゆえわれわれは，以下のような方法をとることにした．すなわち，原則的には『イスラム百科』（第1版）の方式に準拠することにするが，次のような例外を設ける．1）弁別発音符はすべて省略する．2）djのかわりにjを，ḳのかわりにqを用いる．3）ある種の名称なり用語なりの英語における表記法がすでに定着している場合には，これに従う．たとえば，かのアラブの思想家の名はラシード・リダーと表記するが，イランのパフレヴィー朝の君主の名はレザー・シャーと表記することにする（リダーとレザーは同じ言葉だが）．専門家の中にはこのような方法に不満な向きもあるかもしれない．しかし，逆にいえば，かれらは専門家なのだから，単語の原形は何か，教えられなくてもわかるはずなのである．われわれは，できるだけ一般読者にとっつきやすい本を作ろうと努力した．

　コーランの翻訳もまた，厄介な問題である．コーランが，一般に翻訳不可能な書物だといわれている以上，これは当然のことである．翻訳には異同が生じうるし，場合によっては節の番号の付け方さえかわってくる．われわれは一貫してラホールのムハンマド・アリーによる翻訳（第6版，ラホール，1973年）を用いたが，一点についてのみ変更を加え，また1ヵ所の例外を設けた．変更というのは，ムハンマド・アリーが「アッラーフ」という語を用いるのに対し，われわれは「神」という語を用いたということである．これは，「神」という語を用いた方が，引用句が直接キリスト教徒の読者に訴えかける力が増すと考えたからである．例外というのは，コーランに関する特別記事の項に限っては，ケネス・クラッグによる翻訳を用いたということである．これは，クラッグの翻訳が原文の力強さと美しさとをとりわけよく伝えていると思われたからである．

　このアトラスは，イスラム史の諸側面に関する私の15年間にわたる研究の所産である．学者はみなそうであるが，私もこの15年間に多くの個人的ならびに知的な恩義を被った．中でもとくに感謝したいと思うのは，私を大いに啓発してくれたマーシャル・G・S・ホジスンの『イスラム試論──ある世界文明における良心と歴史』なる著作である．いやしくもイスラム史の全貌を把握しようと努める者ならば，ホジスンの洞察力に富む多くの言及と遠大な構想とを無視するわけにはいくまい．友人・同僚の諸氏はいつもながら寛大で，かれらの時間と知識とを惜しみなく提供してくれた．アンソニー・アトモア，ピーター・ケアリー，マイケル・クラウダー，アンソニー・ストックウェル，リタ・タウンゼントの諸氏に感謝を捧げたい．また，ラルフ・リーおよびピーター・ブラウンの両氏には，かれらの温かい激励と賢明な助言のゆえに，とくに感謝したい．しかしながら，最も感謝したく思うのは，インドのラクナウのフィランギ・マハル学派一門の学者および高徳の人々に対してである．かれらは過去10年以上にわたって──そしてとりわけ最近の6年間は──私の寛大なホストであり，忍耐強い導き手であり，厳しいと同時に思いやりのある批評家であった．むろん書いたものに対するすべての責任は私にあるが，ともかくもこの仕事を成しとげることができたのは大部分かれらのおかげである．

　しかし何はともあれ，この本を楽しんでいただきたい．最初から最後まで通して読もうという人には，イスラム史の発展の道筋に関するこの本の議論が妥当かどうか，吟味していただきたい．しかしながらこの本は，拾い読みもできるように書かれている．どのような読み方を選ぶにせよ，読者のみなさんには，イスラム文明とその歴史とを私とともに心ゆくまで楽しんでいただきたいと思う．

北海
デンマーク
スウェーデン
コペンハーゲン
モスクワ
ソビエト連邦
ダブリン
アイルランド
イギリス
ロンドン
オランダ
アムステルダム
西ドイツ
東ドイツ
ベルリン
ポーランド
ワルシャワ
ブリュッセル
ベルギー
ボン
ルクセンブルク
プラハ
チェコスロバキア
パリ
フランス
ウィーン
オーストリア
ブダペスト
ハンガリー
ルーマニア
ベルン
スイス
大西洋
ブカレスト
ベオグラード
ユーゴスラビア
イタリア
ソフィア
ブルガリア
黒海
カスピ海
ローマ
コルス島
サルデーニャ島
ポルトガル
スペイン
マドリード
リスボン
バレアレス諸島
アルバニア
ティラナ
ギリシア
アテネ
アンカラ
トルコ
シチリア島
マルタ
クレタ島
キプロス島
アルジェ
チュニス
チュニジア
ラバト
地中海
シリア
ベイルート
レバノン
ダマスクス
イラク
バグダード
イスラエル
エルサレム
アンマン
ヨルダン
カイロ
トリポリ
モロッコ
カナリア諸島
アルジェリア
リビア
エジプト
クウェート
サウディ・アラビア
リヤード
アイウン
西サハラ
アハガル山地
大サハラ
ティベスティ山地
モーリタニア
マリ
ヌアクショット
ニジェール
チャド
スーダン
ハルトゥーム
紅海
北イエメン
南イエメン
サナア
アデン
ダカール
セネガル
ガンビア
バンジュル
バマコ
ブルキナ・ファソ
ワガドゥグ
ニアメ
チャド湖
ヌジャメナ
ジブティ
アデン湾
ビサウ
ギニア・ビサウ
ギニア
ベニン
ナイジェリア
エチオピア
アジス・アベバ
ソマリア
コナクリ
フリータウン
シエラレオネ
コートジボアール
ガーナ
トーゴ
ラゴス
中央アフリカ
モンロヴィア
リベリア
アビジャン
アクラ
ロメ
ポルト・ノボ
カメルーン
バンギ
ウガンダ
ケニア
マラボ
ヤウンデ
赤道ギニア
リーブルヴィル
コンゴ
カンパラ
ナイロビ
モガディシュ
ガボン
ルワンダ
キガリ
ザイール
ブルンジ
ブジュンブラ
ブラザビル
キンシャサ
カビンダ
セーシェル諸島
ドドマ
タンザニア
ルアンダ
大西洋
アンゴラ
コモロ諸島
マラウィ
ザンビア
リロングェ
モザンビーク
マダガスカル島
ルサカ
国境線
行政区画境界線
未決定あるいは不確定な国境線
休戦ライン
首都
山頂（m）
4000 m
1000 m
200 m
0
海面下
湿地
縮尺 1：36 000 000 赤道において

アジア地図（地形）

- 60°, 75°, 90°, 105°, 120°
- 45°, 30°, 15°, 0°（赤道）
- 北回帰線

地形・地域名
- ウラル山脈
- 西シベリア低地
- イシム川
- オビ川
- イルティシュ川
- アルタイ山脈
- エニセイ川
- アンガラ川
- バイカル湖
- セレンガ川
- ヤブロノイ山脈
- サヤン山脈
- アムール川
- 黒竜江
- アラル海
- クズル・クム砂漠
- カラ・クム砂漠
- アム川
- シル川
- バルハシ湖
- テンシャン（天山）山脈
- レーニン山 7134
- K2（ゴッドウィン・オースティン山）8611
- ヒンドゥークシュ山脈
- パミール高原
- クンルン（崑崙）山脈
- チーリェン（祁連）山脈
- ホワン河（黄河）
- チベット高原
- ヒマラヤ山脈
- エベレスト山 8848
- カーブル
- イスラマーバード
- アフガニスタン
- パキスタン
- スライマーン山脈
- タール砂漠
- ニューデリー
- インダス川
- サトレジ川
- ネパール
- カトマンズ
- ブータン
- ティンプー
- ダッカ
- バングラデシュ
- インド
- ガンジス川
- 大カッチ湿地
- ビンディヤ山脈
- デカン高原
- クリシュナー川
- 西ガーツ山脈
- アラビア海
- マスカット
- オマーン
- ベンガル湾
- ビルマ
- ラングーン
- イラワジ川
- サルウィン川
- ヤン（揚子）江
- 中華人民共和国
- ポーヤン（鄱陽）湖
- シー（西）江
- ペキン（北京）
- ピョンヤン（平壌）
- ソウル
- 黄海
- 東シナ海
- タイペイ（台北）
- 台湾
- ヴィクトリア
- ホンコン（香港）（イギリス）
- ハイナン（海南）島
- ハノイ
- ラオス
- ビエンチャン
- タイ
- バンコク
- カンボジア
- プノンペン
- ベトナム
- ケソン市
- 南シナ海
- フィリピン
- アンダマン諸島（インド）
- スリランカ
- コロンボ
- モルディヴ
- マレーシア
- クアラ・ルンプル
- シンガポール
- スマトラ島
- バンダハラ山 3012
- バルサン山脈
- ボルネオ島
- サラワク
- サバ
- バンダル・スリ・ブガワン
- ブルネイ
- セレベス海
- スラウェシ島
- インドネシア
- ジャカルタ
- ジャワ島
- チモール島
- モンゴル
- ウラーンバートル
- ゴビ砂漠
- インド洋

序論
イスラムに対する西洋の姿勢

　過去1300年間ほとんどつねに，ヨーロッパ人たちはイスラムを一つの脅威とみなしてきた．敬虔なキリスト教徒たちはイスラムという宗教に心中穏やかならぬものを感じてきた．それは，唯一神が宇宙の創造者であることは認めるが，三位一体の教義は否定する宗教であった．キリストが預言者であり，処女から生まれた存在であることは認める一方で，その神性は否定し，かれが十字架上で最後をとげたことをも否定する宗教であった．最後の審判，天国，地獄といったものの存在を信じる一方で，天国において与えられる最大の褒賞として性的快楽を念頭に置いているらしき宗教であった．キリスト教の聖書を神の言葉と認める一方で，聖書の教えを大部分否定しているかにみえる別の書物に，至高の権威を与えている宗教であった．キリスト教の国々は，ムスリム勢力の伸長にたえず脅威を感じてきた．ムスリムの勢力は8世紀にはフランスの心臓部に浸透し，16世紀と17世紀には中部ヨーロッパの深奥部に至り，1000年近くにわたってキリスト教世界の南辺と東辺とをうかがっていた．18世紀，19世紀になって主客が転倒し，ヨーロッパの勢力が全世界におよぶようになっても，ムスリムはあいかわらず一つの脅威として——今度はヨーロッパ人の帝国の安全に対する脅威として——眺められていた．イスラム世界に対するヨーロッパの態度は以上のような事情から形づくられることになったので，その結果，多くの人の心の中に根強い敵意と，イスラムの人生観・道義観には絶対に共感など示すまいとする姿勢とが生まれた．一方，このような人生観・道義観の所産である特色ある文明は，それ自体として評価されることよりも，それとの対照でヨーロッパのアイデンティティーが識別され，ヨーロッパの偉業が測られるという，いわば引き立て役として考えられることの方が多かった．

　当初から，イスラムに対するヨーロッパの姿勢は基本的に敵対的なものであった．初期のヨーロッパ人たちはムスリム文明の主要な根拠地からはビザンツ帝国によって遮断されていたので，ビザンツからの情報をもとにイスラムに関する漠然とした空想的イメージをつくりあげた．それによればイスラムは，バヒラという名の修道士から無理やり聞き出したキリスト教の教えをもとに，ムハンマドがつくり出した異端であった．コーランは，1頭の白い雄牛の角に乗せられて人々のもとにもたらされたものであった．預言者は妖術師であって，その成功のかなりの部分は，神が性的放縦を許し給うたという「啓示」をかれがふれまわったことに起因していた，という．しかしながら，12世紀の初頭，そして第1回十字軍のころから，イスラムをより真剣に評価する動きがあらわれる．それを象徴するのが，1143年にイングランドの学者ケトンのロバートによって，コーランがラテン語に翻訳されたという事実である．13世紀と14世紀には，ヨーロッパ人たちはイスラムについて以前よりは知識をもつようになっており，その知識に基づいて，以下の2点を著しい特徴とするイスラム観をつくりあげていた．第1は，コーランの記述はかなりの程度において福音書の内容の正しさを裏付け，立証している，という主張であった．そして第2は——第1の点と論理的にはいささか矛盾するのであるが——ムハンマドは預言者などではない，という攻撃であった．何の奇跡も行わなかった男，そして——キリスト教徒の間での言い伝えによれば——嘘つきで，放蕩の限りを尽くしていたという男が，どうして預言者であり得ようか？　ムハンマドののべ伝えた教えの中でもとくに二つの点が，キリスト教神学による攻撃対象として選び出された．第1は，（キリスト教徒も聖戦を行うのであるが）イスラムは武力行使を支持する（と信じられていた）という点であった．第2は，ムスリムが現世において享受する（と考えられていた）性的放縦であり，かれらが来世において約束されている官能的歓びであった．ダンテは偽預言者ムハンマドのためにすさまじい運命を用意してみせた．『地獄篇』において，哲学者のアヴィケンナ〔イブン・スィーナー〕とアヴェロエス〔イブン・ルシュド〕，中世騎士道の華サラディン〔サラーフ・アッディーン〕，といった少数のムスリムたちは，ヘクトルやソクラテスやアリストテレス同様，「高徳の異教徒たち」の範疇に入れられ，地獄の第1環で，比較的軽い罰を受けるにとどまっている．だが，イスラムの預言者であるムハンマドは，サタンの城塞を取り囲む10の陰鬱な壕の中の第9の壕に入れられ，「不和と分裂の種をまいた者」として，顎から肛門まで——桶の桶板が引き裂かれるように——たえず引き裂かれる，という刑に服しているのである．

　中世神学がイスラムに対して行った攻撃の大半は，ルネサンス，宗教改革をへて，18世紀に至るまで受け継がれた．ルネサンス期イタリアの典型的歴史家であるポリドロ・ヴェルジリオのイスラム批判は，中世以来の論法の繰り返しにすぎない．いわく，ムハンマドは魔術師であった．かれはキリスト教の修道士の教えを受けた．かれの異端の教説がひろまったのは暴力を用いたからであり，また，神が性的放縦を許し給うという教義のゆえである，等々．攻撃の中でもとりわけ目立つのは，ムハンマドはぺてん師だったというものである．17世紀にノリッヂ大聖堂の主席司祭によって著された悪名高いムハンマド伝には，「あますところなく明らかにされたぺてんの本質」という副題がついている．バルテルミー・デルブロの手になる，非常に影響力をもった百科事典『東洋全書』（ビブリオテク・オリアンタール）は，1697年に世に出たが，その中の預言者に関する項目はつぎのような書き出しではじまっている．「これぞ名うてのぺてん師ムハンマド．宗教の名をかたるに至った異端教説の始祖にして創立者」．エドワード・ギボンは驚くほど理性的で賢明な人物であり，『ローマ帝国衰亡史』の中でムハンマドのことをきわめて好意的に語ったが，そのかれでさえ，ムハンマドは熱狂家なのかそれとも単なる山師なのか，決めかねているありさまであった．預言者ムハンマドのイメージは徹底的な悪役のそれだったので，かれのイメージはヨーロッパ内部の神学論争において，説得力ある隠喩としてさかんに用いられた．そのようなわけでルターは，ローマ・カトリック教会のことを，ムハンマドの異端と同類であってキリスト教世界内部に悪魔がこしらえたものだと言って批判したし，ヴォルテールはイスラム批判を通じて啓示宗教全体を攻撃した．かれは自作の悲劇『狂信，あるいは預言者ムハンマド』の幕切れに，瀕死のムハンマドが後継者に「自分の悪徳をムスリムたちの目から隠すように，さもないとかれらの信仰は失われてしまうだろうから」と命じる場面を置いている．

　しかしながら，18世紀以降には，イスラムに対するより広い見方の基礎が形成されはじめた．ヨーロッパ内部では，キリスト教が人々に対する包括的な掌握力を失いつつあった．もちろん世俗化された心の中にも古いキリスト教的偏見は残ったが，それでもこの変化は，ヨーロッパ人が異なる世界観の存在を認めることを，そして時にはそれに共感することをさえ，徐々に可能にしていった．同時に，ムスリム世界の国々に対するヨーロッパ列強の関係も，オスマン帝国の脅威にお

1798年のフランスのエジプト侵略は，ムスリム世界に対するヨーロッパ人の姿勢に，大きな劇的な変化を与えた．十字軍以来，はじめてヨーロッパ人は東地中海世界に征服者として足を踏み入れたのである．古いキリスト教徒的な偏見は残っていたものの——今日でもなおそうであるが——今やヨーロッパ人は，一方ではゆるぎない優越感から，他方はイスラム文明の原動力とその発展の軌跡を理解したいという純粋な欲求まで，多岐にわたる新しい姿勢を模索しはじめたのである．この絵のなかでは，ナポレオンが，倒れ伏した敵の中で，ピラミッドの戦い（1798年7月）にむかうよう軍隊に号令をかけている．

びえている段階から，対等な関係に自信をもつ段階へと移行していった．オスマン帝国だけではなく，サファヴィー朝も，ムガル帝国も衰退したからである．18世紀末までには，ヨーロッパ人たちは，ムスリム諸国との力関係においてすっかり自信をもつようになっていた．この変化を象徴的に示したのは，フランスが1798年にエジプトに対して行った劇的な侵略・占領であり，イギリスが1799年に活発な抵抗を続けてきたインド・ムスリムの最後の拠点たるマイソールを征服した事件であった．19世紀になると，英仏とならんでロシアとオランダが，ムスリム諸民族を支配下に置きはじめ，ヨーロッパ人たちの自信はこの世紀を通じてさらに増大しつづけた．そして1920年のサン・レモ条約の段階までに，ムスリム世界の実に4分の3以上がヨーロッパの勢力下に入っていくことになった．ヨーロッパ人たちが中世キリスト教の物の見方から自由になるにつれて，そしてより多くのムスリムと出会い，その文明についてよりよく知るようになるにつれて，イスラムに対するより深い理解が可能となった．

にもかかわらず，18世紀以降のヨーロッパ人の姿勢の中でも，あの古い頑迷な態度は依然として力をもっていた．帝国の形成に便乗して，キリスト教の宣教師たちはムスリム諸民族の間をかつてなかったほど盛んに動きまわった．その結果，ヒーバー主教やリヴィングストン博士のような人々はムスリムに対して一定の共感を抱くに至ったが，他の人々はあまりにもやすやすと，伝統的なパターンのキリスト教的偏見に陥ってしまった．1851年にボンベイ小冊子・書籍刊行協会によって出版された『ムハンマド伝』の中には，中世神学がイスラムを攻撃する際に用いた論法の多くが，そっくりそのまま見られる．また，インド統治に携わった上級行政官サー・ウイリアム・ミュアーは宣教師たちのために『書簡（リサーラ）』というアラビア語の書物を翻訳したが，これは中世のキリスト教聖職者たちに，性的放縦・殺人・強制改宗などのかどでムハンマドを攻撃する材料をふんだんに与えていた文献であった．だが，ムスリムを即座に性や暴力と結びつけるこの旧式の連想を生かしつづけることに貢献したのは，宣教師たちばかりでなかった．19世紀中葉にエジプトを訪れた2人のヨーロッパ人——かの権威あるアラビア語学者エドワード・レインと小説家のギュスターヴ・フローベール——は，たがいにかけ離れた人物だったが，ともに，イスラム的社会において性や官能が占める位置に注目した．前者は極端な「性交の自由」についてほのめかしているし，後者のエジプト訪問はといえば基本的に一連の性遍歴であって，それはかれの著作にはっきりとした痕跡をのこしている．一方，植民地行政官たちは，当然のことながら，イスラムの暴力的側面に注目した．ムスリムがヨーロッパ支配に抗して聖戦に立ちあがるのではないかという危惧は，終始かれらの念頭を去らなかった．実際，アルジェリア，インド，はてはインドネシアといった互いに遠く隔たった国々でムスリムの抵抗に悩まされるにつれて，ヨーロッパ人にとって「ムスリム」という語と「狂信者」という語とはほとんど同義語となっていった．こうして，19世紀のヨーロッパの大拡張期に——ヨーロッパの世界征覇に対して最大の抵抗を示したのがムスリムだったために——イスラムは暴力の宗教であるというイメージがそれまで以上に定着することになった．「ムハンマドの剣とコーランとは文明・自由・真理に対する有史以来最大の敵である．」とサー・ウイリアム・ミュアーはいっている．

イスラムに対するキリスト教の敵意と著しく対照的なのは，ナポレオンのやり方である．啓蒙主義の申し子であるこの人物は，ムスリムの仮面をかぶり，自分のエジプトに対する帝国主義的企図の道具立てとして，ムスリムの諸制度を操縦した．1798年の上陸の際の「余は神と預言者とコーランとを敬う」という宣言を皮切りに，かれはムスリムの君主としての役まわりを演じはじめた．かれは預言者を公然とたたえ，近隣のムスリムの有力者たちに対する手紙の口上を「ビスミッ・ラーヒッ・ラフマーニッ・ラヒーミ（慈悲深く慈愛あまねき神の御名において）」というイスラムの決まり文句ではじめ，地元の宗教的・社会的指導者たちを自分の側につけた．こうしてナポレオンは，ヴィクトル・ユゴーの言葉を借りれば「西方からのムハンマドのごとく立ちあらわれて諸部族の目をくらませ」，イスラムを前にして，それまでのヨーロッパ人の大半にはまねのできなかったプラグマティズムを実践してみせたのである．後年，他の人々もムスリムを統治するにあたってナポレオンの例にならうようになったが，ナポレオ

ン本人ほど派手にやってのける者はあらわれなかった．

　ナポレオンは古典主義という時代精神の新たな勝利を象徴する人物だったが，かれのイスラムに対する姿勢の中には，疑いなく，一抹のロマン主義的色彩もまじっていた．イスラム的アイデンティティーを獲得しようとすることで，かれはロマン主義者たち同様，18世紀文明の古典主義的限界を乗り越えようと努力していたのであり，それはかれのエジプトおよび東方への進出がヨーロッパ国際政治システムの古典主義的限界に挑戦したことと対応していた．そうすることによってナポレオンは，イスラム世界に対するヨーロッパ人の姿勢の中でしだいに重要性を増しつつあった一傾向がどれだけ力を発揮できるか，その可能性を探究していたことになる．つまり，ヨーロッパ人の想像力を養う山海の珍味が並んだ食卓として，イスラム世界をとらえるという傾向である．刻々増加しつつあった旅行記の類が，そしてことに1704年ガランによって最初に翻訳された『アラビアン・ナイト』が，すでに100年近くにわたってヨーロッパ人の食欲をそそっていた．『アラビアン・ナイト』は，カリフや大臣や奴隷や霊鬼（ジン）やランプが登場して途方もない事件がもちあがる，夢のような世界を華麗に描き出してみせ，ヨーロッパ人が以後イスラム世界を抱懐するために用いることになる語彙とイメージの大半を提供した．実際，今やある者にとっては，イスラム世界は新しい可能性を探究するのに格好のエキゾチックな舞台となっていた．モンテスキューの『ペルシア人からの手紙』，モーツァルトの『後宮からの誘拐』，ゲーテの『西東詩集』などがよい例だ．またその一方でイスラム世界は，ヨーロッパ人が異国風の衣装に身をやつして敢行する自己探究の旅の舞台ともなった．ゆるやかな東洋風衣装を身にまとい，アラブの注目の的になることは，レディ・ヘスター・スタナップからT・E・ローレンスに至るまで，英国人たちの大いに好むところであった．スタナップは凱旋門をくぐってパルミラの遺跡に繰り込んだこと，何千というベドウィンのただ中に彼女のテントを張ってみせたことを自慢にしていたし，ローレンスはアラブ，ラクダ，砂，砂漠の戦闘，といったものへの昂奮からついに抜け出すことができなかったようである．だが，実際に旅行したにせよ，想像の中だけで旅したにせよ，これらのヨーロッパ人は，この世界の現実を味わうことよりは自分たちの幻想をこの世界に押しつけることの方に熱心だったのであり，この世界をそれ自体のために評価することよりは自分たちの目的のために利用することの方に興味があったのである．むろんかれらのロマンティック姿勢はイスラムに対する知識と共感とをいくらか前進させはしたが，結局は想像力による新しい障壁が造られて，偏見に基づく古い障壁のかなりの部分にとってかわったに過ぎなかったのだ．

　イスラムに対する以上のようなもろもろの姿勢から派生し，また逆にそれらを支えることにもなったのは，ヨーロッパ人の帝国の成立にともなってふくれあがり深く根を張ることになった優越感だった．1800年にロンドンを訪れたインド人ムスリム，アブー・ターリブ・ハーンは，ムスリムの風習に対して加えられる非難の洪水に耐えなければならなかった．非難の対象は，手で食事をとる習慣からはじまってメッカで巡礼者たちが行う儀式にまでおよんだ．ヨーロッパ人のやり方の方がすぐれているというこの思いこみは，ムスリム社会を実地に見聞した人々によっても共有されていた．アブー・ターリブ・ハーンのロンドン訪問から数年もたたぬころ，テヘラン駐在のフランス人外交官らは，現地人のやり口は知りつくしているといった口調で，ペルシア人たちには名誉とか恥とかいう観念がないし，物事を大げさにいう傾向がある，と不平をもらしている．また，さらに30年近くのちに，マコーレーはインドの教育に関する悪名高い覚え書きの中で，ムスリムには，「われわれと比肩しうるような」学問的「著作などというものはないということは誰しも認めるところ」であって，この点に関する限りはヒンドゥー教徒も同じだ，と言明

序論　イスラムに対する西洋の姿勢

イスラム世界に対するヨーロッパ人の伝統的イメージの大部分を占めてきたものは、セックスと暴力、そして狂信である。ルノアールが描いた(上)けだるい感じのアルジェリアの女奴隷からは、官能性と性欲がにじみ出ている。19世紀の画家たちや作家たちにとって、しばしば想像力の落ち着く先は、ハーレムとそこでの歓楽だった。ルノアールはこの婦人を1870年に描いたが、それはかれが実際にアルジェを訪れる9年も以前のことだった。(左)暴力のイメージについては、アンリ・ルニョーのこの光り輝くような、しかしショッキングな絵がすべてを物語っている。題は「グラナダのムーア人の王による略式処刑」。(右)「ムスリム」という言葉と「狂信的な」という言葉とは、ヨーロッパ人の心の中では同義であることがしばしばだった。そのうえ、ズィクルは、——これは神を心におぼえ、その栄光をたたえる際の助けとして神秘主義者が発展させたさまざまな技術であるが——しばしば珍しがられる対象であっても、まったく受け入れがたいものとみられてきた。この1880年の石版画は、カイロでのズィクルを冷淡に描写しているが、それは宗教的法悦よりも宗教的狂信をより多く物語っている。

している．驚くに値しないことだが，このような傲慢な確信は，インド政庁に英国統治の基盤の脆弱さを一時の間忘れさせ，政府は住民をキリスト教に改宗させようとする運動に精神的援助を与えさえしたのだった．ヨーロッパ人たちは，自分たちがムスリムとは異なっており，かつムスリムよりすぐれているということに自信をもっていた．実際，ヨーロッパ人にとってムスリムを統治することは神聖な権利でさえあった．他方，英国の首相グラッドストンの言葉を借りれば，ムスリムが「文明化されたキリスト教徒諸民族の上に善政を，もしくはなんとか我慢のできる統治を，敷くなどということ」は，「根本的に不可能」なのであった．

イスラムに対する姿勢がさまざまな形をとるのと並行して，イスラムの信仰と社会とに関する学問的研究も発展した．これはまず，コーランをより正確に訳すという作業とともにはじまった．マラッチによるラテン語訳が1698年，セールによる英訳が1734年に出版された．セールのコーランには序論がついており，その中でかれはムスリムが成しとげたことについて賛嘆をもって語り，またムスリムの文献を使ってムスリムの歴史を書くという作業を試みているが，これには先例があった．かれの少し前に，オックスフォード大学でアラビア語の教鞭をとっていた2人の教授――すなわちエドワード・ポッコークとその弟子のサイモン・オックリーと――が，数々の文献を収集・研究したのちに，イスラム史を，神学論争の一環としてではなく歴史として書いたのである．18世紀の末ごろになると，文学関係および宗教関係の多くの文献がヨーロッパの言語に翻訳されるようになった．中でも，1783年にベンガル・アジア協会を設立したことで知られるサー・ウィリアム・ジョーンズや，1822年にフランスのアジア協会の初代会長に就任したシルヴェストル・ド・サシの仕事が目立つ．19世紀には，研究の多様化が進展した．本質的に19世紀的な学問である宗教学，聖書批評学，比較文献学などの研究者が，イスラムとムスリムたちの話す諸言語とを自分たちの研究領域に引きこんだからである．20世紀の初頭に，これらの学問から独立した独自の学問分野として，イスラム学が姿をあらわす．ハンガリー系ユダヤ人イグナツ・ゴルトツィーハー，オランダ人の学者・行政官スヌーク・ヒュルフローニエ，スコットランド系アメリカ人のD・B・マクドナルド，そしてロシア人のV・V・バルトリドのような人々が，みずからをイスラム学の専門家と考えはじめ，自分たちの研究に最高度の学問的厳密性を帯びさせることに注意をはらった．かれらの打ちたてた学問的伝統は，これまでのところ，フランス人のルイ・マシニョンならびにイギリス人のハミルトン・ギブの業績の中にその最高峰が示されている．前者はイスラムの精神的側面に関する理解を深めることに大いに寄与し，後者はイスラムの歴史的発展の筋道を理解するための枠組を提供しようと努めた．第2次大戦後，イスラム学は順調な発展をつづけている．イスラム学はアメリカ合衆国においても発展し，また研究者たちは，社会科学，とりわけ人類学の視点を適用しはじめている．結果として，イスラム学は新しい様相を帯びることになった．これは部分的には，人類学者たちが研究対象を，中心部のイスラム諸国の古めかしい，かつ史料にもしばしば登場するようなコミュニティーから，アフリカや南アジアや東南アジアの部族や村々へと拡げたことに起因している．また，イスラムが地元の文化に対して行ってきた――そして現に今も行いつつある――多くの妥協を観察することができるようになったおかげで，一口にムスリムといっても多様なあり方があるものだということをわれわれが理解できるようになったことにも起因している．

当然予想されることだが，イスラムに関する学問的研究は，それが行われた社会の基本姿勢を反映していた．たとえばサイモン・オックリーは，イスラム文明の発展とそのヨーロッパへの影響についてありのままに書くことをめざしてはいたが，なおかつ，イスラムは不埒きわまりない異端だという18世紀初頭のヨーロッパにおいて通用していた考え方を捨てきれなかった．また，比較文献学者にして聖書注釈者でもあったエルネスト・ルナンは，イスラムが神の言葉の絶対的権威を強調する点でいかにもセム的であり，科学的精神に反し，進歩を阻害する，と考えた．イスラム文明は，科学と哲学の生みの親であるアーリア文明に劣る，というのである．実際，西洋文明，西洋的な世界観の方がイスラム的なそれよりもすぐれている，という確信は，西洋の多くの学問研究の基底部に本能的なものとしてひそんでいる．ムスリムの社会を想像力を働かせて理解しようとすることよりも，西洋の知識人の間で進行中の論争に加わることの方に重きを置いていると言われても仕方のない研究動向もみられる．さらに，基本的に不可知論的・物質主義的な環境に育った研究者にとって，信仰の力を理解することはとりわけ困難なようである．これは逆に，最もすぐれた，最も鋭敏な研究のいくつかが，敬虔なキリスト教徒によってなされたものであることの説明になるかもしれない．世俗の重圧が増しつつある時代にあって，これらのキリスト教徒たちは，自分たち同様唯一の神を崇めている人々に対して新たな親近感を抱いたのである．マシニョンは高徳な人柄で有名であった．他方，ギブは次のように公言している．「キリスト教の教義をあらわすために伝統的に用いられてきた隠喩は，最高度の霊的真理を表現したものとして，私を知的に満足させてくれる．」

ここでわれわれは，奇妙な逆説に直面することになる．つまり，中世のキリスト教神学の論証に端を発する反イスラムの伝統的敵意が今なお世俗的形態で存続している一方で，こんにちイスラムを真に理解する境地に一番近いところにいるようにみえるのは敬虔なキリスト教徒なのである．性的・官能的享楽に対する伝統的な非難は，今では婦人の地位に関する非難へと姿を変えている．暴力への懸念は，いくつかのムスリム社会において行われている非人間的刑罰と残忍な政治に対する抗議へと姿をかえた．ムスリム・パワーに対する恐怖は，西洋の勢力拡張にともない一時は優越感に道を譲ったが，石油がムスリムたちに西洋人の生活を左右する力を与え，自己主張にめざめたかれらが実際行動に出はじめた今，恐怖は再び頭をもたげている．さらに，現代の西洋人は，ムハンマドがぺてん師だという考えに頭を悩ますことがないかわりに，別のものを異端視するようになっている．すなわち，自分たちの社会生活と近代国家の運営とをイスラム法に従うものにつくり変えたいという，多くのムスリムの願望をである．実際，イスラムを受けつけないという態度は，西洋の世俗化した文化の中にしみついているようにみえる．それは時には，公然たる敵対感情にまで高まるのである．しかし，キリスト教界の指導者たちはもはやイスラムに対して敵対的ではない．かれらはもはや，この偉大なライバルである一神教に対して，それとの差異を強調しようとはしない．たとえば第2回バチカン公会議は，コーランが神の言葉であるか否かについて判断を下してこそいないものの，キリスト教徒に対して，イスラムに理解ある目を向けるよう呼びかけている．その宣言文によれば，

「ムスリムたちをもまた，教会は尊敬の念をもって眺める．かれらが拝する神は，実在し，永遠であり，慈悲深く，全能であり，天と地の創造者であって，人類に語り給う唯一の神である．アブラハムがそうであったように，かれらは神の人知を超えた命令に対してすら，それに全心全霊をあげて服従しようとする．イスラムの信仰はみずからをアブラハムに結びつけることこそ，よしとするのである．かれらはイエスを神と認めることはしないが，預言者の1人として崇敬する．かれらは処女なる聖母マリアをも敬い，時に，彼女に対しても敬虔な祈りを捧げる．さらにかれらは，神が万人をよみがえらせたのち各人に公正な報酬を与える審判の日を待っている．それゆえ，かれらは道徳的な生活を重んじ，とりわけ礼拝，施し，断食によって神を崇めるのである．」

第1部　啓示とイスラム史

REVELATION AND MUSLIM HISTORY

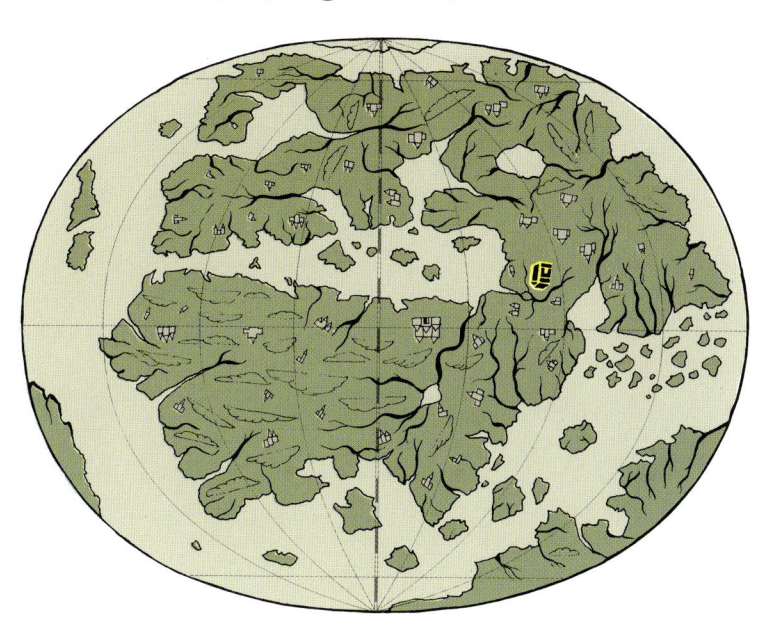

最初の9世紀間，622—1500年

イスラムの拡張（622—1000年）

1500年までに，ムスリムが支配するか，あるいは生活するかするようになった地域は，人類が古代から活躍していた地域の大半を占めるものであった．すでにバグダードとカイロはムスリム文明の偉大な中心であり，アテネとベナーレスはムスリムの支配下に入ったが，ムスリム勢力ははるかに広い地域に拡大した．西方では，かれらはモロッコの大西洋沿岸を守り，サハラの大砂漠と熱帯アフリカの多雨林との間に横たわるサバンナ地帯を巡回した．東方では，かれらは明帝国の中国各地に共同体をつくって繁栄し，マレー半島，スマトラ，ジャワの北部沿岸，フィリピンのミンダナオ島に信仰の豊かな土壌を発見した．北方でかれらは，タリム盆地からヴォルガ川大屈曲部のカザンにいたる地域でモンゴル遊牧民の信者たちの魂をとらえ，南方ではインド・デカン高原の端にヒンドゥー教国家を復活させたヴィジャヤナガル帝国と対峙しつつムスリム帝国を堅持し，そしてアフリカ東部沿岸ぞいにキルワやマダガスカルの北端まで南下浸透した．しかもイスラム文明は，ほかの宗教文明にとってかわる形でさらに勢力を拡大していたのであり，北東ステップ地方では中国の影響力にとってかわり，南および東南アジアではヒンドゥー教に挑戦し，西方ではキリスト教に判定勝ちしている．ムスリム勢力が後退したのはシチリアとイベリア半島においてだけであり，とくに有名なのは1492年グラナダ王国の崩壊によって800年にわたるムスリム支配が終わったことであった．だが南東ヨーロッパでのオスマン帝国の得点はこの失点を補ってあまりあるものであった．それは中部バルカンに押し寄せ，黒海北岸ぞいにクリミア半島に向かって進んだが，1453年に東方キリスト教世界の首都コンスタンティノープルを占領したことによって進出は頂点に達した．当時，これら雄飛するムスリム諸民族の力を統合し，誇示できるような単一の強大な政治的中心は存在しなかったけれども，この状況を世界史の展望のなかに位置づけてみれば，ムスリム勢力が競争者に対抗して最も強力に立ちはだかったといえるのは，この時代なのである．

イスラムの信仰がはじまったのは西暦610年ころのことで，アブド・アッラーフの息子ムハンマド（西暦570年生まれ）という名のメッカの商人が宗教的瞑想にふけり，啓示をえたことによる．メッカから数マイルのヒラー山中の人里離れた洞窟で，かれが眠っていると，大天使ガブリエルが現れて，かれに「読め」といった．ムハンマドがたじろぐと，ガブリエルはかれを息がつまるほどきつく押さえつけた．ムハンマドは「なにを読むのですか」とたずねた．そこで大天使はつぎのようにいった．「凝血から人類を創造し給うた汝の主の御名において，読め，汝の主はこのうえなく寛大なお方，ペンをもって教え給い，人類に未知のことを教え給うた」．これはムハンマドが神から受けとることになった多くのメッセージのうちの最初のものであった．それらがまとまって聖典コーラン〔正しくはクルアーン〕となるのだが，クルアーンというアラビア語は「読むこと」または「読み誦えるもの」を意味している．これらの啓示に霊感をえたムハンマドは，メッカの人々に説教をはじめ，かれらが崇拝していたあまたの偶像を捨て去り，一つであって分かつことのできない神のもとにひざまずくよう説いた．だが，ムハンマドに従う者はすくなく，反発する者が多かった．622年，かれは支持者とともにメッカの北東340kmほどのところにあるオアシスの町メディナに招かれて移った．

メディナ移住がムハンマドの使命のうえで決定的な時期を画したものだと認めたムスリム第1世代の人々は，この622年をイスラム暦の第1年と定めた．メッカでは，かれは一私人・一市民として新しい信仰を説いていたが，メディナではたちまち統治者となり，政治的・軍事的・宗教的権力を行使するようになった．この変化はムハンマドが伝える啓示の中にはっきり示されている．つまり，コーランのうちメッカ啓示の章はおもに教義や倫理に関係があり，メディナ啓示のそれは政治や法律の問題に関係している．政治や法律の問題は，宗教的共同体が一つのムスリム国家に成長するにつれて表面化してきたものである．632年6月8日，ムハンマドが死去するまでに，かれのなしとげた事業は目をみはるべきものであった．かれは古代世界の人目につかぬ片すみに放置されていた遊牧民や都市民に唯一神への信仰をさずけ，偶像崇拝をやめさせて，それよりもはるかにすぐれた生活への道をさし示す啓示の書を与えた．かれはまた，戦争やたくみな連合の形成によって，メディナを起点としてかれのひきいるコミュニティを拡大していき，ついにアラビア半島の西部を支配する国家を築きあげたのである．

ムスリムは，ムハンマドが神のつかわした預言者たちのうちの最後のものであったと信じている．ムハンマドは，アブラハム，モーセ，キリストといった偉大なヘブライ人の預言者たちがすでに開始していた，真の一神教への道を教えると

右　アラブはイスラムのメッセージをはじめて世界に伝えた．それは西方はスペイン，東方はインド，中国にまでおよんだ．10世紀にアラブ騎手を描いたこのペン画は，アラブ軍が地中海や西アジア世界の政治地図を再編成してから200年後の想像の産物だが，初期のムスリム軍の，脅威とはいえないまでも，その躍進ぶりをうかがわせるものである．

左　「読め」と大天使ガブリエルはいった．ラシード・アッディーンの『世界歴史』から転載した14世紀のこの絵は，メッカ北東数kmのヒラー山中の洞窟で，天使が神のメッセージを預言者に伝えている情景を描いたものである．ムハンマドは，当時のユダヤ教やキリスト教の禁欲主義者と同様，砂漠に引きこもって瞑想する習慣をもっていた．

いう仕事を完成させたと考えられているのである．かれはみずからの説いた信仰を最終的にイスラムと名づけたが，その意味は神への「服従」ということである．ムスリムとは服従する人であり，ムスリム共同体とはムハンマドを通じて人類に伝えられた神の最終的な啓示を受けいれた人々の集まりである．この共同体の中では，主権は神にだけある．宗教の分野と世俗の分野との間の区別はなく，「神のものは神に，カエサルのものはカエサルに」といった政治権力と宗教とを分ける区別もなかった．すべてはコーランに示された神の意志に従属していた．共同体の指導者——ムハンマド亡き後はカリフ（後継者）がそれにあたるが——の機能は神の意志を施行することであった．かれが施行すべきことの内容はムスリム共同体によって告知されることになっていたが，共同体は神の意志を高くかかげ，神の導きのもたらす恩恵を人類のうちの他の人々にもおよぼすことを義務としていたのである．

新しい信仰に点火されたムスリムたちは，アラビア半島西部から爆発的にあふれ出し，地中海世界・西アジア世界に久しくうち立てられてきた政治地図をまたたくまに再編成してしまった．634年までにアラビア半島の残る部分は征服され，さらにムスリムたちはパレスティナにまで進出しはじめていた．8年後には，ビザンツ，サーサーン朝両大帝国をうち破り，シリア，イラク，西イラン，エジプトを支配下にいれた．第3代カリフ，ウスマーンが656年に死去するころには，ムスリム軍は西方はキレナイカ，北方はコーカサス，そして東方はオクソス川〔アム川〕およびヒンドゥー・クシュ山脈にまで進出していた．その後の拡張はやや緩慢になったが，それでも711年までに東方ではスィンド占領に乗り出し，712年までにタシュケントに到達，中央アジアをイスラムのために確保しはじめた．この成果が固まるのは，751年に中国(唐)の軍勢をタラス川の戦いで敗退させたときである．

西方では709年に北アフリカ征服を完了し，スペインを経てフランスに進出したが，そこで北方に向かっての拡張は結局732年ポアティエの戦いでフランク人によって阻止された．8世紀中葉までに，ムスリムのカリフたちは，東はインダス渓谷やタシュケントから，西はアトラス山系やピレネー山脈にまでひろがる広大な帝国を，首都ダマスクスから支配するようになった．ムスリムの勢力拡大はまことに目ざましく，この勝利はムハンマドが預言者たちの歴史をしめくくる封印〔すなわち最終の預言者〕であったということを証明するものであったように見え，そのことによってムスリムたちの思想に消え去ることのない〔自信の〕刻印を残した．ムスリムはみずからの采配で歴史を動かしたと感じたのである．

ムスリム共同体はほかの人々に対しては勝利をかさねたにもかかわらず，最初の120年間に三つの大きな内戦を苦しみぬいた．この紛争を一貫する要素は，預言者ムハンマドのいとこで娘むこともなったアリーの一派からの反抗だった．つまりアリーのシーア（党派という意味），あるいはカリフ位を占有した人々の側ではしばしば単にシーアとして知られる勢力である．シーア派は正統的な指導権が預言者ムハンマドの子孫に属するものと信じた．かれらの抵抗が表面化したのは第3代カリフ，ウスマーンの治下であった．ウスマーンが暗殺され，その情勢に対応してアリーがカリフを継承すると，戦争が勃発した．661年にアリー自身がクーファの本拠で暗殺され，長男がカリフを継承しないと宣言して，やっと戦争は終結した．だが，反対派のシーアはここでおさまらず，それどころかさらに刺激されることになった．それは本来的にも理想的にも常に選挙によるべきカリフ位が，いまではメッカの貴族ウマイヤ家の王朝的所有物となってしまったという事実によってである．680年，第2次内戦がはじまり，アリーの第2子フサインがウマイヤ朝カリフ，ヤズィードに対して反乱をおこしたが，フサインはかれのひきいる小軍勢の大半とともにカルバラーで虐殺されてしまった．こうして預言者の孫や近親者は滅ぼされ，若いムスリム世界は恐怖におののいた．ウマイヤ朝の太守がフサインの頭をツエでひっくり返すと，群衆の中から「そっとせよ．その顔に神の使徒のくちびるをみた」と声がかかった．ただちにシーア派の抵抗の新しい激動がおとずれ，692年までそれはしずまらなかった．結局，シーアは一つの宗派に形成されていったが，その独特の信念はカリフのかわりにイマームを置くことであり，シーア派の人々はそれぞれの世代ごとに，そのイマームからムハンマドの啓示の本来の光を受けとることができると考えた．シーア派の最も神聖な儀式は，その光の最も純粋な源泉がカルバラーで虐殺されたことを嘆き悲しんだのである．このため，シーア派は引き続いてウマイヤ朝カリフに反抗し，ほかの勢力とともに第3次内戦を戦い，750年にウマイヤ朝を打倒し，そのかわりに預言者のおじアッバースの子孫を擁立するにいたった．

アッバース朝カリフ国家の樹立は，ムスリムの勢力拡張の第1段階のおわりを画した．なぜなら，これから数百年間にわたって，ウマイヤ朝が獲得した境界線からはほとんど進出することがなかったからである．むしろ内側への拡張と地固めとがなされた．いまや偉大なムスリム文明が創造された．アラブはムハンマドの啓示とそれを日常生活にあてはめるため開発した道具とをもたらした．つまり預言者の生活に関する伝承や，言語および法の研究がそれである．これらはいまやアラブが支配するにいたった古い伝統をもつ文化・文明とたがいに影響しあい，ゆっくりとムスリムの生活をつくりあげていった．

他方，征服された人々は，アラブの武器が生みだした「イスラムの平和」の中で，前例のないほど出会いと混合をかさね，そこに輝かしい文明が創造された．人や物資が中国からエジプトへ，スペインからインド西部へ移動するにつれて，貿易が発達した．都市が生まれ，762年に創設されたアッバース朝の首都バグダードは主要な商業中心地となり，それに先立って栄えたギリシアの首都セレウキアやササン朝の首都クテシフォンをしのぐ規模となった．ペルシア人，イラク人，シリア人，エジプト人はいずれも，建築や美術ですぐれた創造的成果をあげるのに貢献した．イラクのサーマッラ，チュニジアのカイラワーン，カイロのアフマド・ブン・トゥールーンなどの偉大なモスクは，新しいムスリム文明の自信や力強さの証人としてそびえ立っている．『アラビアン・ナイト』はエジプト，インド，中国，ギリシアそのほかの地方から集められた説話だが，カリフのハールーン・アッラシード(786－809年)のもとでのバグダードのまちのはるかな地平線とその都市生活の壮大さを明らかにしている．

知的な活動もまたさかんになった．宗教研究はサマルカンドからスペインにいたる町々で強化され，知識の探究は歴史，文学，ギリシア医学，ギリシア数学にまでおよんだ．ギリシア数学は代数，三角法，さらに地理学をも含むようになった．これらの学問の課題としての多様さと範囲の広さは時代のビジョンの拡大を反映している．ちょうどこのころ，純粋理性に基づいて人間の知性が神意にまさるとする古代ギリシアの論理学や哲学の方法が登場して，宗教文化に真剣に挑戦した．同時にイスラムの主要な科学である法学も確定的な形を与えられた．コーランとハディースを基礎として，四つの法解釈学派が形成されたが，それぞれ重要な点では差がなく，その範囲とするところは包括的であった．実際，人間生活のあらゆる局面で，イスラム法に規定されていないことはないとい

最初の9世紀間，622—1500年

うのである．だからこそイスラム法はムスリムの生活様式を決める上で決定的な力を発揮し，また過去も現在も，世界のムスリムの外見や精神をますます均質化していくための重要な手段となっている．ムスリム社会がどこで発展しようとも，アラビア語はいうまでもなく法律や宗教文化の言葉であり，したがってほぼそのままの形で残ったわけである．

カリフがダマスクスからバグダードに移ったことは，単なる王朝の交替以上の意味をもった．それはイスラム文明の中心が東地中海からアジアの境界地方に移ったということでもある．バグダードはササン朝の古都クテシフォンからわずか56 kmしか離れていない．このため，スペインや北アフリカからの影響に加えて，中国やインドからの影響にもさらされることになった．またいまや，帝国支配下の民衆，とくにペルシア人が強く自己主張するようになるにつれて，アラブの政治権力は急速に低下しはじめた．カリフの権威を代表するものは，ベドウィン兵の爆発的な活力よりも，むしろ，行動のおそい帝国の官僚機構であった．この官僚機構はササン朝の過去から多くの遺産を受けついでいたのである．

アラブ文化はムスリム世界を統一する力として成長をつづけたとはいえ，やがてカリフの権力そのものは衰退した．事

1500年時点でのイスラム世界の拡大

この地図は，イスラム史の最初の9世紀がほぼ絶え間のない拡大期であったこと，ただ例外的にスペイン，ポルトガル，シチリアで後退が起こったこと，また東地中海地方で十字軍を相手に一時的に手を焼いたことを示している．イスラムにとっての最大の脅威は，モンゴルの侵入者からのものであった．だが，ムスリムはモンゴル人をイス

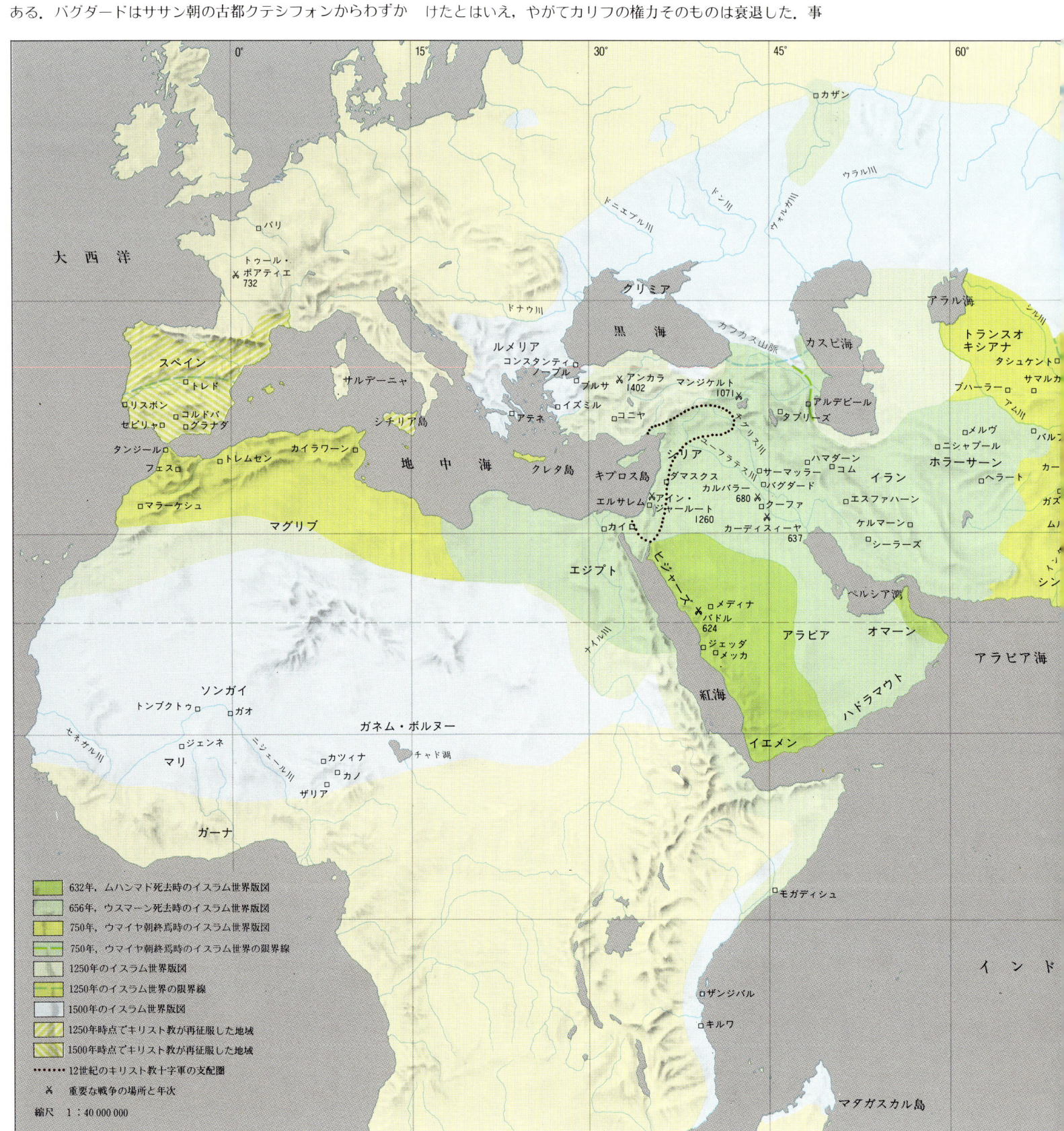

ムに改宗させることによって，この深刻な苦境を好機へと切りかえ，ロシア，中央アジア，中国にさらに拡大していった．

サハラ以南のアフリカ，インド洋沿岸から東南アジア一帯でも，主として通商ルートにそって，イスラムは異教徒たちに伝えられた．イスラム信仰の拡大を先導するのは，だいたいスーフィー，つまりイスラム神秘主義の人々であった．

実，アッバース朝は，ウマイヤ朝がやったようには決してムスリム世界の全体を支配することがなかった．アッバース朝の成立自体が，スペインに独立王朝を生んでいる．これは逃亡したウマイヤ朝の王子の1人が756年に創設したものである．8世紀末から9世紀にかけて，ほかにも独立政権が誕生している．マグリブのイドリース朝，アグラブ朝，エジプトのトゥールーン朝，東方のターヒル朝，サッファール朝，サーマーン朝などである．これらの王朝は実際に独立を保ちながらも，アッバース朝カリフを全イスラムの支配者と認めた．だが10世紀に，この名目的な支配権はシーア派のファーティマ朝から挑戦を受けることになる．ファーティマ朝は当初はチュニジアに登場したが，次いで969年に占領したエジプトに独自のカリフを擁立し，その最盛期には北アフリカ，シリア，アラビア南部・西部の大半を支配下におさめた．スペインのウマイヤ朝はただちに自己防衛のため，コルドバにカリフ国樹立を宣言した．このため，一時的にせよ，イスラム世界には3人のカリフが共存した．最も広く正統性を認められたのはアッバース朝カリフだが，10世紀なかば以降はそれもブワイフ朝のかいらい同然となった．ブワイフ朝はシーア派の山賊的集団の中の一族が起こしたもので，メソポタミアとイラン高地に国家をつくりあげた．

9世紀と10世紀は，ムスリム世界の中でペルシア人的アイデンティティーが急速に明確化していった時期である．アッバース朝の東方に生まれた独立王国はペルシア系であった．アラブがササン朝を食い荒らしたとき，そっくり飲み込まれてムスリムに改宗させられたペルシア人が，こうしてもう一度，政治的に発言しはじめたのである．これらの王朝，とくにサーマーン朝（819-1005年）は新しく展開するペルシア文化の保護者となった．もちろんペルシア人は，数世紀にわたって宗教科学を発達させ続けたと同様，アラビア語による偉大な国際的ムスリム文学の開花にも目ざましい貢献をしている．だが，かれらはまた自身のイスラム化以前の言語をも保持していた．その言語はアラビア語から借用した単語を加えてアラビア文字で表記するもので，独自の力強い文化的手段として，再浮上したのであった．ペルシア語はペルシア人の民族的アイデンティティーを最も強力に支えるものとなった．それはことにフェルドゥースィー（935-1020年）が『シャーナーメ』を作詩したことによって明らかとなった．この作品はペルシア人大衆の記憶の中に豊かに生きており，ペルシア人の英雄主義の理想を完全にとらえている．こうしてペルシア語は，イスラムの第2言語となってアジアのムスリム帝国で使用されたほか，洗練された文化の媒体，さらにその文学的資産として，教育の源泉とも人間の美徳の範例ともなったのである．

遊牧民の侵入

10世紀の末までに，イスラムは世界に飛躍した．そこでは通商が活発となり，輝かしい知的努力がなされ，芸術上の達成もいちじるしかったが，初期のころにみられた政治的統一と軍事力を失った．つぎの5世紀間，その中心部は遊牧民の侵入に苦しむことになった．とくに中央アジアからの遊牧民がイスラム圏に侵入したが，ほかの遊牧民はロシア南部や東ヨーロッパに攻め入った．まずトルコ族である．かれらは9世紀に，捕虜奴隷または一攫千金を夢みる兵士として浸透をはじめた．977年，そうした兵士の1人がサーマーン朝下のガズナの支配権を握ってガズナ朝を樹立，1000年から1030年にかけて17回の大きな戦闘ののち，北インドを征服した．

ついで11世紀中ごろ，トルコ族がどっと流入をはじめた．すでに100年前にサーマーン朝によってイスラムに改宗させられていたこれらトルコ人は，セルジュークとして知られていたが，たちまち西アジアの大半を制圧し，小アジアにイスラムの旗を進めた．これはアラブにはできなかったことである．アフリカでも遊牧民が動いていた．アラブ諸部族は，初期のアラブが北アフリカ沿岸に築いた文明の拠点を襲撃しては，破壊した．さらに西方では，ベルベル族の遊牧民がセネガル川やニジェール川の流域にイスラムをもちこんでいた．だが，この時期についてのわれわれの第1の関心は，やはりまだイスラム圏の中心部に向けられる．そこでは1100年までにトルコ人がカリフ国家の支配をうち立てていたが，イスラ

ム共同体の支配権は，エジプトのファーティマ朝がこれを分けあっていたのである．

トルコ人の登場は，イスラムの発展のうえできわめて重要な出来事だった．イスラムの指導的種族にこの第3の種族が加わり，新しい血とエネルギーとをもたらしたからである．トルコ人がブワイフ朝のくびきからアッバース朝を解放し，新しい制度として広範囲におよぶスルタン制を築いた結果，カリフ制はさらに生きのびることになった．以来，カリフは実際の政治権力の保有者に正統性を認知するものとなった．1058年カリフが，最初のセルジュークのスルタンを認めたのが，そのはじまりである．そしていまやスルタンの義務は，その権力をイスラム共同体におよぼし，外部からの攻撃と内部からの神の言葉の否定とに対抗して，共同体を守ることであった．東方では，ガズナ朝のトルコ人が北部インドのムスリム権力を強固に確立し，インド亜大陸で勢力拡張を効果的にはじめようとしていた．インド亜大陸でイスラム文明がどこよりも豊かに花開こうとしていたのである．西方では，セルジュークの小アジア侵略によって小アジアがトルコ人の新しい領域にくみ込まれはじめ，そこを基地として過去600年のうち最大のイスラム帝国が南東ヨーロッパに向かって拡がろうとしていたのであった．

1071年，ヴァン湖の北西マンズィケルトで，セルジュークがビザンチン・キリスト教国軍に大勝利をおさめたことが，約25年後の第1次十字軍の呼びかけにつながり，さらにつぎの200年間にわたるヨーロッパ人十字軍戦士の流入につながった．パレスティナでの十字軍の活動は，西欧の記録では重視されているが，ムスリムにはささやかな刺激にすぎなかった．しかし，長期的にみると，それは地中海でのムスリムとキリスト教徒との間の通商を活発にしたほか，ムスリム支配下のキリスト教徒の状況をきわめて悪化させたものとして，とりわけ重要な出来事である．ところが，パレスティナの外側では，ムスリムは消し去りがたい敗北をこうむっている．1091年，ノルマン人はシチリアの再征服をなしとげ，1147年には第2次十字軍がリスボンを奪い返した．さらに1212年までに，キリスト教徒はスペインの大半を取り戻し，ムスリムには南部のグラナダに小さな一角が残されただけであった．

トルコ人の出現よりもはるかに重要なのが，モンゴル人の到来であり，これは定住世界に対する遊牧民の最後の大侵略といえる．最初の波はチンギス・ハーンの指揮するもので，1220年から1225年の間にトランスオキシアナ，ホラーサーン，コーカサスがかれの支配下にはいった．第2波によって，1255年に中央アジアが，かれの孫のフラグの支配下にはいった．1258年までに，バグダードが荒らされ，アッバース朝の最後のカリフとその家族がほろぼされ，絨毯の下に踏みつけられて死んだ．1260年までに，エジプト，アラビア半島，シリアおよびその西方の土地を除いて，ムスリム世界のほとんどが異教モンゴルの最高支配権を認めた．しかも，エジプトなどの地域がモンゴルのムチから生きのびたのは，まったくの偶然によるものであった．1259年，たまたまメンゲ・ハーンが死去したため，フラグの目が東に転じ，エジプトのマムルーク勢力に対して小兵力だけをあて，1260年ナザレ付近のアイン・ジャールートで敗北を喫した．マムルーク朝としては，トルコ人およびキプチャクの奴隷兵の活躍で勝ちとったこの勝利によって，カイロにカリフ制を再興し，1517年のオスマン朝による征服にいたるまで，ナイル渓谷に古いアラブ・イスラム文明を維持することができることになった．モンゴルに支配されたムスリムは，しばらくの間，モンゴル帝国の首都の北京から統治を受けたが，1258年までに三つの大モンゴル国家に分割された．つまり，中央アジアのチャガタイ・ハーン国，ヴォルガ盆地のキプチャク・ハーン国，そしてイラク・イランにおけるフラグの末裔イル・ハーンの国家である．これらの国家が傾いて，モンゴルの威信が低下すると，片足のティムール・ラングがこれを回復させた．西欧ではタメルランとして知られるかれは，中央アジアの草原からの最後の大侵攻軍を指揮した．1370年から1405年までの間に，かれはタシュケントからメソポタミアにいたる広大な帝国を確保した．さらにデリーを攻略，カイロをおびやかして従順に降服させた．この点でかれはモンゴルの祖先（血統的にはモンゴル系以上にトルコ系でもあるが）よりも成功したといえる．

モンゴルによる侵攻の衝撃は，ムスリムおよび非ムスリムの歴史家がかつて主張したほどには壊滅的ではないにしても，やはり巨大なものであった．異教徒がイスラム文明の中心地を征服したのは明らかにはじめてである．だが，かれらも14世紀の初頭までにイスラムを受けいれるようになった．この結果，アルタイ山脈にいたる中央アジアでイスラムが引きつづき保持されることが確実になったわけであり，このことはムスリムのみはずれた成功とみなければならない．モンゴルの征服が実際に進むと，サマルカンドからバグダード，デリーにいたる地域にあまた存在した都市社会がめちゃめちゃに破壊された．かれらは定住民のより高度の文化を破壊すること自体に喜びを感じた．灌漑システムの破壊にともなって経済が停滞し税収入が低下しても，また都市住民が虐殺され，気味の悪い頭がい骨の塔がつくられても，意に介しないようにみえた．これらの頭がい骨は朽ちはてるにしたがい夜間，青白い光を発するが，それは人々に抵抗すれば恐しく危険な目にあうのだと警告していた．しかし他方，モンゴルのハーン一族とその後継者たちは，芸術と科学を含むイスラムの学術を保護した．これは前例のないことである．タブリーズではラシード・アッディーンが世界史家として活躍，ティムール支配下のサマルカンドではサード・アッディーン・タフタザーニーが多くの書を著したが，これらは今日までイスラム学術の神髄とされている．ナスィール・アッディーン・アットゥーシーとウルグ・ベクは天文学を育てた．サーディー，ハーフェズ，ジャーミーはペルシア語の詩を最高峰にまで高めた．細密画は，中国の影響から養分をえて花開き，ヘラートの宮廷でビフザードの業績となって最もすぐれた果実を生んだ．モンゴルがみずからの破壊した都市の少なくともいくつかを再建したことから，建築も新しい発展を示した．そのうえ，全体的効果としてペルシア文化の発展が目ざましく，同時にそれは広範囲にひろまったため，ペルシア文化は東部イスラム世界の支配的な文化となったのである．そして最後にモンゴルはイスラム化とともにトルコ化をとげた．かれらはトルコ人の政権を打倒しながら権力を掌握したのだが，かれら自身，トルコ族を率いたエリートそのものであり，その征服によって小アジアから北インドまでトルコ人の政治的支配が確立されたのである．これらの人々のなかから，近代の初期を支配する3大帝国の創設者が登場してくる．

イスラム世界最大の拡大

イスラムはモンゴルと激しく争いながら，その周辺部では拡大もしていた．貿易の成長はインド洋沿岸地域ならびにサハラ南部地域でのイスラムの拡大の中心的推進力となった．こうしてアフリカ東海岸，インド南西沿岸地域，中国の港湾都市にムスリム社会が生まれた．1200年までに，グジャラート，ベンガル，ついでまもなくビルマのアラカン沿岸にも，ムスリム社会が誕生した．それから13世紀に，マレー海峡の両側の中継港地域の社会がイスラム化した．これは東南アジ

上 トルコ・ヴァン湖地方のゲヴァスにあるハリム・ハトゥーンの墓塔で，14世紀につくられた．墓塔はしばしばトルコ族の到来とともにひろまり，遊牧トルコ族の特徴的な建造物となっているが，トルコ族の到来する2世紀前にはペルシアの伝統を取り入れた塔も建造されていた．トルコ族は中央アジアの祖先崇拝の祭儀の風習をもたらしたようである．というのは，トルコ族の墓は中央アジアで葬儀用に使われたテントに形がよく似ているからである．

モンゴル兵の馬術は，軍事史の上でも最も威力を発揮したとされている．それによって，モンゴルの王族たちは世界の歴史上，最大の大陸帝国の版図を制覇することができた．その版図は，東のジャワ，朝鮮から西のポーランドまで，北の北極から南はトルコ，イランにまでおよんだのである．モンゴル軍は戦略，機動性，持久力，規律ならびに連携戦術にすぐれていた．かれらは近代の参謀本部ににた組織さえももっていた．

アの島々にイスラムが着実に拡大する道をひらいたものとして重要な出来事である．1500年までに，マレー半島沿岸，スマトラ，ジャワの北部沿岸周辺に，イスラムが確立し，さらにモルッカ諸島，南部フィリピンにも進出していった．アフリカのサハラ南部にイスラムがもたらされたのは，船ではなくラクダによってであった．ムスリム商人がギニア海岸の金や奴隷を，北部の手工芸品や塩と交換していた．西スーダンで偉大なる歴史的段階が展開していた．たとえばセネガル川やニジェール川のかなたのガーナ王国だが，これは11世紀にムラービトゥーンと呼ばれる修道士たちの築いたベルベル帝国に編入された．マリは12世紀から14世紀にかけて大西洋からニジェール川の大屈曲部まで拡大し，その巨大な富はヨーロッパで伝説となった．ソンガイは14世紀から16世紀まで中部スーダンを支配した．各地からの商人が学者や詩人とまじわる場所には，大きな都市が成長した．ソンガイ帝国の首都ガオ，南部マリの学術中心地ジェンネ，東西スーダン・ベルトの知識，文化，経済の首都トンブクトゥなどがそれであった．

他の地域ではムスリムの居住地を拡大する場合，効果的なのは貿易よりも武器であった．インドではトルコ系のハルジー朝とトゥグルク朝がデリー・スルタン国の支配権を一定期間，南部にまで拡大した．征服の潮流がしずまると，後継ぎの国家が生まれ，そこではムスリムがヒンドゥー教徒住民を圧倒的に支配した．小アジアでは，オスマン・トルコ族が主としてキリスト教世界とイスラム世界の境界にガーズィー，つまり信仰戦士の小さな集団を配備した．13世紀なかばに創設されたガーズィーは，14世紀なかばまでに小アジアの北西部を征服し，ルメリアに入った．ティムールを相手どって戦ったアンカラの戦いでの大敗から生きのびた後，オスマン勢力は1453年，キリスト教世界の東方の拠点コンスタンティノープルを奪取，ギリシアとヘルツェゴヴィナを併合し，ボスニアや黒海北部沿岸の国々にも支配権を行使しはじめた．中国ではモンゴルの元王朝（1279—1368年）が西方からムスリムを官吏として連れてきた．この結果，全土にムスリム社会ができていったが，つねに最も多数のムスリムを擁する社会が存在していたのは，イスラム化したタリム盆地の東端のカンスー（甘粛）と南西辺境のユンナン（雲南）とである．

1500年までに，イスラム世界を政治的に統合しようという希望はすでに消えてしまっていた．イスラム世界全体をおおう普遍的カリフ国家などは，政治思想家や夢想家にとってだけの主題となってしまった．二つの大きな権力中心があいついで生まれた．一つはエジプトであり，そこではトルコ人やチェルケス人のマムルーク朝がさらに高度なアラブ文化をはぐくんだ．もう一つのオスマン帝国はボスフォラス海峡にまたがる存在となって，イスラム世界帝国の支配王朝であるむね自己主張しようとしていた．それ以外の地域では，権力は多くのスルタンの間に分割されていた．しかも，権力の分散にともなって，文化の多様性も拡大していった．二つの高度文化によって，ムスリムも分化した．エジプトやアフリカや南方海洋の商人たちを構成するアラブ系ムスリムと，トルコ人がつくりあげた陸上の大帝国群のなかに拡散したペルシア系ムスリムとである．しかも，イスラムが普及を続けるにしたがって，アフリカ，インド，東南アジアでイスラムに帰依する人たちがふえていった．これらの人々がみずからの文化や宗教を表現するとき，そのおもな手段としてアラブやペルシア人のやり方に頼ることはほとんどなかった．にもかかわらず，最も重要な問題では，共通の基準が保たれた．コーラン，ハディース，法，技術によってかれらは社会的勢力を形づくる必要があった．つまりはアラビア語の修得ということである．こうして1325年から1354年の間に，モロッコの学者イブン・バットゥータはムスリム世界を12万km旅行することができた．旅はタンジール・トンブクトゥから中国，スマトラにまでおよんだが，訪れたさきざきで，またしばらく滞在することに決めて裁判官として働いたさきざきで，ほとんどいつも，うやうやしく迎えられたのである．

イスラム的生活の形成：法

成長しつづけるムスリム共同体の信仰と行為のあり方を決定するのに大きく影響したのは，聖法とスーフィー神秘主義の二つだった．聖法は，ムスリムが神と同胞に対してどのように振る舞うべきかを教え，スーフィー神秘主義は心の中でどのようにして神を知るかを教えてくれた．二つはともに，コーランとハディースとに基づいている．

コーランはムスリムの生活にとって，もっとも基本的で，もっとも奥行きの深い案内役であり，標準的には，114の啓示が，下された順序によるのではなく，最初の短い第1章を除いて，だいたい長さの順に配列されており，第2章は286節あるのに対して，第114章は六つの短い節からなるのみである．前半の章の多くは，メディナでのムスリム共同体の政治的，法的な問題を扱い，後半は初期の啓示でのムハンマドの倫理的発言を，緊張感を漂わせた恍惚とした調子で語っている．このコーランの全体がムハンマドの存命中に書かれたものかどうかはわかっていない．一般には，ムハンマドの死後数年たってから，「羊皮紙や革の小片，石板，ヤシの葉の芯，ラクダの肩甲骨や肋骨，また板きれ，そして人々の心の中」に記されていたものから編まれたと考えられている．しばらくの間は，いろいろと異なる版がみられたが，ウマイヤ朝末期には些細な部分を除いて統一された版が確立した．

コーランは神の言葉である，とムスリムは信じている．実際のところ，それは厳しい口調で人に語りかけていて，キリスト教徒の新約聖書の静かな忠告の調子とはきわ立った対照をなしている．コーランは完全な書であり，正常な精神生活

右　11世紀末，イラクまたはイランの東部クーフィー体で書かれたコーランの頁の1つ．イスラム学術の初期の中心地であったイラクのクーファから名前を取ったクーフィー体は，その文字の静的な形状に特徴がある．それはコーランの全節に流れる命令調を浮彫りにしているように思われる．初期のコーランの多くはクーフィー体で書かれたが，この書体は記念碑的刻文にもひろく使用された．コーランを一定の書体で書写する仕事は，ムスリムにとっては常に重要な信仰表明の行為とされてきた．

を送るために知らなくてはならないすべてのことを説明しており，節から節へと実に多くの事柄に人々の注意を促している．いわく，神は唯一であり，みることはかなわない．何物も神と人の間にはなく，何者もその間に立つことはできない．神は全能である．神は人を創造し，人はいつ神の怒りをまねくかわからない．人は神の怒りをどうすることもできず，許しはただ神の御恵みでもたらされるが，神への奉仕に捧げられた日々を送ることによって，神の許しにふさわしい者になることはできる．天国に行きたいと望むならば，神にしたがってたどらなくてはならない正しい道がある．その道からはずれたならば，審判の日におおいに苦しむことになるだろう．コーランの第2章第1節は「神なるわれはすべてを知る者なリ」とはじまる．

> これこそは，疑念の余地なき（天啓の）書，（神を）畏れかしこむ人々の導きの書．
> （その人々とは）すなわち不可知なるものを信じ，礼拝の務めを守リ，我ら〔神の自称〕の授け与えた（よき）ものを惜しみなく頒ちほどこす人々．
> また汝〔ムハンマド〕に啓示されたもの，ならびに汝に先立って啓示されたものを信仰し，かつ来世を固く信じて遅疑することなき者ども．
> かかる者どもこそ己が主の導きの道を踏み行く人，かかる者どもこそやがて栄達に至る人々．
> まことに，信仰なき者どもは，お前〔ムハンマド〕がいかに警告しても，また警告しなくとも同じこと．（いずれにせよ）信仰に進み入ることはなかろうぞ．
> アッラーは封織をもって彼らの心を閉ざし，またその耳を閉ざし給うた．またその眼には蔽いが掛けられている．彼らには大きな懲罰が加えられるであろうぞ．
> （井筒俊彦訳『コーラン』，岩波文庫，による）

　西洋の人々がコーランを読もうとすると，たいていの場合は混乱し，退屈であいまいだと考えてしまう．それは一つには，アラビア語が預言者の口を通じて語られるとき，その本来の性質がもっともよくあらわれるというのに，その尊厳で調子のよいアラビア語という言葉がわからないので，通常は翻訳を通して接し，そのリズムを見失ってしまうことに原因がある．また一つには，コーランを，ムスリムが何を信じ，いかに振る舞うべきかを教えてくれる情報源としてしかみないためでもある．しかし，ムスリムにとってコーランは単なる情報源などではなく，礼拝に参加した折などに朗唱されるべきものなのだ．コーランとは「読唱」を意味し，ムスリムは礼拝のときにはいつでもコーランを声に出して読む．つまりムスリムはコーランを使って祈り，コーランへの服従を示すことで，繰り返し啓示の時を復活させる．共同体にとって，コーランは深く豊かな泉なのである．イスラムの中世の偉大な学者であるガザーリーは「コーランの奇跡は絶えることがない．読唱する者にとって，それはいつでもみずみずしく新しい．」と書いている．その新鮮な力は，イスラム世界が拡大するにつれ，アラビア語を知らない人々の上にもおよぼされることになったが，東南アジアや西アフリカの諸言語はもちろん，ペルシア語にさえコーランが訳されることはなかった．コーランは翻訳することができないとされ，近代に入って翻訳が試みられるようになってからも，ムスリムはそう考えている．そのため，多くの人々は自分にはわからない言葉で信仰を告白することになり，そこには神の言葉を復唱する名状しがたい力だけが残った．もちろん，アラビア語はイスラム世界の学問の公用語であったから，それを覚えなくてはならない人々も一方にはいた．このようにして，コーランは引きつづいてイスラム共同体を一つにまとめあげるのに役立っていた．

　人々の導きの第2の拠り所はハディースだった．ムハンマドのすべての言行は神の導きによって実現したと考えられており，その言行に関する伝承がハディースとよばれている．初期には書き記されることはあまりなく，口づてに伝えられた．しかし，分派が生じ，たがいに対抗意識を燃やすようになると，ハディースはそれぞれの分派の利害に見合うように作りかえられはじめた．そこで，学者たちはハディースの本来の形と捏造されたものとを見分けようと努めることになり，預言者の言葉と行為を最初に見聞きした人々にまで確実にたどれるような伝承だけを通用させることに関心をはらった．典型的なハディースはつぎのように語っている．「アナスは神の預言者の言葉を伝えている．私は復活の日までに現れる預言者の中で第1の者であり，天国の門をたたく最初の者である．」これらのハディースはイスラムの時代がはじまって

カーバをめぐるイスラム四法学派の礼拝所を描いた，16世紀オスマン朝期のタイル．カーバは大モスク内に置かれた聖域でムスリムはアブラハムが建てたと信じる．右にハナフィー派，上部にマーリク派，左にハンバル派の礼拝所があり，下部には左側にザムザムの泉，右側に説教壇がしつらえられたシャーフィイー派の場所がみえる．礼拝のときには，いろいろな法学派に属するムスリムたちが，モスクの適当な場所でそれぞれのイマームのうしろに席を占める．

3世紀もたつころには，六つの重要なハディース集の形に編纂され，中でもムスリム〔・ブン・アルハッジャージュ〕とブハーリーの手になる二つがとりわけ尊重された．たとえば，ブハーリーは20万以上におよぶハディースをムスリムの伝承に基づいてふるいにかけ，確実と思われる2762をひき出し，信仰と行為のさまざまな側面に即して97の見出しの下に編集している．ムスリムたちはブハーリーのハディース集を唯一コーランにつぐ価値をもつとして敬意をはらっている．

法は一般にシャリーアとよばれ，それはアラビア語で「水場に至る道」つまり生命の源へ至る道を意味している．シャリーアは，初期のムスリムが社会的・政治的問題に直面して，コーランとハディースからムスリムの行いに関する社会的規範をつくり出そうとした試みの中から生まれた．最初の200年の間におもに四つの法解釈学派が発展した．ハナフィー派はアッバース朝の首都だったバグダードでアブー・ハニーファ（767年没）によって創設されたといわれている．マーリク派は，メディナの裁判官だったマーリク・ブン・アナス（795年没）がはじめ，その弟子のシャーフィイー（820年没）が3番目のシャーフィイー派を発展させた．最後に，バグダードのアフマド・ブン・ハンバル（855年没）がハンバル派の祖となった．ハンバル派を除く3学派は，それぞれ強調する点や技巧的な面での形式上の差異をみせている．ハナフィー派はたとえば他の2学派にくらべて個人的見解に寛容という特徴があり，シャーフィイー派はハディースの用い方で，マーリク派の厳格さとはまた異なっていた．しかし，どの学派も重要な点では食い違ってはおらず，それぞれがたがいに他を同じように正統的であると考えていた．一方，ハンバル派は，初期に成立した諸学派内部で理論的革新がおきようとしている時期に，伝統主義者たちの反動から生まれた．そのため，他の3学派がハンバル派を第4の正統派と認めているのに，ハンバル派は他派にあまり敬意をはらおうとはせず，現代に至るころには，イラクとシリアにあって衰退しようとしていた．ハナフィー派はアジアの各地で栄え，シャーフィイー派は下エジプトやヒジャーズから東南アジアへ，マーリク派はイスラム化したアフリカへとひろまった．

このような法学派の体系はつぎのようにして発展した．コーランはすべての物事を律する一般的原則を内容とし，コーランではっきりしない所はハディースによって明確化することが求められた．シャリーアはこの二つを源にした明確であいまいなところのない命令と禁止を素地としていた．コーランとハディースからはっきりした指示が得られないような法的問題については，キヤースを用いて解決をはかるのが，多くの学者の常だった．キヤースとは新しい問題に対して，それと比することのできる過去の問題について合意された決定から，その中に含まれている原則を類推し，適用する行為である．年を経るにつれて法学上の問題は学者間で次第に合意をみるようになり，イジュマー（共同体の合意）の原理が有効になってきた．ハディースには「わが共同体の人々，心一つになる時誤つことなし．」とあるので，法の専門家が体現する共同体がある問題について合意に達したなら，その合意は啓示そのものとしての地位を獲得することになる．そして問題となっている件について新しい考え方を発展させることは以後禁じられた．次第に多くの法がイジュマーによってしっかり確定し，イジュティハードすなわち個人的解釈が許されるのは，広範な合意がまだ達成されてはいない，どんどん狭まっていく領域の中に封じ込められることになった．10世紀のなかばには，ほとんどの学者が「イジュティハードの門」は永久に閉じられたと宣言した．イジュマーが支持している所に挑戦する形でテクストの意味を問題にする者は，ビドアを犯していると非難された．ビドアとは変革の試みであり，キリスト教の異端の観念に近いものである．

シャリーアはイスラム化の後の3世紀の間に，ゆっくりと一つの体系へとまとめられ，その過程でハディースに盛り込まれるようになっていた多くの慣習的行為を取り入れた．このことは西洋の歴史家によって明らかにされたが，ほとんどのムスリムはそれでもシャリーアが歴史や社会の影響とは無関係に整えられたと信じてきた．啓示に源を発するシャリーアは神の意志のあらわれであり，したがわない者は罪を犯しており，神の裁きを覚悟しなくてはならない．これは神が人に語りかけられた最後の機会であったから，法をかえることはできず，神聖な枠組みの中で人が自由にできる余地にはおのずと限りがあった．西洋の人々は自分たちの法が社会から

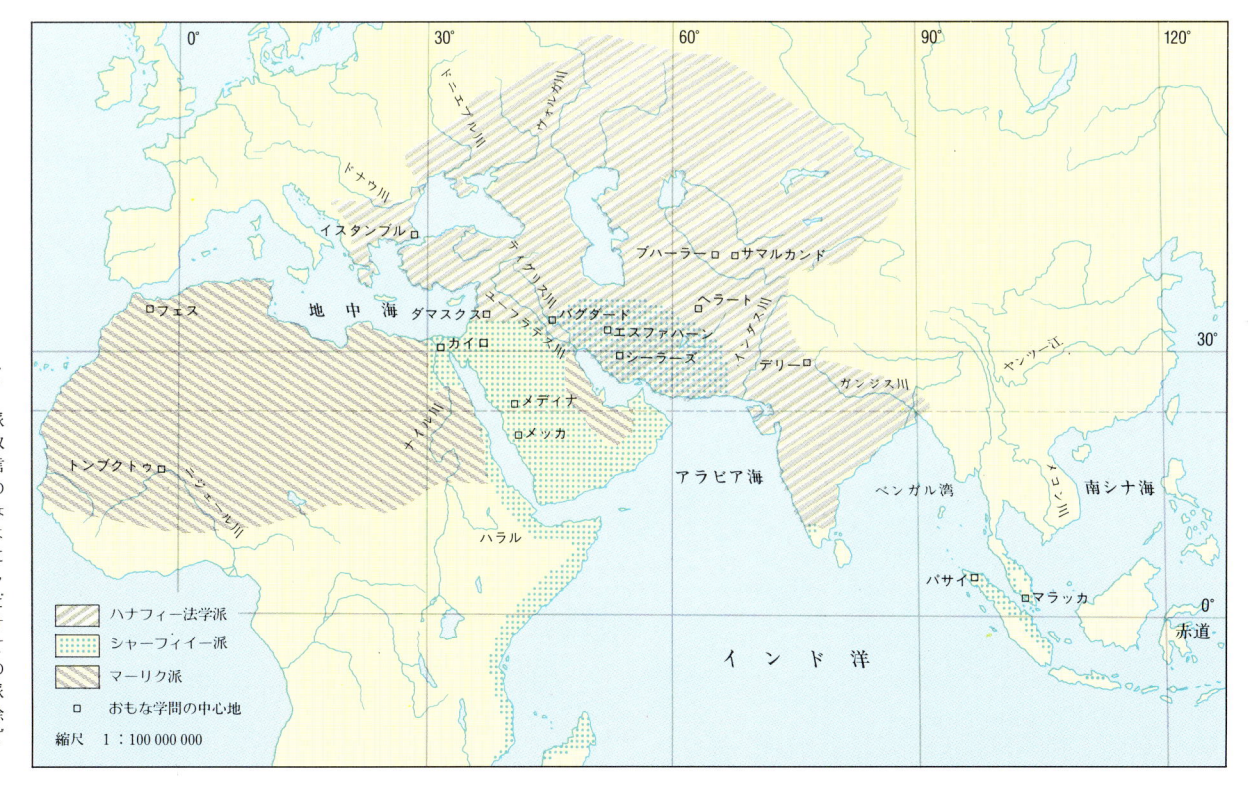

スンナ派の諸法学派が1500年ごろに，それぞれ優勢だった地域
ハンバル派は18世紀のワッハーブ派の復古運動の結果，新しい生命力を取りもどすが，この時代にはほとんど信徒がいないほど衰えていた．諸学派の影響は，文明世界のすべてとはいえないまでも，いろいろな地域におよぶようになった．マーリク派はアフリカにあって一般にカイロを中心とし，シャーフィイー派は東南アジアからアラビア半島の学問の中心を望んでいた．オスマン朝の領土から中央アジアをヘてインドにいたる，トルコとモンゴルの支配地やペルシア文明の地も諸法学派の影響下に置かれた．ハンバル派を除くこれらの法学派はともに他を正統であるとみなしていた．

生まれ，社会から型取られたことを知っている．しかし，ムスリムにとっては，代表的な法史学者の言葉を借りれば，「法が社会に先行し，法が社会を形作る．」それは，神が人に示したもうた永遠の規範を現実の場で洗練されたものとして実現することなのである．

シャリーアは人の神に対する関係と人の人に対する関係との双方を含み，人のあらゆる活動に包括的に言及している．その第1の役割は人が何を信ずべきか，そしてその信仰を儀礼でいかにあらわすべきかを示すことにある（p.40－43参照）．第2には，ヨーロッパの法規なら民法や商法，刑法，私法などに分類されるだろう内容を含んでいる．公式の法典は編まれたことがなく，シャリーアこそがムスリムがいかに振る舞うべきかを論じているのである．実際，シャリーアが善悪の絶対的規準を定めることに関連した体系であることは，それが人の行いを，「義務とされる」，「望ましい」，「どちらでもない」，「望ましくない」，「禁止される」の五つに分けることにあらわれている．シャリーアは「たしかな道」をおくと，この世の中で人が正しく生き，来世に備えるためにいかにすべきかを示すことを目的としている．

15世紀以前，また実際にはイスラムの歴史の中のいつの時代にあっても，このシャリーアという包括的体系の全体もれなく施行されていたと考えることはできない．厳格この上もない規則と厳しい倫理的義務を含む体系を強要するのは不可能だった．その上，権力の実在も無視するわけにはいかない．理論的には法の解釈をするのは裁判官に任命された学者であるカーディーのつとめであり，政治権力を握る者がその法を施行することになっていた．しかし，神の法を解釈する者たちが自分の手のおよばない所にいるのを許すのは，支配者にとっては無理な相談であり，シャリーアの整頓を主導し，みずからシャリーアのしもべであると宣言したアッバース朝でさえ，司法を独立させておくことはできなかった．また，ムスリムの支配者たちはイスラムとは無関係な社会的・法的伝統を一挙に廃止しようとして，なかばイスラム化したにすぎない民衆の反感を買うわけにもいかなかった．旅行家のイブン・バットゥータはモルディブのカーディーに任ぜられて，礼拝を怠る者をむち打ち，女性に服を着させようとするなど「聖法の規定する所を徹底すべく」骨を折ったところ，スルタンとの関係が険悪になり，すぐさま逃げ出さなくてはならないことに気がついたという．こうしてシャリーアは他の法律と共存することになった．モンゴルの支配下ではシャリーアはヤサという王の法と並んで用いられたし，あまたのムスリム諸国民の間でも，それは各地方のアーダトとよばれる慣習法としばしば肩を並べていた．イスラム国家の形成や国際関係，戦争に関するシャリーアの規定が実際に守られることがなかったのに対し，他の，結婚や離婚，財産相続といった身分的関係に関する規定は広く実施された．しかし，そこでもやはり多くの例外があり，たとえば北アフリカのベルベル人は，女性の財産所有を禁ずるなどしている部族の慣習を，シャリーアがくつがえすことをよしとしなかった．

それでもシャリーアは実効力をもつ理念として存在してきた．イスラムを受け入れた者はだれでもシャリーアの権威と他の法に対するシャリーアの優越性を受け入れたことになった．イブン・バットゥータのように，地方的慣習をイスラムの基準に合わせようと努める学者が常におり，それがうまくいっている限り，イスラム世界には一体性がもたらされていたのである．

イスラム的生活の形成：神秘主義

イスラム文明の形成と発展に大きな影響を与えた第2の要素として，一般にはスーフィズムとよばれる神秘主義があげられる．シャリーアが神と同胞に対する公的な関係を示す一方で，スーフィズムは信者がそれらの義務を果たす際の内面の心をみがきあげた．コーランやハディースは常に神に見守られていることを銘記して日々を送らなくてはならないことを，しばしばムスリムに思いおこさせる．それは規則正しく神に祈り，その中で神を思うというばかりではなく，礼拝以外の日常の営み，食事の前，仕事の前，そして愛を交すときにも神を思わなくてはならないということだった．ムハンマドの言葉にも，つぎのような一節が伝えられている．「自らの影のほかには日陰のない日中に，神のさしかけられる陰のもとでの安らぎをえる7人の者あり．その1人は，秀麗なる乙女の誘いに（まさに睦み合わんとして）"われ神を畏る"と呟く男子なり．」

スーフィズムはムスリムの信仰の独立した分野として成長した．その精神はすでに，コーランとハディースの内に横溢するものではあったが，アラブのムスリムが征服地でキリスト教などの神秘主義の伝統に触れるようになったことや，ダマスクスのウマイヤ朝宮廷の放縦と世俗的雰囲気とへの反発がその成長に影響したということもある．「スーフィー」という語は，アラビア語で羊毛を意味するスーフに由来し，世俗の豪奢な衣装に対して，神秘家が身にまとった羊毛の粗衣を指していた．

最初，スーフィーの感覚の基本は神と審判とへの畏れであったが，イスラム暦の2世紀からは，神への愛の教義が支配的になった．女性の聖者ラービア（801年没）は「神への愛は私を飲みつくし，もはや他のいかなるものへの愛も憎しみも私の心の中に占める場はない．」と高らかに告げ，自分が神に向かってひたむきに近づくさまをつぎのように記している．

> 私はあなたを愛します．二つの愛で．一つは私の幸せを愛する愛．
> そして一つは全き愛．当然にあなたがお受けになるべきものとして捧げられる愛．
> 私の利己的な愛とは，私には何もすることがない，ということ．
> 他の何物をも排して，ただひたすらあなたのことを考えることのほかには．
> もう一つの類いなく清き愛．当然にあなたがお受けになるべきものとして捧げられる愛．
> それはあなたを隠すベールが落ち，あなたを私が見詰めること．
> この愛もあの愛も，私がおほめいただくことではありません．
> いいえ，あなたこそ，この愛とあの愛のゆえに讃えられるのです．　　　　　　（R・A・ニコルソン英訳）

しかし，スーフィーはこの熱烈な愛の教説に満足してはいなかった．イスラム暦3世紀までには「内なる道」の教義，つまり神へと至る精神的な旅程の教義が発展しはじめた．その道にはスーフィーの体験のレベルに応じて，異なるいくつかの段階があり，神秘家はまず求道者，ついで旅人となり，そして秘伝を得た者となった．自己を捨て去り神への思いを強めることでスーフィーはその道を進んでいく．そして，神へと近づくほどに，神はその者の唇を借りて語り，その者の手足を操り，その者の心の願いを揺り動かし，ついには自己が失われて神の内へと吸収されてしまう究極段階へと導かれる．

個人の直接的体験を通して神にまみえることができるというスーフィーの主張は，ウラマー（アラビア語で学者をあら

スーフィズム，すなわちイスラム神秘主義は，イスラム文明の発展に大きな影響をおよぼした第2の力である．スーフィーは，ムスリムが義務を遂行するときの心的態度を錬磨することに関心を寄せた．つまり，精神の開発，心の内で神を知るにいたることを可能にするような道筋にかれらは目をむけたのである．多くのスーフィーが禁欲的生活を送り，世間からの隠遁によって神を求めた．なかにはこのカランダルのような托鉢者もいた．ここにはかれらが現世で所有するわずかばかりの品，杖，獣皮，鉢が一緒に描かれている．

わすアーリムの複数形）すなわちイスラムの諸学に通じた教養ある人々との対立を招くことになった．ウラマーに関していえば，神を知ることは，コーランとハディース，シャリーア，そして神学を通して，かれらが発展させたイスラム諸学の有用な方法を用いることによってえられるはずのものだった．スーフィーの主張は，ウラマーが理解する限りでは，危険な挑戦と思われた．その上，大衆がスーフィーへの支持を増していくのは癪にさわり，また，信仰の守り手，イスラムの教えの唯一の裁決者としてのウラマーの役割がおびやかされるのも心配された．ウラマーはスーフィーを黙らせようと弾圧を行い，922年にはスーフィーの道を究めて「われこそは神なり」と唱えたバグダードのハッラージュを残酷に処刑した．しかし，それでもこの運動は，コーランに深く根ざしつつ，多くの普通の男たちや女たちの宗教的渇望を満たして成長しつづけた．イスラム暦の3世紀，4世紀には，スーフィーとウラマーは別々の道をたどって発展していったのである．

この二つの間に橋をかけわたすこと，それは，ある一人の男，イスラム中世の最も偉大な人物なくしては，なしえなかったろう．ムハンマド亡き後にもっとも大きな影響力を備えたムスリムであるガザーリー（1111年没）がその人物であり，かれは宗教的洞察と知的活力において，アウグスティヌスやマルティン・ルターに匹敵するといえる．自伝『迷いからの救い』に明らかなように，ガザーリーは神を求めて長い遍歴を重ねた．同時代の学者の，次第に数を増しつつあった一部の人々と同じように，神学者の極端な合理主義が魂の欲する所を満たせないことに気づいて，ガザーリーはついに，「確固たる目的をもって，神秘主義の方法に向かうことにした．……完全な神秘的"道"は，精神面での信仰と現実面での行動をともに含んでいることがわかった．その行動は自己の内部の障害を排し，自己の土台となっている性質と邪な心根をはぎとってやることになり，そうすれば心は神ならざるすべてのものを離れ，常に神に思いを寄せるに至るのだ．」このようにして神が見出され，そこから出発してガザーリーは，学問ならびに神秘主義の両観念体系を結びつけ，イスラムの中に感情の面でも豊かな内容を備えた宗教生活の占める場所を用意することができた．そしてムスリムの共同体も一致してこれを支持したのである．これはウラマーの道とスーフィーの道が完全に1本になったということではなかったが，離ればなれになろうとしていた2本の道が別々の道ではあっても交わるようになったということなのであった．しかも，1人の人間の中に2本の道が交差することが可能になったのだった．

ガザーリーののち，スーフィズムは急速にイスラム世界に広まった．東アジアや北アフリカでそれまで心を動かすことのなかった多くの人々が，スーフィズムに引きつけられた．とくにシーア派の人々に与えた影響は大きい．また，イスラムが急速に浸透しつつあったアフリカやアジアの地で，異教徒の間に分け入りイスラム的生活の模範を示し，次第に人々をイスラムの側に取り込んで改宗させたのも，スーフィーによる布教であった．多くの地域でスーフィーは模範的ムスリムであり，大衆の人気も高かったから，世俗の支配者の歓迎する所となり，スーフィーの影響力を制限しようというウラマーの努力はほとんど効を奏さなかった．

同じころ，初期のイスラムの観念からみれば全く異質の新しい要素がスーフィーの間に定着した．中でも重要なものの一つに，スーフィーのシャイフ（ペルシア語ではピール）すなわち導師に捧げられた弟子たちの尊敬が，やがて導師の死後にそのシャイフの崇拝にまで至るということがあった．そのような動きは，イスラムの中心となる教義である神の唯一性へのムスリムの信仰をおびやかすものだった．それにもかかわらず，この慣行はひろまっていき，それとともにもう一つの潜在的に危険な教えも姿をあらわした．それは，聖徒たる従者たちを従えて，地上のすべてを治める「世界の軸」クトゥブへの信仰だった．スーフィーのクトゥブのなかで特筆すべきは，マウラーナー・ジャラールッディーン・ルーミー（1273年没）で，その長編の宗教詩「マスナヴィー」は，ペルシアのスーフィズムの生んだ最高傑作として名高い．それは時にはペルシア語のコーランと称され，ペルシア語が話されるあらゆる地域で数世紀にわたり精神的指針を与えるものとしてとうとばれた．

第2の新しい要素は，多神教的な考え方の普及であった．これをもっとも手際よく洗練されたものに仕上げたのは，スペインのスーフィー学者であるイブン・アルアラビー（1240年ダマスクスにて没）であり，かれは主著『メッカ啓示』で，すべての現象は神と一体となった唯一存在の自己開示であると論じ，イスラムの教義について神秘主義的解釈を行った．その教義はかれの主張するところによれば「諸々の聖者の封印」としてかれに啓示されたものだった．このような主張は預言者の地位をあやうくし，まじめに受け止めるにはあまりに途方もないものだったが，「存在の単一性」の教義となると話は別であった．その主張の絶大な人気は，シャリーアをおびやかすほどだった．いかに敬虔であったとしても，「あらゆるものが神である．」といってしまえば，シャリーアに盛り込まれた人間の行為に関する絶対的規準は，スーフィーにとっては深刻に考えるに値しなくなってしまう．実際に，神秘的真理に達し，ハキーカ（内なる意味）を見出した者は，もはやシャリーアを必要としないと主張する人々もいた．イブン・アルアラビーの思想は，イスラムが依拠する基盤を否定する傾向をもつものであったといえる．

多くのウラマーにとって，イブン・アルアラビーはとうていムスリムとはいえず，現在に至るまで，かれの著作はしばしば禁止されてきた．しかし，それらの著作の影響力は大き

最初の9世紀間，622−1500年

く，とりわけ，イスラム世界の東部を占めるペルシア人やトルコ人の地域ではその傾向が目立った．ヒンドゥー教やシャーマニズムまたアニミズムなどを奉ずる多くの人々の間にイスラムが浸透していくとき，「存在の単一性」の教義には明らかな利点があった．倫理性の強い一神教の伝統がみられないそれらの地域で，信仰が速やかにひろまるには，ある程度の妥協は欠くことができなかったのである．この教義はまた，1200年から1500年にかけてペルシア語の詩文学が華やかな開花をみせるなかで，それらの詩に盛り込まれてさらに栄えた．ハーフェズはイブン・アルアラビーの教えにしたがい，その叙情詩の中で神との心の交わりをあらわすのに人の愛にかかわる言葉を用いた．ルーミーの「マスナヴィー」やジャーミーの神秘主義的な詩において，その教えは完璧なまでに歌いあげられた．これらの詩人たちはその芸術作品を通じて，アラビーの秘儀的な教えを，イスラム世界の第2の言語すなわちペルシア語を話すすべての人々の口にのぼらせるようにしたのである．ジャーミーは物語詩「サラーマーンとアブサール」の冒頭で高らかに歌う．

　　私はなりましょう，
　　　あなたの恋人に，あなただけのものに．
　　私の目はあなたの投げられる光の中で，あなただけしか
　　　見ません．
　　そう，あなたが御自身の姿を現わされて，
　　　私自身はもうどこにもありません．
　　そのような「自身」がいるのは，たとえ本質は一つであろうと，あなたと私の二つに分かれた世界ではありません．
　　あなたはひそみおられます，あらゆる思いの内に，
　　　あらゆる被造物のかたちの中に．
　　いずこを見回そうとも，私にはいまだ何も見分けられはしないのです．
　　あなたはこの宇宙にあまねくおられます．
　　そこであなたはあなたご自身を顧みられるのですね，
　　あなたがおつくりになったヒトの目を通して，仔細に眺められるのですね，あなたご自身を．
　　　　　　　　　　　　　　　　（エドワード・フィッツジェラルド英訳）

1500年までには，たいていのムスリムがスーフィーとして神に相対するようになった．シャリーアはスーフィーの影響力の急速な拡大に，何らなすすべもなかった．実際，しばしば国家と，そして貴族や知識人の教育と結びついていたシャリーアは，民衆の生活を古典的なイスラムの枠組の中に押しこめようとしたために，不利な立場に追い込まれていた．たくさんの民衆的な宗教慣行が，スーフィズムを介してイスラムに採り入れられた．人々は歌い舞い，ガラスを食べたり火

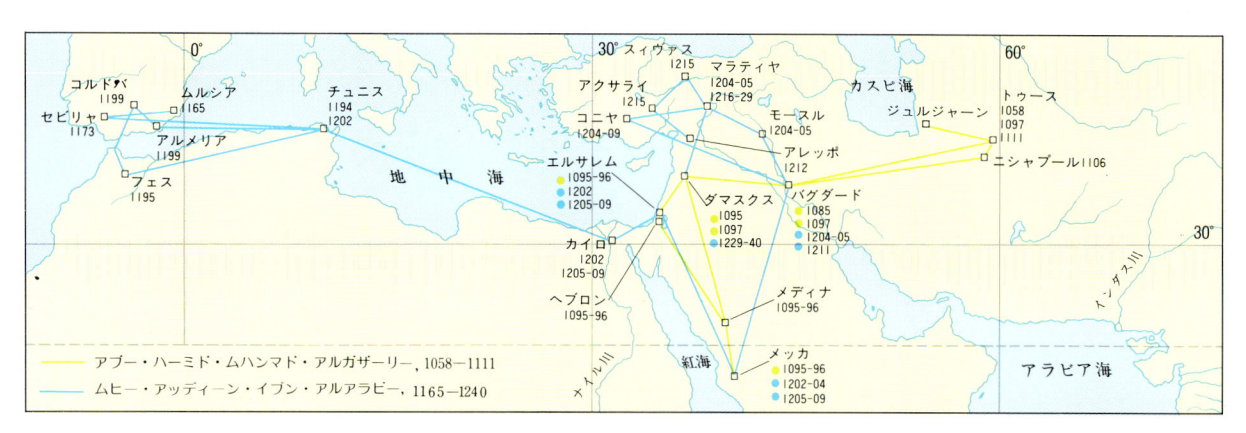

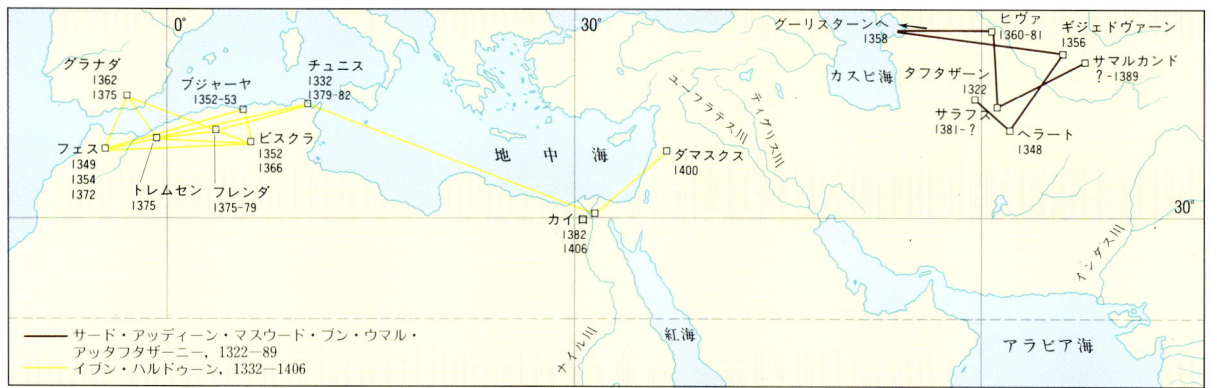

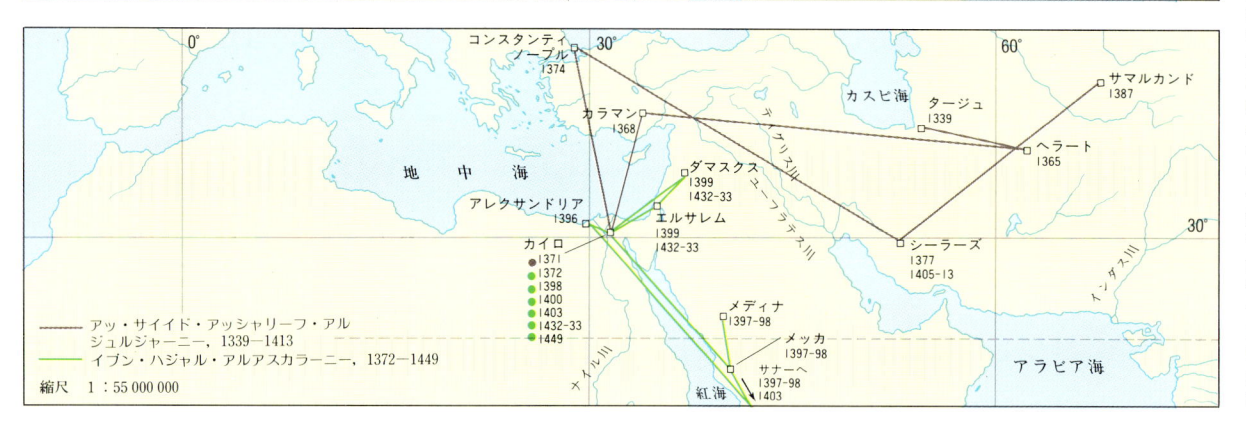

1200年から1500年にいたるイスラムの学問の世界的広がり
「汝ら，知を求めよ．たとえそれがシナにあろうとも．」と，預言者は語った．そこで，ウラマーはいつでもより多くの学びを求めて旅立てるようにしていた．中世のダマスクスでは往来の絶えることがなく，いつでも市内のウラマーの半分は外からきた人たちだった．900年のあいだ，イスラム世界は，学者の共同体によってしっかりと結び合わされていた．左の図表は傑出した6人のウラマーが歩んだ足跡を描き出している．ガザーリーは中世イスラム最高の学者であり，イブン・アルアラビーはスーフィズムの発展に大きな影響をおよぼした．サマルカンドのティムールの宮廷にいたアッ・タフタザーニーの業績は，マドラサの講義要目として，今でも著名である．イブン・ハルドゥーンは社会学者にして哲学者，そして秀でた歴史家だったし，アル・アスカラーニーはハディースの研究を究めた．アル・ジュルジャーニーの仕事も，今なお講義要目として生きている．シーラーズでティムールに捕らえられたジュルジャーニーは，サマルカンドに送られ，そこでタフタザーニーと議論をかわした．どちらが勝利をおさめたかは，今も意見の分かれるところである．

最初の9世紀間，622−1500年

許されなかった．しかしそれでも，イスラム社会を形づくリ，その精神を涵養するために，知識を保ちあやつるこれらの人々は，けっして看過することのできない重要な存在だった．

最初のウラマーは初期イスラム時代の宗教専門家であり，コーランを読誦しハディースをそらんじる者だった．アッバース朝の治下で，これらの原初の資料の精髄がシャリーアの中へと結晶していくと，ウラマーはシャリーアを適用し，他の人々にその適用の仕方を教える活動を主とするようになった．12世紀から13世紀までには，たとえばダマスクスなどでは，ウラマーはほとんどある種の職業集団として確立し，社会的に高い尊敬をかち得たうえに，国家の多くの役職がかれらに開かれていた．ウラマーの置かれた立場は，イスラム世界の中でも地域により異なっており，たとえば東南アジアのイスラム化の遅れた地域にくらべれば，エジプトではいちじるしく強いものだった．それでも1500年までには，どの地域でも一般に，ウラマーは力をもち，尊敬を払われる集団となっていた．国家から土地や俸給を与えられて暮しを立てている者もいたが，たいていは，敬虔な人々の設定した寄進財産や自らたずさわる手工業や商取引によって生活していた．ウラマーの仕事には，モスクや学校，病院，孤児院を営むことがあり，それによってかなりのまとまった財産を手中におさめるようにもなっていた．しかし，何といっても第1の仕事は依然として，シャリーアの大きな社会形成力を保持し伝達することであった．学者としてはシャリーアの正統的な解釈を守り，カーディーとしては国家を代表してシャリーアを用い，さらにムフティーとしては共同体を代表してシャリーアの解釈・適用に対して意見を述べた．ムフティーというのは，ファトワー（法的判断）を無料で書状にして発行する権威を備えた者である．ウラマーはまた人々に説教して，シャリーアのもとで定められた義務を思い起こさせ，学校で老若さまざまなムスリムにシャリーアを教授した．

ここでは，ウラマーが他のウラマーの教師となるという伝達の過程に，主に関心をはらうことにする．ウラマーは普通は自分の家を教育の場としたが，さもなければモスクや廟の構内で教えを施した．11世紀には世俗の権力が宗教制度をみずからの監督下に置こうと努めたために，イスラム世界の各地に公式の学校であるマドラサが設けられるようになり，そこでもウラマーは教鞭を取った．その学校のうちでもっとも著名なものには，バグダードのニザーミーヤ学院とカイロのアズハル学院とがあった．ニザーミーヤ学院の教授にはガザーリーがいるし，972年に創設されたアズハルはイスラム世界でもっとも重要な教育機関になった．

そこで教えられた科目には，まずアラビア語，アラブ文学があった．コーランとハディースの古典アラビア語は，アラブの民衆にとって自分たちの使う言葉とは違う聞き慣れない言葉であったから，この科目はイスラム世界のいたる所で欠くことができなかった．ハディース，コーランの注釈，法学，神学も教えられた．ただし神学は信仰自体にとってはあまりにも危険をはらんでいるとして，しばしば省かれることがあった．ウラマーが相続についてのファトワーを出す必要から，わずかとはいえ数学も時折科目に取りあげられ，医学やスーフィーの業績が教えられることもあった．しかし何といっても，宗教関係の学問がおもな科目だった．一方，この時代，哲学や科学の分野では，ムスリムはヨーロッパ人をはるかに凌駕していたというのに，それらはマドラサの授業やウラマーの通常の教育からは除外されていた．いろいろな科目に用いられる教科書としては，次第に，シャイフ・ブルハーン・アッディーンのハナフィー法学派に関する基礎的研究であるヒダーヤや，バイダーウィーによるコーランの注釈などが編

イスラム最高の神秘主義詩人と考えられているジャラールッディーン・ルーミーの人生は，放浪のスーフィー，シャムスッディーンと出会って一変した．かれの中にルーミーは「神に愛されし者の完全なイメージ」を見出した．ルーミーは神に仕える醒めた者から，忘我の境地に酔える者へと変貌して，そこからこんこんと詩が湧き出てきた．シャムスッディーンとの別れの後，かれは自分が創設したメヴレヴィー教団のために旋舞を考案し，それにかれの失われた「愛されし者」の探究を象徴させた，といわれる．上の図版はルーミーの一生の中の1挿話である．金箔師の店の傍らを通りかかると，ハンマーの調子のよいリズムに，ルーミーは恍惚となり踊り出してしまう．かつてルーミーと机をならべて学んだが，貧しいために金箔師になった1人のスーフィーは，この聖なる人を認めると思わず店から走り出て，ルーミーの足を押しいただいた．この後，男はルーミーの弟子となる．

の上を歩いたりといった神秘的な離れ技を行った．奇跡をおこす聖者の力が広く信じられ，イスラム世界の中心を少し離れれば，多くの聖者の墓所が点在して，そこでは祈りが捧げられていた．スーフィズムは各地方の祭儀や迷信と際限なく妥協していった．そして，スーフィーの思想が神を超越者としてよりは内在者として考える信仰に支配されるようになったために，イスラムの実体はシャリーアに秘められているというより，イスラムに包摂されるようになった社会それぞれの俗信と構造とを色濃く反映するようになってきた．そこから大きな危険が生じ，スーフィーはこれ以上の妥協をつづけるか否か決断を迫られることになった．もし妥協をつづければ，かつてウラマーが手をこまねくしかなかった幾万の人々を引きつけられるだろうが，そのかわりにイスラムは立ち直れないほど堕落してしまうだろう．それを避けるために，相かわらず迷信との妥協は避けられないとしても，数世紀をかけることによって，コーランの教えがゆっくりと吸収されていくような状況をつくり出せるのではないかということで満足しなくてはならなかったのである．

学者と神秘家，そしてイスラム文化の伝承

イスラムの歴史の発展の中心に位置していたのは，ウラマーとスーフィーであり，かれらは法と神秘主義にそれぞれ備わっている社会形成力を守り，時代から時代へと伝えていった．かれらはキリスト教でいうような聖職者ではない．イスラムでは，聖なる儀礼を司る資格を与えられた僧侶は必要とされなかったし，理論上は神と人との間には何者の介在をも

纂されるようになった．1500年までにはほとんどの科目について標準的な著作がみられるようになり，イスラム世界で広く用いられるようになって，その後500年をへた今日にまで至っている．

ウラマーの手で後継者の育成のために開発された教育体系は，無理からぬこととはいえ，たえず保守的なものとなる傾向をもっていた．ウラマーは自分たちこそコーランとムハンマドの伝記からもっとも貴い贈り物を受け取ったのだと解し，審判の日に至るまで，人々の導き手として自分たちに勝る者はないと考えていた．共同体の利益となるように，神が下されたこの贈り物をできるだけ純粋な形で代々伝えることが，ウラマーの第1の義務だった．預言者の時代から時をへるほどに，神の貴重な贈り物のいろいろな部分がゆがめられ失われていく可能性があった．ムスリムにとって，新たに真理を見出す余地はもはやなく，今手にしているものを守りきれなくなるかどうかという危険があるだけだった．そこで教育は，きまった章句をできるだけたくさん，たとえ理解できなくてもできるだけそのままに覚えこませるという形で行われた．それはうつろいやすい現実の中でおこるいろいろな事件から結論を引き出すのではなく，神の啓示に照らし合わせて，物事がいかにあるべきかを学ぶという規範的教育であった．暗記による学習が重視され，教科書の中には実際覚え込みやすいように韻文で書かれたものもあった．その上，古典的なテキストほど高く評価される傾向があり，時がたつにつれほとんど新しいテキストは出現しなくなっていった．そのようにして，ウラマーは，古典を下敷にしたテキストの注釈，さらにその注釈の注釈をもっぱら事とするようになり，折りかさなった注釈に埋まって元のテキストが何であるかわからなくなるまで，それを続けたものだった．

ある著作について教えおわると，教師は生徒に免許（イジャーザ）を与え，生徒がその本について人に教えることを許した．その本には教師の教師，さらにその教師と，その本の著者であり最初の教師であった人物にまでいたる名が書き連ねられていた．つまり，学校と教科ではなく，あくまでも，師と書物とを中心にするという非常に私的なやり方で教育は行われていたのである．そのようにして，生徒のがわでは，自分が限りなく貴重な知識を受け取り，今や自分が信仰の中心となる伝統の一部を担っているのだということを知るようになるのである．教師に対する尊敬と感謝は尽きぬものとなった．13世紀のある教則は「知れ，師こそなんじの魂の生みの親，その創造の原因，その生命の本質であることを．なんじの父上がなんじの体と存在の生みの親であるごとく．」とさとしている．

ただし，崇拝はたった一人の師に捧げられるのではなかった．ウラマーはいろいろな場所で何人かの先生に師事するのが普通だった．預言者の一生について知ろうと，ウラマーは有名な師の門下に入るために世界を巡り歩き，熱心な学生にとっては，当代一流の知的で堅実な学者だけが満足のいく教えをもたらしてくれた．ガザーリーはトゥースを皮切りに，ジュルジャーン，ニシャブールに学び，一人前の学者になってからもバグダード，メッカ，ダマスクス，エルサレム，エジプトを旅して，ようやく故郷のトゥースにもどった．イブン・アルアラビーはセビリャ，セウタ，チュニスで学んでから，メッカ，バグダード，モースル，さらに小アジアをへて最後にダマスクスに回った．イブン・バットゥータにいたってはあらゆる所におもむいている．イスラム世界には師弟関係の網の目が張りめぐらされ，それが世界的規模でイスラム的感性および学術の織りなす共同体の基礎となっていた．それは，この世界の枠の中で栄枯盛衰を繰りひろげた征服者たちや諸王朝よりも，はるかに深く根をおろしたものであった．

神秘的知識の伝承にあたって，スーフィーはウラマーのそれに劣らず明確で包括的な体系を完成させた．すでに9世紀には，すぐれて霊的な人物のもとに集まった弟子たちが，神に近づく道（タリーカ）を学ぼうとしていた．かれらは師の旅に付きしたがい，敬虔な人々が設けた修道場に師とともに滞在した．師たるシャイフは，弟子たちの能力に応じて，自分の神秘的実践の手ほどきをした．普通，それぞれのシャイフは，ズィクルとよばれる信仰儀礼の決まった様式を定めていた．最初は章句を唱えて神に思いをはせ，おそらくは集中を高めるために呼吸を調節するという程度のやり方しかなかったが，十分に完成された集団の儀礼へと発展し，そこでは歌い舞い，楽の音に聞き入ることで，熟達した人々が忘我の境地を目指すのだった．一度弟子が師に身をあずけたならば，何を犠牲にしても師にしたがわなくてはならなかった．たとえシャリーアに反することになろうともしたがわなくてはならず，いってみればかれは「死体洗い人の手に渡された死体のような」ものだった．

神秘的知識を幾世紀にもわたり伝えていくためには，弟子が師を崇拝することがかなめだった．通常，シャイフの弟子には2種類あった．ハリーファとよばれる後継者は才能のある神秘家で，シャイフの教えを受け継いで自分の弟子をもつだけの力があった．一方，それにくらべて才能の劣る者は，単なる弟子にとどまった．ハリーファはシャイフの教えを世界に広め，たいていの場合，今度は自分が聖者になった．聖

忘我の境を通して神に近づこうとする集団の儀礼は，スーフィーの活動の中でも最も人目をひく．右の図版は16世紀初頭のサファヴィー朝宮廷の名画家であったスルタン・モハンマドの筆になり，イランの人々に愛された詩人ハーフェズの作品を題材にしている．この，いかにも奇矯な構図は，恍惚境の中で神秘と不敬のあいだをことさらに揺れ動くハーフェズの詩の特徴をたくみに表現している．スーフィーが歌い踊るのは，はたして霊的恍惚のためだろうか，それとも酒の酔いのためだろうか．びんを片手に酒場に入っていく学者は，書物のかわりにただワインにおぼれることで，神へと近づこうというのだろうか．この酒宴を開いた当の詩人も，もう目がトロンとしてしまっていて，霊的陶酔にひたっているのか，浮世の酔いに身をまかせているのかさえ定かではない．

左　この16世紀初頭のムガル朝の魅力的な絵画には，学識ある人物が自宅の庭か，または聖廟の構内かで授業をしている様子が描かれている．書物があたりに散らばり，学生の1人は注意をそらして数珠を手に1人物思いにふけっている．礼拝は授業の合間にもごく自然な行為として行われ，前面の人物は礼拝の前の浄めの作法を行っている．うしろの男性は礼拝の中のラクアの過程で額を地面にすりつけている．

کرگوشهٔ سلّم عشرت فرشتهٔ رحمت / زجرعه بر رخ حور و پری گلاب زند

最初の9世紀間，622—1500年

者の継承者の代々の連なりはスィルスィラつまり「伝達・継受の鎖」とよばれ，ウラマーが宗教的学問の伝承についてもっていた記録と同じように，スーフィーの手で詳細に記録された．12世紀か13世紀までは，たいていのスーフィーは自分の「道」を，その「道」の名前の由来となった創設者である聖者までたどり，そこからさらにアッバース朝の偉大な神秘家を1人，2人介して，預言者の教友たち，普通はアリーまでさかのぼるのだった．このようにして，預言者がみずからにしたがう者たちに与えた精神的訓練は，一連の聖なる人々を通して引き継がれていったことになる．

特定の「道」つまり教団に帰依する人々にとって，その創設者の廟は信仰の焦点となる場所であった．たいていは聖者の実際の子孫たちがその廟を管理していた．その子孫たちは時には聖者の精神的後継者よりもっと儀式ばっており，加えてかなりの額に上る聖者の財産を管理することもあった．それを私的利益のために用いることはほとんどなかったが，寄進された財を共同体の人々に分け与えることで，かなりの影響力をえることができた．主要な教団の創設者の遺骨を収めてある廟は，何千というより小さな廟からなるヒエラルキーの頂点に立ち，国境を越えてやってくる巡礼の目的地となった．より下位の廟はそれぞれの地方あるいは地域での宗教活動の，同じような中心となった．地方的であれ，国際的であれ，人々が長らく神聖なる地点と信じてきた場所の崇拝を，イスラムがどのように扱ったかは，キリスト教の教会の隅のかしら石や，ヒンドゥー教の廟と組み合わさった寺院，その寺院に仕える人々が行う儀礼などを思い浮かべれば，いくらかでも察しがつくだろう．

何百もの教団があらわれ，成長していった．下図はそのうちでも1500年までに成立したより重要な教団のいくつかを示しているにすぎない．教団と教団の差異は，組織化の度合の違いもさることながら，儀礼の仕方と神に思いを寄せる方法の違い，シャリーアに忠実か逸脱を許容するかの度合の違いに主に由来していた．都市では教団の成員はウラマーなどの教養ある人々と顔をつきあわせて暮さなくてはならなかったので，シャリーアに対する態度はとくに都市の教団を区別するのに重要な基準となった．中にはアフリカでみられたように，社会的・政治的にかなり重要な役割を果たした教団もあった．

すべての教団のうちでもとりわけて卓越し，その結果おおいにひろまったのは，ギーラーンのアブド・アルカーディル

1500年ごろの主なスーフィー教団
12世紀以降イスラム世界でみられた最も重要な発展は，制度的なスーフィズムの成長だった．下の図にはスーフィーの教えが普及していく様子がおおざっぱに描かれている．最も有力ないくつかの教団を創設した聖者廟の位置とともに，1500年までに創設された主要教団が優勢だった地域の分布を示している．

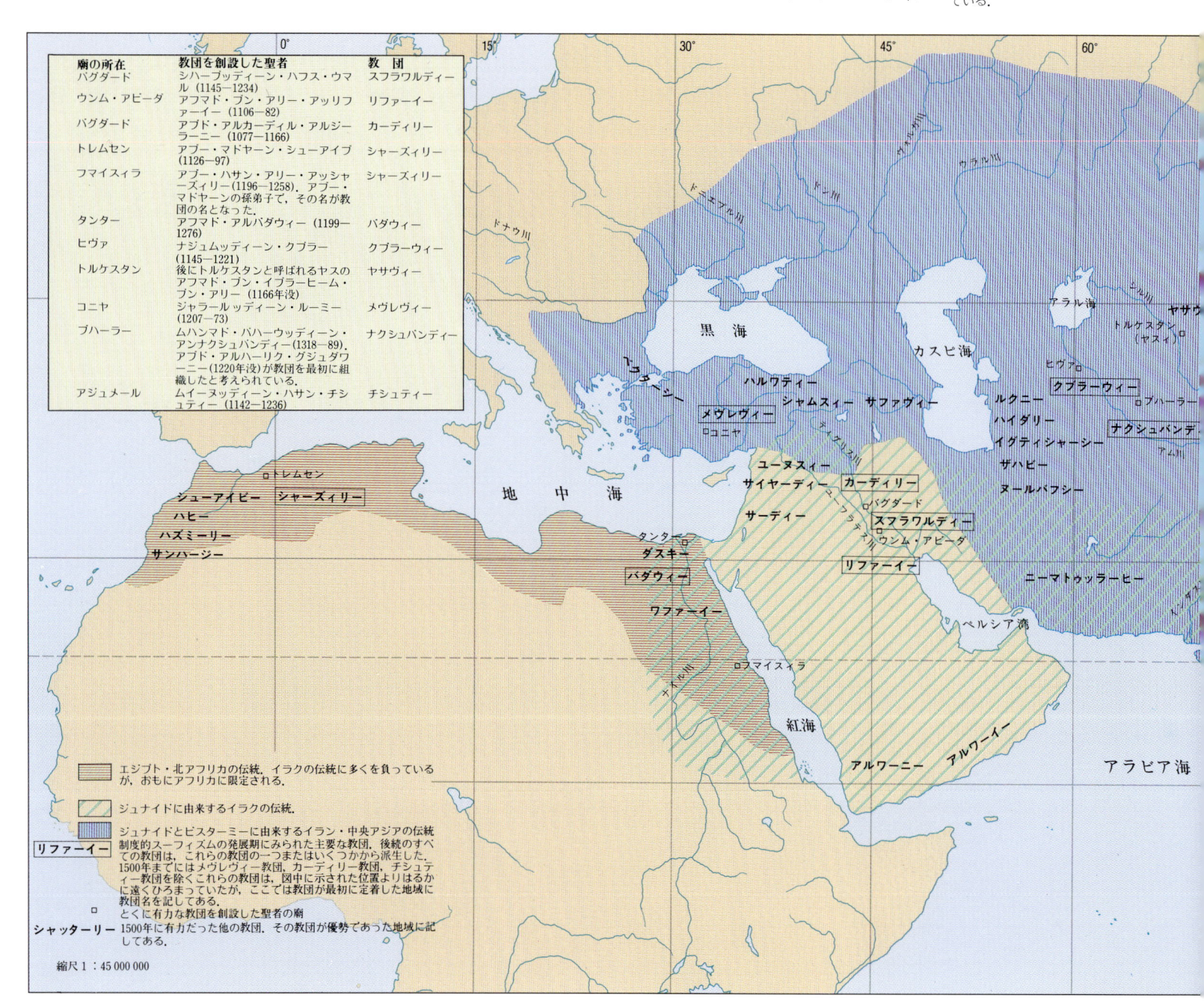

(1077-1166) の名にちなんだカスビ海沿岸のカーディリー教団だった．厳格なハンバル派の法学者であり神秘家でもあるアブド・アルカーディルは，25年にわたりイラクの砂漠で禁欲的放浪の旅を行い，その後，かれの教えに感銘を受けたバグダードの人々が市壁の外に修道場をしつらえてくれた．かれの教えは正統的なもので，それは教団が用いたズィクルにもあらわれている．「全能の神よ，許しを乞いたてまつる．神にたたえあれ．願わくばわれらがあるじムハンマドを祝福したまえ．預言者の家と教友たちとを祝福したまえ．神は唯一なり．」アブド・アルカーディル自身が自分の「道」が受け継がれるべきだと考えていたという証拠はないが，この大教団はかれの人柄を偲ぶことから発展していき，かれ自身はきっと否定しただろう数々の奇跡が，かれの霊的力のあらわれとして喧伝された．眠りそうになっていた聴衆をおこすために，アブド・アルカーディルはともしびを1人で動き回らせたというし，説教壇から13歩空中を歩いたこともあるという．こういった奇跡はまさにペルシアの古い格言のいうとおりだろう．「師が空を飛ぶのではない．弟子たちが飛ばせるのだ．」

他の主要な教団には，インドでもっとも影響力のあった教団として，チシュティー教団があげられるだろう．ただし，インド亜大陸には変則的な教団が数多くあり，なかでももっとも知られたカランダリー教団の儀式は土着の信仰に強く影響され，シャリーアには束縛されていなかった．アナトリアのベクターシュ教団も同じように自由に振る舞い，イスラムの儀礼の外面上の形式を多く無視して，パンとワインとチーズを使ってキリスト教の聖餐式に著しく似た儀式を行い，シャイフに懺悔し，神とムハンマドとアリーの疑似三位一体論を信じた．トルコで他に有力な教団としては，詩人のジャラールッディーン・ルーミーが設立したメヴレヴィー教団があり，その旋舞は遠く名をはせている．ナクシュバンディー教団は中央アジアに興隆し，サファヴィー教団はシーア派を表明して近代イランの基となる王朝をはぐくんだ．北アフリカのスーフィズムの発展は，ムラービト朝の支配に抗するムワッヒド朝の興隆と密接に結びついている．ムワッヒド朝に関わったスーフィーの1人にアブー・マドヤーン（1197年没）

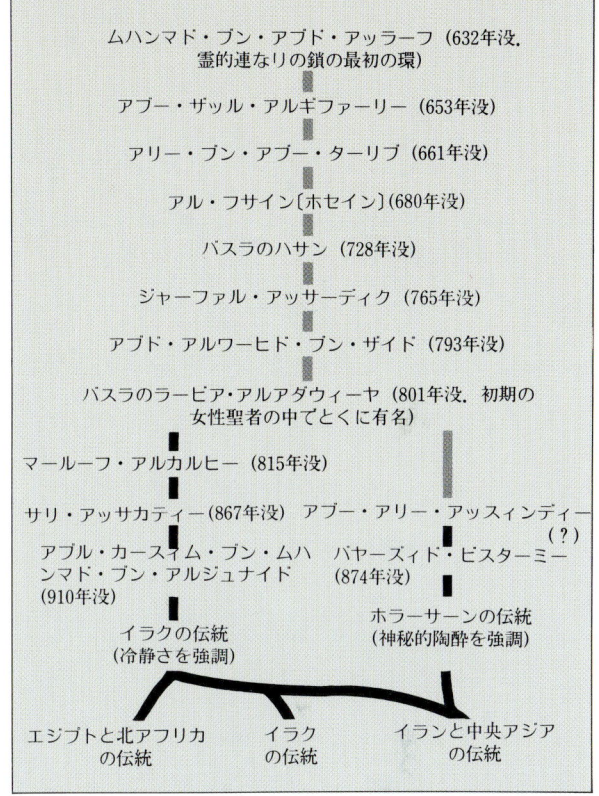

右　預言者から初期の神秘主義の伝統があらわれるまでの，神秘的知識の流れ．

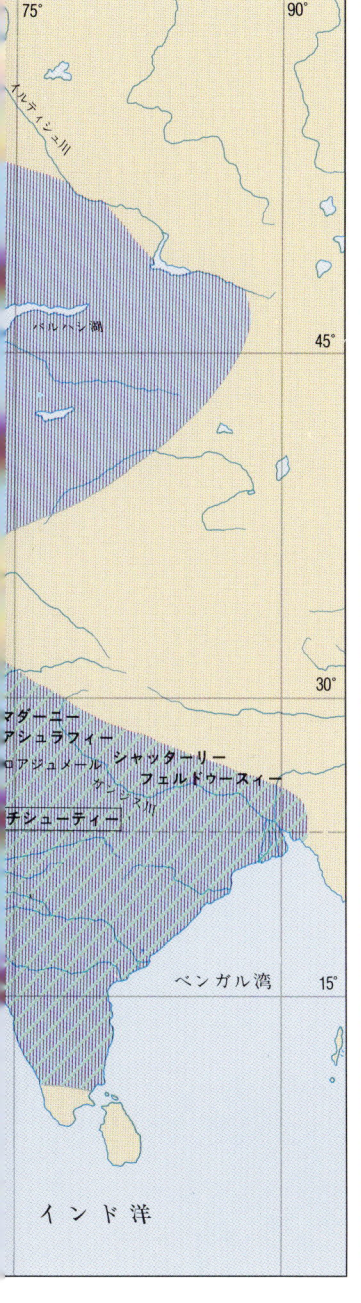

右下　多くのスーフィーは瞑想にふけるために，人を避けて荒野で暮らした．ここでは聖なる人が木陰で弟子たちに囲まれ，熊皮の上にゆったりと座っている．17世紀なかば，エスファハーンで描かれたこの絵にみられるように，こういったスーフィーの集いは，芸術家たちが好んで選んだ題材だった．

神秘的知識の伝承

信頼できる真正確実なハディースが受け継がれていったとされる道筋にくらべると，預言者に発する神秘的知識を伝える鎖のつらなりは，確実なものがあるとはいえない．おもな教団が一致して用いているような伝承の道筋は，13世紀になるまでは定まらず，それ以降もイスラムの学者たちは，その伝承の鎖のいくつかは真実ではないと主張している．そのため，図は，預言者から初期の神秘主義の伝統があらわれるまでの時代に登場した傑出した神秘家の名をあげたものになっている．したがってこれは，預言者からマールーフ・アルカルヒーやアブー・アリー・アッスィンディーまでの伝承が，直接に1本の系統で伝わっているということを言おうとするものではない．

ムハンマド・ブン・アブド・アッラーフ（632年没．霊的連なりの鎖の最初の環）

アブー・ザッル・アルギファーリー（653年没）

アリー・ブン・アブー・ターリブ（661年没）

アル・フサイン〔ホセイン〕（680年没）

バスラのハサン（728年没）

ジャーファル・アッサーディク（765年没）

アブド・アルワーヒド・ブン・ザイド（793年没）

バスラのラービア・アルアダウィーヤ（801年没．初期の女性聖者の中でとくに有名）

マールーフ・アルカルヒー（815年没）

サリ・アッサカティー（867年没）　　アブー・アリー・アッスィンディー（?）

アブル・カースィム・ブン・ムハンマド・ブン・アルジュナイド（910年没）　　バヤーズィド・ビスターミー（874年没）

イラクの伝統（冷静さを強調）　　ホラーサーンの伝統（神秘的陶酔を強調）

エジプトと北アフリカの伝統　　イラクの伝統　　イランと中央アジアの伝統

در آن زمان زمام کرده ذرفت	تفاوت دو پسه مرغابی سیم
صید را زخم شکر وکیخت	بننگ کرد کو انی خاص خدای
جانب پرچپت ایکجخت	اتفاق پستی ایرن وزه کشای

| بست ازین طعمه ویرن منظرگاه | پنچ کسپ خلایق کوتاه |
| پرخبرید از این لوح تقا پاک مباد | نامتت از لوح تقا پاک مباد |

最初の9世紀間，622－1500年

コニヤにあるメヴレヴィー教団の本部修道場．教団の創設者ジャラールッディーン・ルーミーは青いタイルが美しいセルジューク風の廟に葬られ，そこには「帰り来れ，帰り来れ，たとえ汝がみずからの戒めを幾千度破ろうとも．」の有名な1行が刻まれている．シダレヤナギに面する廟の手前には，高名なスーフィーたちの住まう18の房があり，その向こう，第1の大ドームの下にはモスク，第2の大ドームの下には舞踏場がある．

左　学識ある聖者たちは，理想としてはただ神にだけ仕えることになっていた．これをはっきり示すために，けっして君主を訪ねようとしないことが多かったので，君主がかれらのところまで出かけていかなくてはならなかった．この訪問の様子は，p.35のスーフィーの一団の様子と同じく，ペルシアやインドの絵画の恰好の題材だった．この絵は16世紀なかばのサファヴィー朝の治下で描かれ，ジャーミーの「ハフト・アウラーング」を扱っている．そのなかで，王は聖なる人を訪ね，その弟子となっている．王は以前から豪奢な贈り物をたずさえて何度もその聖なる人を訪ねていたが，そのたびにさりげなく断られていた．つぎに王はつましくあるつがいを贈ったが，これも受け入れてもらえない．聖なる人は王が一生をかけて自分の道に帰依するという贈り物ならば喜んで受け取ろうと語り，そのようにしてはじめて王は天国に至る確信をもてることとなったのだった．

がおり，この地域のもろもろの「道」のほとんどはかれに発している．その一つシャーズィリー教団の影響力は，北アフリカ一帯からさらに遠くへとひろまっていった．15世紀末までにはベルベルのイスラムの特徴であるマラブー的傾向，すなわち呪的力を備えた生きている聖者への信仰が姿をあらわすようになった．

シャイフが入門を許すと，弟子は修業の行程へと踏み出す許可状を与えられる．この行程を通して，教団の創設者に発する神秘的知識が，弟子の魂の新たな案内役であるシャイフまで流れ下ってくる．そして弟子が教団の聖者の命日の祭儀に参加するとき，そこで記念されるのは，今度は預言者から今は亡き聖者へと神秘的知識が伝えられた行程であり，スーフィーもウラマーと同じように，啓示の根源から発する伝承の過程に深く注意をはらっていた．また，スーフィーを結びつける絆も，ウラマーのそれと同じく，イスラム世界に時間的・空間的一体性をもたらすのに寄与した．1500年にはすでに，シャーズィリー教団が広くモロッコから東南アジアにかけて帰依者を獲得しており，他のカーディリー教団やナクシュバンディー教団もこれからおおいにひろまろうとしていた．ただし，これらの教団が組織として，人々が海を渡り砂漠を渡っていくのを助けたという点を強調しすぎると，誤解を招くことになる．たくさんの人々が教団の組織網を伝わって旅をし，敬虔な人々が自然と聖者の廟へと引き寄せられたのは確かだが，ある意味では，スーフィズムが次第に醸成しつつあった心情面での一体性も，あずかるところ大きかったといわなくてはならない．無数の妥協を繰り返しながら，教団は学者から苦行者，迷信深い農民に至るまで，まことに多様な信徒たちの帰るべき心の家となった．預言者へと連なる聖者の

ヒエラルキーをもとに，教団が地歩を固めるにつれ，すべての信者たちが，ある種の精神的一体性を手に入れていった．それは皮肉なことに，シャリーアがもたらす外面的な一体性と，それを人々が敬虔な気持で分かちあうということとを犠牲にすることによって，イスラム世界に一体性を保証する第2の原理となったのだった．

しかし，イスラム世界の形成に影響するこれら二つの力の伝達者たちが，むやみに対立していたと考えてはならない．多くのスーフィーはシャリーアに深い造詣をもつ人々であったし，また多くのウラマーはスーフィーでもあった．実際，最高のウラマーとは，ガザーリーのように，二つの伝統についての洞察を結び合わせた者であるといわれた．もっとも，緊張の種はいつでも潜んでおり，多くのスーフィーがシャリーアを無視する一方で，ウラマーといくらか厳格な立場をとるスーフィー教団とはそれを看過しえなかった．それらの人々は，聖者の墓所へ引き寄せられていく民衆を説得して，地方的慣習を捨てさせ，シャリーアとイスラムの中心の文化伝統にしたがうようにさせなくてはならないと考えた．かつて民衆を本来の信仰に立ち戻らせようと努めたスーフィーだったが，まさにスーフィーがあかあかと照らして歩んだ道を，今度はウラマーがたどろうとしていたのである．

第2の，そして潜在的にはより大きな緊張の源が，二つのイスラムの大伝統の伝承者と政治権力を握る者との間に芽生えていた．理論的には，ウラマーが解釈したとおりにシャリーアを用いるのが，カリフやその代理人の義務だった．もちろん，現実の権力はそんなことを滅多に許しはしなかったが，支配者は，神に仕える人々のもつ正統性付与の力に依拠して，その人々が導く民衆の支持を取り付けることには，つねに心を砕いた．そこで，支配者はかれらに行政機関での職を与えたり，土地所有を許したりして，かれらをあやつろうと試みた．しかし，ウラマーとスーフィーの側は，理念の上では，死すべき運命の人である支配者に従属する立場をよしとすることはできなかった．みずからの生き方で自分の知識を体現する人々にとって，仕えるのはただ神だけであった．かれらは地上の権力に結びついていることを悲しく思い，その教団が君主たちを避けることをとくに強調したチシュティー教団の聖者ニザームッディーン・アウリヤーなどは，「私の部屋には扉が二つある．スルタンが一つの扉を通って入ってくると，私はもう一つを通って外に出ていくのだ．」といっている．王がスーフィーのシャイフに会うには，その聖なる人物の住まいまで出かけていって，十分にへりくだって目通りを願うしかなく，その様子はインドのイスラムの絵画では，とくに好まれた題材となっている．この理想はウラマーにとっても同じことで，しばしば引用されるハディースには，「もっともよくない学者とは，君主を訪ねる者であり，もっともよい君主とは学者を訪ねる者である．」とある．また，ウラマーの伝記には，その美徳のあらわれとして，国家の役職についてほしいという要請をウラマーが何度辞退したかという話が記されている．現実にはもちろん，幾時代にもわたって，支配者と神に仕える人々はかりそめの和約を結び，とくにウラマーはしばしば君主に奉仕していた．しかし，イスラムの知の伝承者と権力の施行者との間では，かりそめの和約が破られたり，イスラムが新しい危機にさらされたりするたびに，いつでもその理想が再びその生命を取り戻すのだった．

信仰と実践

コーランの中には，ムスリムが何を信じ何を行わなくてはならないかを体系的に示した個所はないが，全体としてみれば，コーランののべるところは，その教義と信徒の義務について一貫している．それらはイスラムの「五柱」の中で簡潔にいいあらわされ，「五柱」は信徒が守らなくてはならない基本を語っている．「五柱」の第1は信条を固く守ることであり，ムスリムは神と天使，啓典，預言者そして裁きの日の到来を信じ疑ってはならない．第2は礼拝を行うこと，第3に喜捨，第4は断食，第5が巡礼である．さらに，第6の柱にあたるものにジハード，つまり「神の道に立って励み努力すること」，「神の道において戦うこと」がある．コーランはしばしば人々にジハードを促す．「アッラーの道において堂々とこれを迎え撃つがよい．……騒擾がすっかりなくなるときまで，宗教が全くアッラーの（宗教）ただ一条になるときまで，かれらを相手に戦い抜け．（コーラン第2章190節および193節．井筒俊彦訳）」．敬虔なムスリムは，この「神の道において戦うこと」の勧告をいつも胸にいだき，やがてそれは異教徒に対する聖なる戦いばかりではなく，内なる敵，人の邪な本能に対する聖戦をも含むようになって，今日に至っている．

「まこと神には99の御名あり．その名を唱える者には等しく天国の門開かれたり．」とハディースは語る．「万物の造り主」「すべてを御存知のお方」「耳敏きお方」「許し給うお方」「まことの守護者」「授け下さるお方」「慈愛あまねきお方」「限りなくおやさしきお方」といったそれらの名は，ムスリムに神がどのような方なのか教えてくれる．敬虔なムスリムはそれらの美名をそらんじ，会話の間をつないだり，ズィクルを行ったりするときにそれを唱える．数珠は，この名にちなんで99または33の玉で作られ，多くのムスリムがこれを繰りながら神のいや高き名を唱える．

神

唯一なる神はアラビア語でアッラーフとよばれる．それはアル・イラーフ，つまり神を意味する語に定冠詞をつけただけのものを短縮してきている．全知全能なるアッラーは，究極の超越者，天地万物の創造者，全人類の裁き手であり，アッラーにならぶ者はない．人の心のおよばないはるか彼方，永却から永却にいたるときのうちにアッラーは住まう．そしてアッラーこそ，ムスリムが身も心もささげる究極の実在なのである．

天使

人間の五感では，けっして神を見知ることはできないので，神が与えられた御言葉を人に伝えるためには，天使がいなくてはならなかった．ムハンマドにコーランを示した天使はガブリエルであり，それは聖母マリアにイエスの誕生を告げたあのガブリエルでもある．天使に対して悪魔や悪霊，ジンもおり，その頭目はイブリースという名で知られている．

信条

「アッラーのほかに神なく，ムハンマドはアッラーの使徒である．」という信仰告白は，シャハーダとよばれ，このシャハーダを唱える者はムスリムであると，広く認められている．シャハーダこそ，ムスリムの信仰の基本中の基本であり，これ以上簡潔にいいあらわすことのできない信仰のあかしである．ただしムスリムが何を信じなくてはならないかを適切に示すには，コーランの第4章136節のつぎの言葉が引かれることも多い．「これ汝ら，信徒の者よ，アッラーと使徒と，使徒に下された聖典と，それ以前に下された聖典とを信仰せよ．アッラーとその諸天使と，聖典と使徒たちと，最後の日を信ぜぬ者は，取り返しのつかぬほど遠く迷いの道に踏みこんでしまった者．」（井筒俊彦訳）

右　カズヴィーニーの『創造の不思議とその特異なる性質』の写本に描かれた記録する天使．1280年イラクのワースィトでの作．ムスリムは1人1人その傍らに2人の天使がいて，1人がその者の善行を，もう1人が悪業を記録していると信じている．また，すべてのムスリムは自分の守護天使をもっている．神の玉座は8人の天使がささえ，地獄は19人の天使がこれを取りしきっている．これらの天使は預言者よりも下に位置するといわれる．神がアダムの前に跪礼するよう，天使たちにお命じになったからである．（コーラン第2章34節）

信仰と実践

右　イスラムの預言者の多くは，ユダヤ教やキリスト教のそれと共通している．これは1425年ごろヘラートで，ハーフェゼ・アブルーの『歴史』に描かれた細密画で，モーセとイスラエルの人々が見守るなか，ファラオとその軍勢が紅海の波にのまれていく．

預言者

　天使から神の御言葉を受け取った者が預言者である．預言者は敬虔のうちに人生を歩み，人々のよい行いの模範となる．預言者が自分で奇跡を行うことはないが，神がしるしとしてその力を与えて下さることはある．コーランは28人の預言者に触れており，そのうち21人は聖書にも登場している．とくにアダム，ノア，アブラハム，ダヴィデ，ヤコブ，ヨセフ，ヨブ，モーセそしてイエスには敬意がはらわれている．ただし，イエスの純粋な思想とその奇跡は強調されても，イエスを神であると考えることは否定されている．そしてもちろん，ムハンマドこそ預言者の最後を飾る者，すべての人間に向けられた神の御言葉を伝える者である．

啓典

　神が預言者に与えられた数々の御言葉は，その本質ではたがいに調和しており，次第に発展して，やがてはムハンマドに示された完全な啓示に到達する．コーランは，アブラハムについての記述，モーセの律法書，ダヴィデの詩篇，それにイエスの福音書の名をあげ，それらを神が示された啓典の書として認めている．

信仰と実践

審判の日に，終末を告げるラッパを吹き鳴らす大天使イスラーフィール．ムスリムはこのほかに3人の大天使の存在を信じている．啓示を告げ知らせるガブリエル，イスラエルの人々を守るミカエル，そして死の天使イズラーイールである．生気のあふれたこの細密画は1870年から80年ごろのあいだにイラクで描かれたと思われる．

審判の日

最後の審判を告げるラッパが高らかに鳴り渡り，死者は墓からよみがえって，裁きの場によび出される．預言者の言葉を信じ，神の道を歩もうと努める者は，集められて天国の門をくぐる．そこには清涼な流れの走る庭園があり，人々は絹で飾られた寝台に身を横たえ，みごとな器に盛った甘い果実を口にし，美しく汚れのない乙女にかしずかれて永遠に暮す．しかし，それらを全部合わせてもなお，神に目通りできるという最高の報いにくらべれば，何ほどのものでもない．一方，御言葉に耳を貸さず，他の神に仕える者には，地獄の門が開かれている．そこで人々は業火に身を焼かれ，煮えたつ湯を飲まされ，妖樹ザックームから食物をえる．その責め苦には限りもなく，死によって救われる望みもまたない．ただ神だけが信徒をも異教徒をも地獄の責め苦から救うことができ，神はコーランの中で幾度も，慈悲の御心のあることを人に対して受け合っている．

礼 拝

礼拝は，神がこの地上に絶対の主権をもつことを思いおこすためになされ，1日に5度行うことが定められている．ムスリムの朝は早く，夜明け（ファジュル）の礼拝にはじまる．ついて昼すぎ（ズフル），午後（アスル），日没（マグリブ），そして夜半眠る前（イシャー）の礼拝が捧げられる．それらに加えて，自発的な礼拝が推奨されており，たとえば預言者にならって，夜の最後の四分の一が過ぎようというときに礼拝することは，とくにほめられるべきことと考えられている．人々が一緒になって礼拝を行うことも勧められ，毎週金曜日の正午の礼拝は，集団で行うことになっている．そこでは地区のムスリムの指導者が礼拝を指導し，人々に説教を聞かせる．

礼拝の仕方は，人が神のみ前でいかに卑小な存在であるかを表現している．ムスリムはまず，水で自分の身を浄め，メッカの方に向いて立つ．その方向は，モスクのメッカに向いた壁に設けられミフラーブという壁龕で示されている．つぎにラクア（拝礼）が礼拝の時間により定められた回数だけ行われる．1回の拝礼はコーランの読誦をともなう七つの動作からなる．まず両手を顔の両側に上げて「神は偉大なり．」と唱える．まっすぐ立ったまま，コーランの開扉の章を読誦する．他の章句がそれにつづくこともある．その後，腰から体を折って礼をする．再びまっすぐ立つ．両ひざを折って額が地につくまで平伏する．ムスリムの中には，長い間これを行ってきたために，額にたこができて礼拝のしるしとなっている者もいる．跪座のまま体をおこす．最後にもう一度平伏しておわりとなる．こうしてムスリムは口から発せられる言葉と目にみえる動作の二つによって「イスラム」という言葉の意味を明らかにする．それは「絶対の服従」である．

信仰と実践

右下　ムスリムの想像する天国は魅力にあふれている．美しい庭園で，祝福された人々はおたがいを訪問しては，かぐわしい香りを放つ花束を交換している．これは，ムハンマドが行った奇跡である夜の旅を記した写本『ミーラージュナーマ』の挿絵で，15世紀にヘラートで作られた．

下中　イスラムの地獄の業火も，キリスト教のそれとかわらず激しさえる．同じくヘラートで書かれた『ミーラージュナーマ』から取ったこの細密画は，不義を犯した女性の末路を描いている．

右下　神のみ前に参じようとキャラバンを組んで旅していく巡礼は，また娯楽の機会でもある．これはハリーリーの『マカーマート』の1場面で，1237年にバグダードで描かれた．巡礼のキャラバンは，ラッパを吹き胴太鼓を打ち鳴らして，楽しそうに進んでいく．

断食

大陰暦の9月にあたるラマダーン月は断食の月とされる．日中は飲食や喫茶，性交を断つことをムスリムは求められる．その目的は精神を肉体に優越させ，訓練によって意志を強めることで，信徒が神のお側にもっと近寄れるようにすることである．この目的に見合うよう，ラマダーン月の間，敬虔な者は普段より礼拝の回数をふやし，熱心にコーランを読誦する．肉体の苦しみと精神の修練をともにすることは，共同体の連帯意識を年ごとにあらたにし，強めてくれる．

喜捨

「精々まじめに礼拝のつとめを果し，定めの喜捨を出すこと」（第58章13節）とは，慈善が本当の信徒の美徳の一つであることをおもいおこさせるコーランの数々の記述の中の一節である．ここでいわれているように，礼拝と喜捨（ザカート）とはしばしば結びついている．ムスリムは金銭や物品で1年にえた収入の1/40を差し出すことが定められている．この喜捨の目的は二つの面からなっている．まず，ザカートがザカー「純粋なものとなること」からきているように，公共の必要のためにえたものの一定部分を供することは，私財の獲得を浄め正当化してくれる．そして他方では，それは，社会的責任の感覚，共同体を結束させようという意志の表明でもある．喜捨で得られた財は，貧しい者，金銭に困っている者，喜捨を集める者，ムスリムになろうとする者，戦争の捕虜の解放，借金に苦しむ者，旅をしている者，そして「神の道」において戦う者のために使われる．

巡礼

五柱の最後はメッカへの巡礼である．ムスリムは，アブラハムがアダムの家を再建したと信じるこの土地へ，余裕があれば一生に一度はいかなくてはならず，巡礼は毎年催される．巡礼者はメッカに入る前に普段の服を脱ぎ，2枚の簡素な白布を身にまとう．これは日常生活を離れたことと，神のみ前に臨むにあたってみずからを虚しくする意志を象徴している．各地から集まって数千人になった巡礼者たちは，メッカの大モスクの中央にある神殿のまわりを一緒に7回歩いてまわる．それからメッカとマルワの間を7回小走りに往復する．これは，アブラハムの妻ハガルがいとし子イシュマエルのために水を求めて必死に走ったという故事にちなんでいる．同じように，偶像崇拝に対峙したアブラハムにならい，メッカの外にあるアラファートの平原に立つ．また，アブラハムとハガル，イシュマエルの親子が悪魔（サタン）の誘惑を退けたことを忍び，ミナーにある塔に石をぶつける．最後に，犠牲が捧げられ，巡礼者たちは頭髪をそる．この巡礼ほど，イスラム共同体の連帯を強める儀礼はない．さらにくわしい巡礼の様子は，p.192－197 に説明してある．

43

中心地域の諸王朝
16世紀および17世紀

　1500年にはじまる1世紀に，イスラムの権力はその頂点に達した．西アフリカではモロッコとニジェール川流域に新王朝が興こり，中央アジアでは活力に満ちたウズベク族がブハーラーにあって支配拡大の機をうかがい，東南アジアでは最初のムスリムのスルタン国がスマトラ島やジャワ島のヒンドゥー教支配にとってかわろうとしており，ムスリムはますます力を蓄えていった．かれらはロシア人のアジアにおける活動にせよポルトガル人の南洋における活動にせよ，ヨーロッパ人の活動の増大をたいして脅威とは感じなかった．当時もっとも強大な勢力は，イスラム世界の中心地を押えていたサファヴィー朝，ムガル朝，オスマン朝の諸帝国であった．そこでは20世紀にいたるまで痕跡を残すことになる，強大な政治機構と集権化された官僚システムが，部族的な連合，短命なスルタン国，またモンゴル支配が後退した後にあらわれた弱い政治体制にとってかわった．この時代の芸術の開花はめざましく，才能ある支配者たちは効率的な国家機構によってもたらされる富を費やした．同時にムスリムの生活と文化の世界性は新たな脅威にさらされた．それは部分的にはサファヴィー朝がシーア派を帝国の公認の信仰とした結果としてのシーア派の大躍進によるが，主要な原因は新しい体制の強固さそれ自体のなかにあったのであり，それによってそれぞれにますます独自性を高めた文化的世界をはぐくむことが可能となったのである．

　これら三つの大帝国の存在を可能にした新たな力の源泉が何なのかを確定することはむずかしい．確かにこれらの王朝は14世紀にまでさかのぼる権力の基盤をもっていた．オスマン家はすでに広大な領域を支配しており，サファヴィー家は強力な神秘主義教団を従えていた．一方ムガル家の家系にはあのティムールの血が流れ込んでいた．これらの帝国はまた農業に対する新たな関心からも利益をえていた．サファヴィー朝イランでは灌漑事業に多大の関心が示され，オスマン帝国を訪れた西欧からの旅行者は以前キリスト教諸国にもたらされていた繁栄がここで新たにみられるとしばしば述べている．おそらくもっとも重要だったのは，現在のヨーロッパと同様，戦争の主要戦力としての火薬の登場だったのではないか．1450年までに大砲の使用は包囲戦の要となり，まもなくそれは野戦でも中心となった．そのわずか50年後には小銃が同様の重要性をもつようになる．一般に，火薬の利用法の複雑化にともなって，技術革新のテンポに見合う支出に耐えられるのは強大な支配者に限られていたが，この支出によって支配者は，壁でふさがれたとりでの向う側で独立を要求する臣民たちに対しても，また何世紀にもわたってステップ地帯から流れこんできていた遊牧民に対しても，決定的な優位を保つことになったのである．

　いずれの帝国も，モンゴル人がつくり出した世界帝国ビジョンとその政治機構とにその基礎を見出していた．実際，これらの帝国はいわゆる「軍事封土制国家」であり，そこでは巨大な軍人家族的あり方で組織された政府が都市文化の最良の部分を保護育成していた．このような政府で特徴的だったことは国家のすべての機能を王室の軍隊組織のなかに吸収したことであり，そこでは官僚やあるいはイスラム法の適用にカーディーとして責任をもつウラマーが，身分や報酬の点で軍事エリートと同様の扱いを受けたことだった．王室はあらゆる経済的・文化的資産を自らの所有物とみなし，また同様のたやすさで，ウラマーがそこから生計をえていた個人的寄進財産に対する支配権や，王室の目的に合うように人口の大きな部分を勝手に移住させる権利をも握っていた．王朝の法は何世代にもわたる王の法令の集積で，これはイスラム法，慣習法と並行して行われた．実際にはイスラム法は通常その適応範囲が注意深く限定され，他の実際にはもっと柔軟な法的慣習と抵触しないようにされた．そしてこのような限度内でイスラム法を施行する支配者は，だれでも正統のカリフだという考え方が形成されていた．しかし，もし王朝がその権力の絶頂期にあるときでも，イスラム法に対する尊重があまりに乏しく，またもっぱら力づくで手に入れたと見られる支配の正統性をみずから弱め失うようなことがある場合には，その機会をとらえて，現世の人間生活で王朝権力が認めた範囲よりももっと広範に神の聖法を適用するよう企てる人物が，信仰深い人々のなかからかならず出現した．

サファヴィー朝

サファヴィー家の勃興

　サファヴィー家は最初神秘主義教団の指導者であり，その弟子たちの用意した土台の上にかれらはイランの支配者としての地位を確立した．サファヴィー教団はサフィーッディー

火薬は強力な中央政権の成長に決定的な役割を演じ，これによってオスマン朝，サファヴィー朝，ムガル朝の成立が可能になった．15世紀の半ばまでに大砲が包囲戦の勝敗を決するようになり，16, 17世紀には野戦砲と小銃が野戦の勝敗を決した．下図はハンガリーの都市シゲトヴァルの城を包囲するオスマン軍の野戦砲．

ン（1252/3-1334）が創設したが，かれの先祖は，これに先立つ3世紀の間東部アゼルバイジャンの山間都市アルデビールで代々敬虔な信徒との名声をえていた．サフィーッディーンはギーラーンのシャイフ・ザーヒドの精神的な継承者であったが，かれが成し遂げたことは，純粋に地方的な勢力にすぎなかった神秘主義教団を，東部アナトリア，シリア，イラン，コーカサスにまたがり，モンゴルの貴族階級のあいだにまで弟子を擁する教団にかえたことである．15世紀のあいだに，教団はその信仰が次第にシーア派的なものになるにつれて革命運動に転化し，政治的な重要性をもつようになった．サファヴィー教団のシャイフたちが弟子たちに信仰のために闘うよう命じたからである．サファヴィー教団の兵士はシーア派の十二イマームを記念する12のひだをつけた鮮やかな赤いターバンを巻いていたため，トルコ人からはクズルバシュ（赤頭）とあだ名された．1459年から1494年までのあいだに3人の教団長が横死したが，教団組織は非常に整備されており，また弟子たちの忠誠心も強固だったため，1501年，14歳になるイスマーイールは北部イランのトルクメンの支配者たちをシャールールに破り，タブリーズで自らシャー・イスマーイール1世（1501-24）であると宣言することができた．

1501年にはイスマーイールはわずかにアゼルバイジャンのみを支配していた．それが1510年までにはイランの残りの地域と肥沃な三日月地帯の東部を征服し，かれの時代にサファヴィー朝の版図は最大限に達した．しかしかれはただちに16世紀を通じてこの王朝をおびやかし続けるある脅威に直面することとなる．それは2正面を相手に戦わなければならないということであった．東方では，かれはサマルカンドをめぐってウズベクと対抗したが，かれらは今は亡きかれらの指導者ムハンマド・シャイバーニー・ハーンの曝首にイスマーイールが注いだ金を忌むがごとく，イスマーイールのサマルカンド攻撃に反発した．かれがこの脅威に直面したのと，オスマン朝が西方で進軍をはじめたのとは，同時であった．この戦闘はいつおこってもおかしくなかった．というのはサファヴィー朝というシーア派国家の登場と，これに同調する東部アナトリアでの軍事的な動きがオスマン帝国をおびやかしていたからである．その結果サファヴィー朝は銃砲を用いなかったこともあってチャルディランの戦いに敗れ（1514年），さらにディヤルバクルやイラクのシーア派の聖都を失った．

チャルディランでの敗戦は，この世紀の残りの期間をつうじてサファヴィー朝を苦しめることになる問題を明るみに出した．すなわちクズルバシュとの権力争いという問題である．チャルディランの戦い以前にはクズルバシュはシャー・イスマーイールを単にかれらの教団の頂点，精神的な指導者としてだけでなく，神それ自身の顕現とみなしていた．その呪文が解けてしまったのだ．クズルバシュたちは死をもいとわぬ従順な弟子から無規律な部族的指導者へと変貌した．1524-33年，1579-88年の二つの時期にはクズルバシュは完全に統制がとれていた．しかしこの間の時期のほとんどは，イスマーイールの息子のシャー・タフマースブ（1524-76）がトルクメンのクズルバシュとペルシア人のクズルバシュという2大勢力の局外に立つことで何とか切り抜けた．タフマースブは今日までかんばしい評価を受けていないが，これはおそらくかれに会った西欧の人間が，かれの柔和な性格と禁欲的生活に心を動かされなかったからに違いない．それにもかかわらず，かれの業績は，かれが遠隔の地は失ったものの，ホラーサーン地方へのウズベクの5度の侵入と，アゼルバイジャン地方へのオスマン帝国の4度の侵入をもちこたえたことによって，評価されるべきなのである．

サファヴィー朝の命運は，タフマースブの孫にあたる，大帝シャー・アッバース（1588-1629）によって救われ，さらに王朝はこの時代に絶頂期に達した．17歳で即位したのち，かれの最初の行動はクズルバシュを統制し，新たな基盤を築くことであった．かれは，タフマースブが採用した考えをとり入れて，イスラムに改宗してペルシア人化していたグルジア人，チェルケス人，アルメニア人らの多数の戦争捕虜とそ

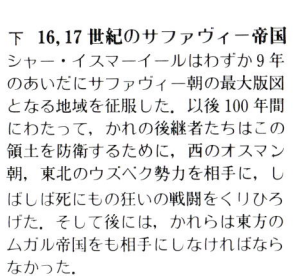

下 16, 17世紀のサファヴィー帝国
シャー・イスマーイールはわずか9年のあいだにサファヴィー朝の最大版図となる地域を征服した．以後100年間にわたって，かれの後継者たちはこの領土を防衛するために，西のオスマン朝，東北のウズベク勢力を相手に，しばしば死にもの狂いの戦闘をくりひろげた．そして後には，かれらは東方のムガル帝国をも相手にしなければならなかった．

- シャー・イスマーイールの帝国，1512年頃
- ムガル帝国と17世紀に争われた領域
- オスマン帝国
- 1516 オスマン朝が征服した領域・年次
- (1603) サファヴィー朝が再征服した年次
- ウズベクの領土
- ウズベクによって16世紀に争われた領域
- ムガル帝国
- チャガタイ・ハーン国
- ■ サファヴィー朝の首都
- ○ シーア派の聖地

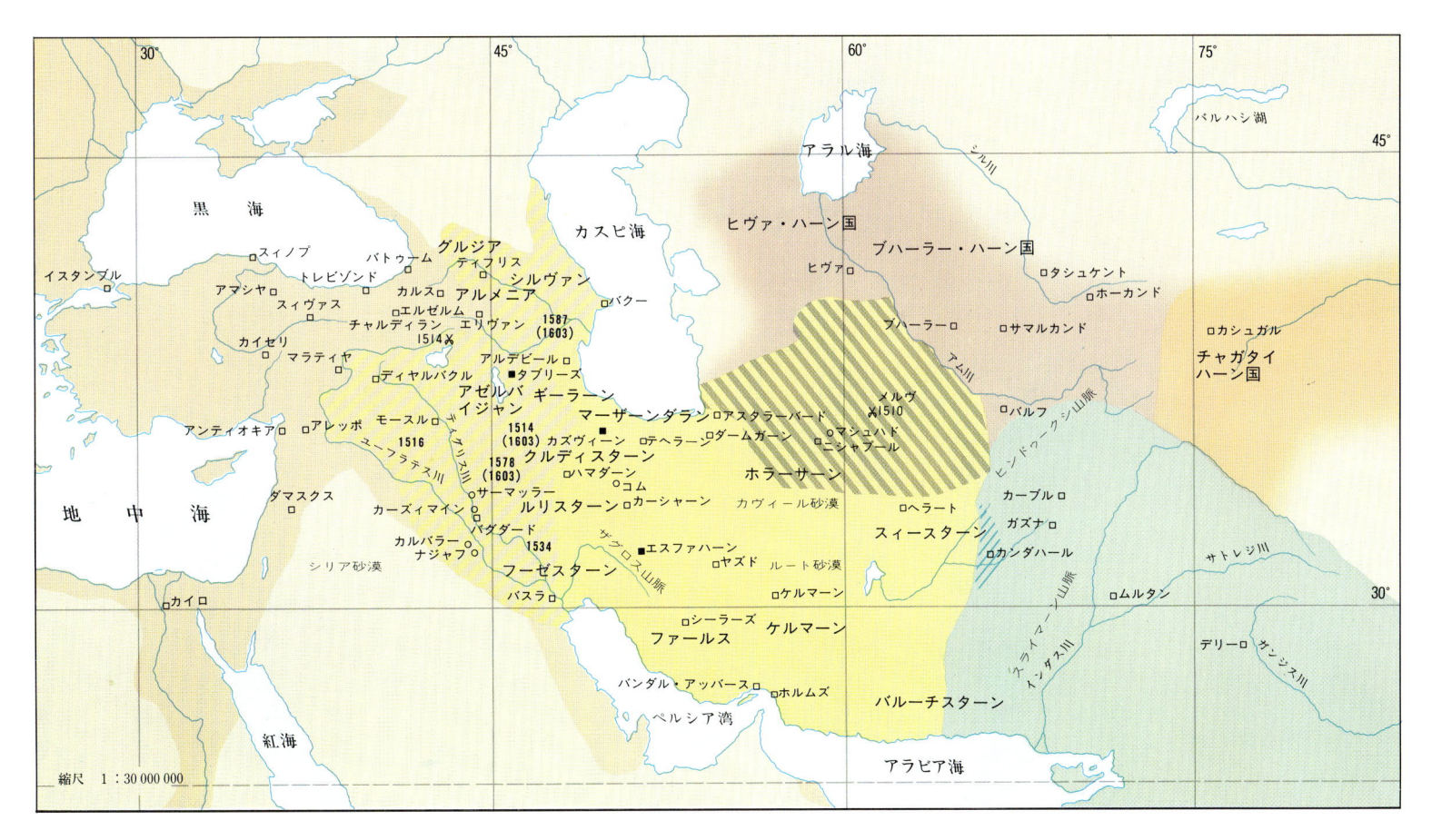

中心地域の諸王朝，16世紀および17世紀

左　エスファハーンのチェヘル・ストゥンにあるこの壁画は，シャー・イスマーイールがチャルディランの戦い（1514年）でオスマン騎兵を殺している場面を描いたもの．かれの剣は，人を裂いて鞍まで達したといわれる．シャーの奮戦はさておき，この戦闘はオスマン軍の大砲と小銃によって，サファヴィー朝の大敗におわった．その結果かれらは広大な領土を譲渡し，かつまた西方において4分の3世紀近く守勢にまわらねばならなかった．

シャー・アッバース1世は，サファヴィー朝最大の帝王であった．ビシュン・ダースの筆になるが，かれはムガル帝ジャハーンギールによってハーン・アーラムの使節とともにシャーの肖像を描くため，1613年サファヴィー朝の宮廷に派遣された．帝は中央政府を強固にし，国境の守りを固めたが，またかれの治世にペルシアの芸術はその最良の部分を開花させた．かれはカリスマ的な将であったが，また庶民的な性格をも兼ね備えており，しばしばおしのびでエスファハーンの市場を歩きまわっては茶店で人々と言葉を交わした．かれの死後80年ほど経った後，あるヨーロッパ人の旅行家がつぎのように述懐している．「この偉大なる帝王が愛でることをやめたとき，ペルシアの繁栄はおわりを告げた．」

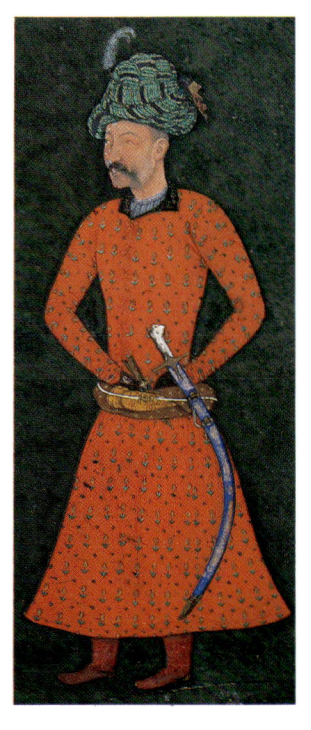

の子孫に目を向けた．大帝はかれらを「王室の家内奴隷」として知られる私兵部隊に編成し，俸給は王室財政から直接支給した．さらにかれらは戦場へのクズルバシュの部族的徴集にとってかわり，政府の主要機関からクズルバシュ指導者を追放することによって，国家のなかの部族的な勢力に対する強力な対抗勢力として行動するように仕向けられた．いまや出世の鍵は，クズルバシュの部族的エリートの一員たることではなく，シャーに対する忠誠心なのであった．1598年までに，アッバースが，サファヴィー朝国家の基盤の再構築が成って，旧敵に対する攻勢も十分に可能になったと感じたことは明らかである．治世の最初には，大帝はその旧敵に対して，関係の保全のために領土を譲り渡さなければならなかったのであるが，1606年までに大帝はウズベクとオスマン朝の両者に対して決定的な勝利をおさめ，失った領土の大半を回復し，東西からの攻撃の脅威をほとんど取り除いた．

シャー・アッバースの治績は，政治的・軍事的な領域にとどまらない．大帝によって地方には平和がもたらされ，絨毯と絹をはじめとする産業が育成された．大帝はヨーロッパやアジアの各地から商人や外交使節が宮廷に大挙して訪れてくるように奨励し，またペルシア人の芸術的才能の最良の部分を開花させるのに援助を惜しまなかった．大帝はその偉大さで同時代のインドのアクバル，イングランドのエリザベス女王に比肩する．しかしながらかれの最大の功績は，帝国をかれののちの弱体な支配のもとでも1世紀近くはもちたえさせるに足る強力な基盤を形成したことであった．確かにこのことの代償として，王室の莫大な支出をまかなうため王室直轄地が急激に増大し，これが長期的には帝国の衰退をまねくことになった．しかし当面は，これによって多分に部族的な社会において中央政府の強力な機構を建設するという問題が解決をみたのである．

シーア派とサファヴィー朝国家

シャー・イスマーイールが，権力を掌握するにあたっての最も重要な行動は，十二イマーム派をサファヴィー朝の公認の宗教とするという宣言であった．思い出していただけることと思うが，シーア派は，初期のカリフに対する政治的な抵抗運動としてはじまり，教義的にはムハンマドの唯一の正統な後継者であると主張することによってみずからを正当化してきた．この信仰は発展して，コーランの外面的な解釈と並行して，ムハンマドからアリー，アリーからその相続人へと伝承された秘義の存在を信じるようになった．指導者としての権威のよってきたる源は，もっぱら秘伝を授けられたアリーの後継者に限られることになり，それは共同体の指導者イマームに指名される．イマームらは次第に超人的な地位にもちあげられ，アダムから連なる預言者の系譜を通じて伝えられてきた神の光明の化身であると信じられるに至った．それゆえイマームは無謬であり，罪を犯さないとされた．シーア派の最も重要な一派十二イマーム派は12代のイマームを認めるが，この最後のムハンマド・アルムンタザルは873年ごろ井戸に落ちて「隠れ」たとされ，その再臨を期待されている．他にも数多くのシーア派が存在するが，それらのうちで最も重要なものはイエメンで優勢なザイド派であり，かれらは最初の4代のみをイマームと認め，またかれらに何らの超自然的な属性をも認めなかった．またイスマーイール派は最初の7代のイマームを認めるが，かれらはアラビア半島東部で10世紀に活躍したカルマト派の革命運動，969年から1171年までエジプトを支配したファーテイマ朝のカリフたち，そして悪名高い暗殺者教団によって代表される．

シーア派が正統派スンナ派と最も明確に区別される点は，どこに宗教的な権威を求めるかということである．スンナ派ムスリムにとっては，それはシャリーアを下から支える共同体の合意にあるとする．シーア派ムスリムにとっては，それ

シーア派は，サファヴィー朝国家が建設された岩盤であった．歴代のシャーは第12代イマームの顕現であると主張した．シーア派ムスリムは，ムハマドの唯一の正当な後継者は，かれのいとこで義理の息子のアリーの子孫に限られ，かれらのなかにアダム以来の預言者たちを貫いてきた曙光が輝きつづけていると信じた．これらの人々はムスリムにとっての唯一の権威ある指導者であり，そのため共同体の指導者たるイマームの称号が与えられた．イランのシーア派は12人のイマームを認めており，かれらにゆかりの聖地はいずれも巡礼の重要な場所となったが，その多くはイラクにあり，イランにあるのはわずか2個所である．そのいずれもシャー・アッバース1世によって復興された．上図はコムにある，第8代イマームの姉ファーティマの廟．次頁はマシュハドにある，第8代イマームの廟．

は無謬なるイマームに存するのであり，シーア派にとっては，イマームは神およびその預言者につぐもので，それへの信仰が信仰箇条の第三項ともなるのである．スンナ派ムスリムはコーランとハディース，そしてシャリーアのなかに，かれらが受けとるべきすべての行動指針が含まれていると考える．理念的には，スンナ派ムスリムは，10世紀の中ごろに最終的に形成された完全無欠のパターンに従って生きるよう努力しなければならない．一方シーア派ムスリムは，時代を下るにしたがって，イマームや自らその代理人だと称する者たちを通じて導きの源泉を更新することも可能なのであった．シャー・イスマーイールとその後継者たちはみずから第12代イマームの化身だと称した．その後サファヴィー朝国家の進展にともない，シーア派ウラマーはムジュタヒドを名のるようになるが，これはイマーム不在のあいだ聖法における裁定を確立する権利をもつ者のことであり，スンナ派のウラマーにとってはもはや不可能とみなされていたことである．つまりシーア派は，法の展開と状況の変化への適応について，スンナ派よりもはるかに大きな余地を認めていた．またシーア派はその儀礼に関して非常に異なる展開を示した．スンナ派の宗教的エネルギーが神への思念の集中ということに集約されるとすれば，シーア派のそれはかなりの部分フサイン（ホセイ

ン）の殉教と，より一般的にはスンナ派によって殺されたとされるすべてのイマームの記憶に集約されるのである．ムハッラム月はシーア派にとって服喪の月である．フサインがカルバラーで殺されたムハッラム10日（アーシューラー）は1年のうちの宗教感情の高揚の最高点であり，この日にはフサインの墓の模型をかかげた行進や，アリー家への不忠を悔いてのみずからのむち打ち，カルバラーの物語の再話とそこでの感情の昂奮，さらにスンナ派への呪詛などによる諸行事が行われる．当然のこととして，カルバラーや他のイマーム廟への巡礼はメッカ巡礼と同じくらい重要なものとなった．

十二イマーム派は初期のサファヴィー朝国家建設の礎石であった．この国家は，シャー・イスマーイールを第12代イマームの顕現とする神政国家であった．さらにかれの家族は第7代イマーム，ムーサー・アルカーズィムの血統をもっともらしく主張することによって，尊敬の念をえようとした．さらに，そこにはイラン的・シーア派的な信仰の側面が関与していた．イランのスーフィーたちは少なくとも13世紀ごろからアリーに対する強い忠誠を表明しており，一方シーア派ムスリムは以前からフサインがサーサーン朝の最後の皇帝ヤズダギルド3世の娘と結婚したと主張して，アリー家をイラン君主の深遠な伝統と結びつけた．権力の座につくにあたってイスマーイールは，スンナ派が表面的には支配的であった住民たちに対してシーア派信仰を押しつけはじめた．かれは武力をもって威嚇し，人民は屈服した．スンナ派ウラマーは抵抗したが，かれらは逃亡か死かの選択を迫られた．シーア派であることが，いまや国家に対する忠誠のあかしとなった．同様のやり方で，スーフィーのサファヴィー教団への忠誠が初期の国家機構を固く結びつけた．シャー・イスマーイールは完全なスーフィーの権威であり，主要な機関の役職を占めるクズルバシュはかれの弟子であった．このようにして人民と政府は，かれらの国王に対する共通の宗教的傾倒によってまとまっていた．

サファヴィー朝のシャーは16世紀，17世紀を通じてみずから第12代イマームの顕現であると主張したが，権威の源としてのこの主張の効果はすでにシャー・イスマーイールの治世から弱まりはじめていた．われわれはすでに，チャルディランの敗戦以後イスマーイールの精神的指導力に対するクズルバシュの信頼がいかに失われたかをみてきた．これとほぼ同じ時期，国家の宗教機構と官僚機構の区別がなされるようになるにつれ，宗教勢力と政治勢力の分離によって体制の神権的な性質がさらに失われることになった．このことは，この時代につづく200年間にウラマーと国家との関係に生じてくる決定的な変化の最初の兆候であった．はじめのうち，ウラマーは国家権力の手先であった．イランにシーア派のウラマーの数が少なかったため，多数のウラマーをシリアやバハレーンからつれてこなければならなかった．その結果として，かれらは財産・役職・称号といったすべてを国家に負うこととなった．さらに，かれらがイマームの顕現というサファヴィー朝の主張を認めたとは考えにくいが，かれらはシャーが地上における神の投影（ズィッル・アッラーヒ）であるという考え方に基づいて，王の神聖な権利を理論的に認める意志をもっていたと思われる．またさらにウラマーは，シャー・アッバースの時代になるまで，この理論に公然と疑問を差しはさむようなこともなかった．シャー・アッバースの時代になると，ムッラー・アフマド・アルデビーリーがシャーに対して，シャーの支配は神聖な権利によるものでなく，イマームの代理としての委託によって権力をえているのだということ，この名誉ある委託がなされているかどうかを判断するのはウラマーの権限であることを宣告した．シャー・アッバー

中心地域の諸王朝，16世紀および17世紀

スの死後ウラマーはますます精力的に王朝の政治の正統性に対して挑戦するようになり，イマームの唯一正しい代弁者は誠実に学問を積んだ有能なムジュタヒドであると主張して，政府に切り込んでいった．かれらはいまやサファヴィー朝が生み出したシーア派大衆を統御することを求めていた．

このようにしてサファヴィー朝はイランの境界線をほぼ定め，君主制の理想を確立し，十二イマーム派を通じて切れ味鋭く明確化されたイラン人アイデンティティーをうち立てることによって，近代イラン国家の基礎を置いたのである．他方，十二イマーム派もまたこの時代の最も強力な国家体制に結びつけられたことによって，成長発展のためのまたとない機会をえた．それまで少数派の信仰であったこの宗派が，全人民を包括することのできる体制をえたのだ．土地と租税の諸制度は政府の援助によって強化された．神学と法学はますます洗練されていった．しかし一方では，サファヴィー朝国家との相互作用のなかから，これ以後ムジュタヒドの手に握られることのないイランのあらゆる政府の正統性をおびやかすことになる教理が生まれた．以上の結果は，国際的なスンナ派社会のただ中における巨大なシーア派組織の登場であった．実りのある相互交流はいまだにみられたが，これまで存在しなかったような文化的・政治的・知的障壁もまたここに生じた．

イラン芸術の開花

サファヴィー朝はイラン芸術のもっとも麗しい開花期の主宰者となった．ルネッサンス期のヨーロッパの王たちにも似て，サファヴィー朝の帝王はその多くがみずから芸術家であった．シャー・イスマーイールは詩人，シャー・タフマースブは画家というように．しかし最も重要なことは，かれらが偉大なパトロンであり，才能ある人間の能力を育成し，これと深い人間関係をもつ，高度に洗練された趣味のもち主だったということである．シャー・アッバースはかれのお気に入りの書道家アリー・レザーがペンを動かしているあいだ，蠟燭をかかげているのが常だった．細密画は，保護育成の成果が最初に，また最も輝かしくあらわれた分野である．ウズベクを打ち破ったあと，シャー・イスマーイールはビフザードをつれ帰ったが，かれはヘラート画風の高雅な趣味をもたらして，タブリーズ画風とこれを結びつけた絵画の名手である．のちにビフザードは王立図書館の館長に任ぜられたが，これは図書館という名前からわれわれが連想するものとはちがって，あらゆる種類の製本術が施される工房であった．さてここに，シャー・タフマースブの目の肥えた保護のもとで，サファヴィー朝絵画は整然と完成した装飾的な様式，色彩と図柄のリズムとの息をのむ調和によってその頂点をきわめ，これらはフェルドゥースィーの『シャーナーメ』やジャーミーの『七つの王座』といったイラン文字の最高峰の挿絵としても用いられた．シャー・アッバースの時代までには本の挿絵は単純な版面画に道を譲り，伝説の描写は内気に抱擁し合ったり，若々しい魅力をたたえてぶどう酒を注いだりする美しい人間の理想化された描写にいきついた．17世紀の中ごろには新たな画風が生まれ，濃厚なエロチシズムと過酷な現実への関心とがあらわれた．一度は神権政治によって支配されていた社会に世俗主義がもち込んだ新鮮な空気が，絵画の世界における変化にも何らかの影響をもったことは疑いない．サファヴィー朝初期の絵画にみられたあの異常に抑制された型通りの作品が，ものうく花の香を嗅ぐ優雅な若者に道をゆずり，高度な技巧が荒々しい技量にとってかわられたことは，確かに時代の退廃を示してはいるが，そこにはまた画家たちがかれらのまわりの現実を描くようになったことによって，生活をみる全く新たな視点が開かれていたのである．

芸術の他の分野に関しては，精巧で華やかなサファヴィー朝の詩もサーディー，ハーフェズ，ジャーミーらの作品には比すべくもなかったが，現在では従来考えられていたほど劣ったものだったとは考えられていない．金属細工はすぐれていたが，もとよりセルジューク朝やモンゴル時代の水準には達しえなかった．一方，絨毯，織物，陶磁器の分野ではかつてないほどの完成をみた．王室の工房の一流の画家がしばしばデザインに関係し，これらの分野はいずれも王室からの援助を仰いでいたが，とくにシャー・アッバースは国民の工芸的才能を輸出貿易に利用しようと決めていたので，援助にことに熱心であった．大帝は絨毯織りを家内工業からさまざまな地方に工場をもつ国家的産業に仕立てあげた．織物工場でつくられる多彩多様の絹，にしき織，ダマスクス織，ビロードなどは品質，染色，デザインとも他にくらべるものもなく，事業的にもめざましいものがあったため，エスファハーンだけでも2万5000人の雇用人口があった．陶磁器類もまたさまざまな種類の色，かたち，つやのものが生産され，ヨーロッパに市場を拡大するために300人の中国人陶工をつれてきてその技術を伝えさせた．しかしながら，サファヴィー朝陶器の至高の到達点は，当時の大建造物を飾るために焼き出したタイルに示されている．鉱物顔料とうわぐすりに対するかれらの熟練は非常なもので，これらのタイルはイランの焼けるような太陽の下で400年の昔と同じ輝きを保っている．

サファヴィー朝の芸術的な達成と繁栄とを代表する都市はエスファハーンをおいてほかにない．標高1600 m，イラン高原の中央部に位置し四方を山に囲まれたこの町に，シャー・アッバースはかれの都を建設した．大帝はこの町を世界でも屈指の美しい都となし，かつまたこの時代の最大規模の都を建設した．162のモスク，48のマドラサ，1801のキャラバンサライ，273の公共浴場を擁し，人口約100万，町中いたるところに木立や公園がある．この町にあるチャハール・バーグは4 kmにわたる堂々たる大通りで，庭園や宮廷の邸宅がこの通りに面して建ちならんでいた．ここにはまた30 km²の規模の大バーザールがあり，これを訪れた者の記録によれば「世界が誇りうるこの最大規模の驚くべき商業記念碑」なのであった．このバーザールはさらに町の中心にある巨大なメイダーンに通じ，それは商業区域を真新しい帝都の中心にまでひろげるものだった．そしてこの矩形の空間の周囲には店が2列に軒をならべていたが，その延長を遮るものは，ひかえ目なアーリー・カーブー宮殿——歴代のシャーはかれらを民衆から切り離すような建築はあえてつくらなかった——，壮麗なロトフォッラー・モスク，そして堂々たる王室モスクといった主要建築物群のみであった．これらの礼拝所はいずれもイラン建築の代表作であったが，何にもまして最高の傑作は，この都を生み出した壮大な想像力であった．

サファヴィー朝期文化の世界

絵画：形式主義から快楽主義へ

われわれがサファヴィー朝の世界にわけ入るのに最も確実な道は、この時代の絵画をみることである。最初のうちは、これらの絵は書物の挿画としてか、あるいは鑑定家の収集アルバムを満たすために描かれた。初期のサファヴィー朝君主は皆愛書家であった。テントの中に住む遊牧民的な人々の世界を継ぐ者であったかれらは、やっかいな所有物を嫌った。この時代に携帯本が普及したことを理解するのはたやすい。また、しばしば花々で飾られ小川のせせらぎの涼しげな庭園を描き出す細密画のまばゆい色彩と繊細さが、荒涼たる不毛の大地できびしい生活を送っている人々の目にいかに映ったかは想像に難くない。

サファヴィー朝はヘラートのティムールの子孫によってはぐくまれていた輝かしい絵画の伝統を発展させた。シャー・イスマーイールがこの町を1510年に攻略した際、かれはそこから当代きっての画家ビフザードをタブリーズにつれ帰った。イスマーイールの息子シャー・タフマースブは青年期のほとんどをヘラートで過ごしたが、かれはそこで絵を学び、画家たちの作品をまるで自分の作品であるかのように模写することができるほどになった。シャー・タフマースブは一流の画家たちをかれの親しい仲間の列に加えたが、それでもかれのお気に入りの小姓をつれて逃亡をはかった画家は、かれに鼻を切り落とされてしまうという事件もおきた。

若い画家の卵は、文学から礼儀作法まで基本的な社交上のたしなみを学ぶ必要があった。またかれらは仔ネコかあるいは仔リスの毛から画筆を作る術から顔料を調合して粉にする術まで、画業のための基本的な道具を準備する技術を学ばねばならなかった。木や竜、馬や武人を描く練習がたえまなく積み重ねられる。次第に各々の色彩の特質が、他の色と分かれている場合にせよ混ざっている場合にせよ、目で見分けられるようになる。じきにかれは師匠の作品の重要でない部分の色付けの実習を許されるようになる。もしもかれが人なみはずれた才能を示せば、かれは最終的には王室図書館に雇われる見込みがあった。これはわれわれが理解するような単なる図書館と違って、製紙やフォリオ版の製本からカリグラフィー（書道）や絵画の割付まであらゆる種類の製本術が行われる工房でもあった。本書は、タブリーズの王室図書館の作品のなかから、以下の3葉の絵画を収載している。「ガユマルスの庭園」（次頁），「浮き世と来世の酩酊」（p.35），「もうひとつの不十分な贈り物」（p.38）。これらは造本の美術を完成に導いた。

サファヴィー朝絵画は文学の偉大な作品の挿絵に使われることのみにとどまってはいなかった。17世紀までに書物の挿絵としては版面画が取ってかわった。好んで描かれた題材は、美しい人物の理想化された光景といったものであったが、やがて快楽主義、官能主義、写実主義の要素が発展した。芸術家たちは、やがてシャーのみならず他の貴族の保護を受けて、壮厳な様式をぬけでて人間とその感情を表現するようになった。かれらは全体として、より人間的な世界を描くようになっていた。

美しい人物の理想化された肖像は、後期サファヴィー朝絵画のモチーフの一つだった。それは同性愛の相手の「美少年」であってもよかった。下図は、レザー・アッバースィーが絹布に描いた典型的な若者像。一流の画家が織物業にかれらのデザインを提供するのは、ごく普通にみられることであった。

サファヴィー朝期文化の世界

ダブリーズの王室図書館で最大の作品は，シャー・イスマーイールによって，かれの息子タフマースブのために依頼された，フェルドゥーシーの『シャーナーメ』である．この時代の代表的な宮廷画家の多くがこれに参加した．250 葉の細密画をふくむことからも，この計画の規模の大きさがしのばれる．ただし，現存するものはわずかに 14 葉である．右図は，伝説上のイラン最初のシャー「ガユマルスの庭園」，イラン絵画の代表作とまではいえないとしても『シャーナーメ』のなかで最高の傑作である．署名はないが，スルタン・モハンマドの作と考えられている．岩のなかに生きた人間や獣が隠されているが，これがスルタン・モハンマドの作品の特徴である．

左　レザー・アッバースィーのもう一つの作品は，17 世紀の写実主義の探究のさまを示している．ここに描かれているのはシーラーズのインド出身の金メッキ師モハンマド・アリー．このかぎ鼻の太った老人は，おそらくかれの姿そのままであったにちがいない．

下　後期サファヴィー朝絵画において快楽主義はますます顕著となり，エロチシズムはより大胆になった．この 2 人の抱擁し合う恋人は，エスファハーンのアフザール・アルホセイニーによって描かれた (1646 年)．

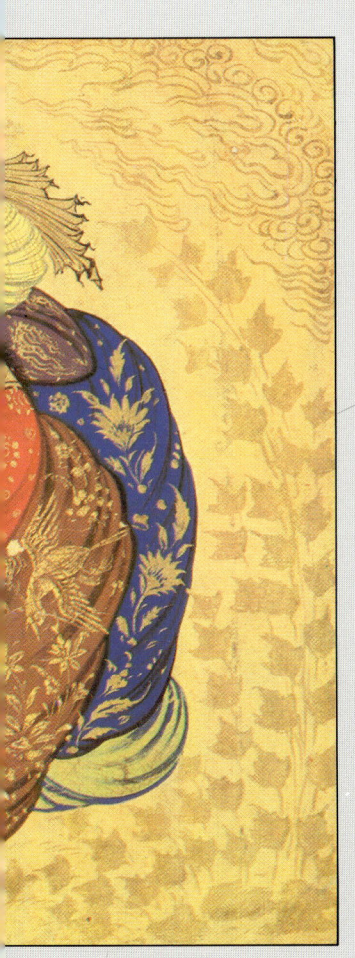

サファヴィー朝期文化の世界

エスファハーン：シャー・アッバースの都

　絵画がサファヴィー朝の世界にわけ入る近道であるとすれば，エスファハーンの町はサファヴィー朝の富と芸術的達成とを測る最良の物差しを与えてくれる．1597-98年にシャー・アッバース1世はこの町を都に定め，かれは帝国の中心に見合う大都市の建設を計画した．かれは，イランのレオナルド・ダ・ヴィンチ，シャイフ・バハーオッディーン・モハンマド・アミーリーの協力をえたが，アミーリーは著名な神学者，哲学者，コーラン註釈者，法学者，天文学者，教師，詩人，技師を兼ね，この時代の模範となる人物であった．その結果として周囲38km，人口約100万人のこの時代最大級の都市が築かれた．それはまたあらゆる時代を通じて最も美しい都の一つにも教えられる．あるフランス人の訪問者はつぎのように記している．「町は，数多くの広々としたキャラバンサライと素晴しいバーザール，運河，そしてプラタナスの並木道で満ちあふれ，いずれの方向からみてもこの都は森のようにみえる．」

　この都を特徴づけた二つのものは，全長4kmで沿道に公園や宮廷の邸宅が立ち並ぶチャハール・バーグという大通りと，全長507m，幅158mの矩形のメイダーンで，このメイダーンの周囲にシャー・アッバースは2列に店を開き，これが途切れるのはアーリー・カーブー宮殿，ロトフォッラー・モスク，王室モスクなどの主要な建物によるのみであった．このメイダーンは市場としても運動場としても，都市生活の中心であった．シャーはよくここでポロに興じたり，民衆と交わったりした．「エスファハーンの美しさは不意に心に忍び寄る」と，イギリスの学者であり旅行家であったロバート・バイロンは1934年に書き記している：

　白い木の幹と眩しい小枝の天蓋の下を進んでいく．澄みきった青紫色の空のもと，緑青と鮮やかな黄色のドームを過ぎる．襞曲した浅瀬に彩られた河にそっていくと，河はくすんだ銀色のなかに青を留め，樹液のしたたる羽のような林に縁取られ，淡いタフィーの色の橋を渡ると，幾層ものアーチが大量の仮小屋にかわる．ライラックの山，せむしのパンチのこぶのようなかたちのクーヘ・スーフィー，その他の雪をいただく峰々まで後退した山々に見おろされているうちに，人は知らぬまに，エスファハーンが心を離れなくなり，その印象を誰もがひそかに胸にたくわえている思い出の場所のあの陳列室に運び込んでいることに気づくのである．

エスファハーンは山に囲まれた荒地のオアシスに位置する．

下　ロトフォッラー・モスクのドームを前景に，メイダーンの一方の端のむこうに王室モスクがみえ，その前にわずかにポロのための古い大理石のゴールポストがみられる．そのむこうはクーヘ・スーフィーの「パンチのこぶ」．

右　王室モスクの荘厳な入口．高さ27m，鍾乳石の小滝が正方形の土台から円型のドームに変化する典型的なイスラム建築の手法と，神とシャー・アッバースの栄光を讃える装飾文字のフリーズに着目してほしい．

サファヴィー朝期文化の世界

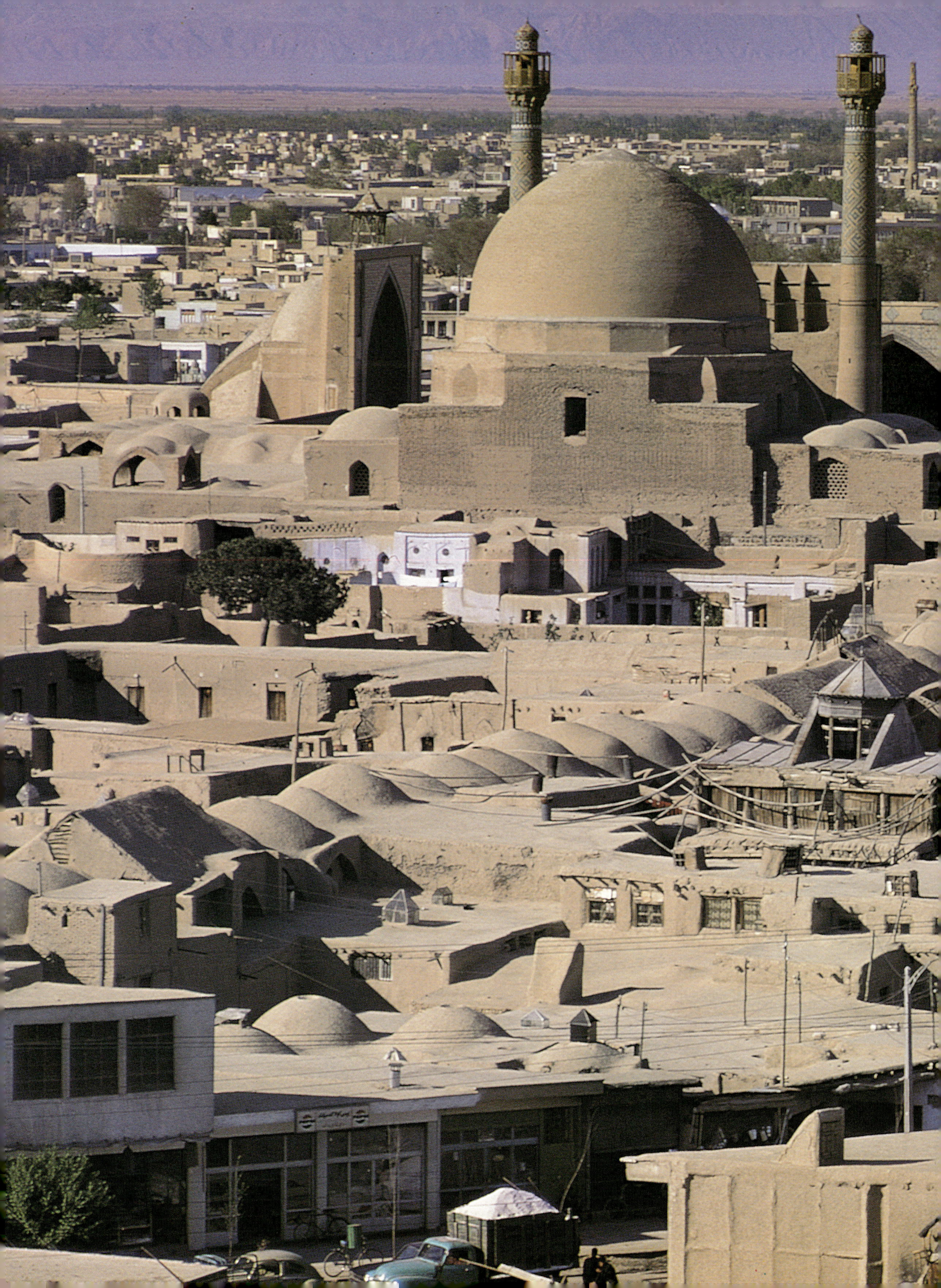

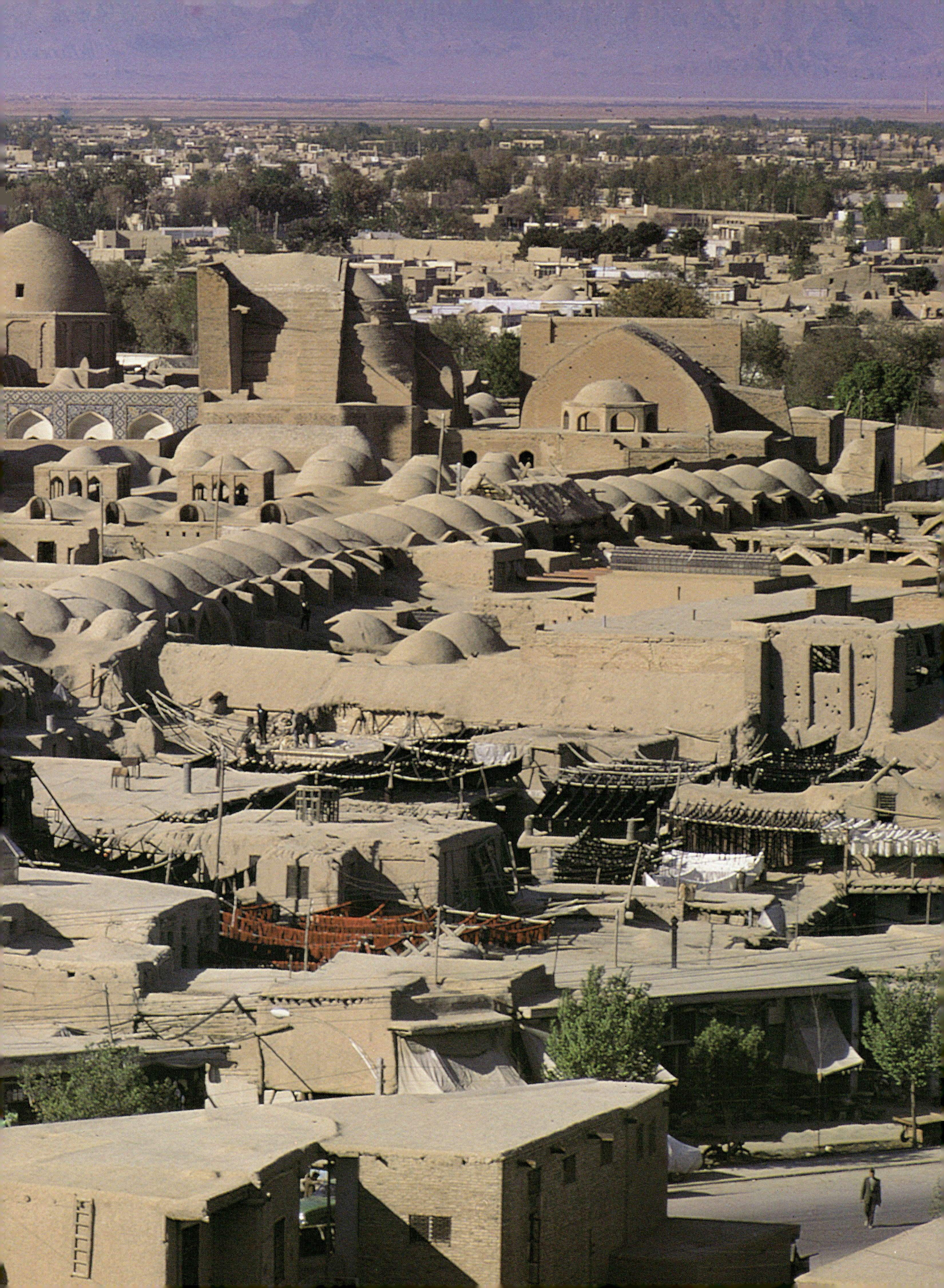

サファヴィー朝期文化の世界

エスファハーン：バーザール

　エスファハーンは単に美しい壮大な首都であったばかりでなく、同時に産業と通商の中心地でもあった．シャー・アッバースはかれの国土の繁栄を強く望み、国中のいずれの都市でも絨毯、織物、陶磁器、金属細工の生産が奨励された．エスファハーンはこの事業の中心であった．世界中から集まってきた商人がここのバーザールに殺到した．バーザールは王室モスクと向かいあう形でメイダーンの一方の端からはじまり、商店や工場、モスク、マドラサ、浴場、キャラバンサライ、倉庫などの地区が町を貫いてひろがっていた．

前頁　通商と産業はエスファハーンの繁栄の源であり、バーザールがその活動の中心であった．メイダーンから古い金曜モスクまで2.5kmにわたって市内を蛇行するドームの列は、バーザールの中心部をなしている．

　エスファハーンの織物工業には最高2万5000人の人間が従事し、その図柄、染色、織りの多様さは訪れる者の目を見張らせ、ヨーロッパではひっぱりだこであった．下左図は17世紀はじめに作られた多色織りのビロード布．

　サファヴィー朝の金属細工は高い水準にあった．下図はシャー・アッバース1世の鉄兜．1625/6年にあたるイスラム暦の年が刻まれ、サーディーの『ブスターン』からの1節で飾られている．

　シャー・アッバースは中国人の陶工を招いてその技術をイラン人に教えさせ、ヨーロッパの中国磁器に対する人気に乗じようとした．中国人の多くはエスファハーンに住みついた．最下図は、明代の青磁を模倣したイラン式の水ぎせる台．

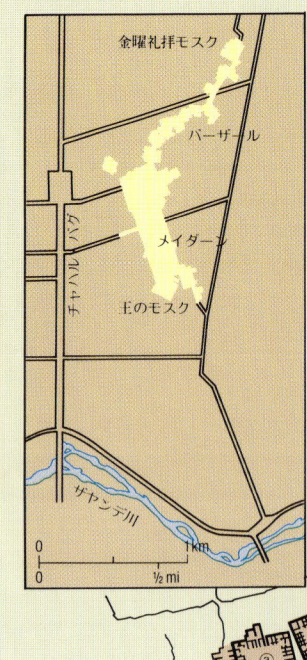

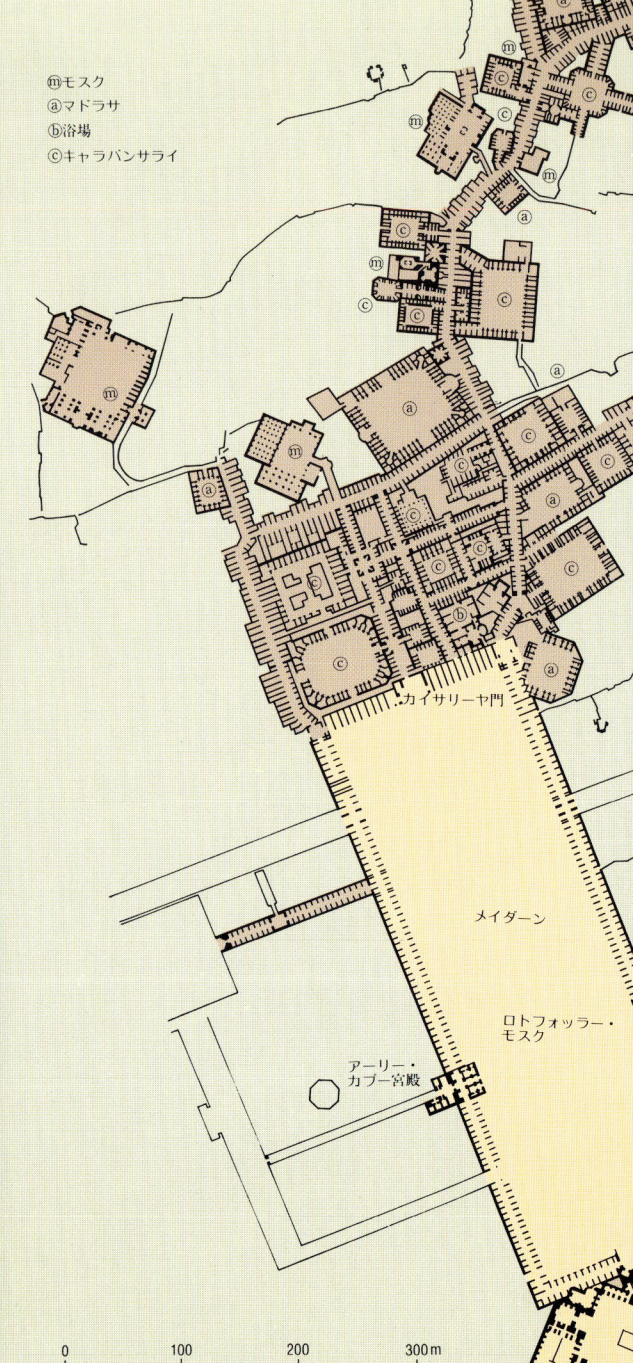

Ⓜモスク
ⓐマドラサ
ⓑ浴場
ⓒキャラバンサライ

サファヴィー朝期文化の世界

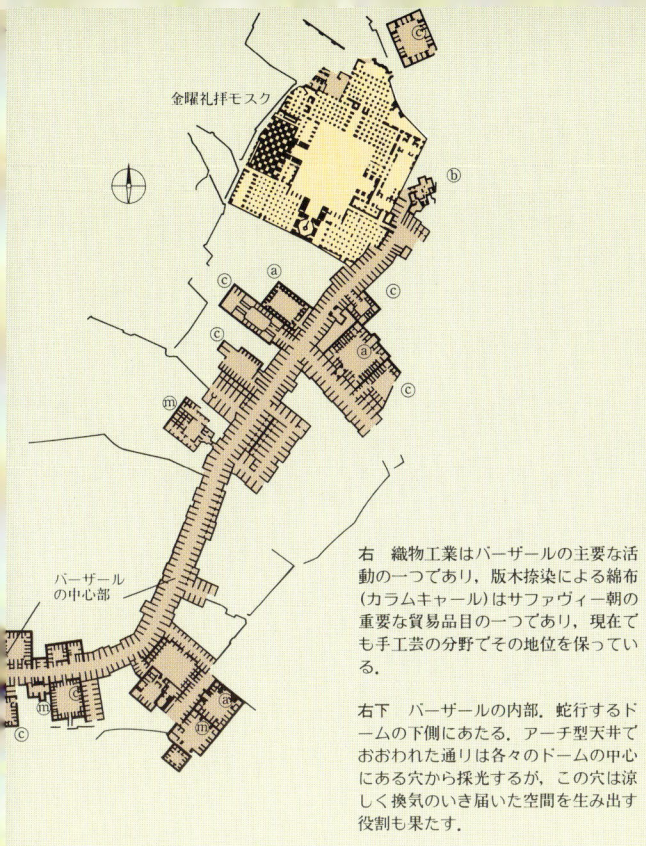

右　織物工業はバーザールの主要な活動の一つであり、版木捺染による綿布（カラムキャール）はサファヴィー朝の重要な貿易品目の一つであり、現在でも手工芸の分野でその地位を保っている。

右下　バーザールの内部。蛇行するドームの下側にあたる。アーチ型天井でおおわれた通りは各々のドームの中心にある穴から採光するが、この穴は涼しく換気のいき届いた空間を生み出す役割も果たす。

この地図は、バーザールがシャー・アッバースの新都の中心たるメイダーンと旧市街の中心たる金曜モスクとを結びつけていた様子をひと目でわからせてくれる。すべてのモスクが同じ方向、すなわちメッカの方向をむいていることに注意せよ。

上　陶器の生産はバーザールのなかでいまだにつづいているが、その製品は、かつてヨーロッパ市場に輸出されていた青磁や首都の建造物をおおった壮麗なるタイルの面影をわずかにとどめるばかりである。写真は窯入れの前に壺やタイルに絵付けをしているところ。

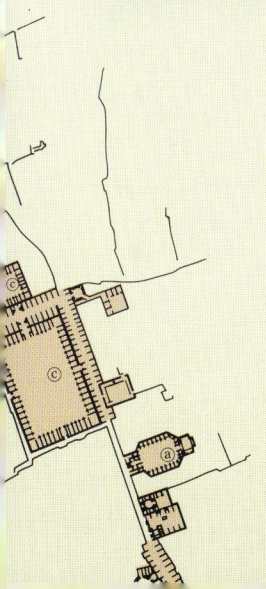

中心地域の諸王朝，16世紀および17世紀

ムガル帝国

ヒンドゥー社会におけるムスリムの政治

ムガル帝国が建国されたのは，イランのサファヴィー朝の場合ほどイスラムが根付いていない地域だった．その地では住民の大半がヒンドゥー教を奉じていた．ムガル帝国の支配は北部のベナーレスやアヨージャ（アワド）といった古来のヒンドゥー文明の中心地ばかりでなく，ヒンドゥー教徒が住む亜大陸のほとんど全土におよぶことになったのである．いまだ活力に満ちて衰えの影もみせぬこの異教徒の文明を前にして，それを支配しようとしたムガル朝の果敢な試みは，その偉業に独特の痕跡を残すことになった．

ムガル帝国の建国者バーブル（1483-1530）は，父方からティムールの血を，母方からはチンギス・ハーンの血を引き，資質に恵まれてよくこの大事業に取り組んだ．その青年時代は祖先の大帝国を再建する手はじめとして，再びサマルカンドを奪取することに費やされたが，30歳になったとき，かれが支配していたのはカーブル，カンダハール，バダクシャーンなどを結ぶアフガニスタンの小王国にすぎず，故郷での成功に見切りをつけたバーブルは，目を群雄割拠するインドに転じることにした．そのころインド南部にはヒンドゥーのヴィジャヤナガル王国が栄え，西南海岸沿いには交易で成り立ついくつかのムスリムの首長たちの国家があった．中央部（デカン）にはスルタンをいただく一群の小国がひしめき，北部では二つの勢力が傑出していた．ラージプート族の勇猛な諸王はラージャスターンを支配下に置き，アフガン人が建てたロディー朝は，インダス河岸からベンガルとの境界に至るガンジス川流域の重要な地域を手中にしていた．インドが四分五裂して不安定な状態にあることをみて取ると，バーブルはこの機を捉えて軍を差し向け，激戦の末にトルコ製の火砲に物をいわせて，パーニーパットの野でロディー朝の軍を破った．

バーブルはすぐれた感受性と審美眼，ユーモアを備えた人物で，その回想録は知性の輝きに照らされている．かれはインドにモンゴル風の帝国の観念をもたらしたが，1530年に早くも亡くなり，長くその治世を楽しむことはなかった．跡を継いだ息子のフマーユーンは，才気にあふれながらもむら気な性質で，10年の不安定な治世の後，ビハールを任せてあった臣下のシェール・ハーン・スールの手で王座を追われ，サファヴィー朝のシャー，タフマースブ1世の下に身を寄せることになった．スール朝を開いたシェール・ハーンはすばやく全土を掌握し，検地をやり直すとともに，きわめて中央集権的な官僚制を創出した．ムガルの時代は夢のように過ぎ去ったかと思われ，そこにはただ失われた帝国への思いだけが残った．

しかし，その後フマーユーンはムガル帝国の再建に成功することになる．スール朝が党派入り乱れて分裂するすきに，タフマースブ1世の援助を受けたフマーユーンは，1555年主権を回復した．それから半年もたたないうちに，学問に通じ教養を備えた人物にふさわしく，フマーユーンは図書室の階段から落ちて亡くなったが，そのときすでにムガル帝国の栄光の時代の幕は開かれていた．フマーユーンの息子アクバルは，歴代皇帝の中でもとくに才に恵まれ，1556年14歳でこの帝国を受け継いだ．10年のうちに辺境の小国の吸収をすすめ，1569年までにはラージプターナの諸国家がこの皇帝の軍門に下った．ただしマールワーは例外で，伝説の語るところによれば，その誇り高い藩王はアクバルが死ぬまでジャングルに身をひそめ，けっしてしたがわなかったという．1572年までにアクバルは肥沃なグジャラートを攻略し，1576年までには北部で最も豊かな地方であるベンガルを手中に収めた．つづいて，カシミール（1586），オリッサ（1592），バルーチスターン（1595）を落とし，すこしおいてデカン高原のベラールとハーンデーシュの2王国へ侵攻した．1605年にアクバルが亡くなるまでに，その帝国は，西はヒンドゥー・クシュ山脈から東はベンガル湾にわたり，北のヒマラヤ山脈からデカン高原中央部を通ってアラビア海まで拡がる領域を獲得し，いまや情勢不安はわずかに辺境の北西部と南部に残されるばかりとなった．ジャハーンギール（1605-27）とシャー・ジャハーン（1627-58）は北西部をめぐってサファヴィー朝と争い，1649年にカンダハルを失いはしたが，18世紀になるまでこの辺境は保持された．南部ではデカン高原のムスリムの小王国を吸収しつつ，帝国はゆっくりと領土を拡大していき，アウラングゼーブ（1658-1707）がビジャープル（1686）とゴルコンダ（1687）を攻略したとき，その版図は最大となった．しかし，このときにはもう，内部の反乱によって帝国の弱体化もはじまっていたのである．

アクバルの時代に，帝国を強化し存続させる基盤となった行政機構が確立した．スール朝の例にならい，アクバルは王権が村々にまで直接いきわたるように努め，官吏たちが村々をまわって租税を徴集するようにした．そして，この徴税額の査定が概して正確かつ公正に行われたことが，ムガル帝国の成功をもたらした．確かに税は重く，通常は毎年の生産高の三分の一に上ったが，農耕に基礎をおいた帝国の例をみる限り，これはさほど珍しいことではない．一方で，不作の年には租税は軽減されたし，豊作の年には農民は例年よりたくさんの利益をえられるようになっていた．さらに政府の組織的な指導により，耕地の開墾もさかんに奨励された．これらの成果を上げるのに大きな功績のあった人物としては，ヒンドゥー教徒でアクバルの財務大臣を務めたトーダル・マルがあげられる．かれの努力による収入の増加は国庫をうるおし，帝国が着手した壮大な建築事業や，政府機構の心臓部というべき帝国官吏制度の維持に用いられた．この制度はイギリスのインド文官制度の先駆けとなるもので，皇帝の命令にのみしたがう軍事組織のかたちを取っていた．そのような官吏はマンサブダール，「命令の保持者」とよばれ，10人を指揮する者から5000人を指揮する者まで，33の位階に分けられていた．この位階の世襲は認められず，栄達を果たすためには皇帝の信をえなくてはならなかった．このマンサブダールを母体にして，皇帝は人材を発掘し，文官・武官に登用した．アクバルの時代のマンサブダールについては，さらに以下の二

左　ムガル帝国の建国者，皇帝バーブル．30年以上にわたって，その人生はティムールとチンギス・ハーンという2人の祖先の偉業とならぶような一大帝国を建設しようという野心のために費やされた．バーブルが残した回想録から，この皇帝が波瀾に富んだ一生を送ったこと，そしてかれが比類なく洗練された人物だったことがわかる．バーブルは臣民となったインドの人々をあまり高く評価しなかったようで，つぎのように記している．「この者たちはみた目がよいとはいいがたい．また親しい集いの楽しみや素直な親交，情交を深めるといったことをまったく知らない．工夫の才もなく人の心も推し量らず，礼儀もなっていない上に親切な思いやりもない．……名馬も良質の肉も産せず，ぶどうもメロンも食べられたものではない．冷たい水も氷もなく，パンはまずく貧弱な食物しかない．……」

右　1526年から1707年の間のムガル帝国
この図は，1526年以降，18世紀初頭に最大版図に達するまでのムガル帝国の支配領の伸張を示している．この伸張の末期には，ヒンドゥー教徒のマラータ勢力が西部インドで着々とその力を増しており，帝国の衰亡の兆しはすでに明らかになりつつあった．

下　アーグラを落としたフマーユーンはコー・イ・ヌール（光の山）とよばれるこのダイヤモンドをバーブルに献上した．バーブルは「このダイヤーで全世界を2日と半日養うだけの食物をあがなうことができるだろう．」と値踏みしてから，息子の手に返してよこしたという．フマーユーンはその後，これをイランのタフマースブ1世に贈り，やがてそこからデカン高原に王国を構えていたニザーム・シャーの手を介して，17世紀に再びムガル帝国の国庫に収められることになった．だが，1739年イランのナーディル・シャーがデリーを略奪した折に，かれはこのダイヤを手に入れた．その後ダイヤはアフガニスタンの諸王の宮廷を経めぐったあげく，パンジャーブのランジート・シングの所有するところとなった．イギリスが1849年にシク王国を合併すると，戦利品として本国に送られ，1851年の万国博覧会に展示された後，このダイヤはヴィクトリア女王の王冠を飾る宝石の一つとして輝くことになった．

中心地域の諸王朝，16世紀および17世紀

地名・地域

- サマルカンド
- バルフ
- バダクシャーン 1646
- ヒンドゥー・クシュ山脈
- アフガニスタン
- カーブル
- ペシャーワル
- カンダハール 1652—53
- カシミール 1586
- スリーナガル
- インダス川
- ヒマラヤ山脈
- パンジャーブ
- アムリツァル
- ラホール 首都 1584—1638
- ムルタン
- サトレジ川
- スィルヒンド
- バーニーパット 1526 1556
- デリー 首都 1638—
- タール砂漠
- ビカーネル
- ファテプル・スィークリー 首都 1572—84
- アーグラ 首都 —1572
- ジャイプル
- グワリオル
- アワド
- ジャムナ川
- ブラーマプトラ川
- バルーチスターン 1595
- インダス川
- ジャイサルメール
- ジョドプル
- アジュメール
- マルワール 1576
- ラダンポル 1569
- ジャウンプル
- アラハバード
- ベナーレス
- パトナ
- ガンジス川
- ガウル・タンダ
- タッタ
- スィンド 1592
- チトール 1568
- マールワー 1561
- ブンデールカンド
- ベンガル 1576
- 1661—62
- ダッカ
- アッサム
- アフマダーバード 1612
- グジャラート 1572
- ハーンデーシュ 1600
- アスィールガル 1601
- ブルハーンプル
- ナルマダー川
- フーグリー 1651—1742
- セラーンポール 1616
- チャンデルナゴール 1673
- カルカッタ 1690
- チッタゴン
- ディウ 1535
- ダマン 1558
- バセイン 1533
- ボンベイ 1661
- タプティー川
- アウランガーバード
- ベラール 1596
- ゴンダワナ
- マハーナディ川
- オリッサ 1592
- ピプリ 1637
- アラビア海
- プーナ
- ビーダル
- ゴダーヴァリー川
- ゴルコンダ 1687
- ビジャープル 1686
- デカン高原
- ゴルコンダ 1687
- ベンガル湾
- ゴア 1510
- 西ガーツ山脈
- クリシュナー川
- マスリーパトナム 1605—1781 1611
- ヴィジャヤナガル
- バートカル 1637 1638
- 東ガーツ山脈
- プリカット 1609
- マドラス 1639
- マンガロール 1565
- マイソール
- ポンディシェリー 1699
- カナノール 1663
- トランケバル 1616
- ナガパッティナム 1658
- コーチン 1663
- マドライ
- ジャフナ 1658
- キーロン 1661
- マラバル
- トリンコマリー 1639
- ネゴンボ 1640
- コロンボ 1656
- セイロン
- ガレ 1640

凡例

- 1530年のムガル帝国領
- 1605年のムガル帝国領
- 1707年のムガル帝国領
- アフガニスタンのバーブルの王国
- 1609　征服年
- スール朝
- ムガル帝国が征服を試みた地域
- 1700年までにマラータ郷主の勢力下に入った地域
- サファヴィー朝
- ブハーラー・ハーン国
- ✕ おもな戦場
- ・ ヨーロッパの交易基地とその設置年
- イギリス
- デンマーク
- オランダ
- フランス
- ポルトガル

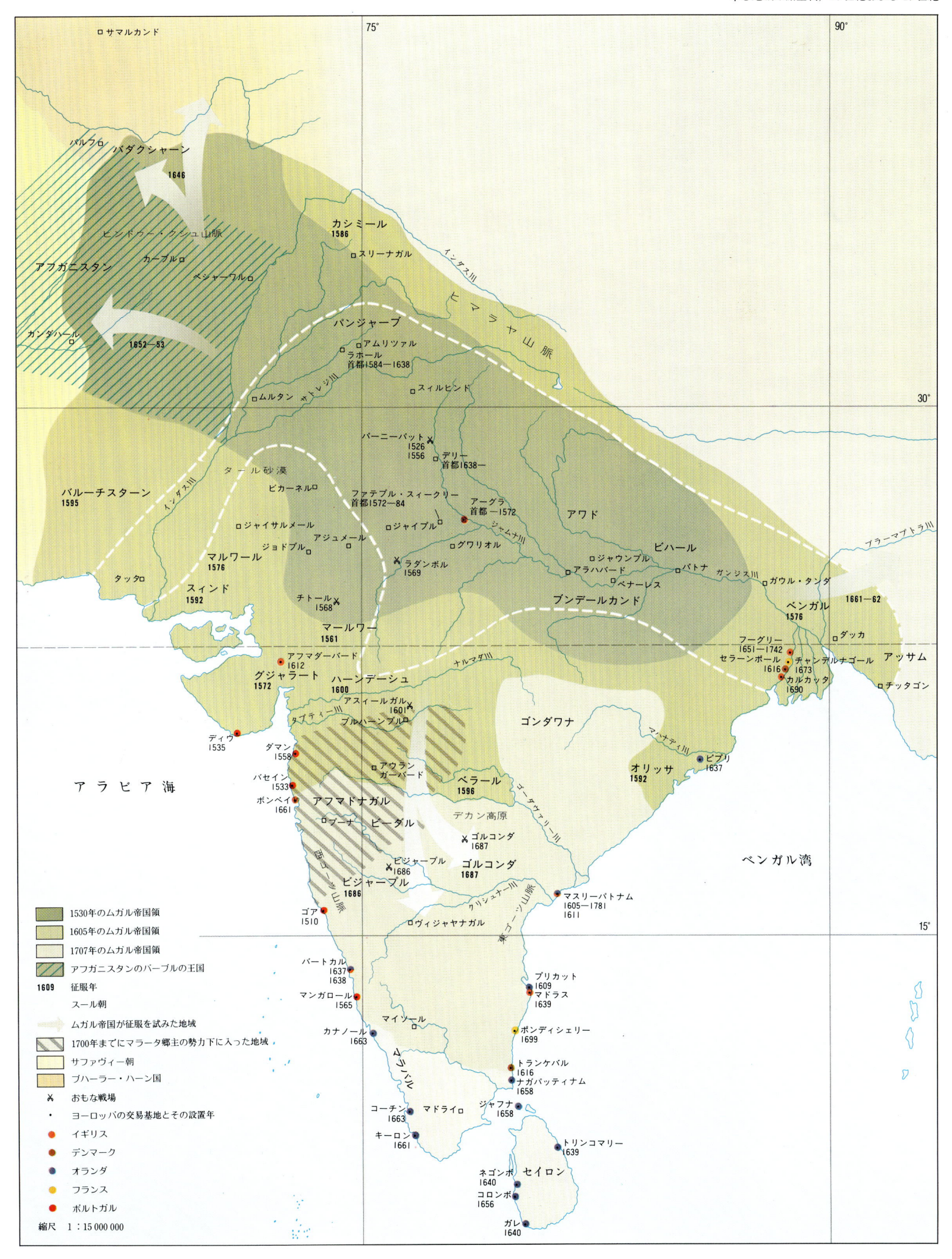

縮尺　1:15 000 000

中心地域の諸王朝，16世紀および17世紀

つのことを指摘しておかなくてはならない．その大半は外国人で，インド出身の者は全体の三分の一ほどしかなかったということ．また，マンサブダールには給与地が与えられ，そこを監督するために訪れることが推奨されていたが，実際の報酬は国庫から支払われていたということ．

こうした行政機構が機能するためには，ヒンドゥー教徒の協力が不可欠だった．インド生まれのマンサブダールの半分はヒンドゥー教徒だったし，才覚さえあれば登用が望める役職については，その信仰は何の妨げにもならなかった．日常的な事務に携わる下級官吏などは，イギリス統治下のときと同じように，大半がヒンドゥー教徒に占められていた．行政がヒンドゥー教徒に依存していることは政策のいろいろの面に反映され，かつてインド北部でムガル帝国と覇権を争ったラージプートとの関係にも，それはあらわれていた．ラージプートはムガル帝国に一度破れはしたものの，かれらは軍司令官や州知事，皇帝の顧問として登用され，領地支配の権利も認められて，帝国の宮廷ではムスリムの貴族と同等に扱われた．帝国との提携は血の結びつきにまでいたり，アクバルはジャイプルの王女をめとったので，アクバルの後継者ジャハーンギールの母はヒンドゥー教徒であるということになった．

イスラム擁護のための敬虔な努力

ヒンドゥー教徒を重く用いたことと当然結びつくことであるが，アクバルは，それ以前のインドのイスラム王朝と同様，他の宗教に対しては寛容に振る舞う政策を取った．帝位についてすぐ，ヒンドゥー教徒の巡礼に対してかけられた税を廃止し，シャリーアの定めによりムスリム支配領域内の異教徒にかけられる人頭税ジズヤも，その後撤廃した．皇帝は，他の信仰を攻撃することを避け，イスラムの太陰暦を太陽暦にかえ，ヒンドゥー教徒が崇拝していた牛をムスリムが殺して食べたりすることを禁じた．特定の宗教を理由に罰したりせず，背教者への死罪を定めたシャリーアの規定も採用せず，アクバルはあらゆる宗教の礼拝施設に資金をつぎ込んだ．むしろ，アクバルは正義と人間の尊厳を特定の宗教の規定の上に置いており，それは，夫が死ぬと妻を生きたまま一緒に焼いてしまう上層カーストのヒンドゥー教徒の風習ばかりではなく，ムスリムが奴隷を用いる慣習をも止めさせたことにあらわれている．このようなリベラルな政策を実行するためには，イスラムの宗教上の体制派をしっかり押え込まなくてはならなかった．アクバルは初期のサファヴィー朝のように，ウラマーが国家に頼って暮らすように仕向け，かれらの裁許を取りつけるのに成功した．国庫からの俸給を望むならば，ウラマーは宮廷に参列しなくてはならないと皇帝は命じ，狭量な態度を取ることをけっして許さなかった．1570年代に，アクバルの友人であり，宗教にこだわらないアブール・ファズルの一族を除こうとしたウラマーの指導者の一部は，皇帝の寵愛を失い，再びこれを回復することはできなかったという．

アクバルの宗教的寛容の公的政策は，かれ自身の諸宗教折衷の個人的試みと対応しあっていた．驚くべき熱心さで，宗教についてあらゆる知識を集めようとする偉大な皇帝のこのような一面は，当時の西洋の人々を引きつけ，今もその心を引いてやまないところとなっている．アクバルはまずスーフィーの聖者たちに敬意を捧げた．毎年のようにアジュメールにあるムイーヌッディーン・チシュティーの廟を訪れ，自分の2人の息子たちがファテプル・スィークリーのシャイフ・サリーム・チシュティーの家で産声を上げるよう取りはからった．1570年代なかばになると，アクバルは何か神秘的な体験をえたらしく，それからは昼も夜も祈りに身を捧げるようになり，いたって合理的な物の考え方をするアブール・ファズルのすすめにしたがって，「信仰の家」を開設した．そこで皇帝は宗教に関する討議を催し，スンナ派のウラマーやスーフィー，ヒンドゥー教徒，ゾロアスター教徒，ユダヤ教徒，それにジャイナ教徒やゴアからきたイエズス会の修道士までが集められた．この席でのウラマーの振る舞いは見苦しく，仲間を「愚か者」，「異端者」とよんでは内輪もめをし，この時代の史家バダウニーの伝えるところによれば，「たがいを憎むあまり，ついには〈ユダヤ人〉と〈エジプト人〉の二派に分かれてしまった」という．アクバルは1582年には「ディー

左　ラージプート族の城砦，チトール城．ラージャスターンの有力な藩王，マールワーのラーナの首都であり，その一族は8世紀間にわたってほとんど切れ目なしに，この城を領有してきた．ムガル帝国はその勢力を拡大するために，ラージャスターンの城砦群の攻略をはかり，1567年10月24日にこの城砦のラージプート軍と戦端を開き，1568年2月23日これを落とした．この城砦の占領には火器が大きな役割を果たしたことが「アクバルナーマ」に生き生きと描かれている．その後多くのラージプートの藩王たちは，帝国の行政にたずさわり，また娘を皇帝のハレムに差し出すなどして，帝国を支える信頼すべき臣下となった．

右　ファテプル・スィークリーの「信仰の家」で討論を主宰するアクバル．2人のイエズス会修道士，ルドルフ・アカヴィーヴァとフランシス・ヘンリケスの姿もみえる．2人はイスラムに厳しい攻撃を加えるのを常としていたという．1570年代なかば宗教をめぐる危機を乗り切ると，アクバルはあらゆる宗教を渉猟するようになり，その死後になっては，この皇帝が本当は何を信じていたのか知る由もない．特定の宗教にこだわらないアクバルの姿勢は，正統派のウラマーの反発をまねいたが，臣民のほとんどがムスリムではない帝国を経営する支配者としては，実に賢明な策だったといえる．

下　ファテプル・スィークリーにあるシャイフ・サリーム・チシュティーの廟．このシャイフは，子供に恵まれない皇帝に3人の息子の誕生を予言した．この予言の成就に感激したアクバルは，ファテプル・スィークリーに新しい首都を建設することを思い立ったという．

ネ・イラーヒー（神の宗教）」を自分でつくり出した．これはゾロアスター教を中心に諸宗教が混交し，アクバル自身が中心に据えられた宗教だった．しかし，この皇帝の宗教ゲームはたいした成功をおさめず，信奉者は宮廷でも18人にしかならなかったし，帝国領内にひろまることはほとんどなかった．

アクバルの宗教政策はジャハーンギールとシャー・ジャハーンに受け継がれた．イスラムといっても，他の宗教に対し寛容で，他の宗教との混交を認める立場からこれに接近するインドのこの伝統は，シャー・ジャハーンの愛息ダーラー・シコー（1615-59）のうちに頂点をみて取ることができる．背教を理由に実の弟のアウラングゼーブに殺されたこの悲運の王子は，最初はカーディリー教団の熱心なスーフィーであり，ジャーミーの影響を強く受けて神秘主義に関する著作をいくつか著していた．しかし，それから王子はヒンドゥーの神秘家と行動を共にすることを望むようになり，その聖典のペルシア語への翻訳を試み，ヒンドゥー教の精髄をイスラムのそれと同一視する諸宗教統合の思想を打ち建てようと考えた．この考えの背後に，長らくインドで影響をおよぼしてきたイブン・アルアラビーの汎神論的思想があったことは，とくに驚くにはあたらない．王子の目的はイスラムを離れてヒンドゥー教徒に近づくというのではなく，あくまで二つが等しく分かち合うところに達することだったが，しかし，スーフィズムとヒンドゥー教の汎神論との融合は，大きな危険をはらんでいて，正統イスラムをあやうくするのではないかと疑われ，世人の危機感をあおることとなった．

敬虔なムスリムたちはこのような動きを食い止めようと思い立ち，アクバルの治世の晩年にホジャ・バキー・ビッラーがインドを訪ねると，その気運はますます高まった．その弟子には，当時のウラマーに大きな影響力を振ったデリーのアブド・アルハック（1551-1642）といった人物がいる．最初，アブド・アルハックはアクバルの宮廷の宗教にこだわらない雰囲気を脱け出してメッカに逃れたが，説得されて立ち戻ると，伝承の研究を中心に多くの論敵たちをやり込めたという．同じくバキー・ビッラーの愛弟子であるシャイフ・アフマド・スィルヒンディーは，さらに重要な人物として注目される．かれはムスリムに，スーフィズムを通してコーランと伝承と聖法に立ち戻るよう訴えた．「万物は神である．」という汎神論者に対してスーフィーの思想を練磨して立ちむかい，神がすべてに超越し，人は神の啓示に導かれなくてはならないということを強く唱えた．その時代，スィルヒンディーに追随する者はほとんどおらず，かれはアクバルの治世を「導きの太陽は誤ちの雲に隠された．」と評した．そのため，スィルヒ

下 聖なる人々と語らうシャー・ジャハーンの長男，ダーラー・シコー．アクバルによって強められたムガル文化の宗教混交の傾向は，この王子のうちに頂点をみた．王子はイスラムとヒンドゥー教が分かちあえるところを明らかにするために，ヒンドゥーの神秘家と語らうことを好んだ．父に最も愛されながら，王子は帝位の継承をめぐる軍事闘争に破れさった．勝者となったアウラングゼーブは，ぼろをまとったダーラーを引きたててデリーを行進し，この長兄の宗教観についての短い裁判を行ったのち，首をはねてしまった．

上 礼拝をささげるアウラングゼーブ．王位についてまもない1659年の作．信仰にあつく，むしろかたくなとさえいえるこの皇帝は，何枚かの肖像画を残している．アウラングゼーブが在位中に下した指示には，この皇帝の人となりをよく語るものがある．たとえば，皇帝は自分で帽子を縫い，それを売ってえた4ルビー半を自分の葬式の費用にあてるよう命じたという．また，書写したコーランを売って，代金305ルビーを聖なる人々に分けたこともあった．その陵墓はいたって簡素で，先帝たちが残した壮大な廟とは対照をなしている．アウラングゼーブは長く帝位にとどまり，その間にインドは正統イスラムへと大きく動いた．その治世はまた，ムガル帝国が栄光のうちに輝いていた最後の時代でもあった．

ンディーはアクバルの死を喜び，即位したジャハーンギールに期待して，この新しい皇帝が聖法に基づいて国を治めるよう進言したが，結局は獄舎の冷たい床に長くつながれることになっただけだった．

アウラングゼーブが王座につくと，宗教をめぐる時代の潮流は逆流しはじめた．この皇帝はウラマーやスィルヒンディーの信奉者と親しくし，いたって正統的な，むしろかたくなともいえる信仰をいだいていた．その治世が幕を開けると，アウラングゼーブは多宗教とその混交を認める先代皇帝たちの支配方法から転じて，帝国に単一の信仰共同体的様相を与えようと試みた．ヒンドゥー教徒はその信仰のために多くの不利益をこうむることになった．1669年以降多くの寺院が破壊され，1679年にはジズヤも復活し，軍務についている者さえこれをまぬがれることはできなかった．多くの宗教がひしめく社会における支配者としての皇帝の立場はもはや顧みられず，アウラングゼーブはインドの社会を正統派のイスラム国家たらしめようと考え，大陰暦を復活し，汎神論の研究を抑圧し，また，飲酒から廟の屋根の葺き方に至るまで聖法の規定を採用した．ハナフィー派法学の概説書『ファタワーイ・アラムギリー』を編纂した皇帝は，これを基礎として，帝国をイスラム神権政治の国にしようとした．

アブド・アルハックやアフマド・スィルヒンディーの仕事を尊重したアウラングゼーブの治世には，インドのイスラムに新しい色合いが加えられた．その後の数世紀に，スィルヒンディーのメンバーの創設したナクシュバンディー教団の一派，ムジャッディーディーのメンバーは，インドばかりでなくイスラム世界の各地にその活動を広め，それはヨーロッパの進出に前後する時代のインド社会に比類なき活力を与えることになった．スィルヒンディーの信奉者たちは，そのような結果を見越してか，かれに「第2の千年紀の革新者（ムジャッディデ・アルフェ・サーニー）」の名を贈っている．

融合を表現する文化

ムガル期の芸術には，帝国の強力な力とともに，帝国が成り立っていくためになされたさまざまな妥協が反映されている．17世紀末まで代々の皇帝の庇護のもと，もろもろの芸術が栄えたが，ただ1人アウラングゼーブだけは例外だった．その時代，皇帝は芸術を顧みず，芸術的霊感のきらめきは失われ，しおれていった．この時代の芸術の特徴がわかりやすくあらわれているのは音楽の分野で，13世紀にまでさかのぼる諸文化混交の伝統が示されており，これを代表するのはファキール・アッラーのような人々である．かれの作曲法に関する著作『ラーグ・ダルパン』(1666)の一部は，確実にサンスクリットの文化伝統に起源を負っている．同じ事情は言語についてもいえる．もちろん，宮廷はペルシア語を用い，当代一流のペルシア語詩人たちにあつく庇護を与えたが，宮廷が外の世界の民衆と言葉を交わすためにウルドゥー語という新しい言葉が作られ，次第に用いられるようになった．文法的には北インドの一方言にしたがっているが，語彙や修辞法のほとんどはペルシア語にならっているこの表現力豊かな言語は，次第にインド＝ムスリム文明のなかで中心的役割を果たすようになっていった．

力強さと融合という表現上の二つの特徴は，絵画と建築にみごとにあらわれている．ムガル絵画の創始者は皇帝アクバル自身だった．カーブルに逃れていたとき，アクバルとその父フマーユーンは，サファヴィー朝の高名な宮廷画家ミール・サイド・アリーとアブドゥス・サマードの2人に手ほどきを受けた．父子は帝国を取り戻したとき，この名人たちに請うてインドへとともなった．アクバルは2人に王立工房をまかせた．そこには主にグジャラートやラージャスターン，カシミール出身のヒンドゥー教徒の画家が100人以上も集められ，ビフザード以来の形式を重んじ装飾性豊かな様式を学び，これに生気と色彩にあふれた自分たちの伝統を融合させていった．アクバルが死んだとき，その図書室には2万4000冊にのぼる挿絵入りの書物が残されていた．そして，アクバル自身は文盲ではあったが，他の人々がその蔵書を読むことを皇帝は非常に好んだという．明らかにアクバルの飽くことのない好奇心を反映して，描かれる題材は，サファヴィー朝の遺産とくらべても，はるかに広範にわたっていた．もちろんイランや中央アジアの宮廷が好んだペルシア古典文学に由来する題材もとりあげられたのであり，王立工房が最初に仕上げた大作は名高い「ハムザナーマ」で，それは布の上に1400枚もの絵が描かれていた．「ラーマーヤナ」や「マハーバーラタ」といったヒンドゥーの叙事詩も題材とされたが，ムガル王家の壮大な英雄伝説もとりあげられて，「ティムールナーマ」や「バーブルナーマ」，「アクバルナーマ」が生み出された．「アクバルナーマ」は皇帝の統治の様子を伝える比類なき絵画表現の記録となっている．

ジャハーンギールはどちらかというと，父アクバルよりもっと熱心に芸術に庇護を与え，古今のどんな画家の作品も見分けられるといって，自分の鑑識眼を自慢にしていた．その治世にムガル絵画はもっとも幅広い感情表現ともっとも明解なフォルムとを実現するようになった．アクバルの工房における製作のドラマは引き継がれ，以前のようにごったがえした様子はみられなくなったが，その活気は相かわらずだった．帝国が国家的事業をなす様子がつぎつぎと筆に乗せられ，現代からみるとそれはますます壮大な事業であったように思われる．新たに，人間を描き出すことに大きな関心がはらわれ，政治的寓意を込めることや，(サファヴィー朝末期の肉感的描写にはいたらないとしても) 感覚に訴えかけるような描出法に力が入れられた．とくに写実に関しては，ムガル期の画家たちは同時代のイランの画家たちのはるか上をいっていた．マンスールの描く樹木や鳥，動物には写実の巧みさがはっきりとあらわれ，死の床にあるイナーヤト・ハーンの肖像は，恐ろしくも生々しく私たちの目の前に迫ってくる．

建築は，絵画よりもっとよく，イスラム様式とインド様式との結婚のさまや，帝国の絢爛たる権勢のほどを語ってくれる．アクバルが一時期首都としたファテブル・スィークリーの建築ほどみごとに融合がなしとげられた例はない．アーグラから数kmほどいったところにあるこの都は，今日にいたるまでほとんど手を加えられていない．シャイフ・サリーム・チシュティーの霊的な力のおかげで2人の息子を授かったと信じたアクバルは，この聖者が住んでいた小高い丘に，1569年から1585年までの年月をかけて都を建造した．イスラムの伝統であるアーチやドームや広い中庭と，ヒンドゥーの伝統である平たい石造りの梁や装飾文様や堅牢さとの組み合わせが，この都をつくりあげている．力強さがあふれる建築を残した「建造者中の建造者」シャー・ジャハーンは，帝都をデリーに移し，このインド古来の政治の中心地に新たな都「シャージャハーナーバード」を造営した．四囲に巨大な赤砂岩の壁をめぐらし，中央にはインド最大のモスクがあって，あたりの市街を睥睨している．そしてジャムナ川を見晴るかすように，「レッド・フォート（赤い城塞）」の名で知られ宮殿でもある広々とした城砦がたっている．その中に足を踏み入れる者は，金と宝玉で飾られた大理石造りの壮麗な白亜の楼閣を目にすることになる．その謁見の間に刻まれた銘には，「地上にエデンの至福の園ありとせば，まさにここなり，ここなり，そはここなり」と記されている．シャー・ジャハーンは，これらをはじめ各地につくらせた建築群によってよく知られているが，中でもアーグラには，驚くべき建築の傑作，比類なく美しい「タージ・マハル」を残している．皇帝が深く愛した皇妃モムターズ・マハルの遺骸を収めるために建てられたこの墓廟は，当時の年代記作者の当を得た言葉を借りれば，百万千万の言葉をつぎ込んだ「表現の大海」もおよのつかめ壮麗さをもってそりたっている．ムガル建築における融合と力強さとに加えて，そこには完璧さがあるのだ．

ムガル朝期文化の世界

ムガル的雰囲気

ムガル帝国の支配層は、サファヴィー朝と同じように大の書物愛好家だった．しかも、書物を収集し豊富な挿絵で飾った版を編むということばかりでなく、自分で書物を書きあらわしたという点で、かれらは同時代のイランの人々よりさらに一歩進んでいる．すでに触れたバーブルの回想録などは、自伝の世界的名作の一つに数えられるだろう．その力強く直截な文章は読者の涙を誘わずにはおかないし、美へのするどい感受性と透徹した知性の輝きとを感じさせる一言一言は、味わってけっしてあきることがない．残念なことにバーブルにくらべるとあまり知られてはいないが、ジャハーンギールの記した回想録も、その宮廷生活を活写して目を見張らせる．そこにはまた、絵画や自分のまわりの世界に向けられた、皇帝の焼けつくような関心もあらわに読み取れるのである．

絵画は、サファヴィー朝の場合と同じように、ムガルの世界に踏み入りそれを理解するための最良のコースである．絵画は建築とともに、ムガル帝国のもとでイスラム文化とヒンドゥー教のインドとが融合したことをもっとも明確に表現している．アクバルの工房では、ペルシアの古典に加えてトルコやアラブの古典、そしてヒンドゥーの叙事詩である「ラーマーヤナ」や「マハーバーラタ」も美しい挿絵をほどこした書物に編纂された．その工房の主だった者はサファヴィー朝イラン出身の有名な画家たちであったが、署名からわかるところでは、150人前後が西部インド出身のヒンドゥー教徒の画家たちだった．それらの画家の手によって、あざやかな色のモザイクを使う一方、形式を重んじ装飾性の強いイランや西アジアの様式は、だんだんとインド特有の調子を加味されていった．生命や人間への深い関心から、人や動物が写実的に描かれ、暗緑色やオリーブ、グレーといった色合いが好まれるようになった．

ムガル期の美術はジャハーンギールの時代に頂点に達した．皇帝は回想録のなかでつぎのように打ち明けている．「長い間、余は絵画を趣味として、いろいろな作品のできを見定めようとしてきた．そのため今では、どのような絵をみせられても、即座に誰の手になる絵であるかを言いあてることができる．多くの人物を描いた絵があって、それぞれの顔を別々の名人が描いたとすれば、どれがどの名人の描いた顔かを見分けることもできる．そして、顔の中で目と眉だけを他の者が描いていたとしたら、もとの顔を描いたのは誰で、目と眉は誰の作か、余にははっきりとわかる．」このすぐれた鑑識眼をもつ皇帝の庇護の下で、ムガル期の絵画がたたえる雰囲気は余すところなく明らかになった．それは寓意的かつ写実的、形式を重んじつつ肉感的、人間を描き出すことに深い関心を示し、また自然に魅せられた美術の様式であった．

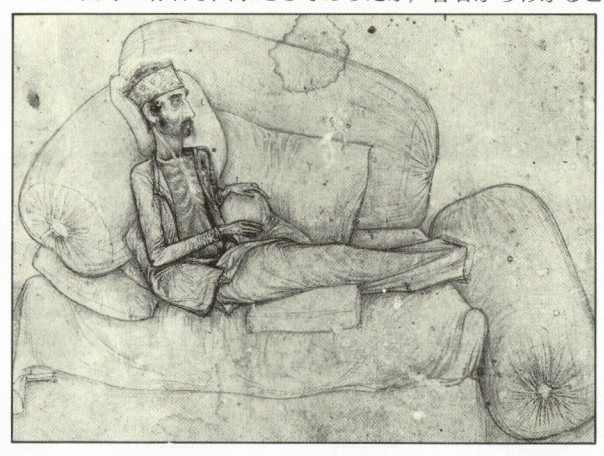

上 ビシュン・ダースが描いたといわれるジャハーンギールの臣下イナーヤト・ハーン．この肖像に込められた写実は、悲痛な印象を如実に訴えかけてくる．イナーヤト・ハーンは酒と阿片におぼれて、1618年に一命を落とした．ジャハーンギールは回想録の中で、イナーヤト・ハーンをつれてくるよう命じたあとの様子をつぎのように記している．「この者のあまりに衰弱した様子に余は驚いた．まさに骨と皮ばかり、いや、骨までも崩れてしまったかのようだった．絵師たちに常ならぬことであって、余はこのようなものをみたことがないし、ましてや近づいたこともなかった．……まことに常ならぬことであったので、余は絵師に命じて、この者の肖像を描かせた．……その翌日、この者は死の世界へ旅立っていった．」

右 ジャハーンギールの時代のすぐれた絵画には、実に深く豊かな寓意が込められている．1620年ごろ、アブール・ハサンが描いたこの絵は、皇帝が新たにサファヴィー朝の皇帝アッバース1世と友情を結んだことをあらわしている．しかし、よくみるとムガル帝国をあらわすライオンが、イランの小羊を地中海に押しやるようにしており、ムガル帝国の方がやや優位に立つように描かれている．また、異国趣味の強かったジャハーンギールの宮殿のそこかしこには、ヨーロッパの絵画の影響がみられたが、それはこの絵にもあらわれている．天使ケルビムが三日月を支えているし、皇帝の頭には光輪がかかっている．光輪はイエズス会の修道士がもち込んだ絵画から取り入れられ、ムガル期の絵画では皇帝たる人物を示すのにずっと使われた．

ムガル朝期文化の世界

下　シャー・ジャハーンの治世に、絵画は宮廷行事や公式の肖像画を多く手がけ、様式を重視するようになっていった。シャー・ジャハーンが息子たちの挨拶を受けるこの場面は、1650年ごろビシトルによって描かれた。皇帝はひときわ高い玉座に座し、臣下たちは身分によって玉座から決められた距離をおいて居ならんでいる。実物に似せて描くことに大変な力がそそがれ、宮廷の人々を写した公式写真かと思うほどのできばえとなっており、実際に、細かい観察によって廷臣1人1人の肖像がだれを描いたものか特定することも可能なのである。

熟年の貴婦人を描いた17世紀中葉の細密画。この魅力的な細密画はムガル期の芸術家が人を描くときの関心の向け方を語ってくれる。モデルとなった女性の美しさがたくみに絵筆にとらえられており、哀しみとおそらくはほんの少しの陰鬱に彩られながら凛然と人生を歩んできたことが、年輪となって顔に刻まれている。この貴婦人のように身分の高い女性の顔を直接みることは許されなかったから、画家は想像のなかでこれだけの作品を物したのだろうと思われる。これを下の、少女を描いた絵と比較してみると、その対照は非常に興味深い。花もさかりの若さをたたえて、水浴をおえたばかりの少女は髪をくしけずっており、同じく17世紀に描かれながら、この作品には抑制された官能性が漂っている。

自然への心酔

ジャハーンギールがいかに自然を愛したか. この皇帝は, カシミールを訪れて切々と歌いあげる. 「とこしえに春の園……一面の花々は目に喜ばしく……目の届く限り緑は萌え, 清らかな流れにはよどみがない. 赤いバラ, スミレ, スイセン, みな思いのままに生い茂る. ……」また, かれが鳥を描写するときには, 鳥類学者の目のするどさがあらわれる. マンスールは命じられて七面鳥 (右下) を描き, 皇帝のためにさらに, 何百という鳥や動物, 花々を描いた. 皇帝は記す. 「ウスタード (名匠)・マンスールは絵画の名人となり, ナーディル・アスル (当代の驚異) と呼ばれるほどになった.」

ヒマラヤの野性ヤギ. イナーヤト作.

ヒマラヤのキジ. マンスール作.

シマウマ. マンスール作.

ムガル朝期文化の世界

インド・レイヨウ（羚羊）．マンスール作．

ケシ．

七面鳥．マンスール作．

ムガル朝期文化の世界

ムガル帝国の都市
ファテプル・スィークリー

　ファテプル（勝利の町）・スィークリーの名で知られるアクバルの儀礼上の首都ほど，イスラム文化とインドのヒンドゥー文化との融合がみごとに達成されている例はない．イスラムの天蓋や天幕を思い起こさせる採光や間取りが，ヒンドゥー建築の伝統である石造りの平らな梁や重厚さと組み合わされている．1569年から1584年までかけて建設されたこの都市には，しかし，14年間しか宮廷は置かれなかった．聖者シャイフ・サリーム・チシュティーが住んでいた丘に新しい首都を築こうと思う熱心のあまり，アクバルは水の便がよくないのを見過ごしたのであろう．赤砂岩を組んで造った建造物は4世紀を生き残り，ほとんど完全に保たれている．しばしば都市とよばれるが，実際には壮大な宮殿の集まりであり，丘の裾野に寄り合っていた本当の町は，久しい以前にすでに消え去ってしまった．

　がムガルの帝位を簒奪したことを思いおこさせるからか，あるいは単にムガル帝国と折合いの悪いアフガン人が多く住んでいたからかもしれない．アクバルはアーグラというこの小さな町に最初の首都を定め，その中心，ジャムナ川の河岸に難攻不落の城砦を構えた．ジャハーンギールはラホールの方を好んだが，シャー・ジャハーンはその治世のはじめにアーグラにもどり，ムガル朝が築いた数々の大建造物の中でも最大の建造物を残した．

アーグラ

　シャー・ジャハーンがデリーに新しい首都を建設するまでのほとんどの期間，アーグラはムガル帝国の首都だった．デリーは13世紀以来自然に北インドの歴代諸王国の首都となってきたが，アクバルはこの都市を全く好まなかったらしい．ここで父が不慮の死をとげたからか，アフガン人のスール朝

デリー

　シャー・ジャハーンはそのインドームスリム帝国の首都をデリーにもどした．インダス川の谷間とガンジス川の谷間とを結び，ラージャスターンの荒地とヒマラヤの山麓との間に伸びる広大な耕地を見晴らす位置にあるデリー．デリーを形づくる8都市の第7番目，シャージャハーナーバードは，1638年この皇帝の手で建設された．まわりには堂々たる赤砂岩の壁をめぐらし，市を貫く壮大な街路チャンドニー・チョークには緑が影を落とし，道の中央を流れくだるせせらぎが涼を放って，まさにエスファハーンのチャハール・バーグと並ぶものになっていた．シャー・ジャハーンは一番の高みにジャーマ・マスジドを建て，この「金曜のモスク」は四方の市街を見渡して，そそり立っている．ジャムナ川に臨んで建てられた「赤い城塞」は皇帝の宮殿であり，帝国の行政機構の中心であり，その上，国庫が置かれ軍が駐留し，兵器工場や奢侈品を作る工房まであった．代々の皇帝はここに宮廷を構え，1857-58年のセポイの反乱の鎮圧にあたり，デリーがイギリスの手に落ちるまで，それはつづいた．最後のムガル皇帝，ティムール家の哀しい末裔はラングーンに送られ，そこで生涯を終えた．イギリスはこのムガル帝国の首都の大部分を破壊した．イギリス人がみずからの帝国の首都ニューデリーを築いたことによって，1912年，ムガル都市デリーは「旧市街」になってしまった．

　ファテプル・スィークリーの建築の着想は，ヒンドゥーのラージャ，マーン・シングがグワリオルの城塞に建てた小宮殿からきている．それを建てた石工たちもほとんどはヒンドゥー教徒で，かれらはヨーロッパの大工が木から切り出すような容量で，すべての建材を石から切り出した．石材は留具を使わずに組まれ，石だけで仕上げられてその重みが全体の構造をささえている．一番左の写真にはパーンチ・マハルの上部3層がみえている．パーンチ・マハルはハレムに使われた5層の建物で，本来は石の壁でさえぎられ，妾姫たちが外をみることはできても，外から姫たちをみることはできないようになっていた．当時は，どんなに暑い季節でも夜になれば，なかなかすばらしい涼を取れたことと思われる．

左　1560年代にアクバルがアーグラに建てた城塞．しっかりと基盤を固めたムガル帝国の権勢が，この城塞の外容にもあらわれている．その内部にアクバルが建てた建物のほとんどは，後にシャー・ジャハーンによって建てかえられている．

下　デリーのジャーマ・マスジド．1644-58年建立．赤砂岩で築かれ，その単調さは白大理石の装飾で和らげられているが，周囲を圧する力をもった建物である．

ムガル朝期文化の世界

1638年からデリーの「赤い城塞」はムガル帝国の行政の心臓部となった。同時にそれは贅をきわめた宮殿でもあった。1656年から1686年ごろ、ムガルの宮廷付砲手であり宮廷医師でもあったニコロ・マヌッチはつぎのように記している。「ムガル王国では貴族たち、わけても国王は驚くばかりに華美な日々を送っている。ヨーロッパで最も華麗な宮廷といえども、裕福さと壮麗さにおいて、このインドの宮廷の光輝にくらべれば、その足下にもおよばないだろう。」この宮殿を訪れる者は、まず赤砂岩の市壁(下)に設けられた威風堂々たる正門をくぐり、バーザールを過ぎて長くつづく庭園を進んでいくと、その奥に人々が皇帝の尊顔をあおぐ広間がある。さらに庭園がつづき、ジャムナ川を望むラーング・マハル(上)など、白大理石造りの風通しのよい楼閣がこの庭園を縁取っている。

右 デリーの「赤い城塞」の中の謁見の間にある、宝石の象眼をほどこした大理石。同じような細やかな細工は、アーグラのイーティマドゥッダウラの墓やタージ・マハルにもみられる。ピエトラ・ドゥーラとして知られるこの技術は、16世紀にフィレンツェで発達したが、インドではまったく別個に生み出されたと考えられる。下はシャー・ジャハーンのデリーの市壁、門、主な建造物を示した地図。

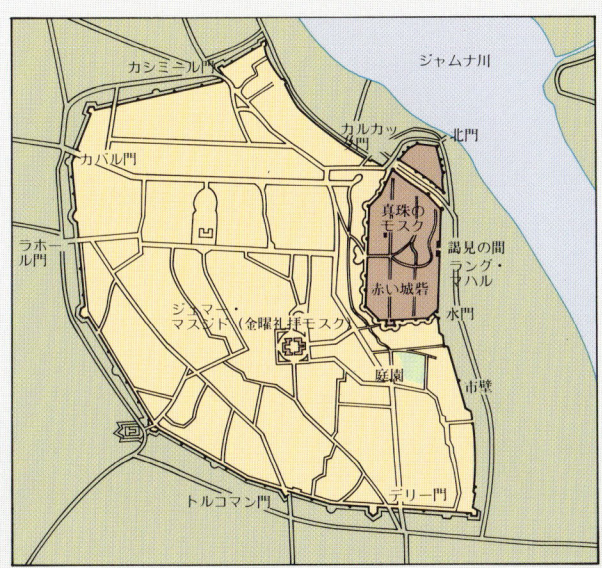

69

ムガル朝期文化の世界

庭園に眠る遺骸

「こはエデンの園なり．入りてとわにここに住まえ．」スィカンドラにあるアクバルの墓廟の門には，このような銘が刻まれている．「パラダイス」という言葉自体，古代ペルシア語で壁をめぐらした庭園を意味するパイリダエーザからギリシア語，ラテン語を経て，英語に入ってきた．ムガル帝国は名のある人々を庭園の形式を取った墓廟に埋葬することで，この「楽園（パラダイス）」の姿をそのままに地上に実現した．廟の建物そのものも，廟を中心にした庭園の全体も，基本的な世界観を表現するように仕立てられており，威風堂々として帝国の権勢を映し出すのは，単にその規模が大きいからというにとどまらない．フマーユーン，アクバル，ジャハーンギール，シャー・ジャハーンがそれぞれ眠る四つの大きな墓廟は，ピラミッドとならんで，世界でも最もみごとな陵墓のうちに数えられるだろう．「これ以上にうるわしい景観を私はみたことがない．」といって，イギリスの小説家E・M・フォースターはシャー・ジャハーンのタージ・マハルを描写する．「左手奥のミナレットを登ると，壮麗な建物のどれもが眼下にまばゆくきらめくのがみえ，大地は紅と灰をないまぜたほのぐらい（9月の）空の下で，おぼろにかすんでいた．これより美しいものなどあるまいと私が考えているそのとき，夕べの祈りを告げるムアッズィンのすばらしい声が，モスクの方から風にのって伝わってきた．"アッラーの他に神はなし"と．」

墓廟の四囲を囲むという発想は，ムガル帝国の時代になってはじめて生まれたものではない．ビハールのササラム に1540年ごろ建てられ，人口の湖上に堂々たる姿を映すシェール・シャー・スールの墓廟（上）からもこれはわかる．庭園の形を取った墓廟の最初は，フマーユーン（中央）のもので，1564年デリーのジャムナ川のほとりで，着工され，建設には9年の歳月がかけられた．スィカンドラにあるアクバルの墓廟（1604–13）（下）はこの形式を発展させたが，ドームがなく層を重ねたピラミッド状の造りになっているのが独特である．この特徴は近くにあるファテプル・スィークリーの建築と同じく，イスラム文化とヒンドゥー的伝統の融合をあらわしている．

ムガル朝期文化の世界

ピエトラ・ドゥーラの手法を用いて，幾何学模様や繊細な花をあしらった模様を象眼した白大理石は，シャー・ジャハーンの時代に多用されるようになった．下はラホールにあるジャハーンギールの墓廟（1627）の四つのミナレットの一つ．さらに下は，アーグラのイーティマドゥッダウラの墓廟（1628）の四つのミナレットの一つ．その娘であり，ジャハーンギールの皇妃として権力をふるったヌール・ジャハーンの手で建てられ，その全体から細部に至るまでが，タージ・マハルを予兆するものとなっている．

左　アーグラにあるタージ・マハル．庭園の形を取った墓廟の傑作．シャー・ジャハーンの最愛の皇妃モムターズ・マハルは，皇帝のために15人の子を生もうとして亡くなり，皇帝はその遺骸を収めるためにこれを建てた．そのデザインを決めるにあたっては，皇帝みずからが大きな役割を果たしたという．今ではシャー・ジャハーンもこの皇妃の傍らで永遠の眠りの床についている．

中心地域の諸王朝，16世紀および17世紀

オスマン帝国

拡大する軍隊国家

オスマン帝国はイスラムの中心地域に割拠した3大帝国のなかで最も強く，かつ最も永続きした国である．16世紀のはじめまでに歴代のオスマン皇帝（スルタン）たちは異常に強力な国家機構をつくりあげたが，これは皇帝（スルタン）を頂点とする単一の軍隊のように組織され，すべての兵士と行政官は軍隊の階級をもち，封土か俸給を支給されていた．中央政府は，どこであれ皇帝とかれの軍隊がたまたまあったところに存在したのであり，すべての主要な官吏が軍事行動に加わることを求められ，あらゆる国家歳入はこれに集中した．ここに軍事封土制国家としても顕著な特徴があり，それがサファヴィー朝ともムガル朝とも異なったオスマン帝国の性格を集約的に示しているのである．さらに，オスマン帝国は巨大な非ムスリム住民を支配していた点で，とくにムガル朝と比較することが可能である．オスマン帝国は文化的な主導権が西洋に移行したのちは，東方のキリスト教世界を支配するにとどまったのであり，ムガル朝のようにほとんどあらゆる異教徒を受け入れはしなかった．しかしながら，ムガル朝と同様，オスマン帝国の長期にわたる発展は，かなりの程度，かれらのあいだに混在していた異教的伝統の挑戦にいかに対処するかにかかっていたのだった．

1500年にはオスマン国家は急速に世界で最も強力な国家となりつつあり，これにつづく70年間に帝国は拡大への猛烈な進撃を行った．帝国の拡大が最も著しかったのは，東方と南方に対してであった．アゼルバイジャンは1514年に，シリアとパレスティナは1516年に，エジプトは1517年に征服された．メッカとメディナの聖都がこれにつづき，遅れてイエメン，さらに1534年にはイラクの主要な地域が征服された．オスマン帝国が南方に向かったのはポルトガル人を撃退するためであった．ポルトガル人はアフリカを1周したのちムスリムの通商・巡礼ルートをおびやかしていた．最初のうちオスマン帝国は，エジプトのマムルーク体制を支持することによってこの問題に対処しようと試みたが，すぐにこれが現実的でないことを悟り，エジプトというこの豊穣な地域を帝国に併合した．オスマン帝国が東方に向かったのは，サファヴィー朝が勃興してその戦闘的なシーア派の教義が東部アナトリアにおける帝国の部族支配をおびやかしたからである．チャルディランの戦いにおけるセリム1世（治世1512-20）のシャー・イスマーイールに対する勝利は，サファヴィー朝のオスマン帝国中核地域に対する脅威を取り除いた．しかしながら，これにつづく2世紀間にわたって，オスマン帝国は従来ヨーロッパの歴史家たちが一般に認めていたよりもはるかに多くの力を，宗教，通商，領土をめぐるサファヴィー朝との消耗戦に費やしたのである．

この帝国の拡大の方向は伝統的には西北に向かっていた．それはオスマン1世（治世1281-1324）の西北アナトリアにおける聖戦士国家建国の当初から，オスマン軍が異教の地をムスリム支配と聖法のもとにおくよう奮闘してきたということによる．セリム1世の東方および南方におけるめざましい勝利ののち，セリム1世を継いだスレイマン大帝（治世1520-66）は帝国のエネルギーを伝統的な侵略の方向に振り向けた．かれが1521年，ハンガリー人の南の要塞であるベオグラードを攻略するという大勝利によって，その治世の開幕を飾ったのは，いかにも聖戦士にふさわしいやり方であった．これに引きつづいて，1526年にはモハッチの戦いでハンガリー軍を壊滅させ，1529年ハプスブルク家の都ウィーンを包囲した．ウィーンが降伏しようとする直前にこの包囲は解かれたが，それはスレイマンの軍隊が冬のくる前に国に帰ることを望んだからにすぎなかった．しばらくのあいだオスマン帝国はハンガリーを臣下として認めていたが，1540年代までにトリエステからウィーンの城壁をかすめてクリミア半島に至る三日月型の広大な地帯を正式に支配下に加えた．

オスマン帝国の地中海への進出も目を見張るものがあった．15世紀のおわりから，かれらは黒海を支配下においていたが，これはコンスタンティノープル占領にともなうボスフォラス海峡の制圧によって達成されたものである．いまや帝国は，1522年にはロードス島から聖ヨハネ騎士団を駆逐し，1540年代までにはエーゲ海の大陸部にあった前哨基地からヴェネチア人を追い出して，エーゲ海の覇権を握った．同じ時期に，まず手はじめにムーア人の海賊を代理兵力として用いることにより，帝国は北アフリカ沿岸をモロッコまで併合し，ついでこれをハプスブルク家の反撃から守った．これは，ときにフランスの協力もえての，全面的な戦略であった．この地中海での拡張の英雄はキリスト教世界でバルバロッサとして知られるハイレッディンという男で，かれは1502年にチュニスに本拠をおく海賊から身をおこし，1533年にはオスマン海軍の大提督にまで昇りつめた．この勢力拡大は，オスマン帝国が1551年と1565年の2度にわたって西地中海の要衝マルタ島の包囲を試みたころ，そのピークに達した．この2度目の試みが失敗におわった後，オスマン帝国は1570年にキプロス島を併合して東地中海におけるかれらの覇権を固めたが，これが一時的にせよゆさぶられたのは，1571年のレパント海戦の決定的な敗北のときだけである．

臣民から「ブロンド髪のセリム」とよばれ，ヨーロッパ人には「のんだくれセリム」として知られるセリム2世（1566-74）の治世までには，大膨張もおわりを告げ，これにつづく100年間はオスマン帝国は国境線の防衛と失った土地の再征服に力を注いだ．この後も，短期間ではあるが新たな勢力拡張の動きはあった．クレタ島が1669年に，ウクライナは1670年代に占領され，1683年にはオスマン軍は再びウィーンの壁に迫った．しかしこれが押し戻されてから後は，帝国は常に守勢にまわることとなった．

オスマン帝国の行政機構の古典的な形態は，スレイマン大帝のもとで完成した．社会はムスリムと非ムスリムという2種類の臣民に大別され，これらの臣民の生み出す富が社会のもう一つの階級で国家装置の要員ともなっていた軍人を支えていた．17世紀後半のオスマン帝国の年代記作者ムスタファ・ナイーマは，これら二つのあいだの関係を「公正の環」としてとらえた．すなわち（1）軍隊がなければ支配も国家もありえない．（2）軍隊の維持のためには富が必要である．（3）富は臣民によってもたらされる．（4）臣民は正義によってのみ繁栄する．（5）支配と国家なしには正義は実現されない．

支配者たる軍人階級の一員であるためには，まず心底からのムスリムであること，スルタンに対して忠実であること，そしてオスマンの様式を形づくっていたあらゆる文化的複合にしたがわねばならなかった．これらの特性を兼ね備えない人間は，たとえその出身がどうであろうとも臣民の1人とみなされた．スレイマンの時代にはこの階級は，一部はセルジューク朝の衰退後アナトリアの大部分を支配していた，古くからのトルコ族の家系から補充されていたが，かれらの多くは政府への奉仕の代償としての土地ティマールが支給された．そして他の一部はデウシルメ（集めること）の名で知られる周到な徴用・訓練システムが生み出した奴隷たちのなかから補充された．これは15世紀中葉にオスマン帝国の慣行と

オスマン帝国，1512-1683年

この帝国はイスラム世界とキリスト教世界との境界に位置する聖戦国家として誕生した．1512年までにこの国はバルカン諸国とアナトリアに強力な地歩を築いた．イスタンブル，すなわちかつてのコンスタンティノープルは，戦略的に置かれた首都であり，ボスフォラス海峡に面している．その後，半世紀の間に，驚異的な領土の拡張がみられ

凡例：
- オスマン帝国の領土，1512年
- セリム1世の征服地，1512-20
- スレイマン大帝の征服地，1520-66
- 以後の征服地，1566-1683年
- 一時的にオスマン帝国の領土だったがのちにサファヴィー朝に再征服された地

スパラト　ベネチア領
1578　征服の年代
(1603)　失った年代
✕　主要な戦闘のあった場所と年代
縮尺　1：28 000 000

中心地域の諸王朝，16世紀および17世紀

れた．すなわちシリア，メソポタミア，アラビア半島の沿岸部，エジプト，北アフリカ，ハンガリーが征服された．これらの地域は，さらに若干の領土を加えて，17世紀のおわりまでは維持されていたのである．オスマン朝は，少なくとも一時は西方世界における最も強力な国家の支配者として，イスラムの大義をヨーロッパのなかにかつてないほど深く浸透させた．

して定着したキリスト教徒臣民に対する徴用制度であった．一定の期間ごとに，役人たちがスルタンに仕えるのに適したキリスト教徒の若者を選別して各地方をまわった．徴用された者のなかから約10％の最も才能のある人物が選ばれて宮廷学校に送られ，そこで帝国の最高の地位について勤務するための訓練を受けることになっていた．かれらはアラビア語，ペルシア語，オスマン語の読み書きを学び，またイスラム教徒に改宗させられて宗教諸科学の教育を受け，さらに格闘，射撃，乗馬の練習を積み，最後に行政各部門のための訓練を受けた．残りのデウシルメの徴用者はアナトリアのトルコ人農家へ働きにやられ，そこでかれらもまたイスラム教徒に改

宗させられて肉体的に鍛えあげられ，オスマン式の生活を身につけて，かれらの運命に適合させられていった．その運命とは通常軍隊のエリート兵団での勤務を意味した．だれもがスルタンを通じて以外には確立したオスマン社会との関係をもたなかった．当然のこととして，歴代のスルタンは次第に十分に教育された完全に忠実な奴隷たちの価値を認めるようになり，メフメト2世の治世（1444-46，1451-81）からは，かれらは次第に国家官吏の大きな部分を占めるようになった．スレイマン大帝の時代までにかれらは官吏の地位を独占し，古くからのトルコ系特権階級を重要な役職からほとんど追放していた．こうしてかれらはオスマン国家において，シ

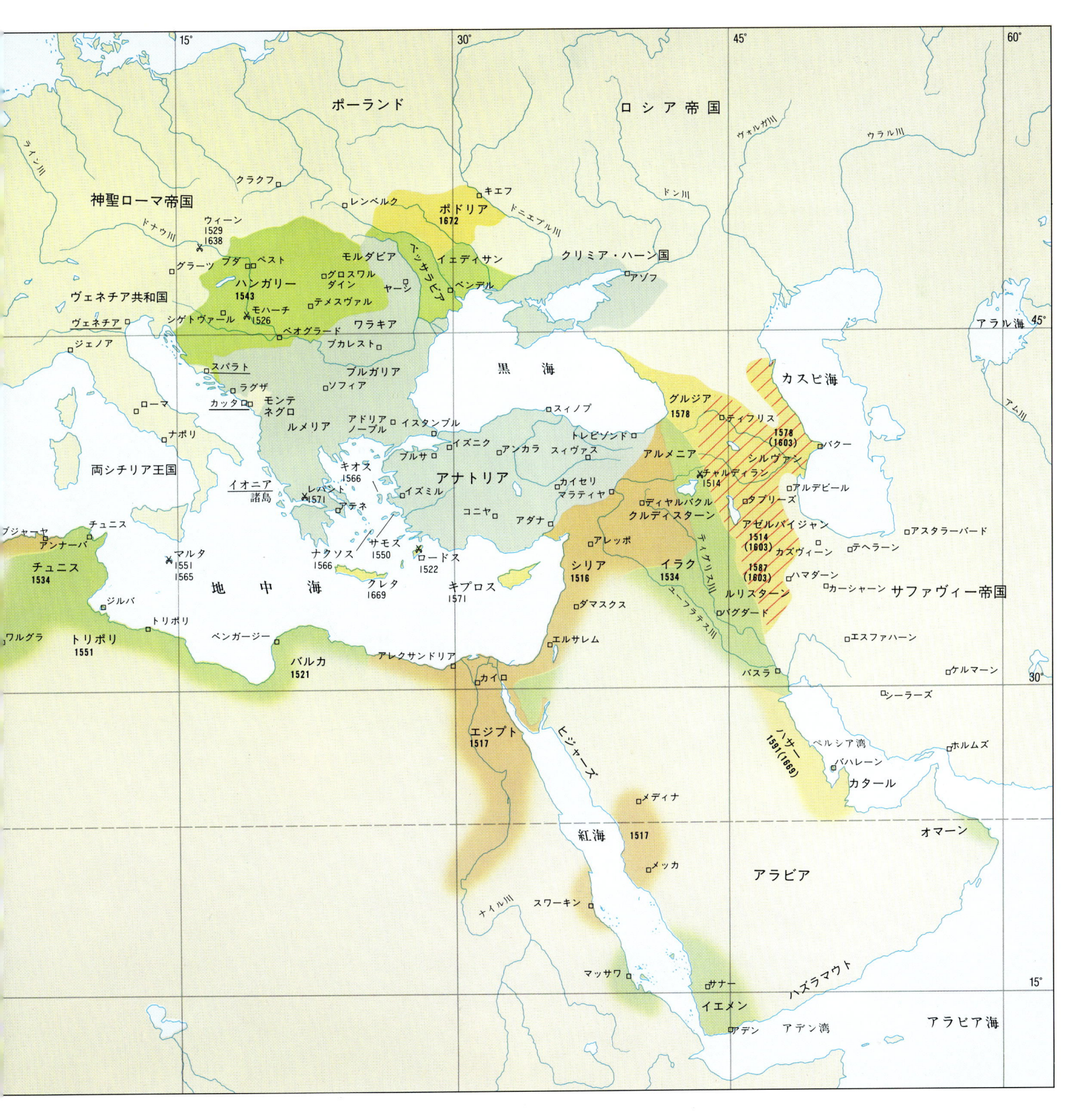

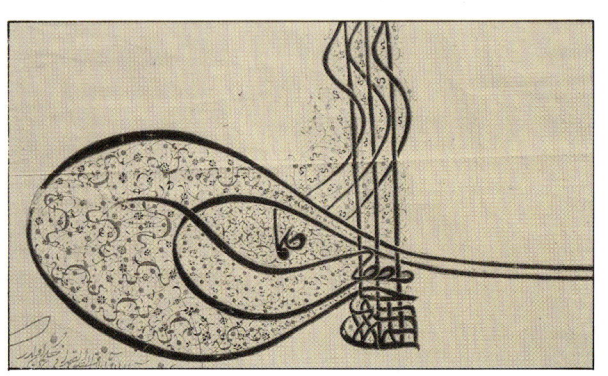

中心地域の諸王朝，16世紀および17世紀

ャー・アッバース大帝のもとでのサファヴィー朝国家の「王室奴隷」にも似た役割を演じるようになっていた．

国家官吏は四つの部門に分かれていた．まず頂点に宮廷があり，ここには常に絶大な影響力を保持するハレムが含まれており，また宮廷の内部ならびにスルタンが外部世界と関係をもつ場面の両方でスルタンに仕える人々も含まれていた．つぎに大宰相を頂点とするオスマン行政府の中心組織である国政最高会議（ディヴァン）と，財政を担当する国庫財務長官（デフテルダル）を含む官僚組織があった．さらに奴隷軍を中核とする軍隊組織があったが，この奴隷軍はスルタンの常備軍であり，3万のよく訓練された歩兵から構成されるイェニチェリ軍団がそこでのエリート部隊であった．最後にシャリーアを施行し，イスラムの知識を次の世代に伝える役割を担ったウラマーによって構成される学者団体が存在したが，これは国家活動のうちでも，古いオスマン族の家系につらなる人々が社会との接触面でひきつづき優勢を保っていた領域の一つである．16世紀初頭の典型的な行政官吏の1人であったルトフィ・パシャは最初宮廷に仕え，精鋭連隊に移ったのち地方行政府の高官となり，最後には大宰相（1539-41年）の地位にまで昇りつめた．

この政治権力機構の中心はスルタンであった．かれは支配階級の主人であり，支配階級もまたかれの奴隷なのであって，かれらの生命財産はスルタンの思うがままであった．古くからのトルコ族の家系に属する人々ですらもこの奴隷の地位に甘んじなければならなかったが，これは自由の身に生まれたムスリムならば，たとえ国家に勤務することを望んだにしても，かれらの法からすれば許されないことであった．他方，スルタンは被支配者たちの擁護者であり，かれらの生命財産はいうにおよばず，その伝統，宗教（ムスリムにせよ非ムスリムにせよ）を守ることをかれの職務としていた．理論上は，かれは，支配階級に対してふるっていた権威を通じて，あらゆる人間に対する絶対的な権力を有していたということにな

左上　年老いてやつれたスレイマン大帝が，庭を散歩している．この繊細な肖像画はスレイマンの時代の傑出した画家ニガリーの筆になるものだが，われわれはこの絵から晩年の王者の威風をしのぶことができる．侍童がうやうやしく，というよりは，おどおどしながら控えている．

左中　スレイマンの花押にあたる印章．オスマン帝国の装飾文字の典型的な一例．

左下　バルバロッサとよばれたハイレッディンはオスマン帝国の地中海進出を指揮した提督．これも，1度は帝国造船所の長官だったニガリーの筆になる．

右　ニガリーによるこの素晴らしい絵は，スレイマン大帝の息子セリム2世が矢を射ている場面．セリム2世はキプロス・ワインを愛好したことでも知られるが，スィナンの建築の中でも傑作といわれるエディルネのセリーミーエ・モスクを建てさせたことで最も有名である．

下　オスマン海軍の一部．16世紀の大部分を通じて東地中海を制圧していたが，1571年のレバントの海戦で大打撃をこうむった．

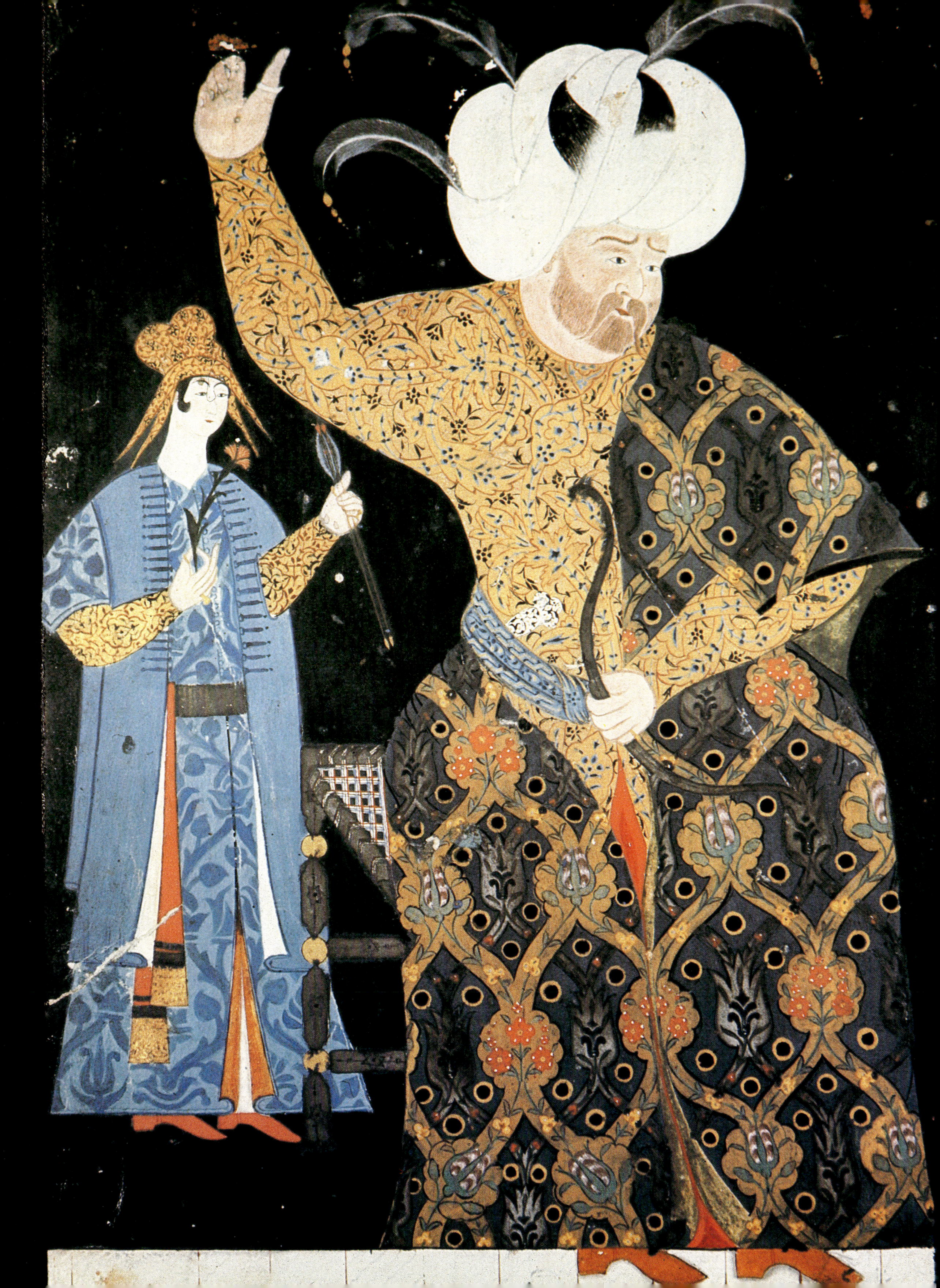

るはずである．だがしかし現実には，スルタンの権力はいちじるしく限定されていた．スルタンはしばしば複雑な行政機構の主人であると同時にその道具でもあり，かれが政治の場面で活動していようと引退していようと，政府は十分に機能することができたし，また実際16世紀の末以降は，スルタンは次第に政治の座を退いてハレムでの歓楽にひたるようになった．

この強力な政治機構は，前近代の最も強力な政府形態の一つである．さらに，行政府の基本的な枠組みは，この帝国を19世紀の中ごろに至るまで強大な勢力として維持しつづけることができた．しかし明らかに，16世紀のこの時代にオスマン帝国の前進はぴたりと停止し，100年以上も停滞をつづけるのであり，17世紀末には第2次ウィーン包囲などというしゃっくリにも似た衝動的動作はあったものの，そののちは第1次世界大戦での全体的な崩壊にまで至る長い後退がはじまるのである．ここでわれわれはなぜ帝国がその権力の絶頂期に，長くそして緩慢な衰退への道を歩みはじめたのかを説明しなければならない．

一つの有力な説明，といってもこれまで主張されてきたほどにはそれが決定的というわけではないのだが，それは軍隊組織に問題の鍵を求めるものである．スルタンをいただく単一の巨大な軍隊が存在し，巨大な国家官僚組織の集中するイスタンブルから作戦が行われた．ウィーンやモースルは1年間の軍事作戦で到達できる限界の距離にあり，これ以上遠隔の地になると，激しい抵抗に対しては支配を維持することが不可能であった．しかしながら，軍隊は勝利をもたらす作戦，士気を高める新たな領土獲得とその報酬の程度いかんに依存していたから，ひとたび軍事機構が地理的限界に達すると，勝利と領土併合は減退し，軍隊は堕落し，それに基礎を置く国家システムも衰退するにいたった．

この要因に，帝国の外部勢力の影響を加えるべきだろう．とくにヨーロッパの対抗勢力は強大となり，これが領土拡張をますます困難にした．さらに，世界的な経済の発展が，帝国をその基礎から侵食した．オスマン帝国は常にある種の自給自足政策をとっており，帝国の異なる地域はたがいに補完し合いながら発展していったが，新世界からの莫大な銀の流れにともなって，ヨーロッパで引きおこされた大量の原料需要，それにつづく経済成長，さらにヨーロッパ資本主義とヨーロッパ優位型の貿易の全般的な発展に対抗することは，全く不可能だった．オスマン帝国の商人は，原料買付でヨーロッパ価格に対抗することができなかった．さらに追い討ちをかけるように，この原料は安価な完成品に姿を変えてオスマン帝国に流入し，そこでの手工業生産の息の根を止めた．問題は16世紀の人口の倍増によってさらに悪化した．さらに，物価は1570年以降の200年間で4倍にはね上がり，これによって土地が投資の源泉として価値を高め，軍人や官吏としてのティマール保有者が土地とひきかえに国家への義務を意識できた時代は過ぎようとしていた．

軍事機構の限界も外部からの経済的圧迫も，国家の権力中枢である行政機構の弱体化ということがなければ，あれほどの結果をもたらすことはなかったかもしれない．皮肉なことに，スルタンが中央政府の強化のために促進した奴隷たちのトルコ系貴族に対する勝利は，結局，中央政府の弱体化の原因となった．風紀はみだれ，奴隷ももはやトルコ人軍事貴族という対抗勢力を気にする必要がなくなった．汚職がはじまり，官職が売買されはじめるにおよんで，行政能力はむしばまれていった．同時にスルタンの行政機構に対する掌握力もゆるんだが，これは一つには，16世紀の中ごろまでオスマン朝に才能ある支配者をつぎつぎともたらした遺伝的好運がお

わりを告げたことによるものであり，また一つには奴隷たち自身が強力な専制君主の登場を妨げる方向で動いたことによる．もはやスルタンは，その継承を主張する者たちのあいだでの武力抗争の勝利者として登場することはなくなり，かわってハレムの閥族的利害と結びついた．奴隷たちの派閥のあいだでの政治的かけ引きの結果としてスルタンが生まれ，そこではだれもが従順な支配者の即位を望んでいた．このような状況においては，国家の最強の人物はスルタンであるよりもむしろ大宰相であることの方が多かった．17世紀の初頭にデウシルメが放棄され，奴隷の性格がかわると，風紀のみだれはさらに顕著になった．それは定期的に徴用される，社会から隔絶した実力主義のエリート集団から，わいろを通じて息子の昇進をいそぐ世襲的な特権グループへと変貌した．さらに，この中央での無規律は地方にも波及していたが，このことは16世紀から17世紀初頭にかけて，数多くの反乱がときには左遷されたトルコ人貴族を指導者としておこっていることによって示されている．

オスマン帝国の停滞が，大部分，中央政府の弱体化からきていることは，キョプリュリュ家宰相の短期間の復活に示されている．メフメト・キョプリュリュは国家の非常な危機の時代に大宰相に任命された（1656-61）．東部アナトリアでは政府に抵抗する反乱が頻発しており，また海軍がヴェネチア人によって破壊された直後でもあった．通説によれば，デウシルメによって徴用された奴隷の最後のメンバーであったかれは，国家機構を汚染していた悪弊を取り除くため，ほとんど圧政に近い恐怖政治を用いた．かれの息子アフメト（宰相，1661-76）は，かれほど多くの血は流さなかったものの父の例にしたがい，またその養子のカラ・ムスタファ（宰相，1676-83）も同様であった．その結果，軍隊の影響力と実力は回復し，オスマン国家はハブスブルグ家の都を再びおびやかすことが可能となった．

国家との調和の中の宗教家

オスマン朝下のウラマーはオスマン国家と調和のとれた関係にあった．このことは，サファヴィー朝イランのウラマーが国家の統制から自由な立場に身を置いて国王政府の正統性に挑戦したこと，またムガル朝インドのウラマーの一部が国家存立の基礎であったヒンドゥー教との妥協を攻撃したことと，対照的である．これは一つには，初期のオスマン聖戦士国家の宣教の熱情による．このことは時代を下るにしたがい，オスマン文化とオスマン国家の発展に影響を与えるイスラム共同体的連帯感と責任感をはぐくんだ．オスマン帝国の漸進的な拡大も，この違いを説明している．サファヴィー朝やムガル朝とは違って，オスマン帝国は拡大して新たな領土を手に入れ，そこでオスマンの制度が社会を掌握すると，慣習と信仰によってあがめられていたウラマーやスーフィーたちとゆるやかに利害の調整をはかった．

シャリーアはオスマン国家の生活の中心にあった．セリム1世の時代までにハナフィー派法学が帝国法制の基本となったが，マグリブではマーリク派が支配的だったためにこれは行われず，またシャーフィイー派が支配的だったエジプトやメッカ，メディナの聖都でも同様であった．正統派への傾斜は大規模なシーア派教徒虐殺という見せしめによって強調された．スレイマン大帝のもとで，シャリーアを国家的に適用していく原則が練りあげられた．そこでかれはオスマン帝国の人々には「立法者」として知られていた．この事業は，帝国の最も偉大な法律家であり，1545年からその死に至るまでシェイヒュル・イスラム（シャイフ・アルイスラーム，最高の宗教指導者）をつとめたジャ・チェレビー（1490-1574）

によって行われた．実際上，正統派ムスリムの生活のなかでシャリーアが関与しない二つの大きな領域があった．一つは国家組織と行政機構に関する事柄で，これにはシャリーアは原則以上のものを与えず，大きな解釈の余地を残していた．ここではスルタンが先例にしたがって規則を定め，それを大部分のウラマーが合法的な行為として承認した．しかし，だからといってウラマーはかれらの役割を，シャリーアに照らして新たな規則が適合的だと認めることにだけ限定していたわけではけっしてない．二つめの領域は地方行政に関してであるが，無数のムスリムの農村，ギルド，町の街区ではかれら独自の統治と紛争調停方式とが存在していた．しかしなおここでも，シャリーアとそこから導き出された価値観とは行動の際の判断基準を与えていたのであって，全般的にいえばオスマン帝国においては，聖法は，イスラム史のなかの主要な国家のいずれにもまして完全に施行されたのである．

シャリーアが国家の中心にあったとすれば，当然その守護者であるウラマーもまたそうであった．かれらはすこぶる大きな威信をもっていた．スレイマン大帝の時代までに，すでに体系的に発達した学術の階層秩序が存在していた．ウラマーへの道はまず大衆に宗教知識の初歩を教えるモスクの初等学校での萌芽にはじまり，マドラサの四つの段階を順次のぼっていく．これらを通じてウラマーの卵はイスラム諸科学の非常に包括的な訓練を受け，最終段階であるセマニーエ・マドラサに至る．このマドラサは16世紀の中葉にイスタンブルのスレイマニエ・モスクに隣接して建てられたものである．この過程をすべて修了することのできなかった学生は，官僚組織にはいるか下級のカーディーとなった．過程をすべて修了した者は多く教師となったが，モスクの初等学校にはじまり実力に応じてより高い課程にすすんでいった．教師はカーディーの地位につくことを許されており，マドラサの階層秩序においてより高い地位に昇れば昇るほど，志願することのできるカーディーの地位も上級になった．上級のマドラサとセマニーエ・マドラサの教師だけがダマスクス，カイロ，エルサレムなどの大都市のカーディーになることを許され，またシェイヒュル・イスラム（シャイフ・アルイスラーム）になる資格をもっていたのは，セマニーエ・マドラサの教師だけであった．このシステムの至るところに王室の権威が感じられた．法の施行にあたってカーディーはスルタンの勅令にしたがわねばならず，ムフティーの意見は「尊重」されるにとどまった．各々のポストへの任命はシェイヒュル・イスラムの助言に基づいてスルタンと大宰相により決定されたが，スルタンの恣意によっても動かされた．

ウラマー全体がこのように完全に国家の権威に屈服していたようにみえるのは注目に値する．かれらはイスラム世界の他のいずれの場所でもみられなかったようなやり方で格づけされ，統御されていた．もちろんどこでも国家にうまく取り入ろうとする人間は存在したには違いないが，すべてのウラマーが屈服し，だれもが神の法と生身の君主の意志とのあいだで何の矛盾も感じないというのは，普通では考えられないことであった．国家がシャリーアを強力に支持し，ウラマーの権威も非常に大きかったため，実際には何の衝突も生じないということに，ウラマーは明らかに満足していたのである．しかしそれでも，ウラマーは君主から一定の距離を保つべきであるという気分はただよいつづけていた．偉大なホジャ・チェレビーの同時代の伝記作家はこう書き記している．「かれには，統治にたずさわる人々に対して，過度に丁寧で寛大なところがあった．」

シャリーアと国政との統合のしるしは，宗教的マイノリティーの位置づけのうえにあらわれていた．スーフィーはあまりはびこると虐待を受け，またシーア派教徒も同じ扱いを受けたが，シーア派の本拠地であるイラクではそのようなことはなかった．コプト，ギリシア人，アルメニア人，シリア人のキリスト教徒やユダヤ教徒の共同体などズィンミーの人々は，シャリーアによれば安全と自由を保障されたマイノリティーであって，差別課税を受け入れさえすれば，かれらはみずからの宗教的な指導者のもとで自分たちの自立的な共同体であるミッレトを形成することを許されていた．最初のうちはキリスト教徒は国家と社会の活動に部分的に参与し，たとえば志願兵部隊を提供したり，ギルドの生活に加わったりしていた．しかし17世紀までにはかれらの派遣部隊はもはや歓迎されなくなり，ギルドはキリスト教徒とムスリムのグループに分かれていった．当然のことながら，帝国も時代を経るにしたがって，ムスリムと非ムスリムのあいだの障壁は厚くなっていく傾向にあった．この経過はインドにおけるムガル帝国とヒンドゥー教徒との同盟関係の解体にも比すべきものであって，インドの場合と同様これは帝国の弱体化を予告し，ムスリムのオスマン帝国臣民はイスラム共同体のなかに閉じ込もるようになり，キリスト教徒のオスマン帝国臣民の方は次第に西欧キリスト教世界に顔を向けはじめたのである．

シャリーア国家の文化的な相貌

オスマン帝国の文化は同時代の他の文化と著しく異なっているようにみえる．そこにはたとえばサファヴィー朝イランのような輝きも，ムガル朝インドの躍動する人間性もほとんど存在しない．官製マドラサや宮廷学校を昇進していった支配エリートたちの創作は，政府の必要に深く関係しており，シャリーアの制限規定に縛られており，総じて秩序と階層組織が強く作用している世界といったものを反映している．

国家が官僚養成のためにあらゆる手を尽くすということから予想されるように，文字と学術の堅固な文化が存在した．他の多くのムスリム社会と同様に，詩は栄えた．16世紀の代表的な2人の詩人は，ペルシア流の影響を受けたスレイマン・フズーリー（1480-1556）と，17世紀にペルシアの影響に取ってかわることになる独自のトルコ様式を開発したアブデュル・バキー（1526-1600）であった．しかしながら高度に完成されたオスマン帝国の文化世界における最も独自な作品は，学問的な文献と散文文学とにあった．オスマン朝の科学はスレイマニエ・モスクに隣接するセマニーエ・マドラサの開校によって大躍進をとげ，そこでは数学，天文学，医学のめざましい業績があげられた．また同時に海陸にわたる帝国の拡大に刺激された地理学的な書物や，帝国の拡大を記録する欲求から生まれた歴史書も書かれた．ムスタファ・ナイーマのような真にすぐれた歴史家は，さらにすすんで自らの研究からある結論を導き出そうとし，また事件の背後にある原因を分析しようとしていた．伝記文学は，多くの場合イスラム文化の伝承者の生涯の記録を意味したが，これはかつてないほどの隆盛をみ，百科全書的知識に通じていたキャーティブ・チェレビー（1609-57）の代表作は，当時のアラビア語，ペルシア語，トルコ語にわたるイスラム文化の業績を集大成し，それに貢献した人々の生涯を記述したものである．最後に，旅行記文学の分野がイブン・バットゥータによって示された高い水準のうえに最後の展開をみせ，エヴレヤ・チェレビー（1614-82）は40年を費やしてオスマン帝国の領土とヨーロッパとを旅し，そして生涯最後の3年間で10巻の『旅行の書』にかれの得た印象をまとめあげた．

オスマン朝下の絵画は，これまでサファヴィー朝やムガル朝のそれにくらべて顧みられることが少なかったが，これは一つにはオスマン絵画がペルシア様式から生まれたと考えら

中心地域の諸王朝，16 世紀および 17 世紀

れていたからであり，また一つには最近にいたるまでその最高傑作の多くが，イスタンブルにあるトプカプ博物館のなかに秘蔵されていたからでもある．しかしいまやこのような低い評価は意味を失った．メフメトによって単色で描かれた遊牧民の生活の素描や，帝国造船所の元長官だったニガリー（1484－1574）が描いた肖像画を一目でもみた者は，もはや偉大な独創性と表現力とをもった芸術家の存在について，これを疑うことができないだろう．確かに，スレイマン大帝の庇護のもとにはじまった古典的な様式は，ペルシアの影響の痕跡を残していた．これは，1514 年のタブリーズ征服以後につれてこられた者を含めてイラン人の画家が宮廷の画室に何人もいたことから，当然予想されることである．しかしながら様式の発展につれて，オスマン絵画は独自の特色を獲得していった．ペルシア的な詩的ファンタジーの愛好はオスマン的な実用主義に道を譲り，アラベスクの精神に満ちた構図はより骨ばったフォルム重視のものに，そして複雑なパステルふうの色合いが充溢する彩色は強い陰影や制限された色彩のはばに取ってかわられた．

さらにこの様式は，ペルシア的基準からはずれた仕事，すなわち歴代スルタンとその軍事行動について記録した歴史書の挿絵のなかで用いられた．この種の書物のうち最初のものは『セリムナーメ』で，これは 1521 年から 1524 年の間に完成された．これにつづいて数多くの作品が書かれたが，そのうち『スレイマンナーメ』は数学者ナスフによって挿絵が描かれており，スルタンのハンガリー遠征に関係する都市や城塞，港などの絵や，1543 年のハイレッディンの地中海遠征の様子を描いた 32 枚の細密画がそれである．『ヒュネルナーメ』はスレイマン大帝の死に至るまでのオスマンの歴代スルタンの業績を描いた 140 枚の細密画を含み，また『スールナーメ』にはスルタン・ムラト 3 世（1574－95）の息子メフメトの割礼を祝って，かつてのビザンチンの競技場を行進するイスタンブルのギルドの人々を描いた 437 枚の細密画が含まれている．17 世紀になると様式の衰弱がみられるようになった．このころ，スルタンはもはやみずから軍事行動をおこすことはなくなり，軍事行動そのものももはや異教の地への輝かしい前進ではなく，反乱の鎮圧や領土の防御に変質していたから，拡大する国家や征服を重ねる支配者たちを讃美する作品は姿を消し，かわって風俗画やハレムの美女たちの肖像画，好色画などが描かれるようになった．しかし，宮廷絵画はその高みにおいて，オスマン国家の特徴ある性格を反映していた．たとえば，その秩序感は軍隊を描いた絵のなかにあらわれていたし，階級組織の重要性は宮廷画の描写のなかに，そして行政的な能力は細部の正確な描写への配慮のなかに示されていた．

ガラタ橋とアタチュルク橋の間から金角湾をへだててイスタンブルのスレイマニエ・モスクの堂々たる威容を望む．とくに小高い場所に建てられたこのモスクは，かつてキリスト教世界の要塞であったこの都市におけるイスラムの勝利を謳いあげている．400 以上もの小ドームが中心のドームをとりまいて巨大な要塞を形成し，それはオスマンの教育機構の頂点に立っていた四つのセマニーエ・マドラサをも包み込んでいる．

16世紀はまた絨毯，織物，陶磁器の分野で高度な達成をみた時代であった．「オスマン宮廷」の絨毯はアナトリア農民の力強い伝統に宮廷の様式を加えはじめた．絹，ビロードその他のぜいたくな織物はブルサその他で織られたが，トプカプ宮殿に保存されているスルタンの装身具が示すように，それらはデザインもできばえも最高の質を誇った．しかしながら，最も高い達成を示したのは陶磁器の分野であった．かつてビザンチンのニケーア（ニカエア）であったイズニクが生産の中心地であり，ここでは16世紀の中ごろに職人が下絵の技術を採用し，この方式で7色の色彩（濃紺，緑，薄紫，紫，白，黒，明るいサンゴ紅）を生み出す能力を開発したが，これは他に比肩するもののない技術的な達成であった．同時にかれらは，さまざまの豪華ではあるが自然主義的なデザインを生み出した．それらはプラムやサクラ，ヒヤシンス，カーネーション，シャクヤクと，そしてとりわけチューリップをもとにデザインされていた．たとえばイスタンブルのロスタム・パシャのモスクのタイルには，41種類のチューリップのデザインが見出される．イズニクの製陶業は技術的に急速な発展を示し，1490年から1525年までは青と白の単純な装飾だったが，その第2段階（1525-50年）はダマスクス陶器や金角湾陶器の名で知られ，より陰影のある青と上品な緑があらわれ，さらに第3段階（1550-1700年）になるとロードス陶器として知られるようになり，あらゆる種類の色彩とデザインが採り入れられる．しかしこのころまでには，イズニクの製陶業の主力はタイルに向けられてきており，この分野ではかれらの最も輝かしい業績はオスマンの大建造物の装飾となってあらわれた．それはたとえばスレイマン大帝の廟であり，あるいはトプカプ宮殿の個室である．またスルタン・アフメト・モスクの内部は，70の異なるデザインによる2万枚のタイルが敷きつめられている．

16世紀の帝国権力の絶頂期にその頂点に達した建築術は，オスマンの精神を最もよく象徴している．この達成を1人の人物が主宰していた．スィナン（1491-1588）は，50年間王室の建築技師を務めたが，かれの天才はその性格と調和して，かれのポストを国家の重要な役職とすることに成功した．かれの設計した300以上もの建物・給水場・墓廟・キャラバンサライ，キオスク，浴場，橋，マドラサ，モスクなどは帝国中にひろがっていた．申し分なく，スィナンはオスマン帝国の国家機構の申し子であった．1441年ごろカイセリ地方の，おそらくはギリシア人の家に生まれたかれは，1512年にデウシルメにとられた．そこで宮廷学校にいらずにきびしい訓練を受けたかれは，イェニチェリとなって1520年代と1530年代の大戦役に従軍し，ヴァン湖で大砲を渡したり，ドナウ川に橋をかけたりした手柄によって，軍事技師として次第に帝王の注目をひくようになった．1538年に，47歳でスレイマン大帝によって王室の建築技師に任ぜられた．

スィナンはオスマン建築の支配的特徴となるドーム建築の限界をきわめた人であった．このような人物がイスタンブルにいれば，それまでオスマンの建築家には到達不可能にみえた広い空間をおおうドームをもつアヤ・ソフィヤ大聖堂の霊感と挑戦に応じぬわけがなかった．かれはユスティニアヌス帝の建築家たちの驚異的な業績を乗り越えようと懸命に努力した．かれはまたドーム建築をイスラムの礼拝の要件に適合させるためにも努力を惜しまなかったが，これはすなわち長さの強調から広さの強調への転換，祭壇を頂点とするように上昇する聖なる階級構造から，あらゆる場所がメッカの方向を向いた礼拝場として平等な開かれた空間への転換を意味した．三つの代表的な建築がかれの発展を示している．まずシェフザーデ・モスクはイスタンブルで1544年から1548年のあいだに建てられたものだが，ここでかれは，アヤ・ソフィヤでもみられる四つの半ドームを再構成して中心となる主ドームを支えさせている．つぎにスレイマニエ・モスクはイスタンブルで1550年から1557年のあいだに建てられたものであり，ここではスィナンはかのキリスト教の手本とほぼ同じ大きさに到達しているが，同時にまた建物の長さと同様その広さを強調している．さらにセリーミーエ・モスクはエディルネで1569年から1575年のあいだに建てられたが，ここでかれはアヤ・ソフィヤを越える大きさのドームを建てた．これらのうち最初のものをスィナンは徒弟時代の作品とみなし，2番目は壮年期の作品，そして3番目を建てたときにはかれは80代に達していたが，これこそがかれの代表作であると考えた．かれは回想録のなかで述べている．

> キリスト教徒たちは，かれらがムスリムを打ち負かしてきたのは，イスラム世界でアヤ・ソフィヤのドームに匹敵するドームが建てられたことがなかったためである，という．あのように大きなドームを建てるのは至難の業であるというかれらのことばは私をひどく嘆かせた．私はあのようなモスクを建てようと決意し，神の御加護によって，スルタン・セリム・ハーンの治世，私はアヤ・ソフィヤのドームよりも6キュービット（約3m）広く4キュービット（約2m）深い，このモスクのドームをつくった．

しかしスィナンは，そのとき，かれの信仰の優越性の主張以上のことをなしとげていたのだ．オスマン建築をその頂点に至らしめ，最も完全なかたちで帝国の到達点を，そのたくましさ，力強さ，壮麗さ，そしてイスラムへの傾倒において表現していたのである．

オスマン朝期文化の世界

聖戦国家の戦争

　オスマン国家は，13世紀に，イスラム共同体がキリスト教世界と境を接する辺境に位置する聖戦国家として出発した．聖戦の理念はとくにヨーロッパへの帝国の拡大を鼓舞し，オスマン軍を1529年と1683年，再度にわたってウィーンの城壁まで導く原動力となった．歴代スルタンは即位の際，聖戦の伝統を受け継ぐ新たな大征服によって，スルタンとしての資格をみずから再確認したいと望んだ．そのためメフメト2世は1453年にコンスタンティノーブルを獲得し，スレイマン大帝は1521年にベオグラードを手に入れた．300年以上にわたってオスマン帝国の軍隊は世界で最も有能な戦闘集団であった．「トルコの軍隊組織をわれわれのそれと引きくらべてみるとき，将来の事態がどうなるのかを考えると，私は恐ろしくてならない．」と，ハプスブルグ家の大使が16世紀の中葉にイスタンブルに書き送っている．「一方の軍隊が勝ち残り，他方は壊滅しなければならないのだ…かれらの側には強力な帝国の資力がある…われらの側には民衆の貧困がある…結果を疑うことができようか？」

　オスマン軍の中枢には，中央権力によって維持される常備軍が存在した．まずイェニチェリは精鋭の歩兵軍団であり，銃で武装し，スレイマン大帝の時代には1万2000から1万5000の兵員数をかぞえた．つぎに個々の武器に精通した帝国近衛軍団の六つの騎馬隊，さらに技術専門家，兵器係，砲手，工兵，輸送隊があった．それからまた封建騎士スィパーヒーの騎馬隊が存在した．かれらは付与された封土（ティマール）を維持し，そこからの収入によって生活しながら，いつでも役に立つ戦士として備えに怠りなく，また，いざ戦争に召集されたときには家来を養わなければならなかった．15世紀および16世紀にイェニチェリやさまざまな特殊任務をおびた部隊の武勇は，キリスト教徒のあいだで恐るべき評判を獲得したが，軍隊の主力は国家の常備軍を数のうえではるかに凌駕していたスィパーヒーが担っていたのである．戦闘においてイェニチェリとその他の専科部隊は通常オスマン陣営の中心に位置し，塹壕と荷馬車と大砲とに守られて円陣を張った．その両翼をスィパーヒーの騎兵隊がとりまいて，敵の戦列が浮き足立つときをねらっていた．

　オスマン帝国の軍事的成功の要となったのは，歩兵と専科兵が火器を取り入れるのに熱心だったことである．15世紀のうちにかれらは攻城砲をうまく利用しはじめていた．それからイェニチェリのあいだで火縄銃が定着していった．そして16世紀のはじめまでに，かれらが野戦砲をいかに効果的に使うことができるか知っていたということを，サファヴィー朝は1514年のチャルディランの戦いで思い知らされるのである．概して，この分野での新しい技術はトルコ人によって開発されたのではなく，セルビア人，ボスニア人，ハンガリー人，ドイツ人，イタリア人，フランス人といったキリスト教徒によってもたらされた．1453年にコンスタンティノーブルに対して用いられた大砲を鋳造したのは，ウルバンという名の1人のハンガリー人であった．19世紀のオスマン人やのちのトルコ人が，西欧を打ち負かすために，あるいは少なくとも自分たちの国家を西欧の圧力から防衛する目的のために，西欧の技術を獲得することに頼ったのには，実はすでに長い来歴があるのである．

オスマン朝期文化の世界

オスマン帝国の最大の名誉は、ヨーロッパのキリスト教国に対する戦いであった。下図は1529年ウィーンを目前にしたスレイマン大帝の軍隊。オスマン軍の攻撃は非常に効果的で、ウィーンは降伏する直前にあったが、イェニチェリが冬の到来の前に撤退することをあせったため、スレイマンは包囲を解かざるをえず、かえってウィーンの市民たちをおどろかせた。左図は有名なイェニチェリ軍団の兵士で、かれらはきびしい軍紀にしたがって生活し、兵役が終了するまでのあいだ結婚は禁止されていた。左下図：スルタンは軍事行動の際、通常軍隊に同行した、ここではスレイマン大帝が1522年のロードス島包囲で坑道作戦を指揮している。前頁下図：歩兵の火器導入は早かったが、騎兵隊のあいだではこれに対する強い抵抗があった。ここではオスマンの騎兵隊は1526年のモハッチの戦いで、かれらはキリスト教徒の騎士をどのように相手にするのを好んだかが明示されている。前頁上図：たび重なる軍事行動は、地図製作の発達につながった。このイズニク（ニカエア）の図のような町や港の地図は、16世紀に数多く描かれた。

オスマン朝期文化の世界

スルタンの宮殿

　ムスリムの宮殿を非ムスリムのそれと分かつ特徴，それはまた一般のムスリムの家屋をヨーロッパ人のそれから区別させる特徴でもあるのだが，それは，ムスリムが外側の世界に対してきわだった外観を示そうとしないことである．15世紀から19世紀のおわりまでオスマンの歴代スルタンの宮殿であったトプカプ宮殿は，この見解を完全に証明している．メフメト2世はその建造のための最良の敷地として，金角湾がボスフォラス海峡と出会うセラグリオ岬の突端を選んだ．しかしイスタンブルを訪れるふつうの旅行者は，ここを遠くからながめたときに，景観のなかに何も特別なものが含まれていないことを知ってひどく困惑することだろう．実際，トプカプ宮は，ヨーロッパ的な意味からすれば宮殿といったものではまったくなく，あずまや，中庭，庭園，応接の間，宝物庫，浴室，厨房など，時の経過につれて儀礼上・実際上のさまざまな必要に応じて建てられていった一連の建物群である．もともと中心的なプランは何もなかった．そこで宮殿のほとんどあらゆる部分は，それぞれに独立した記念建造物と考えるべきであり，またしばしば，それぞれに独立した芸術作品でもあるのである．
　トプカプ宮の大部分は16世紀および17世紀に建てられ，その内装の多くは当時絶頂期にあったイズニクの陶工たちの，豊かな色彩の光沢と，渦を巻き，からみ合い，ときに野性的でさえあるデザインによっておおわれていた．16世紀の最初の半世紀のあいだに，かれらの技術は急激な進歩を遂げた．はじめは単純な青と白の焼物を生産していたかれらは，ついにはうわぐすりの下に濃紺，緑，薄紫，紫，白，黒，明るいサンゴ紅の華麗な競演を描くことができるようになった．

16世紀におけるイズニクの陶工たちの成功を，われわれはその作品例を順にみていくことによって理解することができる．下図：第1段階の，中国の影響を受けた青磁．下図右：1525-50年のイズニク陶器はダマスクス焼として知られ（もう一つの金角湾焼として知られる別の様式もある），この時代に上品な緑とより陰影のある青があらわれる．デザインの力強さと大胆さ，そしてチューリップやカーネーション，シャクヤクの自然な描き方にも注意してほしい．右下図：第3段階は1550-1700年，ロードス焼として知られ，色彩とデザインにおける全面的展開へと到達した．なかでも注目に値するのはサンゴ紅（アルメニア産膠灰粘土）で，この秘伝をイズニクの陶工たちは1世紀のあいだ知っていたが，以後はそれは忘れ去られた．上図：部屋がタイルでおおわれた様子をみることができる．これはムラト3世の寝室で，16世紀の後半に建てられた．次頁左下図：タイルの図柄の共通の題材ともいえるチューリップとカーネーションが，この16世紀の織物にも出現している．オスマン帝国のかつての都ブルサは織物工業の中心地だった．

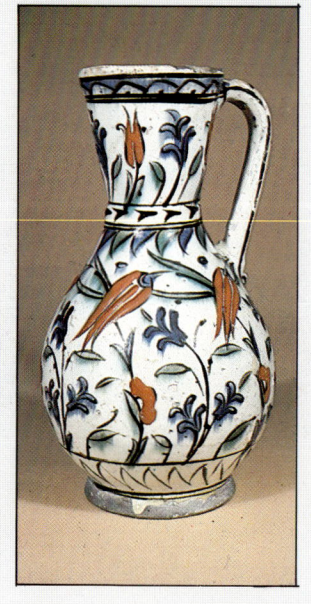

オスマン朝期文化の世界

上　女性の居住区であったハレムの屋根をへだてて、かなたに金角湾の入り口を望む。ハレムは小部屋と通路の世界ともいうべきもので、宮殿の他の場所との往き来は遮断されていた。

左　バグダード・キオスクは、ムラト4世によって1638年のサファヴィー朝からのバグダード奪回を祝うために建てられたもので、トプカプ宮のなかで独立の記念建造物とみなされるべき数多くの建物のなかの、典型的なものである。その外観は優美ではあるが、「涼しくかつ明るい」建物の内部をほとんど予感させない。内部は花模様のタイルでおおわれ、広い窓によって採光されている。この建物のうららかさは、これが記念している戦役の恐ろしさと奇妙な対照をなしている。ムラト4世がついにバグダードを攻略したとき、かれは数多くの市民を虐殺した。かれの気晴らしの一つは生きた標的にむけて弓矢を楽しむことだった。

オスマン朝期文化の世界

スィナンのモスク

　建築術はオスマンの精神を最もよく象徴している．16世紀に超人的な精力をもった1人の建築家があらわれた．スィナン・パシャ，かれはその建築物によって規律，力，光輝，そして，イスラムへの傾倒といった帝国の特質を表現した．かれは1538年に王室の建築技師となり，50年間その地位にあった．公式には，トプカプ宮殿の別称に基づいて「至福の館の建築家」と呼ばれるが，帝国内の300をこえる建築物を設計している．このように多産な活動には精力と天才だけでなく，行政的な能力，人を管理する手腕が必要だった．

　イスタンブルにあるかれの著名な作品は，かれの時代の偉大な人物を記念している．スレイマン大帝の墓，ロシア人でスレイマンの強力にして最愛の妃ロクソランの墓，そして輝かしい勲功をもつ提督ハイレッディンの墓は，いずれも海辺のほどよい場所に建っている．大宰相だったソコル・メフメト・パシャとロスタム・パシャ，そしてロスタム・パシャと結婚したミフリマ王女などのモスクもある．しかし，最も注目に値するのは，かれがスレイマン大帝のために建てた二つのモスク複合体と，エディルネでセリム2世のために建てたまた別のモスクとである．

　スィナンは1000年の昔に建てられていたイスタンブルのアヤ・ソフィヤ大聖堂にいらだちと霊感とを同時に感じた．ユスティニアヌス皇帝の建築家たちが，オスマンの建築家には不可能な大きさのドームをかけることができたということが，かれにはイスラムに対する侮辱と感じられた．かれはこれを乗り越えようと決心した．シェフザーデ，スレイマニエ，セリーミーエの三つの大モスク建築群が，この課題に対する挑戦の三つの段階を示している．セリーミーエのドームでかれは目標の達成に成功した．イスラムが，その後これをうわまわる壮大な建築物によって勝利を飾るということはまだおきていない．

スィナン（1491-1588）はオスマンの国家機構の申し子だった．カイセリ地方のおそらくはギリシア人の家庭に生まれたかれは，1512年にデウシルメに徴発された．かれはイェニチェリとなり，1520年代と1530年代の大戦役で戦い，軍事技師としての手柄をあげて帝王の注目をひいた．上図：かれはアンカラ大学の構内の彫像によって記念されている．スィナンはユスティニアヌス皇帝のアヤ・ソフィヤの大聖堂（下図）をかれの偉大な課題とみなした．オスマン帝国のもとでこの聖堂はミナレットを加えられ，モスクにかえられた．

オスマン朝期文化の世界

前頁右　シェフザーデ・モスク複合体は1544−48年、イスタンブルに建てられた。スィナンはこれによって従来思いもよらなかったドーム型のモスクの可能性を示した。かれはこれを、自分の徒弟時代の作品とみなしていた。

左　スレイマニエ・モスク複合体は1550−57年、イスタンブルに建てられた。スィナンはこれを、自分の壮年期の作とみなした。

下　セリーミーエ・モスクは1569−75年、エディルネに建てられた。スィナンはこのとき80代であった。かれはこれを、かれの代表作とみなした。

オスマン朝期文化の世界

アヤ・ソフィヤ, イスタンブル.

シェフザーデ・モスク, イスタンブル.

スレイマニエ・モスク, イスタンブル.

セリーミーエ・モスク, エディルネ.

左　平面図と断面図は，ユスティニアヌス帝の建築家たちの業績をしのぐ建造物を設計しようとしたスィナンの企ての三つの大きな段階を写し出している．この努力はイスラムの儀礼上の要請にこの種の建物を適応させるという今一つの企てをともなっていた．スィナンは聖所と祭壇にむかって高まっていく教会堂のなかの運動感覚から生じる長さの強調を取り除いて，そのかわりにあらゆる場所がメッカの方向をむいた礼拝場として，平等な空間の観念を強調することに心を砕いた．1番上はスィナンにとっての出発点であったアヤ・ソフィヤである．かれの初期の設計であるシェフザーデでは，アヤ・ソフィヤにならって中心のドームを支えるために四つの半ドームを再構成した．スレイマニエでアヤ・ソフィヤとほぼ同じ大きさのドームを達成したが，同時に建物の長さと同様その広さを強調することに努力した．セリーミーエにおいて，正方形の土台からドーム型の屋根に移行させるために，優美で手慣れた八角形の方式にもどることによって，単にユスティニアヌス帝の建築家たちよりも広い面積にドームをかけたということだけでなく，完璧なイスラム的空間を創造することにも成功した．

次頁右上　モスクにかえられたアヤ・ソフィヤの内部．しかしながら，その設計はいまだに古いキリスト教の目的にかなっている．目は遠方のかつての聖所にひきつけられる．右上図：スレイマニエの内部でミフラーブの方向をみると，アヤ・ソフィヤでのような効果がいかに減じられているかがわかる．セリーミーエの内部で同じ方向をみる（右下図）と，これは完全に取り除かれている．「広々とした感じと桃色がかったきらめく光が，おさえきれない効果をもって建物の明快な輪郭を洗っている」と，イギリスの芸術史家マイケル・レヴィは書いている．「ひとは最初のうち円形の場所とみえたもののなかの陽気な波の上に押しやられる．それほどに高く浮かんだドームは，建物の内側の全体をすっかり支配しているように思われるのだ．この効果はみぞのある支柱の輪が周囲の骨格構造のなかに退いていくことで増幅され，その中心の偉大な空間は妨げられることもなく残されて，そのむこうの窪みに，贅沢にタイルを張られ光に満ちたミフラーブの後陣が輝いているのである．目は必然的にそこに向けられはするが…これこそまさに内装というべきこの穏やかなる球体の大気のおおいを押し破って目をむこうに向けさせようとする気配はほとんど感じられない．」スィナンの目的は達せられたのだ．

スィナンは，モスクの設計のたびごとに新しい工夫を試みた．ミフリマ王女のために建てた2番目のモスク（次頁右中図）では，かれは光の満ちた壁面で特徴づけられる空間を創造した．その結果ドームは重さを感じさせず，ほとんど地上の繋留具を引っ張る気球のようにみえる．かれが大宰相ソコルル・メフメト・パシャ（1570－71）のために建てた最初のモスク（次頁右下図）は，現在アフメト1世の「青のモスク」がその下に建つ険しい丘の中腹にうまく建られているが，そこではミフラーブのタイル張りの壁が，ドームのすぐ下まで届いている．

オスマン朝期文化の世界

16世紀から18世紀までの辺境部のイスラムの国々

さてここで，ムスリムの大帝国群の勢力圏外の国々に——つまり東南アジア，アフリカ，中央アジア，中国といった諸地域に——目をむけてみることにしよう．1500年当時——北アフリカと中央アジアを別にすれば——これらの地域にムスリムが大挙して姿をあらわしたのは，ほんの少し以前のことにすぎなかった．しかもムスリムたちは，地域全体にひろがるというよりは，特定の地方に確固たる足場を築く，というやり方をとる傾向が強かった．たとえば東南アジアでは，かれらは北部スマトラ，マレー半島部沿岸，ジャワの北部海岸地方に住みついたし，アフリカでは，東海岸部に沿ってキルワのあたりまで進出し，またサハラ以南のサバンナ地帯の諸王国の中に勢力を伸ばした．かれらは多くの場合少数派であり，また，中国の儒教，ジャワのヒンドゥー教・仏教のような偉大かつ強力な文明に直面しなければならなかった．その上，かれらは圧倒的な軍事的優越性などというものももち合わせていなかった．イスラムをこれらの地域に運び入れたのは，遊牧民集団の槍先でも，オスマン帝国やムガル帝国の軍団のすぐれた火力でもなかった．そうではなく，イスラムは土着の諸文化と融合しつつ人々を唯一神の崇拝へといざなう形で，ゆるやかに浸透したのである．こういったプロセスを物語る史料は豊富ではないし，中心部の大帝国の歴史について残っている史料にくらべれば，とるに足らない量のものである．だが，それは是非とも研究されなければならない．なぜならばそこには，イスラムがいかにさまざまな文化的環境に自己を順応させることができるか，いかに多様なやり方で——中心部のイスラム諸国についての研究から明らかになったよりもはるかに多様なやり方で——自己を表現することができるか，その驚くべき能力が示されているからである．われわれはまた，キリスト教徒たちがアメリカ大陸に足跡を残しはじめていたちょうどそのころに，ムスリムたちはアフリカと東南アジアの大半にイスラム的色彩をもたらすようになっていた，という事実を知ることになる．

イスラムをこれらの国々へと運んだのは商業であった．ムスリム商人たちは，イスラムの中核地帯が占める地理的に有利な位置を十分に利用して，1500年までには，世界の通商路沿いの国際貿易の大半をコントロールするに至っていた．アフリカ東海岸，紅海，そしてペルシア湾を，インドや東南アジアや中国の豊かな港と結びつける南の海上の諸ルート．サハラを横切る諸ルート（とりわけ，マグリブの富裕な諸都市に発して西スーダンに入り，ニジェール川流域に至るルート）．そして，東地中海に発してイラン，トルキスタンを通り，タリム盆地沿いに進んで中国に入る，アジアの一大陸路（かつてのシルクロード）．これらの世界経済の動脈は，そのまま，イスラムの影響力がそれに沿ってひろがるルートとなっていた．通商網の要所要所をムスリムが掌握していくにつれ，かれらの商売相手の非ムスリムたちの多くもイスラムを受けいれるようになった．それは一つには，文化と法を共有するようになれば，それだけ商売がやりやすくなるからであった．

イスラム世界を通る遠隔地商業路，1500年ごろ
イスラム地域の中心部は，中世後期の世界の国際通商路を横切る形になっている．この時期の国際通商路の最大のものは，東地中海から中国までのびるかつてのシルクロードだった．イスラムは，これらの商業の大動脈を通って東南アジア，アフリカ，中央アジア，中国に着実にひろがっていった．

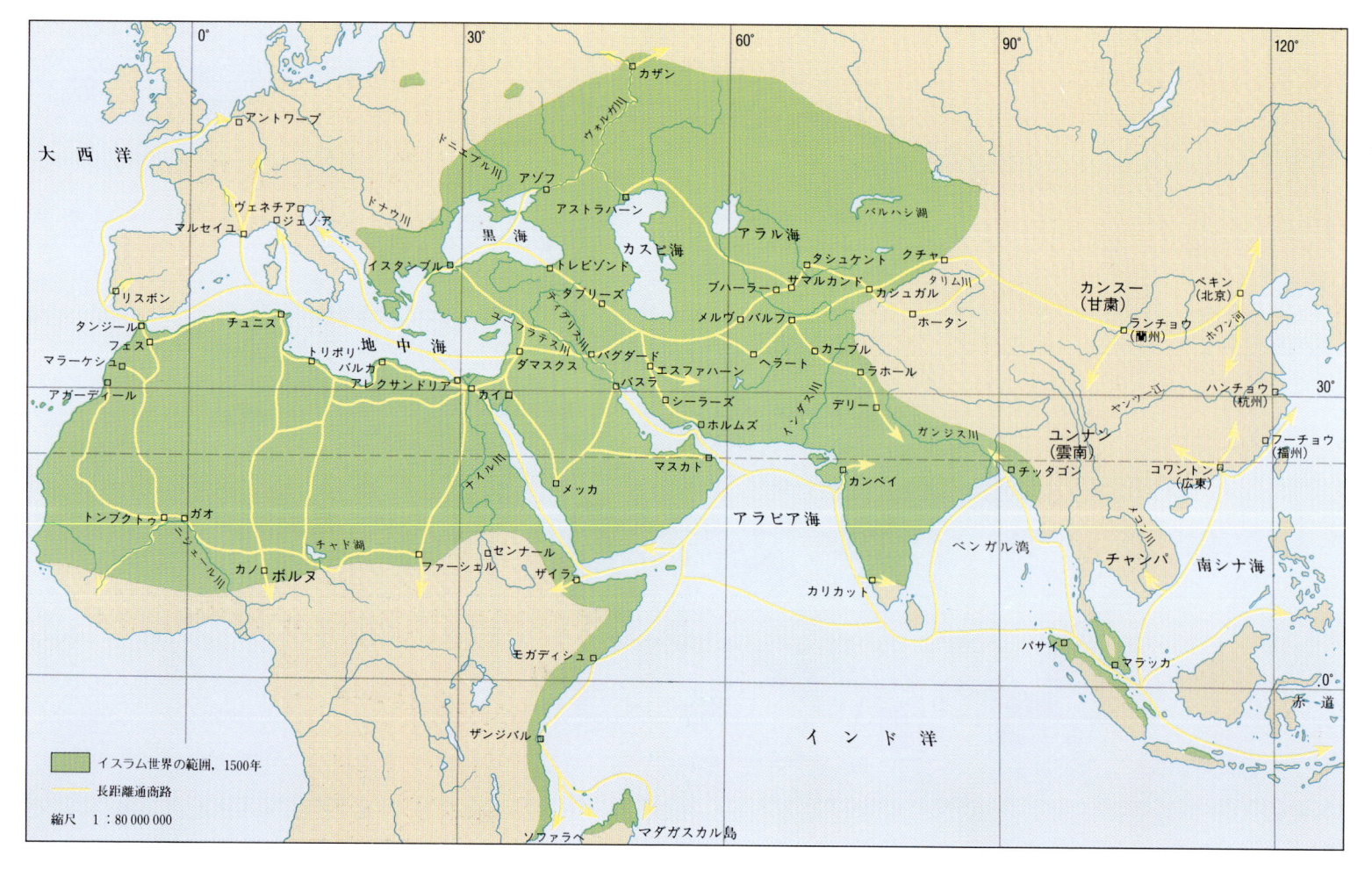

東南アジアでのイスラムの拡大, 1500—1800年

これはこの地域でのイスラムが決定的に拡大していく形勢を示している. 1500年では, わずかな海岸線に足場をもっているにすぎないが, 1800年までには, 東南アジアのほとんどの島にひろがっており, 豊かで人口の多いジャワ島の後背地にその勢力を確立している. イスラムはアラブ商人やインド人商人によってこの地域に伝えられたが, 通商取引関係は20世紀に至るまでイスラムをはぐくみつづけた. この地図が物語ることからは, イスラム化の過程, つまり人々がイスラム的な文化環境に引き込まれ, シャリーア遵守に導かれる過程が, 長く, 遅々としたものだったことがわかる. 何百年もかけて, イスラム的な宗教行為と前イスラム的な宗教行為が混ざり合ったことだろう. 時にはイスラムは行く手をはばまれ, 改宗が逆行したこともあるだろう.

また, 商売にたずさわる人々特有の, 新しい思想や経験に対する開放性も, 大きな要因の一つであっただろう. このようにして, アラブとインド人の商人たちは, イスラムを東南アジアにもたらした. また, アラブとベルベル人の商人たちはサハラ以南にイスラムを伝えた. 1500年以降, すでにイスラムが足場をえた地域では, 商人たちは文化的補給線の役割を果たした. かれらを介してたえずイスラム文化が流入し, イスラムがえた足場をより強固なものにするのだった. このプロセスの重要性を過少評価してはならない. その証拠に, 商業が衰えた場合にはムスリムの地歩はゆらいだ. 中国で商業が衰えると, 儒教世界におけるムスリムの足場は脅威にさらされはじめたのである. 逆に, インドネシア群島東部やニジェール川上流部のようにイスラムが浸透をつづけるところでは, 商人たちがその尖兵としての役割を果たしつづけていた.

布教活動そのものは, 通常は聖者やスーフィーたちが行なったことになっている. ジャワ島の伝説によれば, 島にイスラムをもたらしたのは9人の聖者だったという. また, 西アフリカのヴォルタ川上流地域では, イスラムの伝来は放浪の聖者に結びつけて語られるのが普通である. イスラムの足場を築いたこれらの人々のうちある者は, おそらく自ら商業にたずさわっていたのだろう. 預言者ムハンマドその人からはじまって, 高徳のムスリムが商人を兼ねていることは, 珍しくなかった. 商業は, 「知識を求めて旅せよ」という宗教的教えにかなうばかりではなく, 国家統制からの自由をもたらしてくれるものでもあったからである. しかし, 多くはやはり, 自分は商売はせずに商人たちの船や隊商にただ同行した者たちで, かれらの目的は旅仲間の商人たちと通商相手の人々とに対して宗教儀礼をとり行うことにあった. このようなわけで, マレーの有名な年代記『ヒカーヤト・ラージャ・パサイ』は"メッカの王"から遣わされた船に同乗していたあるスーフィーが北部スマトラにイスラムを伝えた, と記している. おそらくこれらのスーフィーたちのなかにはイスラム諸科学に造詣の深い者もいただろうが, かれらにとってシャリーアの厳密な適用を主張することは賢明なこととはいえなかった. そのような立場の裏付けとなる力のもち合わせはなかったし, 聖法の定めと地元の宗教慣習とのあいだの矛盾が大きすぎるおそれがあった. それゆえ——時にはイブン・アルアラビーの(一見したところ教義にとらわれない) 神秘主義思想に頼りつつ——かれらは相手方の社会に入りこみ, その中で一定の社会的役割を果すことの方を選んだ. かれらは, 宗教的体験に関する自分たちの知識を他の宗教の神秘家たちにも分け与えた. かれらは, 一般大衆を取り囲み, その生命をたえずおびやかしているかにみえる, 超自然的諸力をなだめるのに手を貸した. 夢占いをし, 雨乞いをし, 病気を治し, 石女をいやした. 支配者と被支配者, 原住民と新来者, 弱者と強者のあいだのなかだちを務めた. こうして現地の要望と慣習とにみずからを適応させることによって, かれらは徐々に一つの地位を築きあげた. そこから, イスラム化の長いプ

ロセスがはじまり，人々はイスラム的文化環境のなかに置かれることになり，やがてはシャリーアの遵守へと導かれていくのである．

はっきりさせておかねばならないのは，すみやかな改宗はまれであったということである．スーフィーたちは自分たちを新しい地域に受け入れてもらうことの方に熱心だったので，イスラムが唯一なる宗教であること，絶対的帰依を要求する宗教であることを明らかにしはしなかった．それに，改宗し，それまで属していた社会から離脱し，精神の完全な方向転換をはかることは，大半の個人にとって荷が勝ちすぎた．それゆえ，通常の場合改宗は，ゆるやかな形で行われた．それは，個人がその宗教慣習のなかに聖者の墓参りを含めるようになる，という形をとったり，共同体全体が——ちょうど預言者ムハンマドの時代のアラブ遊牧民のように——その首長や王が改宗したのにしたがって名目的に改宗する，という形をとったりした．時には支配者が象徴的なジェスチュアを示すこともないではなかったが，だいたいにおいて改宗という事件はごく目立たない形をとり，内面生活のゆるやかな変化同様，ほとんど目につかなかった．人々の宗教的営為の中ではイスラム的慣習とイスラム以前の慣習とが自由に混ざり合い，時には人々は，自分たちの有している特定の混合状態のイスラムこそが"真の"イスラムなのだ，と信じるに至った．以上がイスラム化の第1の主要な段階であって，そこではイスラムは——非イスラム諸文化との相互作用の過程において——その柔軟性と同化能力とを発揮した．第2の主要な段階は，これらの地域の新米のムスリムたちが——メッカやメディナまではるばる旅して有識のウラマーの門下で学んだり，逆にメッカやメディナのウラマーを自分たちの社会にお手本として迎え入れたりして——より古いイスラム諸国の文化と接触をもつようになることによってはじまる．このようなプロセスは，自分たちの社会から前イスラム的慣習を除去することをめざす改革運動につながっていくことになるのだが，これについては，また別の章で述べることにする．当面は，第1の段階について——ムスリムたちが自分たちの信仰を辺境の国々にひろめていくなかで行なった，教義と現地の状況との間の数知れぬ妥協・折衷について——見ていくことにしよう．

東南アジア

すでに述べたように，東南アジアに関する情報は他の地域の場合にくらべると限られている．これといった強大なムスリム王朝が存在しなかったので，現在にまで残るような豊富な工芸品を生産することができるほどの人的・物的資源の結集が行われることがなかったし，紙に書かれた記録や木造建築物は，熱帯の気候の前にはもろかった．実際，東南アジアの歴史においてはしばしば，どこまでが事実でどこからが空想の産物なのかを見分けることすら困難である．さらに，この地域全体を一つの緊密に統合された世界と考えることはできず（「東南アジア」という概念自体，第2次大戦中に発明されたものにすぎない），それゆえ，大ざっぱな概括は避けなければならない．その上，この地域におけるイスラムの歴史は，けっしてたえざる勝利と拡大の歴史ではない．異教のとりでの前で足踏みしなければならないときもあれば，キリスト教が優勢になってきて，敗北をこうむるときさえある．にもかかわらずわれわれはそこに，インド・マレー語を話す人々が世界でも最も多数のムスリム人口を擁する民族の一つとなるに至る，重要なプロセスを目撃するのである．

1500年当時，ムスリムたちは東南アジアのさまざまな地域に住みついていた．ビルマの海岸沿いに多くの小さな商業コミュニティーがつくられており，とりわけ，ベンガルのスルタンに服属しているアラカンの王国内には，多数のムスリムが住みついていた．インドシナ半島内には，ヴェトナム人に征服されたばかりのムスリム系チャム人のコミュニティーがあった．ついでに南下して島嶼部東南アジアに入ると，多島海の西の入口に位置する二つの重要なムスリム国家が目に入る．この地域におけるムスリムの最初の根拠地であった北部スマトラのパサイと，マレー半島の南岸に位置し，15世紀にはマラッカ海峡を制するに至ったマラッカである．ムスリムたちはマラッカから出発して，ボルネオ北西部，スルー諸島，フィリピン群島南部に至る北まわり通商路沿いに足場を築いていた．かれらはまた，ジャワ島北岸，ボルネオ南部を経てテルナーテやアンボンといったモルッカ香料群島の島々に至る，南まわり通商路沿いにも勢力をひろげていた．ムスリムたちは，あるところでは依然外国人コミュニティーの地位にとどまっていたが，他のところでは現地の民衆や支配者たちを改宗させることに成功していた．だが，かれらは——とくに東部では——定住してからまだ日が浅かったので，内陸部に重大な影響をおよぼすには至っていないことが多かった．もっとも，ジャワ中央部のマジャパイト王国の場合は別で，ムスリムたちはこのヒンドゥー・仏教国の宮廷内部には足場をえていたようである．

16世紀は，イスラムにとっては不幸な事件で幕をあけた．マラッカが1511年，パサイが1521年に，ポルトガル人によって奪取されたのである．しかし，3年もしないうちに，新興国家アチェがスマトラ北部からポルトガル人を追い，16世紀の残りの期間の大半を——時にはオスマン帝国の助けも借りて——ポルトガル人をマレー半島から駆逐しようとする努力に費した．アチェは，マラッカからムスリム商人を引き寄せ，スマトラの東西両岸を制して，ムスリムの新しい根拠地となった．繁栄の頂点はスルタン・イスカンデル・ムダ（在位1608-37）の時代に訪れ，アチェは——ヨーロッパ人，インド人，中国人の別を問わず——南洋で貿易にたずさわる者すべての関心が集中するところとなった．宗教的学識を積むことが奨励され，大建造物がつくられて，ミナンカバウを含むスマトラの大部分がイスラム化された．だが，アチェはまもなく衰退した．日本の鎖国，満洲族の中国征服，東方におけるマカッサルの勃興，オランダによる1641年のマラッカ征服などの事件が，国家の生命源だった商業の流れをせき止

右 16, 17世紀のマラッカ海峡とジャワ島の諸スルタン国
この地図は，1650年までにどのようにしてアチェがスマトラ島とマレー半島の大部分を支配するようになったのか，一方マタラムがジャワ島のほとんど全体をどのようにして支配下におくようになったのかをあらわしている．ジャワの聖者たちが16世紀の間はおおむね島の政治を支配していたことにも注意．

左 クドゥスのミナレット．クドゥスの聖者たちはデマクの中心部を支配していた．この16世紀はじめの建造物をみると，伝統的なジャワの寺院がいかにイスラムの目的に合うように改修されたかがよくわかる．

下 ゴワにあるハサン・アッディーンの墓．このマカッサルのスルタンは，イスラムと香料貿易支配権とを守るためにオランダ人と長く激しい戦いをした．

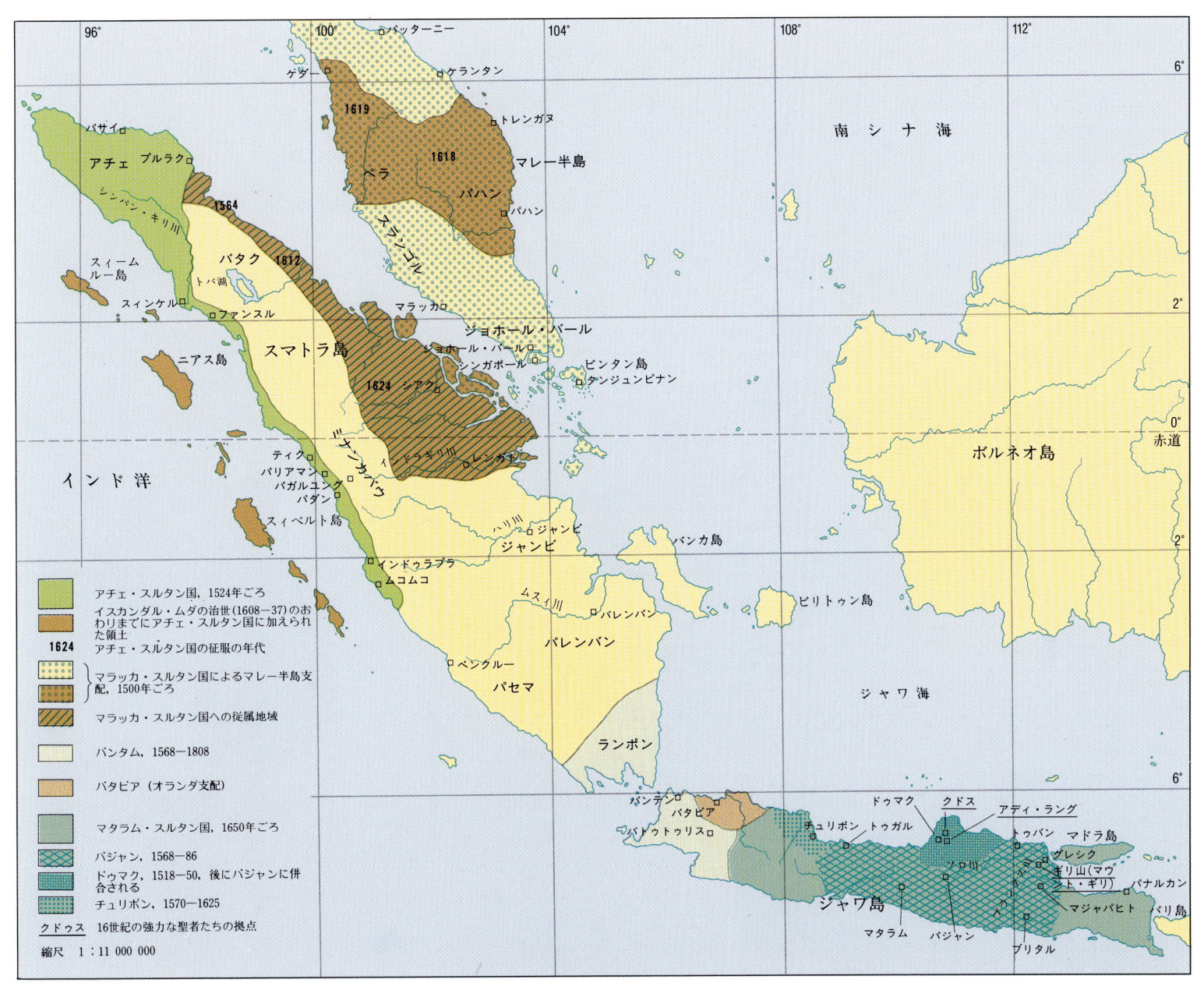

16世紀から18世紀までの辺境部のイスラムの国々

	アチェ・スルタン国, 1524年ごろ
	イスカンダル・ムダの治世(1608−37)のおわりまでにアチェ・スルタン国に加えられた領土
1624	アチェ・スルタン国の征服の年代
	マラッカ・スルタン国によるマレー半島支配, 1500年ごろ
	マラッカ・スルタン国への従属地域
	バンタム, 1568−1808
	バタビア (オランダ支配)
	マタラム・スルタン国, 1650年ごろ
	パジャン, 1568−86
	ドゥマク, 1518−50, 後にパジャンに併合される
	チュリボン, 1570−1625
クドゥス	16世紀の強力な聖者たちの拠点

縮尺 1：11 000 000

てしまったのである．しかし，アチェは17世紀末までは比較的強力でありつづけ，メッカから使節団が派遣されてくるほどであったし，イギリスの使節団の要求をはねのける力ももっていた．

　アチェにかわってイスラムの旗手となり，ヨーロッパの侵入に立ち向かったのは，マカッサルであった．このセレベス南西部の国家がイスラム化したのは比較的新しいことなので，われわれはその年代記から詳細を正確に知ることができる．1605年9月22日にタッロの土侯がイスラムに改宗した．そして1607年11月19日，最初の金曜礼拝が行われた．外国人たちは，豚肉が手に入りにくくなったことによって，改宗の事実に気がついた．近隣の諸国も，自分たちが聖戦の対象とされるに至って，異変がおこっていることに気がついた．これ以後，その信仰の篤さで知られるようになったマカッサル人たちは，キリスト教徒であり，また香料貿易の制覇をめぐるライバルでもあるオランダ人との戦いを繰りひろげることになる．マカッサル史上最大の指導者はハサン・アッディーン（在位1631−70）であり，その帝国は最盛期には西はボルネオから東はニューギニアまで，南はロンボクから北はフィリピン群島南部までを版図に収めていた．かれがついにオランダ側の条件をのみ，マカッサルがこの地域の商業と政治とに対する支配権を失うに至ったのは，長く激しい闘いの果ての，1667年のことだった．

　アチェとマカッサルが海岸沿いにムスリムの勢力を伸長している一方で，ムスリムたちは内陸部にも地歩を占めつつあった．これは特に，この地域で最も豊かで最も人口の多い島であるジャワの場合に顕著であった．北部海岸部の中国系――ジャワ系ムスリム君主国群の中でも抜きんでた存在であったデマクは，まず西進してチェリボンを併合し，さらにスマトラ南部をイスラム化した．ついで東進し，1527年にはマジャパヒト王国の残骸を崩壊させた．1546年に東部ジャワでヒンドゥー教の最後の砦に遭遇するまでは，その破竹の勢いは鈍ることを知らなかった．一方，スーフィーたちの活動も徐々に島中でさかんになっていった．かれらの多くは汎神論的な神秘主義を説いたが，それは依然ヒンドゥー教徒であった多数のジャワ島人たちによって快く受けいれられた．一部のスーフィーたちはムスリムの支配者層と交渉をもったが，大半は世俗の権力とは距離を置くことの方を選び，身辺に弟子たちを集めて，俗世間からは隔離されたコミュニティーで生活した．かれらはデマクの隆盛に寄与し，たとえばパサイのシャイフ・イブン・マウラーナーなどは，異教の地西部ジャワをムスリム国家バンテンに変身させる上で大きな役割を果たした．デマクの衰退後は，これらのスーフィーたちは――かれらの精神的権威がもたらす世俗の権力を利用して――ジャワ島政治の調停役として活躍した．なかでも顕著な例として，以下のような人々があげられる．クドゥスの聖者たち――かれらは旧デマクの心臓部を1588年に至るまで支配した．ギリの聖者たち――かれらの弟子はイスラムを多島海の東端

ジャワの文化とイスラム

　1500年から1800年にかけて，東南アジアの島々の人々は多かれ少なかれイスラムの影響を受けた．しかし，その影響によって人々の宗教生活が根こそぎかわってしまったわけではない．変革というにはほど遠い，もっと微妙な過程がみられたことに注意しなくてはならない．確かに，長い間アラブやインドのムスリムとさかんに交易し，その文化に触れてきたスマトラ北部の人々は，正統的なイスラムといえるものへと移行していった．しかし，この地域で最も人口が多く豊かな土地であるジャワでは，ヒンドゥー・仏教系の文化が華々しく花開いており，イスラムという新しい宗教は，それとならぶ程度にゆっくり浸透しただけだった．人をかたどった彫刻は打ち捨てられ，火葬を行うことはなくなったが，その後も人々はヒンドゥー教の叙事詩を愛し，「南の海の女神」にうかがいをたてていた．同じようにして，この豊かな島の独得の芸術様式も，変容をみせた．短剣の柄や舞踏，バティックの柄やワヤンの人形は，ジャワの人々が自分たちの受け入れたイスラムの世界をどのようにとらえていたかを語ってくれる．

　女性の舞踊には実にいろいろな様式がある．ヒンドゥー教のボロブドゥール寺院ともいうべき，プランバナンにあるシヴァ神をまつった10世紀の寺院の壁にも，踊り子の姿が彫り込まれている．しかし，膝を深く折ってひろげたり，高々と足をあげるその舞踏（下図）は，今ではもう見られない．一番下の写真にあるように，スラカルタのマンクヌガラ王家の宮廷の舞踊では，しとやかで洗練された動きが強調されている．この変化はいろいろと説明されているが，おそらくイスラムが女性のしとやかさを強調するので，踊り子の動きも抑制されるようになったのだと思われる．

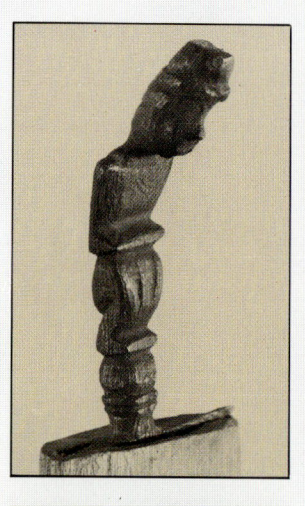

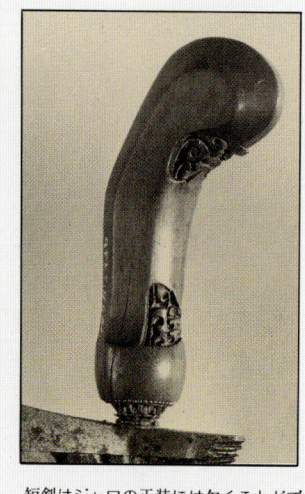

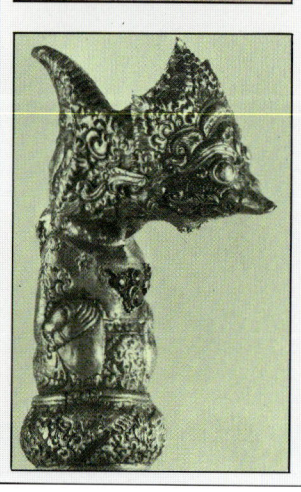

短剣はジャワの正装には欠くことができない．地方によりさまざまな様式がみられ，さらにイスラムの影響による変容も受けている．左上は1500年以前の中部ジャワの短剣で，人の形をした魔物が柄に彫り出されている．このマジャパヒト王国時代の短剣は，ホッカーシュテールング様式とよばれる．上は18世紀から19世紀のジャワに典型的な短剣の柄で，ホッカーシュテールング様式から発展し，イスラムの影響で魔物は姿を消している．それに対し，左の短剣の柄はとなりのバリ島のもので，イスラムの影響はまったくみられない．

16世紀から18世紀までの辺境部のイスラムの国々

ワヤン，その人形劇の世界は，ジャワの文化の核心に通じている．長い間，ヒンドゥー教の叙事詩はかわることなく受け継がれ，伝統的にその叙事詩を演じてきたワヤン・クリットという影絵芝居の，特徴のある人形もかわってはいない．しかし，そこにもイスラムは影を落とし，預言者のおじであるアミール・ハムザの物語が演目に加えられるようになり，イスラムが生きとし生けるものをはじめあらゆるものの偶像化を禁じているにもかかわらず，通常はやはりワヤン・ゴレックとよばれる人形を使って演じられる．左はアミール・ハムザの学友ウマル・マーヤーのワヤン・ゴレック人形．さらに左は典型的なワヤン・クリットの人形．

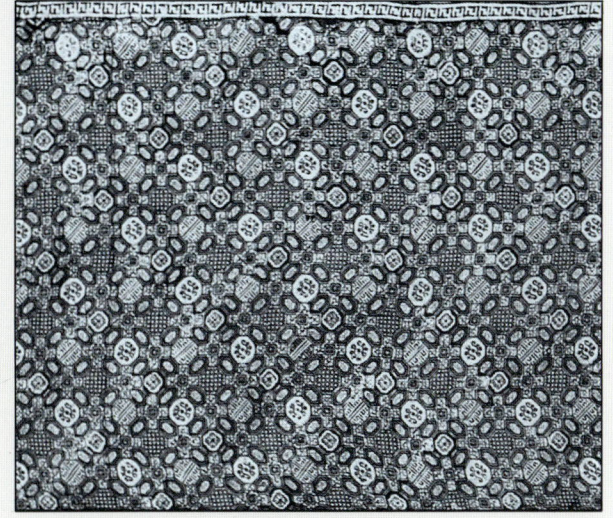

バティックはジャワが世界に贈った染色法の傑作であり，ジャワの典型的な衣装はかならずバティックで飾られている．バティックとはジャワの言葉で「ろう染め」を意味している．ろうには普通蜜蠟を使い，綿布，ときには絹を生地にして一部を残し，まずそれを塗る．染めをほどこしてからろうを取り去ると，鮮やかな文様が後に残るというわけである．ジャワ島の中でも地域によりさまざまな色が使われ，図柄も異なっている．図柄は自然のなかにある花や蝶，鳥，果物，葉，貝といったもの，ときには短剣や船などを材料に様式化して用いる．イスラムの伝来はその図柄にも影響し，イスラムが強い地域では生き物は描かれなくなった．しばしば幾何学的ともいえる高度に形式化された図柄が中心になり，ジャワらしい豊潤さは失われていった．

左上　中部ジャワの伝統的なバティックで，花と鳥をあしらったガルーダのモチーフが用いられている．神秘的な鳥ガルーダは，伝統的モチーフとして，ジョグジャカルタのスルタンたちがとくに好んだ．

右上　ジャワの北部海岸で作られた絹のバティック．この地域は伝統的にイスラムの影響が強く，図柄は高度に整理され，生き物は全く描かれていない．上はその一部を拡大したもの．

にまで伝え，その名は中国にまでとどろいた．そしてアディ・ラングの聖者たち——その最も著名な代表者スナン・カリ・ジャガはマタラム帝国の精神的庇護者となった．

マタラムの勃興は，ジャワのイスラム化の歴史の中で，画期的な事件であった．史上はじめて，海岸線にではなく，ジャワ政治の伝統的中心地である内陸部に基盤をもつムスリム国家が成立したのである．その最盛期，スルタン・アグング（在位1613–46）の時代には，マタラムはオランダ人たちの立てこもるバタヴィアの地1ヵ所を除くジャワ全島を，ほぼ手中に収めていた．スルタン・アグングの統治は，実にムスリム君主的な統治であった．かれはイスラム暦を導入し，聖者たちの墓に参り，メッカからスルタンの称号を受けた．その上——多くのムスリム君主たち同様——かれもまた，信仰の守り手たちの敬意に遭遇したのである．つづいておこった抗争が，どの程度まで，北部海岸部の港町と内陸の米作地帯との間の伝統的緊張関係に根ざすものだったのか，それともより普遍的な，イスラムにおける精神的権威と世俗の権威との間の緊張関係に根ざすものだったのかは，明らかでない．わかっていることは，スルタンおよびその後継者たちと島の有力聖職者たち（かれらは反乱を指揮し，王位継承問題に関与しようとした）との間の抗争が激化した結果，スルタンたちは17世紀末以降，みずからの権威を維持するためにオランダ人の力に頼ることを余儀なくされた，ということである．代償として，自分たちの領土を徐々にヨーロッパ人に譲りわたしていくはめになり，18世紀末までには，南部ジャワ中央部を除くすべてを失っていた．

信仰の伝達者たちと国家権力との間の関係は，国によりかなり異なっていた．マタラムの場合は，両者の関係は疑いの余地なく険悪なものだった．実際，17世紀には支配者たちは有力な聖者たちの家系を一つずつねらい撃ちにしていき，あるときなどはスーフィーを一人残らずジャワ島から一掃しようとしたほどであった．結果的に，聖者たちは一個の政治勢力としては力を失ったが，それでも存在はしつづけた．かれらは通常「キヤイ」とよばれ，かれらの手本に忠実にしたがう人々だけからなるムスリムの特別な聖村に住むこともあれば，普通の村の外側に小さな部落をつくって住みつくこともあった．その場合にはかれらは，家族や弟子たちとともに野良仕事でどうにか生計を立てながら，コーランやハディースやシャリーアや神秘主義に関する知識を，周囲に伝えていくのだった．驚くに値しないことだが，久しく迫害の対象となった結果，これらの宗教的コミュニティーの間では，救世主的性格を帯びた"正義の支配者"（ラトゥ・アディル）の到来がひろく信じられるようになった．

アチェでは，状況は非常に異なっていた．ここでは，学ある者たちは国家に仕え，国家は学者や宗教的学識を重んじた．17世紀には，アチェは多島海最大の学問の中心地であった．ここにはインドやアラビア半島からウラマーや書物が流入してきた．その一方で，アチェ人たち自身もメッカに巡礼し，ヒジャーズやイエメンやペルシア湾の指導的ウラマーの下で学んだ．ムガル帝国やオスマン帝国の宮廷には，アチェからも使節が送られていたのである．マタラムのスルタンたちが自分たちの支配している地域のなかばヒンドゥー的な色彩をたえず考慮に入れなければならなかったのと対照的に，アチェのスルタンたちは自分たちがイスラム世界の主流につらなっているという思いを日々強めていったことと思われる．

このような差異は，両国におけるイスラムの信仰がそれぞれに異なった表現形態をとった，という事実によって一層その重要性を増している．イスラムが古来のヒンドゥー教的・仏教的伝統と闘争せねばならなかったマタラムの場合，ジャワ人の大半は18世紀末までにはムスリムになっていた．改宗の事実は，たとえば，火葬の習慣がなくなったこと，人間を型どった像が作られなくなったことなどにあらわれた．二つの偉大な宗教伝統間の闘争の根底に横たわっていたのは，神

は万物に宿っていると考えている人々に，絶対的に超越的な神というものをどうしたら教えうるのかという問題であった．むろん，イブン・アルアラビーの神秘主義思想はこのギャップを埋めることを可能にした．だが，自分たちの方法を自分たちが変革したいと望む世界に適用したとたん，スーフィーたちは前イスラム的信仰すれすれの地平に立ってしまったのである．確かに，神と世界との関係がヴィシュヌとクリシュナのそれになぞらえて語られるのを聞き，あるいは神秘的完全性を体得したために宗教的儀礼を超越することができたレベ・ロンタングの物語をきいて，それが何の隠喩なのかを理解することのできるジャワ人もいた．だが，他の者たちは，そこにただ古くからなじみの神々の話をきくばかりで，レベ・ロンタングは古来の秘儀の会得者たちが伝統的にやってきたのと同じやり方で，宗教的法と教義との中のあらゆる実践的規定を拒否したのだろう，と思ってしまうのだった．神が畏怖すべき存在であることを理解するようになった者もいたが，他の者は——そしておそらく大半は——イスラムの儀式を遵守する一方で，複数の神々や半神たちに対する信仰をもちつづけているのだった．

アチェでは，このようなあいまいさはさほどみられなかった．ここでは，鋭敏な良心をもつウラマーに居心地の悪い思いをさせるような事態はそれほどおこらなかった．イスラムは深刻な脅威にさらされてはおらず，当時最大の対立は，イスラムとヒンドゥー教的・仏教的汎神論との間にではなく，地位の向上をねらって争う二つの学派のウラマーの間に存在していた．17世紀の初頭には，アチェは異端的スーフィーとイブン・アルアラビーの信奉者からなる学派に支配されていたようである．かれらの著作の一部は現在も残っている．ファンスールのハムザ（1600年ごろ没）が指導的人物で，その弟子にして後継者であるパサイのシャムス・アッディーンはスルタン・イスカンデル・ムダのお気に入りであった．ところが1637年にスルタンが死ぬと，その直後にインド人の学者ヌール・アッディーン・アッラニーリーが出現し，シャムス・アッディーンの異端的教説を攻撃し，かれの書物を焼き，弟子たちを迫害しはじめる．実際は，教義上の違いはあまりなく，イブン・アルアラビーの著作をどこまで厳密に解釈するかという点で意見が分かれただけのようであるから，騒動のそもそもの原因は宮廷の庇護をどちらが受けるかをめぐる勢力争いだったと考える方が正しいようである．だが，アチェはイスラムの知的中心地と非常に密接な関係をもっており，そのアチェのウラマーの間で分裂がおこっているという話題は非常な関心を集めたので，1640年までにはこの論争の噂がメディナにまで伝わり，当時のメディナの指導的人物の1人，イブラーヒーム・アルクラーニーが問題になっている点を解決すべく権威ある裁定書を書いたほどであった．実際，アチェの学者の中でも一流の者たちは，その気になれば当時のイスラム世界のどの学者とでも互角にわたり合えるだけの力を備えていた．たとえば，スィンケルのアブド・アッラウーフは，1640年から1661年にかけてアラビアの諸中心地でスーフィズムとイスラム諸科学を学んだあと，アチェにもどって30年以上教育と著述に専念し，コーランの初のマレー訳という偉業をなしとげた．

1500年以降の300年間は，東南アジアのイスラム化の歴史の上で重大な局面を形づくっている．イスラムの発展のために役立ったと思われる，いくつかの好機がみすみす取りのがされることもあった．国際的商業活動が不振だったビルマやインドシナでは，イスラムはまったく前進をみせなかった．活発な商業活動を介して中核地帯からたえず送られてくる文化的増援なくしては，自信に満ちた仏教文明もしくは儒教文明に立ちむかうことは不可能だったのであろう．その上フィリピン群島では，スペインによる占領が成功した結果，1570年以降ムスリムたちは，ミンダナオ島南部に囲いこまれた形になった．島嶼部東南アジアのその他の地域では，しかし，

大きな前進がみられたのである．一見，これは疑わしく思われるかもしれない．18世紀末には，見るべきムスリム国家で生き残っているものはなかったし，オランダ東インド会社がジャワ島の大部分を占領するに至っていたからである．実際，かつてはこの地域の歴史叙述の主要なテーマは，1500年以降のヨーロッパ勢力の伸長のプロセスであった．だが近年，研究者たちはこの問題に以前ほど重きを置かなくなっている．18世紀にオランダ人たちの獲得していた政治的優位は圧政的なものとはいいがたかったし，商業面ではかれらはむしろ衰退していた．その他の分野では，かれらのおよぼした影響はとるに足らないものだった．人々はヨーロッパ文化に引きつけられはせず，キリスト教に改宗した者もほとんどいなかった．それどころか，自分たちの移り住んだ世界の様式に自分たちのやり方を合わせていく結果になったのはオランダ人たちの方だった．西方からの重要な影響は依然，ムスリムの口やペンを介して伝えられるものであって，ヌール・アッディーン・アッラニーリーやスィンケルのアブド・アッラウーフのような人々がもたらすものでありつづけた．こうしてインド・マレー語を話す人々は，イスラムの学問的伝統の中に深く埋めこまれている，プラトンやプロティノスや新プラトン主義者たちの著作の中の西方的合理主義思想というものにはじめて触れることになり，その結果として，象徴的擬人化という手法で表現されるヒンドゥー教的・仏教的形而上学に対する，かれらの愛着は徐々に薄らいでいった．このようにしてかれらは，一神教という一大伝統につらなる人々となり，古い神話に対する信仰を失うに至ったのである．むろん，このような変化の度合は場所によって異なった．それは北部スマトラでは深く本質的なものだったが，ジャワの大半の地域では依然不徹底なものにとどまり，ボルネオにおいては表面的なものまねにすぎなかった．にもかかわらず，1800年までには，インド・マレー文明の中に決定的な方向転換がおこっていた．

われわれはこの転換の様相とその限界とを，一連の文化変容のプロセスのなかにみることができる．イスラムの影響力の伸長を最もはっきりとあらわしていたのは，文学および哲学的議論の手段としてのマレー語の普及であった．マレー語で多くの大衆的作品および学問的著作が書かれるようになり，表記にはアラビア文字が用いられた．叙事詩や物語や無数の宗教説話が生まれ，イスラムの正典ともいうべき諸著作（たとえばアル・ガザーリーやアッ・タフタザーニーのもの）や最近の影響力ある著作（たとえばファンスールのハムザの神秘主義的詩集やアッ・ラニーリーの『スィラート・アルムスタキーム』）の翻訳が行われた．結果的に，マレー語はアラビア語の語彙や術語を豊富に含む言葉となり，多島海に走る張りめぐらされたもろもろの通商路沿いにひろく使われるようになって，ジャワ語に取ってかわった．だが，この地域の数多くの言語のなかでマレー語が勝利を占めるに至ったという一事をもって，ただちに，イスラム文化がそれ以前のすべての文化形態をおおいかくしてしまった，と即断することはできない．言語以外の諸分野では，古いシステムが新しい要請にこたえるべくさかんに改造されはした——これはとくにジャワの場合顕著であった——が，なおかつ古い様式が透けてみえている，という場合も多かったのである．たとえば，ろうけつ染めの模様は，より様式化された形で生き残った．仮面劇は，ムスリムの宮廷から追放されたあと，旅芸人たちの演目になった．魔術的な意味合いをもつ女たちの踊りは，以前よりはぐっとひかえ目な形でつづけられた．踊子たちはもう膝を押しひろげたり脚を高く上げたりするポーズ——ボロブドゥールのヒンドゥー寺院の彫刻にみられるような——はとらなくなった．他の地域の場合同様ここでも，イスラム以前の建築様式は，時にはかなりしっくりした形で，イスラムのために役立てられた．そんなわけで，クドゥスにある16世紀のミナレットはヒンドゥー・ジャワ様式で建てられてい

オスマン帝国をこえてアフリカにひろがるイスラム，1500年—18世紀

商人たちはすでに，アフリカ東海岸の広い地域と，サハラ以南の地域にイスラムを伝えていた．かれらは1500年以降もイスラムの拡大を助成しつづけたが，東南アジアの場合と同じように，イスラム宗教慣習と前イスラム的宗教慣習との共存は容易ではなかった．16世紀にはこの地域のいたるところでウラマーやスーフィーの活動がみられたが，かれらは信仰を守り，イスラム社会をより純粋につくりかえることをはじめようとして努力していた．ヨーロッパ人はモロッコの海岸部や東アフリカの海岸部で活発に動きはじめてはいたが，この大陸の政治地理学を逆転するようになるのは，まだかなり先のことである．この3世紀間を通じて，サハラ南辺の国々は，砂漠をはさんでモロッコやエジプトの方をむいており，大西洋岸の方にはむいていない．

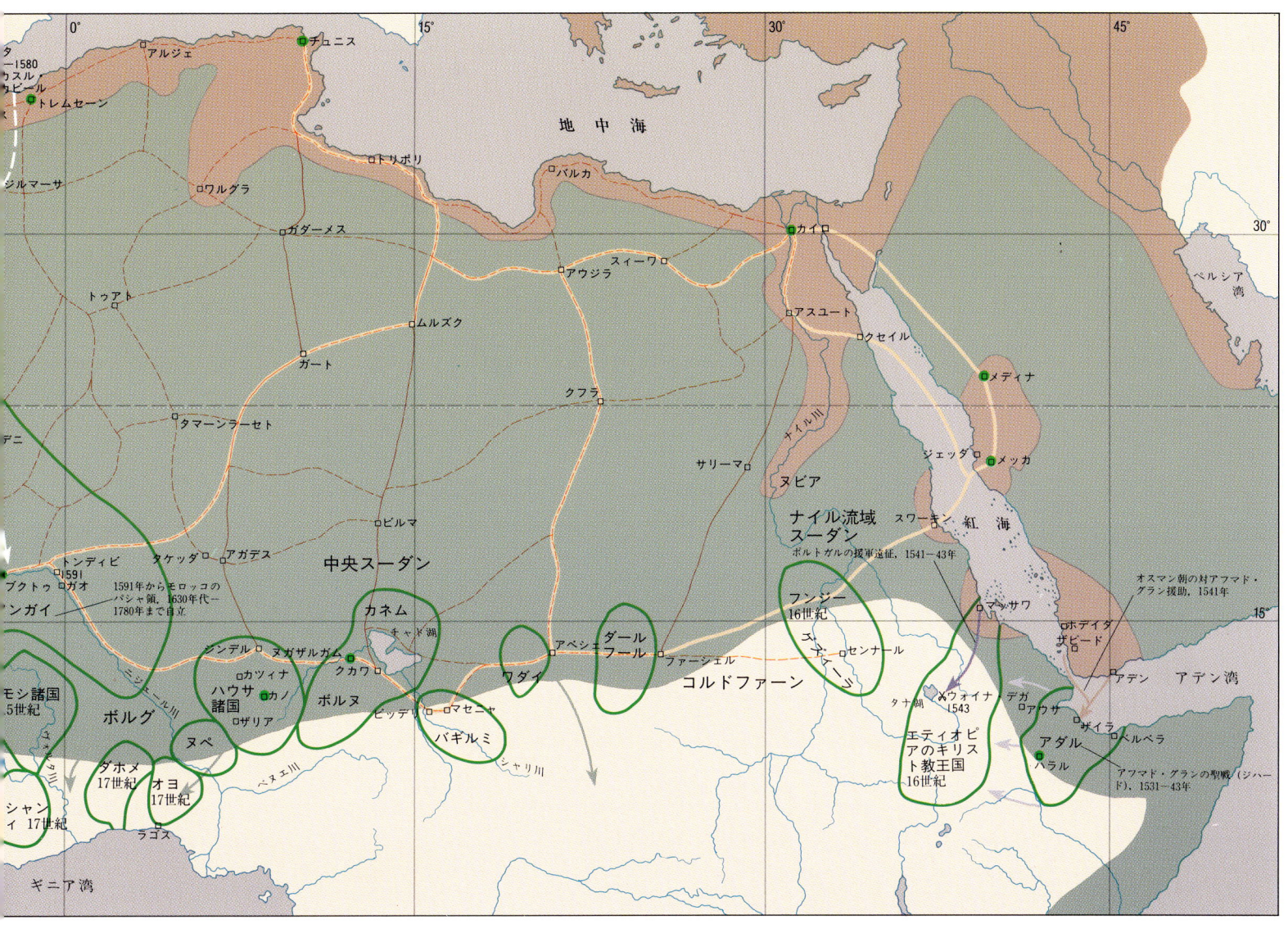

るし，ジャワとスマトラの大半のモスクの屋根は，パゴダのような層状構造をしている．ただ一つ，ワヤン（影絵芝居）という分野にだけは，いかなる改造の動きも見られなかった．そこでは，ヒンドゥーの叙事詩である『ラーマーヤナ』，『マハーバーラタ』などに基づく伝統的演目が，何の規制も受けずに演じつづけられた．唯一の例外はワヤン・ゴレックという新しいスタイルのワヤンが発展したことで，そのなかで最も人気のある演目は預言者ムハンマドのおじ，アミール・ハムザにまつわる物語に脚色したものだった．しかし，これを別とすれば，永遠に大衆のものであるワヤンは，イスラムの教えの普及をしりめに，ヒンドゥーの神々とヒンドゥーの価値観とを保存することに専念しつづけたのである．

アフリカ

ここで扱うのは，オスマン帝国の実質的な支配の範囲外にあった地域——つまり，アフリカの，北西はモロッコから東はインド洋岸に至る地域である．オスマン帝国の時折の干渉やこせこせしたヨーロッパ人商人らのしつこい要求を除けば，この地域は深刻な外敵の脅威にさらされたことがなかった．むろん，この地域は緊密に統合された1個の世界とはけっしていえなかった．モロッコ，西スーダンあるいはナイル流域スーダン，そして「アフリカの角」は，それぞれに異なった型の歴史的発展をとげた．だが，地域全体に共通するテーマがあることも事実である．たとえば，16世紀初頭には，この地域のどの部分にもイスラムの闘士ともいうべき人々があらわれ，イスラムを守るため，あるいはより純粋な形のイ

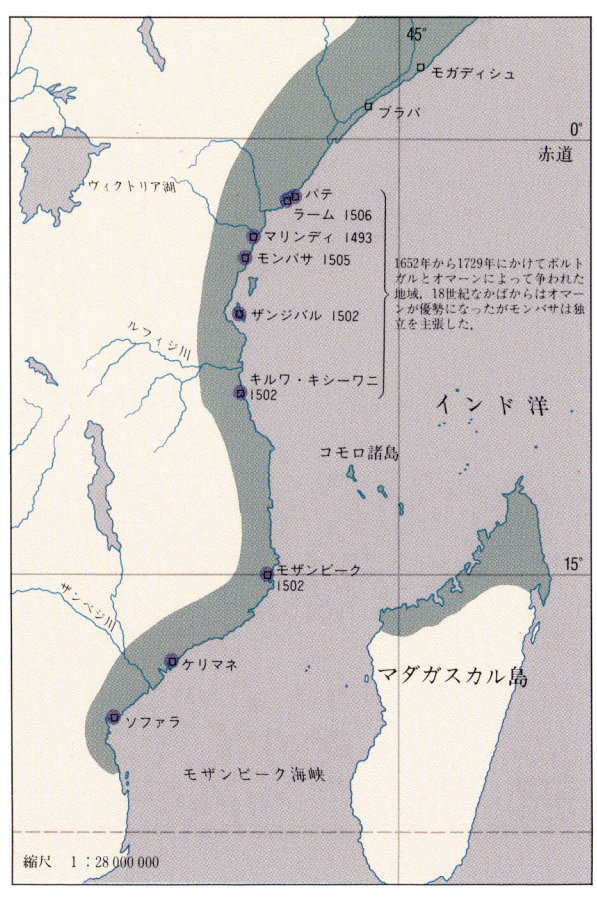

16世紀から18世紀までの辺境部のイスラムの国々

スラム社会をつくり出すために奮闘した．さらに，1500年以後の3世紀間を通じて，ムスリム君主の治める国家が存在するところではどこでも，ウラマーとスーフィーたちとが——時には君主の意を体して——イスラムを強化するために努力した．また，ムスリムの王権のおよばないところでは，かれらは，しばしば商業と手をたずさえて，イスラムの普及に尽力をつづけた．実際，学者と聖者たちとの活躍ぶりは，あるところではかれらが世俗の権力の重要な支柱だったために，またあるところではその権力自体がきわめて頼りない状態にあったために，ひときわ目立つのである．

ムスリムは，東アフリカには預言者ムハンマドの時代以来住んでいた．だが，「アフリカの角」部分でエチオピア高原のすそにまでひろがって住んでいたことを別とすれば，かれらの居住地域は海岸部に限られていた．海岸部ではかれらは，モンバサ，パテ，キルワ，ソファラといった活気あふれる港湾都市に住んでいたが，これらの都市はみな，1500年代に入ってまもなくポルトガルの手に落ちた．「アフリカの角」部分にもモガディシュ，ザイラなどの港湾都市があり，これらはポルトガルによる征服をまぬがれたが，この地域にはこのほかに，エチオピアに長らく進貢をつづけてきた内陸ムスリム国家群があり，一括して「アダル」と呼ばれていた．これらの国家はしばしば宗主国エチオピアに対する反乱をおこしたが，一連の反乱のなかでも最も激しかったのが，16世紀におこった，アフマド・グラン（1506－43）率いるジハード（聖戦）であった．これはキリスト教国エチオピア，およびそれとの共存を望む者たちを敵にまわした，戦闘的な改革運動であった．アフマド・グランは12年間にわたって，遊牧を営むソマリ人たちの強力な支持を受けながら，キリスト教徒の国を荒らしまわったが，ポルトガル人の火力を前にして敗れ，戦死した．これを最後に内陸ムスリム国家群「アダル」は衰え，かわって海岸部のムスリム諸政権が力を増しはじめた．さらに南では，ムスリムたちのポルトガル人に対する抵抗がつづいた．17世紀なかばになると，オマーンが強力になってポルトガルを追い，ポルトガル人にかわってこの地域を保護下に収めた．

ナイル流域スーダンでも，また，イスラムに決定的に有利な動きがみられた．16世紀の初頭，ヌビアのキリスト教王国が上エジプトのムスリム・アラブ諸部族によってついに征服されたが，まもなくこれらのアラブ自身，上流からナイルを下ってきた非ムスリムの牛飼い遊牧民フンジー族によって征服されてしまう．だが，ほどなく，禍は転じて福となった．フンジー族がイスラムに改宗し，ヌビアとゲズィーラ地帯とはムスリムの地となったのである．ウラマーとスーフィーたちはこの変容過程において大きな役割を果たし，国家から広大な土地を与えられて，一部は世襲化し名門を形成した．こうして異教徒フンジーの国は16世紀なかば以降ムスリム・スルタン国に変貌し，18世紀末に，はるか西のコルドファーン地方のダール・フールに基盤をもつ別のスルタン国の方がさ

1527年から，ハラルに本拠をおく戦闘的改革運動の指導者アフマド・グランは，エチオピアとその味方の国々に対して聖戦を行った．1531年から1543年にかけて，かれはこのキリスト教王国を荒らしまわり，教会や修道院を破壊し，キリスト教徒にはイスラムを受け入れるよう強制した．これらの行動に側面から対抗すべく，ポルトガルはゴンダルの城（左）を築いた．

アフリカの砂漠，サバンナ，密林の分布

かんになるまで，栄えつづけた．

ダール・フールのさらに西には，ワダイ，バギルミーという，ほとんど知られていない王国があり，これらの国の君主もやはりこの時代にイスラムに改宗した．そしてチャド湖の周辺には，カネム＝ボルヌの王国があった．サハラ砂漠南縁部に位置するこの国は，長らく隊商の休息所であり，エジプトやトリポリとさかんに交易していた．15世紀後半，王国は新たな隆盛期に入り，それを象徴するかのようにヨ河畔に城壁で囲まれた恒久的首都ンガザルガモが建設された．繁栄の頂点はイドリース・アローマ王（在位1570-1619）の時代に訪れた．カネム＝ボルヌは中央サハラの強国となり，遠くモロッコのサード朝やオスマン帝国とも交際を求めて，近隣諸部族との戦闘において優位を占めるために，必要な軍事訓練や火器を手に入れた．同時に，シャリーアが広く適用され，ウラマーにより実施されて，国家のイスラム化が明確な形で進行した．宮廷付年代記編者はつぎのように記している．「真理と正義とが尊重されるようになり，悪が姿を消し，公正の道がいかなる障害も逸脱もなく確立された結果，名望ある人々はすべて，ムスリムとなった…」．王国は18世紀なかばまで強力でありつづけたが，その間，歴代国王はもっぱらその敬虔さのゆえに知られるようになっており，実権はウラマーの手に移っていた．

イドリース・アローマ王の時代以来，ハウサランドはカネム＝ボルヌの影響下に置かれていた．この，ニジェール川東方のサバンナ地帯には，カツィナ，カノ，ゴビル，ザリアなどをはじめとする一群の都市国家が乱立しており，たがいに死闘を繰りひろげつつ，あるものは隆盛の道を，あるものは衰退の道をたどっていた．遠距離交易がこれらの国家の存立基盤であったが，東西に走るサバンナ・ベルト沿いに，あるいは北から大西洋岸に至る南北のルート沿いに，その遠距離交易と手をたずさえてイスラムが流入してきた結果，ハウサの人々はムスリムの感性なるものを尊重するようになった．そんなわけで，カノのムハンマド・ルムファ王（在位1463-99）は，モスクのわきに生えていたカノ市の神聖な木を切り倒すことによって，イスラム到来以前の伝統的迷信と象徴的に訣別したのである．だが，以後300年を通じて，イスラムの影響力はたしかに増しはしたが，それ以前の迷信が死にたえるということはなかった．

西スーダン最大の国家は，ガオのソンガイ帝国であった．16世紀に最盛期を迎えたときには，その版図はニジェール川の大屈曲部（東はハウサ国家群，南はボルグに至る）を内包し，西の大西洋岸地帯から，北方の砂漠を横切って，モロッコとの国境部に位置する貴重な岩塩産地タガザとタオデニのあたりまでひろがっていた．ここでも，1500年前後にイスラム化の動きが観察された．イスラムともろもろの精霊崇拝とをともに認めていた国王に対し，1493年，アスキア・ムハンマドなる有力な廷臣が挑戦し，王自身がムスリムなのか否かを宣言せよと迫ったのである．王が拒否すると，アスキアは王と一戦を交えてこれを破り，位を奪った．こののちアスキアはウラマーをおおいに重んじ，1495年から1497年にかけてメッカーに巡礼して革命のしめくくりとした．しかしながら，ソンガイの人々は自分たちの宗教慣行を大きくかえることをいやがり，結果的にアスキア・ムハンマドの後継者たちは，16世紀を通じて，厳密にイスラム的な政治を行うことを断念せざるをえなかった．実際，アニミズムとイスラムを折衷した信仰をもつ者たちとムスリムたちとの間の対立は，王位継承をめぐる抗争の源となり，国家を衰弱させた．結果として，モロッコが，サハラ交易の最重要品目である金と塩とが一黒人国家の手中にあるという危険な状態に終止符を打とうと決意して攻めこんできたとき，ソンガイは十分な抵抗をすることができなかった．1591年以降40年間にわたって，モロッコはニジェール屈曲部の大部市群を支配した．その後，モロッコのこの地域に対する関心は薄れた．だが，一度くじかれたソンガイの力は元にはもどらず，ソンガイが後楯となっていたサハラ交易も衰えた．帝国の残骸ともいうべき存在がトンブクトゥに本拠を移して18世紀末まで存続したが，その名声は，パシャたちの権勢にではなく，ウラマーの学識に由来するものになっていた．

スーダンの政情に対するモロッコの干渉の話が出たところで，この，やはりオスマン帝国の勢力範囲外にあったアフリカのムスリム国家についてみておこう．モロッコの人々は，イスラムの初期から一貫してムスリムであった．そして，その（現在まで不変であるところの）確定した国境の内部で繰りひろげられる国家形成のプロセスが，長らくスーダン地方の諸王朝の注視の的となってきていた．モロッコで常に問題になっていたのは，国家の建設とか再構築とかではなくて，定められた領土的枠組のなかで誰が統治するかということであった．さて，以上のような基本パターンは，16世紀以降の具体的歴史過程のなかではつぎのような形で展開した．16世紀初頭，ポルトガルの圧力が海岸沿いに強まった反動で，ポルトガル人の駆逐を誓うマラブー（モロッコのスーフィーはこのようによばれる）たちの数と影響力とが増大した（「マラブー」はアラビア語の単語がフランス語に入ってくずれた形．神に「結びつけられた」人間を意味する）．この運動の盛りあがりは，ある聖者の一門であるバヌー・サードが，ポルトガルを追い（1549年），当時の支配者ワッタース朝から権力を奪う（1553年）ことを可能にした．サード朝はついで1578年，アル・カスル・アルカビールの戦いでポルトガルの再侵攻をくじき，つづいて，恩人であるはずのマラブーたちの勢力をそぎにかかり，20世紀末まで受け継がれることになる中央集権体制をつくりあげつつ，マラケシュに燦然たる宮廷を開いた．サード朝の強大さはオスマン帝国の警戒心を引きおこすほどのものだったし，最盛期の君主アフマド・アルマンスール（1578-1603）は最晩年にはイギリスのエリザベス1世と協力してスペインを征服する計画を立てていたほどだった．だが，つづいて王位継承をめぐる抗争がおこり，王朝が弱体化し，マラブーの勢力が復活して，1660年ごろまでには別の聖者の一門，アラウィー家が優勢になった．サード朝のつくった機構が復活させられ，中央部のイスラム諸国の場合のように，忠実な奴隷集団という存在によって補強された．これ以後アラウィー朝は，いかにして一方でスーフィー教団とベルベル族に対して国家権力の優位を主張し，また一方でヨーロッパの侵入から国土を守りぬくかという，二つの問題と格闘していくことになる．

アフリカでは，イスラムの伝達者たちの役割は東南アジアの場合より一層きわだっている．これは，この地域におけるかれらの状態が東南アジアの場合より（実際，イスラム世界の他の多くの地域の場合にくらべても）よくわかっているためでもあるし，また，モロッコを例外として，この地域の国家権力が，しばしば，インドネシアの諸スルタン国の場合よりなお弱かったためもある．布教者たちは，ある場合にはウラマーであり，また——教団が最も発展するのは18世紀になってからであるが——スーフィーである場合もあった．かれらは前後何世紀にもわたってたどることのできる，長い伝承の系譜の中に位置を占めており，その系譜は過去にさかのぼり，また，現在にまで至っている．イスラム的知識という生命の水を運び伝えるこの水路は，しばしば，どことなく影の薄いサハラ縁辺部の諸国家よりも，はるかに実体のある存在であるように思われる．実際，ここでは伝道者たちは，他のどの地域の場合よりも明確に，イスラム社会の動脈としての役割を果たしているように思われ，また，かれらの行動の記録こそが，イスラム史の真の骨組みをなしているように思われるのである．

最近の研究は，これらの伝達の系譜の中心にはしばしば特定の傑出した家族が位置していたこと，つまりこのようにして，知識と血とが混然一体となって継承されていったことを

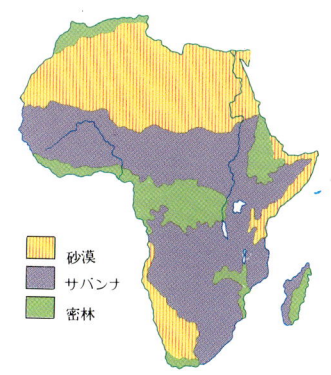

16世紀から18世紀までの辺境部のイスラムの国々

左　ウラマーは強い影響力をもっており，しばしば西アフリカの国々で支配的な力をもっていた．そのため，かれらのモスクが，今日まで残っている歴史的建造物の主なものであることは当然である．トンブクトゥは，サハラ以南の地域の学問の先進的な中心地だったが，ここに示したサンコレ・モスクは，最初につくられたのは14–15世紀だが，そこは高等教育の重要な焦点というべき場となっていた．

右　モロッコでの宗教生活は，実際，生活のほとんどの側面を占めるそれは，ウラマーの支配下にあったのではなく，マラブーとよばれるその土地のスーフィーの支配下にあった．かれらの力がおおいに高まったのは，15世紀に，キリスト教徒の侵入に人々が驚き，部族的なリーダーシップの下で覚醒したときである．そのため，地方には，このメリリャの廟のように，大小の廟が点在するようになった．そこで人々は，死んだ聖者のバラカという聖なる恩寵の力を活用しようと努めたのだった．

明らかにしている．ナイル流域スーダンでは，フンジー・スルタン国建国以前の時期に，アラビアからグラーム・アッラーフなる人物がやってきて上ナイルに住みつき，18世紀末に至るまで，全国に散って教師として活躍するかれの子孫たちの姿がみられた．トンブクトゥでは，アキット家，アンド・アグ・ムハンマド家，アル・カーディ・アルハージ家の3家族が，伝達の系譜の中心に位置していた．3家とも15世紀に姿をあらわし，以後何百年にもわたって教育と学問の分野で指導的役割を果たしつづけた．むろん世俗の君主たちはこのような家族を自分たちに従わせようと努力したが，長い目でみると，君主たちの側に勝ちめはなかった．ナイル流域スーダンの歴史について研究するある学者は，つぎのように断言している．「支配者たちのもろく不安定な王朝とは対照的に，神聖な諸家族は権力と信望とを獲得し，スーダン社会の真の足場となった」．実際，そのような家族には，ムスリム王朝権力のはるかにおよばぬ地域にまで率先してイスラムの教えを伝えていく力量が備わっていた．なかでも最も著名なのは，サガナヌグ家というウラマーの一族である．かれらはもとはといえば14世紀ごろニジェール川上流に住んでいたのだが，そこから何世代にもわたってギニア，コート・ジボワール，オート・ボルタ，ガーナ，といったサバンナの国々へ旅してまわり，行く先々でコーラン学校を開設した．その学校のいくつかは，今日に至るまでつづいている．このように，ウラマーが，宗教的導きを求める孤立したムスリム商人や，あるいは，より強大な魔術を求める異教の村人の要求を，それぞれに満たしてやりながら前進するにつれ，イスラムは西アフリカの大半にひろがり，サバンナ地帯のみならず，さらに南の森林部にも浸透していった．

当然予想されるように，イスラムの学問の重要な拠点が，いくつもあらわれて繁栄した．東アフリカの「アダル」の地にはアウサとハラルが，中央アフリカにはンガザルガモが，さらに西にはワラタがあった．しかし，頂点に位置していたのは，何といってもトンブクトゥであった．トンブクトゥは，その初期からイスラムの町であり，文字通りモスクのまわりに発展した町であった．ここには，イスラム諸学に関する，深く広い知識が結集されていた．若いウラマーはここで，マーリク・ブン・アナスの『ムワッター』からはじまってアッ・スユーティーの著作に至る，イスラム世界全域で広く用いられている著書や注釈書，さらに地元トンブクトゥの学者の著作を読んで，他のどの地域にもひけをとらない，内容の濃い学問をすることができた．教育制度の根幹には法律・法理学研究があったが，法学が重んじられていたことは，トンブクトゥの最も高名な学者アフマド・バーバー（1556–1627）の諸著作——今も北アフリカに流布している——からもうかがい知ることができる．

イスラムの学問研究の世界にこのように参加・寄与するということは，当然，多くの本を所有することを意味した．トンブクトゥは，何百冊，時には何千冊もの書物を擁する，大規模な個人蔵書群を誇っていた．実際，書物は16世紀の交易のなかでも最も重んじられた品目であった．学者たちは，最も珍しい本，最も大部な本を求め，そのような本のためなら奴隷1人の平均価格以上の金を投じることをいとわなかった．その上，学問へのこのような関心は，エリートだけに限られたものではなく，ある程度まで一般大衆によっても共有されていたようである．当時トンブクトゥには150以上のコーラン学校があったが，このことは，7万5000人の市民のうち，かなりの部分が初等教育を経験したであろうことを想像させる．

右　マラブー運動が国家と関係をもちはじめるのは，1437年にフェスの近くでマウラー・イドリース1世という8世紀のイスラム国家モロッコの創建者の墓がみつかってからのことであった．サード朝とアラウィー朝は，預言者の子孫マウラー・イドリースのように，支配力を補強するためにマラブー崇拝に近づいた．こうして，ここに示したマウラー・イドリース1世の廟は，国のなかで最も聖なる遺跡となったのである．

国際的な学界との交流は，書物の往き来に限られてはいなかった．グラーム・アッラーフの子孫たちは16世紀に，当時の指導的な学者たちの教えを受けるためにカイロに旅しているし，トンブクトゥのウラマーもマグリブや西アジアの学問の中心地を訪れた．旅行できない者は文通という手段を用いた．今でも，当時の指導的な学者に助言を求める何通かの手紙が残っている．また，学問的交流は常に一方向だったわけではなかった．たとえばカイロの大学者アッ・スユーティー(1445-1505)やトレムセンのアル・マギーリー(1504年没)は西スーダンに旅行し，後者は——のちにカノの有力家族の開祖となったところの——息子をのこした．また，トンブクトゥの学問はモロッコで非常に高い評価を受けていたので，モロッコの学問好きのスルタン，アフマド・アルマンスールは，ソンガイ征服後，アフマド・バーバーをこの上ない戦利品として取り扱った．かれがマラケシュに連れてこられると，そのまわりには，教えを受けようとするモロッコ人が群をなして集まったという．このエピソードはスーダンのイスラム諸学の水準がいかに高いものだったかを如実に示している．

だが，いくらウラマーが活発で，めざましい成功を収めたからといって，かれらが何でも思いどおりにできたと考えるのは誤りである．たしかにかれらはフンジー・スルタン国では絶大な威信を誇っていたし，17世紀以降は，サハラ以南の最初の——明白な——ムスリム国家である，カネム＝ボルヌの国政を掌握するに至った．また，トンブクトゥでは，ウラマーは支配者である軍事エリート層からは距離を置いて超然たる態度を保っており，ソンガイ帝国の支配者たちアスキア朝の人々が町にきたときも，かれらだけは宮廷に伺候しなかった．アスキア朝の君主たちの方が，みずからウラマーの家に出向くという，イスラムの理想的エチケットを示したのである．しかしながら，イスラムの原理原則を守りぬく立場にあるウラマーが，君主たちがイスラム以前のもろもろの慣習と妥協するのを手をこまねいてみていなければならないような場合も——そうでない場合よりも多く——存在したのである．カノのサルキン朝はイスラム以前のもろもろのタブーを復活させたし，ソンガイのアスキア朝は昔ながらの「聖王」の儀礼を執り行なっていた．為政者たちは，自分たちの治めているのはアッラーの他に石や木や偶像も崇めている人々なのだということを認めなければならなかった．ウラマーの活躍にもかかわらず，多くの地域は依然，イスラム化のプロセスがごく最近はじまったばかりのフロンティア地帯だったのである．

スーダンに残っている特色あるイスラム文明は，その形式にウラマーならびにイスラムが果たした役割を反映している．まず，ムスリムによってもたらされた言葉，アラビア語がある．スーダンの人々がはじめて読み書きすることを覚えたのは，この言語を用いてであった．アラビア語は，行政，学問，文通，そして記録の言葉であった．さらに，アラビア語は，土着の諸言語，とりわけハウサ語に強い影響を与えた．スーダンの学者たちの学問的業績も，アラビア語で残されている．マドラサの授業で使われる注釈書も，アフマド・バーバー編著のマーリク派に関する有名な人名辞典に代表される評伝の類も，アッ・サーディーのスーダン史や，イブン・ファルトゥワの著したカネム・ボルヌの王イドリース・アローマの治世の歴史のような年代記の類も，すべてアラビア語で書かれたのである．この地域の文化の特質を，しかし，よりとっつきやすい形で示しているのは，サバンナ地帯の粘土造りのモスクであろう．それらは，土着の建築様式が中心部のイスラムの国々の建築様式によってすっかり圧倒されてしまってはいないことを示しており，まさにそれゆえに印象的である．二つの型が発展した．一つはマリ・ソンガイ型．控え壁，小尖塔，高くそびえるミナレットを特色とし，梁が露出しているためにハリネズミのような独特の印象を与える．もう一つはハウサ・フラニ型．複数のドームからなる屋根と

重々しいミナレットを特色とし，明らかに北アフリカの様式をまねたものである．同時期に建てられた世俗の君主たちの王宮は崩れ去ってしまっているのに，モスクのミナレットは今なお誇らしげにそびえ立っている——われわれの扱っている時期のウラマーがもっていた影響力の息の長さを，この光景ほどよく物語っているものはないだろう．

サハラ縁辺部の国々でのウラマーに相当する地位を，モロッコではスーフィーたちが占めていた．これらのスーフィー（「マラブー」）たちは，モロッコの人々の生活の全側面を支配していた．15世紀までは，かれらの役割は比較的小さかったが，人々が部族長たちの支配に幻滅し，キリスト教徒の侵入におびやかされるようになるにつれ，マラブーは有力な役割を演じるようになった．実際，かれらは人々の意識を一変させてしまい，人々はマラブー特有の属性である「バラカ」（神の祝福）をどう操縦するかということにのみ，宗教的関心のすべてを向けるようになった．地方にはマラブーの墓がつぎつぎと建てられて，故人のバラカを求める人々の参詣の対象となった．代々バラカをもつとされる家系の周囲には，教団が形成された．そして宗教的儀式のなかでは，バラカを呼び出しコントロールすることを目的に恍惚状態をつくり出す儀礼が支配的になった．

このような動きの中でもとくに目立ったのは，シャリーフ（預言者ムハンマドの子孫）に対して改めて敬意がはらわれるようになったという現象であった．シャリーフ崇拝現象の引き金となったのは，1437年，フェスの近くで，預言者ムハンマドの子孫でありモロッコ最初のイスラム王朝の創始者であったマウラー・イドリース（791年没）の墓が再発見された事件であった．ついで，アル・ジャズーリーなる人物の手になる祈禱書『御恵みのしるし』があらわれて，シャリーフ崇拝に一定の形を与えた．この本は神秘主義的儀礼に広く使われたものだが，預言者に極端に重きをおいた内部のものだった．シャリーフたることは，特別な精神的構成の源となった．なぜなら，シャリーフの血の中にはほぼ絶対確実にバラカが存在していると考えられたからである．

このような状況だったからこそ，シャリーフの一族であるサード家は，宗教的・政治的運動を指導して（その経緯にはアル・ジャズーリーも深くかかわっている），王権を手にすることができたのである．また，このような状況だったからこそ，競い合う諸教団を統御することに失敗してサード朝が衰えたあと，それにかわって，やはりシャリーフの一族だったアラウィー家が現在までつづく王朝を開くことができたのである．こうして，マラブーの社会はマラブーの政府をもつに至り，スーフィーの価値観が国家を支える一方で，スーフィーのネットワークがその価値観を人々へと伝達した．スルタンは最高位のマラブーであり，より位の低いマラブーたちがおのおのの地域でやっているのとちょうど同じように，絶対的服従を臣下に求めた．もはや教育の中でシャリーアやその適用が強調されることはなくなり，もっぱら，精神的権威に対する盲従・模倣という，スーフィーに伝統的な態度が教えこまれるようになった．この血では，いくらウラマーがシャリーアの優越を説いても，スルタンの勅令の方が重みをもつのだった．

イスラムとモロッコ社会との間に，この時期，以上のような新しい関係が成立したことは，建てられた建物の種類によってわかる．サード朝がマラケシュにこの地域最大のマドラサを建てたとはいえ，（モロッコはそのために——正当にも——有名である）マドラサ建築の時代はおわりを告げた．かわりに，建てられたのは広大な王宮であった．マラケシュにはサード朝のアル・バーディー宮（外郭は今も残っている），メクネスにはアラウィー朝のマウラー・イスマーイール（在位1672-1727）の宮殿が建てられた．それ自体で小さな町をなし，高い壁によって人民からさえぎられているこれらの王宮は，シャリーフ出身の君主たちの権力と，常人の理解を超えた神秘性とを，公然と表現しているように思われる．だが，王宮以上に重視されたのは，王家の霊廟建設であった．フェスにはマウラー・イドリース1世の廟，マラケシュにはサード家の廟，メクネスにはマウラー・イスマーイールの廟がある．これらの廟こそは，国家とマラブー崇拝との結合の，至高の表現形態だったのである．

中央アジアと中国

1500年までには，この地域内のステップや砂漠のオアシスに広くムスリムが居住するようになっており，この地域はイスラム世界の北辺をなしていた．西方には，モンゴルの金帳汗国の後継者である，カザン，アストラハーン，クリミアの諸ハーン国があった．かつてティムールとその子孫たちの華やかな宮廷が栄えたトランスオキシアナの地は，今はトルコ系のウズベク族の支配下にあり，ウズベク族はまた，ホラーサーンをもおびやかしていた．さらに東では，チンギス・ハーンの次男チャガタイの子孫たちが，フェルガナ，ジュンガリア，そしてタリム盆地のオアシス都市群を，まだかろうじて保持していた．そのさらに東には，カンスー（甘粛），シャンシー（山西），ユンナン（雲南）といった中国の諸省があり，そこには，中国の支配下に暮らす，かなりの規模のムスリムのコミュニティー群がみられた．この人々は商人の子孫，もしくは元朝（1280-1368）のムスリム官吏の子孫であった．

東南アジアやアフリカのサハラ縁辺部とは違って，ここは（テンシャン山脈の北と東の地方を除けば）イスラムが依然拡

左上 メクネスのマウラー・イスマーイール（1672-1727）というアラウィー朝の最も偉大な支配者の霊廟のすぐ外側にある，すばらしく装飾された小さなモスクのミフラーブ．マウラー・イスマーイールは，国家の権威を支える安定した基盤をつくるのにどうしたらよいかという問題に対して，黒人の軍隊を創設するという解答を出した．その黒人たちは，2世紀前にモロッコに連れてこられた奴隷の子孫だった．このとりわけよく訓練された独特の軍隊は，ちょうどサファヴィー朝のグラーム，オスマン朝のイェニチェリ，エジプトのマムルークに比せられるべきものだが，大いに力を発揮した．

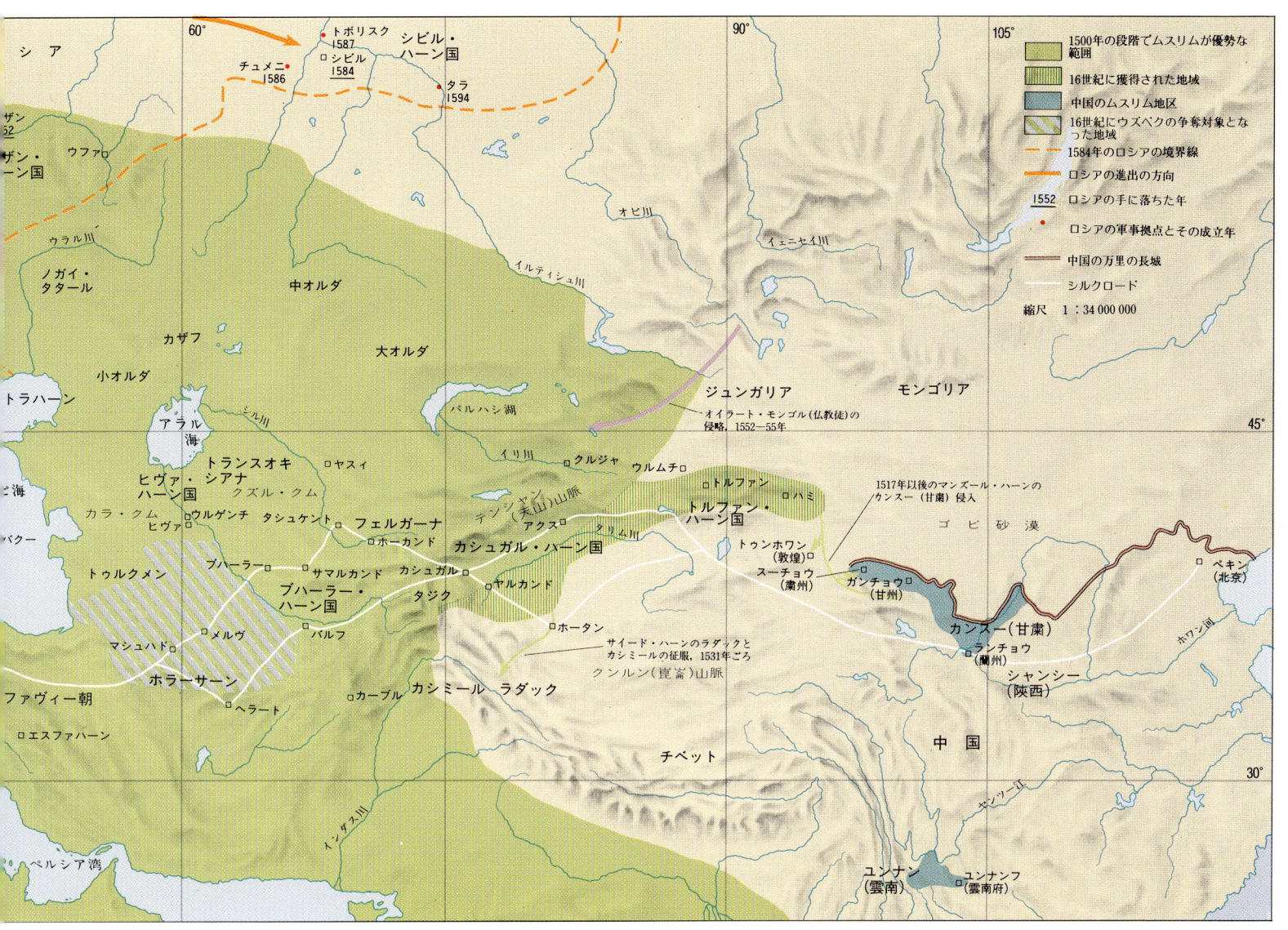

16世紀の北方イスラム地域

この地域には，モンゴル帝国が退いた後にあらわれた，比較的小さな国家が散在している．カザン，アストラハーン，クリミアといった，金帳汗国の後を継いだハーン国や，カシュガル，トゥルファンといった，ジンギス・ハーンの子孫が支配しているハーン国である．また，ブハーラー，ヒヴァのハーン国は，白帳汗国の後を継いだウズベク人がティムールの後継者にとってかわってつくった国である．カザフ，トルクメン，タジクといった遊牧民は，各地を自由に動きまわっていた．この時期にはつぎのような顕著な展開がみられた．ウズベクを中央アジアに囲い込んだことによって，何世紀ぶりかではじめて，南方に拡大する強力な中央アジア勢力が抑えられたこと，アフリカや東南アジアにくらべて，イスラムはほとんど拡大していないこと，ロシアの興隆の前兆がみられることである．当時中央アジアのムスリムに対する長期にわたる征服がはじまったばかりのころだったのである．

大をつづけている地域ではなかった．1500年以降の3世紀間は，加速的に進展する孤立と衰退によって特徴づけられていた．セルジューク朝の時代以来，ステップの諸民族はホラーサーンを通って中央部のイスラム諸国へと流れこんでいった．だが，火器の使用を軽蔑するウズベク族にとって，サファヴィー朝イランは乗り越えにくい障壁となった．その上それは，政治的・軍事的な障壁であると同時に宗教的・文化的な障壁でもあった――イランがシーア派化したのに対し，中央アジアはスンナ派にとどまったのである．これ以後，トルコ系諸民族がイラン高原の諸都市の文化的活力にふれて刺激を受けることはなくなった．ペルシア語は徐々にすたれ，トルコ語がかれらの気に入りの言語となった．同じころ，この地域は，その富の主要な源――シルクロードにそって中国と西洋とを結ぶ交易――からも徐々に切り離されていった．東西間交易は，今や，西ヨーロッパから海路中国におもむくルート，あるいはロシア領からシルクロードのさらに北側を通って陸路中国に至るルートを開発したヨーロッパ人たちの手に落ちた．さらに，自分たちの富が失われていくのを傍観しているしかなかったこれらのムスリム諸民族にとって，ロシアや中国の拡張に立ちむかうことはなおさら困難なことだったから，結果的に，ある者たちは，近代になって同じ運命に陥ることになる他のムスリムに先がけて，異文化を担う人々による自信に満ちた支配というものを経験することになった．かろうじて独立を保持した者たちも，どんどん狭い地域に押しこめられていく形になった．

ウズベク族の根拠地，ブハーラー・ハーン国は，中央アジアの諸国家の中では最も強力で，16世紀の大半を通じてホラ

ーサーンをサファヴィー朝と争いつづけることができたし，17世紀なかばにはムガル帝国の侵入を撃退することができた．ハーン国がアジア縦横断交易から引き出していた莫大な富は失われていったが，それでもブハーラーは最も重要な食糧集散地でありつづけ，その商人たちはシベリアやタリム盆地で活動した．1599年まではシャイバーニー朝の支配，1599年から1785年までは12代にわたるジャーン朝の支配，そのあとはマンギット朝の支配，と三つの王朝が君臨した．強力な支配者には，依然，領土の拡大が可能であった．そんなわけで，実質的に16世紀の後半を通じて支配者であったアブダッラー・ハーンは，バルフ，タシュケント，フェルガーナを併合したし，シャー・ムラード（1785-1800）は近隣の諸ハーン国およびイランに侵入した．しかしながら，こうしてえられた領土もしばらくするとまた失われてしまうのが常で，ブハーラーのハーンたちの権威はだいたいにおいてトランスオキシアナ――この時代にはここはウズベク族の土地となった――に限定されていた．

ブハーラーのほかに，より弱小のウズベク族のハーン国が二つ，生きながらえていた．ブハーラーの北西には，1512年以降の時期にジャイバーニー家の血を引く人物によって建国されたヒヴァ・ハーン国があった．ブハーラーよりはるかに弱体で，黒砂漠（カラ・クム）と赤砂漠（クズル・クム）とによってかろうじて身を守っていたこの国は，スンナ派の一橋頭堡としてのみ意味をもつ局地的存在にとどまった．ブハーラーの東方には，ホーカンド・ハーン国があった．この国は1700年前後に，やはりシャイバーニー家の血を引くシャー・ルフ（1722年もしくは23年没）なる人物が，肥沃なフェルガ

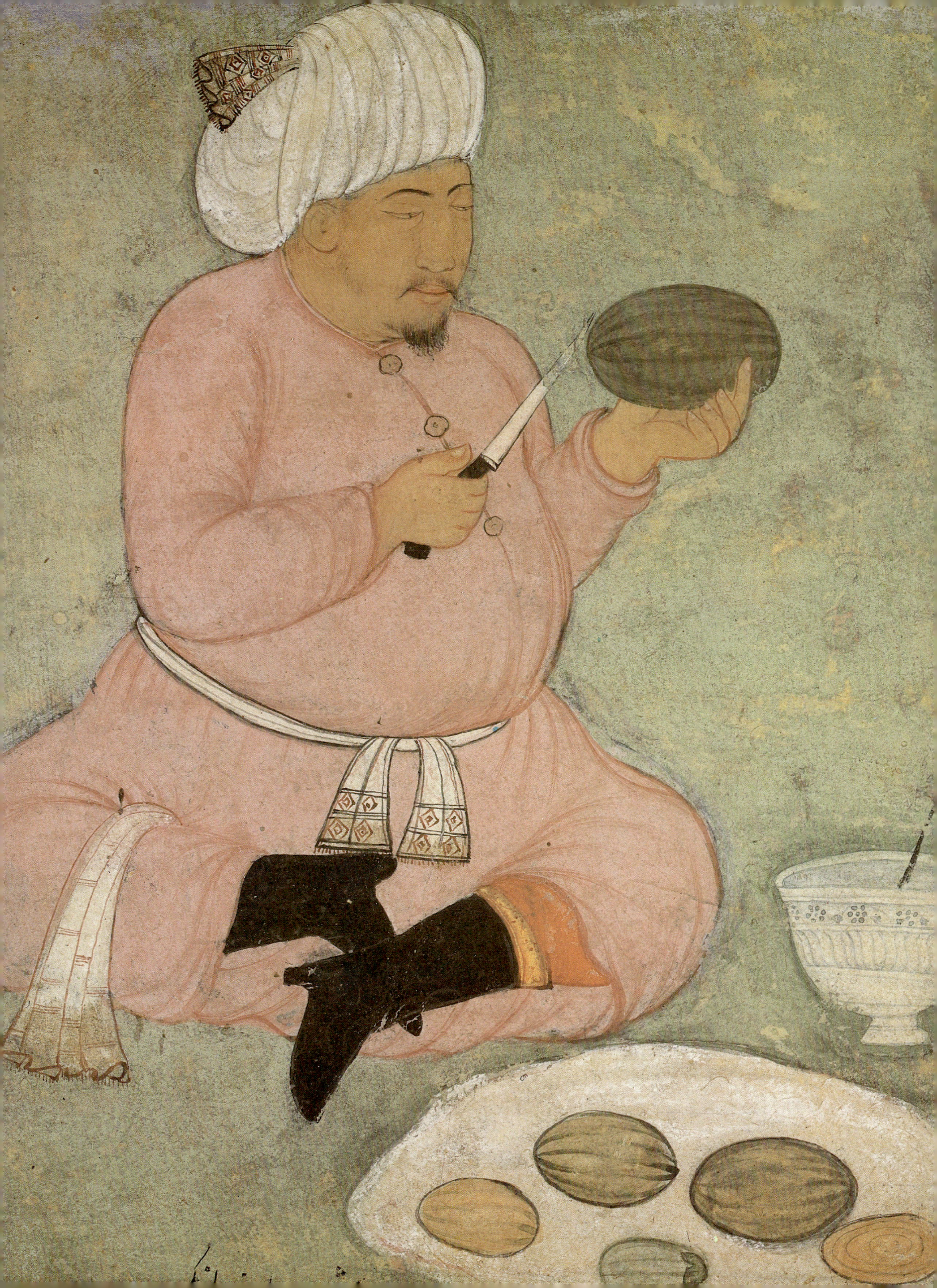

ーナ地方のブハーラーからの独立を宣言して建国したものだった．18世紀を通じてこの新しいハーン国は，特に経済的に発展をつづけたが，1759年に満洲族が東トルキスタンを征服して以降は，中国の宗主権を認めることを余儀なくされた．

アジアとヨーロッパとの境界部にまたがっていた三つのタタール族のハーン国は，地域の政治のなかで独自の役割を果たそうと努力したが，長く独立を保持することはできなかった．クリミア・ハーン国は15世紀後半にオスマン帝国の権威に服した．ヴォルガ川中流域の穀倉地帯をおさえていたカザン・ハーン国，ヴォルガ川下流をおさえていたアストラハーン・ハーン国も，16世紀初頭にやはりオスマン帝国の権威に服した．ロシア領にとって深刻な脅威である，これらのハーン国を懐柔することに失敗したイヴァン雷帝は，1552年にカザンを，1556年にアストラハーンを併合した．オスマン帝国により密接に結びついていたクリミア・ハーン国も，1783年，やはり同じ運命に陥った．ムスリムの独立を粉砕しようとする動きに対する最も激しい抵抗がおこったのは，カザンにおいてであった．これにはもっともな理由があった．ここではロシア人たちは，ムスリムの土地をロシアの貴族たちに再分配し，ロシア人農民の大規模に導入することによってムスリムを少数派の地位に追いやり，モスクやマドラサを破壊しキリスト教への強制改宗政策をとって，地域社会の構造を完全にかえてしまったのである．抵抗は200年以上にわたってつづき，ついに1755年におこったあるジハード運動と1773年から74年にかけておこったブガチョフの乱とが，ロシア人たちに考えを改めさせた．エカテリーナ女帝は宗教的迫害をやめ，ウラマー会議を創設し，タタールの貴族層と商人層とを復興させた．こうして，長年の不満分子は帝国の一翼をになう存在へとかわり，19世紀にタタールの間でおこったイスラム・ルネッサンス運動のパトロンを務めることができるようになるほど富裕になった．

東トルキスタンに目を移すと，ここでは16世紀初頭には，中国，チベットと国境を接するあたりで，ムスリムのハーン国がひろがっていた．君臨していたのは，チャガタイ家の2人の兄弟だった．1人はマンズール・ハーンで，これは，テンシャン山脈の北の諸地方，トゥルファンやハミのオアシス群を支配下におさめ，カンスー（甘粛）方面に前進しつつあった．もう1人はサイード・ハーンで，こちらはタリム盆地の南と西とを支配しており，ラダフとカシミールに侵入していた．しかし，16世紀のなかば以降，それまで発展していたこれらの国家は混乱に陥った．テンシャン山脈の北の地方は，モンゴルの諸民族によって占領された．一方，南のオアシス都市群では，チャガタイ家の支配はスーフィー教団の増大する勢力によっておびやかされた．「ホジャ」とよばれる，このスーフィー教団の指導者たちはみな，ナクシュバンディー教団のシャイフにして預言者ムハンマドの後裔であったマフドゥーメ・アザムの子孫であった．トルキスタンで非常な尊敬を集めていたこの人物は，1540年にチャガタイ・ハーン国の首都カシュガルで死んだ．かれの子孫は二つの党派に分かれ，教団の主導権をめぐって争った．じきに，カシュガル，ヤルカンド，ホータン，アクスといったタリム盆地のオアシス都市群は，それぞれに異なったホジャの一族が割拠し，対立し合う都市国家群となった．1678年，今やカシュガルをもつにすぎなかったチャガタイ・ハーン国最後のハーンが，北方のモンゴル・オイラート（仏教徒）の力を借りた一ホジャによって倒された．以後80年間，ホジャの諸党派はオイラートとの力関係に密接に結びついた形で浮沈を繰り返したが，1758-59年に至って，満洲族がこの地域を中国帝国の版図に組み入れた．

中国におけるムスリムたちの経験は，他の地域におけるそれとは異なっていた．ここではかれらは，国内のさまざまな商業中心地に——最も稠密には，南方および西方からの大通商路が中国本土に入る場所であるユンナン（雲南）とカンスー（甘粛）に——小さなコミュニティーをつくって散在しており，常に少数派の位置に置かれ，権力をもたなかった．にもかかわらず，かれらは自己のアイデンティティーを強烈に意識していた．「世界の中心は，中国ではなくてアラビアである」——17世紀のあるムスリムの著述家はこのように記すこ

ブハーラーのシャイバーニー朝の最後の偉大なハーン，アブド・アッラー・ハーンが，メロンを実においしそうにながめている図．中央アジアではメロンが好まれる果物だった．ブハーラー派の16世紀末の作品．

17, 18世紀の中央アジア
今やモンゴル勢力は昔語りとなって，その名残りはわずかに小国家群の存在に認められるだけになり，ムスリムが自由に住める地域は確実に縮小している．北と西からはロシア人がそのフロンティアを断固として押し進めてくる．東では，タリム盆地のムスリム国家がモンゴルの仏教徒や中国人勢力に屈服する．しかも，ナーディル・シャーのイランやムガル帝国のインドから，トランスオキシアナの弱体化した諸ハーン国に対して行なわれた遠征は，一時的な成功をみたにとどまった．

凡例：
- 1600年の段階でムスリムが優勢な地域
- 1584年のロシアの境界線
- 1796年のロシアの境界線
- ロシアの要砦地点
- ロシアの進出
- オイラート・モンゴルの拡大
- 1760年ごろの中国の境界線
- ムガル帝国の遠征
- 1738-39年のナーディル・シャーの侵攻
- サファヴィー朝の境界線
- 学問の中心地

縮尺 1:30 000 000

とによって，自分が中国帝国にてではなくイスラムの共同体に忠誠を誓う存在であることを明らかにした．ムスリムたちはその上，自己の優越性を意識してもいた．「1人のムスリムは5人の中国人に匹敵する」ということわざがある．むろんこのような自己意識は，かれらが自分たちの宗教と教育施設とを保持できたこと，牛肉売買や荷車運送業のような特定の業種においては優勢であったことによって強められていた．それをさらに尖鋭化させたのは，中国人がムスリムに対して示した，ほとんど絶対的な侮蔑であった．明らかにかれらは，ムスリムのことを騒々しく攻撃的な民とみなしたようである．実際，「いいムスリムは死んだムスリムだけ」という一般的感情が存在したといってもいいすぎではない．このような観点から眺めると，自分たち独自の宗教的・政治的共同体をつくろうという——他の地域のムスリムの間では時おりおこっていた——運動が中国のムスリムの間では19世紀までおこらなかったという事実は，奇妙に思われるかもしれない．これはおそらく大部分は，かれらが散り散りに分布していたこと，外部からの忠告も助力も受けられない状態に置かれていたことに起因する．実際，一部のムスリムたちには，イスラムと儒教との間の差異をなくすために，かなりの譲歩をする用意があったようである．だが，1644年に満洲族が政権を握って以後は，この窮屈な共存状態を維持することさえ以前より困難になった．新しい王朝の下では，統治はより効率的になり，事々に干渉がきびしくなるようになった．18世紀のなかばまでには，礼拝，巡礼，その他の儀礼に制限が加えられるようになっていた．ムスリムたちは儒教社会からの決定的疎外感を味わうようになり，それが，19世紀になって，かれらがおこすことになるもろもろの反乱の下地を形成したのだった．

カスピ海からタリム盆地に至るこの北辺のイスラム諸国においては，宗教感情は強固なものであり，厳格なスンナ派の形で表現された正統的信仰が，ウラマーやハーンたちだけではなく農民や遊牧民をも含む庶民の心をつかんでいた．都市では，ウラマーが優勢であった．かれらは多額の寄進を受け，官吏の供給源をなし，大きなマドラサで教鞭をとっていたが，これらのマドラサは，その名声をききつけた学生がロシアやインドからも集まるほどのものであった．伝承によると，1790年代には，ブハーラーだけで3万人の学生がいたという．おそらくはこれが，ブハーラーをして「イスラムの柱石」と呼ばれるようにさせたゆえんであろう．支配者たちは，ウラマーとは争わない方が賢明だと考えた．実際かれらは，臣民の正統的信仰を自分たち自身の行動の中に反映させようとする傾向を示した．アブダッラー・ハーン2世（在位1583-98）は，哲学を学ぶ学生をサマルカンドとブハーラーから追放した．ジャーン朝のハーンたちの何人かは，自由な身の上になってアラビアの聖なる諸都市で信仰の生活を送りたいという理由から，退位した．

明らかに，イスラム社会の枠組と価値観を維持し伝達するという重要な仕事は，活発に，何の支障もなく行われたようである．だが，3世紀という年月を経過するうちに，この伝達の性質にある変化が生じた．スーフィー教団が徐々に人々の生活を——ところによっては国家の生活をも——左右するようになったのである．主な教団はナクシュバンディー教団，クブラウィー教団，カーディリー教団であり，これらはアジアの遊牧諸民族の改宗に中心的役割を果たしつづけた．ウズベク族にとってもカザフ族にとっても等しく巡礼の対象であったトルキスタンのシャイフ・アフマド・ヤサヴィー廟が代表しているように，スーフィー教団の廟はしばしばステップの縁に位置しており，遊牧民の野営地と目と鼻の先にあったのである．この時期のイスラム世界の，他の地域でもみられたことだが，スーフィー教団の影響力の増大は，人生の模範として，預言者ムハンマド個人の生涯にむやみにスポットが当てられるようになるという現象を生んだ．18世紀初頭には，中国のムスリムの著述家のなかで最も有名な存在である劉智が，『天方至聖実録』（アラビアの大聖人の真実の年譜）を編纂するのである．スーフィー教団の勢力増大は，政治の場でも明らかであった．チャガタイ・ハーン国の政情は，ナクシュバンディー教団の二分派間の抗争一色に塗りつぶされ，ついにはナクシュバンディーのホジャのリーダーたちが，チャガタイ家のハーンにとってかわった．また，ブハーラーの支配者たちは聖者風の行動様式をとることを覚えた．稀代の名将であったシャー・ムラードは，スーフィーの服装と作法とを守り，戦場でもやせこけた小馬にまたがっていた．

文化面では，孤立と衰退とスンナ派一辺倒の風潮とが，時をへるにつれその影響をあらわした．中央アジアの諸ハーン国には，ティムールの都サマルカンド，スルタン・フサイン・バーイカラーの都ヘラートの燦然たる記憶に代表されるような，輝かしい芸術的学問的伝統が手本としてあった．さらに，ブハーラーの場合，破壊後のヘラートから移ってきた芸術家や職人がいたおかげもあって，16世紀の大半を通じてこれらの手本に近い水準の文化を維持することができた．ビフザードの様式をまねた細密画が発達して「ブハーラー派」として知られるようになったし，詩や音楽も発展した．ところが17世紀になると，インスピレーションの源泉であるイランから切り離されたことの影響が出はじめ，オスマン帝国やムガル帝国の場合と同じように宮廷文化や社交の言語としてペルシア語が使われるのではなく，土着の言語が使われるようになった．それと同時に，富が減少し，宮廷の関心が宗教だけに限られた結果，援助の範囲がせばまったことなどが影響しはじめて，一部の分野についてはまだごくわずかしか研究が進んでいないとはいえ，芸術・工芸全般の質が低下したようである．例外は，貨幣鋳造，敷物製造業くらいのものであった．

この時代の代表的な建築物がマドラサだったことは，この正統派信仰に立つ社会がイスラムの中心的伝統の維持と継承とに深い関心を寄せていたことを示している．このような関心は，モロッコの場合とは違って，スーフィーの影響力の増大によってもたらされることはなかった．実際，この地域の場合にも前の時代の風潮との間の断絶はみられるが，それは同時期のモロッコのたどった経緯とは正反対のものなのである．前の時代には，時代の精神を象徴するのはサマルカンドにあるティムールとその一族を記念する霊廟群，エシャーラート・ハーネ，グーレ・ミール，そしてシャーヒ・ゼンデに代表されるような廟であった．この時代には，廟も依然つくられはしたものの，王権がウラマー権力によっておびやかされるのに対応するかのように，その豪壮さにおいてはマドラサに劣るようになっていた．ブハーラーには16世紀に三つの新しい大マドラサが建ち，17世紀に四つ目が建った．これは，ブハーラーにはひところは何万という学生がいたという言い伝えを裏付ける，ある程度の物証となりうる．

だが，この地域におけるマドラサの発展は，正統派信仰に立つ社会の要請というまわりの環境からだけでは説明のつかない，生き生きとした自然なものだったことにも注意しておかねばならない．モスクから独立した独自の施設としての「マドラサ」という概念自体，ここで発展したものであったし，町のどの家の屋根よりもひときわ高くそびえて輝く，彩色タイル張りのピーシュターク（門）もこの地域で発達した．さらに，四つのイーワーンが中庭を取り囲み，一方向で外にむかって開いているイスラムに典型的な建物配置も，元来は中央アジアのもので，この地域の大邸宅や仏教僧院の様式に由来するものである．この時代のイスラム文化の発展ぶりは，サマルカンドの中央広場，レギスターンのたどった運命によって最も端的にあらわされている．この広場には，ウルグ・ベクのマドラサ（1417-20年建造），シール・ダールのマドラサ（1619-36年建造），テラー・キャーレのマドラサ（1660年建造）といったマドラサが徐々に建っていき，今では，完全にではないが，これらのマドラサに占拠された形になってい

16世紀から18世紀までの辺境部のイスラムの国々

トゥルファンの中国人ムスリムのグループ．かれらは商人やモンゴルの元朝の役人の子孫であり，中国全土にわたって分散したコミュニティーに住んでいたが，受け入れ側の中国人たちとの共存の状態は安定したものではなかった．その関係については，つぎのような小咄がよく物語っている．ムスリムはこういうだろう．「1人のムスリムは中国人5人に匹敵する．」中国人はこういうだろう．「北京のクセ者10人でかかっても，口論している天津の人間1人をしゃべり負かすことはできない．その口論している天津人が10人束になってもムスリム1人をしゃべり負かせない．」

る（p.106-107 参照）．

　中国のモスクは，これとは異なった状況を——ムスリムが自分たちの住んでいる儒教世界に対して余儀なくされた譲歩を——物語っている．ここではモスクは，パゴダのように建てられた．ミナレットは国家によって禁止されていたので建てることができず，信者への礼拝のよびかけは建物の内部から行われた．モスクの内部それ自体は，イスラム世界中モスクはどこでもそうであるように，小ぎれいで静かでアラビア文字で飾られており，アラビア語で祈りが捧げられていた．

だが，ここにも，儒教国家の干渉の手は伸びていた．1個所の壁に，いかなる礼拝の場所にもなければならないことになっている，中国皇帝の扁額がかけてあるのだった．この額の前で，ムスリムたちはアッラーの前でするのと同じようにひれ伏さねばならないことになっていた．だが，実際は，かれらは額を地面につけないようにする（イスラムの礼拝のときには，額も地面につける）ことによって，ささやかな抵抗を示していた．

中央アジアのマドラサ

　16世紀から19世紀にかけて中央アジアのイスラムは，厳密にスンナ派的な，正統的信仰によって特徴づけられるようになった．イスラムの学者層，ウラマーは，世俗の支配者，ハーンたちに対して，ティムールがサマルカンドで王座にあった時代には想像もできなかったほどの力をもつようになった．実際，ウラマーの力を制御しようとした何人かのハーンは，困難な状況に陥った．このような状態だったから，ウラマーが——ある者は礼拝の導師や教師になるために，またある者は裁判官や行政官になるために——イスラム諸学を学ぶためのマドラサは，まさしくこの時代の代表的建築物というべきものなのであった．多額の寄進に支えられて，多くのマドラサが四つの中心的都市（ブハーラー，サマルカンド，ヒヴァ，ホーカンド）に建てられた．学生たちは，インド，カシミール，ロシア，そして東トルキスタンの諸都市からやってきた．1790年代には3万人の学生がいたというブハーラーは，当時の世界でも超一流の，一大大学都市の雰囲気をもっていたといえるに違いない．

　マドラサがモスクから分離した機関であるという概念そのものは，中央アジアで最初に発展した．マドラサのもつ著しい建築学的特徴についても同様である．たとえば，中庭のまわりに，丸天井がついた四つのイーワーンというホールを配した構成は，この地域の大きな邸宅や仏教修道院を起源とするものである．上図は，サマルカンドのシール・ダール・マドラサの中庭，イーワーンの一つがみえる．オックスフォード大学やケンブリッジ大学と同じように，教師と学生は中庭をとりまく小部屋に住んだのである．右図はブハーラーのミーレ・アラブ・マドラサ，1530－36年建造．

中央アジアのマドラサの特徴は，彩色タイルがちりばめられたピーシュタークという記念碑的な門である．下図はシール・ダール（ライオン付き）・マドラサのピーシュタークで，1619年から1636年にかけてつくられたもの．この名は，イーワーンの上のライオンと太陽の画像に由来している．

右最上　サマルカンドの中央にあるレギスターン広場をとりまく三つのマドラサ．(1)ウルグ・ベルのマドラサ，(2)シール・ダール・マドラサ，(3)テラー・キャーレ・マドラサ．開放的な広場の周囲に記念碑的な建物を配置する仕方は，ティムール朝下の都市計画の特徴であり，後にウズベクやサファヴィー朝によって模倣された．

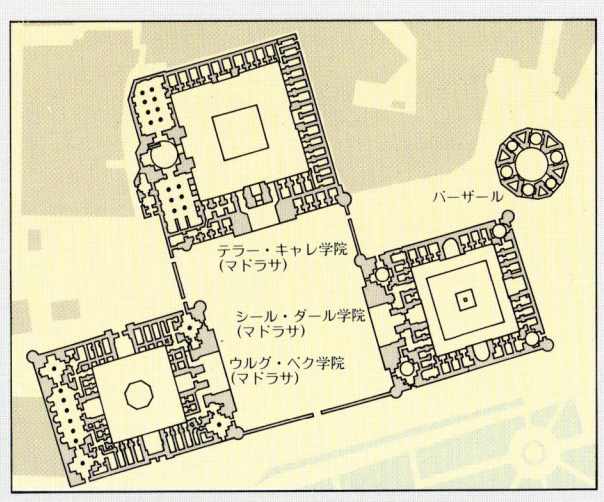

上　テラー・キャーレ（黄金で飾られた）・マドラサ，1660年建造．

中　サマルカンドの近代的な市街をはさんでレギスターン広場を望む．ウルグ・ベク・マドラサのむこう側にシール・ダール・マドラサがみえ，テラー・キャーレ・マドラサは左手にある．レギスターン広場については，イギリスの政治家で旅行家でもあったカーゾン卿が書いている．「その偉大な簡素さと壮麗さの点で，東洋でこれに近いものを私は知らない．ヨーロッパでは，大目にみても，ヴェニスのサン・マルコ寺院の広場が，これと張り合える資格があるかなしか，というところだろう．」遠方に，ティムールのビービー・ハーヌム・モスクがみえる．

辺境部のイスラム諸国のモスク

　一般的にモスクということばから連想されるのは，オスマン帝国の偉大な建築家スィナン（1491-1588）が開発し，同帝国の各地域で模倣されたある種の様式の建造物である．それはドームをもった建物で，鉛筆のような形の細いミナレットを，それもできれば4本備えている．だが本当は，礼拝に必要ないくつかの単純な条件（たとえば，メッカの方向がはっきりしていること）を満たしてさえいれば，どんな建物でもどんな様式でもかまわないのである．それゆえ，イスラム世界の多くの地域では，イスラムの目的に適合させるために土着の様式が応用されてきた．それはしばしば他の宗教の建物を建てるために用いられてきた様式なのであって，そのため他の宗教の雰囲気を強く連想させさえする．

左下　粘土でできたモスクは，サハラ以南のサバンナ地域に典型的なものである．ナイジェリア北部のカノにある金曜モスクは，その重厚な塔のミナレットで，ハウサ・フラニ様式のものとわかる．建造されたのは，おそらく15世紀末であろうが，この特色あるミナレットは1937-38年に破壊された．

上　中国のモスクの多くは，このカンスー（甘粛）省のタオチョウのモスクのように，その「もち出し」（家屋構造で，外に張り出して造った部分）の精巧なつくりと，角の方ではねあがった形の切妻風の瓦屋根がある点で，パゴダとほとんど区別がつかない．ミナレットは，おそらくは他と区別できる特徴をもつものだったはずであるが，建造が禁じられていた．そのため，礼拝へのよびかけは入口のうしろからなされた．

右　一方，カシミールのスリーナガルのシャー・ハマダーン・モスクは，頂華のついたピラミッド型の屋根をもっており，パゴダや，かつてこの地方で栄えていた仏教建築の舎利塔様式を，さらによく思い出させるつくりになっている．

右端　スマトラ島のミナンカバウのスィムカラック湖地方にあるこのモスクは，この地域に典型的な，思い切って強調された破風と，東南アジアのヒンドゥー建築にひろくみられる，段々に積んだ屋根とを組み合わせている．

下　マリのトンブクトゥにあるこのモスクは、小尖塔をもち、控え壁でささえられた、まぐさ式の構造になっているが、これは粘土モスクのもう一つの型である。デューラ様式として知られているように、交易活動を活発に行なうデューラ族の共同体によって、その移動範囲の西アフリカ一帯にひろめられた建築様式である。

上　ギニアのフタ・ジャロン高地のナムーにある、ふき屋根の金曜礼拝モスク。この地方は、18世紀からムスリムのフラニ族が政治的に優勢になったころである。この設計は、サバンナ地域の粘土モスクとはまったく異なり、はるかに多量の降雨にも耐えられるようになっている。

右　このバロック様式の人目を引く建物が教会ではない、ということを信じるのはむずかしい。これをみる人は、正面に処女マリアの像をみつけようとするだろう。実際には、これは、ナイジェリアのラゴスの、ンナムディ・アズィキウェ通りにある中央モスクなのである。これは、ブラジル帰りのアフリカ人奴隷によってつくられた、いくつかのバロック様式のモスクのうちの一つである。ブラジルで、かれらは、教会建築の建築技師、レンガ職人としての技術を身につけたのだった。

18・19世紀における衰退，改革，復興

　17世紀末から，ムスリムたちはかつてないほどの運命の激変に見舞われた．それまでの1000年間には，かれらの権力と影響力とはほぼ順調に世界中に拡大してきた．十字軍が侵入し，シチリアとスペインがヨーロッパ人の手に落ち，カザンとアストラハーンがやはりロシア人によって征服される，といった事件はあったものの，これらの事件は——むろん忘れられはしなかったが——ムスリムの収めた成功の大きさにくらべればとるに足らないものだった．モンゴルの侵入という災難もあったが，その草原の騎馬民族がイスラムに改宗したことで，この禍も転じて福となった．基本的なパターンは，ムスリムが世界の中心部を政治的にも文化的にも支配する一方で，周辺部においても着々と領土をひろげ新しい改宗者をえている，というものであった．歴史は，ムハンマドに対する神の啓示が正しかったことを証明しているかのようであった．ムスリムたちは確かに，「人類のために遣わされた最良の共同体」であった．

　だが今や，ムスリムの前進は阻止された．世界史の主導権はかれらの手から離れ去りつつあるかのようにみえた．遠距離交易を制する力を，勃興するヨーロッパの海洋国家群に奪われるようになって，ムスリムの貧困化がはじまった．ムスリムの大帝国は，境界線が固定してしまい，あるいはむしろ収縮さえするという状況下では，戦争と拡張とへの欲求に突き動かされる軍事封土制国家の枠組を，平時の領域の統治という目的にうまく適合させることができず，結果としてムスリムの弱体化がはじまった．ムスリムは守勢にまわることになった．ムスリムの軍隊は圧倒され，ムスリムが異教徒の支配下に入るようになっただけでなく，ところによっては異教の者たちがイスラムに対して——政治的のみならず——文化的にも挑戦しはじめていた．結果的にムスリムは，自分たちの宗教の根本原則の再検討をはじめた．

ムスリムの勢力の衰退

　イスラム世界心臓部の3辺をなしていた三つの大帝国は，いずれも衰退した．サファヴィー朝支配下の領域では，衰退の兆はシャー・アッバース1世の死んだころからあらわれていた．実際，衰退の原因の一部は，この有能な支配者がイランという部族社会の内部に強力な中央政府機構を創出しようとして考えついた，いくつかの方策そのものに由来していた．かれが国政に対する部族軍の発言権を減じるために導入した，「王家の奴隷」からなる私兵制は，結局は軍事力の低下につながった．また，この新しい常備軍を養うために国有地がつぎつぎとシャーの私領地に変えられたことは，重税と地方行政の乱れとをまねいた．王子たちがシャーに対する陰謀を企てないようかれらを後宮に閉じこめることは，安定した治世を約束しはしたが，おかげでそれ以降即位することになった者たちは，世の中のことをほとんど知らず，ハレムにいりびたりの生活で堕落しており，ハレム内に存在する強力な派閥に完全にからめとられることになった．1629年から1722年までの期間，統治した4人のシャーは，いずれも酒乱であった．また，うち2人，シャー・サフィー（在位1629-42）とシャー・スレイマーン（在位1666-94）は，もっぱらその殺戮癖のゆえに有名であり，貴族層を迫害した．3人目，スルタン・ホセイン（在位1694-1722）は，信心深さと建築好きで有名であった．アッバース2世（在位1642-60）だけが，支配者としての資質を示した．

18・19世紀における衰退,改革,復興

「これから飲むかね,どうする?」とシャーはガブリエル神父に問うた.「もしも飲まないのだったら,あっちに下がってよろしい.」ガブリエル神父は,かれ自身の主義から酒は飲まなかったのだが,「ほどほどに」飲むことを承知した.それは朝食のときだった.こうしたことは,サファヴィー朝宮廷で,最後の100年間,商品を売り込みたがっていたヨーロッパ人たちが経験した苦労の一つだったのである.実際,快楽主義的な,ときには堕落した宮廷生活は,3大帝国すべてにおいて,その没落の過程でみられたものだった.このしなやかな若者の姿は,エスファハーンにあるチェヘル・ソトゥーンという上品な儀式用宮殿の,17世紀に描かれた壁画の一部である.訪れたヨーロッパ人たちはここで歓待されたのである.

18・19世紀における衰退，改革，復興

シャーの統治能力が低下するのと同時に，王朝は，16世紀にあれほど注意深くはぐくんだ，その宗教的正統性をも失いはじめた．ウラマーは，十二イマーム派神学と王室イデオロギーとの合体の産物である教説，すなわちシャーは「地上における神の影」であるという教説に異議を唱えはじめ，かわりに，第十二代イマームの不在期間中は，シャリーアに関する深い学識をもち欠点のない人生を送ってきたムジュタヒドのみが統治することができる，という説を発展させた．王家に対するウラマーの物質的依存度が低下しつつあったこと，シャーたちが宗教的施設を制御するために存在していた機構を有効に利用しそこねたことも，ウラマーに有利に働いた．スルタン・ホセインのころまでには，ウラマーの方が優勢になり，当時の指導的ムジュタヒド，モハンマド・バーキル・マジュリスィーは，政策決定に大きな影響力を行使するに至った．かれは，王朝建設の原動力であったスーフィー教団，サファヴィー教団の残党を一掃し，また，正統シーアのあるべき姿についてのかれの考えを国家に押しつけることにもある程度成功して，王宮の酒蔵に貯蔵されていた何万本もの酒瓶を公衆の面前で割らせた．

17世紀末までには，帝国は芯まで腐りきるに至っていた．スルタン・ホセインが巡礼に出かけたとき，かれは徒歩ではいかず乗り物を使った．アッバース1世と同じようにマシュハドまで28日間かけて旅したが，ハレム，宮廷中の人間を引きつれ，総勢6000人の供ぞろえで出かけて，1年間も滞在したため，一行が通過した地方は荒廃してしまった．1697-98年にバルーチーの一団が首都から320 kmの地点まで攻め入ってきたとき，スルタン・ホセインにはこれを食い止めるための兵力がなく，不面目にも，滞在中のグルジアの王子に助けを乞うことを余儀なくされた．こんな状態だったから，1722年，ぼろをまとった部族民2万人を率いて乗りこんできた若いアフガン人の冒険野郎，カンダハールのマフムードは，やすやすとエスファハーンを奪取して帝国を事実上滅ぼすことができた．

イランは，しかし，ムスリムの勢力の一中心地であることを急にやめはしなかった．つかのまではあったが，目ざましい勢力回復の時期もあった．マフムード率いるアフガン人たちには王朝を形成することができず，かわりに，ホラーサーンの山賊出身のナーディル・ハーンが出現し，サファヴィー朝の残党を再組織して強力となり，1736年にはサファヴィー朝をさしおいてみずからナーディル・シャーを名のった．すでに1730年に，かれはオスマン帝国軍を破ってコーカサスを再併合していた．1739年，かれはインドに攻めこみ，デリーを略奪し，有名な「孔雀の玉座」を奪って凱旋した．かれの軍隊は，北はトランスオキシアナまで遠征してウズベク族の諸都市を占領し，南はオマーンまで進んで，このアラブ商人勢力の復興の中心地を占領していた．だが，1748年のかれの死後すべては急速に失われ，イランは部族権力に譲りわたされた．ロレスターンの部族長カリーム・ハーン・ザンドが，シーラーズに本拠を置いて，1779年に死ぬまでの間イラン中央部および南部に秩序を維持した．それ以外の地域では，他の諸部族が台頭した．中でもカージャール族は，ザンド朝にとってかわるべく20年間にわたって戦いつづけた結果，1794

下 **18世紀イランにおけるムスリム勢力の崩壊**
カンダハールのマフムードという若いアフガン人の冒険家は，1721-22年の短期間の戦役でサファヴィー朝を撃破することができた．にもかかわらず，サファヴィー朝体制にはまだ底力が若干残っていた．ホラーサーンの山賊出身のナーディル・ハーンはそのことをよく理解していて，サファヴィー朝がその最盛期にさえできなかった，ムガル朝，オスマン朝，ウズベクに対する勝利を獲得した．しかし，かれの死後は中央政府の力は急速に低下し，アフシャール朝，サファヴィー朝，ザンド朝，カージャール朝といった異なるグループが権力をめぐって争った．

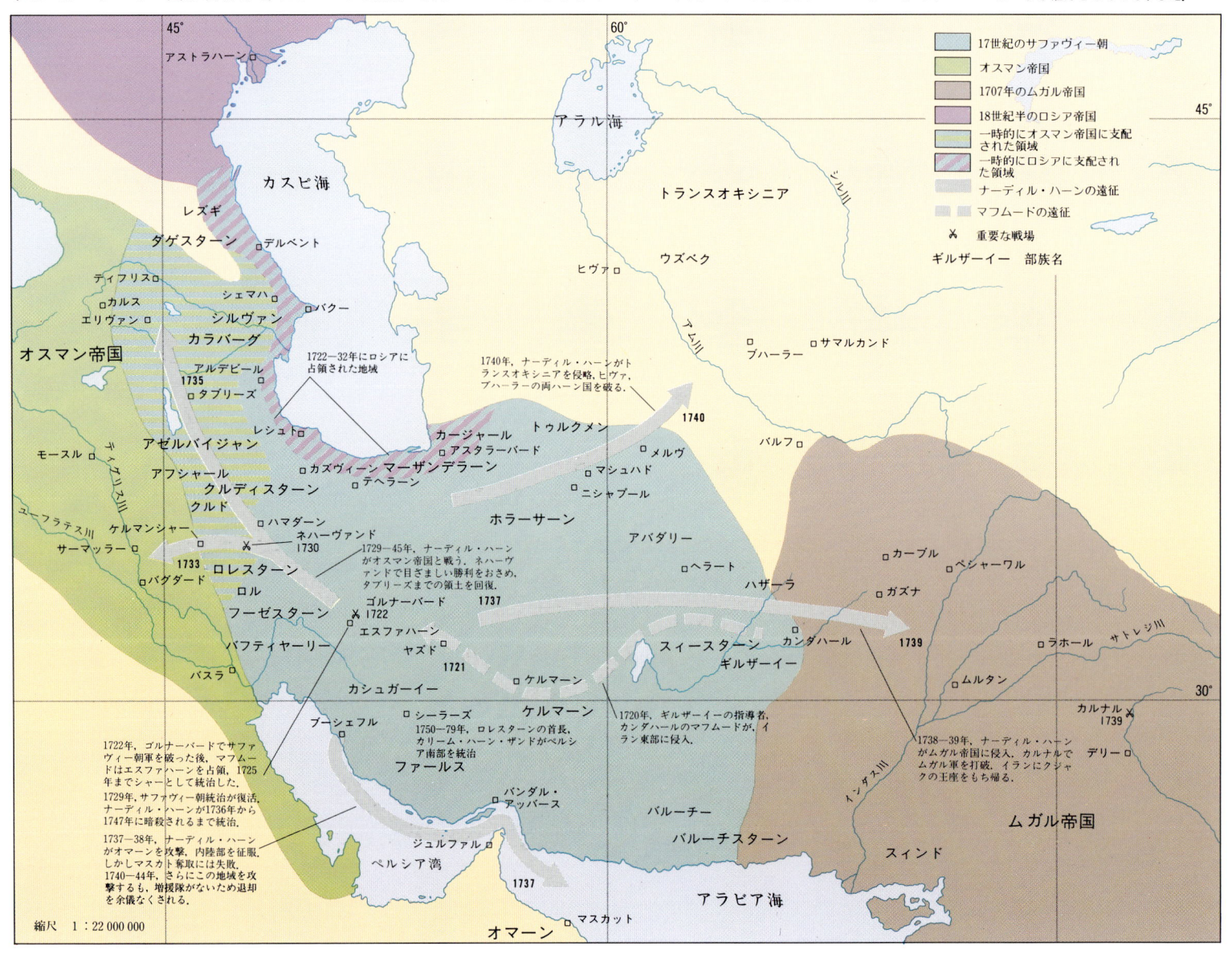

18・19世紀における衰退，改革，復興

18世紀インドにおけるムガル朝とムスリム勢力の衰退

1707年に皇帝アウラングゼーブが死んだとき，インドのムガル朝勢力は絶頂に達していた．しかし，それから半世紀あまりのうちに，この大帝国は失われてしまった．当時，韻を踏んだこんなはやり歌があった．「デリーからパーラム（デリーのすぐ外にある村のこと）までを／支配なさるはシャー・アーラムさまよ．」権力は，1788年にはそれほどまでに減退してしまったので，アフガン人の略奪者がデリーを占領するのを阻止できなかった．かれらは財宝を求めて王城（赤い城塞）を荒らしまわったが，獲物に失望すると，シャー・アーラムの目をつぶしてしまった．アウドやハイデラーバードなどいくつかの地域では，ムガル朝勢力は，ムスリムの後継国家にとってかわられた．しかし，一般的には非ムスリム勢力が多く出現したのであって，それは，インド中央部のヒンドゥーのマラータ族，北西部のシク教徒，そしてマドラスとベンガル海岸部のイギリス東インド会社などだった．

1761年，アフガニスタンのアフマド・シャー・アブダーリーが，ムガル朝とマラータの連合軍を破るも，自軍の反乱のため撤退を余儀なくされる．

1738-39年，イランのナーディル・シャーの略奪．1756-57年，アフガニスタンのアフマド・シャー・アブダーリーの略奪を受ける．

1764年，ムガル朝皇帝シャー・アーラムは，イギリス軍に敗れたため，東インド会社にビハールとオリッサの統治権を与えることを余儀なくされる．

1757年，イギリスはベンガルでの支配的勢力となる．

1799年，イギリスは，ティプ・スルターンに支配されたマイソールのムスリム国家を征服

凡例:
- 1707年のムガル帝国北境
- 1765年のムスリム地域
- 1805年のムスリム地域
- 1805年にヒンドゥー教徒によって支配されていた地域
- 1805年にイギリス東インド会社の支配下にあった地域
- × 重要な戦場

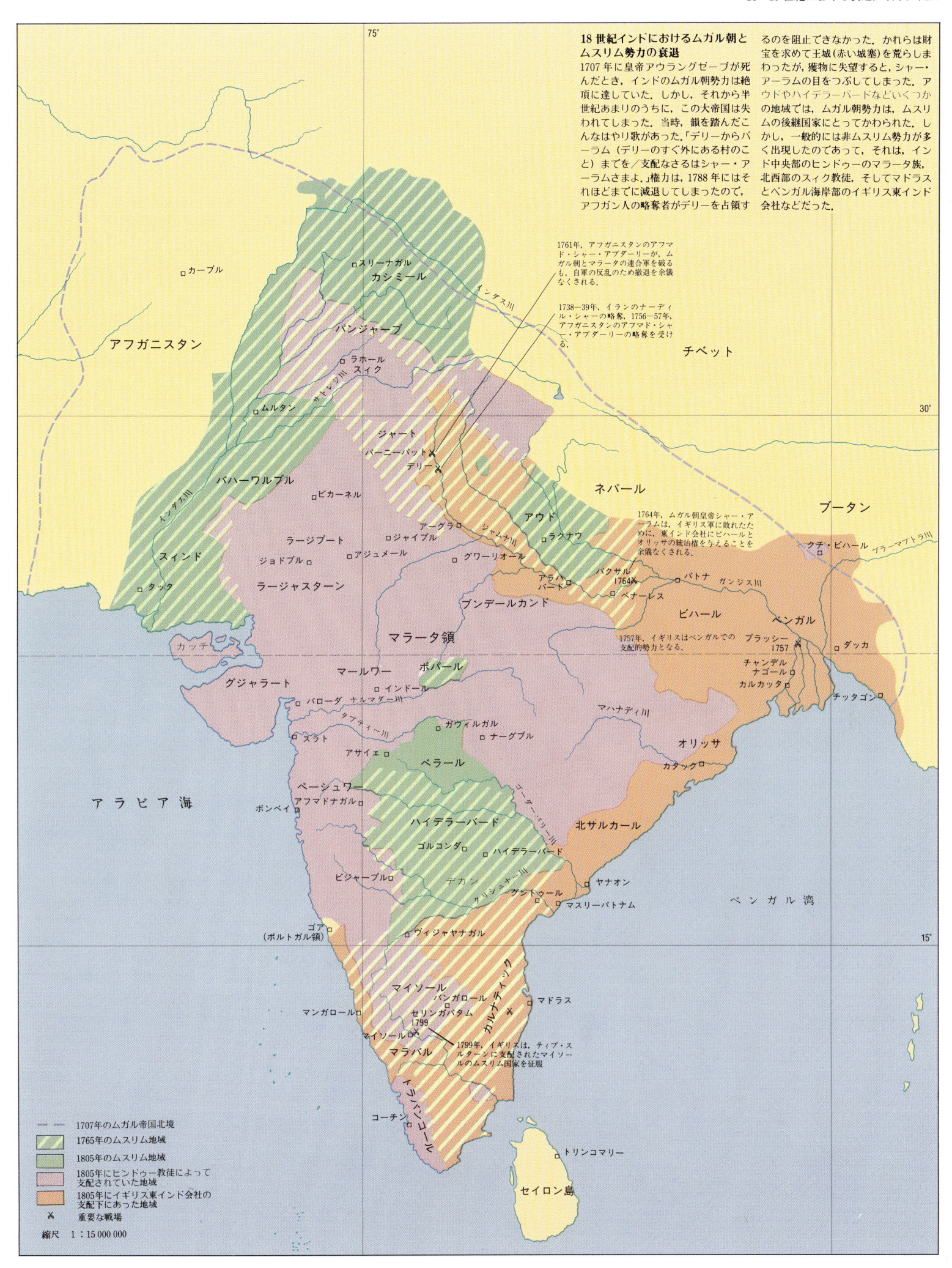

縮尺 1:15 000 000

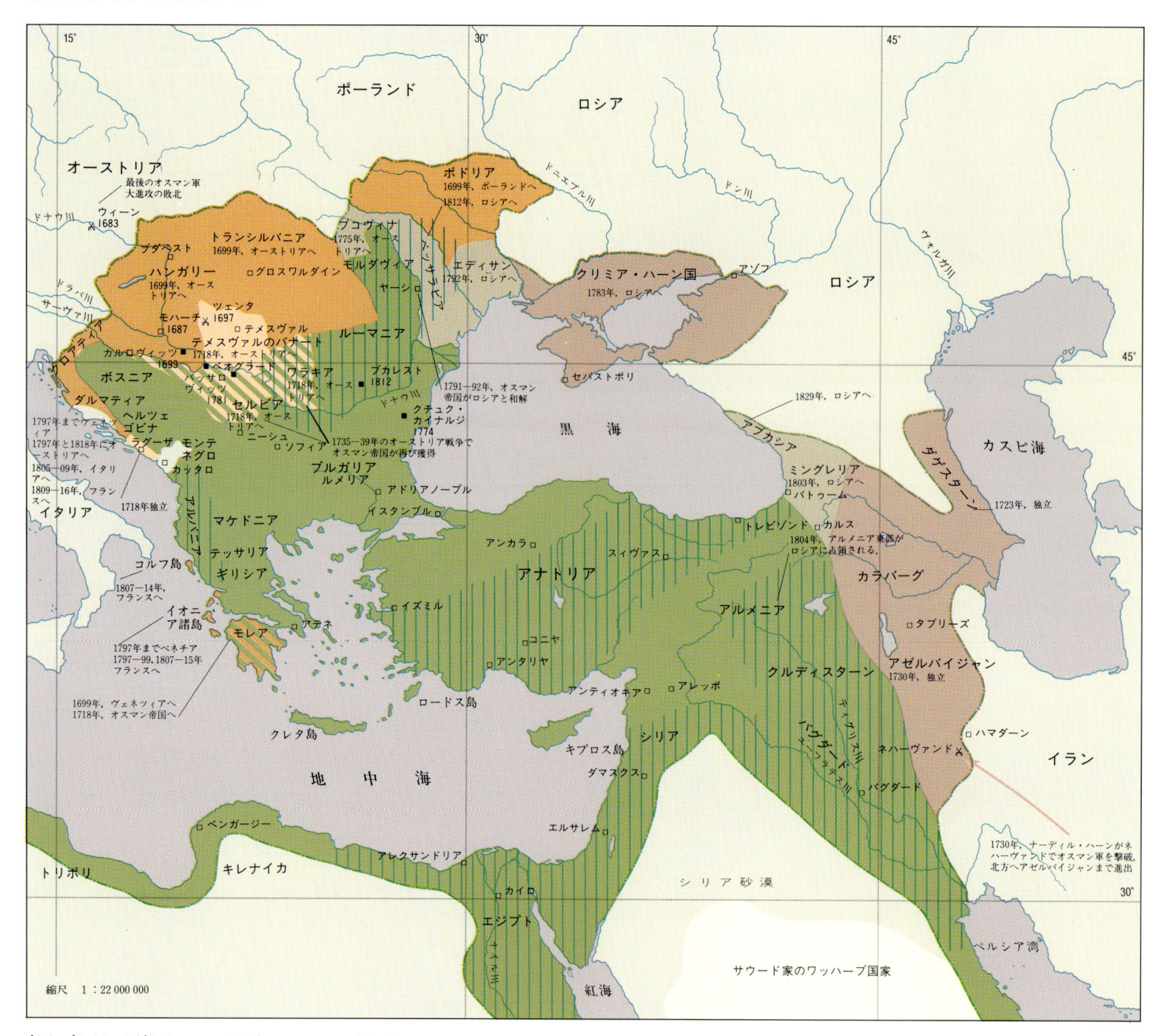

18・19世紀における衰退，改革，復興

年までには，西部イランの心臓部テヘランに本拠を置く一国家を築きあげていた．結局カージャール朝の手によって実効力を有する中央政府の機構が再建されたが，長くつづいた無政府状態（それはどくろの山を築いたり多くの人間の目を一斉につぶしたりする理不尽な蛮行に色どられていた）のために，国土はすっかり荒廃してしまっていた．多くの村が無人となっており，町は荒れ果てていた．18世紀末には，エスファハーンの町は一区画にしか人が住んでいなかったという．商業もすっかり衰えていた．

同時期に，インドではムスリム権力が消滅した．インドの場合，はじめは，イランの場合のような支配層の弱体化現象はみられなかった．ムガル朝では，依然，ダーウィン流の自然淘汰の原理が機能していた．衰退期初期の皇帝であったアウラングゼーブは，ハレム育ちの軟弱王子などではけっしてなく，父を投獄し兄弟たちを殺して権力の座によじ登った，非情な，行動派の人物であった．衰退は，ヒンドゥー色を基調とする社会の上にムスリム帝国を維持していくという作業に固有の諸矛盾，そして軍事封土制の諸欠陥が，それ以上コントロールできなくなったことによって訪れた．シャイフ・アフマド・スィルヒンディー率いるナクシュバンディー教団員に代表されるようなウラマー層が，（ムガル帝国がその上にこそ成り立っていた）もろもろの宗教的妥協に異議を唱えるようになったのは当然のなりゆきだった．ムガルの3代の皇帝たちはウラマーの声を無視することを選んだが，アウラングゼーブは，かれ個人の嗜好に動かされ，またおそらくは皇帝権力の絶大さを確信していたためもあって，かれらの声に耳を傾け，帝国存立の基盤であったヒンドゥー教徒との協力関係をやめてしまった．ヒンドゥー教徒からもろもろの権利を奪い，国家をイスラム的な方向に導いていこうとするアウラングゼーブの政策は，猛烈な反発を引きおこした．ヒンドゥーの地主たち，アフガン人の部族民，パンジャーブのスィク教徒，イスラム化に抵抗するラージプートの族長たち，課税に抵抗するジャート族の小農たちがそれぞれに反乱をおこした．だが，何といっても一番深刻な抵抗は，マラータ族の行なったものだった．ヒンドゥー教を奉じる首長，シヴァージーに率いられたマラータ族は，デカン高原にかれら自身の国を築き，帝国に吸収されることも，帝国と共存することも，拒否した．この脅威を取り除くために，そしてまたビジャンブルとゴルコンダの両王国の富を手に入れるために，アウラングゼーブは1680年からデカン遠征を開始し，こうして政治

凡例：
- 1683年のオスマン帝国の境界
- 1699年までに失った地域，カルロビッツ条約
- 1718年までに失った地域，パッサロウィッツ条約
- 1774年までに失った地域，クチュク・カイナルジ条約
- 1812年までに失った地域，ブカレスト条約
- 1813年のオスマン帝国
- 1800年ごろ，自立的な，または部族的な支配者の下にあった地域
- ■1699 条約締結の場所と年
- × 重要な戦場

18世紀のオスマン朝勢力の衰退

オスマン朝が2度目のウィーン攻略に失敗した後，帝国の国境は，北西はクロアチアから南東はアゼルバイジャンに至るまで，それぞれ確実に後退しはじめた．帝国内部でさえも，多くの地域がスルタンの宗主権を名目上しか認めていなかった．アナトリアと肥沃な三日月地帯の多くの地域は，自立的なヴァーリー総督や部族の首長によって支配されていた．エジプトでは，ムハンマド・アリーが，名目上はそうでなかったものの，実質的には独立して統治していた．

ムガル帝国の没落は、ヒンドゥー勢力のあらためての抬頭と密接に関連していたが、このことはインドのイスラムの将来にとって不吉な前兆を示すものとなった。上図のシヴァージー（1627-80）は、ムガル帝国に対抗したマラータ軍の指導者であり、ヒンドゥー復興の英雄であり、天性の、しかし残酷な指導者であった。かれの行動で最も有名なのは、ビジャープルの将軍、アフザル・ハーンの暗殺である。2人は談判するために、おそらくは、武装しないで会合した。ところが、シヴァージーは、ひそかに胸当をつけ、左手に鉄製のカギヅメ（下図）をつけてあらわれた。かれはアフザル・ハーンと抱擁して挨拶したとき、このカギヅメをその将軍の腹に突き刺し、ひき裂いたのである。

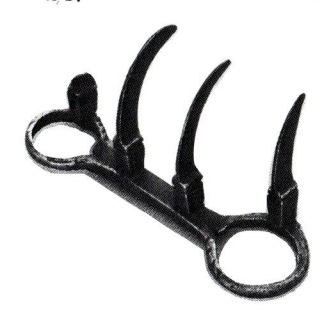

東南アジアにおけるムスリム勢力の衰退

17世紀なかばから、スマトラ島北部のアチェとジャワ島のマタラムといった大スルタン国が衰退し、かわってオランダがこの地域一帯に実権を主張しはじめた。

の中心をデリーから中央インドへと移した。だが、1707年にかれが死んだとき、遠征の成果は、ほとんど上がっていなかった。ビジャープルとゴルコンダは帝国のものとなっていたが、マラータ勢力は依然グジャラートから深南部に対して出撃を繰り返していた。

軍事封土制の諸欠陥が、アウラングゼーブによって帝国にもたらされたイデオロギー上の変更の影響を一層深刻なものにした。実際、一部の人々は、西洋の世俗的な物の見方に影響されてか、あるいは独立インドの世俗的な要請にこたえてのことであろうか、衰退の原因をもっぱらこの点に求めるのである。軍事封土制に関しては、二つの要因を指摘しておかねばならない。第1に、帝国は、もっぱら地方の戦士エリート集団をその政治制度の中に組みこむことによって、インドに地歩を築いてきた。第2に、帝国がそのマンサブダール層（帝国に仕えるエリート集団。軍事的家産国家の位階をもつ人々たちからなる）の忠誠をえつづけるためには、かれらに報酬を与えることが必要であった。この二つの点は絶対的なもので、曲げることができなかった。マラータ族の戦士エリート集団が帝国と和解することを拒んだとき、アウラングゼーブはかれらを鎮圧するために南への遠征を開始せざるをえなかった。（おそらくは、小銃で武装したマラータ族の方が帝国軍より技術的に優位に立っていたことも影響して）それに失敗すると、今度はかれは買収という手段に訴え、マラータ族のだれかれに、つぎつぎと高いマンサブ（位階）を与えていった。結果として、帝国は給与地として与えるための新しい領土が全然増えないのに、マンサブを乱発している形になった。財源は増えぬままマンサブダール数が増加した結果、農民は増税によって貧しくなり、軍隊はマンサブダールが軍務遂行に支障をきたすようになったため弱くなり、マンサブダール自身は慣れぬ敗北に戦意を失い、皇帝は徐々に、国内で威信を保つことも国境で外敵を撃退することもできなくなっていった。

アウラングゼーブの死後、支配階層はバラバラに分解した。マンサブダールたちはさまざまな派閥に分かれて、それぞれ異なる帝位継承候補を擁立した。皇帝たちは土地を、自分の意向を実現すべく働いてくれる忠義な軍隊を養うためにではなく、取り巻きや寵臣にほうびとしてくれてやることによって、無駄に使ってしまった。マンサブダールたちにも皇帝にも秩序を保つだけの兵力がなかったため、地方は次第に混乱状態に陥った。1740年代までには、ナーディル・シャーの侵入という不祥事はあるし、グジャラートとマールワはマラータが占拠しているし、パンジャーブ、アウド、ベンガル、ハイデラーバードの各州の長官は、これらの帝国の領地をいつのまにか自分たちの私領と化してしまっているし、というわけで、ムガル朝の権威はデリー周辺以外にはほとんど通用しなくなっていた。つぎの30年間に、2人の皇帝、アフマド・シャー（1748-54）とアーラムギール2世（1754-59）が殺され、3人目のシャー・アーラム（1759-1806）は逃走し、1761年にはアフガニスタン王アフマド・アブダリー（1747-73）率いる軍隊が攻め入ってきてデリーを略奪した。一方、この期間を通じて、非ムスリムによるインドの掌握が着々と進行していた。1800年には、マラータ勢力はインド亜大陸を、北はラージャスターンから南はデカン高原に至るまで、西はアラビア海から東はベンガル湾に至るまで支配していたが、この状態はすでに60年間つづいていた。パンジャーブでは、スィクの有能な指導者ランジート・シングが、ちょうどラホールを手に入れたところであった。ガンジス平野の大半の部分はイギリスの支配下に入っていた。わずかに、二つの重要なムスリム国家、アウドとハイデラーバードが残っていたが、両国ともイギリスが最高権者であることを認めていた。イスラム史上、ムスリムが以前の臣下とその他の異教徒とにこれほど大幅に権力を譲りわたしたことはいまだかつてなかった。デリーの指導的学者シャー・アブドル・アズィーズが、1803年（レーク将軍が、ムガル皇帝と同盟を結んだマラータ軍をデリー城外で破った年でもある）に、インドはもはや「ダール・アル・イスラーム」（イスラムの地）ではなく「ダール・アル・ハルブ」（戦争の地）であると宣言したとき、かれは象徴的な形でこの惨憺たる事実を認めたのだった。

オスマン帝国が衰退するのには、サファヴィー朝やムガル朝の場合よりずっと時間がかかった。サファヴィー朝の帝国が1回の戦闘の結果滅亡し、ムガル帝国が1世紀かけて滅亡したとすると、オスマン帝国は滅亡に300年間を要した。いうまでもないことだが、オスマン帝国は、より深く根づき、より高度に発達した型の軍事封土制に立脚する、はるかに強大な帝国だった。それはまた、驚くべき回復力を備えてもいた。そんなわけで1683年には、1世紀にわたって行政面での衰退をつづけてきたはずの帝国が、キョプリュリュ家出身の宰相たちの手で建て直されて、最大版図に達したばかりか、中央ヨーロッパにスレイマン大帝のころより一層深刻な脅威を与えている、という光景もみられたのである。だが、じきにまた——時おりの短い回復期ときわめて長い安定期とを間にはさみながらも——のろのろとした退却の過程がはじまった。1699年のカルロヴィッツ条約で、オスマン帝国はハンガリー、トランシルヴァニア、およびポドリアを失った。これ

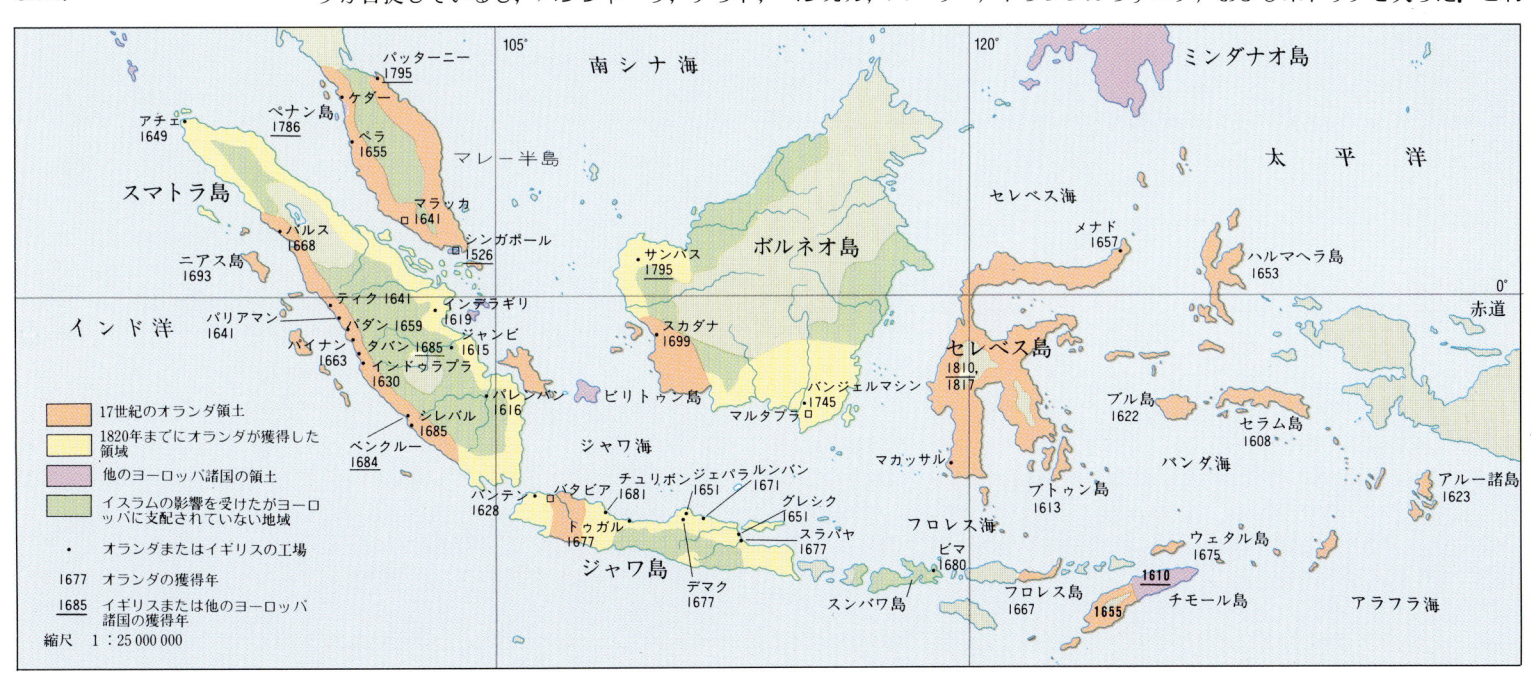

はオスマン帝国が（勝負のはっきりついた戦争で）敗者として講和の席に臨んだ，はじめての例であった．1718年のパッサロヴィッツ条約で，帝国はさらにテメスヴァル軍管区，セルビア，ワラキアを失った．1720年代，イラン北西部の旧領を回復しようと努力したが，1730年，ナーディル・ハーンに屈辱的な敗北を被り，撃退された．だが，1735年から39年にかけてのオーストリアとの戦争でセルビアおよびワラキアを奪還したことは，帝国にある程度の猶予期間を与えてくれた．それ以後，18世紀を通じてオーストリアが得たためぼしい収穫は，1775年のブコヴィナ取得にとどまったのである．

しかし，このころまでには，オーストリアよりはるかに危険な敵，ロシアが姿をあらわしていた．1768年にはじまった戦争で，ロシアは陸に海にオスマン軍を破った．この戦争を終結させた1774年のキュチュク・カイナルジャ条約で，オスマン帝国は黒海沿岸部のかなりの部分を失い，ギリシア正教徒のオスマン帝国臣民のために介入する権利をロシアに与えたが，最も屈辱的だったのは，クリミアのタタール人たちに対する政治的支配権をロシアに譲りわたしたこと，つまり，帝国史上はじめて，100パーセント，ムスリムである住民に対する支配権を手放したことであった．黒海北岸に対するロシアの支配は，1792年にエディサン，1812年にベッサラビアを併合したことによって完全なものになった．このころになると，奇妙な逆説的現象が発生した．ムスリムの大帝国で残っているのはオスマン帝国だけとなったため，オスマン帝国スルタンが預言者ムハンマドの後継者たるカリフ，すなわちムスリム共同体全体の指導者とみなされるようになってきたのである．だが帝国は，もはや独力ではどのヨーロッパ主要国からも身を守れない状態になっていた．実際，18世紀，そして19世紀を通じて，オスマン帝国は異教の国々と同盟を結び，ヨーロッパの勢力均衡のゲームの中でそれなりの役割を演じることによってのみ，イスラムの旗手として生きのびることができたのである．

帝国内部では，中央の権威の弱体化——それは衰退の証拠であり，すでに16世紀後半からはじまっていた——が，18世紀を通じて進行し，この潮流に逆行しようとするすべての試みは失敗におわった．中央の権威の低下は，キリスト教列強に対し帝国内におけるさまざまな特権を与える，というプロセスに顕著にあらわれた1740年，フランスにその反ハプスブルグ的外交に対する代償として特権が与えられたのが，新しい突破口となった．このプロセスの中でとりわけ重要だったのは，被保護の資格が非ムスリム系オスマン帝国臣民にもおよんだことで，このためかれらは外国国民に準じる特権を享受できるようになった．キリスト教徒やユダヤ教徒たちは大挙してヨーロッパ列強のいずれかの保護下に入り，ヨーロッパとの間の日々増大する交易を掌握するようになって，ムスリム商人の活動の場を徐々に奪っていった．商人のかなりの部分がオスマン帝国の管轄下を離れて，特権を賦与されている外国の司法権の下に移ったため，帝国政府は，その領域内で行われている商業活動の大部分に対する課税・統制権を失ってしまった．中央の権威の低下は，また，国家に対する奉仕の理念よりも私利私欲が優先されるようになる，という現象となってもあらわれた．「この国ではワイロなしでは何もできない」と，1802年にオスマン帝国を訪れたあるインド人は記している．「政府のあらゆる部門が，この不埒な習慣に染まっている．軍隊は規律に欠け，兵器は実用に適さず，郵便制度の規則は全く無視されている．各部門の役所の長たちはみな，カネを手に入れ，政府をだますことにばかり熱心なのだ」．実際，中央政府が弱体でありつづけることは，ほとんどすべての者の利益にかなっているかのようであった．世襲的，閉鎖的な集団を形成するに至っていた有力ウラマー層．やはり世襲化し，国中で実に多くの者がその利権を楽しむということになっていたイェニチェリ．政府から与えられた部署をな

かば自治的な公国に変えてしまった，アナトリア山間部の領主たちやルメリアの新興貴族たち．そして，事実上独立状態にあった，遠く離れたアラブ属州の長官たち．宰相イブラーヒーム・パシャ（在任1718-30）やスルタン・セリム3世（在位1789-1807）のような人々は中央の権威を強化しようと努力したが，たちまち阻止された．かれらは2人ともヨーロッパに対して窓を開き，ヨーロッパ風のやり方で新しい軍隊を訓練することによって，地方的・セクト的利害の影響を受けない新しい権力基盤の創出をめざした．いわば東洋における力のバランスを正すために，西洋を引き入れようとしたのである．かれらは2人とも，イェニチェリとウラマーの連合によってその企図をはばまれた．これらの人々は自分たちの独立がおびやかされていることをすばやく察知し，それに劣らずすばやく，「イスラムが危い！」という叫びをあげたのである．だが，オスマン帝国の一部の人士は明らかに，世界政治のレベルで異教徒と同盟を結ぶことが必要なのと同様，イスラムの旗手たる帝国を内側から支えるためにも異教徒の知識が必要だと感じはじめていた．トルコ人はすでに，これ以後長く続くことになる西洋との恋愛ごっこを開始していたのだった．

辺境部のイスラム諸国でも，すでに前章でそのきざしが見られたように，勢力の衰え，異教徒の文化からの脅威，あるいはムスリムが実際に異教徒の支配下に入ってしまう，といった，似たような過程が進展した．中央アジアでは，かつてモンゴルの強大なハーンたちが君臨した場所は聖者たちの支配下に入り，かつての世界帝国の中心は偏狭な地方主義から深い昏睡状態に陥っていった．その一方で，ロシアの前進は着々と進み，ステップの遊牧諸民族は隷属状態に陥った．中国では，ムスリムたちは，かれらを国家の主流たる儒教文化に同化させようとする精力的働きかけの対象にされた．他方，1758年から1760年の間に，タリム盆地のムスリムたちもはじめて中国の支配下に入った．ジャワでは，1800年までにはマタラム・スルタン国のほとんど全領域がオランダの支配下に入っていた．わずかに残った部分は，イスラム色の強い北部海岸地方からは切り離されて，ヒンドゥー・ジャワ的文化の型が圧倒的に優勢な一内陸国家を形成しており，ここでイスラムの前進はとまってしまった．スマトラでは，かつては強大だったアチェの勢力も，今では北部海岸沿いの細長い地帯と，南西部に散在するいくつかの港にしかおよばなくなっており，王権の弱体化が，ミナンカバウでは社会的・政治的不満の増大を引きおこしていた．西アフリカでは，セネガルのフラニ族の戦士たちの聖戦のおかげで，あるいは西アフリカのほぼ全域を交易してまわっていた商才にたけたジュラ族の活動のおかげで，イスラムは依然前進をつづけていた．だが同時に，驚くべき後退もみられたのである．ニジェール川湾曲部のジェンネ，トンブクトゥ，ガオといった諸都市——500年以上にわたりムスリム帝国の心臓部であった地域——は，異教のバンバラ族の手に落ちていた．さらに，ムスリムの支配がつづいた地域でも（以前ムスリムの支配下にあった地域の大半はまだ維持されていた），ムスリムたちはもはや異教の信仰に対してさほど熱心には立ちむかわないようになっていた．

改革と復興

18世紀にムスリム世界がかつてないほどの政治的没落を経験した結果，イスラムには，600年前はじめてスーフィズムがひろまったときに続く大きな変化が生じることになった．内部刷新の運動，宗教慣習の改革の運動，宗教的情熱の復興の運動がそれであって，この運動は18世紀なかばから20世紀初頭にかけて，イスラム世界のほとんどすべての地域に発生・伝播した．ムスリムの権力は衰え，ムスリムの君主たちにはもはや人類の運命の舵をとる能力がなくなったかに見え

オスマン帝国のヨーロッパ文化との長い恋愛ごっこは，18世紀にはじまった．18世紀のあいだに，支配者たちは2度にわたって西洋への窓を開放しようとした．その目的は，内なる派閥の利害に対抗して中央政府の力を強めることと，外なる敵に対抗して帝国の力を強めることの両方だった．オスマン・ロココ様式の建築の発達は，ヨーロッパから新しい着想を引き出そうという意欲をあらわしている．たとえば，上図のハイカラでおしゃれな男を描いた，アフマド3世（1703-30）付き宮廷画家レヴニがその傾向をあらわしている．1730年にアフマド3世が廃位されてからは，セリム3世（1789-1807）に至るまでの間，ヨーロッパへの関心は低下した．セリム3世は，フランス革命の影響を受けて，顕著な成功はみなかったものの，行政・軍事の分野でヨーロッパ流の大規模な改革に着手した．右図は，イポリット・ベルトーが描いたセリム3世の乗馬姿．これは当時ヨーロッパの君主たちによって好まれていた英雄的スタイルであって，オスマン国家がヨーロッパからどれほど新しい着想を期待していたかがよくわかる．

18・19世紀における衰退，改革，復興

18・19世紀における衰退，改革，復興

たので，イスラムの中心的伝統の守護者であるウラマーとスーフィーたちがイニシアティブをとり，かつてなかったほどの激しさで，より純粋なイスラム的生活，イスラム的社会をめざす闘争が開始された．これは時にはジハード宣言という事態につながり，これらの聖戦は，主として仲間のムスリムの落伍に対する対策だったと思われる，あの特有の残忍さでもって戦われた．時にはこれらの運動は膨張しつつあるヨーロッパの諸帝国と衝突し，侵入者に対してその宗教的怒りを全面的に爆発させたが，その過程で西洋のイスラム理解にさらに毒々しい色彩を付け加えることになった．

ムスリムの勢力の衰退は，イスラム内部にこれまでも常に存在していた，あの重大な緊張関係を激化させることになった．つまり，理想が手に負えぬ現実を前にしていら立つときに生じる緊張関係である．それは，ウラマーやスーフィーが，異教の臣民のためムスリム君主が導入するさまざまな変更を目にし，イスラムの一神教としての純粋性をそこなう地方的宗教慣習への数知れぬ譲歩に耐えねばならぬところで生じる緊張関係なのであった．ウラマーやスーフィーたちは，コーランに書かれている神の言葉と伝承の形で残っている預言者ムハンマドの言行という導きの根本的原則に立ちかえることによって，またイスラムと他の諸文明との何世紀にもわたる接触の過程で築きあげられてきた学問的・神秘主義的上部構

18, 19世紀のイスラム復興

ムスリムの力が弱体化するにつれ，ムスリム世界の多くの地域で主導権を握り，イスラム的生活とイスラム的社会に対する構造をより純粋なものにするよう，それまでにないほどの努力を傾注した．かれらは，自分たちの意志にしたがうことを拒否する者たちに対して，しばしば聖戦を宣言した．西アフリカのいくつかの例外を除けば，一般にその過程は，ウラマーやスーフィーのネットワークをたどって遍歴していた改革運

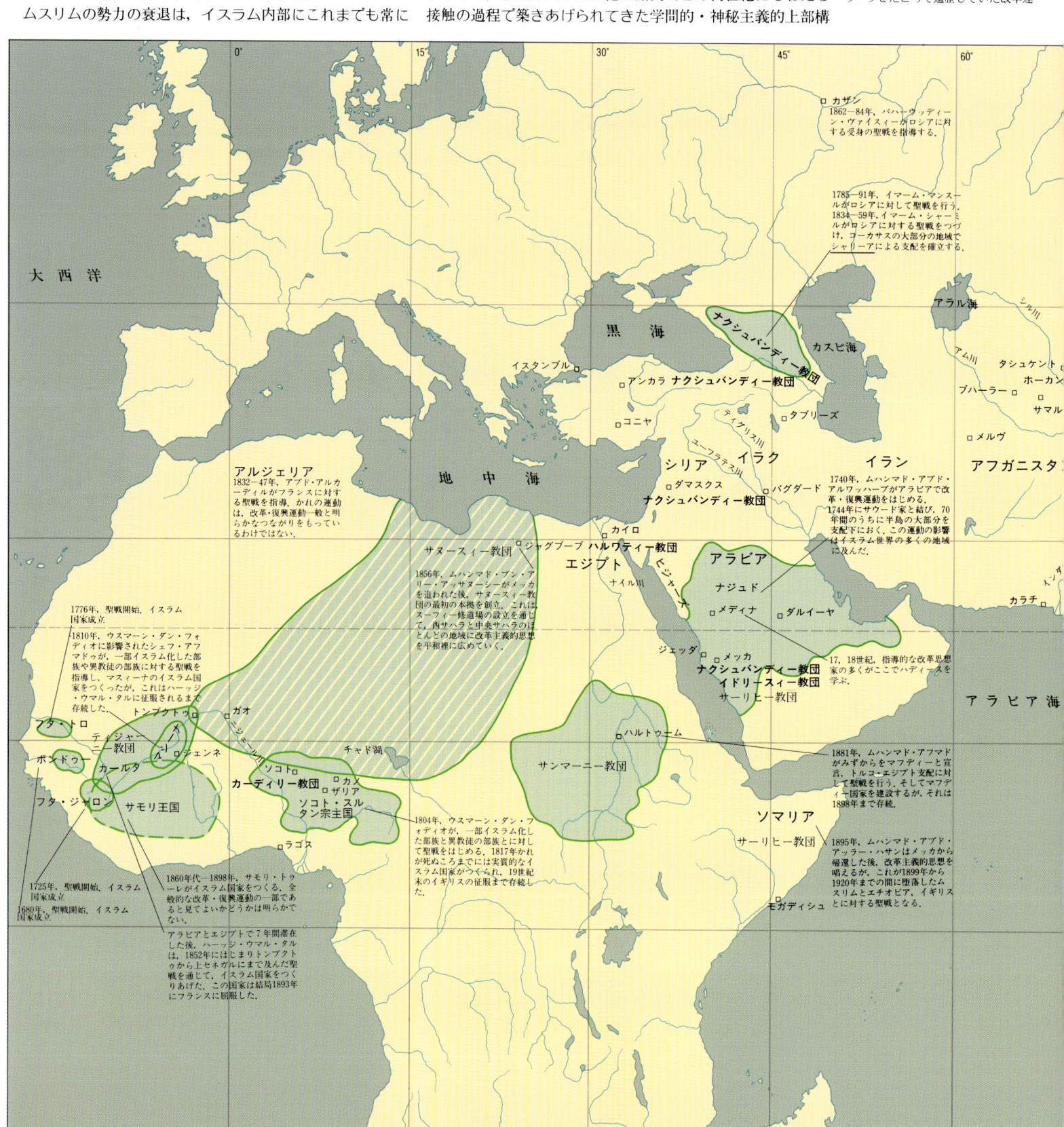

動家の思想に刺激を受けたり，ときには直接そこから導き出されたりした．ウラマーのネットワークとしては，強い影響力をもつメディナのハディース派が特筆されるべきであり，スーフィーのネットワークとしては，ナクシュバンディー教団，ハルワティー教団，イドリースィー教団などがある．ここでは，ちょうどヨーロッパの大拡張がはじまる直前の時期にあたって，イスラム世界がどれほど緊密に結びついた思想と感性の共同体であったかを，一目でみてとることができる．

造の大半を否定することによって，この状況に対処しようとした．このプロセスには，スーフィズムを一貫して疑い，そのいきすぎを厳しく批判してきたイスラム「右翼」の一派が密接に関係していた．この派には，一貫してコーランとハディースにしか権威を認めない立場をとってきた人々，当初から他の学派の思弁的方法を拒否してきたハンバル派の人々が含まれていた．今や，これらの人々，およびかれらと考えを同じくする人々が，聖者・聖人に対する広汎な信仰と，それに関連する宗教的諸慣習とを攻撃しはじめた．聖者の墓を崇拝し，これに参ること，預言者ムハンマドや聖者たちのとりなしを求めて祈ることなど，民間信仰の中の，神の唯一性を

おびやかしそうな側面はすべて攻撃の対象になった．かれらはまた，聖者崇拝を攻撃するときほど足なみはそろわなかったが，イブン・アルアラビーの「存在の単一性」論をも攻撃したが，この理論こそが，長い間，半イスラム化された諸民族にとってイスラムを親しみやすいものにしていたのだった．

皮肉なことに，スーフィズム全般に対する昔ながらの偏見に立脚し，いかがわしいスーフィー的慣習に対する攻撃を展開するこの運動は，なんとスーフィー教団自身の手によって，イスラム世界の大半の部分に広められた．スーフィーたちは，スーフィズムの枠組の中にコーランとハディースを重視するという正統主義的姿勢を取り入れることによって，また，儀礼から忘我的要素を，信仰から形而上学的傾向を取り除くことによって，改革主義者たちの挑戦にこたえたのである．さらに，ウラマーのコーラン，ハディース重視の傾向に対して，スーフィーたちは，預言者ムハンマド個人を改めて重視するという形で対抗した．これは，改革運動期以降のスーフィズムの顕著な特色となった傾向で，そのひろまりは，預言者の生涯を扱った文学ジャンルの着実な発展，預言者の誕生日を祝う「マウリド」の儀式のはじまりなどのなかにみることができる．いくつかの教団は実際に「タリーカ・ムハンマディーヤ（ムハンマドの教団）」を名のり，こうすることによって，これまでの堕落した習慣と絶縁し，預言者によって敷かれた道を忠実に歩もうという決意を象徴的に示した．こういったことすべては，つまりスーフィズムが刷新され，新しい血が注入されたということであった．新しい教団がつくられた．古い教団も新たな生命を与えられた．この，純化されたスーフィズムは，古い型のスーフィズムに取ってかわるのではなく，これと共存する形をとったが，古い型のスーフィズムほど大衆を引きつけることはできなかった．

ハディースを重視し，預言者ムハンマドを範とする姿勢からは，行動重視主義が生まれた．預言者の生涯と初期のムスリム共同体の歴史とは，人間社会を改善する上でダイナミックな行動というものがもつ，決定的な重要性を示していた．周囲に政治面では弱体化を，経済面では崩壊を，宗教面では堕落をみていた改革主義ウラマーとスーフィーたちにとって，これは一種の霊感として作用した．当然ともいえようが，かれらは来世に備えることよりは，正しく導かれた共同体を再建するための直接行動の方に関心を示した．預言者ムハンマドが自らカーバ神殿におもむいて偶像を破壊したのとちょうど同じように，かれらも人々がいつわりの神々を崇拝するのをやめさせるために行動をおこそうというのであった．このような行動重視主義は，暴力に——主の道に立つ聖なる戦いに——つながることもあった．時には武力によってしか目的が達せられない場合もあったからである．こうして，いくつかの改革主義的教団は信仰のために戦い，一部の教団は正統的学識の伝授の場であると同時に軍事訓練の場ともなった．同様に，行動主義が究極的に，ムスリムの初期の歴史の例にならって，神政国家建設の試みにつながっていく場合もあった．

このような運動は18世紀なかばになって突如出現したわけではなかった．長年にわたる，精神的・学問的準備期間が存在したのである．われわれはすでに，この運動の初期のあらわれのいくつかを目撃している．17世紀初頭には，ムガル帝国の君主たちがヒンドゥー教徒たちと，そしてインドのムスリムたちがヒンドゥー主義と妥協したことに反発する，マウラーナー・アブドル・ハックおよびシャイフ・アフマド・スィルヒンディーの率いる運動があった．17世紀なかばには，アチェの宮廷でイブン・アルアラビーの思想の解釈をめぐる論争が巻きおこり，そのなりゆきはメディナの指導的学者たちの注意をさえ引きつけたものだった．サファヴィー朝イランではウラマーの勢力が徐々に伸長してシャーの権威をしのぐほどになり，17世紀末までには，モハンマド・バーキ

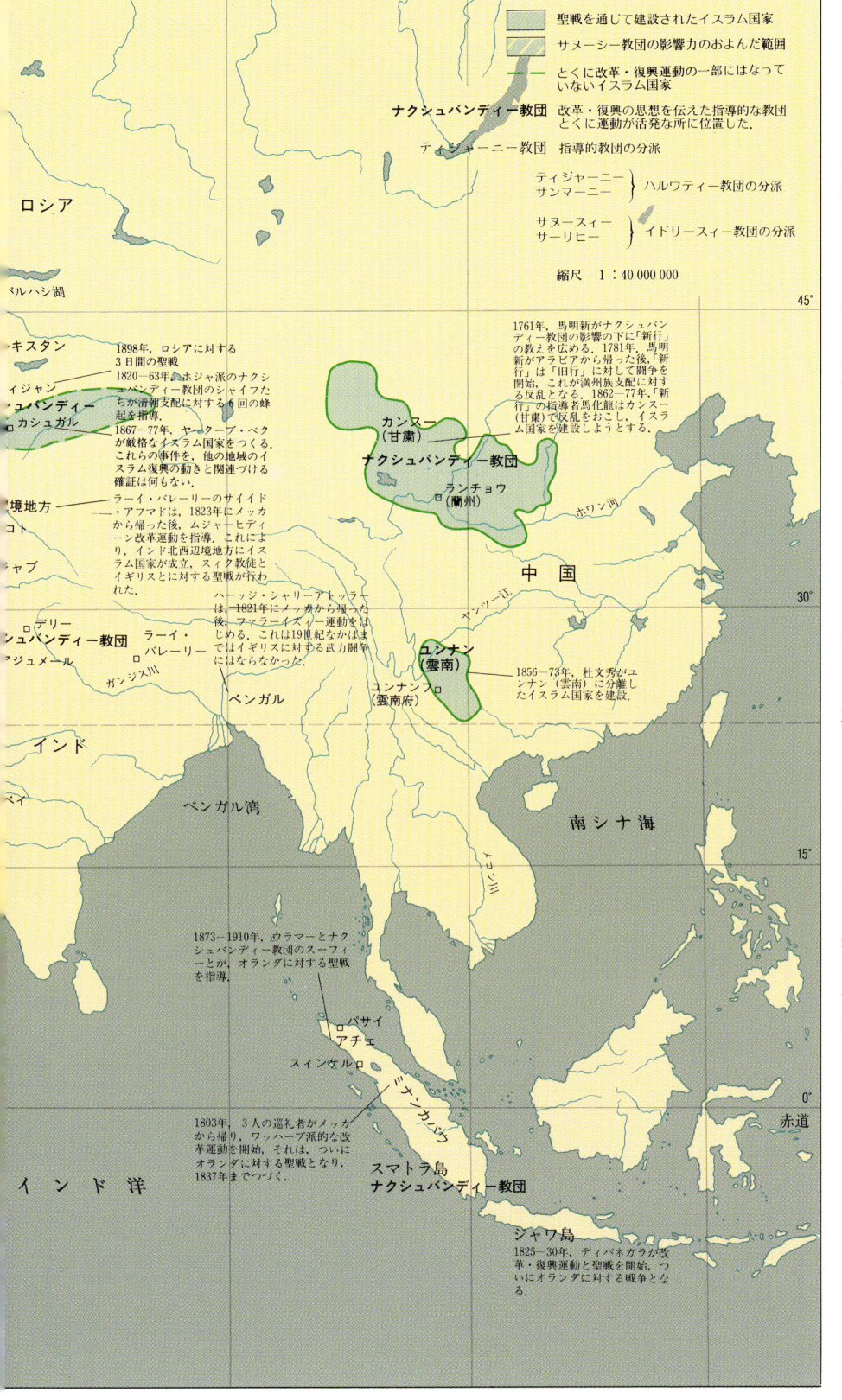

18・19世紀における衰退，改革，復興

ル・マジュリスィーがほとんど独裁者のような地位を占めるに至っていた．シリアでは，精力的に著作する学者であり，ナクシュバンディー教団のシャイフでもあったナーブルスのアブド・アルガニー (1641-1731) が，神学に生気を取りもどしスーフィズムを改革しようと努力した．インドでは，やはりナクシュバンディー教団の一員であり，すぐれたハディース学者でもあったシャー・ワリーウッラー (1702-60) が，アブド・アルガニーと同様の目標の達成のために努力したが，それのみならず，かれはアフガニスタンのシャー・アフマド・アブダリーをたきつけて，ムスリム権力復興のため，ヒンドゥー教徒に対する聖戦を行わせようとさえした．シャイフ・アフマド・スィルヒンディーの系譜を引き，かれの純化されたスーフィー的教えを伝えるナクシュバンディー教団は，いくぶん薄められた形でではあったが，インドからメッカ，ダマスクス，イスタンブル，そしてバルカン半島へひろがった．ダマスクスの学者ムスタファー・アルバクリー (1749年没) は，ナーブルスのアブド・アルガニーの高弟であったが，ハルワティー教団を復興し，これを自分の改革主義思想の伝達手段として用いた．ハルワティー教団はカイロに本拠を置き，アル・アズハル学院内に多くの支持者を獲得したが，アル・バクリーの高弟ムハンマド・アルヒフナーウィーが1758年から1767年まで学長を務めたこの学院は，エジプトにおける改革主義思想の展開の骨格となる存在であった．だが，何といっても一番にぬきん出ていたのは，17・18世紀のメディナの指導的ハディース学者のグループであって，かれらは巡礼にやってくる人々に対して影響力を行使することのできる——事実，多くの者は行使したが——戦略上きわめて有利な位置を占めていた．このグループに属する主要な人物として，やはりナクシュバンディー教団員であるが，アチェの大論争に裁定を下した イブラーヒーム・アルクラーニー，インド人学者のムハンマド・ハヤー・アッスィンディーの名があげられる．このグループに師事した人々のなかには，スィンケルのアブド・アッラーウーフ，デリーのシャー・ワリーウッラー，ムスタファー・アルバクリー（前出），ムハンマド・アブド・アルワッハーブ (1703-92)，シャイフ・ムハンマド・サンマーン (1717-75　後出．p.125参照) ら，指導的改革者たちが含まれている．

18世紀なかばにアラビア半島で純化と復興のための闘いをはじめたムハンマド・アブド・アルワッハーブは，改革運動を学者の学問の世界からぬけ出させて行動の世界へと導いていった最初の人物だった．中央アラビアのナジュド出身の一スーフィーとしての青年時代，かれは知識を求めてイラン・イラク・ヒジャーズを広く旅行してまわった．結果として，当時の正統的学問に強く影響され，ハンバル派法学の立場をとるようになり，14世紀のハンバル派の学者イブン・タイミーヤのスーフィズム批判に共鳴するようになった．1740年ごろ，かれはナジュドにもどり，ベドウィンの間にはびこっていた宗教的腐敗——聖者崇拝その他の，ありとあらゆるスーフィー的発明物——を攻撃しはじめた．かれは神の唯一性をおびやかす宗教慣習を根絶する決意を固めており，メディナにあるムハンマドの墓——メッカにやってくる巡礼の多くが好んで参詣するところであった——に対する崇敬にさえ反対した．

1744年，ナジュドのダルイーヤの弱小族長ムハンマド・ブン・サウードと同盟を結んだことは，ワッハーブの運動に爆発的エネルギーを与えることになった．ムハンマド・ブン・サウードはワッハーブの宗教上の諸見解を受け入れ，また，同盟するにあたっては，意味深長にも，預言者ムハンマドとメディナの人々とが622年に同盟を結ぶ際に用いたのと同じ誓いの言葉を用いた．以後，18世紀末まで，ワッハーブ派は中央および西部アラビアに着々と勢力を拡大していく．そして1802年，ワッハーブ派はイラクとシリアに進撃し，フセイン殉教の地カルバラーを占領，シーア派にとって神聖であるとされているものの多くを破壊する．1803年にはメッカを，そして1805年にはメディナを占領し，ムスリム世界に衝撃を与えたことには預言者ムハンマドの墓を含むすべての聖なる墓の破壊を企て，住民を殺戮し，巡礼者に対して自分たちの頑固な基準を強制した．これは，ムスリムが普通に理解している「イスラム」に対しての，そしてオスマン帝国に対しての，重大な挑戦であった．エジプト総督のムハンマド・アリーが，政治的制裁を下す役目を引き受け，ヨーロッパ風の軍隊と近代的な砲兵隊の力を借りて，1818年までにはワッハーブ派の勢力を粉砕し，かれらの都ダルイーヤを破壊し，スルタンの権威を回復することに成功した．

だが，ワッハーブ派の運動のインパクトは，これでおしまいになりはしなかった．かれらは19世紀の大半の時期を通じてナジュドに勢力基盤を維持しつづけることに成功し，20世紀に入ってから，ここを足場として2度目の大拡張を開始し，最終的にはサウディ・アラビアという国家を建設するに至るのである．しかも，このこと以外に，ワッハーブ派がイスラム世界全体におよぼした，もっと重要なインパクトがあった．すなわち，ワッハーブ派は，より広義の改革運動全体のシンボルとなったのである．多くの人々がワッハーブ派の清教主義と宗教的情熱とに影響を受けた．もっとも，それらの人々のすべてがワッハーブ派の極端で非寛容なやり方に賛成したわけではなかったが，しかしまた，中世のイスラムに付け加わったうわ積み的要素を廃し，コーランとハディースにのみ権威を求めようとするワッハーブ派の神学上の立場に引きつけられた人々も多かった．この立場は，ムスリムが盲目的信仰を排し，新たな見解を形成していくことを可能にしていた．それゆえこれは，一神教の純粋性を回復したいと願う人々ばかりでなく，イスラムを現代世界と調和させたいと願う人々にとっても魅力的な立場なのであった．

アラビアのこのような状況が引きおこした波紋は，東南アジアでは，イスラムの理念を支持する者たちと現地の環境への適応を支持する者たちとの間の——風土病化した，そして今やムスリムの社会的・政治的衰退によって一層激化することになった——闘争と入り混じった．たとえばスマトラのミナンカバウ地方では，18世紀後半，王権が衰えるにつれて，ウラマーがかれらの独立性を主張しはじめていた．そこへ1803年，3人の巡礼がメッカから帰ってきて，ワッハーブ派風の改革運動を開始した．この運動はオランダ人たちには「パードリ運動」として知られるようになった（「聖職者」を示すポルトガル語，「パードレ」に由来する）．運動参加者たちはあらゆる風紀上の乱れを攻撃し，ムスリムを名のる者は信仰上の諸義務を果さねばならぬと主張し，さらに，女はヴェールをかぶり男はアラブ風に白い衣装を身に着けるべきだと要求した．15年間，パードリ運動はスマトラ奥地の村々に着実に影響力を伸ばしつづけたが，やがて拡張中のオランダ勢力と衝突したために，宗教純化のための闘争は侵入者に対する戦争へとその性格をかえた．この戦争は1837年までおわらなかった．そして結果として，ミナンカバウの社会に対するイスラムの浸透度の著しい増大がみられた．

第2の注目すべき改革運動は，1825年から1830年にかけてジャワでおこった．ただしこの場合は，ジャワ以外の地域の改革主義思潮との間の明確な関連は認められない．ことのおこりは，イスラム正統主義者と折衷主義的ヒンドゥー=ジャワ・エリート層との間の長年の対立が，後者と結んだオランダの経済的・文化的インパクトによって一層激化させられたことにあった．ディパネガラという，王家の血を引く，信心深い気性の人物が，貴族たちのヨーロッパ化された生活態度と，ヨーロッパ支配が農民にもたらしつつある悲惨とを攻撃しなければならぬという思いに突き動かされた．かれはアラブ風の衣服をまとって地方を放浪しはじめ，もろもろの聖地で瞑想にふけった．すると，イスラムを純化し，人民を救うのがかれの使命だ，というお告げが下った．人々をかれを，

ワッハーブ派は，廟は聖者崇拝を促進し神の唯一性をおびやかすものだとして，これを破壊した．そして，その姿勢はメディナの預言者自身の墓に対してまでおよんでいった．最下段の図は，リチャード・バートン卿が50年近く後にみたメディナ．預言者の墓はすでに復原されていた．「そしてかなたには，ちょうどこのまちの最東端にあたり，遠目にもはっきり見分けられるが，アル・マディーナの至宝があった．しっかりした高い塔が4本と緑色の光輝くドーム，その下に使徒の遺体が眠っているのだ．」下図は敗れたワッハーブ派の長，アブド・アッラー・ブン・サウード．1818年，カイロで捕虜の身となったところ．

アラビア半島でのサウード・ワッハーブ派勢力の勃興. 1744—1818年

これは，18世紀のイスラム復興の最初の主要なあらわれである．それは当時のイスラム世界全体にひろく反響をよび，今日までのイスラムの歴史に，ずっと影響を与えつづけてきた．19世紀のはじめまでにワッハーブ派はアラビア半島の大半を征服し，その支配地域にはかれらの本源主義的な価値観を押しつけた．イラクのカルバラーのみならず，メッカやメディナの廟までも破壊し，住民を殺害した．このサウード・ワッハーブ派の国家の成長も，ヨーロッパ風の装備をもち訓練をうけたムハンマド・アリーの新式軍隊によって，ついにくい止められてしまった．

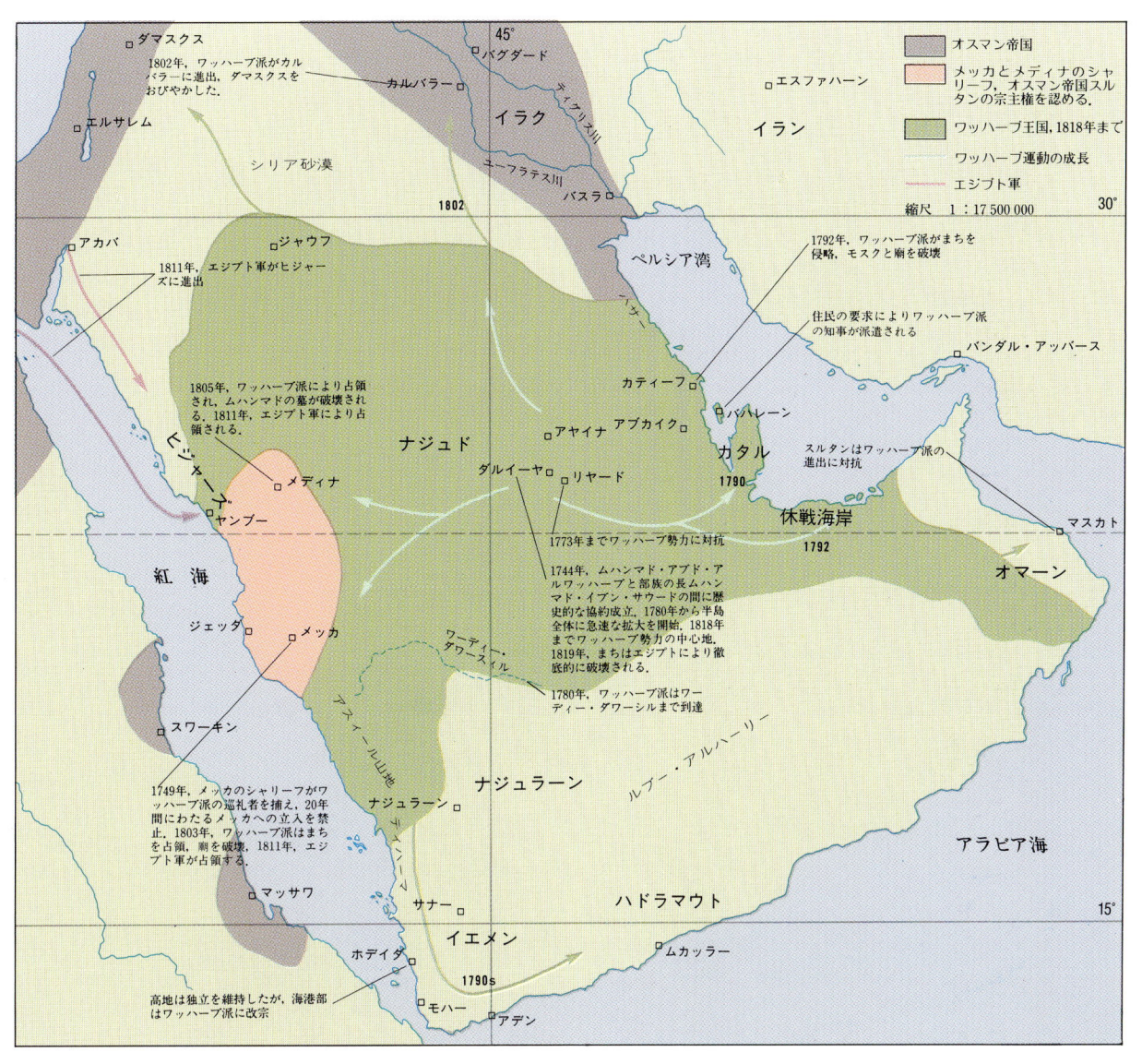

凡例:
- オスマン帝国
- メッカとメディナのシャリーフ，オスマン帝国スルタンの宗主権を認める．
- ワッハーブ王国，1818年まで
- ワッハーブ運動の成長
- エジプト軍

縮尺 1:17500000

(地図上の注記)
- 1802年，ワッハーブ派がカルバラーに出撃し，ダマスカスをおびやかした．
- 1811年，エジプト軍がヒジャーズに進出
- 1805年，ワッハーブ派により占領され，ムハンマドの墓が破壊される．1811年，エジプト軍により占領される．
- 1792年，ワッハーブ派がまちを侵略，モスクと廟を破壊
- 住民の要求によりワッハーブ派の知事が派遣される
- スルタンはワッハーブ派の進出に対抗
- 1773年までワッハーブ勢力に対抗
- 1744年，ムハンマド・アブド・アルワッハーブと部族の長ムハンマド・イブン・サウードの間に歴史的な協約成立．1780年から半島全体に急速な拡大を開始．1818年までワッハーブ勢力の中心地．1819年，まちはエジプトにより徹底的に破壊される．
- 1780年，ワッハーブ派はワーディー・ダワーシルまで到達
- 1749年，メッカのシャリーフがワッハーブ派の巡礼者を捕え，20年間にわたるメッカへの立入を禁止．1803年，ワッハーブ派はまちを占領，廟を破壊，1811年，エジプト軍が占領する．
- 高地は独立を維持したが，海港部はワッハーブ派に改宗

久しく待ち望んだ「正義の統治者」（ラトゥ・アディル）として喜び迎えた．ウラマーの圧倒的支持をえて，聖戦が宣言された．最初はもっぱらヒンドゥー＝ジャワ・エリート層を敵にまわす闘いであったが，パードリ戦争の場合同様，結局は外国人に対する全人民の戦争となった．結果として——オランダが勝ったにもかかわらず——ミナンカバウの場合同様，イスラム化のプロセスに強力なはずみがつけられた．

19世紀にこの地域でおこった第3の大規模な聖戦は，1873年から1910年までつづいたアチェ戦争である．この戦争は，元来はスマトラ北部へのオランダ勢力の拡張に対する抵抗戦争だったかにみえるが，ナクシュバンディー教団の積極的参与や，イスタンブルを発生源とするパン・イスラム主義思想によって，運動の姿勢は硬直化したものとなった．戦争は，アラブの血を受け継いでいると考えられていた社会的に最も重要な存在であるウラマーによって指導され，ウラマーは，少なくとも戦争のつづいている間は，アチェの社会に対する影響力を著しく強めたのだった．

ついでインドについてみると，19世紀におこった，二つの重要な改革運動が目に入る．第1の運動，ラーイ・バレーリーのサイード・アフマド（1786—1831）のおこしたムジャーヒディーン運動は，主として，ナクシュバンディー教団とシャイフ・アフマド・スィルヒンディーとに端を発する，インド＝イスラムのなかの改革主義思潮から生じたものだった．シャー・ワリーウッラーの子であるデリーのシャー・アブド・アルアズィーズのもとで学び，やがては師の子供たちを指導する存在となったサイード・アフマドは，最初は通常の改革主義プログラムを説いていた．またかれは，弟子たちをスー

18・19世紀における衰退，改革，復興

フィー教団という形で組織して「ムハンマド教団（タリーカ・ムハンマディーヤ）」の創立者の1人でもあった．1823年にメッカ巡礼——おそらくかれはそこで西アジアの改革主義の影響を受けたであろう——から帰ったのち，かれはインド中をまわって支持をよびかけ，1826-27年，預言者ムハンマドのメディナへの脱出の故事にならって，北西辺境部に理想のイスラム国家を建設すべく，異教徒の手中に落ちたインドを逃れた．かれが最初に聖戦をしかけた相手はパンジャーブのスィク王国であったが，かれの闘争のほこ先がスィクに対して以上にイギリスの拡張に対して向けられていたことは明らかだった．かれは，ヒンドゥスターンはキリスト教徒の支配下に陥ってしまった，自分はヒンドゥスターンを解放しシャリーアの至高性を実現するために戦おうと思う，と語っていた．サイイド・アフマドは1831年，バラコートの戦いで戦死した．だがかれの弟子たちは師の教えをひろめつづけ，1857年の大反乱に参加して戦い，第1次大戦期に至るまで辺境部で活動をつづけていた．

インドの第2の改革運動，東ベンガル州のファラーイズィー運動は，外部のイスラム世界の改革主義思潮，おそらくはワッハーブ派の思潮の影響を，より強く受けていた．運動創始者であるハージジ・シャリーアト・アッラー（1781-1840）は，1799年から1818年までメッカに住んでいた．そして1821年，2度目の巡礼から帰ったのちに，典型的ともいえる改革運動を開始し，ベンガルの人々に，コーランと預言者ムハンマドの手本とにしたがって，かれらの宗教的義務（ファラーイズ）を果たすよう要求し，ムスリムの生活のなかに入りこんでいるヒンドゥー教の影響を攻撃した．シャリーアト・アッラーはまた，イギリスの存在をも攻撃したが，外国人に対する聖戦は宣言せず，宗教の純化という使命に専念することの方を好んだ．だが，かれの死後，運動はその関心を外国支配の問題へと移し，1個の軍事的同胞団へと変身した．地下組織がつくられ，この組織は19世紀の大半の時期を通じてイギリスの法律をまったく無視して活動した．

アジアのナクシュバンディー教団

改革主義の思想や運動にかかわった人々の多くは，スーフィー教団の一つであるナクシュバンディー教団に属していた．そして事実，ナクシュバンディー教団は，アジアのどの地域においても，ムスリムの行動主義の潮流の中心に位置していた．17-18世紀のインドで，スィルヒンディーの影響のもと，教団の勢力が伸長したので，インドから同教団の活動に拍車がかかるという形になった．19世紀になると，マウラーナー・ハーリド・バグダーディー（1776-1827）という人物があらわれ，ナクシュバンディー的行動様式の西方への伝達にさらにはずみを与えた．かれはデリーでスィルヒンディーの精神的後継者たちに師事して学んだのち，西アジアに帰ったが，その後数年のうちに，シリア，イラク，ヒジャーズ，クルディスタン，アナトリア，バルカンで，多くの者たちがかれの指導にしたがうようになった．かれの影響力はのちには東アフリカ，セイロン，東南アジアにまでおよんだ．だが，何もかもインドの影響に帰することはできない．コーカサス，中央アジア，中国のナクシュバンディー教団も行動主義の音頭をとった．

コーカサスでは，二つの注目すべき改革運動がおこり，結果的にはそのいずれもが外国支配に対する抵抗運動にかわった．第1の運動はイマーム・マンスール（1794年没）に指導されたものである．証拠はないが，民間伝承によれば，かれはナクシュバンディー教団員であった．そして事実，かれの説くところはナクシュバンディー教団の主義主張とまったく同じであった．1785年から1791年まで，かれは，とくにダゲスターンの住民の支持をえて，ロシア人に対する聖戦を行ったが，敗北し，とらえられた．かれがダゲスターンの人々に対して書いた決起をうながす手紙は，今も残っている．第2

18・19世紀における衰退，改革，復興

ヒンドゥー教徒のジャワ人エリートに対する，後にはオランダ人に対する聖戦の指導者ディパネガラ．かれは1825－30年には流刑の身であった．意外にも，かれがどれほど19世紀なかばのオランダ風生活様式にともなう付属品を使っていたようにみえるかに注意．この戦争は，ヨーロッパ支配によってジャワ農村部にもたらされた貧困化という文脈の中でおこったものだが，ジャワ島のイスラム化の過程に強力な推進力を加えることになった．

18・19世紀における衰退，改革，復興

の運動はこれより50年遅れて，イマーム・シャーミル（推定1796-1871）の指導下でおこった．この人物は，北東トルコ出身のナクシュバンディーのシャイフはこの人物で3人目だった．1834年，かれはダゲスターンのナクシュバンディー教団の長となり，イマーム・マンスールによってはじめられた仕事を受け継いで，やがてはコーカサスのほぼ全域をその支配下に収めた．かれはシャリーアをきわめて忠実に運用したので，その治世はのちの人々から「シャリーアの時代」とよばれるようになった．かれはほぼ30年間にわたって，ロシアという強力な侵略者に抵抗しつづけた．だが最終的には，イマーム・シャーミルの軍勢が遮蔽物として使っていた森林を伐り倒したロシアが勝利を収め，イマームは，いささか意外なことに降伏した．しかしその後も，ナクシュバンディー教団員による抵抗は散発的につづいた．

これにくらべると，ナクシュバンディー教団の本拠地である中央アジアでは，教団のとった行動はきわめて弱々しいものにすぎなかった．例外的なのは，1898年にアンディジャンでおこった，ロシア支配に対する3日間の聖戦である．これは，ナクシュバンディー教団によって指導され，組織され，資金を供給された運動であった．一方，ヴォルガ河谷では，「消極的聖戦」ともいうべき，きわめてかわった型の改革運動がみられた．この運動は1862年カザンで，バハー・アッディーン・ヴァイスィー（1804-93）という人物によって開始された．かれはトルキスタンから帰ってきたばかりで，そこでナクシュバンディー教団に入団していた．カザンのイスラム指導者層がロシア国家に取りこまれつつある様子にショックを受けたかれは，典型的な改革主義プログラムを説きはじめたが，ただ一つ違っていたのは，かれが異教徒権力との戦いを，武力によってではなく，納税拒否・徴兵拒否によって行なったことだった．かれの運動はタタール人の間で非常な成功を収めたので，1884年にはついに当局も行動に踏み切らざるをえなかった．組織は粉砕され，指導者たちはシベリアに流され，バハー・アッディーンは精神病院に入れられた．しかし，かれの運動は死に絶えず，20年後に，より清教主義的な運動として，そしてまた，タタール民族主義と密接にかかわる運動として，再び登場した．

これと対照的に，中国では，19世紀にムスリムのきわめて活発な活動がみられた．東トルキスタンでは，ホーカンドに亡命したナクシュバンディーのシャイフ（「ホジャ」）たちの指導下で，清朝支配に対する聖戦が行われた．1820-28年，1830年，1847年，1857年，1861年と，実に5回にわたって反乱がおこった．1862年，ムスリムの反乱の結果としてカンスー（甘粛）が中国の他の地域から孤立した．つづいて1863年，ホジャたちは東トルキスタン全域を奪還することに成功したが，ほどなくかれらの部下だったヤークーブ・ベク（1820-77）という才能ある人物が，かれらにとってかわった．ヤークーブ・ベクは1867年から1877年まで君臨し，その支配領域において厳格なイスラム的統治を行った．運動のなかでナクシュバンディーのホジャたちが果たした指導的役割を考えると，これらの蜂起もナクシュバンディー教団がひろくアジアのムスリムの間にひろめていた改革主義思潮の産物なのだ，と考えたくなる．だが，確証はないし，失われた領土を回復したいというホジャたちの野心，中国に対するホーカンドの陰謀，などの要素も無視してはならないだろう．

他方，中国全土に散在していたその他のムスリムたちの間でも，ナクシュバンディー教団の影響が顕著にみられ，改革と復興の動きがさかんであった．中国のムスリムたちは，清朝の中国化政策と闘うなかで，徐々にその自意識を高めていた．かれらは，預言者ムハンマドの色である緑を用い，正しい生活の手本としてムハンマドの一生をことさら重視し，かつてなかったことだがイスラムについて中国語で著述した．これは，すべてのムスリムをその宗教的義務にめざめさせることが死活的に重要だと考えられるようになったことの反映

であった．そして，1761年ごろ，馬明新（1781年没）という人物がカシュガルで学問を修めたあと帰ってきて，ある教えをひろめはじめた．この教えは，儒教社会への適応という中国ムスリムの伝統的やり方を奉じる「旧行」に対置されるものとして「新行」とよばれるようになった．「新行」がどのような性格のものだったかについては議論が分かれる．実際それは，単一の集団ではなくて複数の集団の集まりだったかもしれないのである．だが，以下の点については大方の意見が一致している．すなわち，馬明新が説いていたのはナクシュバンディー教団のジャフリーヤ派の教説であること，「新行」は中国ムスリムの宗教慣習の中で，中国的環境への適応から生じた要素を一掃しようとしていたこと，そして，20世紀に至るまで，すべての主要なムスリム反乱の背後には「新行」が存在していたこと，である．

「新行」のムスリムは，馬明新がアラビア訪問から帰ったあとに，その戦闘性の最初の兆候を示し，1781年，「中国イスラムのメッカ」として知られるランチョウ（蘭州）周辺で「旧行」との間におこった武力闘争は，中国支配に対する反乱へと発展した．19世紀になると「新行」は中国中にひろまり──おそらくはアラビアから帰ってくる巡礼やインドの改革運動の影響で「新行」の教えに勢いがつき──その戦闘性はいよいよ増した．「新行」の活力は，そのメンバーが指導した二つの大反乱によって明らかになった．第1の反乱は1862年から1877年にかけてカンスー（甘粛），シェンシー（陝西）の両省を舞台に吹き荒れたもので，指導者の馬化龍はムスリム国家の建設をめざしていた．一説によれば，この反乱の間に住民の90パーセントが殺されたという．1856年から1873年までユンナン（雲南）で吹き荒れた第2の反乱の場合には，指導者の杜文秀は実際に独立のムスリム国家を建設することに成功し，16年間にわたってユンナン（雲南）省のなかば以上の地域を「スルターン・スライマーン」として統治した．イスラム復興主義の潮流は非常に強力なものだったので，一時は「旧行」に属する人々さえこの潮流に巻きこまれた．ユンナン（雲南）の反乱の最初の指導者は馬徳新という「旧行」のメンバーで，当時一流の学者とされた人物だった．改革主義思想の影響を受けた他地域の学者たち──コーランをマレー語に訳したスィンケルのアブド・アッラウーフ，ペルシア語に訳したデリーのシャー・ワリーウッラー，ウルドゥー語

イマーム・シャーミルは，ナクシュバンディー教団のシャイフであるが，1830年代にはコーカサス一帯を支配し，1859年までロシアの征服に対して抵抗した．ロシアの貴族がこの戦争で戦ったので，シャーミルの名はヨーロッパでひろく知られるようになった．かれの代理人，ハージジ・ムラードは，トルストイの短編小説の主人公である．

中国のムスリムの分布，タリム盆地を除く，1900年ごろ
カンスー（甘粛）と東のユンナン（雲南）にとくに集中していることに注意．前者はかつてのシルク・ロードが，後者はベンガル湾からの道がはじめて中国に入るところだった．19世紀には両方の地域で「新行」のメンバーに率いられた大規模な蜂起がみられた．一般的には，ムスリムは小さな共同体をつくって分散して住んでいたが，その共同体が，交易ネットワークの基盤を構成していた．ここには，かなり大きいムスリム・コミュニティがあったまちがしるされている．ブルームホールによる．

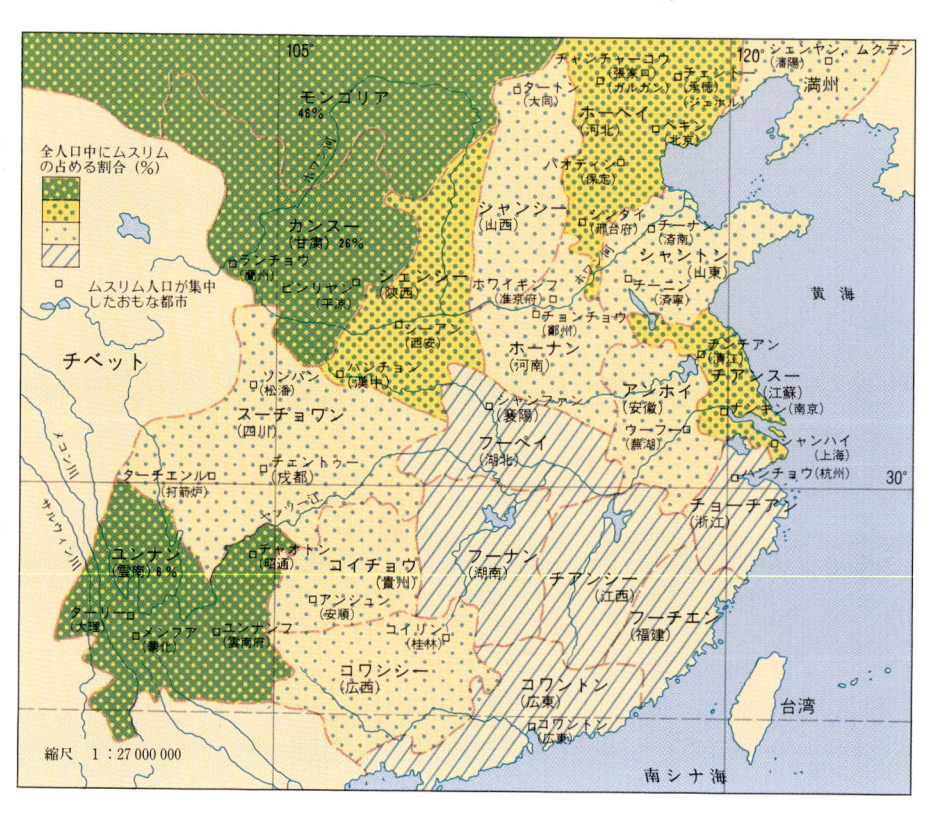

「スルターン・スライマーン」として，杜文秀はユンナン（雲南）地方を1856年から1873年にかけて支配した．かれの統治期の終りごろ，ヴィクトリア女王の援助をえようとして，息子をイギリスに送った．かれが中国語で書いた手紙は今でも残っている．上図は，ターリー（大里）のスルタン・スライマーンの首府を，山の上からむこうの湖までかけて望んだもの．下図は，杜文秀の印．中国語では「歩騎の総統，大元帥杜」と，アラビア語では「信徒すべての指導者」と書いてある．金製で重さは2.4kg，柄はライオンの形をしており，そのあごにはルビーがはめこまれている．

に訳した同じくデリーのシャー・アブド・アルカーディル──同様，馬徳新はコーランの中国語への最初の翻訳者だった．

アフリカのハルワティー教団とイドリース教団

さて，イスラム世界西部に目を移してみると，改革主義思潮の源泉という，東部におけるナクシュバンディー教団にあたる役割を果たしているのは，ここではハルワティー教団とイドリースィー教団であることがわかる．前者は古い教団であったのがムスタファー・アルバクリー（前出．p.120参照）によって復興されたものである．後者は，モロッコの人，アフマド・ブン・イドリース（1760-1837）によってつくられた新しい教団である．この人物は，カイロに長く留学してハルワティー教団の影響を受けたあと，スーフィーのシャイフとしてメッカに住みついた．ここでかれは，ほとんどワッハーブ主義的なプログラムをもつスーフィーの道を説き，預言者ムハンマドを範とすることの重要性を強調した．それゆえかれの教団は，ラーイ・バレーリーのサイイド・アフマドの教団同様，「ムハンマド教団（タリーカ・ムハンマディーヤ）」とよばれた．以上二つの源泉から流れ出た改革主義の潮流は，19世紀，ひろくアフリカのムスリム社会をおおい，イスラムの理念を実現しようと努力する者たちと，そうでない者たちとの力関係に大きな影響を与えた．また，改革主義の潮流は，イスラム暦つまりヒジュラ暦の各世紀のおわりごとに（この場合はヒジュラ暦1199年/西暦1784-85年とヒジュラ暦1299年/西暦1881-82年）「世界を，それが不正と抑圧で満たされていたのと同じ程度に正義で満たす」マフディーが出現する，という，アフリカにおいてとくに強い信仰を，支え，また時に満たす役割を果たした．

ハルワティー教団から派生した重要な流れとして，アルジェリアの人，アフマド・アッティジャーニー（1737-1815）が創始したティジャーニー教団がある．この人物は，アル・バクリー，アル・ヒフナーウィーの双方の愛弟子であったマフムード・アルクルディー（1715-80）のもとで学んだ．ティジャーニー教団は，アルジェリア，モロッコ，ナイル流域部スーダン，中央スーダンにまでひろがったが，最も普及したのは西アフリカにおいてだった．この地域におけるティジャーニー教団の成功をもたらしたのは，ハーッジ・ウマル・タッル（1794-1864）という人物だった．かれはセネガルの聖戦によって建国されてからすでに久しいフタ・トロという国家の出身で，フラニ族に属していた．1820年代に巡礼の旅に出たかれは，メディナで3年，エジプトで4年過ごすうちに改革主義運動のとりこになった．メディナではかれは，ティジャーニー教団のシャイフ，ムハンマド・アルガーリーに師事し，そのスーダンにおける後継者に任じられた．エジプトでは，ハルワティー教団員たちの間で過ごし，かれらから，祈りの中に引きこもる術（ハルワ）を学んだ．のちにかれはこれを，戦闘の前にしばしば実践した．西スーダンに帰ったかれは，フタ・ジャロンのすぐ外側に1個の神政国家を建設した．1852年に聖戦をはじめ，カルタの非ムスリム勢力，バンバラ族と闘い，1863年までには，トンブクトゥを手中に収めて，ニジェール河湾曲部からセネガル河上流に至る帝国を築いていた．実際，海岸部にフランス勢力が存在しなかったら，かれは「コーランを大西洋の水に浸し」ていたであろう．帝国は1893年までもちこたえたのちフランスに併合されたが，ティジャーニー教団は西アフリカで最も人気のある教団となって栄えつづけた．

ハルワティー教団から派生した第2の重要な教団は，サンマーニー教団である．シャイフ・ムハンマド・サンマーンを創始者とするこの教団は，ナイル流域部スーダン，エリトリア，南西エチオピアにひろがった．そして，この教団の精神

18・19世紀における衰退，改革，復興

的伝統のなかから，ムスリムの改革・復興運動の中でも最も注目すべき事例の一つである，スーダンのマフディー運動が生まれたのである．1881年6月29日みずからを「待望されたマフディー」であると宣言したムハンマド・アフマド（1840-85）は，1861年以来，スーダンのサンマーニー教団の指導的シャイフ2人の下で指導を受けてきており，禁欲的であることと，シャリーアを厳格に遵守することで知られてきた．かれの運動は，1821年以来つづいてきたトルコ・エジプト支配に対する現地の人々のさまざまな不満によってはぐくまれた．スーダン人たちは，下エジプト出身のウラマーの導入，行政システムの「西洋風」の改変，奴隷交易の廃止などに不満をいだいていたのである．そこでムハンマド・アフマドは体制に対して聖戦を行い，1885年にハルトゥームを陥れ，スーダンに独立のマフディー国家を建設することに成功した．かれが普及した思想や，かれが創始した諸制度は，改革主義的精神に満ちていた．随所に，初期イスラム共同体の意図的な模倣がみられた．ムハンマド・アフマドは預言者ムハンマドの後継者，神によって選ばれたマフディーであるとされ，かれの支持者は預言者ムハンマドの援助者たち（＝「アンサール」）の後継者であるとされた（ここから，スーダンのマフディーから派生したスーフィー教団はアンサール教団とよばれるようになった）．万事があいまって1個の強力な神政国家がつくりあげられ，1898年にその素朴な軍備が近代的軍隊の圧倒的威力の前にさらされるまでは，存続しつづけた．

イドリースィー教団からも二つの教団が派生して，それぞれに注目すべき活動を示した．興味深いことに，この二つはいずれも，アフマド・ブン・イドリースの死後メッカで繰りひろげられた，後継者の地位をめぐる抗争に敗れた人物によって創始された教団だった．実際，抗争に勝利したムハンマド・ウスマーン・ミルガーニーなる人物は，師の改革主義的路線と訣別し，ナイル流域部スーダンで，マフディー運動に抗し，当局に協力することになる教団を創始するのである．抗争に敗れた2人のうちの1人は，ムハンマド・アリー・アッサヌースィー（1787-1859）という人物であった．かれはメッカを離れることを余儀なくされ，最終的に，1856年，リ

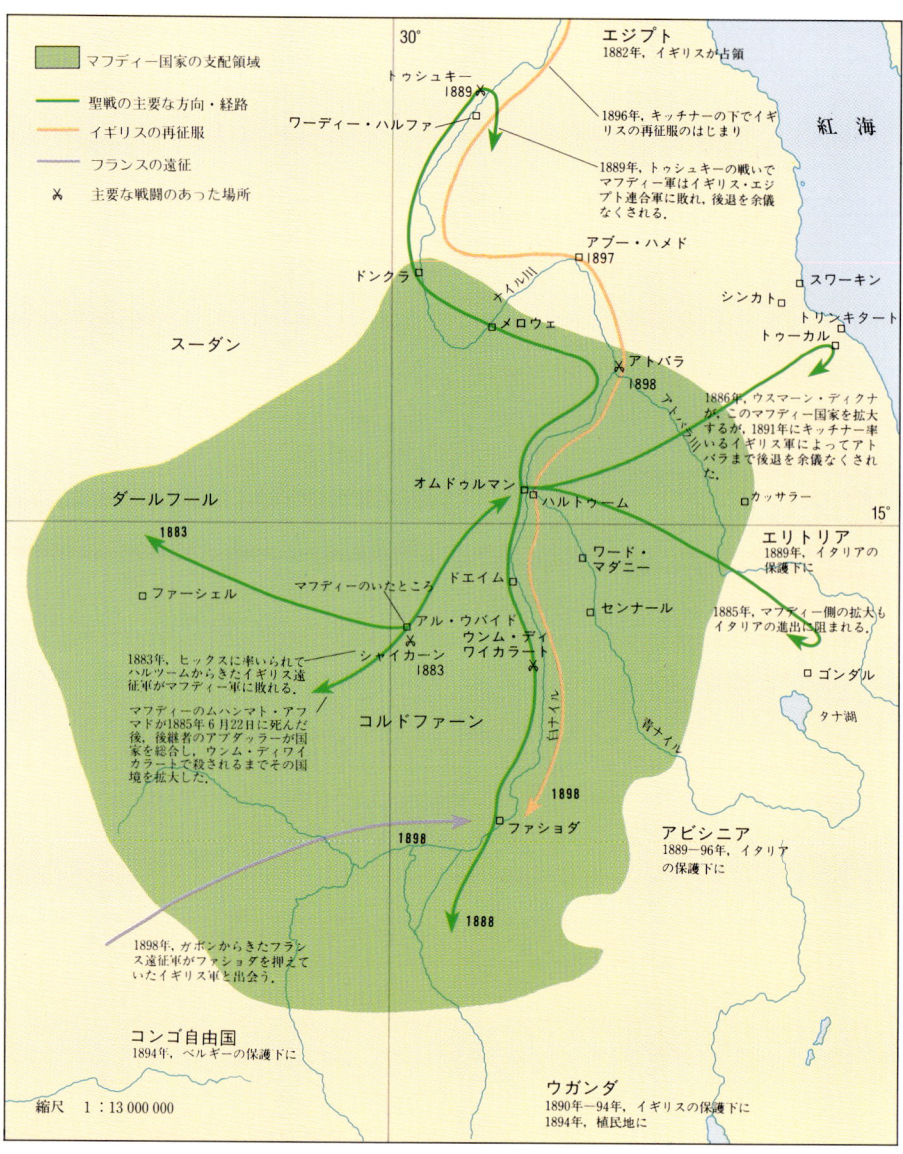

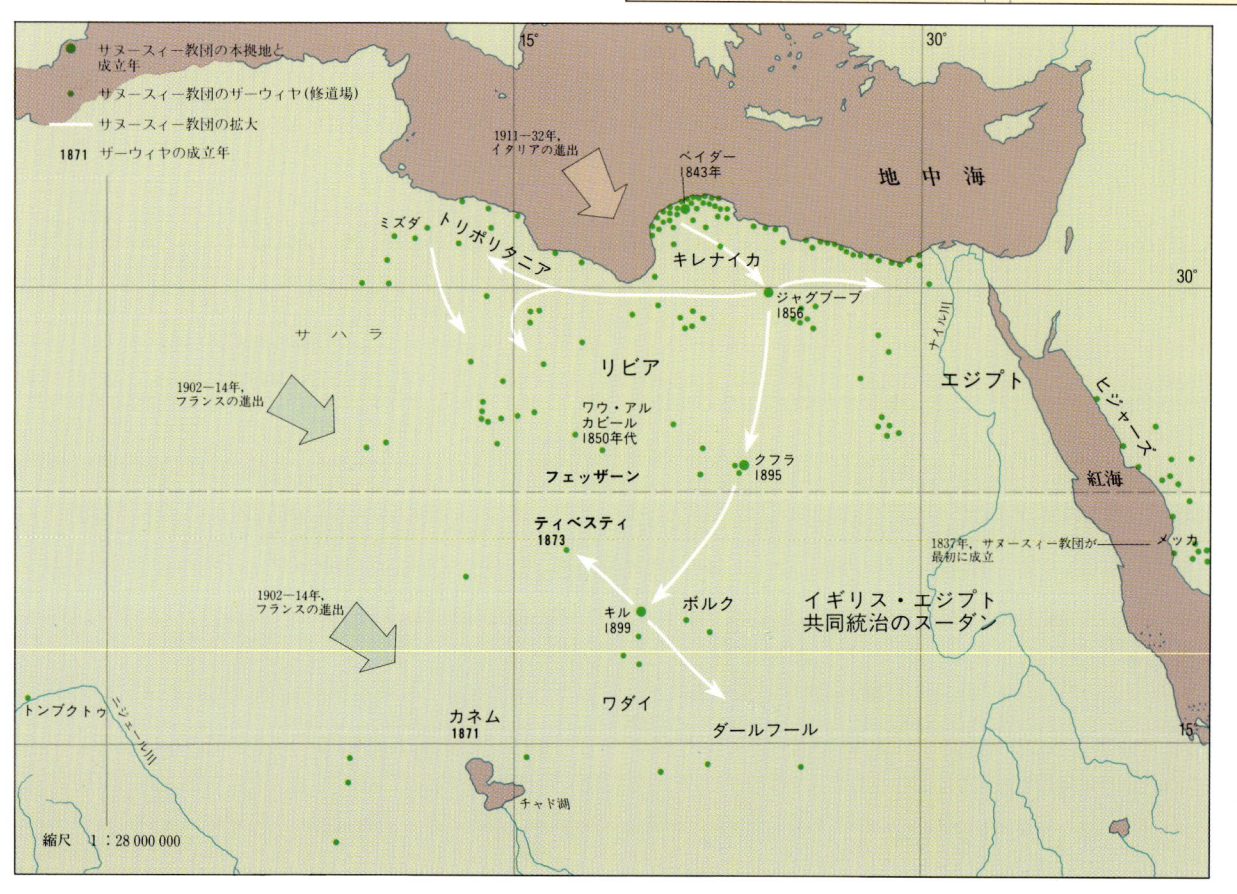

上 スーダンのマフディー運動，1881-98年

ひろい地域で見られるイスラム改革・復興運動の最も衝撃的なあらわれの一つであるが，これは1885年から1898年にかけての，強力な神政国家の成立のなかで最高潮に達した．どこまでもひろがりそうな勢いだったその衝撃力は，その国境線上でヨーロッパの帝国主義勢力によって抑えられてしまいました．この国家は，ついに，キッチナー将軍に率いられたイギリス軍に圧倒されてしまったのである．マフディー国家の行政に関する膨大な記録が，まだハルトゥームに残っている．

右 ハルトゥームにあるムハンマド・アフマドの墓． かれは1881年6月29日に，みずからを神によって選ばれたマフディー，または預言者の後継者であると宣言した．1885年にかれが死ぬと，その国家は，かれの後継者であるアブド・アッラーフに率いられた．

左 サハラにおけるサヌースィー派のスーフィー教団修道場のひろがり

これは，19世紀後半のサヌースィー教団の拡大を示しているが，それはまさしくサハラ地方のあまたの諸部族を一つの組織の中に統合しようとしていたのである．その拡大の技術の核心には，修道場のシステムがある．これは，遊牧民的，そしてしばしば半異教的な環境のなかで，イスラム文化の細胞として作用していた．

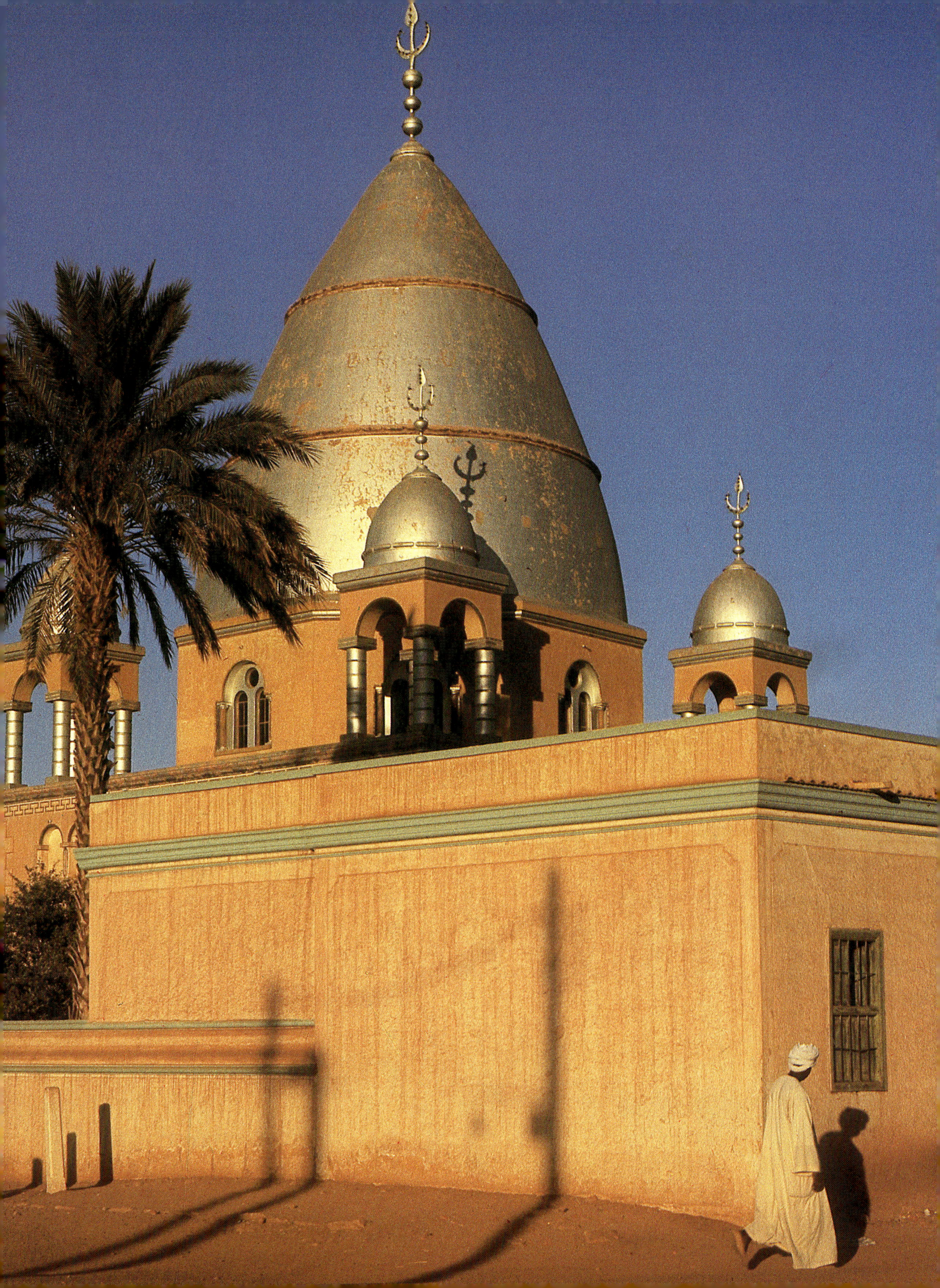

ビア砂漠奥地のジャグブーブに本拠を定めた．ここからかれは改革主義的呼びかけをはじめたが，その内容は，コーランとハディースに依拠することの重要性，スーフィズムを純化することの必要性，といった，亡き師の教えに負うところが大きかった．さらに，他の多くの改革主義者たちとは対照的に，かれは神政主義的原則で律せられた共同体を，平和的手段でつくり出そうと努力した．かれの手法は，スーフィーの修行道場（ザーウィヤ）を砂漠の放牧的な——多くの場合，なかば非イスラム的な——環境のなかにつくって，イスラム文化の細胞として機能させる，というものだった．各道場はその領域を支配する部族に属するものと考えられ，この部族のなかから徐々に支持者が獲得された．19世紀を通じて，この道場ネットワークは広大な地域をカバーしながらひろがりつづけ，かつては争い合っていた諸部族を一つの組織の中に統合していった．ネットワークは，サハラ交易諸路を南下してひろがり，ついにはキレナイカからトンブクトゥ，そしてワダイ王国にまでひろがった．むろん，この教団は，サハラに拡張してきたフランス勢力，リビアに侵入していたイタリア勢力と衝突する結果になったが，撃滅はされず，外国支配に対するリビアの抵抗運動の中心的存在となった．そしてこの教団の教団長たちは，独立リビア国家の最初の統治者となった．

アフマド・ブン・イドリース死後の，後継者の地位をめぐる争いに敗れたもう1人の人物は，イブラーヒーム・アッラシード（1874年没）といった．かれの弟子であり甥であったムハンマド・ブン・サーリフという人物は，メッカに本拠を置くサーリヒー教団を創始したが，この教団から出た最も注目すべき人物は，かのソマリアの指導者，（かれと戦ったイギリス人たちによって，きわめて不正確にも，「気違いムッラー」とよばれた）ムハンマド・アブド・アッラー・ハサン（1864－1920）であった．才能ある学者であったかれは，知識を求めてひろく旅行してまわり，スーダンのマフディー国家の姿勢とその成功とに感銘を受けた．多くの改革運動の指導者たち同様，かれもメッカでその思想の中心的部分を形成した．かれはメッカで5年間学び，サーリヒー教団に入った．1895年にソマリアに帰ると，かれはきわめて清教主義的な教えを説きはじめた．正義の源はコーランとハディースのみに求められねばならなかった．聖戦は中断することなく続行しなければならぬ義務であった．聖者の墓での代理祈禱業は廃止されなければならなかった．礼拝を怠った者は手足切断もしくは死を覚悟しなければならなかった．1899年までには，かれはすべての敵に対して——よりゆるやかな教義のカーディリー教団に対して，エチオピアに対して，そしてイギリスに対して——聖戦を開始していた．かれは20年間戦い，不敗のまま死んだ．挑戦的響きを帯びたかれの詩は，今なお残っている．1913年8月，1人の英軍大尉がかれの退路を断とうとして失敗し，戦死した．

 おお，コーフィールドよ，汝は旅人
 この地下に長くはとどまらず急ぎ行くべし
 平安なき道を辿り
 地獄の住人として
 来世へと急ぎ行くべし
     （I・M・ルイス英訳）

西アフリカの局地的運動

アフリカの運動のすべてがイスラム世界全般の改革主義思潮の影響で生じたわけではなかった．西アフリカでは，ハージ・ウマル・タッルの場合を除けば，改革主義的動きは主として現地の環境のなかから生み出された．そしてその主要な指導者たちは，フラニという部族の出身者に集中していた．フラニはセネガル出身の黒人系の人々で，サハラから南下してきたベルベル人たちと混血していた．かれらは14世紀以前にイスラム改宗しており，いくつかの氏族は深い学問研究の伝統を発展させていた．15世紀から，フラニは東方のハウサランドめざして長距離の移住をはじめ，しばしば融合主義的な非ムスリム共同体に入り込む高度にイスラム化された第五列のような役割を演じつつ，セネガンビアからボルヌに至る地域にひろがった．トンブクトゥやハウサの都市国家群のウラマーがそうだったように，かれらも，イスラムの慣習と非イスラムの儀礼とをごちゃまぜにしてしまう人々との共存に心休まらぬものを感じた．結果的に，一部の者は聖戦をおこした．聖戦を行うにあたって，かれらが拠りどころとしたのは，18世紀のカイロや西アジアから周囲にひろめられつつあった改革主義の気運ではなく，サハラ固有の学問研究と神秘主義の長い伝統であった．最も重要な指導者の1人であるウスマーン・ダン・フォディオ（1754－1817）は，カイロにもメッカにもいたことがなかった．かれとかれの弟子は西アジアにまで達するスーフィー教団網の一部を形成していたし，かれの師であり偶像破壊主義者であったアガデスのジブリール・ブン・ウマルはハルワティー教団員であったが，ウスマ

右端　フラニ族の戦士．かれらは，騎兵貴族の典型として，火器を使うことを潔しとしなかった．銃は奴隷だけのものだったのである．フラニは西アフリカでの宗教改革の創始者だった．かれらは1680年に，周辺で2世紀近くもつづいていた異教徒の支配者に対する一連の聖戦をはじめた．その過程で，フタ・ジャロン，フタ・トロ，ハッソ，カアルタ，マシィナ，ソコトといった神政国家が建設された．

右　北アフリカのザーウィヤというスーフィー修道場．上をドームでおおわれた聖者廟，小さなモスク，コーラン朗唱の部屋，コーラン学校，生徒，来客，巡礼者のための部屋を備えているのが普通だった．サヌースィー派の修道場は，サハラ砂漠の中央部から東部にかけて，改革運動のメッセージを伝えていった．

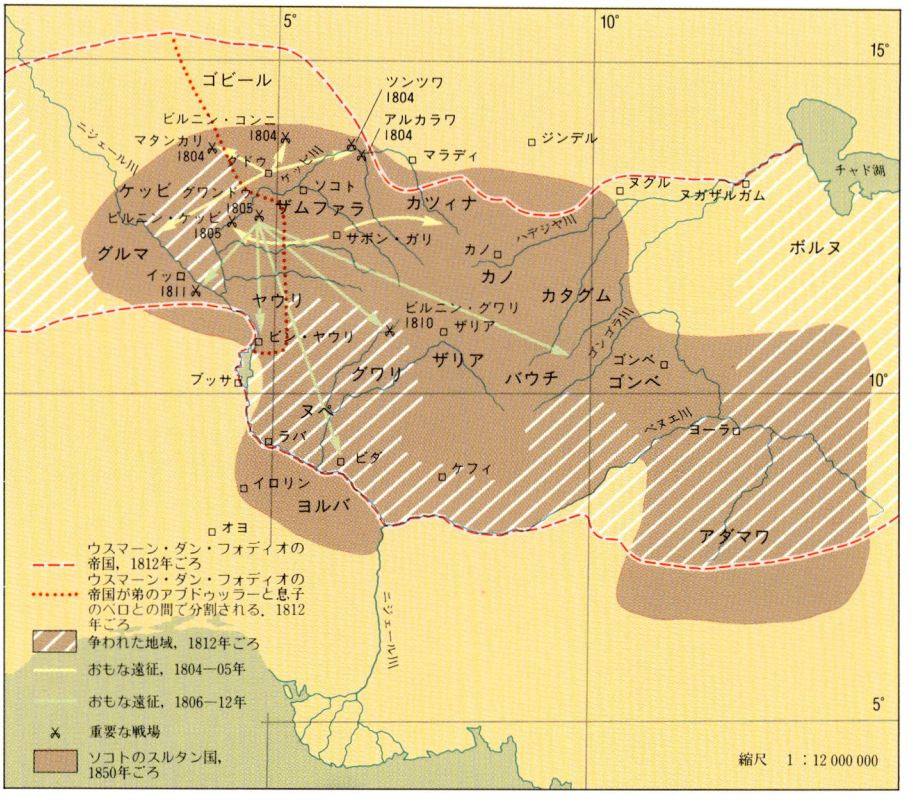

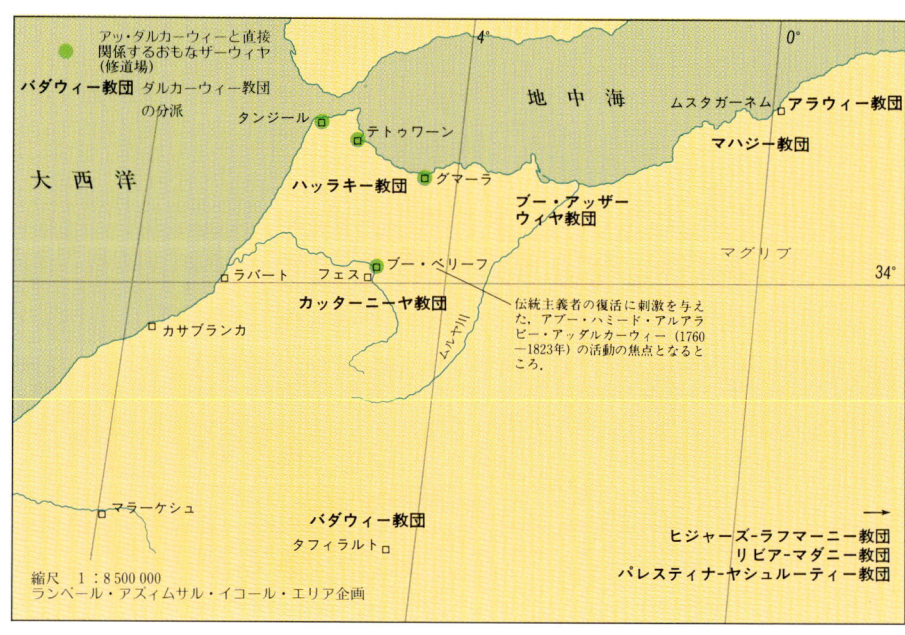

左　ウスマーン・ダン・フォディオの聖戦とソコト・カリフ国の建設

これは最もめざましい聖戦であり，さらに大国家の成立に至るものだった．「国の政府はその国王の政府である．」と，ウスマーン・ダン・フォディオは聖戦の理由を説明して書いている．「国王がムスリムならば国民もムスリムであり，国王が不信心者ならば，その国土は不信心者の国土である．……これらの国々のスルタンたちが，ある特定の場所や木，岩を崇拝し，それらに犠牲を捧げているのは議論の余地がない．これが不信仰であることについては衆目が一致している……上記のことは，聖戦以前にわれわれがみた，ハウサの人々の状態にあてはまることであった．そこでわれわれはかれらと戦い，かれらを敗走させ，ある者を殺し，気高き神の御力によってその他の者たちをこの国から追放したのである．」カリフ国の拡大は，北東部でカネム・ボルヌ王国によって阻止されただけで，カメルーンとナイジェリア中部のヌペ族とヨルバ族の国に対しては強烈な攻撃をかけた．19世紀なかばまでには宗教改革の熱情はほとんど消耗してしまい，フラニ族は支配階級におさまった．かれらは，ナイジェリア北部に顕著なイスラム的性格を与えたことと，この宗教を大西洋岸へむけて南に伝えたことにより，重要な役割を果たした．

左　マグリブでの伝統主義の復興

18, 19世紀に宗教的感情を復興したもののすべてが改革主義というわけではなかった．この地図は，アフマド・アッダルカーウィーを祖とするスーフィーの一つの重要な流派の活動の中心地を示しているが，この流派は19世紀以来，この地域で最も人気があった．アッダルカーウィーの流派は，改革運動からは何の援助もえていない．

ーン・ダン・フォディオの心性はサハラ的伝統の産物だった．かれはそのスーフィー的インスピレーションを，トレムセンのアル・マギーリーの努力によって15世紀後半にこの地域にひろまったカーディリー教団に負っていた．かれの著作は，アル・ガザーリーからアッ・スユーティーに至る，イスラム古典期および古典期以後のありとあらゆる種類の文献に依拠していた．かれと西アジアの改革主義者たちとの差異を，これほどあざやかに浮かびあがらせる事実はない．西アジアの改革主義たちは，中世にイスラムに付け加わった要素を排除した．だが，部分的にしかイスラム化されていない社会に生きていたウスマーンには，それらの要素の中にダイナミックなインスピレーションを見い出すことが依然可能だったのである．

フラニ族の一連の聖戦は最初はセネガンビアではじまった．第1のものはボンドゥで1680年ごろおこり，1個のイスラム国家を建設することに成功した．第2のものは1725年にはじまり，フタ・ジャロンにムスリム王朝が成立するという結果を生んだ．第3のものは1776年にはじまり，フタ・トロにイスラム神政国家を出現せしめた．ついで焦点は1600km東方のハウサランドに移った．ここでは，ウスマーン・ダン・フォディオの説く教えが，かれと現地の支配者たちとの間の緊張を高めていた．結果的に，かれは1804年聖戦を開始し，フラニばかりではなくハウサをも味方につけて戦った．この戦いの結果，反抗的ハウサ都市国家群は姿を消し，かわってソコト・スルタン国が建設された．聖戦はさらにつづいた．ボルヌ侵攻は失敗したが，その後ソコトは現地のフラニの助力をえて，1850年までには南東のアダマワ，南のヌペ，南西のイロリンをその版図に収めることに成功した．ウスマーンの成功は他地域のフラニにも刺激を与えた．1810年から1815年までシェフ・アフマドー(1775/6-1844)はニジェール河上流において，なかばイスラム化された首長たちと非ムスリムのバンバラ族とに対する聖戦を行った．その結果，ニジェール河沿いにトンブクトゥまでひろがるマスィナというイスラム国家が形成された．

以上は，アフリカ・イスラムの中にあらわれた改革主義的精神から直接の刺激を受けて生じた運動であるが，これらの運動がつくり出した空気は，改革主義者たち以外の人々にも影響を与えた．それは，スーフィー教団の勢力が東アフリカに拡大するのを助け，シャーズィリー教団がコモロ諸島に，カーディリー教団がタンザニアに定着するという結果を生んだ．それは，アルジェリアにおいてフランスの侵略に対する抵抗が盛りあがり，アブド・アル カーディル(1808-83)が1832年から1847年まで聖戦を指揮するという状況をもたらした．それは，1860年代からギニア高地に王国を築いていたサモリ・トゥーレ(1830-1900)をして，その王国をイスラム国家に変身させることを決意させた．さらに，この空気は，改革主義思想の影響をまったく受けていないムスリムたち，しかも往々にして改革主義者たちに劣らず有力である人々の行動をもよびさますという効果をもった．たとえば，マグリブで19世紀以降最も人気のあるスーフィーの流派となったのは，忘我修業者のアフマド・アッダルカーウィー(1760-1823)から派生したものであった．

以上の大規模な改革運動とそれが引きおこした復興とは，一面ではイスラムの理念と現地の状況との間の恒常的な緊張状態のなかから生じた危機によって，また他の一面ではイスラム世界全域にひろまった改革主義思潮の影響によって，生み出されたものだった．最近まで研究者たちは，おそらくは20世紀の国民国家群によってつくり出された世界観に過度に影響されてのことであろうが，この運動の個々の事象がもつ局地的原因を強調しがちであった．これに対し，われわれの分析は，ナクシュバンディー教団やハルワティー教団のようなスーフィー教団が，いかに改革主義的視点と熱意の普及に貢献したかを明らかにした．同様にわれわれは，学者を引きつけ，巡礼者に影響を与えるのに格好の場所メディナを中心地とするハディース学の強力な伝統の影響力をもかいまみることができた．実際，改革・復興運動は，1500年以降のイスラム世界においてウラマーとスーフィーとが，局地的規模においても世界的規模においても，共同体の主たる維持者として中心的役割を果たしたことを，他のいかなる運動にもましてあざやかに示している．ムスリム権力が内部から崩壊しかかると，かれらはイスラムの理念を唱道することでそれを再建しようと努力した．古い血管が動脈硬化をおこしはじめると，かれらは新しい血管を開き，それに新たな活力を送りこんだ．そして，共同体が勢いと方向性とを失っているとみてとると，かれらは啓示および預言者ムハンマドの言行という確固たる基盤の上に，もう一度共同体をたて直そうと試みたのである．

ヨーロッパの勃興とイスラムの対応，20世紀中葉まで

ヨーロッパ人の進出

19世紀と20世紀におけるムスリムの経験は悲惨なものであった．18世紀を通じてムスリム世界の辺境における崩壊は，まだゆるやかなものだったが，ヨーロッパ諸帝国がその社会を包囲しはじめると激しい解体にむかった．これはイスラム文明の心臓部にも一連の脅威をもたらした．キリスト教宣教師，世俗的な哲学，合理主義的な学問，純粋に現世的な進歩の観念などがそれであり，これらはすべて空前の物質的繁栄と力とに支えられていた．ムスリムにはこれに対応する準備が整っていなかった．たしかにイスラム復興運動は新たな活力の所産であり，18世紀の中葉からムスリム世界を通じてわきおこってきたが，これですら一時的で局部的な抵抗を組織したにすぎなかった．しかしながら，かれらの新しい精神と思考はムスリムがわの対応のためのある永続的な基盤と基準とを準備した．このことが重要なのは，ヨーロッパが解き放った過程があまりに急激であったため，ムスリムもそれに歩調を合わせざるをえなかったからである．もちろんこれはムスリムに限らず，すべての人類が直面していた問題でもある．ムスリムはいまや，かれらをすっかりつくりかえ同化してしまうほどに強力な文明の力というものに直面していたのだ．

この新しい時代の到来を示す象徴的な事件は，1798年のフランスのエジプト侵略であった．革命軍は理性とナショナリズムと国家権力の新たな力を代表していた．かれらの行動は，十字軍以来あえて東地中海を犯したことのないヨーロッパ人の新たな自信を集約していた．3年のうちにイギリスとオスマン帝国はこの侵入者を追いはらったが，ヨーロッパの大進撃はすでにはじまっていた．東南アジアの島嶼部では，1800年に東インド会社のあとを継いだオランダ政府がオランダの権勢を群島くまなくおよぼそうとしていた．この過程は1908年のアチェ戦争の終了によって達成される．インドではイギリスが1818年までに宗主権を認められ，さらにその40年後には，すべてのインド人を直接にであれ，あるいはインドの王侯を通じてであれ支配するようになっていた．この広大な属領を維持する戦略上の必要が，イギリス人を容赦なく他のムスリム地域への浸透にむかわせた．アフガニスタン人は，地形，好戦的な習慣，そしてイギリス領インドやツァーリズム・ロシアの野心にはさまれた緩衝地帯という位置などがさいわいして，かれらの独立を維持することができた．一方湾岸では，イギリスの勢力が次第に増大した．それはイラン南部でも，アラビア半島のインド洋沿岸でも，同様だった．さらに西方では，1869年のスエズ運河開通とヨーロッパの勢力争いとが引き金となって，広大なムスリム地域の支配が成立した．1882年にイギリスはエジプトを占領し，これに引きつづいて1898年のイギリス・エジプトのナイル河谷スーダンに対する「共同統治」が実現し，イギリスはこの地域に強い影響力をうち立てた．東アフリカの沿岸部では，イギリス人はドイツ・イタリアと伍してザンジバルのスルタンたちからかなりの領地を分け与えられ，一方インド洋の反対側では1870年代以来，多様なマライ諸国のスルタンたちに対して覇権を主張しはじめていた．

ツァーリズム・ロシアはオランダ，イギリス，フランスとともに，多数のムスリムをその支配下におく，ヨーロッパの4大強国の一つであった．ロシアは，19世紀の初頭にイラン領北アゼルバイジャンの征服によってコーカサス地方に大きな一歩を踏み出し，1864年までにはコーカサス全域を領有していた．中央アジアにおいては，カザフ人地域が1854年までに獲得され，ホーカンド・ハーン国は1873年，トルコマンとタジク人の土地はそれぞれ1885年と1895年にはロシアの支配下にはいった．一方ヒヴァおよびブハーラーの古いハーン国は保護国化されており，これはボルシェヴィキ革命以後は直接支配へと移行した．北アフリカおよび西アフリカにおけるフランスの進出はより劇的であるともいえるが，ただロシアの場合と同じように，いくつかの地域では大量のヨーロッ

ロシアによる北方イスラム地域の占領

19世紀に，ロシアはその境界線を前進させてイラン，アフガニスタン，中国と出会うに至り，コーカサス地方とトルキスタンのすべてのムスリムは何らかの形でロシアの支配下に入った．かつては強力なモンゴル人ムスリム勢力の最後の断片であり，1868年以降ロシアの保護領となったブハーラーは，1920年に最終的に新生ソビエト国家に吸収された．

- 1801年のロシアの領土
- 1825年までに支配されたイスラム地域
- 1855年までに支配されたイスラム地域
- 1881年までに支配されたイスラム地域
- 1914年までに支配されたイスラム地域
- 1920年の併合に先立つロシアの保護領
- 1920年のロシアの国境線
- 1873 支配された年
- ロシアの防衛線（19世紀）

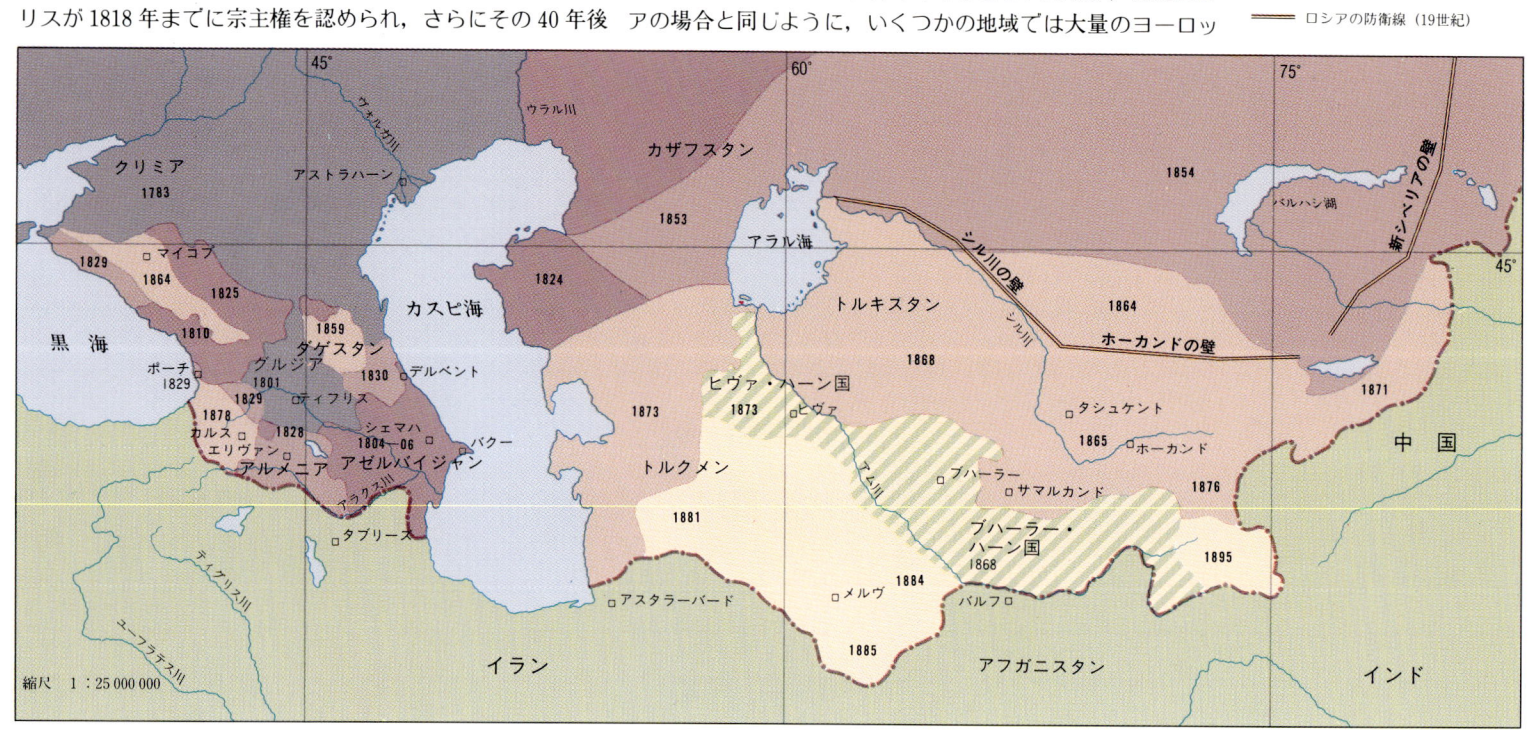

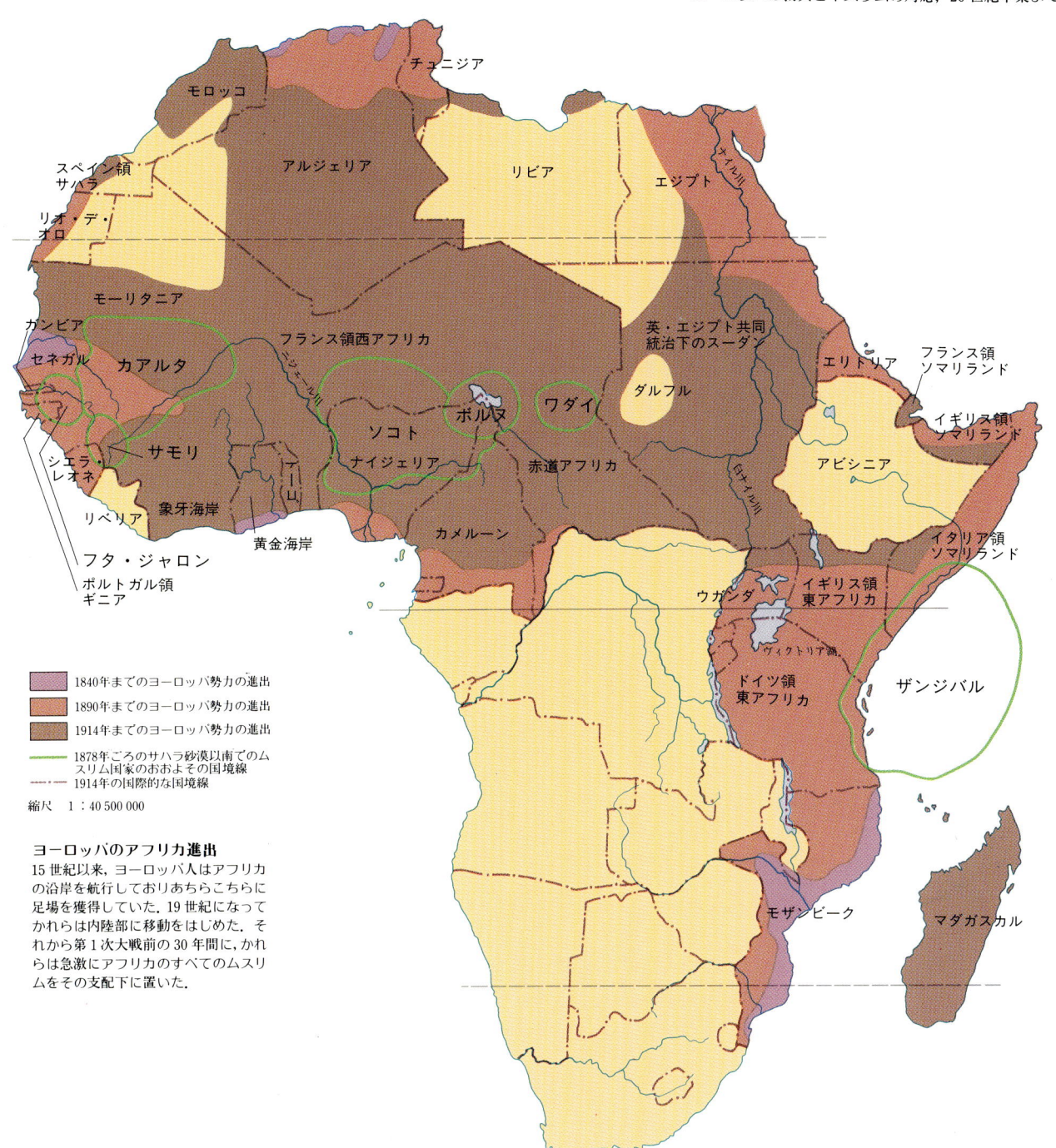

ヨーロッパの勃興とイスラムの対応，20世紀中葉まで

ヨーロッパのアフリカ進出

15世紀以来，ヨーロッパ人はアフリカの沿岸を航行しておりあちらこちらに足場を獲得していた．19世紀になってかれらは内陸部に移動をはじめた．それから第1次大戦前の30年間に，かれらは急激にアフリカのすべてのムスリムをその支配下に置いた．

凡例：
- 1840年までのヨーロッパ勢力の進出
- 1890年までのヨーロッパ勢力の進出
- 1914年ごろのヨーロッパ勢力の進出
- 1878年ごろのサハラ砂漠以南でのムスリム国家のおおよその国境線
- 1914年の国際的な国境線

縮尺 1：40 500 000

パ人植民者の流入をともなっていた．1830年にフランス人はアルジェリアに侵入した．1881年にはチュニジアの保護国化を宣言し，1912年にはモロッコを保護国化した．アルジェリアとチュニジアはフランス人の移住・植民の2大中心地となった．1912年までにかれらはまたサハラ砂漠を奪い取り，セネガルからサバンナ地帯をへてイギリス・エジプト領スーダンの国境にまで拡大し，この過程で一連のムスリム国家を制圧していった．征服された国家の多くは，サハラの南のヘリに沿ってイスラム復興運動の年月の中でつくり出されていたものであった．西アフリカで主要な植民地となったナイジェリアにおいて，単独でソコト族のスルタン国を吸収していたイギリスは，やはりこの地域のムスリムの多数を支配していた．他のヨーロッパ勢力はひろえる限りの破片をひろい集めていた．たとえば1912年には，スペインがモロッコの北端の地方に対する保護権を主張し，またイタリアがリビアを征服した．第1次世界大戦の勃発までに，アフリカのムスリムはすべて異教徒の支配下にはいっていた．

19世紀を通じて，オスマン帝国はムスリム勢力の唯一の中心でありつづけた．しかしここでもまたムスリムは確実に不信者の手のうちにおちていった．ヨーロッパ列強は，その一国が残りの国々よりも優位に立つことがないように，帝国のなかに影響力を分配的にうち立てるため財政的・政治的・軍事的なあらゆる方策を用いた．その直接の結果として，ギリシア人，セルビア人，ルーマニア人，ブルガリア人らバルカンのキリスト教徒たちが，ヨーロッパ勢力のいずれかの支援をえてオスマン支配から離脱し，またこの地域に長く住みついたかなりの数のムスリム住民が，土地を，そして時には命までも奪われた．オスマン帝国の，かつての広大なヨーロッパ領土のうち，第1次世界大戦まで残っていたのはルメリアのみであった．この大戦自体，帝国内のアラブ人民をヨーロッパの支配下におくきっかけとなった．つまりイギリスがアラブの協力をえてオスマン勢力をアナトリアまで後退させ，略取した土地を連合国のフランスと分けあったのである．1920年までにいまや主にトルコ人のみを支配下におくオスマン国家はアナトリアの中核地域を死守する戦いに転じていたが，ヨーロッパ列強はこれをもセーヴル条約に基づいて分割することを企てており，その際にはアナトリアのかなりの部分をかれらが占有した上，西方にギリシア人のキリスト教

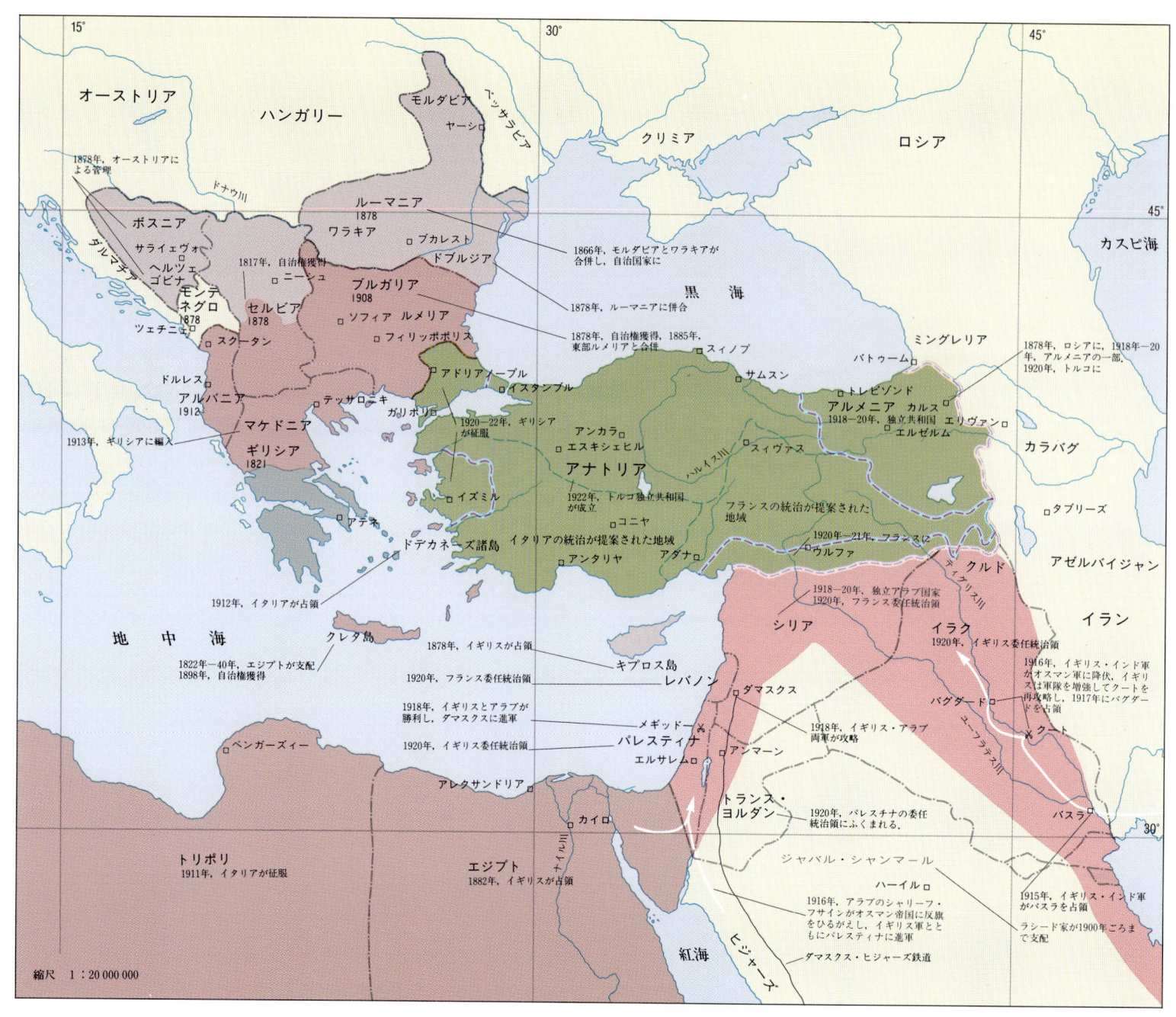

ヨーロッパの勃興とイスラムの対応，20世紀中葉まで

徒地域をつくり，東方にはアルメニア人のキリスト教国家をつくる考えであった．これはムスリムの運命のどん底であった．もはや，社会を守るいかなるムスリムの権力も存在してはいなかった．わずかにアフガニスタンとイエメンと中央アラビアのムスリムたちだけが，ともかくも独立を主張していた．ダマスクス，バグダード，カイロ，サマルカンドといった，過去の栄光がしみ込んだムスリムの偉大な都市は，みな異教の徒に征服されてしまっていた．ただイスタンブルだけはまだ自由を保っていたが，もはやムスリム世界を指導していくだけの意志も能力ももち合わせてはいなかった．さらに，前途は暗いものに思われた．ヨーロッパ列強はその国民にむかっては自由の言葉を吹聴していたが，イスラムの人々に対してはただひたすら束縛をのみ望んでいるように思われたからである．

ヨーロッパの挑戦

最初，ヨーロッパの勃興は，ムスリムの思考と生活の方法に基本的な変化を要求するもののようにはみえなかった．セリム3世のオスマン帝国にしろ，ムハンマド・アリーのエジプトにしろ，ムスリムの独立国家にとって必要だと思われていたのは，ヨーロッパ人を強くしたものをヨーロッパ人から摂取して，それをかれらの社会に導入するということだけであった．かれらがすべきことはもっぱらヨーロッパの武器やヨーロッパの機械を購入することであって，そうすればかれらの軍隊は自動的に強くなり，かれらの産業は生産力を上げるはずであった．それに付随する社会組織や社会的願望の質を変化させることなど，必要ないと思われていた．征服されたムスリムたちにとっては，敗戦と異教徒の支配とがもたらした精神的衝撃は大きかった．さらにまたキリスト教の宣教活動への憂慮もあったかも知れない．しかし，はっきりさせておくべきことは，18世紀から19世紀の前半にかけては領土の征服がただちにムスリム社会の根本的変化を意味したわけではなかったということである．古い支配者階級は，少なくとも部分的には排除されたかも知れないが，底辺でのムスリムの生活はほとんど変わらずにつづいていた．学校はいまだに伝統的なイスラム科学を教え，政府はいまだに大部分がムスリムで構成され，法律はいまだにシャリーアであった．むしろ，植民地支配の初期の段階においては，ヨーロッパ人はしばしばみずからを現地社会にかなりの程度適応させていた．言語を学び，社会の法体系を用い，時にはその土地の女

凡例
- 1923年のオスマン帝国の領土
- 1920年のセーブル条約以後のトルコの国境線
- 1923年のローザンヌ条約以後のトルコの国境線
- オスマン帝国から奪われた土地
  - 1830年まで
  - 1878年まで
  - 1915年まで
  - 1923年まで
- フランス，イタリア，トルコのあいだで提案されたアナトリアの分割線
- 1878 独立の年代

ヨーロッパのオスマン帝国包囲，1812—1923年

1812年のブカレスト条約と1923年のローザンヌ条約とのあいだに，オスマン帝国の領土はほとんどすべてヨーロッパの支配下にはいった．1921—1922年の一時期には，アナトリアの中核地域までも分割されそうにみえた．しかしこの600年つづいた帝国のこの残存部分は，ムスタファ・ケマル・アタテュルクという軍事的天才によって守り抜かれ，現代トルコ国家の中心部となった．

最初のうち，ムスリム社会に入ったヨーロッパ人は，しばしばみずからかなりの程度周囲の環境に適応していった．上図はイギリス東インド会社に勤務したウィリアム・パーマーと家族，1786年カルカッタでフランチェスコ・レナルディによって描かれた．膝に赤ん坊を抱いて坐っている女性はパーマーの年長の方の妻のベグム・ファイズ・バクシュで，彼女はデリーのムガル王家の王女である．手をパーマーの膝に乗せてかれをみやっている女性は，かれの年少の妻，ラクナウのアウド王家の出身．残りの女性たちは召使いである．ファイズ・バクシュの子供たち，左から，ウィリアム，赤ん坊のヘースティングズ（かれはパーマーが副官として仕えた総督のウォレン・ヘースティングズにちなんで命名されたにちがいない），そしてマリー．

性と結婚もした．

　しかしながら，ヨーロッパの勢力が増大するにつれ，イスラムに対する挑戦の基本的な性格が明らかになった．それは神についての，神と自然や人間との関係についての，また来世についての西欧の哲学的・科学的理論の挑戦であった．また信仰は理性と調和しうるのかという，より一般的な挑戦もあった．さらに加えて，より深いところで，13世紀間にもわたり歴史をみずからの意のままにしてきたと思っている者たちがアッラーともその啓示とも関係のない別の社会がげんに収めつつある物質的・政治的成功をまのあたりにしなければならないという暗黙の挑戦もあった．

　ムスリムの社会組織とムスリムの価値体系とを問題にするような挑戦もあった．とりわけこれが過酷に作用した理由は，イスラムが他の大宗教と異なって社会生活の詳細にわたる規範を設けていたことによる．神はメディナに成立した最初のムスリム共同体の行動を非常に正確に導びかれたのである．しかしヨーロッパで最も尊重された確信と行動基準とは，神の命令と激しく衝突するようにみえた．ヨーロッパの資本主義は利子を取ることに対するコーランの戒めに挑戦した．また人間の権利に対するヨーロッパの新しい誓約は，奴隷制を許容するコーランに挑戦した．とりわけ重要なことは，すべての人間の平等に関するヨーロッパの新たな確信が，男性に四人妻の権利や容易に離婚できる権利を認めたり，女性の隔離を命じたりするコーランにおいて予定されているかにみえる女性の低い地位に対して挑戦したことである．

　しかしながら，最も顕著な挑戦は，国家のレベルにおいてあらわれた．1800年以来ムスリムにとって差しせまった問題は，権力の問題，かれら自身の運命を導く権力の問題であった．ヨーロッパの新たな強さの第1の秘密は近代国家にあった．近代国家の諸側面こそ，ヨーロッパ人を締め出すに足る体制強化のためムスリムが導入を企てたものであり，また植民地の資源開発のためヨーロッパ人が導入を企てたものでもあったのである．近代国家の主要な特長は，まず利用可能な物的および人的資源の管理能力にある．それにつづいて国家の活動における国民の役割の増大と，国民がそれらの活動の認知者であるとする国民主権の考え方がある．しかもこれらの発展の意味するところが明白に理解されていなければならない．国家権力の増大は機械の発達を意味し，それは国民の精神と活力を国家への奉仕にふりむけさせた．それはまた国家の必要とする近代的な知識を伝達するための教育制度，教

ヨーロッパの勃興とイスラムの対応，20世紀中葉まで

育制度を強力にするための法典，そして何らかのかたちで国民の意志を表現するような政治機構の創造を意味した．それは実際には，ムスリムの生活と精神にとってコーランの啓示になんら負うところのない枠組みの創造を意味していた．一方，国民主権の考え方の拡大は，神の主権に挑戦することとなった．イスラムでは神のみが統治し，神のみが法をつくることができ，国家の正統性は神の法をどの程度施行したかによってはかられていた．人間の義務は神の基準に合わせることであり，みずから基準をつくることではなかった．しかし権力をめざす闘争は，人民のつよい願望が，あくまでも国家の中に，社会の内側で形成されたなんらかの国民的国家のなかに，表現されることを求めているのであって，神との関係のなかにそれを求めているのではないように思われた．「祖国はかれらの最愛のものだ」とインドの哲学者で詩人のモハンマド・イクバールは書いている．「人類は雲散霧消し，バラバラの諸民族が存在するだけ．政治が宗教を王座から追放した…．」

ムスリムにはまだ選択の余地があった．かれらはヨーロッパの挑戦を無視することもできたが，この場合は征服されてしまう危険を犯すことになり，もし征服されれば永続的な隷属の危険があった．また一方，かれらはヨーロッパが提示した新たな力の源泉を獲得するよう努力することもできた．つまり新たな知識を学び，新式の軍隊を訓練し，新しい工場を建設し，近代国家の機構を整備して，世界に「近代的」な外観をつくってみせることだ．かれらはさらに，これらのすべてを，コーランに啓示されているムスリムの生活様式に調和させるよう努力することもできたのである．しかしそうすることによって，かれらはイスラム社会の中心的な制度を衰微させる危険を犯すことになった．シャリーアは余分のものに思われ，ウラマーやスーフィーは不適切な存在に見えて，ムスリムはもはやどう対処したらいいのかわからなくなってしまった．かれらは，イスラムの枠のなかに新しい力を吸収する試みを通じてみずからを強化してくれると期待したもののために，かえってみずからの変質をひきおこしてしまい，世俗的・唯物論的・疑似ヨーロッパ的精神を言語・記憶・文化のムスリム的外皮でおおっただけの者となり果てる危険を犯したのだった．

オスマン帝国領土のヨーロッパ化

ヨーロッパの挑戦にこたえるために，ムスリムによってとられたさまざまな戦略のなかから，一つの課題が生じてくる．ムスリムが最初に，かつ最も衝撃的なかたちで思い知らされたのは権力の問題だったから，問題を取りあげたのも権力に最もかかわりのある人間だった．ウラマーとスーフィーは，

ヨーロッパ帝国主義とムスリム世界，1920年ごろ
この時代までにヨーロッパの拡大に屈することのなかったムスリム国民は，まことにわずかである．アフガニスタン人とヒジャーズ，イエメン，ナジュドのアラブがそれであるが，これらの地域は勢力均衡の原理がはたらいてヨーロッパ列強があまり目をむけなかったため，独立を保てたのである．イランはその領土の大部分をイギリスとロシアの勢力圏に分割され，独立は単に名目だけのものとなった．トルコはその存立を賭してアナトリアで戦っていた．

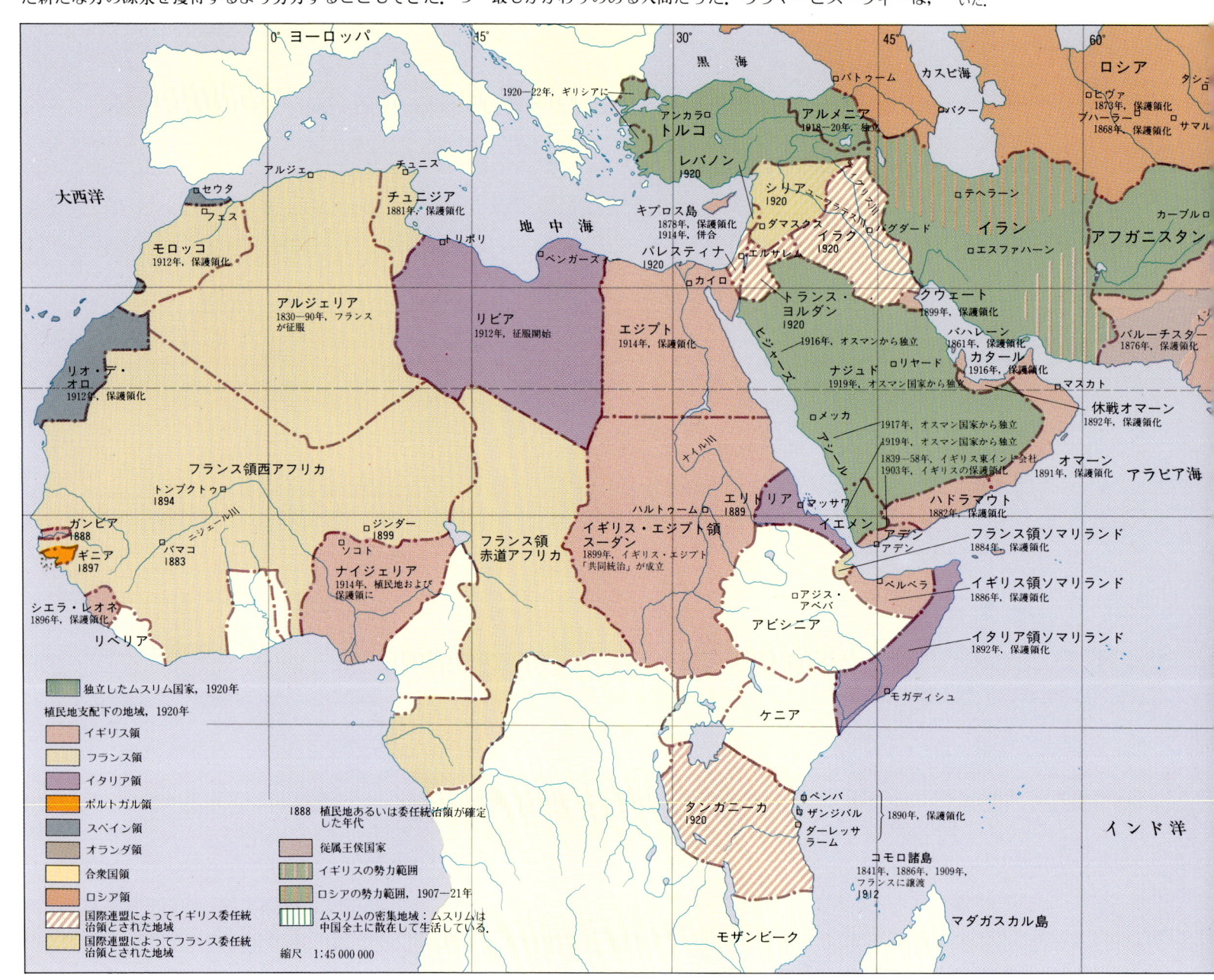

ヨーロッパの勃興とイスラムの対応，20世紀中葉まで

ヨーロッパ勢力の侵入を防ぐために，多くのムスリムの指導者たちが国家機構の近代化への努力を集中したのは，まず何よりも軍隊であった．軍隊は，20世紀の多くの発展途上国においてと同様，ヨーロッパの活力の秘密を獲得する試みの先陣の位置にあった．左図は1825年の新たな徴集兵をわきにしたがえた，イェニチェリの下級将校．この翌年にはオスマンの軍隊のこの歴史的なエリート軍団は，マフムト2世によって一掃された．右図は，これから30年足らずたったのちにクリミア戦争に従軍するオスマンの兵士たち．制服は現代のヨーロッパの軍隊とほとんど区別がつかない．しかしムスリムの兵士たちはヨーロッパ式の制服には慣れなかったようである．かれらは一般人からは「ズボンをはいた者」と冷やかされた．かれらは非番のときには，ズボンをかれらの膝上までまくりあげていた．

ある役割は果たしていたにしても，その役割は小さなものであった．その結果として，ムスリム社会のなかで権力者と価値伝達者とのあいだの永く続いてきた緊張関係は，明確に権力者の側に有利な力関係へと変化していった．

オスマン帝国の指導者たちは，帝国に対するヨーロッパ勢力の不断の侵入を抑えることができる強力な国家機構を建設しようと試みた．この作業はスルタン・マフムト2世（治世1808-39）のもとで断固たる決意ではじめられた．かれは1812年以来，それまで長い間中央権力に抵抗し，中央の権限を制約してきた半自治的な集団の解体に取りかかった．かれは最初イェニチェリを使って，地方の名士，渓谷の首領，地方のパシャなどを——エジプトのムハンマド・アリーを例外として——服属させ，ついで1826年6月15日，ヨーロッパ式の訓練を施した新型軍隊を使って，世襲的団体に変質してしまっていたイェニチェリというこの歴史的エリート軍団を一掃するに至った．それにつづいて，西欧的性格の新しい国家機構の建設がゆっくりと，ためらいがちに進み，しかし結局は成功におわった．これまでかろうじて生きのびてきた旧秩序の遺物とはまったく異なる性質の新しいものがあらわれた．その近代的な軍隊はプロイセンの将校によって訓練され，かれらが開いたドイツ人とトルコ人とのあいだの緊密な関係は，今日に至るまでつづいている．ヨーロッパの学問を教える，しかもしばしばヨーロッパの言語でこれを教える学校が設立され，能力ある将校や有能な官吏を提供した．19世紀のおわりまでに，これらの学校はイスタンブルの大学を頂点とする帝国全体の規模の組織を形成したが，この大学はムスリム世界で最初の，かつ純粋に土着の近代大学であり，文部省がこれを管轄していた．これより早く，1863年ごろには，フランスの法典を手本とした刑法，商法，海事法，土地法などが制定されていた．ウラマーにとっても，イスラム社会形成諸力の伝達システムにとっても，これらの変化の意味するところは明白だった．かつてはイスラムの拡大のために存在したオスマン国家は，いまやイスラム的知識を国家存立の目的とは無関係なものとして扱うようになった．この国家は，かつては他のいかなる国にもましてシャリーアの施行に熱心だったが，いまやそれも片隅に追いやられようとしていた．さらにウラマー自身も寄進地を収用されて，いまやほと

んど国家の年金生活者となってしまったために，ウラマーの地位は一般のムスリムのなかでも低下していった．

この極度に集権化された世俗的政府の成長は19世紀を通じて継続し，それは鉄道，電話といったすすんだ伝達手段の発達によっておおいに助けられた．これはスルタン・アブデュルハミト2世（治世1876－1909）のパン・イスラム主義の信奉によっても弱まることはなかったが，もっともこの信奉は帝国の内外での浪費を導いた．また中央政府の成長は，1876年に流産におわったオスマン憲法から1908年にそれを回復しようとした青年トルコ党の試みへと至る国民の政治参加への動きによっても，そらされることはなかった．第1次世界大戦のころになると，すでに〈統一と進歩〉委員会をつくっていた青年トルコ党の人々は，新しい国家機構の操縦において，かれらに先行するだれにも負けぬほど専制的であって，それは国民大衆から精神的に離反し，その共感をえることのできないものであった．

予測できたことだが，新しい世俗的なオスマン国家の発展はアイデンティティーの問題を引きおこした．帝国を形成していた多様な民族と宗教のそれぞれの熱望を調停し，代表することは可能なのだろうか？　19世紀の改革者たちはオスマン国民といった考え方を後退させた．この時代の二つの大きな勅令であった1839年のギュルハネ（バラの間）憲章と1856年の勅令とは，ともに，すべての帝国臣民は，ムスリムも非ムスリムも，法の前に平等であると宣言した．この国家は古いイスラム的な基礎を取り除き，17世紀以来国家の力を弱めてきた宗教的な分裂を乗り越えるよう命ずることによって，すべての国民の愛慕の対象として姿をあらわした．このような政策は古いイスラム的な骨組みの解体と結びついていたため，必然的にムスリムたちの反感を買うこととなった．そこでアブデュルハミト2世はイスラム的アイデンティティーの実験を試み，再びムスリムと非ムスリムとのあいだに区別を設けて，ウラマーにはあるがままにかれらへの尊敬の念を回復させ，同時にスルタンが全ムスリム共同体に対する精神的権威をもったカリフでもあるという考えを広めることが可能だと考えた．しかしこの試みはその内在的矛盾によって挫折した．すでに西欧的な法と西欧的な教育とをはぐくんできてしまった絶対主義にとっては，イスラムは危険なアイデンティティーであったからである．それは，ただちに支配者が，国内の反抗的なキリスト教徒臣民と国外の干渉的なキリスト教勢力とに対抗してやっていく義務をもつことを意味していた．青年トルコ党が1908年に権力の座についたとき，イスラムの選択の可能性はなくなった．残された可能性は二つあった．かれらはもとの超社会的なオスマン人アイデンティティーに戻ることもできたし，あるいはまったく新しい選択であるトルコ人アイデンティティーにむかうこともできた．トルコ主義の思想家はズィヤ・ギョカルプ（1876－1924）であったが，かれはフランスの社会学者たちの影響を受けて，言語こそ民族の唯一の有効な基礎であるという考え方をもち，トルコ語使用者の特質は西欧的近代化の方法を通じて最もよく表現されると主張した．最初は，青年トルコ党はオスマン人アンデンティティーを志向していた．かれらは自分たち自身，トルコ人農民とのあいだにそれほど多くの共通点を見出すことができず，またいまだにギリシア人，アルメニア人，アラブなどを含む帝国を支配していたからである．しかし問題の性格は，帝国をアナトリアの中核地帯まで後退させたヨーロッパの最後の攻撃によって一変した．いまやトルコ人としての選択しか残されていなかった．

この選択にかたちを与えたのはムスタファ・ケマル（1881－1938）であった．かれはのちに，「トルコ人の父」を意味するアタチュルクとよばれるようになる．第1次世界大戦で最も成功をおさめたトルコ人将校であったかれは，1922年にルメリアと西部アナトリアを占領していたギリシア人に対抗して，国民を勝利に導いた．1923年に連合国側と講和して，トルコ人の国民国家の存在が認められたあと，かれはこの純粋にトルコ的な枠組のなかで，オスマン帝国が19世紀のはじめ以来建設しつつあった近代的な世俗的組織の完成を企て，またこの国家を西欧的近代化に向けてしっかりと方向づけることを意図した．スルタン制は1923年に，カリフ制は1924年に廃止され，オスマン朝の支配者たちはパリ行きのオリエント急行に無作法につめ込まれた．宗教的な学校や裁判所は一掃された．シャリーアの最後の痕跡はスイス法典にとってかわられた．ウラマーの国家的養成は打ち切られた．スーフィーの組織は廃止された．モスクと修道院は博物館になった．ペルシア語・アラビア語から借用していた文字はローマ字に置きかえられた．そしてトルコ人はトルコ帽という多目的のかぶり物を放棄してつば付き帽子にかえることを強いられた．つば付き帽子は長いことヨーロッパ化の象徴であり，それをかぶったままでは額をすりつけるムスリムの礼拝を行うことはできなかった．これ以後，イスラムは純粋に私的な問題となり，個人の内面的な信仰問題となった．しかしこの

上　アブデュルハミト2世はイスラム・アイデンティティーの確立をオスマン国家の近代化のために試みた．かれはムスリム共同体の指導者たらんとして，みずから預言者の後継者としてのカリフの地位を強く主張した．その一つの象徴は，1900年から1908年にかけて，ダマスクスからヒジャーズ地方を貫いてメディナまで達する鉄道の建設を進めたことであった．ムスリムたちはこの計画に世界中から協力した．この鉄道によってメッカへの巡礼は容易になり，またオスマン帝国がアラビア半島部に権威をおよぼすこともまた容易になった．これは技師長のムフタル・ベイが鉄道の完工式を行なっているところ．

右　このポスターは，1923年のローザンヌ条約締結ののち，新生トルコ共和国の成立を祝うものである．新しい国民国家の世俗的なイデオロギーを高らかに謳いあげつつ，ベールをはずした女性の象徴する新生共和国が独立戦争の英雄イスメト・イノニュ将軍を導いている．

İSTIKLÂL SAVAŞININ MUZAFFER GARP CEPHESİ KOMUTANI İNÖNÜ LOZANDAN ANAYURDA SULH ve ZAFER GETİRİYOR.
GELDİK SANA BAYRAMLARLA EY GÜZEL ÜLKE
AY YILDIZI SAR KOYNUNDA GÜZEL SEV BESLE

過程のすべては，西欧化されたエリートによって押しつけられた．かれらはシャリーアに基づくイスラムの古く高度な宗教文化の最後の痕跡まで取り除くことに成功したが，国民一般のあいだではスーフィー教団も熱烈な信仰もともに生きのびていた．

エジプトの分裂した対応

エジプトもまた，ヨーロッパの挑戦に対して，軍隊の近代化と国家権力の強化とへの努力でこたえた．最初のうち，エジプト人はこの点でオスマン帝国の場合よりもさらに精力的であったが，これはかれらがヨーロッパの軍隊に接した体験をより痛烈に抱いていたということから当然予想されることであった．エジプト人の指導者はムハンマド・アリーであり，かれは1805年から1848年までこの国を支配した．かれはフランスの侵略に対抗してイギリス・オスマン帝国両国の作戦にしたがうアルバニア人部隊の指揮官であったが，のちにカイロの主人となったあと，スルタンによって総督に任ぜられた．かれは強力な中央政府を創出した．1809年までにウラマーは屈服しており，1811年までに古いタイプの奴隷軍人であるマムルークたちが，イェニチェリの運命を予感させるようなやり方で，虐殺された．この両集団の寄進地と徴税請負地は国家の手に取りあげられ，貿易を振興するための巨大な専売機構が導入され，産業革命を推進する試みがなされた．新たな資力と権力をおさえたムハンマド・アリーは，エジプトをヨーロッパの道に方向づけた．新しい徴兵制に基づく軍隊が外国人教官によって訓練され，エジプト人がヨーロッパに送られて技術を学び，ヨーロッパの知識を伝える国家的な教育機構の基礎が置かれ，そこに籍を置くことが軍隊や官僚機構で地位を得るための鍵とされた．

エジプトは力と富をえたが，その成長はヨーロッパによって阻止された．ムハンマド・アリーの軍隊はその勢力をアラビア半島，スーダン，パレスティナ，シリア，ギリシアなどにひろげたが，さらにオスマン帝国の中核地域に進軍するおそれがでてきたとき，ヨーロッパ列強はこれに干渉した．ムハンマド・アリーとかれの後継者たちの新しい事業はヨーロッパの経済的な干渉の発動を刺激した．それはエジプト経済をその根っこから衰えさせ，エジプト経済をヨーロッパの資本と産業につなぎとめておくことになった．1882年には，ヨーロッパの干渉はイギリスの軍事占領にまで立ち至った．かれらがエジプトでみた状況は，西欧の教育を受けた「近代的な」階層があって，かれらが国家に仕え，法を施行するというものだった．その法はといえば完全にフランス法典に基づいていたが，ただ個人の身分上の事項に関してはいまだにシャリーアが適用されていた．そしてまた「伝統的な」ウラマーの階層もあって，かれらはアズハルとそれに付随する巨大な学校組織で訓練を受けていた．この学校組織はムハンマド・アリーによるウラマーの収入への攻撃にもかかわらず存続しつづけ，なおもエジプトの就学人口の95％の教育をになっていた．

これら二つの分裂した社会的・文化的階層の存在は，これ以後の70年間のエジプトの歴史に反映されている．エジプトをイギリスの支配から解放しようとする運動は，ムハンマド・アリーの後継者たち，少なくともその精神的な後継者たちによって推進された．たとえば，サード・ザグルール（1860-1927）は1919年にワフド党を組織したが，これは最初の大衆的民族主義政党であった．これはイギリスに対して，1922年の限定的な独立を認めさせる力となった．これ以後の数十年間は，ワフド党員とその他の世俗的民族主義者たちが中心となって，イギリスの影響力の痕跡を取り除くための闘争をすすめ，また同時にかれらは，エジプトのいまだ基本的にはイスラム的な社会の内部に世俗国家の境界を拡大するよう努力をはらった．1923年に発布された新憲法は，ベルギーやオスマン帝国のそれを手本にしたものだったが，これは神の主権ではなく国民の主権を謳っていた．イギリスによる放ったらかしの状態がおわって国家的教育機構の拡大のための精力的な方策がとられるようになり，1925年からは小学校教育の無料化と義務教育化が実現された．アズハルの組織，教科課程，ウラマー，下部教育機関を政府の管轄下に置くための具体的な措置もとられた．一方ウラマーは，民族主義闘争において小さな役割しか果たさなかった．1919年の大衆行動は学生たちの国民的規模のネットワークによって可能になったものだ

服装のヨーロッパ化は，国民を西欧的近代化に引きこもうとするアタチュルクの政策の重要な側面であった．かれは1925年にカスタモヌで述べている．「ときどき私は女性が布かタオルか何かを頭からかぶって顔を隠したり，男が通りすぎるときに背中をむけたり，地面に丸くなったりしているのを目にする．この行為は何を意味しているのか？……これこそが国民をあざけりの的に仕立て上げている光景なのだ．」左図はアタチュルクがこうであれと望んだトルコ女性．かれの養女の結婚式に際して養女と踊っているところ．

右 **ムハンマド・アリーのもとでのエジプト勢力，1805-48年**
この支配者のヨーロッパ的路線にそった容赦ない近代化政策は，エジプトを東地中海の重要な強国に押しあげた．かれはアラビアのサウード・ワッハーブ運動を鎮圧し，スーダンを征服し，ギリシアの民族主義者に対する軍事作戦で成功をおさめることができた．そして最後にヨーロッパ列強が干渉に乗り出すまでは，シリアを征服し，アナトリアにまで進軍することができた．しかしながら，この並はずれた支配者（図中）が1848年に死ぬ以前に，すでにヨーロッパ列強はエジプト経済に対して大きな影響力を獲得しはじめており，このことはつぎの100年間のこの国の歴史の主要な特徴となるのである．

下 古い奴隷軍人のマムルークたちは，1260年以来エジプトを支配し，オスマン朝の征服後も政治的な指導者の地位にあったが，かれらはムハンマド・アリーの権力確立に抵抗した．そこで1811年にムハンマド・アリーは500人近くの指導的マムルークたちを歓迎会に招待した．かれらが馬に乗って細い通りを帰っていくとき，両端の門が閉じられ腕のたつ射手がかれらを1人残らず射殺した．

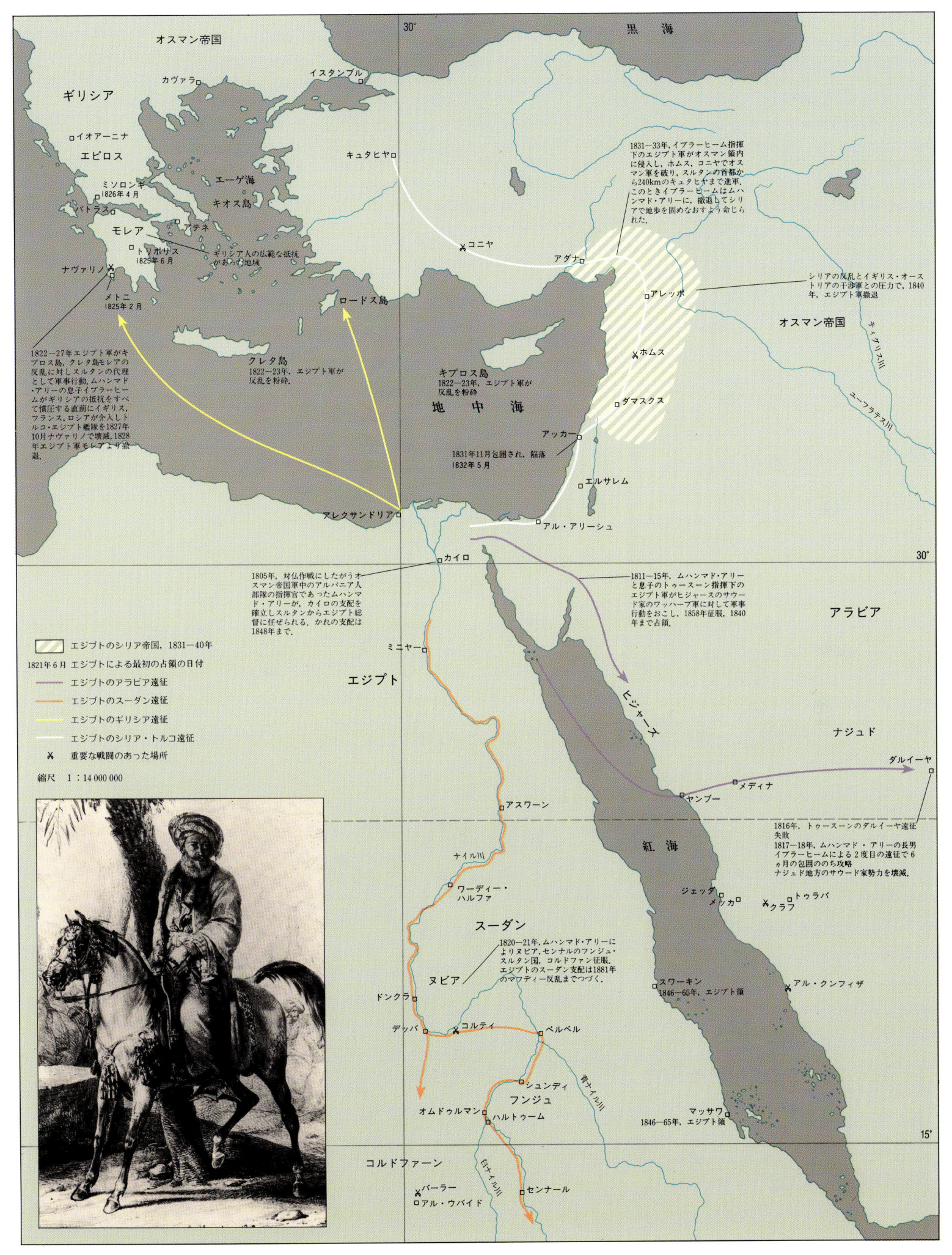

ヨーロッパの勃興とイスラムの対応，20世紀中葉まで

オスマン帝国

ギリシア
- イオアーニナ
- エピロス
- ミソロンギ 1826年4月
- パトラス
- カヴァラ
- イスタンブル
- キュタヒヤ
- エーゲ海
- キオス島
- モレア
- アテネ
- トリポリサス 1825年6月
- ギリシア人の広範な抵抗のあった地域
- ナヴァリノ ✗
- メトニ 1825年2月

1822—27年，エジプト軍がキプロス島，クレタ島モレアの反乱に対しスルタンの代理として軍事行動．ムハンマド・アリーの息子イブラーヒームがギリシアの抵抗をすべて鎮圧する直前に，イギリス，フランス，ロシアが介入し，トルコ・エジプト艦隊を1827年10月ナヴァリノで壊滅．1828年エジプト軍モレアより撤退．

コニヤ
アダナ

1831—33年，イブラーヒーム指揮下のエジプト軍がオスマン領内に侵入し，ホムス，コニヤでオスマン軍を破り，スルタンの首都から240kmのキュタヒヤまで進軍．このときイブラーヒームはムハンマド・アリーに，撤退してシリアで地歩を固めなおすよう命じられた．

黒海

アレッポ

シリアの反乱とイギリス・オーストリアの干渉軍の圧力で，1840年，エジプト軍撤退．

オスマン帝国
ティグリス川

ロードス島
クレタ島 1822—23年，エジプト軍が反乱を粉砕．
キプロス島 1822—23年，エジプト軍が反乱を粉砕．

地中海

ホムス
ダマスカス
アッカー 1831年11月包囲され，陥落 1832年5月
エルサレム

ユーフラテス川

アレクサンドリア
アル・アリーシュ
カイロ

1805年，対仏作戦にしたがったオスマン帝国軍中のアルバニア人部隊の指揮官であったムハンマド・アリーが，カイロの支配を確立しスルタンからエジプト総督に任ぜられる．かれの支配は1848年まで．

1811—15年，ムハンマド・アリーと息子のトゥースーン指揮下のエジプト軍がヒジャーズのサウード家のワッハーブ軍に対して軍事行動をおこし，1818年征服，1840年まで占領．

アラビア

凡例
- ░░ エジプトのシリア帝国，1831—40年
- 1821年6月 エジプトによる最初の占領の日付
- ─── エジプトのアラビア遠征
- ─── エジプトのスーダン遠征
- ─── エジプトのギリシア遠征
- ─── エジプトのシリア・トルコ遠征
- ✗ 重要な戦闘のあった場所

縮尺 1：14 000 000

ミニヤー
エジプト
ヒジャーズ
ナジュド
ヤンブー
メディナ
ダルイーヤ

1816年，トゥースーンのダルイーヤ遠征失敗．1817—18年，ムハンマド・アリーの長男イブラーヒームによる2度目の遠征で6ヵ月の包囲ののち攻略．ナジュド地方のサウード家勢力を壊滅．

アスワーン
ナイル川
ワーディー・ハルファ
ジェッダ
メッカ
クラフ ✗ トゥラバ

スーダン
ヌビア
ドンクラ
デッバ
コルティ ✗
ベルベル
シュンディ
フンジュ
ハルトゥーム
オムドゥルマン
紅海
スワーキン 1846—65年，エジプト領
アル・クンフィザ ✗
マッサワ 1846—65年，エジプト領

1820—21年，ムハンマド・アリーによりヌビア，センナルのフンジュ・スルタン国，コルドファン征服．エジプトのスーダン支配は1881年のマフディー反乱までつづく．

青ナイル川
白ナイル川
コルドファン
バーラー ✗
アル・ウバイド
センナール

ヨーロッパの勃興とイスラムの対応，20世紀中葉まで

が，ウラマーはこれに参加はしたものの，すぐ後退してしまう．かれらは世俗的な民族主義者を主要な敵と考え，かれらの独自性を維持するためには王制を支持する，すなわちイギリス軍の継続的駐留を認めることをもいとわなかった．しかしながら宗教心の篤いエジプト人のなかからも，ウラマーの軟弱な態度と，かれらのあえて好んでするようにさえみえた帝国主義への妥協とに不満を示す者が出てきた．1930年代から1940年代にかけて軍事的な政治組織であるムスリム同胞団が成長した．これはハサン・アルバンナー（1906-49）によって創設され，エジプトその他の地域のムスリムに対して，必要ならば暴力を用いてでも，神権的なイスラム政府の樹立を強制することを目的としていた．1952年の自由将校団の革命前夜には，社会はいまだに大きく分裂していた．かりに勢力の均衡が世俗主義的将来に期待する人々の方に傾いてきていたとしても，それでもイスラム的展望に対する組織的・精神的な支持はいまだに根強いものがあった．

アラブの熱望

さてここで，オスマン帝国の東方アラブ地域に目を転じてみよう．外国の支配を脱しようとするアラブの最初の試みは，イギリスとフランスの野心にはばまれて失敗した．好機は1914年にオスマン帝国が連合国側に対して宣戦布告したときに訪れた．シャリーフ・フサイン（1931年没）は，メッカの世襲的な支配者であり預言者の子孫であったが，かれはイギリスに対して，タウルス山脈からインド洋にかけて，地中海からイラン国境にかけてのアラブ地域の独立を援助するように求めた．イギリスは援助を約束したが，バグダードとバスラの各ウィラーヤとパレスティナより北の地中海沿岸については，これを主な例外とした．シャリーフはこれに妥協したが，これはいくつかの重要な問題を棚あげにしたことを意味する．そして1916年6月10日にアラブ反乱の旗をあげた．かれの軍隊はイギリスとともにパレスティナに進軍した．かれらは1918年10月1日にダマスクスを占領し，熱狂的な歓呼のなかで，かれの息子の1人ファイサル王子が独立アラブ政府を設立した．アラブはかれらの夢が実現したと考えた．しかしイギリスはシャリーフ・フサインとの誓約に矛盾する約束をしていた．それは1916年5月のフランスとのサイクス・ピコ協定と，パレスティナにユダヤ人の民族的郷土を建設することを支持した1917年11月のバルフォア宣言であった．アラブはむなしく自由の喜びを味わった後，連合国側から締め出されてしまった．1920年に国際連盟はレバノンとシリアをフランス委任統治領とし，ファイサルは独立政府設立後21ヵ月にしてフランス軍によりダマスクスを追われた．チャーチルその他の指導的なイギリス人政治家たちには，困惑の表情をみせるだけの雅量はあった．同じ年にイギリスはイラク，トランス・ヨルダン，パレスティナを委任統治領とし，またユダヤ人の民族的郷土創設の義務を負った．

第1次大戦後，アラブの希望がくじかれたことは，アラブ民族主義に新たな戦闘性を加え，それは今やイギリス・フラ

20世紀のエジプト社会は，他の多くのイスラム諸国と同様，二つの社会的・文化的な階層をふくむようになっていた．一方のイスラム的階層はアズハル大学（下図）によって象徴されるが，この大学は学校と教師のネットワークを通じていまだにエジプトの教育を大きく左右し，またそれが代表する価値観に多くのエジプト人が共感していた．もう一方の階層は厚味の上ではるかに薄いものだったが，ヨーロッパの文化と教育を身につけた人々で，かれらは近代国家の活動に参加し，民族運動を指導し，外部のヨーロッパ列強と協力してもいた．左図はエジプトのファールーク王が追放された後，ナイトクラブで親しい友人のイタリア人歌手イルマ・ミヌトロといっしょにいるところ．

右　フサイン・マクマホン協定，1915年
この地図はメッカのシャリーフ・フサインが戦後にアラブ独立地域の設立を望んだ地域と，ヘンリー・マクマホン卿がより限定された地域についてこの希望を支持することを約束したことを示している．

中　サイクス・ピコ協定（1916年）およびバルフォア宣言（1917年）
1916年の5月から10月にかけて，イギリス代表のマーク・サイクス卿とフランス代表のジョルジュ・ピコ氏とのあいだで結ばれた条約，およびイギリスの外相バルフォア卿が1917年11月2日にシオニズム運動に対して行った約束．両者は，明らかにフサイン・マクマホン協定の精神に矛盾していた．そしてアラブは，当時においても，またそれ以降も，この約束の違背を信じて疑わない．

下　アラブ地域の新たな情勢，1920-21年
アラブ地域の最終的な戦後処理は1920年4月のサン・レモ会議と1921年のカイロ会議で決定された．その結果，国際連盟からフランス・イギリスへの統治委任というかたちで，基本的にサイクス・ピコ条約がフランス，イギリスそしてシオニストたちの利益になるように修正された．ユダヤ人の民族的郷土建設というバルフォア卿の約束は，パレスティナ委任統治領のかたちで実現された．あざむかれたのはアラブであった．オスマン帝国の没落とともに開かれた自由と民主主義への展望は，こうしてくだかれた．それどころか，アラブは委任統治の期間だけとはいえヨーロッパ帝国主義の支配下におかれ，さらにパレスティナにはまったく別の国民を創設する約束がとり交されていたのだった．アラブの感情をなだめ，その気持をほぐすために，イギリスはカイロ会議でシャリーフ・フサインの2人の息子に支配地域を分け与えた．すなわち，ダマスクスで自由アラブ王国を支配し，その後フランス軍に追放されていたファイサルは，イラクの国王となった．またアブド・アッラーはトランス・ヨルダンのアミールに任ぜられた．こうして1915年から1921年のあいだに，イギリス・フランスの帝国主義とユダヤ人，アラブの民族主義の相互作用のなかで，この地域におけるこれ以後の政治的な展開の枠組みが画定されていった．

フサインはイギリスが以下のような範囲をもつアラブ国家の独立を認める

ヨーロッパの勃興とイスラムの対応，20世紀中葉まで

ようにと提案した．「北はメルスィン，アダナから北緯37度線に平行にすすみ，さらにビレジク，ウルファ，ミディアト，ジャズィーラト，アマディアをつないで，ペルシア国境に至る．東はペルシア国境を下ってペルシア湾に至る．南はインド洋に面し（アデンは現状を維持するため除外する），西は紅海および地中海に面してメルスィンに戻る．」

マクマホンはフサインの提案を認めるに際して，以下のような決定的な修正を行った．「メルスィンとアレクサンドレッタの区域，およびシリアのダマスクス，ホムス，ハマー，アレッポの西側部分は純粋なアラブ地域とはいえず，そのためこれらは提示された境界から除かれねばならない．」またこれらの修正は「われわれの現行のアラブ首長との諸条約」すなわちペルシア湾地域での諸条約を侵害するものではない．またイギリスはこれらの「提示された境界内の地域」に関する誓約を行ったが，この地域では「イギリスはその連合国の前線における利益をそこなうことなく行動することが自由である……」またアラブ側は「…バグダードとバスラの二つのウィラーヤにおける大英帝国の確立された地位」を承認する．

フサインはメルスィンとアレクサンドレッタに関する修正は認めた．またかれはイギリスによる短期間のバグダード・バスラ占領を，どちらの政権の利害をも侵略しないということで認めた．しかしかれはダマスクス・アレッポ線から西のシリアに関する修正には同意せず，イギリスとの交渉がつづけられていた．

1917年のバルフォア宣言はパレスティナにおけるユダヤ人の民族的郷土の設立を支持している．「ただし現在パレスティナに存在する非ユダヤ教徒社会の文化的および宗教的慣習を侵害するようないかなる行為もしてはならない……．」

シリア：1918年シャリーフ・フサインの息子ファイサル，ダマスクスに独立アラブ政府を設立．

パレスティナ：バルフォア宣言の趣旨がイギリスによる委任統治のかたちで実現．

トランス・ヨルダン：1921年パレスティナから分離，シャリーフ・フサインの息子アブド・アッラーがアミールとなる．

イラク：1921年ファイサルはフランスの委任統治に対抗してシリアから逃亡を余儀なくされた後，イラクの王とされる．イギリス・フランス石油協定でイラクの石油の25％がフランス側に提供され，その見返りとしてモースルがイギリスの委任統治領となる．

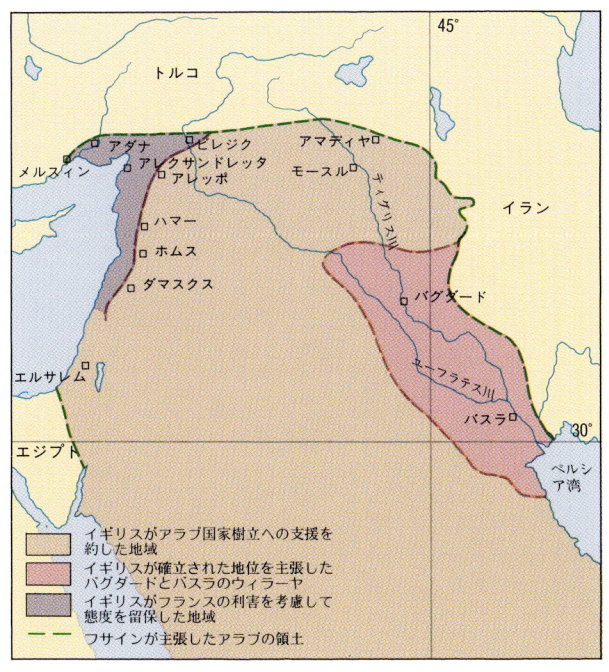

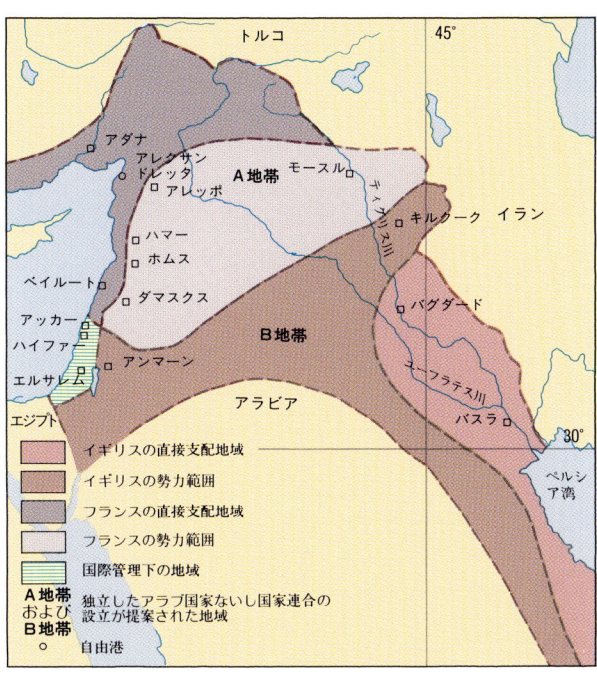

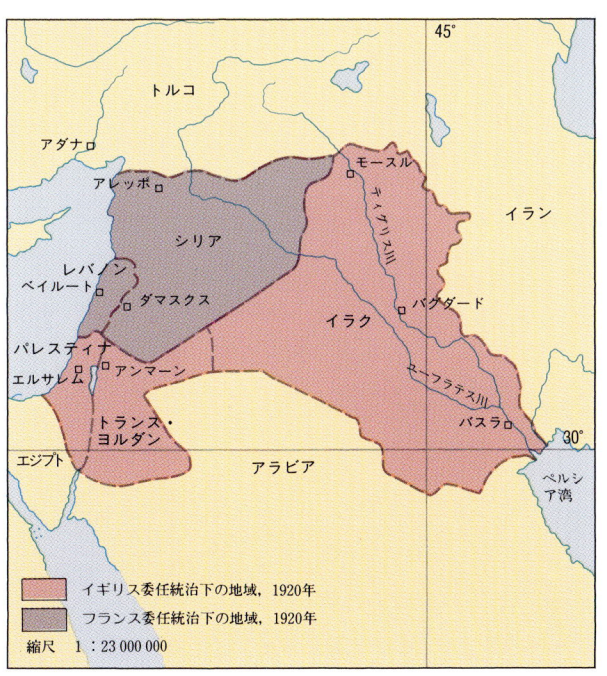

ンスの支配とユダヤ人の入植とに対する強い怒りによってさらに激しくされた．オスマン帝国の末期と委任統治時代に教育を受けた人々が社会で活躍をはじめるにつれ，世俗主義的な考え方が広まった．われわれはかれらの強い影響力をアラブ民族主義とイスラムとの関係の変化のなかにみることができる．アラブはイスラムの問題をトルコ人と同じようなやり方ではぐらかすことはできなかった．イスラムは世界史に対するアラブの偉大な貢献であり，またアラブはイスラムによって統一と法と文化とを手に入れることができたのだ．ムハンマドを最初のアラブ民族主義者とみることすら可能だった．とにかく預言者のことばをそう簡単に無視することはできなかった．ウラマーがイスラムをアラブ国民国家に調和させるよう試みるかも知れないという点に，潜在的な強みがあった．輝かしいイスラム改革思想家ムハンマド・アブドゥフ（1849－1905）は，イスラムと近代ヨーロッパ思想とは調和可能であると説いてその基礎を与えた．かれの弟子のシリア人ラシード・リダー（1865－1935）はさらに進んで，第1次世界大戦でのアラブ反乱の際，アラブの政治的利害は社会全体の利害と一致すること，そして独立アラブ国家はアラビア語とその国の法を形成するはずのシャリーアとに新しい生命を吹き込むだろうと主張した．しかし1930年代までに，これとはまったく違った展望が支配的となった．イスラムはもはやアラブ国民国家の結合の要因ではなく，単により広範なアラブ文化の一部であるとみなされるようになった．人々はアラビア語こそ国民の統合の基礎であると議論した．この推移は最も重大なものであった．これによって，結局のところ世俗的民族主義の最も早い唱導者であったアラブのキリスト教徒たちにとって，アラブ・ムスリムの遺産を活用することが可能になった．エジプト人やその他の北アフリカ人もアラブ国家に含まれる可能性が生まれ，また利用価値のある非イスラム的な考え方は何でも利用しうることになった．その一つの結果はアラブ・バース社会党（復興党）の創設で，これは1963年以降シリアおよびイラクで政権についた．アラブはいまや近代国家を建設し，イスラムを純粋に文化として扱うことが可能になったのである．

アラビア半島における展開は，まったく別の様相を示している．というよりも，これは20世紀のイスラム史における唯一の現象であって，その主要な過程は，イスラム世界およびヨーロッパ世界の相互作用からでなく，すべて18世紀にかの地でめざめた復古精神の再燃からはじまっていたのである．役者は以前と同じ，ワッハーブ派ウラマーと提携したサウード家であった．19世紀のほとんどを通じてかれらの運命は動揺し，この世紀のおわりにはサウード家は追放されてクウェイトにあった．このときこの一族から20世紀の最も偉大なるムスリム指導者の1人であるアブド・アルアズィーズ・ブン・サウード（1880－1953）が登場し，1902年以降ナジュド地方にサウード・ワッハーブ勢力を築きはじめたのだった．1912年以来イフワーン（同胞）運動という，アブド・アルアズィーズ自身の考案による新たな戦術を用いはじめたことによって，かれの権力は急速に強大化した．何回かにわたり，かれはワッハーブ派ウラマーをベドウィンの間に派遣して，かれらの非イスラム的な習慣と不能率な遊牧生活とを放棄し，自給的な宣教的・軍事的農業共同体に定住するように説得させた．そこでは，かれらは極度に禁欲的で文字通りシャリーアに忠実な生活を送った．絹を着た女や礼拝に遅れた男はむち打たれた．このような共同体が200以上も設立されたが，そのメンバーの最高の望みは人々を厳格なイスラムの基準にまで高めるため戦って死ぬことであった．この注目すべき勢力の助けによって，また列強の干渉に妨げられることがなかっ

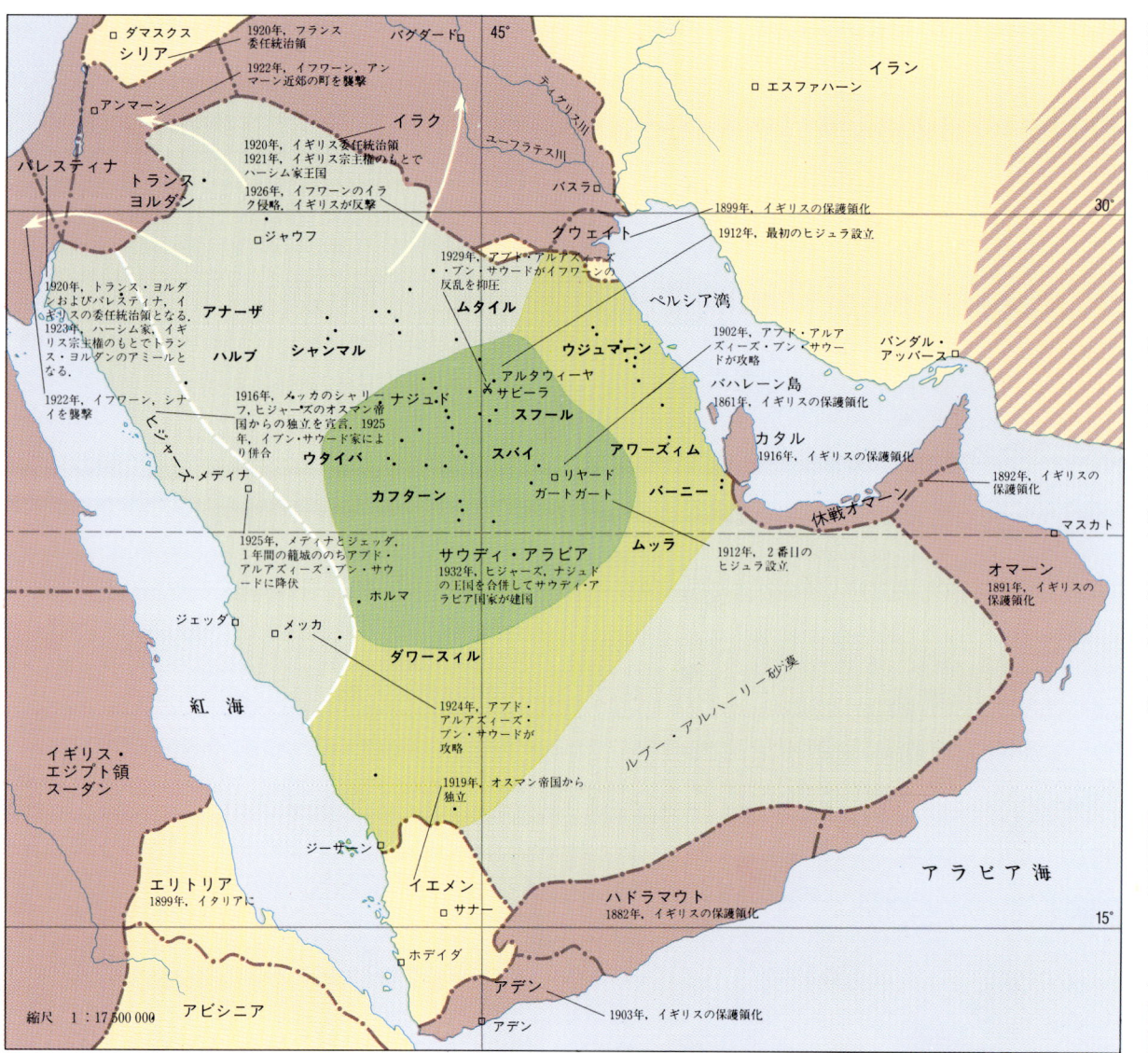

ヨーロッパの勃興とイスラムの対応，20世紀中葉まで

左　サウディ・アラビア国家の出現

20世紀の初頭から，ワッハーブ派ウラマーと提携したサウード家が，18世紀と同様にアラビアに国家を建設した．1902年，21歳になるアブド・アルアズィーズ・ブン・サウードが，40人の手勢とともに，ナジュド地方の首府リヤードの町を大胆な夜襲によって攻略したことから，この過程ははじまった．それから23年後，シャリーフ・フサインからヒジャーズ地方を奪い取ることによってこの過程は終了し，アブド・アルアズィーズは1932年以後サウディ・アラビア国王として，この地に君臨した．その指導者としての並はずれた才能を別にすれば，イブン・サウードの成功は二つの事実によっていた．それはどの列強も中央アラビアに侵入する考えをもたなかったこと，そしてイスラムのために死を誓った突撃隊すなわちイフワーンを創設したことである．ワッハーブ派の信仰を誓った軍事的かつ宣教的な200以上の農業共同体——ヒジュラとよばれる——が，地図に示すようにアラビアの中核地帯に設立された．かれらは初期のサウード国家の確固たる土台を準備し，これを拡大へと導いた．しかし結局は，かれらの宗教的理想主義は，近代的で国際的に受け入れられる国家を創設しようとするアブド・アルアズィーズの希望と衝突した．

サウード家の領域
- 1912年
- 1920年
- 1925年
- メッカとメディナのシャリーフ
- ・ヒジュラ（代表的な配置，ハビーブによる）
- ハルブ　部族名
- イギリスの委任統治領または保護領となった地域
- イギリスの影響のおよんだ地域

たおかげで，アブド・アルアズィーズは次第にその支配をアラビア全土におよぼし，1925年までにはヒジャーズ地方を征服し，かれらの本源主義的な考え方をメッカ・メディナの聖都での宗教儀礼に課すことによって，1世紀以上前にさかのぼるかれらの祖先の達成と競い合うまでになったのである．

ひとたびアブド・アルアズィーズが権力の座につき王を名乗るようになると，イフワーンの存在は邪魔になった．かれらは王の自動車や電話の導入に反対し，また不信の徒に対する戦いにおいては国際的な境界線も意に介せず，イラク，トランス・ヨルダンでイギリス軍と衝突をはじめていた．かれはみずからが創り出した悪魔を破壊することを余儀なくされ，1929年のサビーラの戦いでイフワーンのほとんどを殺害した．しかしながら，1932年からサウディ・アラビア王国として知られるようになるかれの国家の土台はシャリーアであり，それは裁判所を通じて完全に施行された．近代化は聖法の枠組のなかで行われたが，国王の布告によってシャリーアのおよばない領域が規定されもした．この点で近代のサウディ・アラビアの発展は他のいかなるムスリム国家とも一線を画している．1938年の石油発見ののち，またイスラム誕生の地に権力が立ちもどったのち，サウディ・アラビアのこの特色は，世界中のムスリムにとって最も意味深長なものとなった．

イランの独立への苦闘

イランのヨーロッパへの対応は，オスマン帝国やエジプト

左　サウディ・アラビア国家の創設者アブド・アルアズィーズ・ブン・サウード（左に腰かけている）とかれの一族の男たち，1911年．

ヨーロッパの勃興とイスラムの対応，20世紀中葉まで

右　イランにおけるロシアとイギリスの帝国主義，1800—1946 年
1800 年から第 2 次世界大戦の終了に至るまで，イランの発展は常にイギリスとロシアの経済的野望と戦略的対抗の対象であった．レザー・シャー・パフレヴィーの出現によってイラン政府の新たな活力が生じたことにより独立は強められたが，それでも第 2 次大戦中のロシアとイギリスによる占領は，イランの列強に対する基本的な弱さが何一つかわってはいなかったことを明らかにした．外部の勢力が過去 2 世紀間にわたっていかにイランの運命に影響を与えたかを理解することは，イランの政治においてときに噴出する外国人ぎらいの現象を説明するのに役立つ．

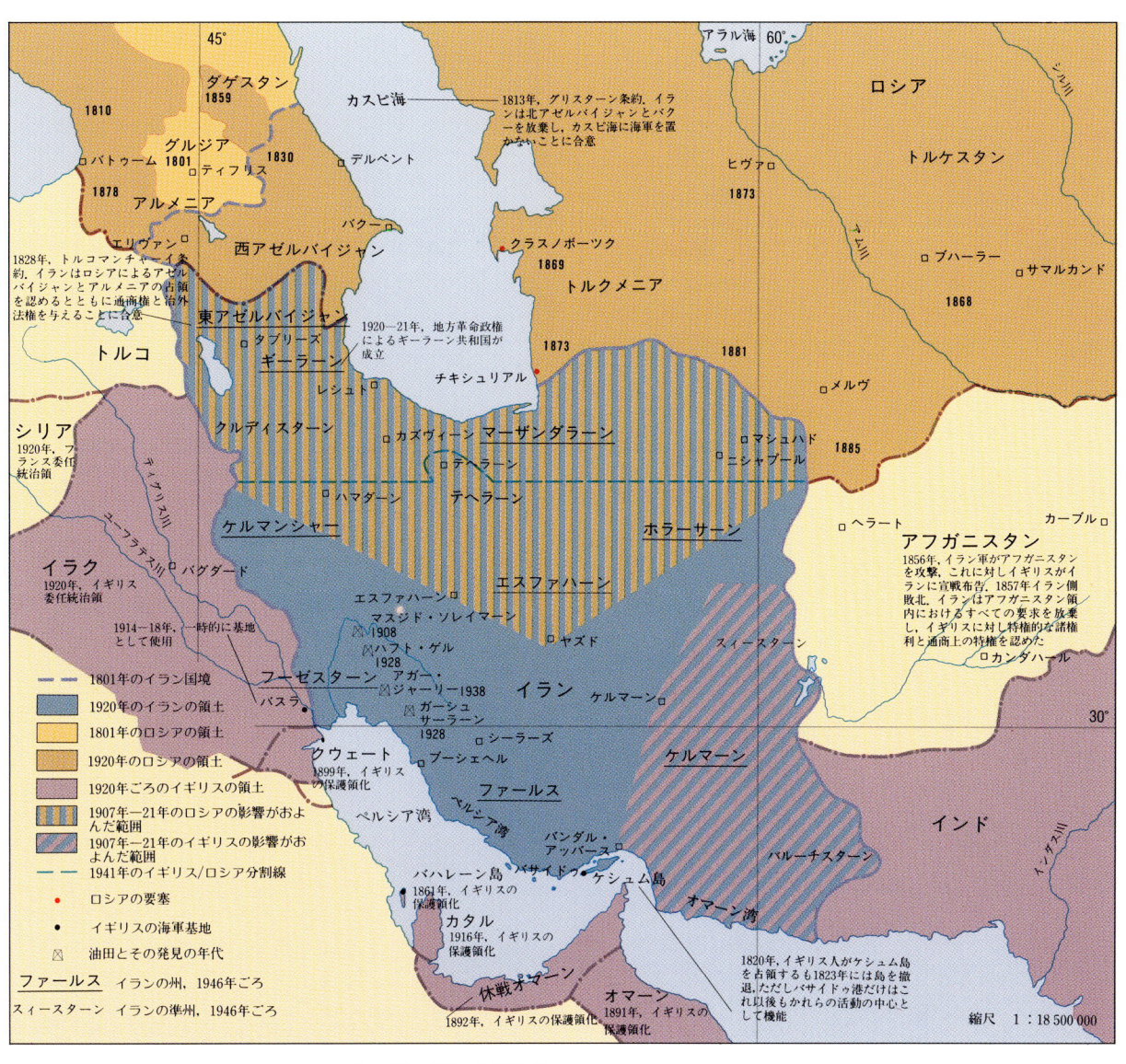

下　最初のイフワーン・ヒジュラのアル・アルタウィーヤの知事の息子，アミール・スルタン・ブン・アブド・アッラフマーン・アッダウィーシュ．かれはサビーラの戦い（1929 年）でアブド・アルアズィーズと戦った．かれがもっているのは弾丸を浴びたイフワーンの軍旗で，アッラーとムハンマドの文字がみえるが，旗一面に信仰告白の全文が書かれていた．

凡例：
- 1801年のイラン国境
- 1920年のイランの領土
- 1801年のロシアの領土
- 1920年のロシアの領土
- 1920年ごろのイギリスの領土
- 1907年—21年のロシアの影響がおよんだ範囲
- 1907年—21年のイギリスの影響がおよんだ範囲
- 1941年のイギリス/ロシア分割線
- ● ロシアの要塞
- ● イギリスの海軍基地
- 油田とその発見の年代

ファールス　イランの州，1946年ごろ
スィースターン　イランの準州，1946年ごろ

と興味深い対照を示す．類似点もあったが，重大な相違点もあった．とくに，近代化の遅れ，国家権力の弱さ，ウラマーの権威の強大さなどがイランの特質をなしている．

イギリスとロシアの圧力は，19 世紀を通じ20 世紀に至るまでつづいた．ロシアはイランにおける領域を可能な限り拡大し，この国の残りの部分に対する経済的・政治的な支配の基礎をおくことを目指していた．1828 年までにロシア人は，シャリーアでなくかれら自身の法のもとでイランに居住するようになった．1870 年代までに，かれらはカスピ海の西岸にすでにかなりの領土を獲得していた．1907 年から 1921 年までのあいだ，ロシア人はイラン北部がかれらの勢力範囲であることを主張し，また第 2 次大戦中にも再びこれを主張した．イギリスはインドの防衛と通商の発展に関心があった．かれらは独立した強力なイランがロシア人をペルシア湾とインド国境からできるだけ遠ざけておくことを望んでいた．1907 年から 1921 年にかけて，イギリスはイラン東南部がその勢力範囲だと主張し，その要求は第 2 次大戦中にイラン南部全域にまで拡大された．1870 年代以来イギリス・ロシア間の通商上の対抗関係も激しくなった．1872 年にイギリス人バロン・ド・ロイターが鉄道建設・鉱山・銀行を含む全国的な独占権を認められた．これに対抗するロシアの要求が出され，1878 年にイラン人のコサック隊の設立，装備，訓練の許可をえた．ずば抜けて深く浸透し，イラン国民から嫌悪された外国の商業的存在はアングロ・イラニアン石油会社，のちのブリティッシュ・ペトロリアムであった．この会社は 1908 年にはじめ

143

て石油を採掘し，その後急速にこの国の支配的な企業に成長した．

　イギリスとロシアがかくも容易にイランに進出することができた最大の理由は，中央政府が弱体だったことである．このころのイラン社会は半自治的な勢力・領地の集合体であったと考えるのが最もよい．それらは，宗教的・民族的な少数民集団（アルメニア人，アッシリア人，ユダヤ教徒，ゾロアスター教徒が人口の約10％を占めていた），部族集団（クルド，ロル，バフティヤーリーらは，人口の25％～50％を占めていた），国中に緊密なネットワークを張りめぐらし政府への融資の主要な源泉であった商人層，そして同時代のオスマン帝国やエジプトとまったく対照的にその権威を増大させていたウラマー層などであった．われわれはすでに，サファヴィー朝の末期にウラマーが，第12代イマームの不在のあいだは，シャリーアを深く学び誤謬なき生活を送るムジュタヒドのみが統治できるという理論をどのように普及させはじめていたかをみてきた．この理論は18世紀になってさらに精緻化され，ウラマーの多くとイラン人大衆とは現存するムジュタヒドに指導を求めなければならないと信じるようになった．この地位を達成したウラマーは絶大な権力をえた．さらにそれは，ウラマー集団全体としての社会的な機能と経済力とによって支えられていた．かれらは教育，法律，慈善事業の運営などを完全に掌握していた．かれらは莫大な寄進地と広大な保有地をもち，毎年敬虔なシーア派ムスリムの各々の手取り所得の5分の1を受け取って，半分は貧乏人に分かち，半分は自分たちの仕事につぎ込んでいた．このような権力をもった宗教専門家たちは，普通なら民衆の支持をなかなか得られないのが当然である．ところがこれらのウラマーは，民衆と共生的な関係をもっていた．かれらがムジュタヒドの地位に昇れたのは，政府の指名によるのでも，同等者のなかでの選挙によるのでもなく，学識と民衆の声望との組み合わせによってであった．かれらはしっかりと民衆に根をおろした巨大な独立の集団を形成していた．支配者のなかにもかれらをあえて無視することのできる者はいなかった．

　オスマン帝国のスルタンやエジプトのヘディーヴたちと同様，カージャール朝の歴代シャーも中央政府の権力の強化に努めた．この事業が実際にはじめられたのはナーセロッディーン（1848-96）の治世においてであり，他と同様ここでも最初に軍隊に注意がはらわれた．イェニチェリやマムルークの虐殺に対応するのは，ナーセロッディーンによる古い封建的軍隊の廃止であり，地主や部族長に対してでなく，まず何よりも国家に対して忠誠を誓う大隊の創設であった．軍の将校や官僚に西欧的教育をほどこすための学校も，1851年に設立された．1860年代には官僚機構の改革と電信の導入によって，中央政府はますます強化され，1873年にはナーセロッディーンは，以後3回におよぶヨーロッパ訪問の初回を実行に移すことができるほどに安心していられた．そこでかれは，ヨーロッパ人に特権を与えることによって近代化の歩調を早めようとした．ロイターの特権を認め，コサック部隊をつくり，さらにキリスト教宣教師たちに学校や病院の設立を許可したことなどは，みなこの過程の一部であった．ウラマーは当然このような展開に反対した．西欧的な教育の進展，宣教師の存在，ヨーロッパの影響の増大，さらに国王権力の拡張は，かれらの地位をおびやかすものだったからである．かれらは1873年ロイター利権に対する抗議運動を指導して，成功した．また1891/2年にはイギリス人のタバコ専売に抗議してイラン人に数ヵ月間タバコの喫煙を禁じ，抵抗運動を成功に導いた．さらに1905-11年の立憲革命の初期段階の運動を指導した．この革命では，テヘランの商人や西欧的教育を受

ヨーロッパの勃興とイスラムの対応，20世紀中葉まで

けた急進的小集団と提携して，国王政権に民主的な憲法を押しつけることに成功した．一見したところ，革命に対するウラマーの指導力は逆説的なもののように思われる．しかし実際は，そうではなかった．ウラマーは，シャリーアとイラン人の生活のイスラム的特質とを，国王政府からも，西欧的教育を受けた急進派からも，等しく守ることに関心をもっていた．ウラマーはこれらの目的に合うような条項を1906年に発布された憲法に挿入し，西欧的な教育を受けたかれらの盟友がその目標を支持しないことが明らかになったとき，両者は敵対関係にはいった．

中央政府の権威が劇的な増大をみせたのは，コサック部隊の隊長レザー・ハーン（1878-1942）が1921年に権力を掌握し，これによって1926年みずからシャーと名のって以後のことである．強大化した政府の中心にあったのは，権力の分散を抑え社会の近代化を促進する新しく統一された常備軍であった．世俗的な発展のパターンがいまや実施に移された．1921年には，西欧化された教科課程による包括的な国民義務教育の機構が導入された．1935年にはテヘラン大学が設立された．さらに研究を積むためにイラン人が外国に派遣された．世俗的な法典がシャリーアに取ってかわり，宗教的な裁判所はその機能を奪われた．裁判官となることを許されたのは，西欧的な教育を受けた人間だけであった．レザー・シャーが大いに賞賛したトルコのアタチュルクと同じように，レザー・シャーもイラン人が世俗主義的な社会の外面的な象徴を採用することを望んだ．1928年からウラマーでない男子は洋服を着なければならなくなった．1935年からは縁のついた帽子をかぶらなければならなくなった．1936年からは女性がベールをはずすことを強制され，国王の命令をあえて無視した者からベールをはぎ取るために，警察力が使われた．全体として，この軍人が成し遂げたことはめざましいものであった．イランは外国の政治的・経済的な支配からほとんど解放され，イラン人の生活に世俗的タイプの近代国家がしっかりと根をおろし，ウラマーの勢力は大幅に縮小された．ウラマーが同時代のトルコにおいてと同じ運命をたどらなかったのは，第2次世界大戦によるところが大きい．戦争下，シャーの退位がひきおこされ，20年間にわたる比較的弱体な政府の先ぶれとなった．ウラマーはかれらの失地をある程度回復することができ，近代化されたイラン国家のなかでイスラム社会の骨組みを維持することができた．

ロシアにおける復興と抑圧

これまでいたるところで，われわれは外国の脅威から自国を守るためにムスリムたちがいかなる対応を示したかについて学んできた．ここでわれわれは，やや異なった状況にあるムスリム，すなわち中央アジア，南アジア，東南アジア，アフリカにおいて，すでに外国人の支配下に入っていたムスリムたちの対応に目を転ずることとしよう．ここでの対応には，一面では植民地勢力の影響が，また別の一面では社会におけるイスラムの位置が関係していた．次の二つの点が明らかである．すなわちムスリムたちは，キリスト教徒にせよ，無神論者にせよ，非ムスリムによって支配されていたということのために，イスラム，あるいは少なくともイスラム文化は，通常トルコやイランの場合にくらべれば，かれらのアイデンティティーのより中心に位置づけられるようになっていった．そしてまた植民地政権はしばしばみずから弱体であることを十分自覚し，その臣民の宗教的感性に対して健康な尊敬を示していたがゆえに，イスラムの制度に対する攻撃にはしばしば慎重であった．

北方イスラム地域におけるロシアの政策は，19世紀のイスラム復興を刺激した．その出発点はエカテリーナ女帝のヴォルガ・タタールの再興にあった．それまでかれらの宗教的・経済的な自由は，16世紀の征服以来非常に制限されていたのである．かれらの交易活動に対する制限が解除されたことによって，ロシアとそれが拡張していったムスリム帝国とのあいだの増大する交易を独占することが可能となった．タタール人たちは新たなロシアの領土にひろがっていき，ロシア人商人がおそれて出かけてはいかないような場所で財産を築いた．新たな富の多くはカザン周辺の産業に投資され，タタール人はヴォルガ地域における指導的な企業家となっていった．宗教上の無権利状態も撤廃され，タタール人はオレンブルグのウラマー会議の監督を受けてイスラム社会を形成する自由をえた．自由と繁栄は，進歩への刺激となった．文字通

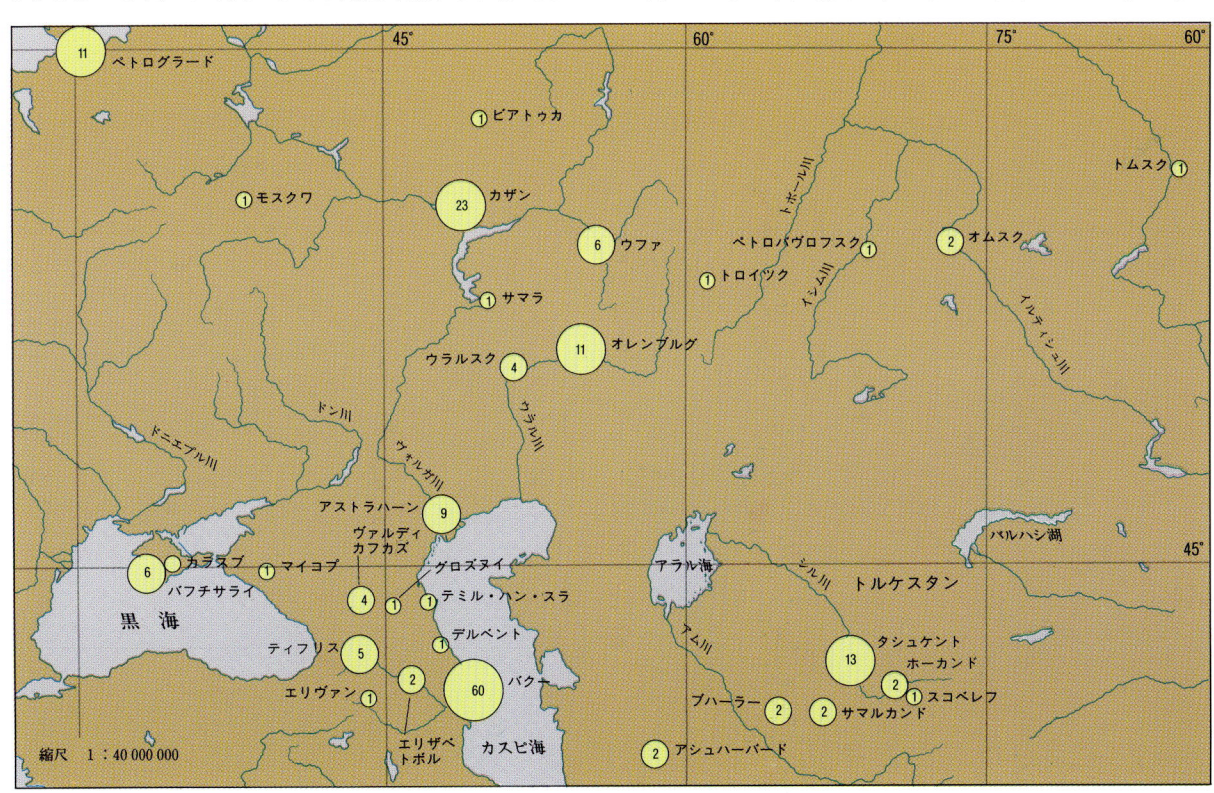

左　ファトフ・アリー・シャー・カージャール（在位1797-1834）．ヨーロッパの手がまだ伸びてこなかったところで，自分の世界に真に確信をもって君臨できたイラン最後の君主．

上　ナーセロッディーン・シャー．かれはファト・フアリー・シャーの死の14年後に王位についたが，すでにイランが生きのびていくためには，西欧の力の秘密を学ばなければならないことを知っていた．その48年間の治世においてかれは，ウラマー，部族，商人に対する中央政府の権威を高め，この過程で役に立つあらゆる西欧の学問と西欧の資金をできる限り導入することに努めた．かれは1896年に宗教改革者でパン・イスラム主義思想家のジャマール・アッディーン・アルアフガーニーの弟子に暗殺された．

下　レザー・シャー・パフラビーは，ナーセロッディーンに続いて，中央集権化と西欧的学問の採用という政策を思いきって推進することになる．かれはマーザンデラーンの牧草地で父親の羊を追う少年だったが，成長してパフレヴィー王朝を創立するにいたった．イランが第2次世界大戦に枢軸国側にたって参戦したあと，連合軍は1941年かれの退位を強要した．

右　ロシアにおけるムスリム向け新聞，1917年
この地図はムスリム社会がバルト海沿岸からトルキスタンまでいかにひろがっていたかを示している．バクーとヴォルガ・タタールの古都カザンとがその中心地であった．多くのムスリムが居住していたトルキスタンは相対的に新聞の出版が最も少なかったが，1917年と1920年の革命のあいだにその数は激増した．

政治的な風刺漫画

　ムスリムによってムスリムのために発行される新聞は，1820年代の末ごろから創刊されはじめたが，おそらくその最初のものを発行したのはエジプトのムハンマド・アリーである．しかしながら，実際に活発な出版活動が展開したのは19世紀の末からであり，植民地政府とムスリムの支配者の双方の検閲によってその成長がしばしば厳しい妨害を受けたにもかかわらず，20世紀の最初の10年がおわるまでに，新聞・雑誌あわせてエジプトでは約150，中央アジアでは160，イランでは370以上，オスマン帝国ではおそらくイランでのそれを上まわる数が発行され，一方中国でさえ1913年から1939年までのあいだに少なくとも100種以上のムスリム紙が創刊された．そのなかでも傑出した新聞として，1833年にクリミア・タタール人の改革者イスマーイール・ベイ・ガスプリンスキーが創刊した『テルジュマーン』，1866年にインドの改革者サイイド・アフマド・ハーンが創刊した『アリーガル協会報』，19世紀末のアラビア語の有力紙『ジャワーイブ』などがあげられる．コーカサス地方のティフリスで1906年から1917年にかけて断続的に発行された『ムッラー・ナスレッディーン』と，北インドのラクナウで1877年から1930年代まで発行された『アワド・パンチ』の二つの有力な風刺新聞の風刺漫画をみていると，当時のジャーナリズムの香気がいくぶんか伝わってくる．

　『ムッラー・ナスレッディーン』は精力的な反体制週刊紙で，進歩的な文筆家，詩人のグループが発行した．かれらはあらゆる保守主義を攻撃したが，とくにシーア派ウラマーの宗教的な狂信をヤリ玉にあげ，ほとんど毎号にわたってウラマーがヨーロッパ帝国主義に効果的に抵抗できていないこと，かれらが進歩の障害を代表していること，かれらがツァーリズム体制と妥協していることを非難した．地主，資本家が攻撃され，裁判官の買収はあばかれ，教師たちの愚かさはからかわれた．その一方，改革者イスマーイール・ベイ・ガスプリンスキーの業績は賞揚された．左図や次頁右端のようなユーモラスな肖像画が，この新聞の全号を通じてちりばめられている．左下図：創刊号の最初の頁におかれた風刺漫画はその志を表明している．すなわちムスリムたちはいまだ眠っており，ムッラー・ナスレッディーンがかれらの目を覚まそうとしている．右下図：この気取って眠っているウラマーの集まりには，何の説明も不要だろう．はなはだ痛烈である．右上図：教育改革者のガスプリンスキーがタタール人教師とロシア人の教育監督官のみにくい連合によって押しつぶされている．漫画の説明文で，教師いわく「新制学校に通うタタールの若者たちの精神は日々堕落しています．」これに監督官がこたえて「最近若いタタール人たちが左傾化しておる．早速旧制学校を強化して新制学校を禁止せねばならん．」右図：ここでもまたガスプリンスキーがウラマーに悩まされている．ウラマーはガスプリンスキーが不信心者であり，かれの新しい教育法は聖法に反すると非難・攻撃している．

ヨーロッパの勃興とイスラムの対応，20世紀中葉まで

リ何千というイスラム初等学校が設置され，数多くの出版社が設立されて，独特のタタール・イスラム文化が開化した．

最初のうちタタール人は，ブハーラーやサマルカンドといった偉大なウズベクの都市文化の基準から多大の影響を受けていた．かれらはその服装や風俗を模倣し，女性をベールでおおいはじめ，高度のスンナ派的正統派信仰から逸脱した者を攻撃した．しかしやがて，ロシアの拡大の波にのったあと，ロシア人との競合を感じはじめる．中央アジアにおいてロシア人行政官はロシア人の商人に有利なように差別待遇をはじめ，ヴォルガ地帯ではロシア人経営者がより未発達なタタール人を追い越しはじめていた．タタール人はこれに対抗して，ロシアの学問をかれらのイスラム的教育機構に取り入れることに努めた．その方法を示したタタールの指導的知識人としては，エジプトのムハンマド・アブドゥフと同様，近代科学がコーランと両立すると主張したシハーブッディーン・マルジャーニー（1815－89）や，タタール語を有効な教育の道具としたアブドル・カイユーム・アンナースィリー（1825－1902）などがいる．さらにクリミア・タタール人のイスマーイール・ベイ・ガスプリンスキー（1851－1915）は，アラビア語学習の新しい音声方式と世俗的な教科を含む新しい教科課程とを開発した．この近代的な方式は急速に拡まり，また地方語による教育も含まれるようになっていった．こうしてムスリムの教育は，人口の3分の1が読み書きのできるヴォルガ・タタール人の土地で力強く支持された近代的な方式と，中央アジアでいまだに支配的であった伝統的な方式とに2分されることになった．

ロシアの1905年革命と1917年革命とのはざまに好機が訪れたが，ムスリムは共通の政策に合意することはできなかった．タタールの指導的な近代主義者たちはキリスト教徒の同胞と合流して政治的自由化を要求した．かれらはトルコ語を公用語とする自治的なムスリム政権の樹立をもくろんでいたのである．1905年と1906年には3回のムスリム大会がもたれたが，共通の政治的行動への合意に達したのはタタール人とアゼルバイジャン人のみであった．他のムスリム代表は各々の言語集団の自治や独立だけしか頭になかった．1917年の2月革命と10月革命のあいだにタタール人近代主義者たちは再度ロシア・ムスリム間の調整を試みたが，モスクワとカザンで開かれた大会でも同じ反応しかえられなかった．他のムスリム諸民族はパン・トルコ主義的な統一の考えにはついに関心を示さなかった．さらに数ヵ月のあいだ，それらのムスリム諸民族はただ宗教的・文化的な自治の夢を追っていたのだった．しかも，共産主義者が勢いを伸ばしていた．

ムスリムのなかのある人々は共産主義者となり，近代主義を超えて世俗的な世界観に到達したが，また一方では「ムスリムの」将来を夢みる人々がいた．タタールの学校教師の息子ミール・スルタン・ガリエフ（1900ころ－？）もその1人だった．かれはスターリンのもとで民族人民委員部に勤務し，ムスリム共産党を結成した．かれの議論によれば，ムスリム社会はあるかなしかの大土地所有者とブルジョアジーを別とすれば，集団的にツァーリズム・ロシアの抑圧をうけてきた．この集団を分割して人工的な階級闘争を引きおこすことには何の利点もない．重要な問題は外国の支配からの解放である．実際，ロシアのムスリムの状態は，世界中の植民地の抑圧された民衆の縮図そのものである．われわれ以外にだれが革命の火をアジアへ，さらにそのむこうがわへと運ぶことができようか．このような議論はもちろん異端であり，スルタン・ガリエフが仲間のタタール人を組織して，かれが「大ロシア人の盲目的排外主義」とよんだものに対抗しようとしたとき，かれは沈黙を余儀なくされた．かれはマルクス主義が土着化

下 「植民地化の問題」と題された，ロシア帝国権力の中央アジアへの拡張強化に対するこの怒りのこもった批評画のなかで，ロシア人官吏がキルギス人をどなりつけている．「出ていけ，ウクライナ人のためにこの部屋が必要なのだ．」

『アワド・パンチ』は文芸的ユーモア雑誌で，北インドの土地もちやエリート役人の教養あるウルドゥー語使用者の雑誌．イギリスの支配，ムスリムの政治，民族主義者の政治などがみな機知の種となり，またインド・ムスリムの新聞の多くがそうであったように，とくによりひろいイスラム世界の出来事を意識していた．

左中 1920年11月12日発行のこの苦痛の場面は，ムスリムたちがトルコのカリフ制をイギリスに守らせようとしておこした非協力運動に関するものである．国立のムスリムの大学が設立されて，アリーガルにある古くからのムスリムの大学にとって脅威となった．とくに意地悪い顔をしたウラマーの代表と国立ムスリム大学の創立者ムハンマド・アリーがヒンドゥー教徒に助けられてアリーガル学院の代表をのこぎりでひき殺している．のこぎりには，「国立自由大学の新月のこぎり」と書かれており，犠牲者は「古い教育機関が犠牲となる」と叫んでいる．

左 イギリスを意味するジョン・ブルが，ラクダの上から，ロバにまたがったエジプトと交渉している．1922年6月23日発行．エジプトは1922年2月にイギリスから独立をえたものの，それは多くの条件付きの独立だった．

されうることを示した最初の人物として記憶されている．

単に文化的にムスリムであるという人々と違い，信者としてのムスリムにとっては，革命の進展はむしろ不幸の増大であった．ツァーリズム支配の最後の1世紀は，かれらにとってイスラム的な生活の復興期であった．宗教的な寄進地が黙認され，たとえばクリミアでは10万ヘクタール以上の土地がこの目的にあてられていた．民事やささいな犯罪の関係にその範囲を限られていたにせよ，シャリーアはひろく行われていた．学校はさかんで，たとえムスリムが伝統的な教育と近代的な教育とのあいだで引き裂かれるようになっていたにせよ，あらゆる学問知識はイスラムの枠のなかに含まれていた．断食は守られ，何千というモスクで礼拝はつづけられていた．ところがわずか10年のうらにこれらすべてが消滅したのだ．シャリーアは廃止され，宗教的な寄進地は収用され，学校は閉じられた．ベールの着用が攻撃され，アラビア文字はもはや使用されず，コーランは集められて公然と焼かれた．ウラマーは資格を否定され，中傷され，時には労働キャンプに送られた．モスクはとじられた．1914年には2万4562ヵ所あったモスクが，公式の統計によれば1942年には1312ヵ所に減っていた．ムスリムたちは，かれらの儀礼を行うため非常に巧妙にならざるをえなかった．タシュケントでは，同地方の共産党が宣伝センターとして使っていた「赤い喫茶店」をかれらがモスクとして使用しているのが発見された．トルケスタンではシャイフ・アフマド・ヤサヴィーの霊廟は「反宗教」博物館にかわっていたが，祈りの列はとどまることがなかった．もっとも今では参拝者は切符を買って入場し，「反宗教」的観光旅行者の仮面をかぶっているのではあったが．このような計略にたよるということは，イスラムが生のびるために，地下にもぐらなければならなかったという事実を物語るものである．

南アジアの分離主義

南アジアのムスリムは，イギリスのもとにあって，かれらの制度の大崩壊に苦しむことはなかった．明らかに，19世紀のおわりまでにシャリーアの適応範囲はおのずから家族法の領域のみに限定されていた．一方，宗教的な制度を支えていた寄進地はそのままであった．国家はようやくより効率的な統治に関心を示しはじめていたところではあったが，イスラムの教育組織もまだそのままで，インド人ムスリムは，かれらが望むだけ多くの子供をコーラン学校やマドラサにやることができた．ウラマーはイスラム的伝統の核心を伝えることができ，男は自分の望む服を着，女はベールを着用することができた．しかしながら，イギリスの支配はイスラムにとって深刻な脅威をもたらしたように思われた．キリスト教宣教師たちが学校を建て，街角で説教し，改宗をさせようとしているのがムスリムたちの目にはいった．さらに19世紀の中ごろには，ムスリムたちは宣教師がイギリスの指導当局に助けられており，何人かはイスラムに対してきわめて冷淡な報告を書き送っていることを知っていた．かれらは，ヨーロッパの知識のみを教える学校，シャリーアとまったくかかわるところのない法律，伝統的なムスリムの教育が何の価値も認められない政府の役職など，世俗的な国家機構の強固な構造を眼のあたりにして，もしかれらがこの新しい権力の源泉に近付くことを望むなら，イスラムを放棄しなければならなくなるのではないかとおそれた．かれらは次第に，自分たちがインドにおいて人口のわずか20％余りを占めるにすぎない少数派であり，ただ数の差によって圧倒される危険にさえさらされているということに気づきはじめた．このような心配は，代議制の政治の進展の意味をかれらが理解するようになったとき，いよいよ深刻なものとなった．敬虔なヒンドゥー教徒たちが町の議会を左右するようになると，かれらは多くの民衆のかっさいのもとに，ムスリムが牛肉を食べたり，イスラムの宗教的な祝祭を祝ったりすることを困難にした．ヒンドゥー教徒が地方議会を牛耳るようになると，かれらは公共生活の場で，ウルドゥー語とペルシア・アラビア文字の役割を消滅させることができた．インド人ムスリムたちは，ヨーロッパおよびヒンドゥー教の考え方や価値観が次第につよく，支配的になっていく世界の中で，かれらの文化を維持していくための厳しい闘いに直面しているように思われた．かれらは次第に絶望していったが，その心情を詩人のアルタフ・フセイン・ハーリー（1837-1914）はこう表現している．

> 秋が庭に訪れたとき，なぜ春の花を語るのか
> 不幸の影が今をおおうのに，なぜ昔の栄華を飽かず語るのか
> ああ，それらは忘るべきもの，されど夜明けが近いからとて昨夜のことが忘れられようか
> 集会はいま解散した
> 燃え尽きた蠟燭からまだ煙が立ち昇っている
> インドの砂地に残された足跡はいまだ語る
> 優雅なる隊商ここを過ぎしと

ムスリムの対応は，北インド出身のムスリムによって導かれ，とくにイギリス支配下で連合州として知られた地域の出身者が多かった．ムスリムは実際にはインド全土に散らばっており，そのうちで最も大きな集中がみられたのは，インド西北部のパンジャーブ地方および東北部のベンガル地方であって，そこではムスリムが人口の多数を占めていた．しかしかつてムスリムの帝国が常にその基礎を置いていた連合州において，その知的・文化的伝統は最も活発でありつづけたのである．たとえばここには，過去何世紀にもわたって知的・精神的な指導者を輩出してきたウラマーやスーフィーの大家族があった．かれらはイギリスによってもちこまれた新しい秩序に対して不機嫌な黙認の態度で対応した．もっと積極的な連中はいかなる譲歩もできないことを明確に言明した．かれらはデリーのシャー・ワリーウッラーとシャー・アブドル・アズィーズに代表される改革主義者の伝統のもとで教育を受けた人々によって指導されていた．そして，キリスト教宣教師と論争して，多くの場合議論に勝ち，インドやその他の地でひろく用いられるようになったイスラム護教論の基礎を築いた．1857年の大反乱において，かれらはイギリスに対する聖戦を宣言した．10年後，デリーの近くのデオバンドにかれらはマドラサを建てた．そこでは典型的なイスラム改革思想を教え，ハディース，シャリーア，そして抑制されたスーフィー的実践を強調した．この学校はそれからの100年間を通じて，ウラマー養成の中心的な役割を果たし，数多くの支部をつくってイスラム世界にひろくその学問が尊重されるようになっていった．ラクナウのフィランギ・マハル学派のような他のウラマーの学派もさらに活動的になった．これらのすべては，社会がいかに組織されるべきかについて考えが一致していた．ある指導的な学者は1894年にこう語っている．「国民の生活は，ウラマーの支配のもとにある……ウラマーのみが絶対的な支配権をもち，またもつことができる．」かれらはいかに権力が委譲されるべきかを問われると，この点を繰り返した．ムスリムにとって唯一の真の「自治」とはシャリーアの施行であるべきだというのが，フィランギ・マハルの指導的な学者の見解だった．

イスラム世界の他の場所と同様，南アジアにあっても，地

上の権力の是非についての満足のいく解答はその権力が存在するあいだにすでに出てしまうものだと感じ，ムスリムはその答えを出すだけの力をもつべきだと確信したムスリムがいた．そのような人々の指導者はサイイド・アフマド・ハーン（1817-98）で，デリーのムガル宮廷に代々勤めていた官吏の一族の出身であったが，またその育った環境はシャー・ワリーウッラーやシャー・アブドル・アズィーズの改革主義思想の強い影響下にあった．この19世紀における注目すべきインド人ムスリム，その関心と達成のひろがりにおいて「ルネッサンス人」ともよぶべき人物の最大の関心は，かれの同信者がインドのなかで権力を行使しつづけるべきだということであった．「われわれが世界にむかって前進すれば，それだけイスラムの栄光は高まる」というのがかれの信条だった．かれはイスラムが近代科学と両立しうると主張しはじめ，その過程で最も進歩的な神学者となった．1877年にかれは，アリーガルにモハンメダン・アングロ・オリエンタル・カレッジという大学を設立し，そこではイスラム的環境のなかでムスリムの若者が西欧の学問を身につけることができた．かれはその同信者に，インド民族主義との協力を思いとどまらせ，かれらの利害はむしろ植民地政府と緊密な関係を保つことによって最もよく守られると主張した．サイイド・アフマド・ハーンの業績は，つぎのような新しい人物像を生みだし育成したことであった．すなわち，信仰によってよりもむしろ文化によってムスリムであり，アリーガルのイスラム改革主義的雰囲気のなかで成長したことによってイスラムの文化に対する帰属心が強められたというような人物像である．それらの人々は英語でヨーロッパ風の教科を学び，最も優秀な者はオックスフォードかケンブリッジにすすんだ．かれらはまたお茶の会での振る舞いやクリケットの競技なども学んだ．このような素養を積んで，これらの人々は，政府官吏としての職をえ，会議の場で発言し，必要とあらば政治組織を形成することによって，イギリス人が生み出した新しい機構のなかで権力をえるべく努めることができたのである．この時代のある風刺家は，そこでおこっていたことをつぎのようにみていた．

しかしこの近代的な学校の先頭に立つ者の多くは
神の存在も信じてはいないし，礼拝の善なることをも信じない．
かれらは口では信じるという，しかし一見して明らかにかれらが信じるのは権力そのものだ．
アクバル・アッラーハーバーディー
英訳：R・ラッセル，フルシド・アルイスラーム

アリーガル出身の人々は，1947年のインド分離独立にいたるまで，ほとんどつねにムスリムの政治行動の中心の位置を占めていた．インド国民会議を支持するインド民族主義者もあったが，多くの者は分離したムスリムの政治組織を支持していた．なぜこれらのムスリムが，インド民族主義と運命をともにすることを望まなかったのかについては，見解はさまざまである．しかしどんな説明を行うにしても，イスラム復興運動の影響，植民地政府の政策，個々のムスリム集団の物質的な利害，ヒンドゥー復興運動とインド国民会議との緊密な関係に対するムスリムの危惧，もっぱら文化的帰属の意味でのみムスリムだった人々にすら影響を与えていた強力なイスラム共同体意識といったことなどを考察に含めることは必要であろう．ところで，そうはいっても，個々のムスリムの政治活動はグラフのうえで常に上昇カーブを描いていたというわけではない．ムスリム分離主義の政治的な組織である全インド・ムスリム連盟は，1906年に設立された．1909年には単独の選挙区を設置させることに成功し，植民地インドの選挙制政府の増大しつつある機構の中にムスリムのための議席を確保した．しかしこの組織は，1916年にはインド国民会議と連合し，1920年代にはトルコの命運に対する大衆的な抵抗運動によって脇に追いやられ，1920年代から1930年代は弱体で，1937年の総選挙ではムスリムのための議席の5分の1をわずかに上まわったにすぎなかった．ところがつぎの1946年の選挙の結果は話がまったく違っていた．ムスリム連盟はさまざまなレベルの議会選挙を通じて495議席のうち446議席を獲得したのである．第2次世界大戦，インド国民会議の失墜，そしてモハンマド・アリー・ジンナー（1876-1948）の指導権確立などによって，政治的な状況が一変したのである．イギリスがインドを手離す事実上最後の瞬間に，ムスリム連盟は，分離したムスリムの政治的機構をその論理的帰結として主張し，インド東北部および西北部のムスリムを多数派とする地域を土台にしてムスリム国家を建設することを断乎要求する立場に立っていた．こうして，新しい国家機構のなかで権力を追求するための訓練を積んだムスリムたちは，インド亜大陸の大きな部分の支配権をえることに成功したのである．

インド亜大陸の中に分離したムスリム国家を建設するという考えは，1947年以前の20年間にゆっくりと成長した．これはモハンマド・イクバールが強調したように，ムスリムのかかえる問題の理想的な解決策ではなかった．

われわれの本質はいかなる場所にも縛られない．
われわれのワインの精気は，いかなる杯にも盛ることはできない．
中国人もインド人も
われわれのつぼを構成する陶片にすぎず，
トルコ人もシリア人もわれわれの体のもととなった
ひとくれの土にすぎない．インドもシリアも
ビザンツもわれわれの心臓ではないし，
イスラム以外には
われわれはいかなる祖国をも認めない．
ルムゼ・ベフーディー，1918年，
英訳：アーベリー

インド人ムスリムは世界的なムスリム共同体の一部であり，ムスリム共同体は少なくとも理念的には信仰上・社会組織上・政治上の統一体として存在しつづけた．しかし20世紀の現実はこれとまったく異なっていたのである．

いまや同胞愛は千々に切りきざまれたために
共同体の代替物として
人間の忠誠と建設的な仕事とにおける
卓越した地位は祖国に与えられた．
祖国はかれらの最愛のものとなり
闊達な人間性はばらばらの部族へと
削り込まれてしまった……

インド人ムスリムはこの絶望的な現実を受け入れ，シャリーアが施行されうるような方途を見つけるために，イスラムと近代国民国家とのあいだに，何らかの妥協点を創り出さなければならない，とイクバールは主張する．かれは1930年のムスリム連盟の総裁演説で，分離ムスリム国家の考えを述べた．パキスタンという国名はのちにケンブリッジ大学の学生の若者が考えたもので，西北インドのムスリム支配地域であるバ

ヨーロッパの勃興とイスラムの対応, 20世紀中葉まで

インドのムスリム分離主義とパキスタンの建国

多くのムスリムにとって, ヨーロッパ植民地主義の撤退の最も画期的な事件の一つは, 南アジア亜大陸におけるパキスタン・イスラム共和国の登場だった. なお亜大陸の数多くのムスリムはヒンドゥー教が強力なインドに生活していたが, 少なくともパキスタンではもしムスリムが望めばイスラムの線にそった国家と社会を形成することができた. 1947年の分離の10年も以前には, このような結果を予想した者はわずかだった. 1937年の総選挙では, ムスリム分離主義の政治組織であった全インド・ムスリム連盟は, とくにムスリムのために確保されていた議席の5分の1をかろうじて上まわる議席を占めたにすぎない. ところが1945－46年のつぎの選挙では, かれらは全国のムスリムの支持をえていることを証明することができた. パキスタンの成立を可能にしたこの連盟の躍進の背後にあった推進力は, ムスリムが少数派の州, とりわけ連合州のムスリムたちの支持によるものであった. 連盟の主張が真剣に受け取られるためには, ムスリムが多数派の州のムスリムたちの支持をえることが必要だった. そしてここで注意すべきことは, 分離の実現される直前まで, 連盟はベンガルとパンジャーブという新生パキスタン国家の2大領域におけるムスリムの支持をえていると証明できなかったことである. さらに, 分離が現実のものとなるのは, 1946年6月に内閣使節団の計画が失敗におわるまでは, ただちに必然的なものとはいえなかった. 1946年5月には連盟は, インド連邦の枠組のなかである種のパキスタンをムスリムにつくらせるという使節団の提案に合意していたからである. 連盟はその歴史の大半において, ボンベイの法廷弁護士モハンマド・アリー・ジンナーによって指導されていた. ある同時代人はこう記している. 「冷静な顔, ゆっくりとして抑制された声と明瞭な発音, すっきりしたボンド街仕立てのついで立ちといった仮面の裏には, 鉄のような意志と勇気, 無類の戦略的手腕, 忠節を鼓舞し規律を課する力が隠されていた……」ジンナーの才能はムスリム連盟の成功の上で注目すべき役割を果した. 図中の写真: ジンナー(右)がインド国民会議の指導者ジャワハルラル・ネルーとともに歩いている. 1946年シムラーにて, 内閣使節団の提案をめぐる交渉のときのもの.

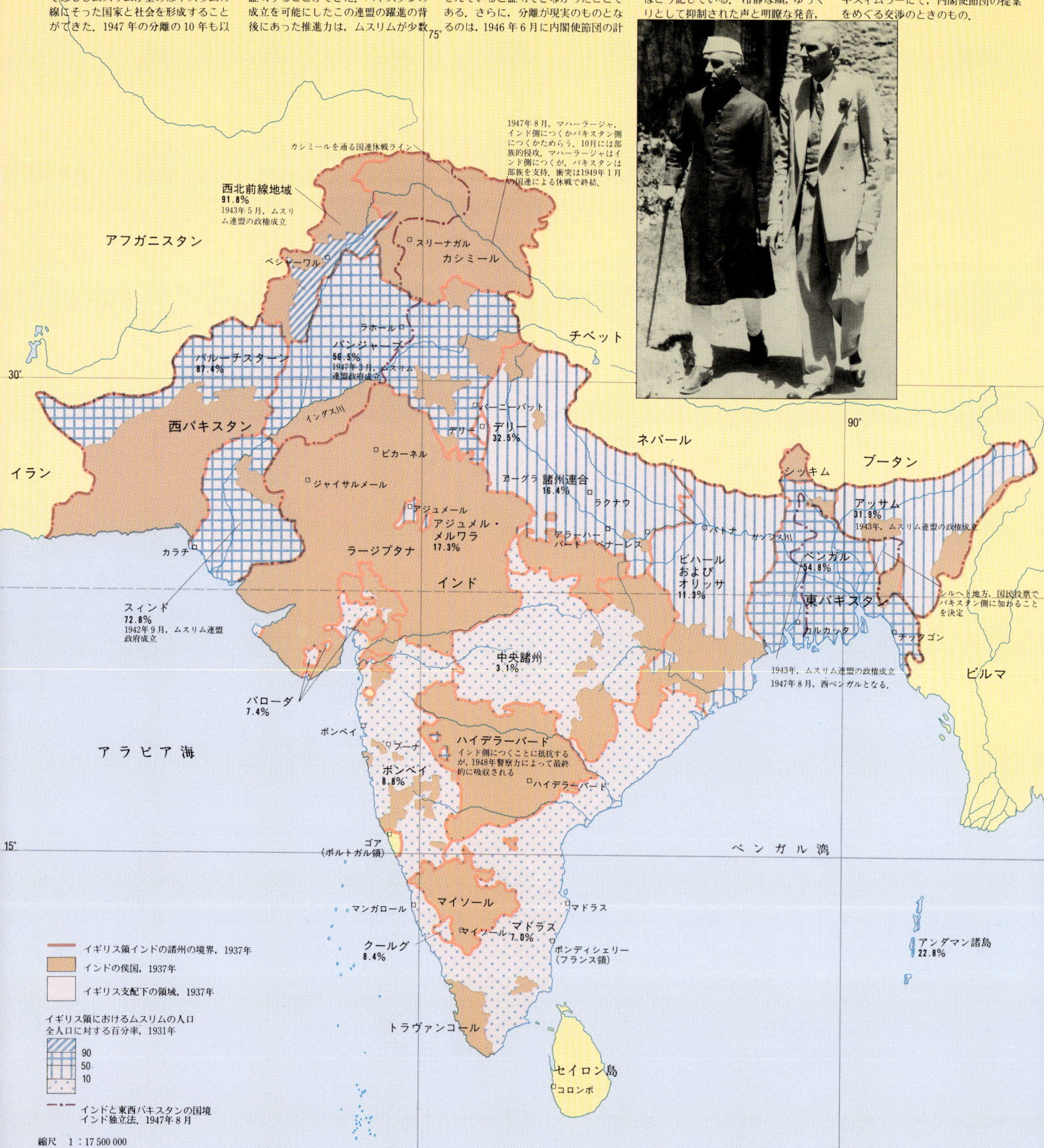

ヨーロッパの勃興とイスラムの対応，20世紀中葉まで

右 ある概算によると，インド分離独立のあいだに1200万人が家を失い50万人が殺された．これは機関車がムスリムを満載してパキスタンへ発つところ．この時代は至る所で無分別な虐殺が行われた．マーシャル・ハドソンは述べている．ニューデリーの駅で剣をムスリムの老女のうえに振りあげて仁王立ちになったあるシィク教徒が「なぜ彼女を殺すのか」と聞かれて，こう答えた．「知らないよ，殺さなきゃならないんだ．」かれは剣を振りおろし，女の頭を断ち割った．

ンジャーブ，アフガニア，カシミール，スィンド，バルーチスターンの名前を記念しているとともに，それは「純粋の土地」をも意味していた．1940年にはパキスタンの実現はムスリム連盟の中心的な要求となった．しかしその結果は，イクバールが心に描いていたものよりもはるかにイスラム的ではなかった．パキスタンを最初に支配した人々は，この国を近代的な世俗国家とみなしていた．信仰は個人の問題とされるべきである，とジンナーはその国の憲法制定会議で語った．かれはシャリーアを施行する計画を何ももってはいなかった．さらにつぎの2点がかれらの実現したものを評価するための材料を与えてくれるだろう．すなわち多くのウラマーがパキスタン建国運動の支持を拒絶して，ムスリム連盟の指導者たちがイスラムを知らず，シャリーアに無関心であると非難した．また南アジアにおける少数派ムスリムの問題は未解決のままに残され，4千万人ものムスリムが分離の行われる以前よりももっと過酷な状態でインドに残された．

東南アジアにおける統合

東南アジアにおけるオランダ支配のもとでのイスラムの経験は，南アジアとも北方のイスラム諸地域とも異なっていた．そこには拡大があり，改革があり，かなりの制度的な発展もあった．イスラムは世俗化をすすめる植民地政府とこれに対抗する民族主義運動によって一方に押しやられるどころか，近代のインドネシア人の生活の中心にその地位を築きあげてきた．たしかに表面的には，話は違ったように見えるかもしれない．法律の分野では，オランダ人はイスラムのまわりに垣根をめぐらして，その領域をせばめることに努めた．かれらはみずからの刑法典および民法典を導入し，ヨーロッパ法を相続や婚姻の領域にも拡大しようとした．かれらは前イスラム的なアーダト（慣習法）を擁護し，これをシャリーアに置きかえる動きに対抗しようと試みた．教育の分野ではオランダ人はムスリムの学校の拡大を抑制しようとし，国家的な世俗的教育機構を導入した．全体として，オランダ人が設立しつつあった新しい国家機構は，ジャワと西欧の文化的混合の香りが充満するものであり，また多くの人がカール・マルクスとマジャパヒト・ヒンドゥー帝国の影響から刺激を期待しているような都市生活の発展の中に表現されるものであった．しかしながら，これらの発展はイスラムにとって脅威であったかもしれないが，それは同時代の他のイスラム社会と比較して，インドネシア社会におけるイスラムのめざましい発展を妨げるものではなかった．

18世紀の末においては，インドネシアはまだほとんど部分的にしかイスラム化されていなかったということがかえりみられねばならない．しかもジャワにおいてはイスラム信仰の発達が抑制されていた．この島は人口の点でも富の点でもこの地域全体を支配していたわけだが，ここではイスラムはヒンドゥー・ジャワ文化に深い影響を受けていた．貴族階級はせいぜい名目上においてのみムスリムであり，農民は高度に融合的な民間信仰を奉じていた．ジャワ島では，イスラムが根深く浸透したのは北部および西部のみにとどまっていた．19世紀にはいって，オランダ支配とジャワ社会とのあいだ，およびジャワ社会と広大なイスラム世界とのあいだでの相互作用が，ジャワの宗教信仰と宗教慣行とをはっきりとイスラムに向けさせる変化をもたらした．オランダの支配は，名目的なムスリムであるエリートと，かれらの下で役人として働くことを望んでいたウラマーとにたよっていた．多くのウラマーはこのシステムから距離をおき，非イスラムの政府に協力することを望まずに，ジャワのムスリムの生活をできる限

リかれらの手に掌握しておくことに専念していた．時代がすすみ植民地支配がさらに攪乱的な変化を引きおこすにつれ，ジャワ人はかれらの重荷に対する抵抗力としてのイスラムに目を向けるようになった．ムスリムの学校が島中にひろがり，さらにそれは群島の他の部分にもひろがっていった．植民地支配機構にとりこまれない独立のウラマーの活動を助長したのは，小規模の貿易の増大，アラビア半島南部の諸港からやってきたアラブ商人や学者たちの増加，またその人たちによる厳格な暮らしぶりの模範などであったが，しかし何よりもとりわけメッカ巡礼の激増がこれをさらに助長したのであった．巡礼者の数は19世紀の中ごろには年間2千人程度であったのが，その世紀の末には1万人を超え，インドネシア人全体の20％が巡礼を経験したということになる．巡礼を達成した者はいっとき完全にムスリム的環境に生活し，あらゆる人種と身分の人間と混ざり合うことによって，イスラムの普遍性の真価を認めるようになった．かれらはまた，地球上のあらゆる場所で信者がいかに異教の徒に支配されているかを見聞するようになった．そしてメッカで権威を確立したウラマーのもとでイスラム復興の思想を摂取し，ナクシュバンディー教団などの改革主義スーフィー教団に加わった．かれらは村々での宗教慣行の改革に対する熱意に満ち，植民地支配への新たな敵愾心を胸にいだいて，巡礼からもどってきた．

20世紀にはイスラムの信者に対する支配は強化され，制度上の形を整えていった．大きな刺激はいまだに海外から訪れた．1926/7年のインドネシア人巡礼者の数は5万2千人に達し，インドネシアの全ムスリムの40％が巡礼を経験していたことになる．さらに重要だったことは，シャイフ・ムハンマド・アブドゥフとカイロのかれのグループによって生み出されたムスリム近代主義者の考え方がひろまったことである．かれらはアズハル大学で多数のインドネシア人たちを教えたが，かれらの著書が東南アジアにも数多くもち込まれ，その思想は急速に拡大しつつあったムスリムの新聞によってひろめられた．この過程は植民地政策のもとで妨げられることがなかったが，オランダ当局は，スヌーク・フルフローニュという才能ある学者・行政官の影響下で，イスラムを容認し，20世紀にかけてイスラムの活発な制度的発展を許しつづけたのだった．インドネシア人の近代主義者も他の地域の人々と同じように，イスラムの信仰と行為とを改革してそれを近代世界の要求に適応させることを望んでいた．しかし銘記しなければならないことは，この近代主義的な潮流がイスラムの啓示の枠のなかに厳としてとどまっていたということである．それはサイイド・アフマド・ハーンのアリーガル大学でしばしば見られた根無し草的な結果よりも，むしろタタール人の潮流に類似していた．

1912年のムハンマディーヤ設立によって近代主義者の運動は制度的な形を整えた．1938年までにムハンマディーヤは，その集中的な布教活動によって25万人の会員，800を越えるモスク，1700の学校や大学を群島のいたるところにもっていた．かれらの着実な足どりは同様の組織と布教活動にも刺激を与え，1926年にはナフダトル・ウラマーがより妥協的・折衷主義的な立場のウラマーによって設立された．もっとも，これは近代主義者のムハンマディーヤの場合ほどの成功はおさめなかった．両方の組織とも，公然たる政治活動はやらなかった．実際，ムスリムたちは植民地支配に対する活発な抵抗運動の前衛の位置からは確実に撤退していた．1912年にかれらは最初の大規模な近代的政治組織であるサレカト・イスラム（イスラム同盟）を結成し，10年間でインドネシア全土に拡大して急進的な大衆運動へと発展したが，その間にそれは次第にイスラム的な性格を弱め，むしろ経済変動や行政改革や植民地統治に対する広範な抗議運動の戦線というべきものになっていった．1920年代にこの運動は終息した．それ以後は，1938年にパルタイ・イスラム・インドネシアが結成されるまで，目だったムスリムの政治組織は存在しなかった．このころまでに，純粋にイスラム的な視点で将来を展望していた人間と，世俗的な国民国家の観点から将来をみていた人々——ジャワに集中していて，しかも次第に増加しつつあった——とのあいだの，おおうべくもない懸隔が明らかになっていた．このうち後者は，西欧的教育を受けた知識人で，西欧的な観念とジャワ的な象徴とによりかかりつつ，オランダがつくり出した代議制度とインドネシア民族主義運動の両方を支配していた．事実，すでに1930年代には，もしやがてオランダが立退くなら，これらの知識人が国家機関を一手に握り，過去100年間にイスラムがなしとげた前進は危殆に瀕することになるだろうと見られていたのである．

このような眺望は1942-45年の日本の占領によって一変した．日本人は政治的な活動を禁止し，その支配をささえるためにイスラムを利用することを目指した．これによって，ムスリムはその地位を強化することが可能になった．宗教関係の部局は，1942年3月の侵略ののち最初に開設された役所の一つだった．1943年この部局はムハンマディーヤとナフダトル・ウラマーからマシュミ（インドネシア・ムスリム協議会）を創設し，マシュミはこの部局の機能を引きついだ．1944年には，敬虔なムスリムがムスリムの生活を管理するための行政官庁が，ジャワの歴史上初めて公的に設置された．同様の進展はスマトラでもみられた．1944年末に世俗的民族主義

20世紀前半のマライ諸州
イギリス人はマライ諸州のスルタンたちを通じてこの地を支配し，スルタンたちは外部からの改革主義の影響に対抗して既成のイスラムの形態を支持した．その結果，この地では，イスラム近代主義はインドネシアと比較してわずかな前進しか示さなかった．一つの重要な発展は，主として非ムスリムの中国人のマラヤへの移住である．1929年まであらゆる人種に対して移民は無制限に許されていた．1947年には人口の38％は中国人であり，またかれらは都市人口の62.4％に達していた．

イスラム世界の多くの地域を通じて，イスラム改革主義の影響が，そしてときには植民地支配の影響がともに結合しあって，建築様式を，土着の様式を犠牲にして中東イスラム世界の建造物ににせたものにすることになった．この例はジャワのタシクマラヤで100年間にわたって建築されたモスクである．何にもまして，イスラムの中心地域で共通のシンボルであるドームが，初期の東南アジアのかやぶき屋根のモスクと異なる明確な特徴を示している．

者がふたたび公共生活において役割を果たすことを許されたとき，かれらが見出したのは，ムスリムたちがしっかりと根を下ろし，1945年のインドネシア独立宣言以後もさらに前進する態勢をととのえている姿であった．こうしていささか奇妙なことに，インドネシアのムスリムの前進を助けたのは日本人であった．

マライ諸州においては，イギリスの支配と日本の占領は異なる結果をもたらした．マライ社会はインドネシアと同様の影響を多く受けていた．巡礼者の数は増大し，マライ人がカイロから近代主義的な思想をもって帰国し，ムスリムの新聞は精力的に拡大し，印象的な経済的近代化が見られたのであったが，これらはいずれもイギリスの不干渉政策のもとですすめられた．しかしインドネシアでは近代主義イスラムの成長をもたらしたこのような改革が，マラヤにおいては伝統的・融合的・異端的なイスラムの確立を導いた．19世紀の最後の20年間に，マライのスルタンたちは宗教法的な官僚制を導入することに成功したが，そこでは世俗的エリートが「伝統的心情をいだく」ウラマーと手を結んで，マライ人の信仰の管理を行なった．こうして，かれらが足がかりをつかむと，近代主義的な考え方をもったムスリムはほとんど支持を失った．一方では経済的な近代化の影響が非ムスリムの移民グループにおよんだため，マライ人の生活はジャワ人の生活ほど深刻な混乱を経験しなかった．他方でマライの宗教的な権威は，潜在的に体制批判的な近代主義の見解を締め出すことに関心があった．イスラム近代主義は，そのためほとんどまったく前進することができなかった．また日本の占領によっても，状況は戦前の社会的・政治的構造を維持したまま変化せず，むしろ世俗的エリートと「伝統的心情をいだく」ウラマーとのあいだの結びつきを深化させたのだった．

アフリカにおける拡大

サハラ以南のアフリカでは，近代の他のいかなる地域と比較してもそれを上まわる規模で，植民地支配のもとでのイスラムの拡大が見られた．西アフリカにおいては，19世紀の大きな前進が20世紀までつづいた．ギニア，シエラ・レオネおよびスーダンでは着実な進展があり，ウォロフ族が50年間かかって改宗したセネガル，ムスリム人口が北部のハウサ地域で50％から80％に，中心部のヌベ族のあいだで3分の1から3分の2に増加した上，南西部のヨルバ人の大改宗がおこったナイジェリアなどでは，まことにめざましい進展が示された．東アフリカでは，イスラムはエチオピアにおいてはゆっくりと，タンガニーカではある程度の速度で拡大し，後者ではドイツの征服の時代には通商を行う小集団でしかなかったムスリムが，独立時には40％に増大していた．ただナイル河谷スーダンにおいては，19世紀に南部の異教徒社会が乱暴なアラブ奴隷商人の侵入を受けていたため，顕著なイスラム化はみられなかった．イスラムの拡大はさらに現在に至るまでつづいてはいるが，植民地支配末期の民族主義の発展や独立後の世俗的近代国家の権力の増大にともなって，その歩調はゆるやかになりはじめている．

アフリカがキリスト教宣教師の絶好の目標であったにもかかわらず，キリスト教の列強政府がイスラムの進展のために多くのことをしてきたということは，奇妙に見えるかもしれない．実際，植民地政策のいくつかは直接にイスラムの拡大を助けてきた．たとえば，フランス行政府とセネガルのムリード・スーフィー教団とのあいだの緊密な協力関係や，中央ナイジェリアでイギリス人がムスリムの支配層の異教徒統治を確認したことなどが，それである．しかしながら，イスラムの拡大に対する最も重要な刺激は，植民地支配がもたらした間接的な影響であった．広大な領域にまたがる平和と安定

ヨーロッパの勃興とイスラムの対応，20世紀中葉まで

した政府は人々のかつてなかったほどの交流を可能にし，イスラムは広範に共有されうる信仰と価値の体系として新たな重要性を獲得することができた．道路と鉄道の建設は，ムスリムの商人たちがこれまで到達不可能だった地域にまで進出することを可能にした．東アフリカでは，かれらは後背地にもはいっていった．西アフリカでは海岸線に達し，たとえばラゴスやダカールではムスリムの人口はごくわずかの割合であったものが，それぞれ50％および80％に達した．都市の発達自体が新しい信者の増大をもたらした．というのは，異教的な田舎からムスリムの支配的な都市にやってきた村人たちが，かれらの裸体を優美な服装でつつみはじめたように，それと同時にイスラムも受容したからである．さらにイスラムは，異教徒たちの精神にとって，キリスト教にくらべて多くの利点があった．ムスリムの教師はアフリカ人であり，そこでイスラムは精神的にも感覚的にもアフリカ的なもののようにみえ，またイスラムは，白人の文化に屈従するという恥辱なしに，もっとも切実に求められていた世界に対するより広い理解を与えることができた．キリスト教はエリートの信仰となりがちで，しかもエリートは西欧型の教育を受け，民族主義運動を指導して植民地国家をのっ取ることを目指していた．

ヨーロッパの支配は，それがキリスト文化のための経路として機能したのであれ，純粋に世俗的文化のための経路として機能したのであれ，イスラムの存在をおびやかすものであったことにかわりはない．しかし，インドネシアでもみられたように，それは皮肉にもムスリムのめざましい制度的発展を刺激するということもありえた．それがどこよりも顕著だったのは，アフリカではサハラ周辺であった．この傾向は間接支配の政策によってもたらされたものであり，それは植民地本国がムスリムの制度を通じて支配し，政治的抵抗の成長をくい止める保証として，その制度の維持に心をくばることになったのである．フランス領スーダンでは政府はイスラム的な教育を支援し，北アフリカで訓練を受けたウラマーによるマドラサが設立された．北部ナイジェリアではイギリス人は，いささか皮肉なことに，ウスマーン・ダン・フォディオの聖戦によって設立された首長国を通じて支配しており，シャリーアは以前よりも完全に適用されたが，イギリス人の感受性に合わない手足切断と石投げの条項を用いることだけは許されなかった．植民地支配がより直接的な地域ですら，スーフィー教団の権威にたより，その強化を助けるような政策がとられた．ナイル河谷スーダンではムスリムの多くがスーフィーであったが，ここではイギリスは，最初ハトミー教団という，エジプトとの関係が強く，マフディー運動の勃興によってその影響力をそがれていた組織を前面におし出していたが，その後1920年代にエジプトが次第に民族主義を強めていくと，マフディー派はエジプトに対抗してスーダンの独立をめざす教団としての威信を回復した．どちらの組織も，結果としてスーダン社会に深く根をおろすことができた．セネガルでは，極端な異端組織で，筋肉労働を聖化し，シャイフに富を積むことを信者にすすめるムリーディー教団が，植民地的経済支配のもとにあるウォロフ族の信者を非常に利益の多い落花生栽培にひき入れる上で大きな役割を果たした．すべての同胞組織がこのように植民地支配に適応することをよしとしていたわけではない．しかし多くはそうであり，こうして大変革の衝撃を和らげて，その過程で植民地政府の手先になると同時に，さらに信者の生活と精神に強固な根をおろしていったのである．

しかしながら，植民地勢力がしばしばムスリムの諸制度に与えた保護政策は，植民地支配のもとでの強化と前進をもた

らしはしたものの，独立が達成されるとムスリムの諸制度はその逆の運命におびやかされることになった．一つにはムスリムの人口比に応じて，事態は多様であった．ムスリムが多数派の国(ソマリアは100％，モーリタニアは90％，ガンビアは90％，ニジェールは85％，セネガルは85％，ギニアは60％，マリは60％，スーダンは60％，チャドは50％)では，ムスリムは，一律にではないが，民族主義政治の立場にあった．スーダンの民族主義政治の組織が，ハトミー派とマフディー派というスーフィー教団のまわりに形成されていったのは，むしろ例外的であった．ムスリムが少数派であった国(ナイジェリアは47％，旧ポルトガル領ギニアは36％，シエラ・レオネは30％，リベリアは10％，上ボルタは22％，象牙海岸は20％，ガーナは5％，トーゴは2.3％，ウガンダは5.5％，ケニヤは4％，タンザニアは40％)では，民族主義政治はキリスト教徒や異教徒たちの手に握られる傾向にあった．もちろん，北アフリカで近代主義の洗礼を受けるとか巡礼を通じてワッハーブ派の影響を受けるとかしたムスリムで，民族主義運動というものを，ヨーロッパ人の外国勢力に終止符を打つのみならず，しばしば植民地主義列強との提携も辞さなかった腐敗せるスーフィー教団の存在を断つためにも役立つ手段と考えてこれを支持する人々がいた．しかし多くのムスリムは，世俗的な民族主義の政治からは距離を置いており，植民地秩序の終りを複雑な気持でながめていたにちがいない．かれらは周囲の，自由を祝う喜びに満ちた祭典に参加したかもしれないが，また同時にかれらの保護者が去ったことを知ってもいた．モーリタニア，スーダン，ソマリア以外では，ムスリムたちはアフリカ人の異教徒が支配する世俗的近代国家のもとにあるのであり，その支配者はムスリムの生活を植民地勢力がしたよりももっと完全に変えようとしていた．それどころか，アフリカのサハラ周辺の諸民族にとっては進んだ文明を代表していたムスリムは，いまや異教徒やキリスト教改宗者にくらべて遅れた人々となった．なぜなら異教徒たちはヨーロッパの技術を身につけ国家機構をおさえていたからである．

北アフリカでは異なった状況がみられた．ヨーロッパ列強は，イスラムがさまざまなかたちで深く根づいていたこの社

カノ(ナイジェリア)にあるこの近代的なモスクに関しても，前出のタシクマラヤのモスクと同様のことがいえる．この様式はイスラムの中心地域からの影響を示し，もっと早い時期のスーダンのモスク(pp.108-09)と著しい対照をなしている．

会を支配していた．フランス人はアルジェリアの同化を計画した．アルジェリアはフランスのもう一つの県になる予定だった．イタリア人もリビアに関して同様の考えをもっていた．一方フランスは，チュニジアとモロッコについては単に保護領たることのみを主張し，スペインは北方のリーフ山地について同様の主張をした．主要な地域はすべてヨーロッパ人植民者の大規模な流入に苦しんだ．1930年代までに，リビアには10万人のイタリア人，モロッコとチュニジアには各々20万以上のフランス人，アルジェリアには100万人のフランス人がいた．ヨーロッパ人入植者は最上の土地を占拠し，最も給料の高い仕事についた．アルジェリアでは，政治的な権利は，教育を受けシャリーアを放棄してフランス法にしたがう意志のあるムスリムにのみ与えられた．このようなヨーロッパの衝撃は，当然のようにムスリムの自覚を尖鋭化させることになった．西アフリカとは異なり，ムスリムの伝統ある抵抗運動は1930年代に至るまでつづいた．スペイン領モロッコでは，もとムスリムの裁判官のアブド・アルカリームがリーフ共和国を宣言し，1921年から1926年までそのすぐれた軍事的手腕でスペイン・フランス両軍を釘付けにした．リビアでは，サヌースィー派のスーフィー教団がイタリアの占領に対して1912年から1918年，および1922年から1931年にかけて戦い，その戦闘は勇猛果敢だったために，2万のイタリア軍は鎮圧に追われ，ムッソリーニ体制も勝利を収めるためには空爆と強制収容所という方式に頼らなければならなかった．しかしそれでもサヌースィー教団の影響力は衰えをみせず，第2次世界大戦でイタリアの支配がおわりを告げたあと，1951年に独立リビアの王たることを宣言したのは，ときの教団長サイイド・イドリースであった．こうしてリビアは4主要国のうちで最も後進的であったにもかかわらず最初に独立宣言し，伝統的なイスラム教団の代表に支配されることになったのである．一方マグリブでは精力的な民族主義運動が発展し，独立は植民地勢力との闘いを通じてのみ勝ちとられることになった．チュニジアでは，この運動は1934年に結成されたネオ・デストゥール（憲法）党によって指導された．ムスリムの文化的アイデンティティーを担い世俗的民族主義政党である同党は，1956年3月に独立を獲得した．モロッコでは，この運動は1943年に結成されたイスティクラール（独立）党によって組織された．同党はスルタン・ムハンマド5世によって指導され，かれは解放運動のシンボルとなって，新しい政治的な力をマラブー的な国家の枠内に導き入れることに成功した．独立は，ここでもまた1956年3月にかちとられた．アルジェリア民族主義の成長は，フランスの同化政策の成功によって遅らされていた．1930年代にはだれもアルジェリア民族の自立の徴候を見出すことはできなかった．1954年になってようやく民族解放戦線が結成され，辛苦にみちた戦いをへて8年後に独立を達成した．

解放運動の指導者たちは，かれらがムスリムであることを疑わなかった．多数のヨーロッパ人入植者の存在がかれらにこの点を鋭く自覚させた．フランス支配の人種的な尊大さは，かえってこのことに役だった．しかしながら，これらの指導

1800年以降のサハラ以南アフリカにおけるイスラムの進展
ヨーロッパの植民地支配はキリスト教，イスラム双方へのアフリカ人の改宗に刺激を与えた．とくに後者の場合は，教師がアフリカ人であり，白人の文化に屈従するという恥辱を感じることなしに世界を理解するという大きな需要にこたえたために，アフリカ人の魂をめぐる競争ではいちじるしく有利な立場にたった．

ヨーロッパの勃興とイスラムの対応，20世紀中葉まで

者も，一般に信仰によってよりはむしろ文化によってムスリムだったのであり，フランスの，あるいはフランコ・アラブの学校で教育を受けた人々だった．イスラム的制度の社会的影響力の程度は，フランスの政策に応じ，また制度そのものの本質的な強さに応じて，さまざまだった．スーフィー教団は西アフリカと同様，多くの場所で植民地政府と提携し妥協していた．最初のうちアルジェリアでは，イスラム学校はその経済的な基盤を断たれていたために発展しなかったが，保護領であったチュニジアやモロッコでは，当然のことながら条件はいくぶんか良好だった．この地域のイスラム教育は，カイロのムハンマド・アブドゥフとその弟子たちに発する近代主義の影響からかなりの刺激をえていた．アルジェリアでは，それはイスラムの復興と多くの新設校の設置とを鼓舞した．モロッコでも結果は同様だったが，またマグリブにおけるイスラムの知的中心地たるフェスでは学者たちの大論争がおこった．アルジェリアでは1850年から個人の身分関係以外のあらゆる事項に関してフランス法が導入されたが，一方モロッコおよびチュニジアでは，イスラム法の伝統的な体系が1950年代まで手つかずのまま残った．北アフリカの多くの場所において，イスラムの諸制度は他のどの地域よりも苦痛を受けることが少なかったように思われる．

民族主義とイスラムの衰退

われわれはこれまで，ヨーロッパの勃興に対するムスリムがわの対応を，主に植民地国家，あるいは「国民」国家の観点からみてきた．このほかにパン・イスラム的な対応があるが，これは，実際には何百年にもわたってばらばらの帝国やスルタン国家に分裂してきたにもかかわらず，イスラム共同体というものが存在するのであり，それは永続的なものだとする意識から生じてきた態度である．その最初の主唱者であったジャマール・アッディーン・アルアフガーニー（1839-97）は，ムスリムの宗教的慣行を改革し，オスマン帝国のカリフのもとにすべての者を統合することによって，上げ潮にのったヨーロッパ勢力を，一掃するとはいわないまでも阻止することを願っていた．ムスリムたちの思想に対するかれの影響は，中央アジア，トルコ，インドにおよび，エジプトの1881年の反乱やイランの立憲革命には直接の刺激を与えた．アフガーニーの思想は，純粋に宗教的なレベルでは，かれの最も有力な弟子のムハンマド・アブドゥフによって発展させられた．われわれはこれまで，この著名なイスラム改革思想

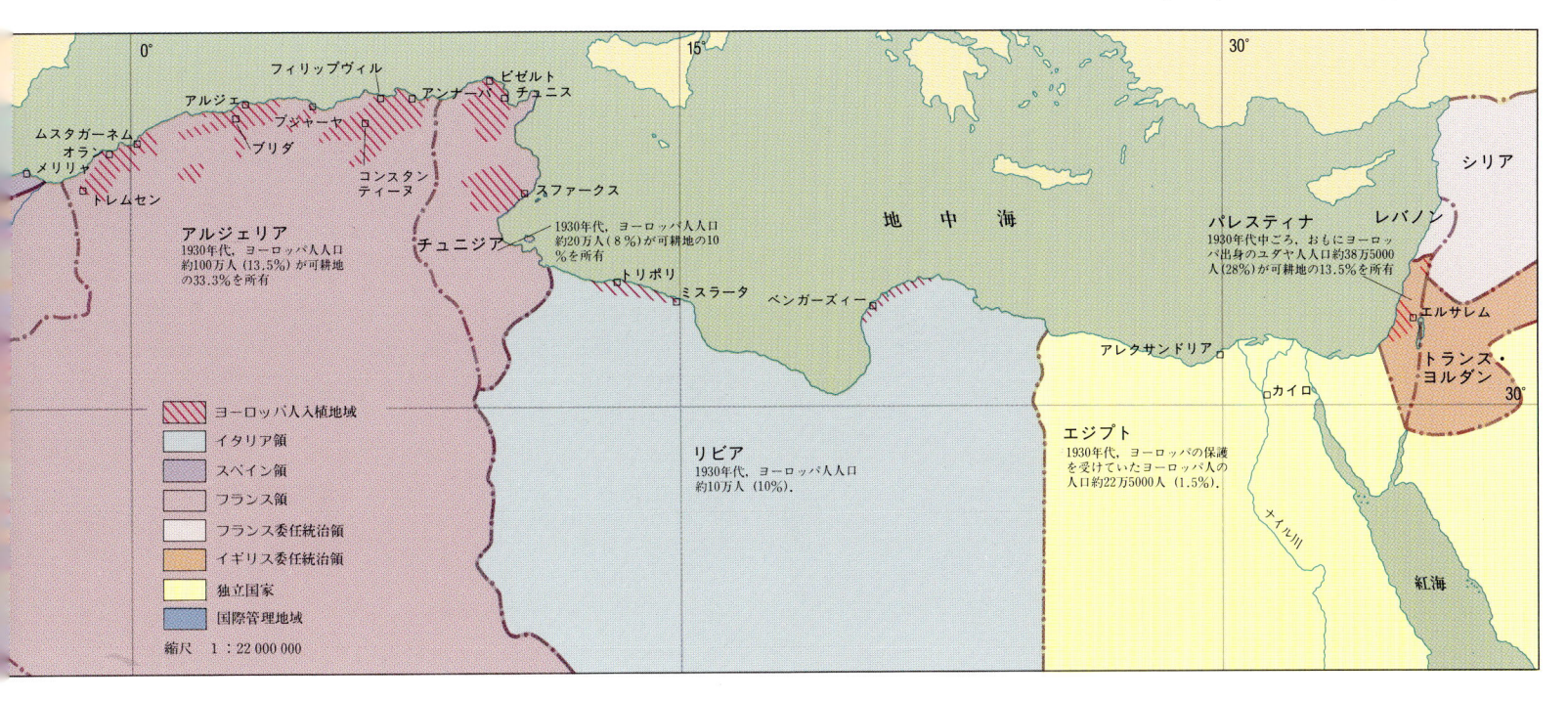

ヨーロッパの勃興とイスラムの対応，20世紀中葉まで

地図の凡例：
- ヨーロッパ人入植地域
- イタリア領
- スペイン領
- フランス領
- フランス委任統治領
- イギリス委任統治領
- 独立国家
- 国際管理地域

縮尺　1:22 000 000

地図上の注記：

アルジェリア：1930年代，ヨーロッパ人人口約100万人（13.5%）が可耕地の33.3%を所有

チュニジア：1930年代，ヨーロッパ人人口約20万人（8%）が可耕地の10%を所有

リビア：1930年代，ヨーロッパ人人口約10万人（10%）．

エジプト：1930年代，ヨーロッパの保護を受けていたヨーロッパ人の人口約22万5000人（1.5%）．

パレスティナ：1930年代中ごろ，おもにヨーロッパ出身のユダヤ人人口約38万5000人（28%）が可耕地の13.5%を所有

上　19世紀および20世紀における地中海南岸および東岸のヨーロッパ人入植地

この地域のムスリムたちが直面したのと同じようなヨーロッパ人の植民という現実を耐えなければならなかったのは，ほかでは，ロシア領中央アジアがあるのみだった．当然のこととして入植者たちは，外国勢力の政治的・経済的・文化的・心理的支配を象徴する存在だっていた．そのため独立が達成されたとき，入植者の多くはその地を離れなければならなかった．アルジェリアでは，フランス人がこの地をフランスの一部とみなし，多くのフランス人家族が3世代から4世代にもわたって生活していたため，その過程は1954年から1964年までつづいた解放戦争の悲惨な流血をまねいた．

**左　**この写真はアルジェリア戦争を雄弁に物語っている．ムスリムの女性が彼女の財産（それともこれは赤ん坊だろうか？）を膝に乗せて，通りすぎていくフランス人の兵士とフランス人入植者に物ごいをしている．

家のムスリム近代主義，すなわち近代的な科学的思考とイスラムとは調和しうるというかれの論証が，モロッコからインドネシアにまでわたって，いかに熱狂的に受けいれられたかをみてきた．アフガーニーの政治思想は20世紀初頭から次第に支持を増やしてきた．オスマン帝国に対するヨーロッパの圧力が強まるにつれ，ムスリムは抵抗を示した．第1次世界大戦ののち，ムスタファ・ケマルがトルコの存続そのもののために，したがってカリフ制の存続のためにも，戦っているようにみえたとき，世界のムスリムのあいだでは大規模な政治的煽動が巻きおこったが，インドおよびインドネシアにおけるそれは，それらの社会が経験した最大の大衆運動となった．当然のことながら1924年にムスタファ・ケマルが行なったカリフ制の廃止は理解できないこととして受け取られた．それ以来10年間，アラブとインドのムスリムたちは会議を開いてカリフ職の再興のため努力したが，かれらの希望はカリフ候補者同志の競争と増大する民族主義勢力とのために難破してしまった．

ヨーロッパに対するムスリムの応答が圧倒的におしつけられた国民国家の枠内でしかできなかったということは，それ自体がヨーロッパのイスラム世界に対する破壊的衝撃の一部なのであった．しかしさらに，これらの国民国家のなかで，新たなヨーロッパ勢力によってもたらされた打撃はさらに大きかった．シャリーアを認めない政府機構がつくられ，イスラム的な知識を教えない教育機構ができていった．イスラム的なものの見方をまったく支持しない人間が近代国家の非常に強力な装置を操るようになった．かれらは外見上は世俗的で，しかもしばしば趣味の上では西欧的な社会をつくることを目指した．何世紀にもわたってイスラム社会の形成力を守り伝えてきた人々は次第に片隅に追いやられ，近代的な人々から，ターバンとマントに包まれたちぐはぐな人間だとか，頭の程度や物腰からして，博物館こそお似合いの人物だとか言われてさげすまれた．ウラマーの知識は次第に国家にとって価値のないものとされ，一方，有望な学生もウラマーとして生計を立てるのは難しいということを思い知らされるようになった．スーフィーたちにはさらに厳しい困難があった．近代世界の中でイスラムの合理的な側面を示そうと望むウラマーによって，スーフィーの宗教的実践はときに放縦であると言って攻撃された．増大する国家権力は，人間集団ないしは個人と国家とのあいだの仲介者としてのスーフィーたちの機能に割り込んできた．物質主義のからっ風が人々の心のなかに吹き込んで，スーフィーの精神的洞察力に対する尊敬と支持の気持を枯れさせた．

20世紀の中葉においては，これら知識と信仰の伝達者たちの運命は国によってさまざまであった．ウラマーはトルコにおいてはまったく一掃されていたが，インドネシアでは逆にかれらの地位を強化させていた．スーフィー教団は一般的に衰微しつつあったが，それにもかかわらず，それらはアフリカでは依然として重要な政治的役割を果たしており，ソビエトの中央アジアではイスラムの主要な荷い手として存続した．パキスタンのようにイスラム共和国を宣言する新興国家もあらわれたが，西欧の力の源泉をイスラムの枠の中につかみとろうとすることに専念したのはサウディ・アラビアのみに限られた．一般にイスラム的な進歩の理想は世俗的なものにとってかわられた．支配者は，ヨーロッパの力の秘密を習得したがゆえに支配者であった．その結果，かれらはとかくヨーロッパの世俗的イメージに同化してしまっていたのであり，いまやかれらの希望はムスリム大衆をも同様のかたちにつくりあげることなのであった．

20世紀後半における
イスラムの再主張

ヨーロッパに，私は抗議する
そして，西方に魅きつけられる
ヨーロッパへの哀しみ，その魅惑に，
たちまち捕えられ，無力にされる！
ヨーロッパの群集は猛炎をかざし
全世界を荒廃させる
聖所の建築家よ
世界は再建を待ち望んでいる．起きあがれ！
　重くるしい眠りから
　まどろみから
　起きあがれ！
　まどろみから
　起きあがれ！

モハンマド・イクバール，「ペルシア讃歌」
1927年；アーベリー英訳

世俗文化の進展

　20世紀中葉からムスリムの運命は好転した．1920年代にトルコ人やイラン人がみずからの問題を完全に処理しはじめたころから，改善のきざしがあらわれていた．公式の権利として政治をコントロールしていたヨーロッパが，第2次世界大戦の結果ひどく弱体化すると，ほとんどのムスリムがようやく自由をえるに至ったのである．国際連盟の委任統治として残っていたアラブ国家のシリアとヨルダンは，1945年と46年に独立した．パキスタンの独立は1947年，インドネシアの独立は1949年である．パキスタンもインドネシアもともに，当時は最大のムスリム国家で，両国の人口の合計は2億をはるかにこえていた．1955年以降の10年間でアフリカのムスリムが自由を獲得し，1960年代中葉になると，まだ植民地的支配下にある大きな集団としてはソ連のムスリムが残っているだけになった．独立はムスリム社会に大きな自信を与え，

ムスリム世界の独立達成

ほとんどのムスリム民衆は，第2次世界大戦から1960年代末までのあいだに，植民地支配からの独立をかちとった．しかし，二つのことに留意すべきである．まず世界のムスリムの少なくとも4分の1はまだ無信仰者の支配下にあったことだ．とくにインド，中国，ソ連である．第2は，独立そのものがきわめて限定的なものであったことだ．エジプトは1922年に独立したが，1954年まで英軍の駐留に耐えなければならなかった．イラクも1932年に独立したが，1958年の革命まではイギリスのかなり大きな影響のもとに置かれた．信仰熱心なムスリムにとっては，独立は大した意味をもたなかった．ヨーロッパによる支配から，ヨーロッパで教育を受け，明白に非宗教的な見解をもったエリートによる支配へと，交替したにすぎないからである．

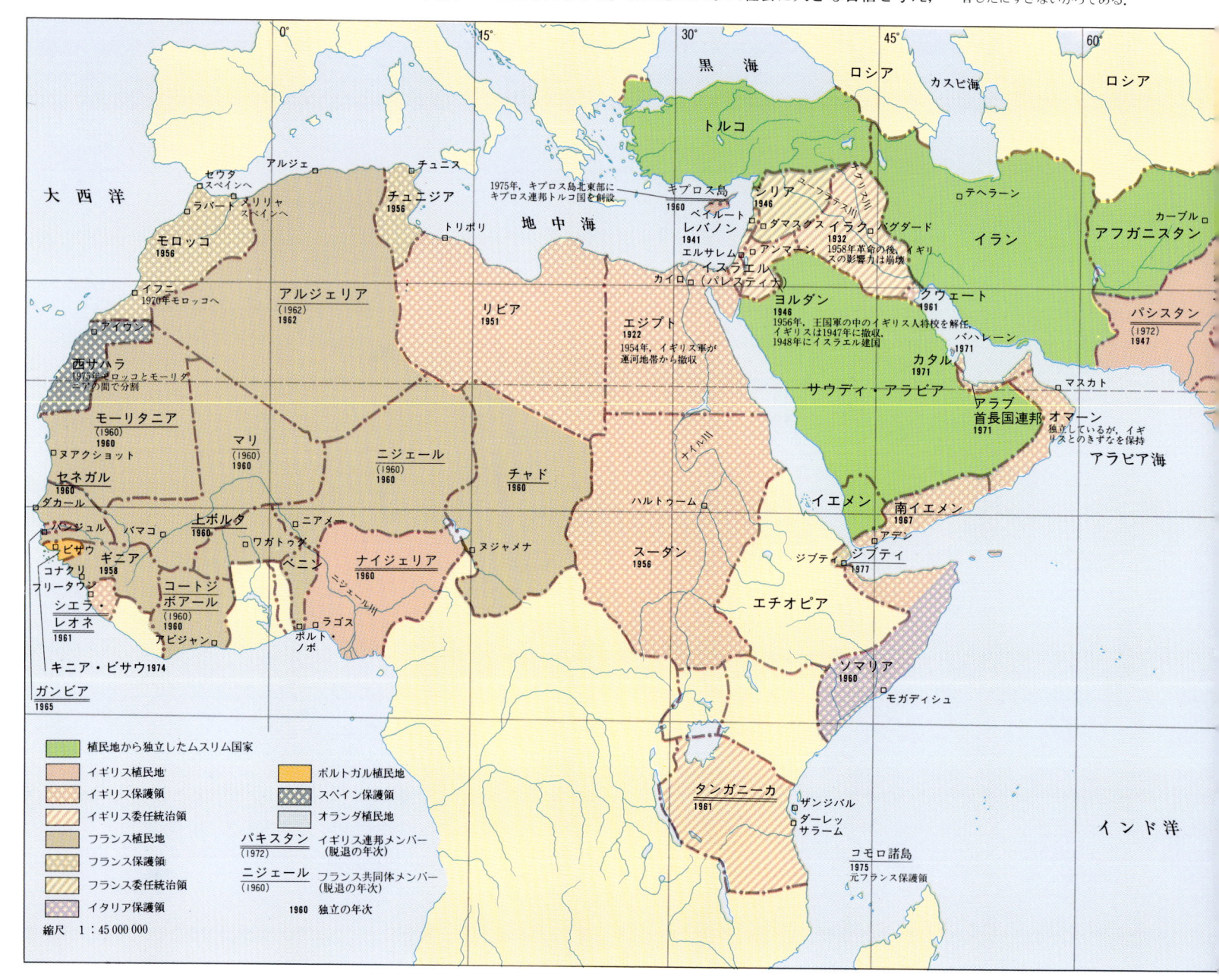

20世紀後半におけるイスラムの再主張

新しく独立したムスリム諸国民の指導者のうち、最も著名なのは、エジプトのナーセル大統領であった。かれは英仏の利害に抗してエジプトの利害を主張した。1954年にスエズ運河地帯からの英軍の撤収を求め、ついで1956年に運河を国有化したことがそれである。写真では、1954年6月19日、イギリス軍の運河地帯撤収の後、ポートサイードの旧イギリス軍司令部にエジプト国旗を掲揚するためにやってきたナーセルが、民衆にかつがれて勝利をうたいあげている。

政府に新しい力をもたらした。外国支配下の衰退期に見られた弱さから、脱出したからである。ヨーロッパ人の指示のままに西洋文化と世俗的価値の道をあゆむことを、真に望んでいるのかどうか、いまではムスリムたちはそれを自分で決めることができた。

ところが、独立直後にムスリム指導者らがまず気づいたのは、かれらが西洋の影響力を完全にはまだ除去していないということだった。自由はいぜんとしてヨーロッパ、ついてアメリカの力によって制限を受けた。西側の軍事基地がかれらの領土のあちこちに設けられ、最も新しく開発された最も利益の多い経済部門は、西側の経済活動にがっちり握られていた。たしかに、非植民地化という事態は、旧宗主国にとって理想的な状況をもたらした。というのは、いまや旧宗主国は統治のコストを負担せずに、引きつづいて経済的・戦略的利益を追求することができたからである。もっと純粋な独立をかちとろうとした最初のムスリム指導者の1人が、若いシャー・モハンマド・レザー・パフレヴィー（在位1941-1979）の下でイラン首相をつとめていたモサデク博士である。かれはソ連に石油利権を与えることを拒否し、アングロ・イラニアン石油会社を国有化した。同社はフーゼスターンの豊かな油田とアバダーンの世界最大の精油所とを管理していたのである。1951年から53年にかけて、かれは多くのウラマー、左翼、イラン民衆の支持を受けて、国有化撤回を求める西側の圧力に抵抗した。結局、クーデターが発生し、英米の支援のもとに軍部がモサデクをやめさせ、シャーを以前よりも強力な地位に押しあげた。モサデクの独立政策はおし戻された。アングロ・イラニアン石油会社はブリティッシュ・ペトロリアムと改名されたが、他の会社もこれと一緒になってイランの富を収奪した。イラン、イラク、トルコ、パキスタン、イギリスのあいだに条約が結ばれ、ソ連に対抗する共同防衛体制がつくられた。イランは以前よりもはるかに強固に西側と同盟したのである。

一方、アラブはより大きな成功をおさめた。1952年の自由将校団の革命ののち、エジプトで政権についたナーセル大佐は、独立を真正のものにすべきだと決意した。1954年、かれはイギリスを説得して、スエズ運河地帯の英軍を撤収させた。1955年、アメリカからの武器購入を断わられると、かれは共産圏に顔をむけた。1956年、かれは国際貿易の死活的動脈で、通行料の豊かな源泉というべきスエズ運河を国有化した。イスラエル、英、仏による侵略を乗り切り、エジプトがみずからの運命を切りひらく権利を、かれは高らかに主張したのだが、これは多年にわたっていかなるムスリム指導者にもできなかったことであった。ナーセルの先例に刺激されて、スエズ運河国有化ほどの熱狂的な反響をまきおこしたわけではないが、ほかの地域でもアラブは重くのしかかったくびきを投げすてた。1956年、ヨルダンのフサイン国王は国軍内の英人指揮官を解任した。1958年、イラク陸軍の部隊はハーシム家の支配者を打倒し、イギリスとの同盟関係を破棄した。ナーセルはムスリム国家がどのようにしたら世界の中でもっと自由に振舞うことができるかを示したのである。

だが、ナーセルの事業といえども、すべてのムスリムはもちろんのこと、すべてのアラブでさえ、自由な行動がとれるようにしたわけではなかった。一部の国々は国際問題でより大きなテコを手に入れたが、それでも他の大半の開発途上国とともに、まだその自由は外部勢力によって制限されているという感じがぬぐえなかった。ナーセルのような指導者は旧宗主国の軍事的・経済的支配を振り切ることができたかもしれないが、植民地主義の陰微な影響力はまだ生き残っていた。つまり、言語、文化、交際、生活体験における影響であり、

20世紀後半におけるイスラムの再主張

左　アラファート（中央）はアーヤトッラー・ホメイニーの膝に手をおいて話しかけ，ホメイニーの子息アフマドがこれに耳を傾ける．1979年2月17日，つまりテヘランが革命勢力の手に落ちてから1週間もたたないときの情景である．3人がはっきり示している親愛感は，たがいに親しみを覚えるムスリム同士のあいだでは典型的なものだ．パレスティナの大義に向けるホメイニーの感情は疑いなく強烈であり，それはイスラエルがパフレヴィー政権の重要な同盟国だったという事実によるのである．

　それが引きつづきエリートたちをもとの帝国の中心地に引きつけたのである．さらに新しく自由をえたムスリム諸国は，あらゆる面で遅れた小国が進んだ大国を相手とするときの苦しみをなめた．生存し，成長するためには貿易を必要としたが，それを実行すれば，原料を提供して製品を受けとるという劣等の地位を強めるリスクをおかすように思われた．かれらは弱味を克服するために援助を受けた．だが，このことがまた，かれらの自由をせばめることになった．いかなる国民も最新の機械の操作を学ぶためには先進社会に出かけていかねばならず，近代設備の部品を確保するためにも先進社会に多年にわたって頼らなければならなかったからである．援助を与えてくれる国は内政に干渉しようとし，武器を供与してくれる国は外交政策に影響を与えようとした．軍事顧問たちは軍隊をそそのかし，民間人顧問は民衆を動かそうとした．援助は新しい形の帝国主義そのものであることに，しばしば気づかざるをえなかった．こうした問題を解決するために，ムスリム諸国は先進国と先進国，西側大国と共産大国を，それぞれ反目させる方法を学び，1955年のバンドン会議ののちに結成された非同盟グループに加わった．1958年から1961年までシリアとエジプトを結びつけたアラブ連合共和国のように，国家連合の実験もやってみた．1960年には，石油輸出国機構（OPEC）という経済カルテルを結成した．にもかかわらず，独立初期の間，新しいムスリム諸国の指導者たちは，自分たちがかちとったのは明らかに偽りの自由だったのだと感じたにちがいない．

　ムスリムの立場の劣勢をなによりも鋭敏に感じさせたのは，パレスティナのアラブの土地にイスラエルが存在したことである．この感情をさらに増幅したのは，イスラエルへの移民がたえず流入したこと，一部のイスラエル人が拡張主義的な目標を鮮明にしたこと，1948年，56年，67年の戦争でアラブ軍が屈辱的敗北をなめたことであり，とくに67年の戦争ではゴラン高原，シナイ砂漠，ヨルダン川西岸地区，東エルサレムなど多くの地域があらたに占領されたのだった．西欧ではしばしば，こうした展開をアラブにだけかかわる問題だと考える誤まりをおかすが，それほど真実からかけ離れた議論はないだろう．アラブとイスラエルが戦うとき，インドネシアや南部フィリピンで新聞がどう報じているかをみていただきたい．インドのムスリムの見解に耳を傾けてほしい．あるいは，民衆の支持を求めるムスリムの政治家が，パレスティナ人指導者と行動をともにしてきたことを想起してほしい．パレスティナは，すべてのムスリムが団結できる問題の一つである．ムスリムの文化に属する人々は，みずからの弱さに屈辱感をもった．信仰の厚い者にとっては，聖地が異教徒に支配されるという新しい屈辱が加わった．かれらの目には，シオニストはヨーロッパの新顔の植民地主義者であると映ったから，ヨーロッパに送り返すべきものと思われた．ちょうどフランス人が100年の植民活動ののちアルジェリアから送り返されたようにである．しかも，これらの植民地主義者は，その存在も拡張主義的な努力も，西側の資本，西側の武器，西側の外交政策によって支援されていた．なかでも特記すべきはアメリカである．このようにしてイスラエルは，ムスリムが依然として弱く，西側に支配されているという事実を，強烈に，しかも屈辱的なやり方でムスリムの肝に銘じさせたといえる．イスラム信者にとって，独立はこの限界のある自由すらもたらすことなく，一見したところ，さらに希望のない閉塞状況と，どどまることのない信仰の堕落とを出現させただけであった．拘束から脱して権力の座につく者は，しばしば世俗的なエリートであり，かれらはイギリス，フランス，アメリカに留学するか，カイロ，インタンブル，アリーガルなどムスリム世界の近代的大学で教育を受けていた．かれらは旧植民地支配者よりも大きな自信と情熱をもって，社会におけるイスラムの役割を縮小しつづけたのである．アルジェリアではベン・ベッラ大統領が社会主義社会を建設し，イスラムにはリップ・サービス程度の関心をはらうだけであった．チュニジアではブルキーバ大統領が民族主義運動で予告していた，きわめて世俗的な開発を追求した．シャリーア裁判所は廃止され，ウラマーは姿を消し，政府機関からあらゆるイスラムの痕跡が除去された．シリアではバース主義者

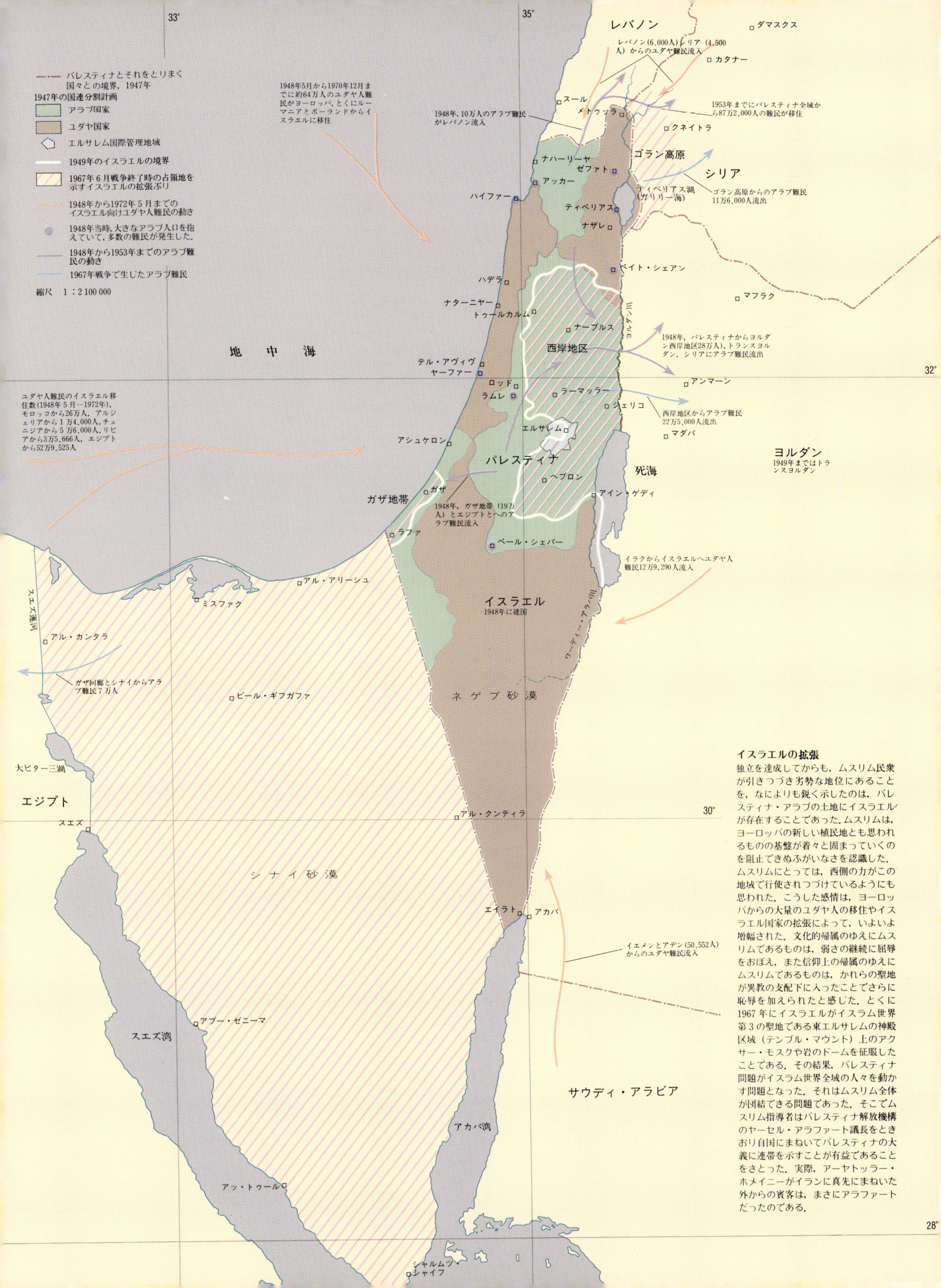

イスラエルの拡張

独立を達成してからも、ムスリム民衆が引きつづき劣勢な地位にあることを、なによりも鋭く示したのは、パレスティナ・アラブの土地にイスラエルが存在することであった。ムスリムは、ヨーロッパの新しい植民地とも思われるものの基盤が着々と固まっていくのを阻止できぬふがいなさを認識した。ムスリムにとっては、西側の力がこの地域で行使されつづけているようにも思われた。こうした感情は、ヨーロッパからの大量のユダヤ人の移住やイスラエル国家の拡張によって、いよいよ増幅された。文化的帰属のゆえにムスリムであるものは、弱さの継続に屈辱をおぼえ、また信仰上の帰属のゆえにムスリムであるものは、かれらの聖地が異教の支配下に入ったことでさらに恥辱を加えられたと感じた。とくに1967年にイスラエルがイスラム世界第3の聖地である東エルサレムの神殿区域（テンプル・マウント）上のアクサー・モスクや岩のドームを征服したことである。その結果、パレスティナ問題がイスラム世界全域の人々を動かす問題となった。それはムスリム全体が団結できる問題であった。そこでムスリム指導者はパレスティナ解放機構のヤーセル・アラファート議長をときおり自国にまねいてパレスティナの大義に連帯を示すことが有益であることをさとった。実際、アーヤトッラー・ホメイニーがイランに真先にまねいた外からの賓客は、まさにアラファートだったのである。

現代アラブ芸術

ムスリム世界の新しい独立国家を指導したムスリム・エリートの精神は，ヨーロッパから深い影響を受けていた．かれらの芸術にそれがよくあらわれている．1958年のイラク革命を祝う革命記念碑は，現代アラブ芸術の最もすぐれた作品だが，それはみごとな逆説である．つまりヨーロッパの植民地主義の影響力から最終的に脱却したときにつくられたこの彫刻は，ヨーロッパの彫刻をモデルにしたものであることを強くうかがわせるのだ．こんにちでもヨーロッパの影響は強く残っているが，にもかかわらず，アラブ芸術の特質はモロッコからイラクに至るまであらわれはじめている．それは抽象主義を好み，肖像を嫌い，書道を熱愛することなどである．

右 バグダードの解放広場につくられた革命記念碑の細部．この記念碑は高さ8m，長さ50mのフリーズ（帯状彫刻）で，イラクの現代芸術運動の旗手ジャワード・サリームの制作による．

カマール・アミーン・アワード（エジプト）作

ジャワード・サリーム（イラク）作

M・カーディル・アットリーキー（チュニジア）作

ディヤー・アルアザウィー（イラク）作

がまず1966年と70年，反政府的な宗教勢力を弾圧し，さらに73年，新しい社会主義的憲法を強引に施行しようとした．この憲法は国教としての名目的な地位さえもイスラムに認めないものであった．パキスタンのように，イスラムが国家の基礎そのものとされている場合でさえも，世俗的エリートはイスラムが影響力をもつ場面を制限しようと激しい運動を展開した．実際，1956年の憲法に明記された「パキスタン・イスラム共和国」という国名が，1962年の憲法で単なる「パキスタン共和国」にかえられたとき，国家の正統性の源泉としてのイスラムの役割そのものが減退したように思われる．

イスラムの制度的仕組みがとくに強い諸国に目を転じてみても，同じような基本的傾向が認められる．たとえばエジプトでは，ナーセルがシャリーア裁判所を廃止し，ついで1961年，アズハル大学を大統領直轄の近代的な国立大学として承認した．ウラマーにしても，またスーフィー諸派にしても，一定の役割を認められたことは事実だが，エジプト国家への奉仕に限られていた．イランでは1959年以降，モハンマド・レザー・パフレヴィーがウラマー権力の再興を強引に規制した．婦人参政権の付与やイスラエルとの友好など，ウラマーの嫌悪する政策も採用された．かれらの収入は土地改革によって減らされ，寄進地は非合法的手段で没収された．抗議すれば逮捕と亡命に直面した．1959年から60年にかけて，252のマドラサに1万4419人の学生がいたが，8年後にはマドラサは138，学生は7482人に減った．ウラマーが長年，近代的な世俗国家の攻撃に抵抗し続けてきたイランでも，かれらは将来に対する展望ではほとんど絶望せざるをえなかった．

国家が普通の男女の生活に深入りしてくるにしたがって，ムスリム民衆はみずからが性格の違う人間になりつつあることに気づきはじめた．その性格とはイスラムからの影響を断ちきるものであった．いまや政府は新しい目標を農村にもちこんだ．子どもたちは学校に通い，西欧流の基礎教育を受けるべきだと，政府は主張したのだ．女の子も例外ではなかった．政府は農地を再配分し，その結果，貧農が得することもあったが，地方の聖地を支えていた寄進地を破壊することにもなった．政府は女性の世界にも入り込み，種痘を強制し，家族計画をうながし，過去の確実な伝統的知識に干渉した．息子たちや，時には娘たちも国家奉仕にかり出され，その結果，新しい民族文化を教え込まれ，任務を解かれてからも，かれらが元の農村のやり方にもどるのが困難になった．同時に，地方の人々が発展する産業社会の活動に吸収され，道路建設，パイプラインの建造，工場労働などにたずさわった．かれらは都市や町に出ていった．たとえばテヘランやカラチだが，こうした都会の人口規模は1940年代の数十万から，70年代の500万以上に膨張したのである．かれらはムスリムの生活なるものに時には無関心だったが，郊外の不衛生な町に住みつつ，正しく導かれたムスリムの生活からあまりにもかけ離れた世界というものを見せつけられることが多かった．映画の広告は館内の楽しさを約束している．バーでは男が酒に心を失い，同伴男性のいない女が髪の毛をなびかせ，みだらな衣服を身につけ，富ばかりが目立ち，外国人も多い．大声で話すアメリカ人，ロブスターのように陽やけしたイギリス人，青白くて無口なロシア人などだ．

イスラム世界のエリートの文化を一瞥すれば，ムスリムの心がヨーロッパによってどれほど世俗化されてしまったかが明らかになる．20世紀イラン文学のもっとも偉大な作家として知られるサーデク・ヘダーヤトは，パリに学んでサルトルから強い影響を受けているし，近代のエジプトの作家たちはフランスやイギリス，ロシアからの刺激をさかんに取り入れていた．1936年に創設され，ウルドゥー語文学を主宰するようになったインド進歩派作家協会の宣言文には，ヨーロッパの社会主義の影響が認められる．それによると，協会の目的は「退廃的な聖職者・学者階級の手に長く握られて堕落してきた文学や他の芸術を，かれらの手から救い出すこと」にあり，進歩的作品は「今日の私たちの存在の基本的問題，つまり飢餓や貧困，社会的後進性や政治的隷属の問題を扱うこと」が必要であるとする．この進歩的作家たちはトルストイからカフカまでのヨーロッパの文学に傾倒し，バイロンやシェリーといったイギリスのロマン主義に熱中し，また1930年代のイギリスの社会主義者，スペンダーやオーデン，デイ・ルイスなどの著作を信奉した．デリーからカイロ，テヘランからイスタンブルまで，いたるところで作家たちは，新しい形式——短篇の物語や小説，無韻詩や自由詩——の実験を試み，過去の方式から自分たちの思考を解き放とうと願って，ヨーロッパをモデルに伝統的な文章作法の息が詰まるような影響を打ち破ろうとした．かれらは政治や貧困を話題にし，女性の権利を主張し，女性の性的魅力について語らったり，人の敬虔さを笑い飛ばしたりした．

同じような影響，同じようなイスラム的価値の拒否は近代のアラブ絵画にもみられる．アラブ芸術の偉大な伝統よりも，ヨーロッパの流儀に多くを負い，宗教的題材を好むことを馬鹿にして，それは大胆にも裸婦画をレパートリーに取り入れたりした．ただし偶像の作製を禁じるイスラムの規定はまだ効力をもっていたようで，彫刻の流派が生まれ育ったのはエジプトとイラクだけだった．この分野を主導した天才としてはジャワード・サリーム（1920-61）がおり，かれはローマ，パリ，そしてロンドンのスレイド美術学院で彫刻を学んでいる．1958年の革命を祝ってバグダードの解放広場に差しかけられるように建てられたかれの大作「革命の記念碑」には，革命への運動が外部からの刺激に促されたこと，そしてまったく世俗化された気質に支えられていたことが示されている．ピカソの「ゲルニカ」やジェイコブ・エプステインの彫刻の影を留めてヨーロッパの影響がつよく見出され，全体としてはもはや神を讃えるのではなく，人間讃歌として捧げられた作品とみてとることができる．このように近代のイスラム諸国の指導者たちは，西洋に対して自分たちも対等に尊厳を認められる存在にしようと努めたために，かえって自分たちの社会の中では，西洋文明の強力で有能な代理人であるかのような始末になってしまった．これを嘆くモハンマド・イクバールの悲痛な叫びは，私たちの耳にも重く響いてくる．

> トルコの人々も，ペルシア，アラブの人々も，
> ただただヨーロッパに酔い痴れている．
> そしてこの人々の喉には深く突きささっているのだ，
> ヨーロッパが投げかけた釣針が．

イスラム的視点の再主張

近年ムスリムたちは自分たちの文明が西洋の影響を受けて変質していくのにこたえて，イスラム的価値，イスラム独自の進歩への展望を再び評価するようになった．イスラムの目的と西洋の目的は全体として相反するのだという思いはますます強く確信にも近いものになろうとしている．半世紀も前のものでありながら，モハンマド・イクバールのつぎの言葉は現代のムスリムの心を語っている．

> 西洋の人々は天国を見失ってしまった．
> そして純粋な精神を追い求めている，なんと腹のなかに．
> 純粋な魂には色はなく，肉体から発する香気もない．
> 体に関係がなければ共産主義は何もしようとしない．

20世紀後半におけるイスラムの再主張

かれらの預言者（マルクス）は真理を知らず，
　その宗教は皆の腹のなかが平等になる願いの上に築かれている．
友愛の住まうところは心のなか，
　その根は心のなかにあるのであり，水と土のなかではないというのに．

資本主義も同じこと，ただ体ばかりを肥えふとらせる．
　その光のさすことのない内奥には，一片の心さえ込められていない．
花から花へと飛びまわり，花弁には目もくれず，
　ただ蜜だけを取っていく蜜蜂のようなもの．
茎と葉，色と香がすべてあってはじめてバラとなり，まさにそのために夜啼鳥は哀しく美しく喉をふりしぼるというのに．
護符を超え，香リや色の外見を超え，
形に別れを告げて，ただ意味にだけ目を凝らせ．
たとえ内なる死を見出すことはつらくとも，
バラは土くれにすぎないなどといってはならない．

二つの主義は性急で，不寛容な魂を宿している．
二つはともに神を信じず，また，人類を欺いている．
一つは生産によって，一つは税金によって生命を保ち，
人間は二つの石にはさまれたガラス板のよう．
一つは科学と信仰と芸術に惨めな敗北を味わわせ，
一つは体と魂を横取リし，パンを稼ぎ出す手を奪い去る．
私にはみえる，二つは水と土のなかに身をひたし，
　その体は磨かれていようとも，心はまったくの闇に閉ざされているということを．
　　　　　モハンマド・イクバール，「ジャヴィドナーマ」
　　　　　　　　　　　　　1932 年；アーベリー英訳

　こうした心をいだくムスリムたちは，進歩のために西洋とは異なる道，すなわちイスラムの道があると感じ，その道に再び力を与えようと考えた．そのためには西洋人の支配者を追い出すだけではもはや不十分で，イスラムの土壌にすでに深く根を張ってしまった西洋文明を，西洋的な法律，神と無関係な学問，退廃的な文化といったいろいろな側面で根こそぎ掘りおこさなくてはならなかった．ただし，このイスラムの道，少なくとも自分なリに納得したイスラムの道をすすんで主張しようとする者は，自分がかかわる国家それぞれの歴史的事情と無関係ではいられなかった．いくつかの国では，イスラムの伝統を伝えてきた人々が，シャリーアのためにたたかうのに十分な強さと自由な立場とを備えていたが，多くの国では西洋式の教育を受けた者たちのつくる組織が事に当らなければならぬことになった．そのなかには，その知的・精神的系統からして 18～19 世紀の復興と改革の動きを受け継ぐ者があり，あるいは，預言者が範を垂れた理想的生活とくらべたとき，自分のまわりの人々の生活のあまりにもおぞましい現実に刺激を受け，先人にもすでに多くの類例があったように，このことをこそ自分たちの出発の原点とする者もあった．しかし，これらの運動は，例外なく権力を獲得あるいは維持しようとする者たちの欲求から超然としているわけにはいかなかった．
　アタチュルクがウラマーの存在を否定したトルコでは，スーフィー教団がイスラムのために活躍した．ナクシュバンディー教団はアナトリア東部でひそかに活動し，1954 年にはその指導者 17 名が逮捕されている．1949 年に北アフリカから進出したティジャーニー教団は，アタチュルクの銅像を破壊

するといったもっと直接的な方法に訴えた．ヌールジュは大学の学生運動に支持基盤をもつまったく新しい教団であり，非常に活動的で，すべての真理はコーランのなかにあり，世俗主義はイスラムに反しており，シャリーアを復活しなくてはならないといった原理主義的見解を放送を通じてひろめた．宗教活動と政治との結合を禁じる憲法の規定にもかかわらず，1970年以降このような見解は，イスタンブル工科大学の工学の教授ネジメッティン・エルバカンの努力によって政治のなかに食い込む足場を固めはじめた．1973年の総選挙でかれの国家救済党は11.9％の票を勝ち取った．党が国会での力のバランスを左右する位置にあることを利用して，かれはイスラム的立場に対する譲歩を引き出し，また副首相の地位を利して大胆な主張を展開した．共和国成立53周年にあたっては記念演説の場をかつてのスルタンのトプカプ宮殿に選び，その姿勢を広く知らしめた．

アタチュルクの死後，トルコ人の生活のなかでイスラムが息を吹き返した一般的現象が，これらのスーフィー教団や国家救済党の活動を支えていることは間違いない．実際，アタチュルクが亡くなったとき，妹はこの偉大な兄のために埋葬の祈りをあげさせるといい張ったというから，イスラムの復権は，アタチュルクの遺体がまだ冷たくなってもいないうちに，もうはじまっていたのだといえる．数年のうちに国会では宗教教育の問題が討議されるようになり，1949年には選択課目として採用された．つづく10年間の民主党政権時代には，国家がすすんでイスラムの復活に努めるという，20年前であれば信じられなかったであろうような事態が現出した．礼拝をよびかける言葉はトルコ語からアラビア語にかわり，国営放送は宗教番組を流すようになった．1万5000のモスクが建てられ，ムスリムの子供はすべて宗教教育を受けるよう要請され，ウラマーを養成する学校も設けられて幅広い援助を受けた．こうしてトルコの人々は再び公然と，しかも熱心にみずからの信仰を明らかにするようになった．ジャラールッディーン・ルーミーの命日を記念する行事が許されるようになって，数千人がこれに参加し，また数十万人が政府の主催するコーラン教育の課程を履修するようになった．1947年に解禁されたメッカへの巡礼は，1954年の1万人あまりから1974年には10万6000人あまりへとふくれあがった．その上，イスラム文献が洪水のようにあふれ出し，普段の信仰を強めるだけでなく，西洋の物質主義の視点に対して優越的なイスラム的視点を発展させるものとして位置付けられた．しかし一方ではイスラムに有利に事を運ぼうとするムスリムと世俗主義者との摩擦はますます高まり，アタチュルクの革命の守り手であった軍部はこのような状況に反感を深めるようになっていた．ついに1960年クーデターが勃発し，一部の人からは「神の友」とよばれるようになっていたメンデレス首相は絞首刑に処せられ，新憲法が発布されて国家についての世俗的理念が再び力強く歌いあげられた．もっとも宗教上の表現の権利は，それが「公共の秩序と道徳，それらを支えるために制定された法律に反しない」限り認められることになり，少なくとも法的には，勃興する宗教勢力と世俗主義との間のバランスが回復されることになった．しかし，イスラム的価値を再び評価し，それを政治に反映させようという試みは，こういった動きにも妨げられることなく，たゆみなくつづけられている．

エジプトでも同じようにして，イスラムは万事にわたって前面に再登場したが，その運動の指導者と支持者の多くは，西洋式の教育を受けた者たちのなかから出た．この動きは，1967年イスラエルとの戦いでエジプトがみじめな敗北を味わい，ナーセルの力が弱まるとともにはじまった．たちまちイスラムを信奉する集団が，エジプト人はよきムスリムではなかったから戦いに敗れたのだという議論を打ちあげた．エジプト人は西洋からの外来のイデオロギーにたらしこまれてしまった，敗北はまさにこれが正しくなかったことを示している，事態を解決するにはイスラムに帰ることだという主張がなされたのである．1970年にナーセルが死ぬと，民衆のイスラムへの支持はますます明らかになり，たとえば，若い中流のエジプト人女性らは，イスラム法に基づく衣装を身にまとうようになった．イスラムを信奉するさまざまな団体への支持は急速に高まり，もっとも強力に組織化された力としてエジプトの大学の内部に浸透し，多くの学生組織を動かすようになった．1954年のナーセル暗殺未遂によって非合法化されたムスリム同胞団は，全土にわたって組織の再建をはじめ，この同胞団の周辺からは数々の戦闘的地下組織が生まれた．なかでもタクフィール・ワ・ヒジュラ（悔い改めと罪からの離脱）はよく知られており，これらの組織は目的を達成するためには進んで殺人をも辞さないことを明らかにしている．

イスラムに捧げられるこの新たな情熱が，一つにはエジプトの世俗的エリートの指導権に対する不満の高ぶりに由来するとすれば，もう一つの原因はトルコと同じように政府の政策に求められる．ナーセルさえ，その政権の末期には1967年の悲劇から国民の目をそらすために，イスラムに立ち帰ることを企てたし，その後を継いだアンワル・アッサーダートに至ってはおおいにこの政策を進展させた．エジプト社会の基盤をなし，まだそれほど西洋の影響がおよんでいない民衆に訴えかけ，共産主義者やナーセル派の人々に対抗して民衆の支持を取り付けていくために，サーダートはイスラムのシンボルをさかんに用いた．かれの演説はイスラム的イメージにくるまれており，また金曜日の集団礼拝に参加した大統領が

1960年代から70年代にかけて，イスラム諸国の政府の多くは，イスラム的価値とその価値への国民の志向とを考慮に入れるようになった．しかし，イスラムを標榜する集団を政府が容認することにしたとはいっても，それらの集団がかかげる目標は，ときには政府の目標と根本的に相反してさえいたから，イスラムの価値とそれへの志向とを政策に採用するのはたやすいことではなかった．エジプトのアンワル・アッサーダート大統領はイスラムとイスラムを唱導する組織とに新たな敬意をはらい，それをもって政権を支える柱の一つにしようと努めた．左図は，1977年の12月，スエズ運河に面したイスマーイーリーヤに近い新しい都市セラビームのモスクで，金曜の集団礼拝に参加している大統領．

ひざまづいて祈るのを，民衆が目のあたりにできるよう取りはからった．イスラム関係のさまざまな組織をうまく操作することも工夫された．アズハルは政府の基金から例外的なほどの援助を受け，その学長は身分的にも給与の面でも首相なみの待遇を受けた．その見返りにエジプトのウラマーの指導者たちは，内政面でもイスラエルとの和平工作でも，強力に大統領を支持した．ムスリム同胞団も大統領の掌中にとらえられ，組織の再建を許されるかわりに，サーダートを左派の攻撃から守ることになった．しかし，このイスラムの虎を御するには大きな危険は避けられず，本源主義に対する多くの譲歩を余儀なくされ，たとえばスーフィーの大家イブン・アルアラビーの著作を禁書にしたり，シャリーアの諸原則を立法の主要な源泉とするという憲法修正条項を議会に承認させなくてはならなかった．その上，虎が乗り手に食いつかないという保証もまったくなく，実際，1979年にムスリム同胞団はイスラエルとの和平交渉に難色を示し，ついに1981年タクフィール・ワ・ヒジュラの手にかかって，サーダートは暗殺されてしまった．

リビアでは，イスラム本源主義に基づく政治形態が，人々の間でイスラムへの思いが高まるのに応じて生まれたというよりは，むしろ1969年の軍事クーデターの結果として，もたらされた．新政府を率いる27歳のムアンマル・カダフィー大佐は，ベドウィンの生まれながら，トルコのエルバカンやエジプトのムスリム同胞団の指導者たちと同じく，現代的なテクノクラートとしての器量を身につけており，その信仰のなかではイスラム本源主義が，かれの尊敬するナーセルのアラブ社会主義と結びついていた．その政府の初期の政策は，西洋がムスリムの生活に与えてきた歴然たる影響を，ムスリム自身どのように受けとめているかを表明するような性質のものだった．革命司令部ともよばれた革命評議会は，全世界のウラマーの助言にしたがって宣言を発し，約14世紀にわたって諸国を治めてきたシャリーアは，植民地主義者が諸国を支配するようになると，「文明」の名の下に世俗法と全体主義の政策とに置きかえられてしまったが，今こそシャリーアを「共和国のすべての立法と行政の，至高にして主たる源泉」とすることで，植民地主義の悪弊を除くのだということを主張した．この精神にのっとって，西洋の文化を表すあらゆる徴表が抹消された．ブリティッシュ・ペトローリアムは国有化され，アルコール飲料は禁じられ，学校の教科書は検閲され，道路標識は全部アラビア語にかえられた．リビアに入国する者のパスポートまで英語，フランス語に加えアラビア語で記されていなくてはならないことになった．石油がもたらす豊富な富に支えられて，政府が地盤を固めるにつれ，資本主義，共産主義にかわる「第3の理論」つまりカダフィーの主張するイスラム社会主義は，かれ独自の，しかもイスラムの観点からは革命的とさえいえる道であることが明らかになった．大佐はそれ以前の改革者よりはるかに進んで，コーランだけを正統性の唯一の根拠とし，ハディースの権威までも否定した．その結果，サウディ・アラビアのさる神学委員会はカダフィーを背教者とみなすに至った．

パキスタンでも同じように，西洋の植民地主義の遺産に反対してイスラムを声高に唱える動きがみられた．この国では，建国時からすでに国名だけでなく実質的にもパキスタンをイスラム国家にしようとするいくつかの政党があり，最初の憲法が独立から9年もたった1956年まで施行されなかった理由の一つにも，これらの政党の活動があったことが認められる．ウラマーの諸法学派をそれぞれ代表する政党に加え，高度に訓練され，ムスリム同胞団と同じように西洋式の教育を受けた中流階級から大きな支持をえるジャマーアテ・イスラーミーがとくに目立つ政党となっている．この党を1941年に創立したマウラーナー・マウドゥーディー (1903-79) の著作は，イスラム世界の広範な地域で賞讃を受け，その一つリビアでは，かれはカダフィーの革命評議会の主要な顧問の1人となっていた．マウドゥーディーの主張によると，シャリーアはもちろんおのおのの国の法として確立されなくてはならず，また国家は，そのシャリーアという国家理念にしたがいつつ権力を保持する1人の人物によって統治されなくてはならない．この統治者はシャリーアを解釈する資格を有する人たちによって補佐される．政党の分立は認められず，いかなる野党の存在も不当である．ムスリムのみが政府のなかで一つの役割を演ずべきであり，非ムスリムは別枠で投票を行わなくてはならない．永年にわたりジャマーアテ・イスラーミーはこのような綱領を掲げつづけ，そして永年にわたりほとんど成功を収めることがなかった．そこで世俗的エリートが指導権を握る．社会主義的宣言文を公表して経済問題に力を入れ，人民主義的スタイルをとるズルフィカル・アリー・ブットーのひきいるパキスタン人民党が，1970年代はじめに勢力を増し，一時はついに勝利を収めるかと思われた．しかし，それにもかかわらず，イスラム政党への支持の増大も同時に進行し，ことに1971年に東パキスタンが失われてしまうと，多くの人々が国家を再建する基盤としてイスラムに引きつけられるようになった．1950年代，60年代の資本主義的な発展の道，そして70年代の社会主義の道のいずれにも人々が幻滅を増すにつれ，イスラムの道を進んで受け入れこれを歩んでいこうという気運が生じてきた．イスラム政党をふくむ9政党からなる国民連合が1977年3月の総選挙で敗北すると，民衆の不満に火がつき，抗議運動が燃えひろがってなかなか止まなかった．ブットーの人民党にむけられた選挙不正の非難をいれて，ついに軍部が介入し，国民連合の支持を受けた軍政を敷くことになった．

戒厳令下執政長官となったズィヤーウル・ハック将軍は，リビアのカダフィーに劣らず劇的といえる文化革命を主導し，マウドゥーディーが示した線にそったイスラム的体系がそこに出現した．シャリーアをイギリスに由来する国法の上に立つ至高の法と定め，鞭打ち，手足の切断，死体をさらすといったイスラム的刑罰が，飲酒から姦通までを含む「重罪」に適用された．銀行が利子を取ることは禁じられ，シャリーアが定める税が導入された．非ムスリムは公職から締め出され，西洋風の民主主義は主権がただ神にのみあるとするイスラムにそぐわないものだと宣告された．西洋の影響の遺物は攻撃の矢面にさらされ，英語による教育はウルドゥー語にきりかえるよう命じられ，教科書は改訂されて，町や街路，公共の場の名称が改められた．人々はイスラム的生活様式にしたがうよう指導され，官庁では礼拝の時間を置き，ラマダーン月の断食は厳しく強制された．このようにしてズィヤーウル・ハック将軍は，西洋風の世俗的枠組を打ち壊し，パキスタンをその名が示すとおりのイスラム国家，イスラム社会とするために宗教的枠組をつくり出そうとしている．

1978年から79年のイラン革命こそ，西洋風の世俗的枠組を打ち壊す試みのうちで，まったく思いもかけず発生したにもかかわらず，最も成功したものであった．イランの指導的な歴史家であるあるムスリムは1980年に「イランで何がおこっているのか．それは，20世紀においてまったく予期しえなかったものである以上に，もっともすばらしいイスラムのウンマの勝利である．」と述べている．この革命の指導者はウラマーであるが，かれらは17世紀以来シャーがイスラムをおびやかしたり，統治者にふさわしくないと思われるときにはいつでも，シャーに対抗してきた．1873年のロイターへの利権

譲渡への反対からはじまって，1950年代初期のモサデク支持まで，ウラマーは抗議運動の最前線に立ちつづけた．そして1959年モハンマド・レザー・シャーがイスラム的価値を攻撃しはじめ，それがイラン社会を完全に世俗化しようとするものだと思われたとき，これに対して巻きおこった抗議運動は，ついにウラマーの手に政権を握らせることになった．一流のウラマーのなかで最年長でもなく，また最も学識が深いというわけでもなかったが，1人の学者が政府に対する最も痛烈な批判者として舞台に踊り出た．その人，アーヤトッラー・ホメイニー（1902-）はイランのイスラムの知的中心であるコムのファイズィーヤ学院の指導的な教師であり，その質素で敬虔な暮しぶりと信仰の積極的擁護とによってイスラムを体現した人物として，かなりの倫理的権威を獲得していた．ホメイニーは仲間のウラマーの多くがとっていたような静観の立場をよしとせず，本質的にイスラムの敵であると思われるパフレヴィー朝の体制を相手に果敢に発言した．かれはレザー・シャーについて「この無学な軍人の頭脳からたれ流される白痴的発言はやがて朽ち果てるだろう．ただ神の法だけが時の浸食にも失われないのだ．」と記している．1963年からはホメイニーはこの無学な軍人の息子モハンマド・レザー・シャーに対して堂々たる攻撃の矛先をむけている．シャーは王位につくときに行なった，イスラムを守るという誓いを破り棄てて，イランを外国の勢力，とくにアメリカ合衆国とイスラエルに売りわたした，とかれは糾弾する．シャーはアメリカ人の顧問とその随員にイランの法からの免除特権を認めてしまったので，アメリカ人の兵士の犬がシャーにかみついても，シャーは賠償一つ満足に取れないだろう，というものだ．ホメイニーはシャーの暴政は「イラン全体を奴隷にしてしまうだろう」と考えて，軍部に蜂起して専制を打倒するようよびかけた．1963年6月5日，イランの人々は全土で一斉に立ちあがったが，軍は銃弾でこれにこたえ，少なくとも1万5000名が死亡して蜂起は失敗した．ホメイニーは追放されてイラクにあるシーア派の聖地の一つナジャフに逃れ，そこからパフレヴィー朝を攻撃しつづけることになった．

同じころ，アリー・シャリーアティー博士（1933-77）という1人の思想家がイランにあらわれた．イスラムの学問と西洋の学問とに対するかれの理解は驚くほどに深く，そこでかれはいかに西洋の知が本来イスラムの枠組のなかに含まれているものであるかを，多くの人々に知的に満足のいく形で示すことができた．かれは多くの書物を著し，国中の大学で教鞭を取り，若者たちはすすんでかれの思想に身を捧げた．かれは拷問を受け追放されて，イギリスで謎の死をとげたが，イランの若者たちは自分たちが受けた世俗的教育をどのようにしてイスラムと和解させるかについて，かれから学びとることができた．1978年，パフレヴィー体制に対する不満が一杯にふくれあがっていたころ，イスラムによる解決を求め，何年も体制に堂々と批判の声をあげてきた教養ある人物を指導者に迎える用意は，すでに若者たちの多くに整っていたのである．こうしてホメイニーの権威は，テープに録音したメッセージを電話やウラマー間の接触を通して伝えるという簡便な方法で確立され，怒濤のように高まる抗議の声をまとめ，導き，それらは通りにあふれ出して，兵士の銃口の前にもゆらぐことがなかった．さきにシャーがイラン王制2500年を祝って建立したシャヒヤードの記念碑が立つテヘランの広場は，同年12月，いくつかの推定によれば500万以上の人々に埋めつくされ，王制の打倒とイスラム共和国の建設とが高らかに要求された．近年の歴史に例をみないほどの大規模な民衆の意志表示に，シャーはやがて亡命を余儀なくされ，ホメイニーは国にもどってきた．国外から抗議運動の高まりを導いたときと同じように，ホメイニーは，帰国後の革命の展開においてもたくみな手綱さばきをみせているらしいことは，西洋の人々ばかりでなく，イランの世俗化した人々の目をもおおいに見開かせるものであった．

17世紀後半，モハンマド・バーキル・マジュリスィーがシャー・スルタン・ホセイン（ホセイン1世）から実質的な政権を奪った事件以来，ウラマーの1人がこれほどの権力を行使するようになったことはなかった．この革命は1960年代と70年代にひろくみられたイスラム再評価の運動の，最もきわ立った例であると認められる．しかしまた，この革命の性格にはイランに特有のものもあることを忘れてはならない．この革命の底流にはシーア派に属する十二イマーム派の特殊な思想がひそんでおり，それは第12代のイマームが隠れている間は，シャリーアに精通し汚れのない暮しを営む1人のムジュタヒドにこそ統治権があると考えるものである．多くの人々がホメイニーをまさしくそのムジュタヒドだと見なし，かれこそ第12代イマームその人ではないかと思いめぐらす者もあって，そのためアーヤトッラーの一番のライバルをして，少々苦しげに第12代イマームがジャンボ・ジェットで再臨するはずはないといわせるほどだった．ホセインの殉教の記憶は，シーア派の宗教慣行の中心に位置し，正義の人々に加えられた弾圧の代名詞となった．シャーは，カルバラーでホセインとこれにつき従うわずかな人々を大軍をもって殺害したヤズィードに見立てられ，街角で銃弾に倒れたイランの若者は殉教者とたたえられた．殉教と服喪の期間を中心とする宗教上の日取りも同様にして政治的な日取りに読みかえられ，シーア派の人々がホセインの殉教を悼むムハッラム月10日は，500万以上の人々がテヘランを行進してイスラム共和国の建設を要求する日となった．また，イランでは，ウラマーが他に例をみないほど強力な立場に立っており，多くは国家に取り込まれず，民衆の支持を受けて，イラン全域にわたり国家の手のおよばぬネットワークを備えていたことも，この革命の特徴となった．これらの信仰と組織はそれ自体革命的性格を帯びていたが，シャーがイランを1990年代までに世界5番目の進んだ工業国にしようという計画を推進していたことが，革命の火をさらに燃え立たせる材料となった．伝統的な商業活動の中心にいるバーザールの商人たちは，急速に発展する近代的資本主義のシステムに脅威を感じていた．また新しい高度技術を用いた産業を運用するために集められ，かたまって金ピカの居住区に住んでいた1万5000人ほどの外国人に，一般のイラン人はおおいに感情を害していた．テヘランは20年間に200％も膨張をとげ，他の主要都市もそれにならった．地方の人々は続々と新しい産業に投入されていった．さまざまな変化をそれぞれに切り離してみれば，都市の肥大ほど権力がウラマーの手に帰するのに効果的に働いた変化はない．革命状況は，経済が人々の手に負えなくなっていくにつれて形成された．農民が地方を離れるにつれて農業は破綻し，都市は過密化して満足なサービスを提供できなくなっていった．こうして1973年から76年にかけてGNPの50％もの成長は，やがて荒れ狂うインフレーション，景気の急速な後退，雇用不振にとってかわられるのである．

革命を遂行するにあたって，ウラマーは，1905年から11年までの立憲革命のときや国王に反対するその他さまざまな運動の機会にもそうしてきたように，世俗的な反体制派とも手を結んだ．しかし，立憲革命のとき制定された法律に印を押したのが結局は世俗的指導者だったのに対し，今度は完全な主導権を握ったのは，ウラマーだった．ウラマーはイラン国家と人々の公的生活とにしっかりとイスラムを刻印する作業を，リビアやパキスタンがあげた成果よりも完全なものとす

20世紀後半におけるイスラムの再主張

左 イラン革命では女性が大きな役割を果たした。以前はベールをまとわなかった女性の多くが、宗教的理由よりも、シャーの体制に対する抗議の象徴としてチャドルを身につけた。「革命の守り手」とよばれ、どことなく人を威圧するようなこの集団は、革命直後、1979年5月18日のイランの婦人の日を祝っているところ。

下 イラン革命のポスターには目を見張らせるものがいくつかある。このポスターでは、モーセに見立てられたアーヤトッラー・ホメイニーが、ファラオまがいのシャーを打ち負かしている。シャーはイスラエルと結託したアメリカ帝国主義の上着の裾にすがりついている。

るために、はるかに徹底した態度で取り組んだ。外国からの影響をうけたものは激しい攻撃にさらされ、ポルノや多くの音楽が禁止され、英国国教会に属する人々は迫害され、アメリカ大使館のスタッフが人質に取られた。イスラム的価値の尊重が強く主張され、女性が官庁に出頭するときにはかぶり物をしなくてはならず、300年ほど前にモハンマド・バーキル・マジュリスィーがスルタン・ホセインのワインに対してしたと同じように、王立貯蔵庫に貯えられていたワインは粉々に打ち砕かれた。今や生活のあらゆる面がイスラムの目的にそわなくてはならず、シャリーアは国法とされ、アーヤトッラー・ホメイニーのいうイスラム政府の概念を体現する新しい憲法が発布された。ホメイニーはつぎのように記している。

「イスラム政府とは神の法に基づく政府である。イスラム政府と、王制・共和制を問わず立憲政府との違いは、後者が人民の代表もしくは国王の代理に立法権を与えていることにある。しかし実際には権威はただ神にのみ属すのである。いかなる者であれ、神以外の何者も立法権を有することはなく、何者も神が授け給うた権威以外の何かに基づいて統治権を振るうことは許されないのである。……政府の運営にたずさわるのは宗教専門家であって、それ以外の何者でもない。」

20世紀後半におけるイスラムの再主張

1978年から79年にかけてのイラン革命は、歴史上、壮大な民衆革命の一つに数えられる。テヘランの街角では民衆による空前の示威行動が行われた。シーア派イスラムの特徴である、弾圧による殉教者への賞讃と服喪の儀礼は、おおいに革命に役立てられた。死者のために40日にわたって喪に服し、死後3日と7日そして40日目にとくに弔いの儀礼が行われる服喪の日取りは、革命の殉教者がふえるにつれ、体制への不満を表明する機会をますます数多く提供していった。軍の銃弾にあえなく倒れた人々を悼む服喪の期間が、シーア派の人々が殉教のイマームをしのぶムハッラム月と重なると、人々の思いはいやが上にも高まった。とくにその月の10日はイマーム・ホセインの殉教に対する哀悼にささげられる日である。1年のうちでもシーア派の最も記念すべき日であり、1978年12月のまさにその日、ついに500万人以上の民衆が決起し、テヘランの街々を練り歩き、パフレヴィー朝の象徴であるシャヒヤード広場の記念碑（左）のまわりに詰めかけた人々は、「圧政の現体制の終焉」とイスラム共和国の建設とを高らかに要求した。

これまで吟味の目をむけてきたのは，近年のイスラム再評価の動きのなかでも，ごく顕著な例にすぎない．それほど長期的でもそれほど先鋭化してもいない似たような運動の兆しは他にもみられる．シリアではシーア派とも近いアラウィー派が掌握する政府に反発して，ムスリム同胞団が次第に活発となり，激しい弾圧を受けたし，イラクのシーア派はホメイニーの偉業に動かされて，バース党の社会主義体制に対する批判を強め，それがイラン・イラク戦争の背景ともなった．内政面でその権威を支え外交面でその影響力を強めるために，イスラムを用いようとする北アフリカ諸国の政府の試みは，エジプトの場合のように，社会や政治の中で宗教が果たす役割を強めることになっている．女性解放の行くえはこの変化をはかる目安になるだろう．チュニジアはイスラム諸国のなかでもこの面では長らくもっとも進歩的だったが，解放への支持は衰えてきているし，アルジェリアの都市の女性は再びベールを身につけはじめている．何千マイルも東方の海の彼方マレーシアでも，男性も女性もともにイスラム風の衣装をまとい，私的なまた政府による宣教運動が行われ，政策がイスラムの方へ方向転換する類似の局面が展開されている．もっと東，ムスリムが少数者集団となっている国々では，イスラム再評価の過程はイスラムの文化と制度とを求める運動というよりは，政治的分離主義の一種としてあらわれている．タイのパタニ州のムスリムは，タイという仏教徒の国で自治権の拡大を要求しているし，フィリピン南部のモロ民族は，必ずしも分離を要求するのでないとしても，キリスト教徒の政府から自治を引き出すためのつらく長い戦いを耐えているのである．

イスラム再評価のしるしはしかし，どこにでもみられるというわけではない．ソビエト連邦では最後の巨大な植民地支配勢力が共同体の宗教的基盤を破壊しようという徹底的で残酷な試みに手を染めており，ムスリムは半世紀あまりもじっとそれに耐えてこなければならなかった．状況は，もはやムスリムの存亡をかけたものとなっているとみなくてはならない．公式には約5000万のムスリムのために，その数300を下まわるモスク，1000人のウラマー，二つのマドラサとたった一つの季刊紙があるだけで，それらも社会管理の道具や対外宣伝の材料として存続を許されているにすぎない．それでも，ソビエトの調査によれば，非公式のイスラム組織は実に粘り強く生き残っている．たとえば，アゼルバイジャンには1000以上の隠れモスク，巡礼地となっている300におよぶ聖廟，そして秘密のマドラサがある．スーフィー教団もコーカサスを中心に活力を保っており，中央アジアでも勢力を拡大している．その上，ソビエトの社会学者の指摘によると，一般に社会のあらゆるレベルで自由な通婚を避けることによって，ムスリムはロシア人への同化に抵抗しており，その高い出生率のために，2000年までにソビエト市民の3人に1人はムスリムになる見とおしだという．イスラムは地下に潜行して生き残り，かつてモンゴルの征服を受けたときのように，いつしか地上に再びその姿をあらわすかもしれない．

インドネシアでは世俗的とみえる人々，またしばしばヒンドゥー・ジャワ文化の伝統を背負った人々がこの国を治めるようになり，イスラムは退潮を示しているようにみえるが，第2次世界大戦中を振り返ってみると，その時代にはイスラムは大きな飛躍をとげていたことが思いおこされる．イスラム的官僚制がその時代この国に確立され，ムスリムが組織した政党は活動的で，他の党をぬきん出ていた．しかし，独立にあたりムスリムはこの新しい国をイスラム国家にすることができず，そこから最初の退歩がはじまった．ムスリムは，1945年のジャカルタ憲章にもられた，ムスリムはシャリーアを遵守しなくてはならないという原則さえ，実現することができなかった．なかには反乱をおこした者もある．S・M・カルトスウィルヨ（1905-62）に指揮されて蜂起した反乱者たちは，世俗的国家に真の自由はなく，神の名においてシャリーアに従って行動するムスリムが国を治めてこそはじめて，真の自由は手に入ると主張した．ダール・アルイスラーム反乱として知られるこの運動は，1948年から1962年までつづき，ジャワの西部や歴史的にムスリムが活動的なアチェ，またスラウェシ南部を荒廃におとしいれた．たいていのムスリムは，しかし，戦いの道を選んだ者たちと同様たいした成果をあげえなかったとはいえ，平和的に目的を達成しようとする道を選んだ．しかしイスラム系の政党は，1955年の第1回総選挙では44％の得票率に甘んじて権力の掌握に失敗し，1971年の第2回総選挙では23.7％まで得票を落としてしまった．議会内部での声はいれられず，イスラム的官僚制を操作する力さえ失ってしまい，イスラム系の諸政党はインドネシアで明らかに地盤を失っていった．西洋の文化は若者を魅了し，キリスト教に改宗する者がふえ，ジャワの神秘主義的セクトも支持を増していた．1968年と1969年に散発した地域的な暴動は，まさにムスリムの欲求不満のあらわれだったといえる．1970年代に入っても状況の転換はままならなかったが，1977年の選挙ではようやくイスラム系政党が得票率を29.3％に伸ばし，ムスリムの知識人もイスラム世界全体にひろまってきた新しい自信にこたえはじめた．エジプトが1973年10月の中東戦争を有利に進めたことはおおいに歓迎され，1976年ロンドンのイスラム・フェスティヴァルなど遠い土地の出来事が誇らしく受け止められた．こうしてインドネシアでは，たとえばキリスト教徒に対して，ムスリムの新しい自信が育ちはじめた．しかしそれでもまだ，イスラムはかつてのように国家と社会に深く食い込んでいた地歩をすっかり取りもどしたということはできない．1970年代のメッカへの巡礼者の数は，20世紀初頭の高い数字にくらべて下まわっているし，それがインドネシアのムスリム人口に占める割合となると，もっと低くなってしまっているのだ．

パン・イスラム組織の伸展

イスラムの再評価は，西洋という大波が引くとともに生まれてきたとしても，それは諸国家のおのおのの内側でばかりおこっているのではない．カリフが廃絶され，ムスリム共同体について広い視野に立つ見方が世俗的民主主義に圧倒されて以来，萎え衰えていたパン・イスラム主義の精神にも再び火がともされた．多くの社会で生じているイスラムに対する新しい自信は，国際的組織の発展によって補われ高められている．それらの組織はイスラム諸国を結びつけ，ムスリムの声が世界の人々の耳にもっとはっきりと聞こえるよう，またその利害がもっと敬意をもって扱われるよう，そのために，諸国の足なみをそろえさせている．

二つの巨大なパン・イスラム組織が確立されている．イスラム世界連盟（ラービタ・アルアーラム・アルイスラーミー）は，1962年5月世界各地の団体の参加をえて，純粋に宗教的な組織として設立され，イスラムと相いれないすべてのイデオロギーに反対し，イスラムの信仰を普及することを目的としている．連盟はイスラムに関する問題に判断を下し，イスラムに基づいた大義を支持する．本部はメッカにあり，指導的メンバーは毎年巡礼の期間中にそこで会合を開く．もう一つの巨大組織はイスラム諸国会議で，これは1969年にラバートで開催された第1回イスラム諸国首脳会議がきっかけとなって成立した．この首脳会議につづいてイスラム諸国外相会議の第1回会合がもたれ，それは恒久的なイスラムの政治組

20世紀後半におけるイスラムの再主張

上　1960年代と70年代にみられたイスラムの再評価
この地図は、サウディ・アラビアのファイサル国王が設立したパン・イスラム主義の政治組織、「イスラム諸国会議」に加盟している国々、イスラム諸国首脳会議の開催地、それにイスラム諸国外相会議の定例年次会合の開催地を示している.

下　イスラム世界と石油
1978年、イスラム世界は世界の原油生産量45％あまりを占め、確認埋蔵量の65％あまりを掌握していた。この重要な資源をこれほど大量に所有していることを背景とする富と力は、イスラムを再評価するのに大きな役割を果たしている。それは一方では、サウディ・アラビアがイスラム諸国会議やイスラム世界連盟といったパン・イスラム組織を創立することを可能にし、他方では1973年10月の中東戦争にともなう石油禁輸と価格の急騰によって現実化したように、イスラム諸国が西洋に圧力をかけて、自分たちの物の見方を認めさせるのに役立っている。

**右　第2回イスラム諸国首脳会議は1974年2月ラホールで開かれた。右はそのおもな参加者の一部。それぞれの頭を下げる度合が異なっているのは、この組織が直面している緊張を暗に物語っている。その緊張は、イスラムの視座にみずからを置く者と、純粋に世俗主義の見地を取る者とのあいだの立場の相違に端を発しているともみられ

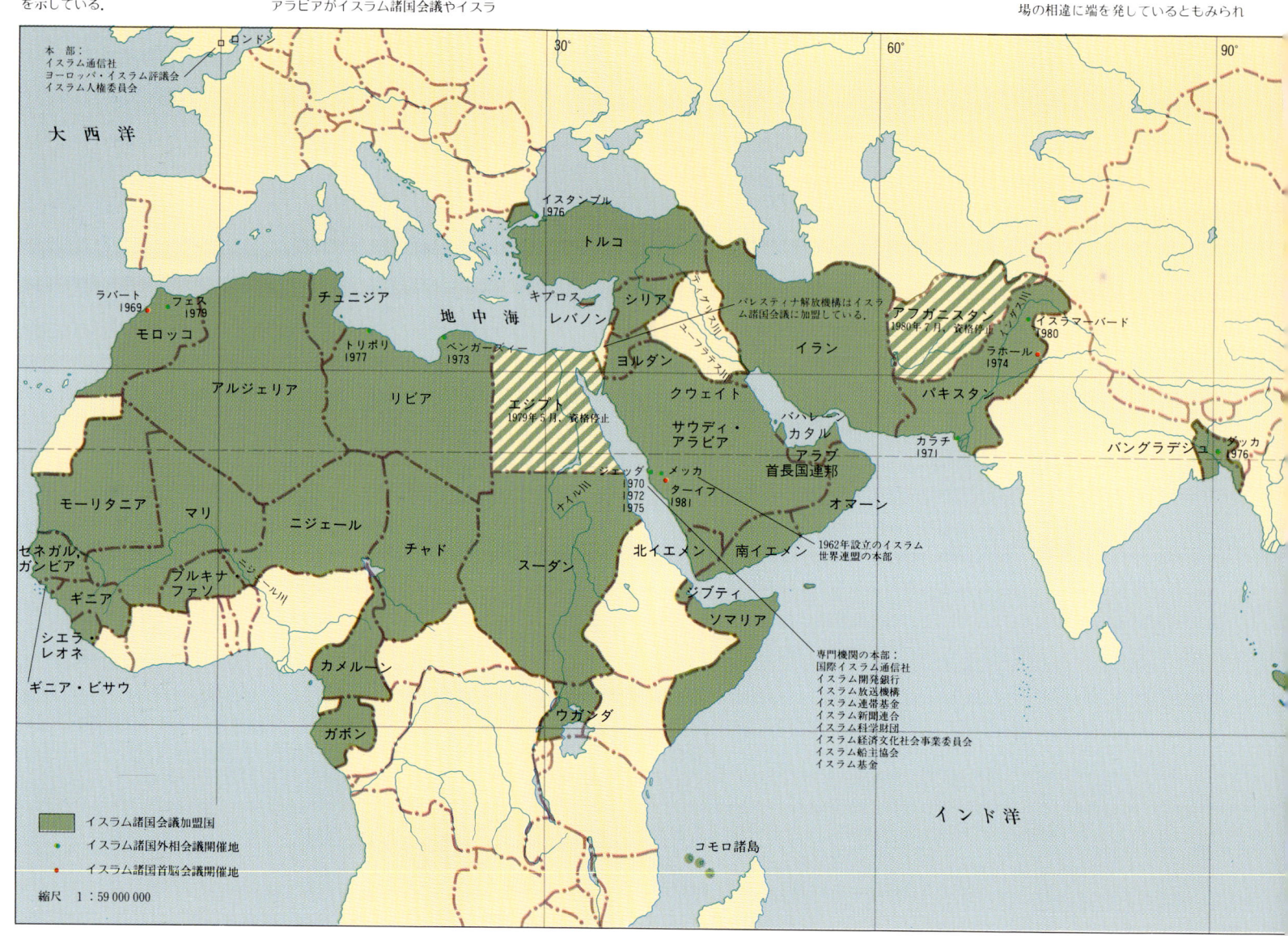

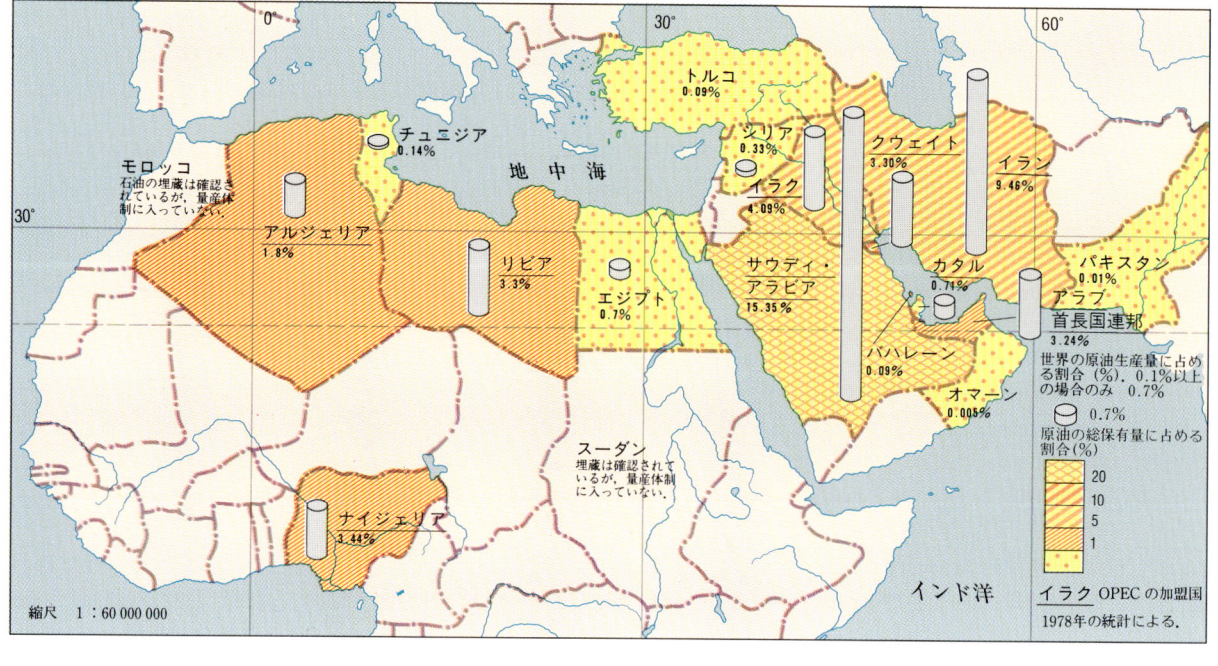

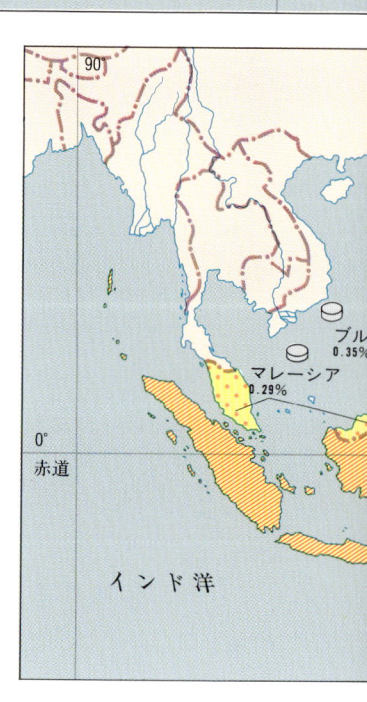

る．写真左から，礼拝をともにするイラクのサッダーム・フサイン，パキスタンのズルフィカル・アリー・ブットー，リビアのムアンマル・カダフィー，サウディ・アラビアのファイサル国王とクウェイトのシャイフ．

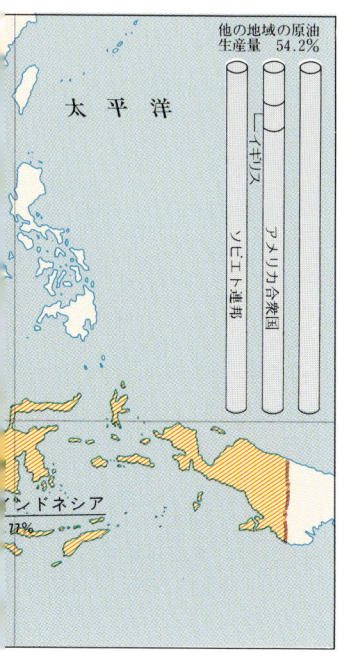

織を設け，事務局をジェッダに置くことを決定した．1975 年までに 43 ヵ国が加盟し，初代の事務総長はマレーシアから，第 2 代の総長はセネガルから出て，イスラム諸国会議は名実ともに真のパン・イスラム組織となった．1970 年以降外相会議は毎年定期的に開かれ，おりおりに首脳会議ももたれている．そこで取りあげられた議題のなかには，イスラエルに対するアラブの大義や，フィリピン南部での自由を求めるムスリムの運動，国際連合におけるムスリムの共同戦線の調整などがある．同時に，イスラム諸国会議はパン・イスラム的な諸機関の枠組をつくり出すことにも積極的に乗り出して，文化センターや解放運動や巨大プロジェクトなどに資金援助するための基金を設立し，通信社や開発銀行，放送機関を設けて，これらを本部とともにジェッダに置いた．

イスラム世界連盟とイスラム諸国会議とがたがいに補い合うこのパン・イスラム主義的な企ては，国際社会の中で新しい一大勢力を形成するに至っている．この勢力はムスリムの信じる二つの柱に依拠しており，それが時によって世俗的価値や現世的権力に形を変えて機能している．まず一つの柱は，イスラム共同体の重要性を信じることである．神はムスリムに，ムスリムの共同体こそ最高の共同体であり，その合意はけっして誤ることはないと語られた．ムスリムは，この共同体に属することによってはじめて，自分たちの人生は意味があるのだと信じている．このためイスラムの時代は，ムハンマドの誕生から数えられるのではなく，また最初の啓示のときから数えられるのでもなく，共同体を打ち建てるためにメッカを逃れたときから数えられて今に至っている．共同体の意味するところは，その信仰のための主な儀礼によってはぐくまれ，毎年のメッカへの巡礼は，なかでも究極的な祝典となっている．信者としてのムスリムにとって，それは共同体が生きている現実であり，文化によってムスリムである者にとっては，歴史を共有しているという感覚や同胞であるという感覚こそが，そこに今もなお生きているのである．したがって，イスラム世界連盟が巡礼を中心に据えて発展しており，それはこの巡礼という儀礼が，世代を超えて共同体をまとめあげていくことを示すさらにもう一つの実例であるとすれ

ば，他方，イスラム諸国会議に国々が続々と参加したそのスピードというものは，外交上の賢明さ・抜け目なさという点を別にすると，ムスリムの同胞意識に訴えることが，今もなお力を失っていないことを明らかにしてくれる．どんなに世俗的であっても，またどんなに急進的であっても，ムスリムの指導者が国民に対してイスラムの国際的勢力になぜ加わらないかを釈明するのはまったくむずかしいことだろう．つぎに，第 2 の柱としてあるのは石油である．1970 年代なかばの OPEC 加盟 13 ヵ国のうち，ベネズエラとエクアドルを除くアルジェリア，ガボン，リビア，インドネシア，イラン，イラク，クウェイト，ナイジェリア，カタル，サウディ・アラビア，アラブ首長国連邦の 11 ヵ国はいずれもイスラム国家であり，石油がもたらす富はパン・イスラム組織の諸機関や，それに付属するいろいろな基金に注ぎこまれた．石油が国際社会の中で果たすこの役割は，1973 年 10 月の第 4 次中東戦争につづく石油禁輸と価格急騰というまことに劇的な事例にみるように，ばらばらだったイスラム諸国の足なみをそろえさせ，西洋に対する強力な圧力をもたらしたのだった．イスラムと力とはここに再び結びついたのである．

このパン・イスラム主義にそった企ての背後には，サウディ・アラビアのファイサル国王（在位 1964-75）の影がある．王は高い教養と敬虔な心に，現実的展望に立った政治的手腕を合わせもち，王位につくなり以前から自国の政治に大きな影響力をおよぼしていた．さまざまな国で敬虔なムスリムを衝き動かしたのと同じ理由に立って，王は世俗的イデオロギーを掲げるムスリムの指導者たちに反対し，イスラム世界に影響力をおよぼそうとする外部勢力，とくにイスラエルに対抗して，国際的にもイスラムの立場を主張しようと思い立った．イスラム世界連盟は宗教の次元で，ナーセルやアラブ世界に散らばるナーセルの賛同者たちの急進主義あるいは革命的社会主義に対抗するために設立されたし，政治の次元では，革命的社会主義だけでなくイスラエルと対決するためにも，イスラム諸国を糾合しようという，1960 年代を通じての試みの頂点に，イスラム諸国会議が誕生したのであった．イスラムの統一をうち立てようとするファイサルの計画は，革

20世紀後半におけるイスラムの再主張

命主義的なエジプトとシリアの2国が，1967年の中東戦争で大打撃を受け，サウディ・アラビアに援助を求めたときに実行に移された．ついで，アクサー・モスクの立つ地，初期のムスリムがその方にむいて礼拝を捧げた地，そしてイスラム世界第3の聖地であるエルサレムの東半部を，イスラエルが占領・併合するにおよんで，ファイサルはイスラエルをアラブの問題であるばかりではなく，次第にイスラムの問題として位置づけることができるようになった．1969年8月のアクサー・モスクの火災にさいして，イスラム諸国はいちはやく結集し，その日のうちにラバートで初のイスラム諸国首脳会議が開かれた．それから1年もしないうちに開催された第1回イスラム諸国外相会議が最初にとった行動の一つは，アクサー・モスクが炎上した8月21日を，パレスティナ人民との連帯の記念日と定める宣言を発することだった．こうしてファイサルは，アラブを含むイスラム共同体の全体と西側諸国や共産圏諸国との間の力のバランスに変化をもたらしてやることによって，急進的なアラブ諸国をも広い戦線のなかに引き入れることに成功した．分裂をひきおこす国家間の競争意識はまだぬきがたかったが，その過程でファイサルは，世界のムスリムに，ウマイヤ朝以来絶えてなかったような高い政治的統合の基盤を与えたのだった．

イスラム共同体の成立1500年を祝う1979年11月21日のその日，ムスリムは自分たちのなかに，最近のおよそ200年の歴史のなかでもったことのなかったような大きな自信を見出していた．コーランのメッセージは現代まで受け継がれて，いきいきとした生命力を保っていた．今なおウラマーとスーフィーだけがこれを伝える国もあれば，近代国家の強力な機関が全力でこれを維持し，その機関がシャリーアを統轄するようになっていた国もある．ムスリムは西洋から政治的自由をかちとったばかりでなく，自分たちの文化と人生哲学とを再評価するのに成功していた．ムスリムはさまざまな国々でこの偉業を成しとげ，さらに人類全体にかかわる事柄にもこれを展開しようとしていたのだ．たしかに発展途上にある他の地域の諸文明も同じことを目指してきたのであるが，これほど劇的に，また効果的に成果をあげている例を見つけることはむずかしいといえただろう．ムスリムの成功の秘訣はその巨大な力に負うところが大きいといえただろう．このことはひるがえって，コーランに基づく人生の目的に，ムスリムが新しい自信をいだくことにつながっていた．ムスリムは自分たちの運命を自分たちの手で定めるようになり，歴史は再びイスラムの側に軍配をあげたかのようであった．50年以上も前，イクバールが高らかに鳴り響かせたラッパの合図は，今こそこたえられようとしていたのだ．ムスリムは「一切を焦土と化すヨーロッパの侵攻」によく耐え，「西洋の誘惑」にあらがい，今や「泥土の中のまどろみから」立ちあがって，またも地上に楽土を築こうとしていたのだろうか．その可否は，古来ムスリムの歴史家たちが好んでいうように，「ただ神のみぞ知る」ばかりである．

国別にみた世界のムスリム人口

世界のムスリムの人口についてはいろいろと異なる数字が出ており，一般にイスラム世界で出される統計は，他の統計より多めに見積もられがちである．この地図は西洋で作られた統計（「数字で見た世界≪1980≫」，CBSニューズ「年鑑≪1978≫」，J・S・ニールセン「ヨーロッパのムスリム≪1981≫」）に基づいている．ほとんどは概数で1976年の数字になっている．中国のムスリム人口はまったく推測の域を出ないものの，2000万から8000万のあいだと考えられる．

全人口に占めるムスリムの割合(%)
- 90
- 50
- 20
- 5
- 1

シーア派が優勢な地域

縮尺　1：90 000 000

20世紀後半におけるイスラムの再主張

西洋のイスラム

　第2次世界大戦以来，西洋の人々は自分たちの国の中で，ムスリムと顔をつきあわせて暮らすことになった．西洋の真ん中でムスリムの新しい共同体が育ち，かれらの新たな自信に満ちた様子は，驚きとともに西洋の人々の目を見開かせるに十分だった．アメリカの黒人たちのあいだでは，みずからのアイデンティティーを確立しようとしてアフリカの文化に魅かれ，イスラムに改宗する者も出た．イスラムの新たな富の獲得は，1973年の石油価格の高騰以後，ことに著しい．そして何よりも，長期的にみておそらく最も重大な変化として注目すべきは，イギリスやフランスや西ドイツで，かなりの規模のムスリム共同体が移民の手で築かれ，今や定着しようとしているという事実である．

右　イギリスで開催されたイスラム世界フェスティヴァルは，ムスリムの新たなゆるぎなき自信のあらわれだった．そしてもう一つ，同じ1970年代なかばに，ロンドンのリージェント・パークに新たに建てられたこの巨大なモスクからもまた，イギリスの人々はそのあらわれを感じとった．

右奥　1970年代なかばにムスリムが振るうようになった大きな力は，西洋の自動車好きの人々にとっては，まさに寝耳に水の出来事だった．その力が石油価格に与えた衝撃は，このユーモラスな漫画にあらわれている．

上　マルコムX，アメリカのブラック・モズレムズの指導者．メッカ巡礼はかれをイスラムを介した黒人の人種運動へと導いた．その自伝のなかでかれはつぎのように語っている．「私はムズダリファでの一夜のことを思い出す．……眠っているムスリムの兄弟たちに囲まれて，私は1人目を覚ましたまま横になっていた．そのとき，私は気づいた．どの土地からきた巡礼も，その膚の色が何であれ，その階級や身分が何であれ，政府の高官もただの乞食もかわりなく，同じ寝息をたてて眠っているのだった．」

右　正確に確認できる限りで，ヨーロッパ諸社会に占めるムスリム人口を，そのおもな出身地も合わせて示した図．バルカンではムスリムはすでに長期にわたり定着しているが，西欧にあらたにやってきた多くのムスリムは，まだ低賃金労働に従事している．

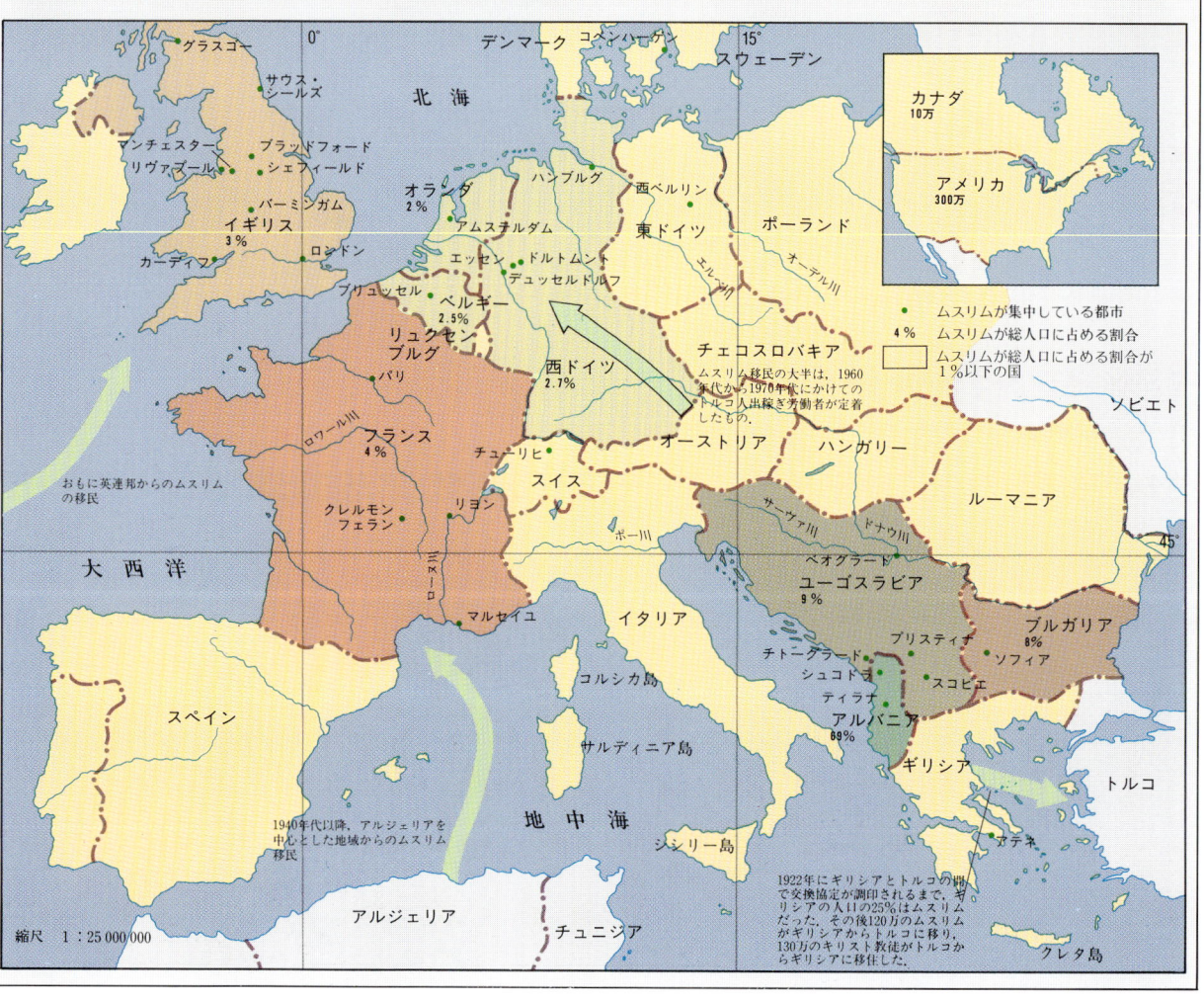

第2部 ムスリムとして生きる

TO BE A MUSLIM

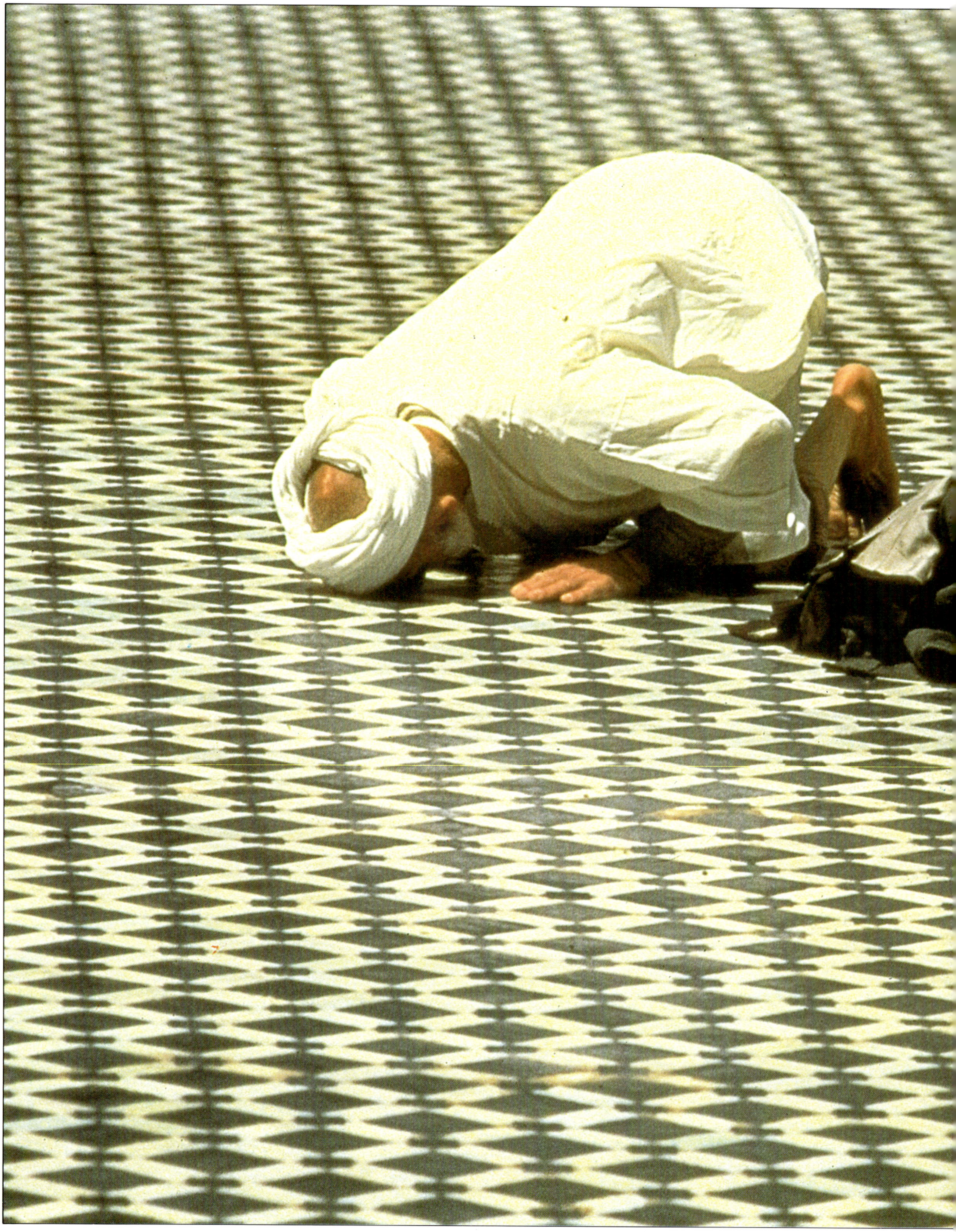

生活のなかの宗教

全能の神に栄光あれ

コーラン

　コーランの啓示がくだった当時の状況と書物としてのそれの性格については，最初の章で扱った．ここでは，ムスリムたちがこの書物をどのようにみなしているか，またかれらの日々の生活のなかでそれはどのような役割を演じているかについてみていくことにする．

　ムスリムたちはコーランが神の言葉であり，神の意志の直接の表現であることを信じている．その啓示が奇跡であったことは，ムハンマドが文盲であり，それが扱っている多くのことをかれが知らなかったこと，さらにその文体が韻文にも散文にも預言者ムハンマドの日常的な会話の記録にもくらべるもののなかったことによって証明されている．神がムハンマドを通じて語ったとき，神は人類史に最後の介在を行なった．その啓示は最後の審判の日の前の，神の最後の言葉である．それゆえコーランはすべての人間にとって至高の典拠であり，救済への唯一の道である．それは真理の基準であり，判断の最良の模範である．それは常に正しく，言葉の最も純粋で美しいかたちである．「このような音楽はかつて世界になかった」と，あるインド人ムスリムは友人のキリスト教宣教師に語った．非ムスリムもコーランを読むと，その力とそれが信者に伝える巨大な宗教的衝迫の一端をつかむことができる．翻訳を読むだけでもその超人間的な性格，信者の精神に入り込む卓越した力を感じとることができる．

　コーランは信者の一生についてまわる．幼時には，かれは話しはじめると同時にコーランを学びはじめる．毎日の礼拝でも，結婚のときも，親類の死に際しても，かれはコーランが引用されるのを耳にする．困難にあったとき，慰めの必要なときに，かれはコーランにたよる．かれはことによれば全文を暗記しようとするかも知れない．また，テキストを通じて，神の存在に接することによる精神の回復を求めて，毎日毎日それを読誦しようともするだろう．かれの最大の悦びの一つは声のよいカーリの朗唱を聞くことで，それはゆっくりとした音楽的な節回しで神聖な言葉を唱え，新たな美をあらわしつつ新しい意味の層を開示する．

　ムスリムにとって，コーランの重要性は，キリスト教徒にとってのイエスのそれに匹敵する．それは神の人類に対する加護の証拠である．その言葉は最高の正確さをもって記憶されねばならない．それは最も明瞭な筆跡で書き写されねばならない．装丁は美しく，ページ組，表紙，製本は職人たちにとって技を通じて神を賛美する好機である．コーランは大切に扱われ，立派な布に包まれて，いつでも栄誉ある場所が与えられる．それは「イスラムのなかで最高の場所を占める」と，1000年の歴史をもつアズハル大学のコーラン注釈学のある教授はいっている．「ムスリムにとって，コーランは単に祈りの文句，預言という行為の道具，精神の糧，魂の愛唱歌であるだけではない．それは同時に基本法であり，諸科学の宝庫であり，時代の鏡である．コーランは現在の慰めであり未来への希望である．」

　　おお，信ずる者たちよ，神を畏れよ．明日のために，あらかじめ何をしたか，おのおの考えるがよい．神を畏れよ．神は，おまえたちの所業に通暁したもうお方である．おまえたち，神を忘れた手合いのようになるではない．神は，そのためにかれらがかれら自身を忘れるようにしたもうた．このような者こそ反逆者である．業火の輩と楽園の仲間とは，けっして同じではない．楽園の仲間こそ勝利者である．

　　もしわれらがこのコーランを山に啓示すれば，山が，みずからヘりくだって神を畏れて裂けるのを汝はみるだろう．これは，おそらく人々が反省するだろうと思ってわれらが示す比喩である．

　　これこそ神，そのほかに神なし．見えないものも見えるものも知りたもうお方．神は慈悲ぶかきお方．慈愛あつきお方である．これこそ神，そのほかに神なし．王者にして聖なるお方，平安なお方，誠実なお方，よく守るお方，至大なお方，強大なお方，至高なお方である．かれらが併置するものを超越したもう神に讃えあれ．これこそ神，創造者にして創始者，形を与えたもうお方．最善の御名は神のもの．天地にあるものは，ことごとく神を讃える．それは力強いお方，聡明なお方である．（第59章18－24節）

　　　　　　　　（藤本勝次ほか訳『コーラン』，
　　　　　　　　　中央公論社〔世界の名著〕による）

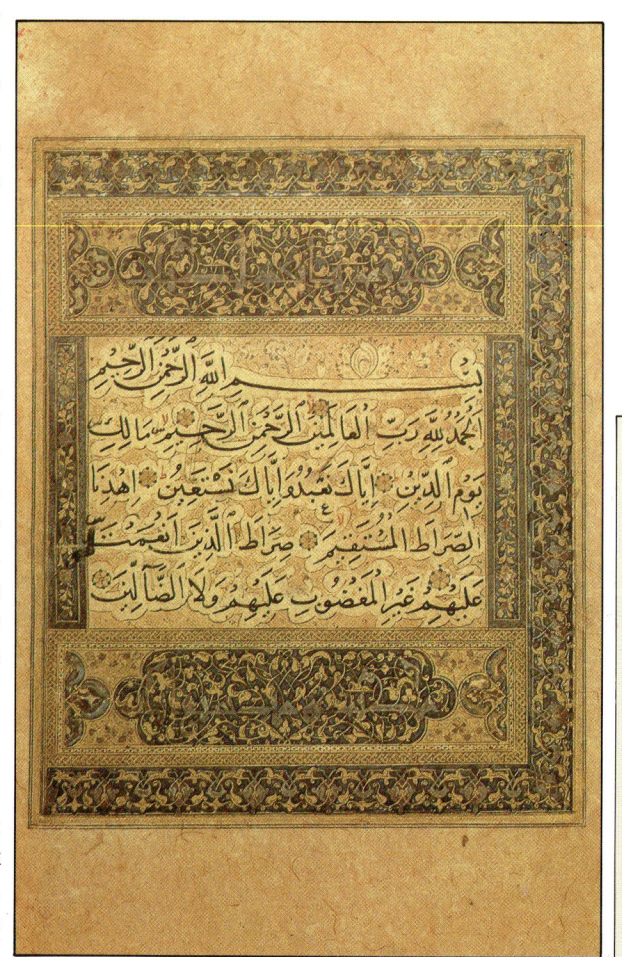

慈悲ぶかく慈愛あつき神の御名において．神に讃えあれ，万有の主，慈悲ぶかく慈愛あつきお方，審判の日の主宰者に，あなたをこそわれわれは崇めまつる，あなたにこそ助けを求めまつる．われわれを正しい道に導きたまえ，あなたがみ恵みをお下しになった人々の道に，お怒りにふれた者やさまよう者のではなくて．（藤本勝次ほか訳による）

コーラン

私が西洋から受けてきた莫大な懐疑の遺産にもかかわらず、私はかれの声のなかに存在していた。かれはある節のおわりにきてひと呼吸おいた。そこで、あの熱情の激しい訪れがあった。そしてかれが詠唱しているあいだ、かれは荒野でみずからの信仰を唱えている者のようだった。その声は高くもりあがり、音色をかえ、悲劇的になり、高まって、それからわれわれの頭上に流れ下り、それはあたかもカモメのようにおだやかに優しくすべり、ささやきにも近くなった。そこで……私は2度と知識人を探し求めたり、書かれた真実や人為的な真実を求めたり、ただの観念にすぎぬ雑種の観念の集積を希求したりはしないだろう。私は2度と人間をかえるように計算された正義と公正と進歩と理論体系などの幻影を求めて、世界を旅したりはしないだろう。

コーランの本質は開扉の章(ファーティハ)に集約されているといわれる。
左　13/14世紀の手写本のファーティハとその翻訳。ムスリムにとってファーティハはキリスト教徒の「主の祈り」のようなものである。
上　コーランを学ぶオマーンの少年たち。右枠のシャイフ・ハミードゥ・カーネ著『あいまいな冒険』のなかで生徒に教師が諭しているように、正確さが基本である。
右上　コーランは強力な影響力をもっている。われわれはそれをこのジャワの農民の表情にみ、またドリス・シュライビの自伝的小説『過去の相続人』のなかに感じる。そこでは主人公がパリで16年をすごしたのち、父の葬儀でコーランを耳にする。
右端　モロッコのコーランからの装飾板、16世紀。

「繰り返しなさい！もう一度！」
先生は指の爪の握り場所を変え、すでにその新しい場所の軟骨を突き刺していた。子供の耳はすでにほとんど治らぬ傷跡で白くなっていたが、再び出血しはじめていた。サンバ・ディアロの全身は震え、かれは必死になってかれの章句を正確に朗唱し、痛みから搾り出されていた涙声を押えようとした。
「主の言葉を繰り返すときには正確でなければならぬ。主はみずからの言葉をお前の上にもたらすという慈悲深きはからいをなされた。これらの言葉はまぎれもなく世界の主によって発せられたのだ。それを地上の土の憐れなひとかたまりにすぎぬお前が、主のあとにその言葉を繰り返す栄誉をえていながら、お前の不注意のためにその神聖を汚すとは、お前は舌を1000回切られても当然なものだ……。」
「はい、先生……、申し訳ありません……。もう間違いは犯しませんから。どうか……。」
もう一度、震えあえぎながら、かれはそのきらめく文を繰り返した。かれの目は哀れみを乞い、声は消え入り、小さな体は熱でほてり、心臓は激しく脈を打っていた。その文はかれには理解できず、そのために苦痛を受けたのだが、かれはこれの神秘と暗い美しさを愛した。これは他の言葉と同じではなかった。この言葉は苦痛を要求するものであり、神よりの言葉であり、奇跡なのであり、神みずからが発せられたとおりの言葉なのだった。

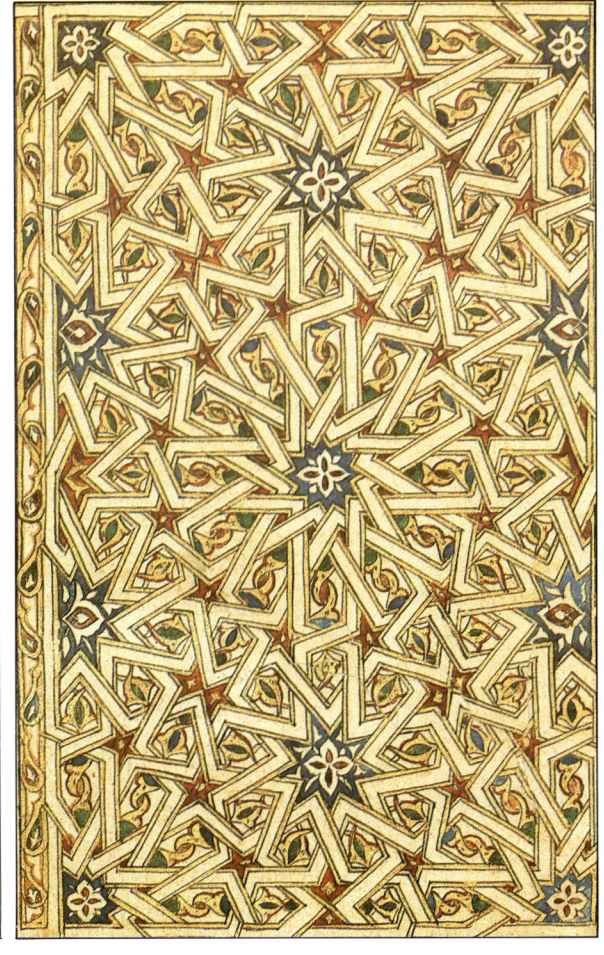

モスクにて

「礼拝は，あなた方一人一人の戸口に流れこむ甘美な水の流れのようである」と，あるハディースはいっている．「ムスリムは日に5回，その流れの中に身を沈める」．夜明け，正午，午後，日没，夜半の5回，ムアッズィンの声がムスリムを礼拝へといざなう．「神は偉大なリ」とかれはアラビア語で4度叫ぶ．ついで，「私は神のほかに神なしと証言する」と2度．「私はムハンマドが神の使徒なりと証言する」と2度．「いざや礼拝に来たれ」と2度．「いざや成功のために来たれ」と2度．「神は偉大なリ」と2度．そして「神のほかに神なし」と1度．これを耳にしたらムスリムは，礼拝の準備をしなければならない．女はふつう家で礼拝するが，男はできればモスク（アラビア語の「マスジド」から出た語で，「ひれ伏す場所」を意味する）で礼拝を行うのが望ましいとされる．ただし，モスクで礼拝することが義務づけられているのは金曜の正午の礼拝だけである．そして，このときには，説教も聴くことになっている．

ムスリムはモスクに静かに，そして時間通りにいかねばならない．モスクに着いたら靴は脱ぐ．脱いだ靴は入口に置い

下 ダマスクスのウマイヤ・モスクの中庭を，礼拝前の浄めをするために歩む老人．このモスクは，イスラム世界のなかでも非常に早い初期から現存する記念碑的なモスクである．

下 夕方の礼拝が，ペシャーワルのマハーバト・ハーン・モスクで，すでにはじまっている．集まった人々は，イマーム（導師）に導かれて，ラクアを行なっているが，遅れてきた人たちは，まだ浄めをしている．他人の礼拝がすんだあとで自分の礼拝をおえることも可能なのである．そして，おそらくかれらは帰宅する前にその場にたたずんで，しばらく語り合ったりもするだろう

モスクにて

う．ムハンマド・アリー・ランブーリーというインド人ムスリムの指導者は明言している．「教会とは違って，モスクは，ほの暗るい宗教的な光がさし，1週間の大部分を閑散とさせているような静かなところではまったくない．……風通しがよく，日当りのよいところで，……人の出入りのはげしいところなのである．」

下右　エルサレムのアル・アクサー・モスクの泉亭で，礼拝前の浄めをする男．まずはじめに，手を，手首まで3回洗う．そして口と鼻をすすぎ，顔と手をひじまでを洗う．それぞれ3回ずつしなければならない．つぎに手を頭のうしろにもっていき，耳と首に当て，それから足を足首まで3回洗うのである．

ておくか，もって入って，礼拝のとき頭のすぐ向う側になる位置に靴底を合わせておくかする．ついで身を浄め，身体の汚れを落とすことを介して，精神の清浄を求める願望を象徴的に表現する．それから，メッカの方角をむいている仲間のムスリムたちの列に加わり，イマームが礼拝開始の合図を与えるのを待つ．一ラクア（礼拝のサイクル）の拝礼を行うにあたって，かれの全身はかれの口にする祈りの文句を表現する．「偉大なるわが主に栄光あれ」と唱えるとき，かれは頭を垂れる．「至高なるわが主に栄光あれ」と唱えるとき，かれはひれ伏し，神への服従の印として額と鼻を地面につける．かれは一貫して，謙虚で献身的で一心不乱でなければならない．かれは神に対して語りかけ，神の言葉に耳を傾けているのである．誠意をもって行うのでなければ，礼拝は何の意味ももたないものになってしまう．

モスクにて

モスクの構造とその主要な特徴は，集団礼拝のさまざまな要請に直接に応えるものになっている．基本的にモスクは，メッカから真直ぐに引かれた線に対して直角に交わる1面の壁であるが，これはムスリムが正しい方角をむいて礼拝することを保証する．壁に設けられたミフラーブ（壁龕）が，その方角をさらに強調している．建物が細長くではなく四角く建てられる傾向があるのは，できるだけミフラーブの設けられている壁に，つまりはメッカに近いところで祈りたいという礼拝者たちの願望の反映である．したがって，教会の場合のように行列礼拝を行う必要はない．ミナレットは人々を礼拝へとよび集めるために発展したものであり，高ければ高いほどムアッズィンの声が遠くまで届くことになる．水槽や泉水は礼拝者が洗浄を行うためのもので，必要な設備である．イマームが金曜の説教をするさいに用いるミンバル（説教壇）も，欠かすことができない．ディッカ（台）は，この上に応唱者が立って，大勢の会衆に対してイマームの姿を伝えたり，適切な応唱を行ったりするためのものだったが，ラウドスピーカーが用いられるようになって，必要性が薄れてきている．クルスィー（コーラン台）は，コーランを置くためのものである．

右　ミフラーブはメッカの方角をあらわすものだが，どんなモスクにもみられる，モスクの中心的な特徴である．キリスト教会の祭壇とは違い，その場所そのものが聖なるものなのではない．それがあらわす方向こそが聖なるものなのだ．実際，ムスリムが，不注意で無礼なことをしてしまう可能性を避けるために，屋外便所や墓，寝室までも注意深く問題とならない一直線上にならべるという工夫が強調されるほどである．くぼんだ形は，キリスト教会の後陣（教会堂東端に張り出した半円形または多角形の部分）から取り入れたもので，8世紀はじめに，コブト教徒の石工によって紹介された．ミフラーブは，モスクの中で最も豊かに装飾がほどこされるのが普通である．

モスクを儀礼的観点から不浄な物で汚すことがないように，靴は入る前に脱ぐ．靴は下図のように棚や，入口の桶の中に置かれるか，あるいは前頁で述べたように，礼拝者が自分でもっていく．

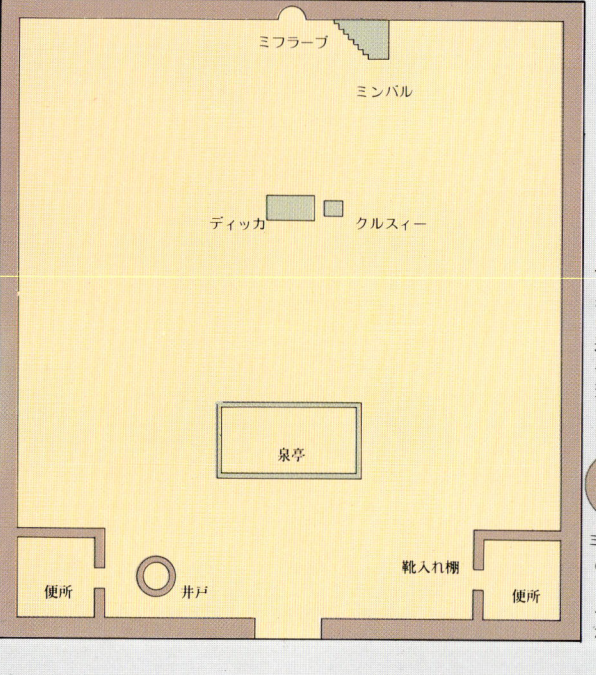

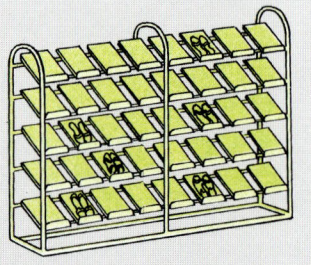

下　浄めのための，美しいデザインの泉亭．浄めは，流水を使わなくてはならない．普通，礼拝の前には，前頁で述べたような簡単な浄めで十分である．しかし，たとえば男がその妻と性交した後の場合のように，身体がひどく汚れている場合には，完全な浄めをしなければならない．この目的のためミナレットの便所が左図にも示されている．ムスリムが浄めを完全に行わなかったとすると，その後の礼拝は何の価値もなくなってしまうのである．

左　モスクにはミナレットが必ずなくてはならないというわけではないし，実際に多くのモスクでは屋根や壁，あるいは中庭から礼拝へのよびかけがなされる．しかしながら，都市では，とりわけイスラム地域の中心部の都市ではモスクにはミナレットがあるのが普通である．1本が標準であるが，とくにオスマン帝国では，スルタンはもっと多くのミナレットを建てさせる傾向があった．イスタンブルのスルタン・アフメト・モスクには6本もある．

モスクにて

下　このディッカという台は，ミフラーブと同列にならべられるのが普通である．ここでは，応唱者——そのモスクのムアッズィンであることが多い——がイマームの姿勢を伝えたり適切な応唱を知らせたりするが，それはその礼拝の進行状態を多数の礼拝参加者の集団に伝えるためである．

下　クルスィーという台にコーランがのせられるが，モスクのコーランはしばしば非常に大きいものである．ここから，カーリという先唱者が朗唱する．クルスィーは，ディッカの隣にあるのが普通である．

ミンバルという説教壇は，ミフラーブの右に立っている．これは，ムスリムたちが金曜日の正午に集合するモスクでは必須のものである．ここから，礼拝の指導をするイマームが説教をする．かれは下の方の段から説教をするはずで，最上段から説教するのは預言者だけだという考え方なのである．最初のミンバルは3段ほどの簡単なものだったが，この形式は今でもイランや南アジアで好まれている．しかしながらオスマン帝国と北アフリカでは，高度に装飾された記念碑のような大きさのミンバルがふつうにみられるようになった．

聖廟にて

ムスリムの敬虔さは，モスクだけでなく聖者の廟においても同程度に発揮される．廟の中心のしばしばドームでおおわれた部分に聖者の墓がある．聖者というのは，その人の行なった模範が過去に実際にムスリムの生命を救ったとか，あるいはその人自身がスーフィーの大教団の開設者であったとかするような人物である．かれの周囲にはその弟子や信者が埋葬されている．それは精神的な祝福が集中する場所，神を識る者にムスリムが近く寄れる場所，塵さえもが貴重な場所なのである．

聖廟は墓とモスクだけからなる道端の建造物から，さらに典礼場，マドラサ，庵室，厨房，食堂，図書室，来客のための宿泊施設などを備えた巨大な複合体までさまざまである．こうした建物はかなりの寄進財産，土地，特定地域の内外におよぶ影響力などをもちうるが，さらにバグダードのアブド・アルカーディル・ギーラーニーの廟やアジュメールのムイーヌッディーン・チシュティーの廟のように何世紀にもわたって権力者の好意をえた場合もある．管理しているのは大体が聖者の実際の子孫か，あるいは精神的な子孫か，あるいはその両方かである．場所によっては管理人しかおらず，かれらは敬虔な信者たちの奉納物も廟の付属地の収益も，かれらの管理に対する当然の臨時収入程度のものとしか考えない．また別の場所では，精神的指導者の伝統がまだ強く残っていて，すでに亡き聖者の代理人がいまでも実際に聖者が獲得した神を識る方法を伝える仕事に従事していることもある．

モスクにおける宗教活動が謹厳で正統的であるのに対し，聖廟でのそれはしばしば熱狂的で恍惚を誘うものである．多くのムスリムはその両方に通い，これらが宗教的要求をたがいに補い合っていると感じている．そしてかれらの多くは地方的な聖廟のみならず，外の世界の遠隔の聖廟をも訪れる．聖廟における行動はイスラムに対する理解のさまざまな段階を反映している．ある人は幸運や子宝をもたらしてくれるよう神にとりなし嘆願してもらおうとして，聖者に祈るかも知れない．このような祈願は神の唯一性をあやうくするものだとして，正統派から強い反発を受けた．正統的な立場の人々は，聖者の存在はたしかに吉兆ではあるが，ムスリムは神に直接語りかけるようみずから行動を制限すべきだと考えているのである．聖廟にとって1年のうちで頂点となるのは聖者の命日，かれが神と合体した日の祝典である．その日には大きな祭りがあり，遠方から信者が集まり，精神的な熱情が高揚し，その聖者の教団のしきたりにのっとってコーランが読唱され，踊りや歌までも披露される．その歌の進行は，精神的な伝承が預言者ムハンマドから聖者にいかにして伝えられたかを記録するように構成されている．

聖廟は，ステップ地帯のシャーマニズム的な宗教を奉じた人々にとっても，アフリカの異教徒や南アジア・東南アジアのヒンドゥー教徒にとっても，イスラムへの改宗に際して中心的な役割を果たしてきた．そのことの記録は，聖者の行為として伝えられているさまざまな奇跡のなかにしばしば明白に示されているが，今日においても聖廟は新たな信者を引きつけつづけているといえる．多くの信者にとって，地方的な聖者は神の恐るべき力に服従するための階梯の文字通り最初の一段なのである．

下 舞踊は一般には推奨されていないが，それは最も有名なスーフィー教団の一つであるメヴレヴィー教団の独特のズィクルの形式ともなっている．この教団はマウラーナー・ジャラールッディーン・ルーミー（1273年没）によって創設され，コニヤにあるかれの聖廟には特別の舞踊場がある．舞踊は中央アジア，北アフリカおよびトルコの

上 フィランギ・マハルの聖者マウラーナー・アブドルアーリー・バフルル・ウルーム（1810/11年没）の代理人が相談室に坐って神聖な助言を与えている．インドのラクナウでは，かれの助言を求めて毎日多くの人が訪れる．

中 ラクナウから50kmほど離れたバンサのサイイド・シャー・アブドッ・ラッザーク（1723/4年没）の廟につめかけた巡礼者の列．この日は新月で，特別の吉日である．写真では多くがヒンドゥー教徒だが，かれらはこの聖者の祝福を求める人々の多数派を占めている．この聖廟は精神的な苦痛に悩む女性を救うことで有名だ．

右 南アジアのスーフィズムを確立したムイーヌッディーン・チシュティー（1233年ごろ没）のアジュメールにある聖廟．この聖者の命日の祝典は，何世紀にもわたり，この地域で最も有名で，かつ重要なスーフィーの祭りだった．

聖廟にて

いくつかの教団で行われ，通常反時計まわりの円舞を含んでいる．

下　ルーミーの墓はいつも布におおわれた状態で，舞踏場からみることができる．その脇には今日に至るまでのすべてのかれの精神的後継者が安置されている．この墓室を訪れたある学者が語っている．「ここで得られるバラカ（精神的な祝福あるいは力）の明白さ・確実さは，ここを訪れる者をして，かれが心霊的エネルギーに満ちた発電所あるいは蓄電池に入り込んだと感じさせずにはおかないほどのものである．」

人生の諸段階

誕　生

助産婦の仕事がおわるとすぐに，礼拝のよびかけが赤ん坊の右耳に，礼拝のはじめの部分が左耳にささやかれる．「神は偉大なり」ではじまる礼拝のよびかけの全文は p.182 にあるとおりである．礼拝のはじめの部分は，モスクで祈る人々もこれからはじめるのだが，「見よ，礼拝の用意はできているぞ」ということばを礼拝のよびかけに付け加えたものと同じ文句である．こうして，子供が最初に耳にすることばは「神」であり，かれはそのムスリムとしての人生を，神への礼拝を2重に勧められることからはじめるのである．

7日後，アキーカと呼ばれる儀式で，子供に名前がつけられる．友人や親類が招かれるが，それは命名だけでなく，この新しいムスリムをこれから成長していく場であるところの身近な世界に紹介することも，重要な目的なのである．赤ん坊の頭は完全に剃られる．その髪の重さに等しいだけの金，銀，あるいはお金が貧者に与えられる．動物が犠牲に供される．名前は，ふつう，預言者の家族やコーランに出てくる他の預言者，過去の偉大なムスリムの名前のなかから選ばれる．もしもとくにその家族がある特定の聖者に傾倒しているならば，名前の選択はその聖者の家族の代表に一任されるだろう．

成　長

子供の時代を特徴づける儀式は二つあるが，いずれもコーランでは言及されていない．最初の儀式はバスマラである．4歳になってものを学べるようになると，すぐに家庭でお祝いがなされ，その場で子供は最初のレッスンを受ける．バスマラと，預言者に下された最初のことばとが唱えられる．「慈悲ぶかく慈愛あつき神の御名において．読め，『創造主なる汝の主の御名において．主は凝血から人間を造りたもうた．』読め，『汝の主はいとも心ひろきお方，筆とるすべを教えたまい，人間に未知のことを教えたもうた．』」（第96章1－5節，藤本勝次ほか訳による）子供はこの文句を朗唱させられ，教育がはじまる．

2番目の儀式は割礼である．これは7歳から12歳までの男子になされるのがふつうであるが，生後7日を経た子供にすることも許されている．イスラム世界のなかには，女子に割礼をほどこすところもあるが，その習慣に対する宗教的裏付けは弱く，その根拠を認めぬ者もいる．インド，ロシア，中国，イラン，アフガニスタン，トルコ，アラビアではあまり割礼は行われず，さかんに行われているところでも，それはイスラム以前からの習慣がつづいているものと思われる．

結　婚

「結婚とは，現世と来世とのために神が下さるありがたい御恵みである．人は数々の罪から救われ，精神は落ち着き，心は動揺しなくなる」と，ムスリムの品行を正す事業につくしているインドのある有名な指導者は述べている．「神のしもべが結婚すれば，かれはその信仰生活の半分をなしとげたことになる」と言明したのは預言者ムハンマドである．実際，ムハンマド自身，結婚に重きをおいて独身生活を強く非難したために，禁欲的なスーフィー教団のメンバーでさえ，独身でいるよりも結婚する傾向が強い．

礼拝への最初の呼びかけ．

結婚は契約である．

割礼の準備．

急いで墓へ．

結婚は契約であって秘蹟ではない．しかし，ムスリムでない者は，それが軽々しく行われると考えてはいけない．相互の愛情と尊敬，そして子供に対する配慮がおおいに強調されるからだ．男は生涯を通じて1人の妻と結ばれていることが望ましいとされる．男は1度に妻を4人までもつことが許されているが，それは彼女たち全員を平等に扱うという条件でのことに限られている．つまり事実上，おのおのに同じ贈り物をし，おのおのと順番に夜を過ごすことを意味する．このような条件を満たすのは不可能だと考える人が多い．離婚——離婚するには男は「私は汝と離婚する」と3回いいさえすればよいのであるが——に対する壁は，やはり高い．預言者ムハンマドは，離婚には断然反対していた．さらにかなりの額の罰金があるともいえよう．結婚の契約成立と同時に契約金についても合意がえられる．契約金は2回にわたって支払われる．少額は，結婚以前に花嫁に支度金として支払われ，はるかに大きな額が，契約が破られた場合に支払われるのだ．

結婚式はモスクか，花婿あるいは花嫁の家で行われる．ふつう，地元のモスクのイマームが出席するが，欠くことができないのは，花婿と花嫁のあいだの誓約の交換に立ち合う2人の成人のムスリムである．その誓約はつぎのごとくである．

> 私，ムハンマドは，あなたを，アーイシャ，すなわちアブド・アッラーフの娘を，神の前で，またこの仲間の面前で，コーランの教えにしたがい，正当にして適法の婚姻による妻として迎える．この結婚が神への服従の行為となるよう，また愛情と慈悲と平和と誠実と協力の関係となるよう，私はあらゆる努力を約束する．神よ，私の証人となりたまえ．神はすべての証人のなかで最もすぐれたお方でいらっしゃるからである．アーメン．

死

人の臨終が近づくと，ベッドのまわりで見守る人々は，かれに信仰告白をするよう励ます．かれが最初に耳にしたことばが「神」だったように，「神」はかれが最後に口にすべきことばなのである．死後，体はすぐに洗われ，経かたびらを着せられて，埋葬式が行われるモスクに運ばれる．そして棺台はすばやく埋葬場所に運ばれる．預言者が，正しき者はすぐに幸福に至るのがよい，といったからである．死体は，顔をメッカの方角にむけたかたちで埋められる．死体が墓穴におろされると，その場にいる者たちはいう．「われわれは，神の御名と預言者の宗教のもとに，汝を大地に還す．」またさらに，つぎのようにいって墓穴に土を投げ入れるムスリムもいる．「われわれは大地からおまえたちを創造し，そこへ帰らせ，そこからふたたびおまえたちをひきだす．」（コーラン第20章55節）

ムスリムは，あまりひどく悲しまないようにと励まされる．スンナ派ムスリムたちのあいだでは，喪は7日間以上はつづかない．死は人生のおわりではないのである．ムスリムにとって，死者たちと引き離されているのはほんのつかの間のことにすぎない．神の慈悲のおかげで，真に服従せる者はみな，死後の人生を楽しむのだろう．

信者の1年

　ムスリムの1年は太陰暦で354日からなり，キリスト教徒の太陽暦とは年間10日か11日のずれを生じる．おのおの29日ないし30日からなる12ヵ月に分かれている．各月は右のカレンダーに示されているごとくである．ムハッラム月にはじまって，左から右へとすすみ最後はズー・アルヒッジャ月に至る．月の名前はいくつかは季節に関するものだが，これらはイスラム以前のアラブの暦で用いられていたもので，当時は太陰暦を自然と調和させておくために3年ごとに1月を付け加えていた．預言者ムハンマドはムスリムが純粋な太陰暦を採用するよう主張したといわれる．毎日は真夜中でなく日没とともにはじまる．

　ムスリムは，他の宗教の信者と同じように，みずからを信仰に導くため祝祭をまもる．預言者ムハンマドが教えたためにムスリムの義務となっている二つの大きな祝祭はイード・アルフィトルとイード・アルアドハーである．またラマダーン月の断食も義務である．この項で言及される他の祝祭は義務ではない．しかし，さらに三つの祝祭についても注意が払われるべきであろう．第1はラマダーン月の最後の金曜日で，この日ムスリムは断食月に別れを告げるためにモスクにいくことをとくに心がける．第2はシャーバーン月15日のシャーベ・バラトで，毎年この日に神が人間のすべての行動を記録するといわれ，とくにインドのムスリムによって祝われる．第3はムハッラム月10日のアーシューラーで，ムスリムはこの日ノアが箱舟を出たこと，モーセがファラオの圧制からイスラエルの民を救ったこと，そしてフサイン（ホセイン）がカルバラーで虐殺されたことを記念するのである．これはシーア派にとっては1年で最も重要な祭日である．

　ヒジュラ＝移住，ムハッラム月1日．イスラム暦の最初の日で，西暦紀元622年にムハンマドがメディナで新しい共同体を出発させるためメッカをあとにした，ムスリム時代の出発を劃する記念日を祝う．ラテン文字でAHという略号は「ヒジュラの後」という意味で，イスラム暦であるヒジュラ暦をあらわす．この日には通常，ムハンマドが少数の友人とともにメッカからメディナにむかった様子を物語って祝う．

　ラマダーン，断食月，イスラム暦の第9月．青年期に達したすべてのムスリムは，日の出から日没まで，飲食，喫煙，性行為をひかえるという宗教的義務を守らねばならない．気温の高いときには，これを遵守することが非常に困難な場合もある．敬虔なムスリムはこの機会が与える精神修養と物質に対する精神の勝利とのために，これに大きな価値をおいている．

　ライラ・アルカドル，「神の意志決定の夜；威力の夜」，ラマダーン月27日．ラマダーンはムハンマドにコーランの最初の啓示が下った月である．「聖断の夜こそ千カ月にもまさる．この夜，もろもろの天使と聖霊とは，主のお許しをえて，すべてのご命令をもって降臨する．夜の明けるまで，平安あれ．」（コーラン・第97章3－5節）ムスリムたちはコーランを読み，祈りを捧げてこの夜を過ごす．

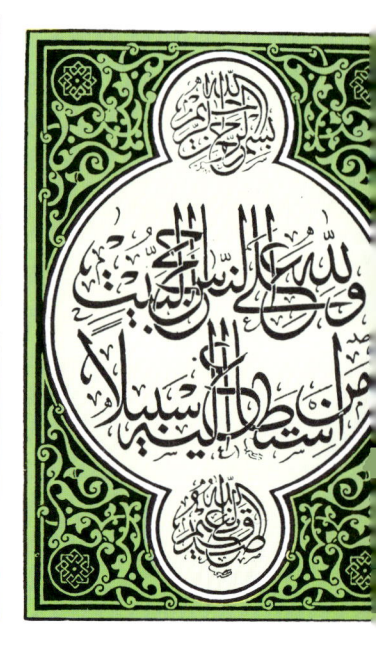

マウリド・アンナビー，預言者ムハンマドの誕生日，ラビー・アルアッワル月12日．これが祝われるようになったのは10世紀以後であり，ムスリムがイエスの誕生日を重視するキリスト教と接触するにつれて重要性を増したと思われる．ムスリムはこの日一堂に会して，預言者ムハンマドへの賛辞とかれの生涯の解説を聴く．ムハンマドを特別に「完全人間」とみなすスーフィーたちにとってはこの日はとくに重要であり，この祭典はときには，ラビー・アルアッワル月1日にはじまる記念行事の最高点ともされる．このマウリドは，イスラムにおいてムハンマドに対する崇敬の最も著しい表現である．

ライラ・アルミーラージュ，「昇天の夜」，ラジャブ月27日．ムハンマドが預言者とされてから10年目の夜に大天使ガブリエルがかれを導いて七つの天をめぐり，ムハンマドは神と言葉をかわしたのち，この同じ夜のうちに，1日5回の礼拝のきまりを含む命令をもって地上にもどった．最近のポスター（下図）はこの物語についてさらに多くのことを語っている．ムハンマドは翼のある半人半馬のブラークに乗って旅したとされる．その昇天は，様式化されて描かれているが，エルサレムのアル・アクサーからはじまったといわれている．ムスリムはこの日，預言者ムハンマドの生涯の物語を聴いて過ごす．

イード・アルフィトル，「断食明けの祭」，シャッワール月1日．本来はイード・アルアドハーにくらべれば重要ではなかったが，ラマダーンの苦しみのあとの喜びは非常に大きなもので，ムスリムはイード・アルアドハーよりもずっと盛大にこれを祝うようになった．イード自体は「祝祭」とか「幸福の時」という意味のアラビア語で，いずれのイードにおいてもムスリムたちはたがいに左図のようなカードを送りあって祝福と幸運を願う．

このイードは神がムスリムをしてラマダーンの困難を乗り越えさせたこと，神が人間のすべての必要を満たしてくれることに対して，感謝を捧げる期間である．ムスリムはこの日，まず入浴し新しい服に着替える．それからモスクへ礼拝に出かけるのだが，通常は人が集まりすぎて礼拝する群衆が入口から通路にあふれ出る．（左端図：ボルネオ島東カリマンタンのバリクパパンにある運動場で，白く輝く真新しい服を着てイードに集まった人々を収容するために，とくに整列が行われている．）礼拝のあとかれらは，プレゼントを交換し友人や親戚を訪ねる．貧しい人に喜捨をすることもまた，かれらの義務である．この日1日中ムスリムはイスラムの意味を熟考し，家族や友人との不和を解消することに努め，平安と寛容のうちに人生を新たなスタートをきろうとする．

イード・アルアドハー，「犠牲祭」，ズー・アルヒッジャ月10日．2大祭の一つ．祝典は3日かそれ以上もつづく．その起源は預言者アブラハムの時代にさかのぼる．かれは自分の最愛のものすべてをも神のためには犠牲にする意志のあることを証明したが，このことはメッカ巡礼の最後の儀式において記念されている．幸運にも巡礼のためメッカにいる人々と時を同じくして，世界中のムスリムがこの日を祝う．かれらはまずイード・アルフィトルと同様，地区の集団礼拝に参加し，そのあとヒツジかウシあるいはラクダをいけにえとして屠り，肉の3分の1を残して，残りは貧しい人々に分け与える．

メッカ巡礼

下　巡礼は，船がジェッダに入港する直前にイフラームを身にまとう．男性用のものは縫い目のない白い2枚の布でできている．女性は，いつもの習慣とは対照的に，イフラーム以外のものを身につける必要はなく，したがってベールはつけない．

「ラッバイカ！　ラッバイカ！」メッカの大モスクの中央の聖所であるカーバをはじめて目にした巡礼者たちは叫ぶ．「さあ，ここに参りました（神よ）．さあ，ここに参りました（神よ）．あなた様のおそばに，あなた様の御前に．」これはムスリムの人生の絶頂であり，主の道につくべく努力してきた歳月の頂点であり，それまでの切望の感情に終止符をうつことができる瞬間なのである．「私はメッカとその輝かしい天国にあこがれる」と言明するのは，エジプト人作家ナギーブ・マフフーズの小説『ミダク横丁』の登場人物，敬虔なリドワーンである．「私はいたる所で時のささやきを心待ちにしている．そして通りを下っていって聖なる地に踏み迷う……．今ここにいて目に浮ぶのだ，兄弟たちよ．私はメッカの小道を通りぬけている．まるで今はじめて下されたばかりの啓示のようなコーランの章句を暗誦しつつ，まるで全能の神ご自身から語りかけられる訓戒に聞きいっているかのようにして．何という喜び！」

心も体も健康で，借金がなく，自分の費用と不在中の扶養家族の費用とが支弁可能であるムスリムは，みな生涯のうち少なくとも1回は巡礼をしなければならない．このことはコーラン（第2章196－200節，第5章95－97節，第22章26－33節）と，預言者ムハンマドの確立した慣行とに基づいている．かれらは，アブラハムとその妻ハガル，息子のイシュマエルの生涯の出来事を記念するのである．この儀礼の精神とは，完全な自己否定の精神である．巡礼者は，みずからを神に捧げるのだから，人間世界でみずからを特徴づけるものをすべて犠牲にするのである．財産，家族，友人，特別な衣装，出生，人種，みな然りである．また，全ムスリムの同胞愛が祝賀される．着るものも，することも，全員が同等なのであって，それはちょうど最後の審判の日に，全員が神の前に等しく立たせられるであろうことと同じである．実際，こうして年ごとにたいへんな数の人々が集まってくることほど，ムスリムの一体感をはぐくむものはないし，このことを通じて，新しく充電された精神的エネルギーが世界中のムスリム一人ひとりに伝達されていくのである．

メッカ巡礼

メッカ巡礼

巡礼は，ズー・アルヒッジャ月という，イスラム暦の1年の最終月に行われる．巡礼者は，メッカ周辺の聖域に足をふみ入れる前に，通常の衣服を脱ぎ，「イフラーム」を身にまとう．これは2枚の質素な白い布であるが，その人が世俗的な生活を捨て去ったことを象徴するものなのである．巡礼者はカーバのまわりを歩いて7周する．そしてメッカとマルワの間を途中小走りに7回往来するが，この際にはハガルが息子のイシュマエルのために死に物狂いになって水を探したことを思い出すのである．そしてザムザムの井戸の水を飲むのだが，そこは，ハガルがついにイシュマエルの足元で水がわき出ているのをみつけた場所なのである．ズー・アルヒッジャ月9日，日の出の直後，巡礼者はアラファートの野に出かけ，そこで正午から日暮れ時まで神の前に立って礼拝する．日没後は，ムズダリファへむかい，そこで夜を過ごす．そしてズー・アルヒッジャ月10日にはミナーにいき，そこで，アブラハムとハガルとイシュマエルが神の命令にそむくように悪魔に誘惑されたのに対し，これをいかに拒絶したかを記念して，3本の柱に石を投げる．さらに，アブラハムが神の意志に喜んでしたがったことを記念して，動物を犠牲に捧げ，髪を剃り，イフラームを脱ぐ．そしてカーバのまわりをさらに7周し，いつもの生活に帰っていくのである．6周目で巡礼者が捧げる祈りは，神への熱情と服従の喜びをよく伝えているが，それはこの儀礼の表現行動の全体を特徴づけるものである．

おお神よ，あなたはあなたと私，あなたの創造物と私との関係において，私に多くの貸しをお持ちです．神よ，あなたとあなたの創造物との負債から私を免れさせたまえ．負債を取り除きたまえ．あなたの慈悲深い栄光により，お怒りを解いて償いおわれるものと認めたまえ．あなたへの服従により，私をあなたへの反逆から遠ざけたまえ，どうか私をあなたにのみ付くものとならしめたまえ．ああ，あなたはあまねく赦される御方．神よ，まことにあなたの家は大きく，あなたの御顔はうるわしい．寛大でうるわしく偉大なる神よ，あなたはお赦しになるのを好まれます．それゆえ，どうか私を赦したまえ．

右　この見取図は，ズー・アルヒッジャ月の9日と10日に巡礼がメッカからアラファートの野まで移動する道すじを示している．距離は約20km，帰路もムズダリファとミナーを経由する．

1977年のメッカ巡礼

この年，サウディ・アラビア国外から73万9319人，加えてサウディ・アラビア国内から88万8270人の巡礼参加者があったが，後者の多くはサウディ・アラビア国籍をもたない人々だった．サウディ・アラビア国外からの巡礼の数は，ここ30年のあいだに7倍以上に増加している．実際に多数のムスリム人口をもつ社会のうち，巡礼を送り出さなかったのはソ連と中国だけだったが，それらも他の年には，少数ながら巡礼を派遣している．とくに注意すべきことは，たとえばアルジェリアやイラク，トルコといった世俗主義を積極的に推進する体制の国から巡礼にくる人間の数が多いことである．

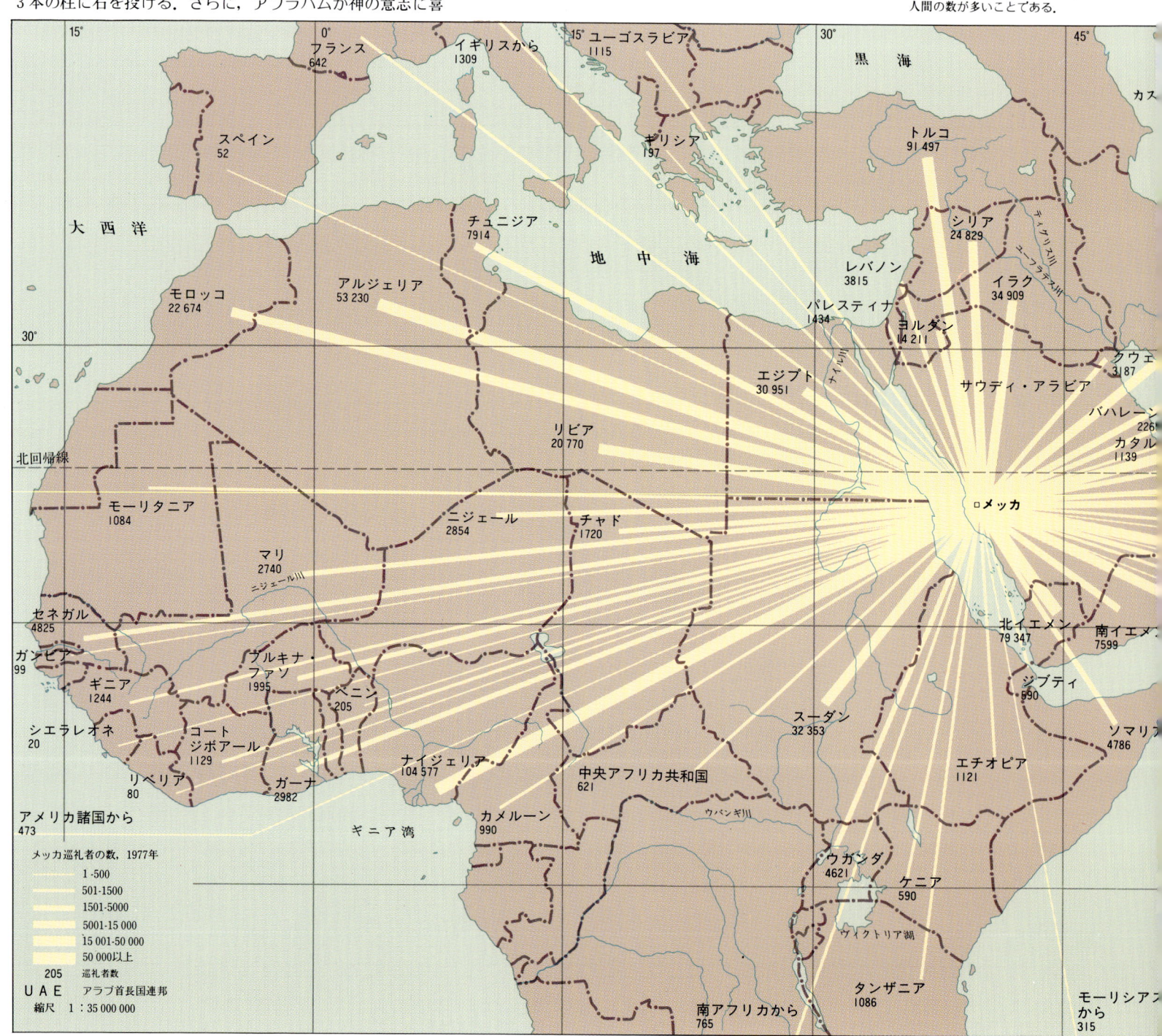

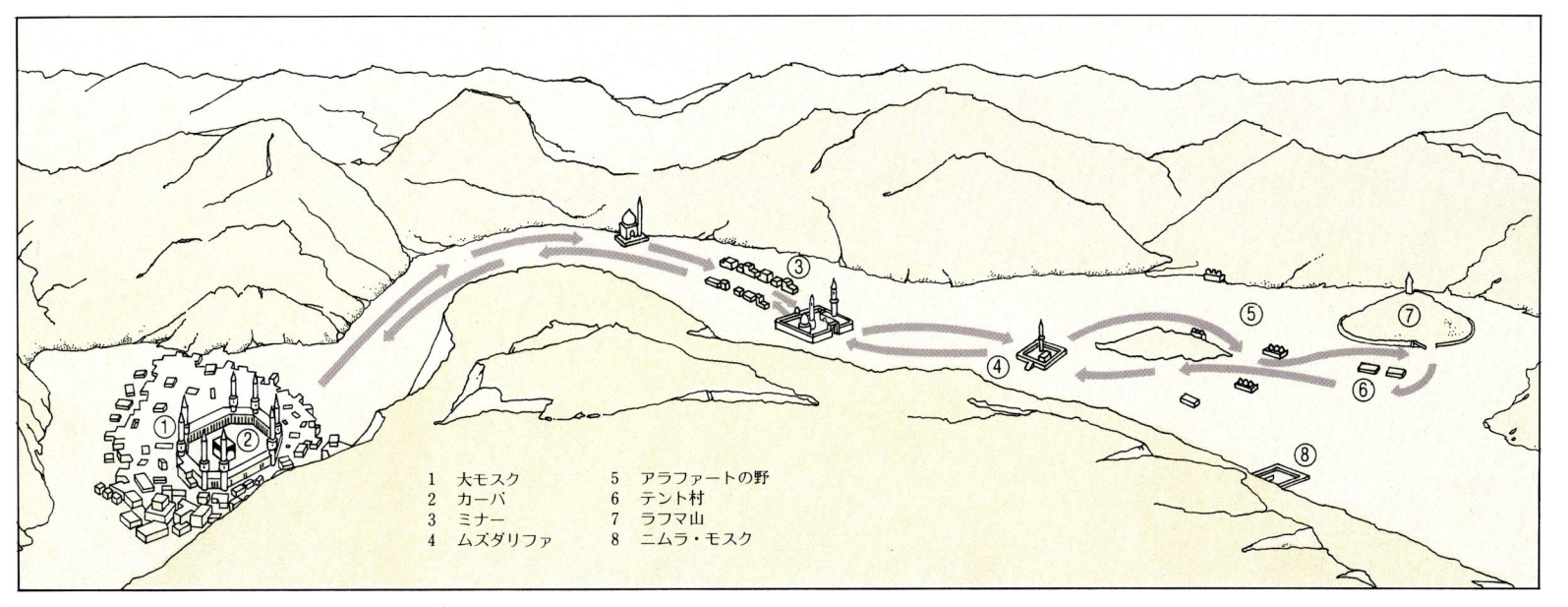

メッカ巡礼

1 大モスク	5 アラファートの野
2 カーバ	6 テント村
3 ミナー	7 ラフマ山
4 ムズダリファ	8 ニムラ・モスク

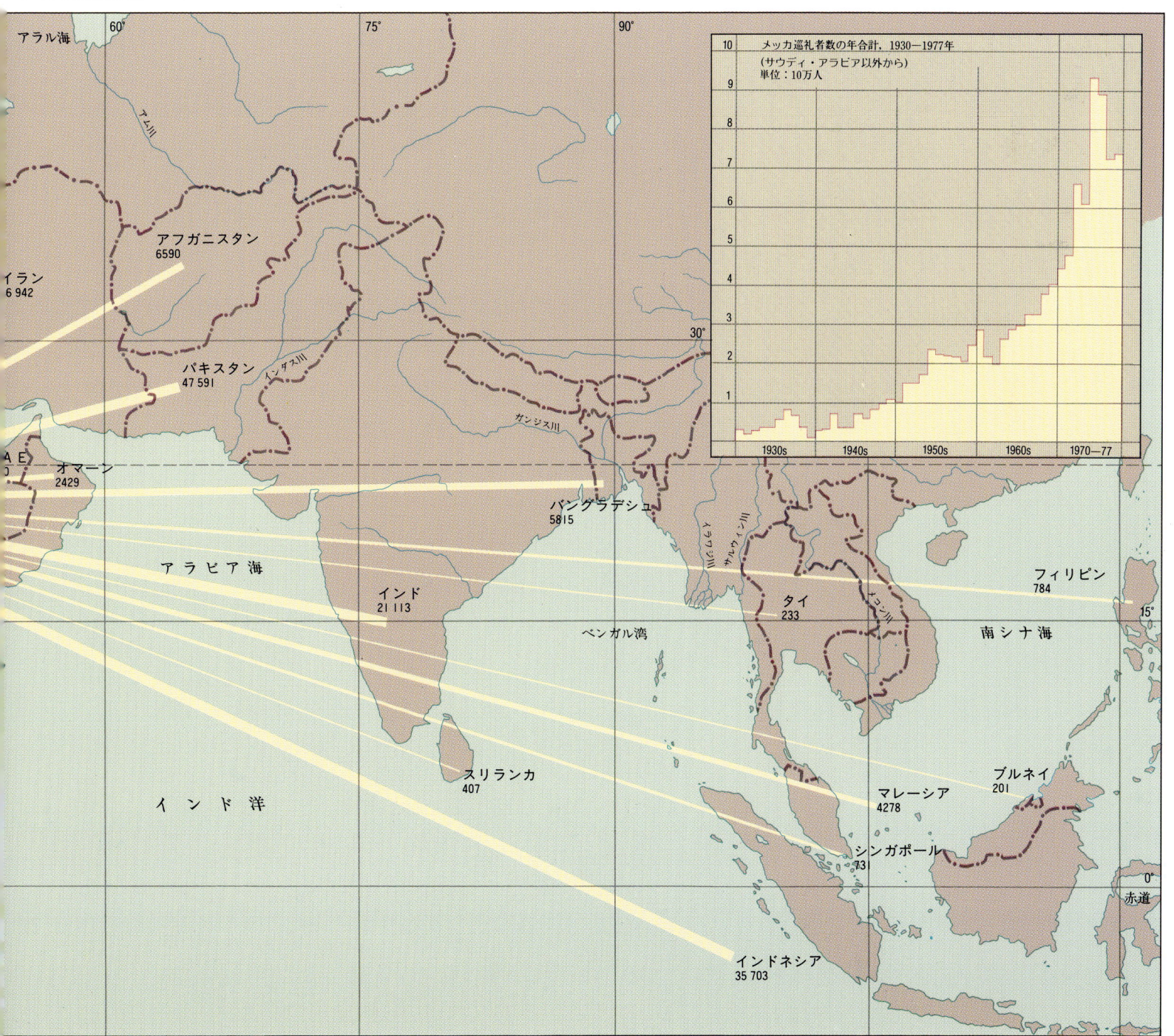

メッカ巡礼者数の年合計, 1930－1977年
(サウディ・アラビア以外から)
単位：10万人

アラル海

アフガニスタン 6590
イラン 6942
パキスタン 47 591
UAE
オマーン 2429
アラビア海
バングラデシュ 5815
インド 21 113
スリランカ 407
インド洋
タイ 233
フィリピン 784
ベンガル湾
南シナ海
マレーシア 4278
ブルネイ 201
シンガポール 73
インドネシア 35 703
赤道

メッカ巡礼

メッカ巡礼

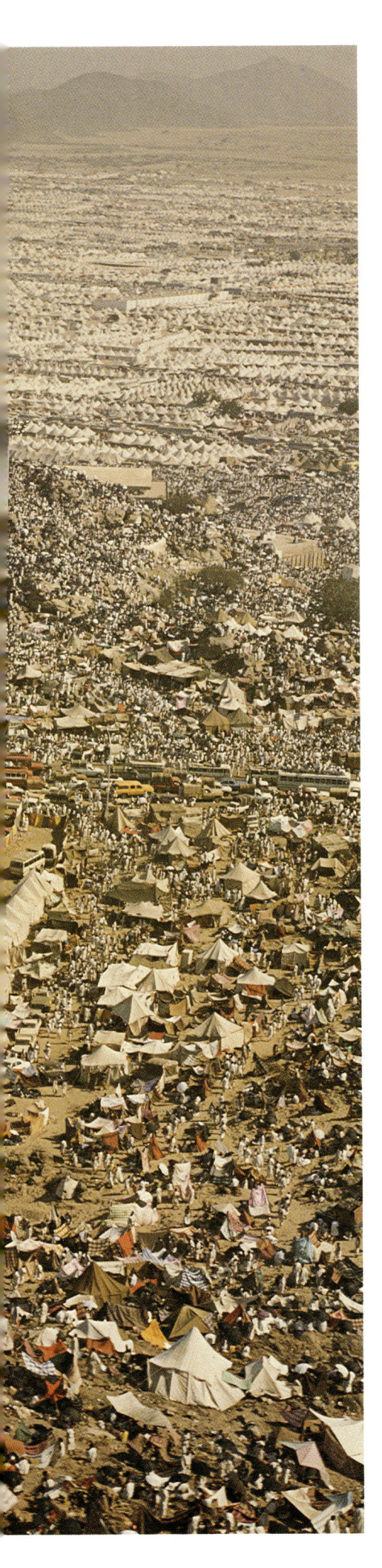

左　ズー・アルヒッジャ月9日、アラファートの野での巡礼の巨大な集合．このテント村は、サウディ・アラビア当局によって、巡礼参加者を強い日ざしから守るためにつくられた．ムズダリファの方向には、前景に、そこで預言者が最後の説教をしたというラフマ山が、遠方にニムラ・モスクがみえる．

下　巡礼者は、ハガルが死に物狂いで水をさがしまわったことをまねて、メッカとマルワのあいだを7回、途中小走りに往き来する．

下端　巡礼者はカーバのまわりを7周する．カーバは、これまでに何度か再建されているが、唯一なる神が拝された最初の場所だと信じられている．

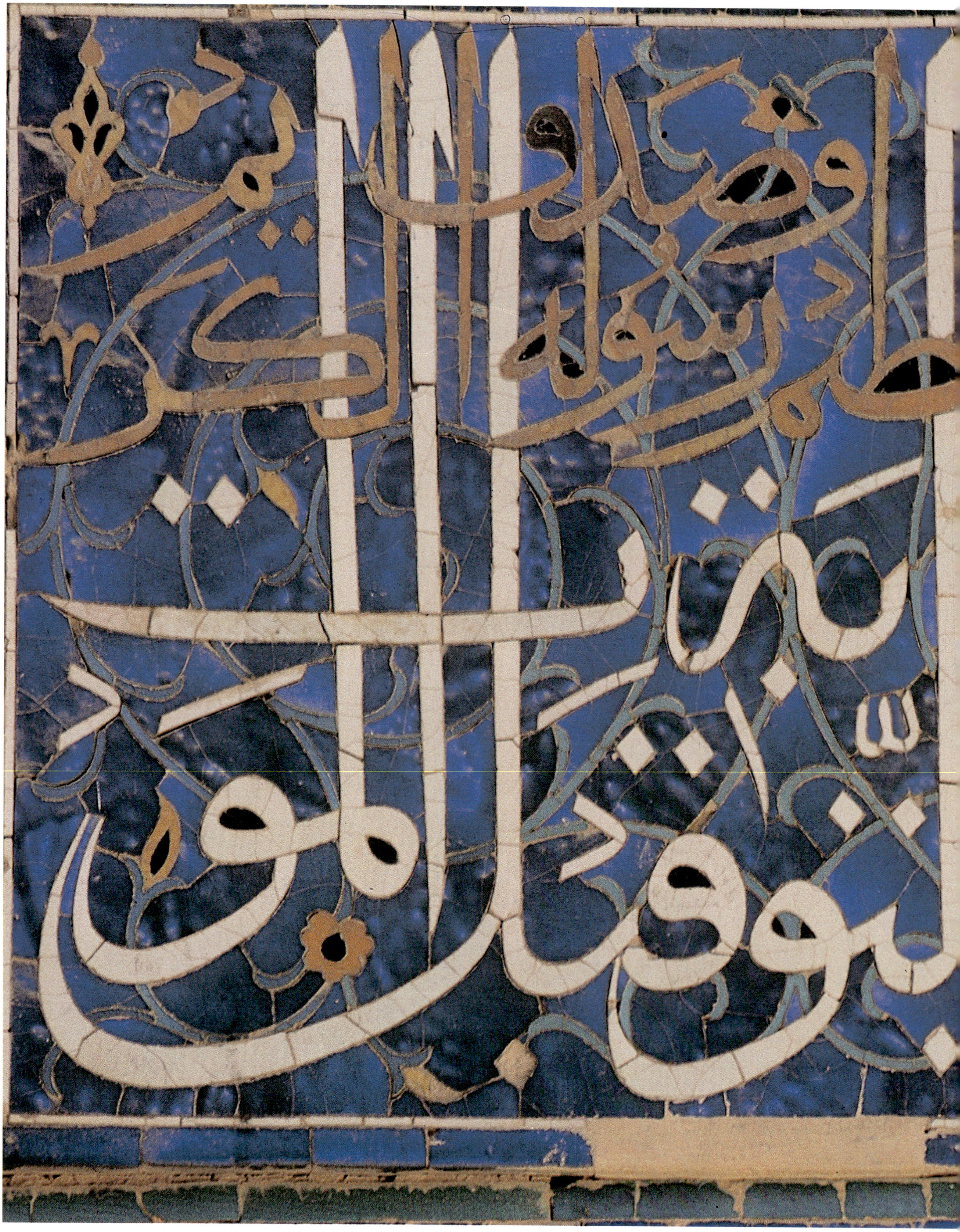

イスラムの芸術

呼び声は「神よ，栄光あれ」であり，
挨拶は「平安あれ」であり，
祈りは「万有の主なる神を讃えよ」
　で終る．
　　　　　　　『コーラン』第10章10節

書　道

　書道はイスラム芸術の最高峰であり，イスラム的精神の最も典型的な表現である．最初の啓示はこう告げている．「汝の主は筆とるすべを教えたまい，人間に未知のことを教えたもうた．」さらに，神がアラビア語で語り，その言葉がまずアラビア文字で書かれたため，アラビア語とアラビア文字はすべてのムスリムに大切にされた．アラビア語を理解することによってのみ，人は神の意図を理解することが可能だった．それゆえ，この貴重な天恵を保存し伝達することは，何よりも重要な任務となった．ムスリムたちはそのもてる技術をすべて駆使して，この課題にとりくむことにより，かれらの感謝

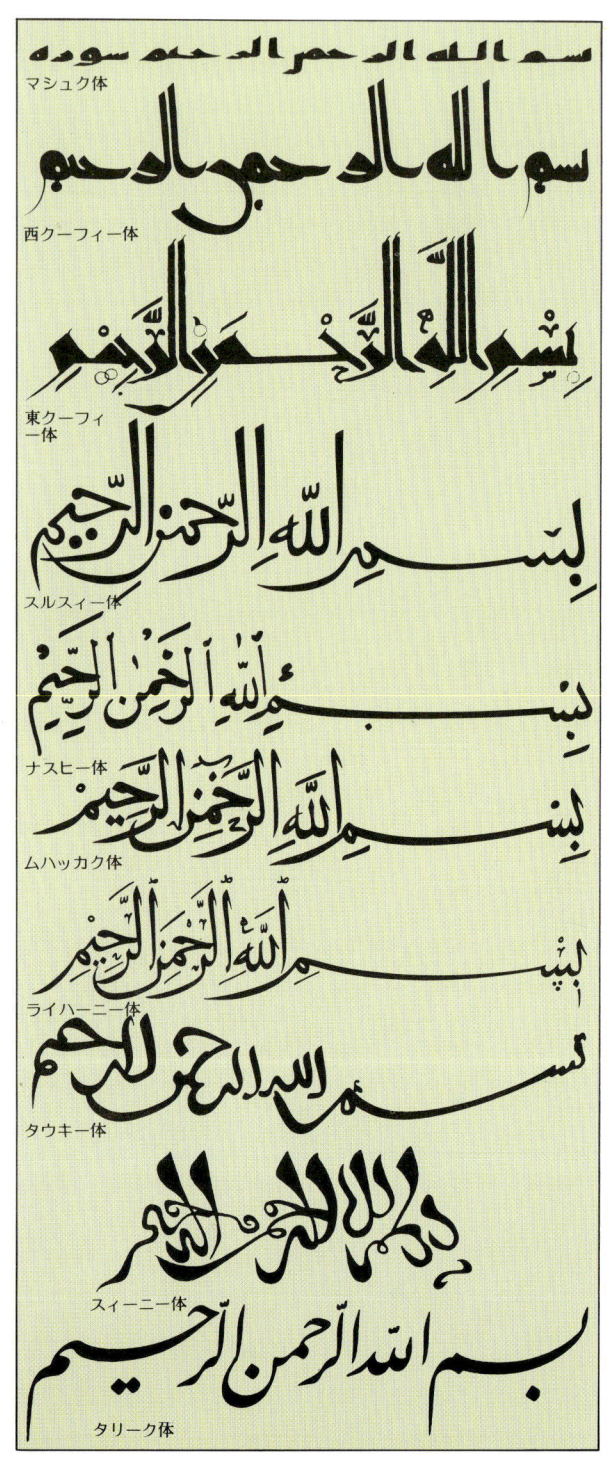

マシュク体
西クーフィー体
東クーフィー体
スルスィー体
ナスヒー体
ムハッカク体
ライハーニー体
タウキー体
スィーニー体
タリーク体

ムスリムは何か重要な行動をはじめるときは，必ずビスミッ・ラーヒッ・ラフマーニッ・ラヒーミ（慈悲ぶかく慈愛あまねき神の御名において）という言葉を口にする．この文句を10通りの書体で書いたのが左端図である．スィーニー体の独特な書体には，中国人ムスリムの文字という起源が暗示されている．

左　タリーク体で書かれた「ムハンマド」という一語を拡大すると，かたちの美しさがますます強調される．伝承によれば「書体の純粋さは魂の純粋さをあらわす．」

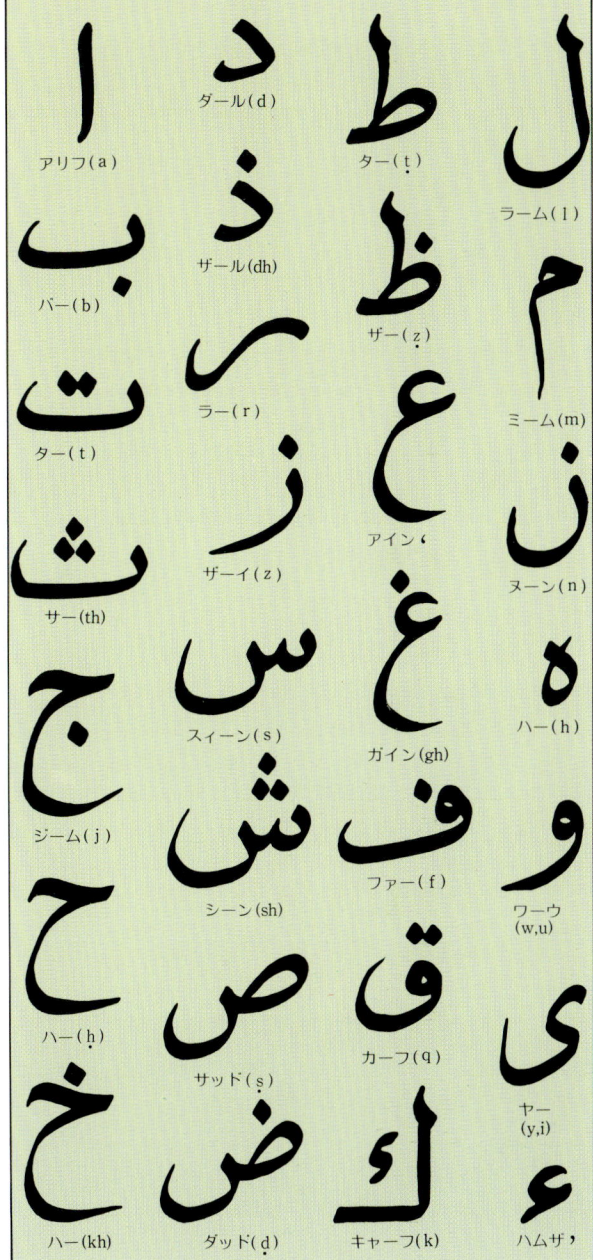

ラーム(l)	ダール(d)	アリフ(a)
ミーム(m)	ザール(dh)	バー(b)
ヌーン(n)	ザー(ẓ)	ター(t)
ハー(h)	ラー(r)	サー(th)
ワーウ(w,u)	アイン、ザーイ(z)	ジーム(j)
ヤー(y,i)	スィーン(s)	
ハムザ,	ガイン(gh)	
	ファー(f)	
	シーン(sh)	
	カーフ(q)	ハー(ḥ)
	サッド(ṣ)	
	キャーフ(k)	
	ダッド(ḍ)	ハー(kh)

上　アラビア語のアルファベットの29文字の単独形．各文字の名称とカッコ内に通常のローマ字転写を示した．アラビア語は右から左に書かれ，多くの文字は，その単語のなかの位置が先頭であるか中間であるか末尾であるかによって，かたちをかえる．アリフ以外のすべての文字は子音をあらわす．ワーウとヤーはそれぞれwとyの子音をあらわすのに加えて，長母音uとi，2重母音awとayもあらわすため，半母音とされる．短母音は文字の上下に正字記号を加えることによってあらわされる．たとえば ب (ba), ب (bu), ب (bi)．他の記号として，シャッダ ّ は子音の音価を重ねるために文字の上に置かれ，マッダ آ はハムザとアリフの結合をあらわし，スクーン ْ は子音が母音をともなわないことを示すために文字の上に置かれ，またハムザ ٔ は声門閉鎖音である．Y・H・サファディー『イスラムのカリグラフィー』，p. 142による．

書道

　の気持を表明したのである．預言者ムハンマドはこう言ったという伝承がある，「良い書体は真実をきわ立たせる．」

　アラビア文字はナバタイ文字に直接結びついていることが広く認められており，ナバタイ文字自体はアラム文字から分かれた．西暦650年代にコーランの最初の完本がナバタイ文字の影響をとどめるジャズム体で書かれた．これはつぎにクーフィー体の発達をうながし，この力強く角張った書体は何世紀にもわたってコーラン書写の最も一般的なスタイルとなった．同時に，官庁文書や私家本の筆記の目的のために草書体が発達し，10世紀のなかごろまでにスルスィー体，ナスヒー体，ムハッカク体，ライハーニー体，タウキー体，リカー体の六つの古典的なイスラム書道の書体が完成していた．これらもすぐにコーランの写本に用いられ，新たに多くの装飾の可能性をひらいた．このほかに四つの重要な書体がある．トゥーマール体，極小型のコーランにしばしば用いられたグバール体，サファヴィー朝で非常にもてはやされたタリーク体，そしてアラブのあいだでは一般的でなかったがイラン人，トルコ人，インド人のムスリムのあいだではほぼ4世紀にわたり流行してきたナスタリーク体である．

　書の作品は，過去も現在も非常に高く評価されている．ティムールとかれの子孫は芸術の有力な保護者であった．サファヴィー朝，ムガル朝，オスマン朝も同様である．文字装飾はいたるところにみられる．それらは墓石，織物，壺，武器，タイルなどに描かれて，新奇なかたちと建造物の装いとを浮かびあがらせるのである．教会のキリスト像と同じように，コーランの言葉はモスクを美しく飾り立てる重要な手段ともなる．キリスト像とアラビア文字はいずれも人間に対する神の贈物なのだ．

書道

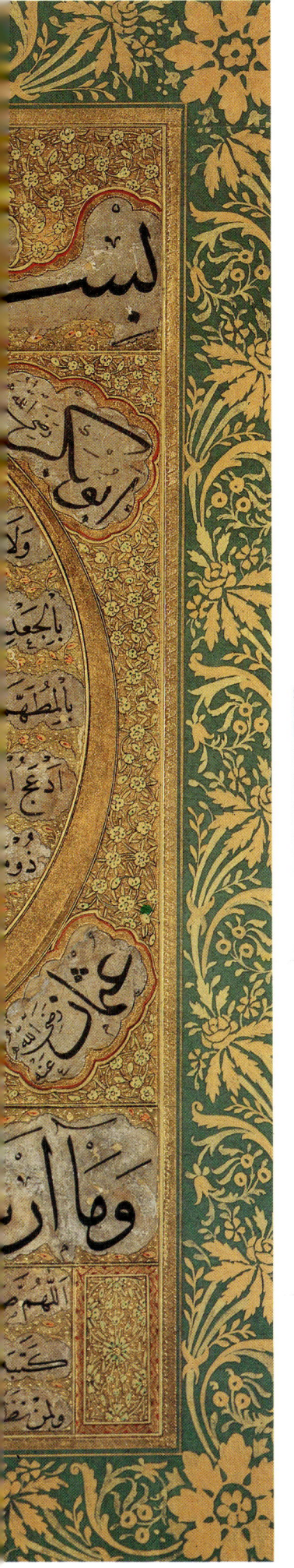

書家はムスリムの強大な支配者たちによって大いに尊ばれた．オスマン朝のスルタン，バヤズィット2世はハムド・アッラー・アルアマスィーの作品を称揚するあまり，ハムド・アッラーが書いているあいだ，かれのインク壺を捧げもっていた．左端図：書家は床に立て膝をつき，立てた方の膝に紙を乗せて書いている．道具はかれの前にならべられている．はさみ，ペンを削るためのナイフ，刷毛，葦ペン，インク壺．インクは普通油煙に酢を混ぜて作った．16世紀のトルコの手写本，アル・カズヴィーニーの『創造の不思議』より．

ページ組の割り付けと装飾には細心の注意がはらわれた．中央図：ウスマーン・ブン・アリー（1642—98）による，『ヒルヤエ・ナビー（預言者ムハンマド伝）』の1頁．上部第1行目のバスマラはスルスィー体．中央と下部の記述はナスヒー体．中央の月形を囲む四つのスルスィー体の部分は4代のカリフの名前．その下の大きな文字の部分はコーラン第21章107節（われらが汝を遣わしたのは，万民への慈悲のゆえにほかならない）．

礼拝所の装飾にも非常な注意がはらわれた．とくにミフラーブは神の言葉で飾られた．左図は，カーシャーンのマイダーン・モスクのミフラーブ．書とアラベスク文様とで飾り立てられている．

文字のあらゆる形での変形は，書家の想像力の産物である．最上図の船は「信仰のガレー船」ともよぶべきもの．船体は信仰の7箇条をあらわし，右から左に「われは信ず」，そして船尾は「神を」，オールは「そして」，そのあいだのこぎ手たちは右から左に「神の天使を」，「神の啓示の書を」，「預言者たちを」，「最後の日を」，「予定を」，「善悪を」，「死後の復活を」．帆は信仰告白，すなわち「アッラーのほかに神はなく，ムハンマドは神の使徒である．」

上　実に巧妙に信仰告白の文言（上記に同じ）を図案化している．

陶磁器

　ムスリムほど建築物に彩色を施してきた人々はいない．建物の内側も外側も，輝かんばかりの色合いと，豊潤な模様とでおおうのである．うわ薬つきのタイルを使うのが普通である．この芸術は，ティムールやその後継者たちの治める中央アジアやアフガニスタンの都市で，頂点に達した．そしてさらにサファヴィー朝やオスマン帝国で，遅まきながらも実に豊かに花開いたのである．北アフリカでは，それに劣らぬ別の伝統が維持されていた．タイル装飾には主に4種類の様式がある．文字文様，幾何学文様，花（植物）文様，アラベスク（唐草）文様である．タイルの使い方は主に2通りある．モザイクでは，異なるタイルが一つの模様に合うように切られているが，タイル全体で大きなデザインの一部を構成するように色づけられ，模様が与えられているような様式もある．

下　植物の茎を形どった古典的な唐草文様．たがいに対になっていて，美しい雷文模様のモザイクになっている．エスファハーンのロトフォッラー・モスクのドームのドラム（ドームの下部に築かれる同筒状の壁体）の一部．

右　すべてタイルでできたこの豊かな花模様のパネルは，イズニクの陶工の作品のなかでも絶品である．これは，イスタンブルのトプカプ宮殿で，訪れる人がハレムの門を過ぎてからさしかかる「黄金の道」を飾っている．

右端　モロッコのマラーケシュにあるサード朝の廟墓の台胴部分を飾るタイルでできたモザイク．この種の幾何学文様はマグリブの代表的なもの．

陶 磁 器

絨　毯

カーペットやラグ（敷き物）の結びと織りとは，遊牧民の伝統的な技であり，それはムスリムのあいだでも，さらに非ムスリムの世界でも，受容された．遊牧民の生活の可能性と必要性とからこれほど直接に生まれ出た製品は，ほかにない．男たちが率いる家畜の羊毛などを，女たちは糸に紡ぎ，絨毯に織りあげる．彼女らは身のまわりの植物や動物から染料をみつけてくる．彼女らのはた織りの作品は，テントを張って地面の上で生活する人々にとって実に機能的な調度である．

定住した社会では，絨毯は新たな目的に用いられ，聖廟やモスクの神聖なスペースに敷かれたり，商人や王侯の富と鑑識眼とを証明したり，ヨーロッパへの利益の大きな輸出品となったりした．テントでも町でも，つくり出される図案は常に非常に豊かで多彩であり，様式化された形や幾何学的デザインにはじまって，ミフラーブのくぼみを模した礼拝用の敷き物や，あるいは人物・動物・花などの写実的な構成に至るまで，さまざまであった．

イスラム世界には，五つの大きな絨毯生産地域がある．それはイラン，南アジア，トルコ，コーカサス，中央アジアである．イランではカシュガーイー，ロル，バフティヤーリーなど遊牧民諸部族の作品のなかに豊かな伝統が維持されてきたが，同時にサファヴィー朝の初期には，図案の面で王立工房の主要な画家たちが重要な役割を演じ，狩猟やつぼ，庭園などを模した絨毯で最高度の達成をみた．イランや中央アジアの乾燥した高地に比して，南アジアの気候は産業にはむかず，ムガル朝の侵入後も強力な生産の伝統は見出されぬままであった．アクバル帝は，ムガル帝国の威光がサファヴィー朝との比較によってそこなわれるべきではないと考え，200人のイラン人の職人を招いて，ラホールに絨毯産業をおこした．イランからファテプル・スィークリーの工房にきた画家たちと同様，インドの職人たちはすぐに独自の美的な嗜好を身につけていった．トルコの絨毯はオスマン聖戦国家の厳格な宗教的理想を反映していた．その典型はミフラーブのくぼみを描いた礼拝用の敷き物であった．しかし18世紀になると，一つにはヨーロッパの影響から，様式化されたチューリップなど花の図案が急速に増えはじめる．最も注目すべきはウーシャクとギョルデースの絨毯で，天国の七つの庭をあらわす七重の縁取りをした礼拝用敷き物の代表的作品である．コーカサスの絨毯は他のいずれの地域のものとも違い，デザインはほとんどもっぱら幾何学的である．それは，古くからの数多くの民族と言語と伝統とが交錯する，高い山や深い谷の奥の比較的知られることの少なかったこの土地独特の作品である．カスピ海の東岸からタリム盆地のカシュガルに至る中央アジアが最後に残る地域だが，ここのデザインにはしばしば中国の影響が認められる．ブハーラーとサマルカンドの作品が最も有名である．

右下　アルデビールの絨毯．サファヴィー朝期の偉大な絨毯のなかでも最高峰といわれ，また同時に完全な形で残っている世界最古の絨毯の一つとされている（10.5×5.3 m²）．これは高い技術に裏づけられた構図と素晴らしい色彩感覚とをもつイランの都市の絨毯の，高度な古典的芸術作品の一例である．その装飾的な様式は，同時代のサファヴィー朝の細密画や，シャー・アッバースの都エスファハーンの巨大なタイル張りパネルなどと興味深い比較ができる．この作品の由来には注目すべき謎がある．これがアルデビールのサファヴィー朝の聖廟のためにつくられたという話は19世紀の作り話のようである．これはもともとはマシュハドのイマーム・レザー廟のものだったようである．ところがこの絨毯は同じデザインのものが2枚あって，1枚はロンドンのヴィクトリア・アルバート博物館にあり，もう1枚はロサンゼルス工芸博物館とカリフォルニアのマリブにあるジョン・ポール・ゲッティー博物館とが共有している．織り出された銘文（右上）は両方のカーペットについているが，それにはこう書かれている．「天国以外には，私にこの世のいかなる隠れ場所もない．私の頭には，これ以外にいかなる場所もありはしない．宮廷の下僕，カーシャーンのマクスードこれを作る（946年）．」マクスードとはおそらく工匠の親方の名前．

右端　絨毯のけばの部分は羊毛だが，縦糸と横糸は絹である．1 cm²当り46－50ノット（カリフォルニアのものは59－65）であることが，中央の円形飾り模様（上の方にその一部が見える）と二つのパルメットの拡大図にみることのできる快活で複雑なアラベスクを実現可能にした．

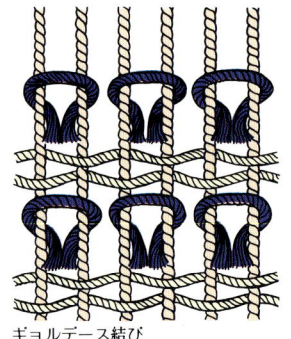

左端　二つの代表的な結び方．ギョルデース結びは通常トルコとコーカサスで用いられたもの．センネ結びはイラン，南アジア，中央アジアで一般にみられる．

左　絨毯は結びだけでなく，織られることもある．ここに示す二種は，西洋でケリム織とよばれるようになる織り方と通常関連する横糸まわしの方式と，スマク織とである．

下　この地図はイスラム世界における絨毯生産の5大地域と主な生産地とを示したもの．

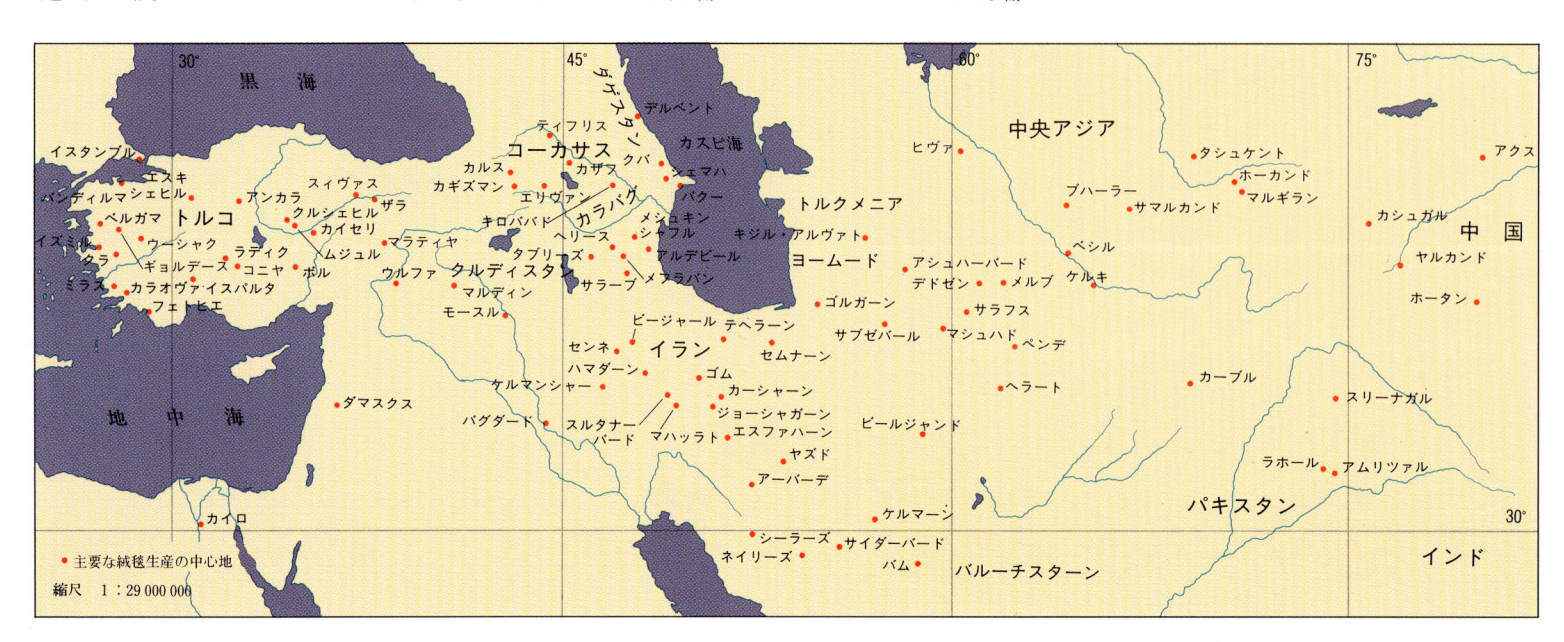

ギョルデース結び　　ペルシア結び（センネ結び）　　ケリム織　　スマク織

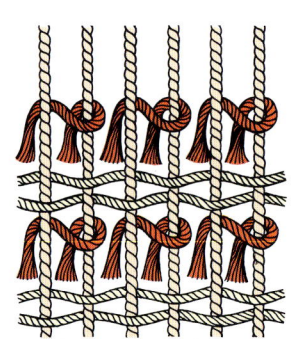

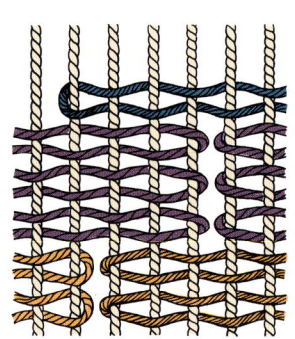

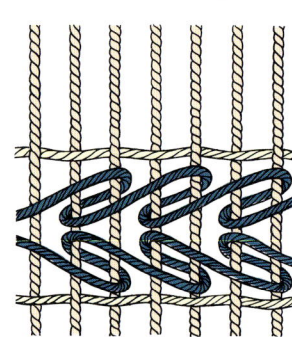

絨 毯

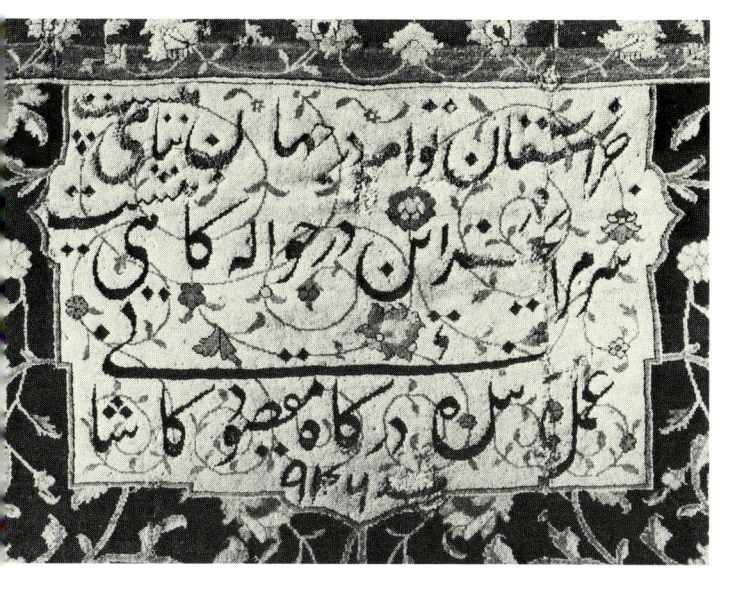

絨　毯

絨 毯

左上　絨毯の生産にはしばしば子供たちが使われ，その小さな指でよりきめの細かい結び目が結ばれた．女の子の方がまじめに働くため，通常男の子よりも尊ばれた．このスィヴァス近郊出身のトルコ人の少女たちは，2本の垂直な枠木と縦糸が掛けられた2本の横木の簡単な機で敷き物を織っている．染色された糸が縦糸に結ばれ，1列並びでおわるごとに2本の横糸が織り込まれて，はがねのくしで堅くたたきおろされる．遊牧民が織った敷き物はしばしば織機からはずされて何日も巻いたままで置かれ，それから再び織機にかけられるため，形がくずれてしまうこともままある．

左端下　19世紀ギョルデースの絹の礼拝用敷き物．165×118cm². これは両側にロータスを冠した円柱を配し，なかにランプか水差しをつるして，ミフラーブのくぼみをかたどった古典的様式の好例である．

中下　コーカサスの敷き物2枚．左は19世紀のカザクの敷き物．204×116cm². 右は19世紀のビドゾフの敷き物．204×125cm². 両方ともこの地域の特徴的な幾何学模様を描いたもの．

右下　19世紀の敷き物で，中国領トルキスタンのタリム盆地のヤルカンドかあるいはホータンの産．234×120cm². ザクロの花と枝の図案が目を引く．縁取りのまんじ飾りにも注意．エーゲ海から中国までアジアのあらゆる文明によって5000年にもわたって用いられたまんじは，イスラムの敷き物において最もありふれた象徴の一つである．その名前は幸福という意味のサンスクリット語に由来し，この象徴は通常幸運を暗示するとされる．

中上　コーカサス地方のスマク織の鞍袋．空色と暖かい赤とクリーム色は，この地方の特徴である．

右上　トルクメンの導師帯．悪霊よけのために家畜の群れの先頭のラクダに着せる．

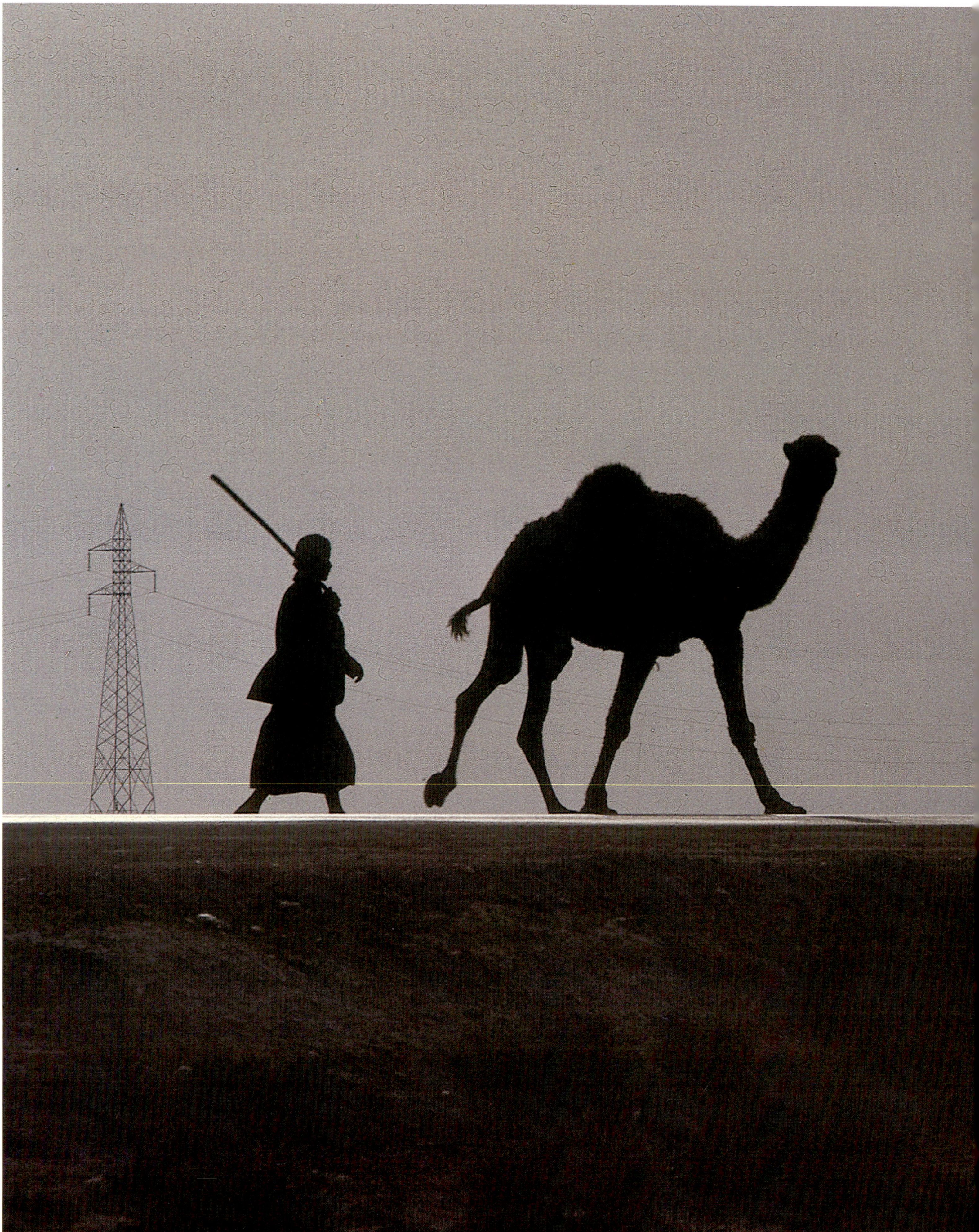

現代世界と
かわりゆく社会

イスラムの宗教的理想は，……
イスラムのつくり出してきた社会秩序
と有機的につながっている．一方の
否定は必然的に他方の否定を
ともなうのだ．

モハンマド・イクバール
全インド・ムスリム連盟総裁講演
（1930年，アラハバード）より

遊牧民の生活

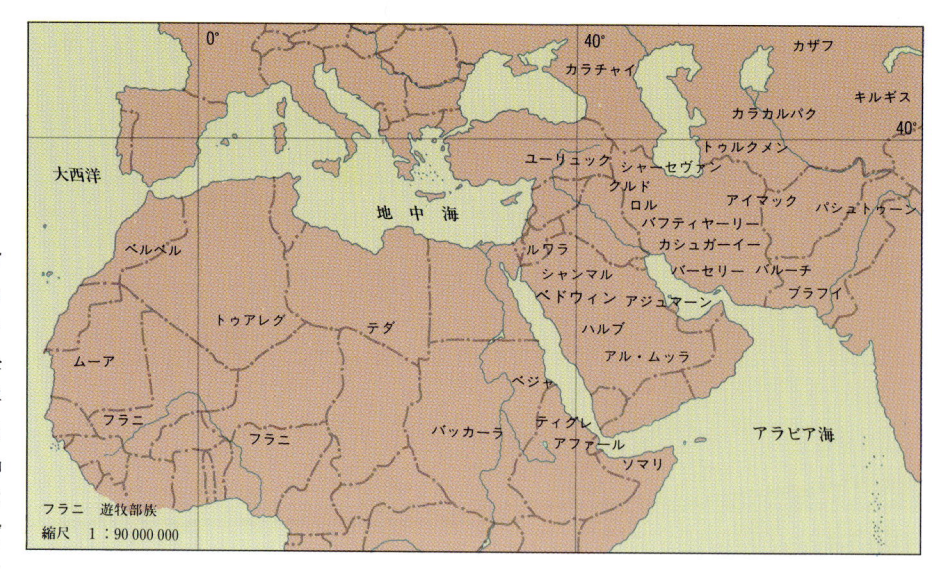

遊牧民には主に二つの類型がある．アラビア半島でラクダをつれているベドウィンのように，水と草地を求めて1年中生態学的にはほぼ同じようなところを動いているものと，イランのカシュガーイーやバフティヤーリーのように，生態学的には相互に補完的な領域の間を，たとえば冬には低地の平原で，夏には高地の草地で，というように季節的に移動するものとである．いずれも，定住民の社会に依存している．神と自然のみを相手として砂漠のなかを自由に動きまわるベドウィンというイメージは，西洋のロマンティシズムの虚構でしかない．牧畜世界と農業世界と商業世界とが単一の経済システムを構成するのであって，そこでは，遊牧民はミルクや肉や荷物運搬用の動物を供給し，ひきかえに穀物，なつめやし，コーヒー，塩，銃，弾薬などを手に入れるのである．

イスラムに対する遊牧民の貢献は非常に大きなものがある．7世紀に，ベドウィンの軍団は，ムハンマドのメッセージをアラビア半島から広く文明世界に伝えた．後にはトルコやモンゴルが，この宗教の繁栄に新たな活力を注ぎ込んだ．それでもなお，イスラムのなかには，遊牧民的生活様式と本質的に対立する点が多い．唯一神が多くの部族神にとってかわり，一つの共同体が多くの部族的共同体にとってかわったのだ．形式上は全員が信奉しているはずのイスラムについて，遊牧民たちの知識と関心がいかに少ないかを，多くの人類学者が強調している事実は，さして驚くべきことではない．もっとも，リビアのサヌースィー運動やサウディ・アラビアのイフワーン運動のように，遊牧民のエネルギーが改革運動の組織に生かされれば，近代国家形成に十分なほどの情熱も生み出された．

しかし，近代国家は遊牧民とは深く対立する形になっている．遊牧民は国境線を尊重することはないし，公共の福祉に対しては，かれらなりの論理でしか寄与しない．遊牧民は統御され，課税可能な農民や労働者につくりかえられねばならない，ということになる．今はじめて，国家はそれを実行する力をもつようになった．装甲車やラジオやマシンガンや飛行機には，遊牧民も手が出ない．

上 この地図は遊牧民，つまりヒツジ，ヤギ，ラクダの群れを飼っている人々のおもなコミュニティーを示したもの．東はトルケスタンやパキスタンから西はマリやモロッコまで，イスラム世界の中心部を貫いた広大な地帯にひろがっている．

右 多くの遊牧民が農民になるよう強制されているが，このソラン峠のアフガン人のトラック運転手のように，近代的な輸送機関のなかに，遊牧民的な本能を生かす道を見出して成功した例もある．サウディ・アラビアのほとんどのタクシーと小型トラックは，近年定着するようになったベドウィンによって所有され，運転されている．

下 モロッコの遊牧民は，日が沈むとテントの中から動物を見張る．テントは男性の空間と女性の空間に分かれており，後者の方が前者よりもはるかにひろいのが普通である．男性の訪問者は男性の空間にしか近づくことができず，このことは，ムスリムの家のなかと同じであり，すべての男性にとって社交の常識である．

遊牧民の生活

上 アフガニスタンの遊牧民はごく簡単なモスクで礼拝をするが,それでもそこにはミフラーブの壁龕はある.砂漠では,砂地にモスクの輪郭をかくだけで十分である.

左 冬営地から夏営地に移動する,イラン西南部シーラーズ地方のカシュガーイー.かれらは15世紀にイランに定着したトルコ系遊牧民の子孫であり,その人口は40万人を超える.20世紀を通じて,かれらは中央政府と激烈な紛争を繰り返してきた.1930年代にレザー・シャーの苛酷な政策の前に服属させられた.1962年には,モハンマド・レザー・シャーは,部族の移動と土地利用とに関して直接コントロールするようになった.

左中 アフガニスタンのウナイ峠にキャンプを張った遊牧民.ラクダとヤギの毛でできていて,黒い,典型的な砂漠のテントに注意.これは中東を通してよくみられる.

農　村

右　イラク領クルディスタンの山腹にしがみついているようなアクラ村．クルド人の農民はその自治権獲得闘争において，近代国家の行政機関の介入を排除するために，厳しいたたかいを続けてきた．

下　南東部アナトリアで脱穀しているこの女性たちのように，農村での女性の労働は激しい．イスラム世界の多くの農村女性と同様，彼女らはベールをしていない．

下端　メッカ巡礼は農民のイスラム意識を高める最も重要な機会の一つだ．上エジプトの農家の壁は，その家の所有者が達成したメッカおよびメディナへの巡礼の様子を物語っている．

　ムスリムの大部分は，遊牧民でも都市民でもなく，農民であった．かれらについては，われわれは知るところが最も少ない．それは一つには，農民は記録や注目すべき建築物をほとんど残していないからであり，また一つには，農民は生き残るために世上の事件からつねに距離を保たねばならなかったからである．何が農民の美質かといえば，それは確立された慣習を守り，伝統がたしかに機能しているのを示すことであった．改革を行い独創力を発揮し新奇なものに心を奪われるなどということは，望ましからぬことで，それはトラブルの種となった．農村のイスラムも，それゆえ地方的な必要に適合させられた．概してそれはスーフィーや聖者廟のイスラムであった．それは農村共同体とともに何百年にもわたって成長してきたものであり，聖者廟そのものがそれ以前からの神聖な場所の上に位置するなど，イスラム以前の慣習を取り込んでいる場合もあった．

　20世紀になって，このような農村のあり方はますます増大する挑戦を受けた．交通の改良と国民経済・国際経済への統合とは，農村を都市のより自覚的なイスラムと接触させることになった．農民たちは伝統的な宗教慣習の無効を宣告され，ムスリムとしての新しい生き方を奨励された．これと並行して，農民は近代国家の官僚の注目の的となった．国家は農民により重い税をかけ，より細心に農民を管理し，さらにイスラムとはほとんど無関係な方向で農民を改造することに熱心だった．以前からの聖者崇拝とならんで，新たな改革主義イスラムと世俗主義とが成長していった．

農 村

まち

　ムスリムのまちの一対の焦点，それは伝統的には，大モスクとそれに隣接するバーザールとであった．大モスクには，金曜日，人々が昼の集団礼拝のために連れだってやってくる．一方，バーザールの商店は，モスクとの関係に応じてつくられた明確なヒエラルキーを守る傾向があり，たとえば，書物や紙を売るものはモスクの近くに，織物を売るものは遠くにという具合で，まちの境界に近づくほど，そこでは世俗的な商品がなんでも売られているのだった．バーザールに関連して，ハーン，すなわち旅行者が宿泊する都市のキャラバンサライがあった．また煙をはく煙突とガラスのはめ込みのある低いドームとでそれとわかるハンマーム＝公衆浴場があり，そこでムスリムは，儀礼上の清浄と現実の清潔という信仰のための必要を満たすことができた．これは男の世界であり，開放的で近づきやすく，カフェであり，気楽な社交場でもあった．

　バーザールからは，さまざまな街区の主要な通りが分岐している．さらにそれからより小さな道がたくさん出ているが，それらは結局袋小路へ通じている．外国人などがバーザールの喧騒からはなれると，包みこむような静けさに気づく．静けさは，のっぺりした高い壁のむこうの，おそらくは女の人の声とおぼしきものによって破られる．どこからかこちらをじっとみつめていて，ここはプライベートな空間なのにそれを侵害する人がいる，と警告しているのだろう．こうした反応は奇妙ではない．街区は，共通の宗教的な，エスニックな，また職業的な紐帯で結ばれた同質的共同体が占めていることが多いからである．実際，街区は行政単位とみなされるほどに形式と区画とがはっきりしていた．入口には「夜になると閉じられる大きな門があったものだ」と，20世紀のカイロ市民が書いている．「門の真中には小さなドアがあり，そのうしろに門番がいた．門は過去の時代の遺物で，それはかつては，盗賊や反乱をおこした暴徒や荒狂う兵士たちから近隣を守ったものだ．」

　過去100年余にわたり，この古いパターンは挑戦を受けてきた．それは，いわば西洋文明のムスリム社会に対する挑戦を象徴したもののようだった．新市街が旧市街の隣りに出現した．多くは植民地支配当局の手になるものだとしても，なかには西洋の力の扶植に熱心なムスリム指導者によってつくられたものもある．新市街は，金曜モスクの周辺につくられることはほとんどなく，行政の中心など近代国家の象徴的中心地の周辺に，そして多くの場合，ムスリムの手には握られていない銀行や多国籍企業のオフィスの周辺につくられる．ちょうどシャージャハーナーバードに対するニューデリー，南テヘランに対する北テヘランのようにである．そこは広い並木道と映画館，高層アパートのまちで，西洋風の非社交性が街区の暖かい人づきあいにとってかわるかもしれぬ場所なのである．

右　イランのコム．バーザールはモスクの入口までのびている．これは，ムスリムの都市生活の対をなす二つの焦点の密接な関係をあらわしている．

左　アルジェの旧市街の街区の一部．アフマド・アミーンというエジプトの有名な学者は，このような街区での生活について，つぎのように書いている．「たがいに隣人がだれであるかも知らずに何年でも暮らすような，隣人のことを全然気にとめないヨーロッパの風潮は，私たちのあいだにはひろまっていなかった．……私たちの街区の人々はみな，お互いのこと，名前や職業についてよく知っていた．病気のときは見舞い，葬式のときはお悔みをいった．お祭りにはつれ立って参加し，必要とあらばお金の貸借もした．よくお互いに応接間を訪問し合ったものだった……」

右　イエメンの古い都市サナー．このまちは塔状の家屋で有名．

中央　バハレーン島のマディーナ・イーサーの新市街．

右端　この地図は，チュニスの旧市街とフランス植民地時代の新市街との並存を示すもので，ムスリムの古い都市的世界と，その横で成長してきた新しい都市的世界との関係を明らかにしている．あるチュニジア人たちの言葉を借りれば，新市街の道路図は，旧市街の心臓部に打ち込まれた十字架の形をとっている．

まち

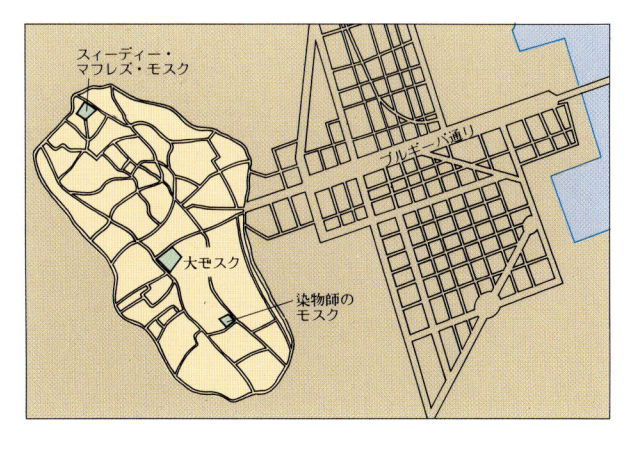

スィーディー・マフレズ・モスク
ルビーバ通り
大モスク
染物師のモスク

家　屋

左下　ムスリムの家屋は，外部世界に対して人を誘うようにはみえない．モロッコのフェスにあるこの家の高く飾りけのない壁や威圧的な表玄関は，この家族が内部に求めているプライバシーのあり方を雄弁に物語っている．

下　マムルーク朝時代のカイロの家のこの快適で緑豊かな中庭は，冷酷で拒絶的な外装のむこう側に何があるかを示唆している．場合によっては池や泉も備えたこのような中庭は，中東の大規模な商業的中心にある都会邸宅の典型的な特徴である．

　イスラム世界を見渡すと，ムスリムの家屋は，イスラム化前の様式の影響，地域の経済状態，気候条件，建築材料，技術などのために，さまざまである．しかし女性の隔離と家族の重視というイスラムの規定は，建物の機能の考え方に対して共通の姿勢をもたらした．家屋は何よりもまず，家族が働き体を休めることのできるプライベートな空間である．それは内側にいる者にとってはその性質を明らかにするが，外側からはほとんど推しはかることができず，外界にむけては厳粛で近づきがたい表情をみせるだけである．多分そこにはただまっ白い壁があるだけだろう．1階に窓があいているとしても，それは小さくて格子があり，通行人がのぞき込まないように高い位置にあるだろう．もっと高いところに窓がある場合には，窓自体はより大きいとしても，人目を遮るようにできており，しばしば道路に突き出た形になっているにちがいない．これらはすべて，誰も家族の様子をこっそり調べることができないように，また逆に家人が他人のプライバシーを侵害することがないように，設計されたものであろう．

　玄関は大きく，ときには記念碑のようであり，またときには縁起のよい色彩と象徴とで装飾されているが，それらは総じて公共の場から個人的な空間へと移行する通路の重要性を

家屋

示している．いったん，なかに入ると男の訪問者はすぐに男性の応接間に案内されるが，この部屋は，訪問者が家族の女性に出会う危険を避けるために通常入り口の近くにある．この部屋は重要な部屋で，その家族の経済的な地位がぜいたくな調度とすぐれた装飾，そこに置かれた高価なもち物などによって誇示される．ここに近所の男たちは集まってくつろぎ，詩を詠んでムスリム一般の喜びを共有したり，信仰について議論したりして飽くことがないのである．

家屋のなかで大きな部分を占めるのは，女性の領域である．それは212頁で論じた遊牧民のテントの場合と同様である．アラビア語でハリーム（「聖所」「聖域」を意味する言葉であるハラムと関連する）という区域には，夫および親族関係から結婚の不可能な者以外のすべての男性は入ることが禁じられている．しばしばハリームは中庭の周囲に設けられ，そこで女性の生活の大部分が営まれる．近年では，公的な領域と家族の私的な領域との確然たる区別はしばしば崩れ，家族の内外の男女が，必ずしも気軽にではないにせよ，社交の機会には入り混じることもおきている．さらに近代的な建築は，しばしばこの変化に同調し，むしろそれを促進したりしているのであって，イスラムの嗜好に対して建築上の配慮を加えることがなくなってきているといえる．

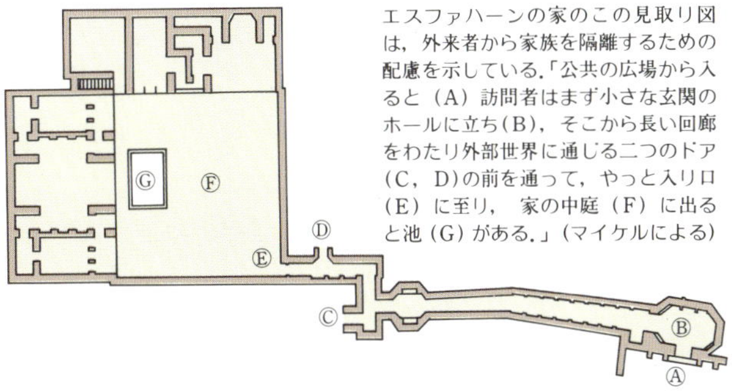

上　石の持ち出し（コルベル）によって支えられた木製の目隠しされたベランダ．サウディ・アラビアのジェッダ旧市街のもの．この種の構造は，中東の都市では家屋の上階の部屋ではよくみられる．

エスファハーンの家のこの見取り図は，外来者から家族を隔離するための配慮を示している．「公共の広場から入ると（A）訪問者はまず小さな玄関のホールに立ち（B），そこから長い回廊をわたり外部世界に通じる二つのドア（C，D）の前を通って，やっと入り口（E）に至り，家の中庭（F）に出ると池（G）がある．」（マイケルによる）

いったん，なかに入ることを許されると，男の訪問者は男性の応接間に案内される．

下　サナーのある家屋のマフラジュ（応接間）で，イエメンの男たちが集まって，刺激性のあるカートの葉をかんでいる．

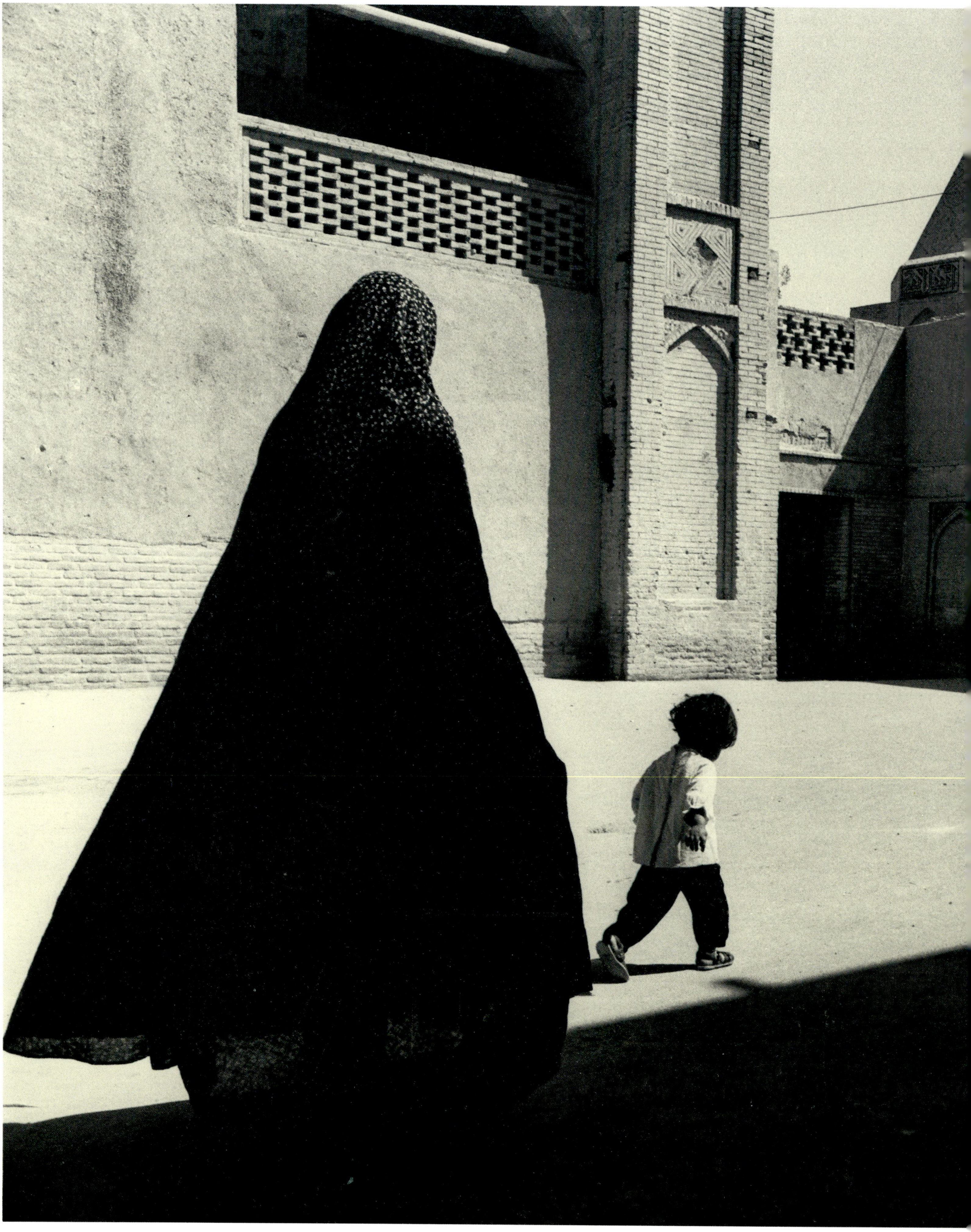

女性の地位

　女性の地位というテーマほど，ムスリム社会の観察者を強くひきつけるテーマは少ない．同じように，ムスリムたち自身のなかにこれほど強い情熱をよびおこすテーマもない．さまざまな議論は，それぞれ相互に深い溝で隔てられている．このことが話題になるとき，声高に話す人は，党派色の強い人だったり，保守主義者だったり，改革者だったり，狂信的男性上位主義者だったり，熱烈なフェミニストだったり，この問題がイスラム擁護の力量を試される試金石だと感じているウラマーだったり，女性の地位を西洋に対する恥ずべき後進性の象徴ととらえる世俗的指導者だったりした．だれもがそれぞれの立場を持しているのであり，客観性は乏しいのである．

　イスラムの聖法が女性に対する男性の優位を公然と主張しているようにみえるのは，否定できない事実である．男は一度に妻を4人までもつことができるのに，もしも女が一度に夫を1人より多くもてば，その女は不義を犯しているのであって，この世と来世とでもっともきびしい罰を受けることになるのである．男は，非ムスリムの女と，彼女に改宗を要求することなく結婚することができるが，女はムスリムの男としか結婚できない．男は一方的に離婚しようとすることができるが，女が離婚しようとする場合は，理由条件が限られており，裁判所にもち出さなければならず，しかも多くの困難がともなうのである．しかも，子供の保護・後見の権利は父親側にある．そのうえ，相続での男の取り分は，女の取り分の2倍であるし，裁判での男の証言は，女の証言の2倍の重みをもつ．このように女性は，法的な面で劣位に立たされることに加えて，コーランでとくに言及されてはいないものの，その一般的な命令に由来する結果として劣位に立たされることがある．たとえば，女はハレム（正しくは，ハリーム）に隔離すべきだとか，女は外出するときには頭から足の先まで隠さなければならないとかいうことは，コーランのどこにも書かれてはいない．しかしながら，隔離の習慣に固執するものは，その根拠をコーランのつぎの章句のなかに見出すのである．「おお，預言者の妻たちよ，おまえたちは，ほかの女たちと同じではないぞ．……家の中にとどまるのだ．昔の無明時代のようなはてな身づくろいをしてはならない．……」(第33章32-33節) 一方，女性の身体をおおいかくす（ヒジャーブ）習慣を支持するものは，その根拠を，すべての信者に自分たちの私的領域を守るよう命令しているコーランの箇所や，さらにつぎのような命令のなかに見出すのである．「おお，預言者よ，汝の妻，娘および信者たちの妻に，『外衣でからだを隠せ』といえ．そうすれば，彼女たちはより正しく認められるのであり，苦しめられることもない．」(第33章59節) 結局のところ，ハレムもベールも，そしてそれらが示唆する服従ということも，世界の，すべてではないにせよ，ほとんどのムスリムのあいだで受けいれられたムスリム女性のはっきりとした徽表になってしまったのである．

　これらの指摘に対して，護教論者は，まずはじめに7世紀のアラビアで女性の地位を大いに改善したイスラムの役割について，さしあたりの言及をしたのち，コーランのなかでは一貫して女性の宗教的な平等が強調されているのだ，ということを主張するだろう．

女性の地位

帰依する男女,信ずる男女,従順な男女,誠実な男女,忍耐する男女,謙虚な男女,喜捨する男女,断食する男女,貞節を守る男女,常に神を念ずる男女,神は,これらにたいして,必ずお赦しと偉大な報酬を準備したもう.
(第33章35節)

そのうえ,夫は,神の名のもとに妻をきちんと保護することが命じられている.「おまえたちはおまえたちの妻を必ずよく遇さねばならない」と預言者は別れの説教のなかで信者たちに熱心に勧めた.「彼女たちは,神からの信託により真におまえたちのものなのであり,神の名のもとに,おまえたちは彼女らと交わることが許されるのだ.」慣習や法によって女性に押しつけられた不平等性に関しては,護教論者は,実質的な不平等はまったくないのであって,ただ男と女が分担しなければならない役割の違いの認識があるだけだ,といってそれを否定するだろう.そして以下のように説明するだろう.もしも女性が隔離されるとすれば,それは彼女らが妻と母としての役割をもっている点で保護を必要としているからだ.女性が遺産を男の兄弟の半分しか相続できないとしても,彼女らの夫は家族の面倒を完全にみることが義務づけられており,彼女らは自分の相続分を好きなように使ってよい,ということを思い出すべきだ.一夫多妻については,神を畏れるムスリムであれば,それぞれの妻を平等に遇すべしという神の命令を守ることは不可能であることを知って,それをやめるはずである.離婚に関しては,夫は妻に結納金の大半をはらわねばならないことを知っていればよい.

イスラム法とムスリムのこだわりとのために,ムスリムの女性は歴史の外に遠ざけられてきた.もちろん,ハレムのなかから影響力を行使してきたことも確かである.たとえば,スレイマン大帝の妻のロクソランや,ジャハーンギールの妻のヌール・ジャハーンのように.しかし,実際に王位についた者はほとんどいない——マムルーク朝のエジプトを1249年から1250年にかけて統治したシャジャル・アッドゥルの偉業は,きわめてまれな例である.しかしながら,西洋の影響のもとで開始された近代化の過程のなかで,女性にとっての社会的活動の機会はすっかり形をかえた.たしかに,西洋の例は家庭の外で女性がより自由な役割を果たすことを促進したし,経済的な進歩がそのことを可能にもした.また近代のムスリム諸国家もそれを必要とした.というのも,これらの国々は,女性人口が提供する頭脳とエネルギーとを開発して利用しようとしたからである.その結果,女性たちは社会のなかで,しだいに顕著な労働の役割を受け持つことに成功してきた.

しかし,一般に女性の影響力が強まること,とくに高等教育を受けた女性のそれが強まることは,必ずしもイスラム的価値の全面否定に導くものではない.近年,イスラム世界を通じてベールがとみに広く着用されるようになってきた.一つには,都市に新しくやってきた女たちが,自分たちよりも経済的に上位にある集団の文化をまねしているからだが,また一方で,教育を受けた女たちが,自分たちの社会がたどっている非イスラム的路線に反発しているからでもある.巨大な事実は,イスラムの影響を受けようと受けなかろうと,今や女性は公の仕事のなかで実質的な役割を演じていることであり,このことは,1400年以上の長きにわたってつくりあげられてきたムスリムの生活様式に対する,現代の最大の挑戦なのである.

前頁 預言者は宣言した.「天国はお前の母親の足元にある.」

右 ブルクーで全身をすっぽりと包みこんだアフガン人女性.「考えただけでも恐ろしいわ.」と,あるインド人の少女が不満をもらす.「ブルクーなしで外のあの暑さの中に出ていったら,たいへんなことになるでしょうね.まる1日中太陽が光を打ちつけてくるんだから.だから,もっと重ね着がしたいくらいだということがお分かりになって? いつも家に帰りつくと汗でびっしょりなのよ.」同じ地域の別の女性もいくつかの利点をあげている.「男たちにみられずに通りをいくことができるわ.私,ときどき友だちと映画を見にいきたくなると,夫にはバーザールにいくといって,(そういえば,かれは納得するの)いっちゃうのよ.ときどき帰り道でかれとすれちがうことがあるけど,私のことがわかるほどには賢くないのよね.」

下 デリーのジュマー・マスジドで,男たちが礼拝をしているあいだ,うしろで待っている女たち.モスクでの礼拝がとくに禁じられているわけではないが,家庭で礼拝する方が好ましいとされている.

右中 もう一つのライフ・スタイルがベールの女性をまねき寄せている.イランのコムで.

右下 女性が統治するというのはまれである.ましてや,1844年から1926年にかけてインドのボパールのベグム家がそうだったように,代々女性が統治するというのはもっとまれである.これは,ベグム・スルタンのジャハーン(在位1901—26)が,1925年10月,ロンドンのインド省を訪れるために出発するところ.

下中 アフガニスタンのカンダハール病院の看護婦たち.ムスリムの女性たちが家庭の外に見出した新しい役割をあらわしている.

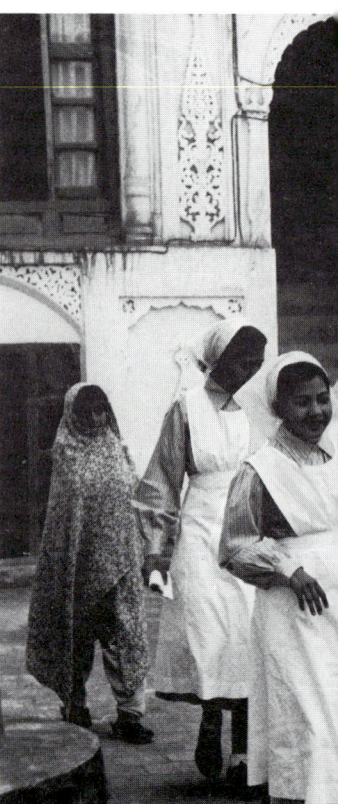

女性の地位

左　女性は，民族的覚醒に際して，しばしば人々を奮起させる役割を果たした．1919年5月，ギリシアがトルコに侵入したとき，ハリーデ・エディブは，ベールをつけずに，イスタンブルのスルタン・アフメット・モスクの外の5万人の群衆にむかって情熱的な演説を行なった．

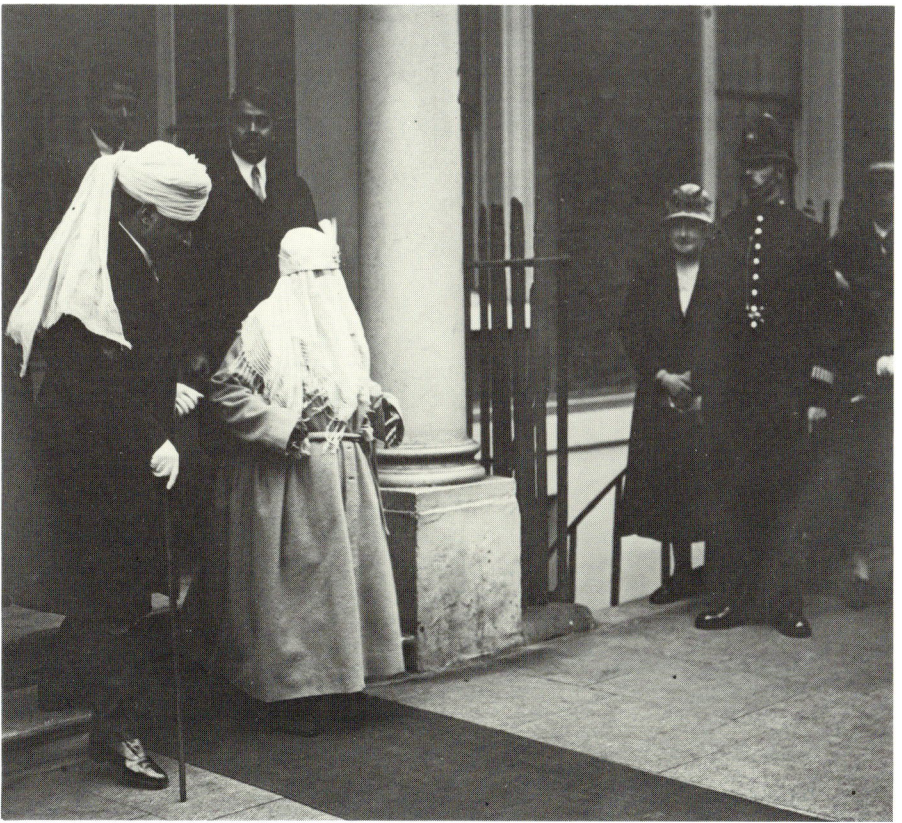

用語解説

アミール
軍司令官，総督．

アーヤトッラー
「神のしるし」が文字どおりの意味．シーア派のなかで，高名なムジュタヒドに対し，その信奉者が贈る称号．

アーリム（複数形はウラマー）
学者，とくにイスラム法と宗教諸学の知識を身につけた者．

イェニチェリ
オスマン帝国の歩兵で，高度な訓練を受けたエリート集団のメンバー．はじめはデウシルメを通じて集められたが，後に世襲化した．

イジャーザ
弟子に対して，たとえばある書物の理解やスーフィーの特殊な修行のテクニックを人に教えることを許した免許または免状．その証書には，知識がどのようにして最初の本源から現在に伝えられたかが記録されている．

イジュティハード
シャリーア（法）の規定を確定するために人間の理性をはたらかせること．10世紀以降のスンナ派は，認められた権威によっては決定されていない点についてのみイジュティハードが許される，と考えた．一方，シーア派はその指導的な学者たちに全面的なイジュティハードを認めるのがふつうである．

イジュマー
法学上の問題に関する学者集団の意見の一致，合意．

イズニク陶器類
オスマン期の陶芸の絶頂を示すもの．三つの段階を経て発展した：1490－1525青磁と白磁のみ；1525－50ダマスクス焼と金角湾焼がさらに青磁と，灰緑白の陶器を導入；1550－1700ロードス焼が前面模様と7色塗りの手法を採用．

イドリースィー派
モロッコのアフマド・ブン・イドリースによって設立されたスーフィー教団で，その影響力は19世紀アフリカの広い地域におよんだ．

イフワーン
アブド・アルアズィーズ・ブン・サウードによって創始され，イスラムのためには死をも辞せずという突撃隊的な「同胞団」．ヒジュラという200以上にものぼる布教・軍事の共同体に組織された．アブド・アルアズィーズが1912年から1929年にかけて，支配を拡大しつつサウディ・アラビア王国を建設することを可能にした．

イマーム
モスクでの礼拝の指導者，またはムスリム共同体の指導者．スンナ派のあいだでは，偉大なアーリムならば誰でもイマームとよぶことができる．シーア派のうち12イマーム派にあっては，預言者の後継者，つまりアリーの子孫でムスリム共同体の正統な指導者とみなされる12人がそれにあたる．

イーワーン
丸天井造りのホール．前イスラム期の中央アジアの建築物の重要な構成要素であり，その地域のモスクやマドラサに適用された．

ウィラーヤ（ヴィラエット）
地方の行政単位．

ヴェジール
アラビア語のワズィールがトルコ語化した形で，支配者にその領域の行政を委任された官僚のこと．オスマン帝国では帝国行政府の長を意味した．

ウラマー
アーリムを参照．

ウンマ
総体としてのイスラム共同体．

ガーズィー
聖戦士；後には名誉ある称号とされた．

カーディー
シャリーアを解釈する裁判官．

カーバ
メッカの大モスクの聖域の中心にある立方体の形をした建物．ムスリムはこれを，アブラハムが唯一神の礼拝のためにつくった最初の建物だと信じている．全ムスリムがカーバの方向に体を向けて礼拝することから，イスラム信仰の焦点であるともいえる．この周囲をまわることは，ハッジュのクライマックスである．

カーリ
コーラン朗唱者．

カリフ（アラビア語でハリーファ，「代理人」，「後継者」）
ムスリム共同体の長としての意味で預言者ムハンマドの後継者．この称号は直接的な神授の啓示によるものではないが，すべてのムスリムに対する持続的な宗教的・政治的宗主権を意味する．

キヤース
類推による推論で，シャリーアを補完するために用いられる．

クーフィー体
初期のコーランや記念碑的銘刻の多くに使われた字体．初期の学問の中心であったイラクのクーファにちなんで名づけられた．文字の静的な形態が特徴的だが，華麗に装飾されることが多い．

クラーム
サファヴィー朝などにおける軍事奴隷または宮廷奴隷．

クルスィー
モスクの中の，コーランをのせる台．

ザーウィヤ
スーフィーの修道場．アラビア語でリバート，ペルシア語でハーンカー，トルコ語でテッケともいう．

ザカート
喜捨．

シーア派
正統派（スンナ派）に反対し，アリーを預言者ムハンマドの正統な後継者として認めることを主張するムスリムの集団（あるいは「党派」）．はじめイラクで最も強力だったが，やがてイランと特別な結びつきが確固たるものとなったのは，16世紀のサファヴィー朝の勝利によってである．

ジズヤ
イスラム法に基づき，ムスリム支配領域の異教徒に対して課せられた人頭税．アクバルはこれを廃止した．

ジハード
「神の道に立つ努力」という意味から，聖戦または「正義の」戦争．これは不信心者に対して遂行されるであろう．また個人によって，みずからの卑しい本能に対しても遂行されるであろう．ムスリムに対する戦争や保護された少数派（ズィンミー）に対する戦争は禁じられている．

シャイフ
文字どおりには「老人」；部族の長；あらゆる宗教的指導者；とくに，独自の方法によって弟子たちを導く立場にある独立の神秘主義教団の長またはスーフィズムにおける「師」．

シャイフ・アルイスラーム
オスマン国家にあっては，イスタンブルのムフティーであり，最高の宗教的権威者．

シャハーダ
ムスリムの基本的信仰告白；「神（アッラー）のほかに神はなく，ムハンマドは神（アッラー）の預言者である」として表明される．

シャーフィイー派
スンナ派四法学派の一つで，イマーム・アッシャーフィイー（820年歿）によって基礎をおかれた．東南アジア，エジプト，シリア，ヒジャーズでさかん．

シャリーア
イスラム法．コーランとハディースに基づき，ムスリムの生活のあらゆる局面を包括している．

シャリーフ
「高貴の生れ」を意味する称号で，預言者ムハンマドの子孫を指していわれるようになった．

ズィクル
神を「想起すること」で，その人の全存在を神の実在に合一させるための霊的修練．

スィパーヒー
オスマン帝国の騎士で，ふつうティマールを保有した．

スィルスィラ
精神的継受の鎖，スーフィーの系列．

ズィンミー
保護された宗教的マイノリティー．オスマン帝国は17世紀まではこれらを寛容に扱った．すなわち，ユダヤ教徒やコプトのほか，ギリシア正教，アルメニア正教，シリア正教の各キリスト教徒は，分離した共同体であるミッレトを形成することが許された．

スーフィズム
イスラム神秘主義，ムスリムの信仰の独特な要素で，内面的態度を養いみがき，それによって信者は対外的な義務を果たす．スーフィズムはイスラム信仰をひろめる重要な牽引車となった．

スーラ
コーランの章．

スルタン
統治権のよりどころとなる権威．標準的なムスリム用語としては，君主をあらわすようになった．

スンナ派
イスラムの「正統派」であり，その教えは，コーランとハディースに基づいている．四法学派すなわちハナフィー派，ハンバル派，マーリク派，シャーフィイー派がある．

タリーカ
神との合一を志すスーフィー的な「道」．教団を意味する．

ダール・アルイスラーム
「イスラムの地」，すなわち，イスラムの法を認めるすべての領域．

ダール・アルハルブ
「戦争の地」，すなわち，ダール・アルイスラーム（「イスラムの地」）の外部のすべての領域．イスラムを認めないすべての領域はジハードの脅威の下にある．

チャドル
「テント」，イランで女性が身につけるベール．

ディッカ
モスクに集まった人々のために，通常はそのモスクのムアッズィンなどが，イマームの言葉や動作をおうむ返しにくりかえし，よくわかるように，大きく示してみせるための高台．

ティマール
オスマン帝国において，政府に対する軍事的奉仕とひきかえに下賜された土地．

デウシルメ
オスマン帝国における政府の職務のために（特にキリスト教徒の）奴隷を徴用し訓練するための制度．約10パーセントの者が宮廷学校に送られて，スルタンに奉仕する最高の役職につくための訓練を受けた．それ以外の者は農作業をさせられ，軍役につけるように鍛練された．

トルコマン
セルジューク朝の衰退後アナトリアの多くの部分を支配した人々．イラク，シリア，カスピ海東岸の諸地域に今も居住しつづけている．

ナクシュバンディー教団
18，19世紀のアジアで改革・復興運動において主要な役割を果たしたスーフィー教団．

バスマラ
ムスリムがあらゆる重要な行為をはじめるにあたって「慈悲深く慈愛あまねきアッラーの御名において」と唱える決まり文句．

ハッジュ
メッカへの巡礼．心身の健康な成人のムスリムは，一生のうち一度は行わねばならない，とされている．

ハディース
預言者の言行の記録，またはそのような記録の総体．ハディースの本文はシャリーアのおもな法源の一つ．

バドリ運動
19世紀初めのスマトラにおける改革運動．

ハナフィー派
スンナ派四法学派の一つで，アブー・ハニーファ（767年歿）によって確立された．オスマン帝国，中央アジア，インドの法制において最も優勢な法学派だった．

バラカ
しばしばスーフィーの聖者の属性とされる神聖さ，神の恵み．

ハルワティー教団
カイロに本拠をおくスーフィー教団で，その影響力は19世紀にアフリカでひろまった．「ハルワト」は，「礼拝のために退き独居すること」を意味する．

ハーン
トルコ語の称号で，本来は国家の支配者のこと．別に，隊商宿の意味もある．

ハンバル派
スンナ派四法学派の一つで，アフマド・ブン・ハンバル（855年歿）によって確立されたが，他の3学派の思弁的・合理主義的方法との対立で知られている．

ヒジャーズ
アラビア半島の北西部の地域で，紅海に面しており，メッカとメディナの聖都をふくんでいる．

ピーシュターク
記念碑的な門口で，ふつうは色タイルで装飾されるが，それは中央アジアのマドラサの特徴である．

ヒジュラ
西暦622年に預言者とその追随者たちがメッカからメディナに脱出したことを指し，ムスリムの暦の起点とされる．

ビドア
法解釈における新奇なもの．これは，キリスト教の異端概念に近いものがイスラムにもあることを示している．

ファーティハ
コーランの冒頭のスーラ．ちょうどキリスト教徒にとっての「主の祈り」と同じようにムスリムたちはこれを用いる．

ファトワー
イスラム法解釈上の問題に関するムフティーの決定または意見．

フラニ
世界最大の遊牧民集団で，西アフリカの宗教的改革を突き動かした．1680年に一連の聖戦を開始したが，それはフタ・ジャロン，フタ・トロ，ハソ，カアルタ，マスィナ，ソコトといったイスラム諸国家の樹立へと展開した．

ホジャ
中央アジアのスーフィー指導者に与えられた称号で，かれらは預言者の子孫とされ，16世紀からのちには政治権力を獲得した．インドや東アフリカでニザール派のアーガー・ハーンに従った人々に対して与えられた名でもある．

マイダーン（メイダーン）
まちの中の広場．

マウリド
預言者の誕生日を祝う儀式．ラビー・アルアッウル月（イスラム暦第3月）12日．

マグリブ
文字どおりには「西方」をあらわすが，一般には現在のリビア，チュニジア，アルジェリア，モロッコにあたる地域がこのようによばれる．

マスジド
身体を伏せて礼拝する場所．モスク．

マドラサ
神学と法学，アラビア語文法と文学，ハディースとコーラン注釈を教える学校．イスラムのもろもろの学問に通じたウラマーを養成する施設．

マフディー
「導かれた者」をあらわす称号で，1881年にムハンマド・アフマドがこれを名乗った．かれは1885年にハルトゥームを占領し，スーダンにマフディー国家を成立させた．

マムルーク
文字どおりには「所有された」という意味だが，実際には軍事奴隷を，後には，1260年から1517年までエジプトを支配下においたエリート騎兵軍団のメンバーを意味した．

マラータ
一般的には，西部インドのマハーラーシュトラの住人を指す．17世紀なかばから，マラータ・ヒンドゥー戦士はたえずムガル帝国に侵入した．

マラブー
モロッコのスーフィーを広く指してよぶ言葉．アラビア語からフランス語に転訛したものであり，神に「結びつけられた」人を意味する．

マーリク派
スンナ派四法学派の一つで，マーリク・ブン・アナス（795年歿）によって確立された．アフリカのムスリムに広く影響力をおよぼし，カイロに中心があったといえる．

マンサブダール
ムガル帝国の組織の中で，10進法的等級システムによって序列づけられた軍事上・民政上の官職保持者．

ミフラーブ
礼拝場の中でメッカの方向を示す壁龕．それが指し示す方向は神聖だとしても，壁龕そのものは神聖ではない．しかし，それはあらゆるモスクにおける中心的な造作である．

ミッレト
オスマン帝国の下で，みずからの法によって生きることを認められた宗教的少数派，すなわちズィンミー集団の各々のコミュニティー．

ミンバル
イマームが金曜日の説教を行う説教壇．その説教はやや低い段から行われる．最上段は預言者だけのものとされているからである．

ムアッズィン
1日に5回，人々に礼拝の時刻を知らせるよびかけを行うモスクの役職者．

ムジュタヒド
法の意味内容を調べて明らかにするためにイジュティハードを行う者．

ムスリム同胞団
新時代におけるイスラムの諸価値をあらたに主張しようとする戦闘的運動で，エジプトにはじまり，アラブ世界全体にひろがった．この組織による1954年のナーセル暗殺計画は失敗したが，類似の団体が企てた1981年のサーダート暗殺には成功した．

ムッラー
とくにイランのシーア派の中で，宗教的指導者，ウラマーのメンバーを指す言葉．

ムフティー
シャリーアを解釈する学者で，求められた場合にはファトワーを出す．

ラクア
礼拝にあたって定められた順序の中で繰返される「お辞儀」（膝に両手をあて腰を曲げる）の動作．礼拝の種類のちがいはラクアの回数で説明される．

ワッハーブ派
18世紀なかばにアラビア半島で精神復興運動を指導したムハンマド・アブド・アルワッハーブの信奉者．ワッハーブ派はほぼ19世紀を通してナジュドで勢力を維持し，やがてサウディ・アラビアの建国にあたって重要な役割を演じた．

ワヤン
ジャワの影絵芝居．伝統的なヒンドゥー史詩に基づいた芝居であるが，預言者のおじのアミール・ハムザについての伝説（ワヤン・ゴレ）もふくまれている．

図版リスト

略記：t＝上図，b＝下図，l＝左図，r＝右図，c＝中図，tl＝上段左図，等．

見返しの図：「アジア」，J・ホンディウス，アムステルダム，1632：ブリティッシュ・ライブラリー，ロンドン．

頁
2–5. The *rakat* of prayer: drawings by Lynda Gray. London.
8–9. Drawings by John Fuller, Cambridge.
17. Napoleon commanding his army at the battle of the Pyramids: Mary Evans Picture Library, London.
18. *Summary Execution under the Moorish Kings of Granada*, by Henri Regnault: Musée du Louvre, Paris (photo: Giraudon).
19t. *Odalisque*, by Auguste Renoir: The National Gallery of Art, Washington, D.C. (Chester Dale Collection 1962).
19b. *Dhikr* in Cairo: Mary Evans Picture Library, London.
21. The Kaaba as the center of the inhabited world: from a 16th-century map in the Istanbul University Library, adapted by Andrew Walker, Oxford.
22l. The Angel Gabriel delivering God's message to the Prophet: Edinburgh University Library, Ms. Arabic 20, fol. 47b.
23. 10th-century pen drawing of an Arab horseman: Österreichische Nationalbibliothek, Vienna.
26t. Drawing of the 14th-century tomb tower of Halim Hatun in Gevas, Lake Van, Turkey: John Fuller, Cambridge.
26b. Drawing of a Mongol soldier: John Brennan, Oxford.
27. Page from a Quran written in the eastern Kufic style: Middle East Photographic Archive, London.
28. 16th-century Ottoman tile depicting the praying stations of the four main schools of Islamic law around the Kaaba: Mansell Collection, London.
31. Portrait of a Sufi mendicant or Qalandar, Timurid, late 15th century: Metropolitan Museum of Art, New York (The Cora Timken Burnett Collection, 57.51.30).
33. Incident in the life of Jalal al-Din Rumi: Bodleian Library, Oxford, Ms. OA 24, fol. 78v.
34. Learned man teaching, Mughal, early 16th century: British Museum, London, 1920. 9-17.033.
35. Allegory of drunkenness, by Sultan-Muhammad, Safavid, 16th century: Courtesy Fogg Art Museum, Harvard University, Cambridge, Mass., from the collected works of Hafiz, fol. 135r.
37b. Holy man with disciples and pupils, Safavid, mid-17th century: Keir Collection, Richmond, England (photo: A. C. Cooper).
38. *Another Inadequate Gift*, by Subhat al-Abrar, mid-16th century: Courtesy Freer Gallery of Art, Smithsonian Institution, Washington, D.C., 46.12.15v.
39. Convent of the Mawlawiya order at Konya: Sonia Halliday Photographs, Weston Turville, England.
40tr. Muslim prayer beads or *tasbih*: Roger Gorringe, Crowborough, England.
40cl. The creed, which demands belief in God, his angels, his books, his prophet and the day of judgment.
40br. Recording angels, from *The Wonders of Creation and Their Singularities*, by al-Qazwini, Iraq, 1280: Bayerische Staatsbibliothek, Munich, Cod. Arab. 464, fol. 36I.
41. Moses and the Israelites watching Pharaoh and his host drown in the Red Sea, from the *History* of Hafiz-i Abru, Herat, c. 1425: Keir Collection, Richmond, England (photo: A. C. Cooper).
42. The Archangel Asrafil blowing the last trump, Iraq (Baghdad?), 1370–80: Courtesy Freer Gallery of Art, Smithsonian Institution, Washington, D.C. 54.51v.
43t. Amusements of the *houris* in Paradise, from the *Miraj Namah*, Herat, 15th century: Bibliothèque Nationale, Paris, Ms. Suppl. Turc. 910, fol. 49.
43cl. The punishment of adulterous women, from the *Miraj Namah*, Herat, 15th century: Bibliothèque Nationale, Paris, Ms. Suppl. Turc. 910, fol. 59v.
43cr. Pilgrim caravan, from the *Maqamat* of al-Hariri, Baghdad, 1237: Bibliothèque Nationale, Paris, Ms. Arab. 5847, fol. 94v.
44. Sulaiman's generals at the battle of Szigetvar, from Book Two of the *Huner Namah*, by Nakkas Osman: Topkapi Sarai Museum, Istanbul, 996/1588.H.1524, fol. 277v. (photo: Sonia Halliday).
46t. Shah Ismail in battle against the Turks at Chaldiran, mural in Chihil Sutun, Isfahan: Alex Starkey, London.
46br. Shah Abbas I, by Bishn Das, Mughal, 15th century: British Museum, London, 1920.9.17.013(2).
47. The shrine of Fatima at Qum: Roger Wood, London.
48. The shrine of Imam Riza at Meshhed: Roger Wood, London.
50tl. Youth drinking wine, designed by Riza Abbasi, silk: Werner Forman Archive, London.
50tr. Muhammad Ali, the gilder, by Riza Abbasi, 17th century: Keir Collection, Richmond, England (photo: A. C. Cooper).
50b. Two lovers embracing, by Afzal al-Husaini, 1646: Victoria and Albert Museum, London, Large Clive Album.
51. The *Court of Gayumarth*, by Sultan-Muhammad(?), from the *Shahnama* of Firdawsi: Arthur A. Houghton Jr. Collection, fol. 20v. (photo: Metropolitan Museum of Art).
52. View of Isfahan: Roger Wood, London.
53. The royal mosque at Isfahan: Erwin Böhm, Mainz.
54. Aerial view of Isfahan, showing the bazar: John Donat, London.
56l. Woven polychrome velvet, early 17th century: Royal Ontario Museum, Toronto, 962.60.1.
56tr. The helmet of Shah Abbas I, 1625–26: British Museum, London, 78.12–30.772.
56br. Hookah base: Bridgeman Art Library, London.
57tr. Textile printing in Isfahan bazar: John Donat, London.
57bl. Painting pots and tiles in Isfahan bazar: John Donat, London.
57br. Interior of Isfahan bazar: John Donat, London.
58t. The Mughal Emperor Babur: British Museum, London, 1921.10–11.03.
58br. Drawing of the Koh-i-Nur diamond: John Fuller, Cambridge.
60t. The Rajput fort of Chitor at Mewar: Robert Harding Associates, London.
60br. The shrine of Shaikh Salim Chishti at Fatehpur Sikri: Douglas Dickins, London.
61. Akbar presiding at a debate in his "House of Worship" at Fatehpur Sikri, from the Chester Beattie *Akbarnama*: Chester Beattie Library and Gallery of Oriental Art, Dublin, Ms. 3, fol. 263v. (photo: Pieterse-Davison International Ltd).
62. Dara Shikoh conversing with holy men, by Govardhan, 17th century: Courtesy Fogg Art Museum, Cambridge, Mass., T1 21 065.3.
63. Awrangzeb at prayer, 17th century: Bibliothèque Nationale, Paris,Oo.51R08.
64l. Inayat Khan dying, attrib. Bishn Das, early 17th century: Boston Museum of Fine Art, 14.679.
64r. Allegorical portrayal of Shah Abbas and Jahangir, by Abul Hassan, early 17th century: Courtesy Freer Gallery of Art, Smithsonian Institution, Washington, D.C., 45.9.
65l. Shah Jahan receiving his sons, by Bichitr, mid-17th century: Royal Library, Windsor.
65tr. Noblewoman of mature age, mid-17th century: India Office Library, London (photo: A. C. Cooper).
65br. Young girl combing her hair: India Office Library, London, Johnson Album.
66t. Himalayan wild goat, by Inayat: Victoria and Albert Museum, London (photo: Mark Fiennes).
66b. Himalayan cheer pheasant, by Mansur; Victoria and Albert Museum, London (photo: Mark Fiennes).
66–67. Zebra, by Mansur: Victoria and Albert Museum, London (photo: Mark Fiennes).
67tr. Indian black buck, by Manohar: Victoria and Albert Museum, London (photo: Mark Fiennes).
67cr. Poppies, from the Large Clive Album: Victoria and Albert Museum, London (photo: Mark Fiennes).
67br. Turkey cock, by Mansur: Victoria and Albert Museum, London (photo: Mark Fiennes).
68l. The Panch Mahal at Fatehpur Sikri: Douglas Dickins, London.
68tr. Agra fort: Josephine Powell, Rome.
68–69. The Juma Masjid in Delhi: Josephine Powell, Rome.
69tl. *Pietra dura* work in the Red Fort, Delhi: Erwin Böhm, Mainz.
69tr. The Rang Mahal in the Red Fort, Delhi: A. F. Kersting, London.
69br. The Red Fort, Delhi: Robert Harding Associates, London.
70tr. The tomb of Sher Shah Suri: Erwin Böhm, Mainz.
70cr. The tomb of Humayun: Josephine Powell, Rome.
70b. The tomb of Akbar: Erwin Böhm, Mainz.
71l. The Taj Mahal: Jane Taylor, Sonia Halliday Photographs, Weston Turville, England.
71tr. One of the four minarets of the tomb of Jahangir: Robert Harding Associates, London.
71br. One of the four minarets of the tomb of Itimad-ud-daulah: Erwin Böhm, Mainz.
74tl. Sulaiman the Magnificent in old age, by Nigari: Topkapi Sarai Museum, Istanbul (photo: Sonia Halliday).
74cl. Sulaiman's seal: Topkapi Sarai Museum, Istanbul (photo: Sonia Halliday).
74bl. Khairuddin, or Barbarossa, by Nigari: Topkapi Sarai Museum, Istanbul (photo: Sonia Halliday).
74br. The Ottoman fleet, 16th century: Topkapi Sarai Museum, Istanbul, Ms. Revan 1272 fol. 23r. (photo: Sonia Halliday).
75. Selim II, by Nigari: Topkapi Sarai Museum, Istanbul (photo: Sonia Halliday).
78. The Sulaimaniye mosque in Istanbul: John Donat, London.
80–81. 16th-century map of Nice: Topkapi Sarai Museum, Istanbul (photo: Sonia Halliday).
80bl. Ottoman cavalry at the battle of Mohacs: Topkapi Sarai Museum, Istanbul (photo: Sonia Halliday).
81tr. Members of the Ottoman Janissary corps: Topkapi Sarai Museum, Istanbul (photo: Sonia Halliday).
81br. The army of Sulaiman the Magnificent at Vienna: Topkapi Sarai Museum, Istanbul (photo: Sonia Halliday).
81bl. Sulaiman the Magnificent at the siege of Rhodes: Topkapi Sarai Museum, Istanbul (photo: Sonia Halliday).
82t. The bedroom of Murad III in Topkapi Sarai: Sonia Halliday Photographs, Weston Turville, England.
82bl. Chinese-influenced blue-and-white ware, 1490–1525: Victoria and Albert Museum, London (photo: Bridgeman Art Library).
82bc. Damascus ware, 1525–50: Victoria and Albert Museum, London (photo: Bridgeman Art Library).
82br. Rhodian ware, 1550–1700: Hanley Museum and Art Gallery, Staffordshire (photo: Bridgeman Art Library).
83t. Topkapi Sarai roofscape: Robert Harding Associates, London.
83bl. 16th-century Turkish fabric: Victoria and Albert Museum, London (photo: Bridgeman Art Library).
83br. The Baghdad kiosk: Erwin Böhm, Mainz.
84tl. Drawing of a statue of Sinan: John Fuller, Cambridge.
84tr. The Shehzade mosque complex in Istanbul: Josephine Powell, Rome.
84bl. The cathedral church of St Sophia: British Library, London, reproduced from G. Fossati, *Agia Sofia*, London, 1852.
85t. The Sulaimaniye mosque complex in Istanbul: Erwin Böhm, Mainz.
85b. The Selimiye mosque complex at Edirne: Roland and Sabrina Michaud, John Hilleslon Agency, London.
86l. Plans and sections illustrating the development of Sinan's architectural style: John Brennan, Oxford.
86–87t. Interior of the Sulaimaniye mosque: Henri Stierlin, Geneva.
86–87c. Interior of St Sophia: British Library, London, reproduced from G. Fossati, *Agia Sofia*, London, 1852.
86–87b. Interior of Selimiye mosque: Henri Stierlin, Geneva.
87t. Interior of Mihrimah mosque: Henri Stierlin, Geneva.
87b. Interior of Sokullu mosque: Henri Stierlin, Geneva.
90l. The minaret of Kudus in Java: Vautier Photothèque, Paris.
90r. The tomb of Hasan al-Din at Gowa: John Fuller, Cambridge.
92cl. *Hockerstellung* type of Majapahit kris handle: Rijksmuseum voor Volkenkunde, Leiden, 1018–77.
92bl. Balinese kris handle, 18th or 19th century: Rijksmuseum voor Volkenkunde, Leiden, 3155–140.
92c. Classical central Javanese kris handle, 18th or 19th century: Rijksmuseum voor Volkenkunde, Leiden, 300–1436.
92tl. Female dancer from the 10th-century Shiva temple of Prambanan: Alan Hutchison Library, London.
92bc. Court dancer from Mangkunagaran, Surakarta: Mangkunagara VII of Surakarta.

92tr. A typical *wayang kulit*: Vautier Photothèque, Paris.
92–93c. A traditional central Javanese batik with the *garuda* motif, flowers and birds: Victoria and Albert Museum, London (photo: Mark Fiennes).
92br. Drawing of detail of above: John Brennan, Oxford.
93tl. *Wayang golek* puppet of Umar Maya: Rijksmuseum voor Volkenkunde, Leiden, 300–140.
93br. Silk batik from the north Javanese coast (detail), late 19th century, 315 × 52 cm: Los Angeles County Museum of Art, Costume Council Fund, M.74.18.5.
93tr. Drawing of detail of above: John Brennan, Oxford.
96. The castle of Gondar: Roger Wood, London.
98. The Sankore mosque in Timbuktu: Hoa Qui, Paris.
99. Wayside shrine at Melilla, Morocco: Alan Hutchison Library, London.
100. The *mihrab* of a small mosque outside the mausoleum of Mawlay Ismail in Meknes: Per Hellsten, Uppsala.
102. Abd Allah Khan eating a melon, Bukhara, late 16th century: British Museum, 1948.12–10.010.
105. A group of Chinese Muslims in Turfan: Caroline Blunden, London.
106cl. The courtyard of the Shir Dar madrasa in Samarqand: A. F. Kersting, London.
106bl. The south *iwan* of the Mir-i Arab madrasa in Bukhara: Werner Forman Archive, London.
106–07. The *pishtaq* of the Shir Dar madrasa: A. F. Kersting, London.
107tr. Plan of Registan square: John Brennan, Oxford.
107cr. General view of Registan square: C. M. Dixon, Dover.
107br. The Tila Kara madrasa: Edgar Knobloch, London.
108tl. The Friday mosque in Kano, northern Nigeria: Mansell Collection, London.
108cl. A Chinese mosque in Tao-chou, Kansu: Arnold Arboretum, Harvard University, Cambridge, Mass.
108bl. The Shah Hamadan mosque in Srinagar: Michael Ridley, Bournemouth.
108tr. Dyula-style mosque in Timbuktu: Robert Harding Associates, London.
108cr. Friday mosque in Namou, Guinea: Musée de l'Homme, Paris.
108br. Mosque in the Lake Simkarrak area of Minangkabau, Sumatra: Vautier Photothèque, Paris.
109. The central mosque in Lagos: Alan Hutchison Library, London.
111. Mural of a youth drinking wine, in Chihil Sutun, Isfahan, 17th century: William MacQuitty, London.
115tl. Shivaji the Maratha, Mughal, 17th century: Bibliothèque Nationale, Paris, Od.45 Res.
115cl. Shivaji's claw: Robert Harding Associates, London.
116. Europeanized gentleman, by Levni, Ottoman, 18th century: British Museum, London.
117. Equestrian portrait of Selim III, by Hippolyte Berteaux, Ottoman, 19th century(?): Topkapi Sarai Museum, Istanbul (photo: Sonia Halliday).
120. Abd Allah Ibn Saud, the defeated Wahhabi chief: Equinox archive, Oxford.
121. Lithograph of Medina, from R. F. Burton, *Personal Narrative of a Pilgrimage to al-Medinah and Mecca*, London, 1855.
123. Dipanegara in exile: Universitets Bibliothek, Leiden, Codex Orientalis 7398 (Snouck Hurgronje Collection).
124. Portrait of Imam Shamil, by Thomas Horscheldt: from L. Blanch, *The Sabres of Paradise*, London, 1960.
125t. Landscape at Tali: Roy Lancaster, Winchester.
125b. The seal of Tu Wen-hsiu: from E. Rocher, *La Province chinoise du Yunnan*, Paris, 1880 (photo: Bibliothèque Nationale).
127. The tomb of the Mahdi, Muhammad Ahmad, at Khartoum: Alan Hutchison Library, London.
129l. A North African *zawiya*: Equinox archive, Oxford
129r. Fulani warriors in a cavalry charge: Equinox archive, Oxford.
133. *The Palmer Family*, by Francesco Renaldi, 1786: India Office Library, London.
135l. Jannissary officer in 1825: Sonia Halliday Photographs, Weston Turville, England.
135r. Ottoman soldiers of the Crimean War: BBC Hulton Picture Library, London.
136. Opening the Hijaz railroad: BBC Hulton Picture Library, London.
137. Poster depicting the new Republic of Turkey as an unveiled woman.
138tl. Ataturk dancing with his daughter: BBC Hulton Picture Library, London.
138br. Muhammad Ali, and the massacre of the Mamluks: Mary Evans Picture Library, London.
139. Muhammad Ali on horseback: BBC Hulton Picture Library, London.
140c. King Faruq of Egypt with Irma Minutolo: Keystone Press Agency, London.
140b. Al-Azhar University, Cairo: Henri Stierlin, Geneva.
142. Abd al-Aziz Ibn Saud with his family: Royal Geographical Society, London.
143. Amir Sultan Bin Abd al-Rahman al-Dawish holding a bullet-ridden *Ikhwan* war banner: from J. S. Habib, *Ibn Saud's Warriors of Islam*, Leiden, 1978.
144. Fath Ali Shah Qajar: William MacQuitty, London.
145t. Nasir al-Din Shah: Mary Evans Picture Library, London.
145b. Riza Shah Pahlavi: Popperfoto, London.
146cl. Vignette from *Mulla Nasreddin*, No. 2, 1907.
146bl. The awakening of Islam: cartoon from the first issue of *Mulla Nasreddin*, 1906.
146tr. Gasprinski squashed by an unholy alliance of Tatar schoolmaster and Russian school superintendent: cartoon from *Mulla Nasreddin*, No. 17, 1908.
146cr. Gasprinski attacked by *ulama*: cartoon from *Mulla Nasreddin*, No. 42, 1908.
146br. Gathering of sleeping *ulama*: cartoon from *Mulla Nasreddin*, No. 5, 1906.
147tr. The Russian expansion in Central Asia: cartoon from *Mulla Nasreddin*, No. 8, 1909.
147cl. The founder of the National Muslim University and his companions sawing away at a representative of the Aligarh university: cartoon from *Awadh Punch*, 12 November 1920.
147bl. Britain, represented by John Bull, negotiating with Egypt: cartoon from *Awadh Punch*, 23 June 1922.
147r. Vignettes from *Mulla Nasreddin*.
150. Muhammad Ali Jinnah with Jawaharlal Nehru: BBC Hulton Picture Library, London.
151. A train carrying Muslims to Pakistan during the partition of India: Associated Press, London.
153. Tasikmalaya mosque, Java: Vautier Photothèque, Paris.
154. Kano mosque, Nigeria: Peter Fraenkel, London.
156. Street scene during the Algerian war: Popperfoto, London.
159. Nasser in triumph on 19 June 1954: Popperfoto, London.
160. Yasser Arafat with Ayatullah Khomeini and Khomeini's son, Ahmad: Popperfoto, London.
162t. Painting by Kamal Amin Awad: Pamegap, London.
162b. Painting by M. Qadir al-Triqi: Iraqi Cultural Centre, London.
163t. *The Monument of Revolution* in Baghdad's Liberation Square, by Jawad Salim: Pamegap, London (photo: W. Faris).
163b. Painting by Dia al-Azzawi: Pamegap, London.
164. A scene of revolutionary fervor in Iran: Frank Spooner/Gamma, London.
166. President Anwar Sadat at prayer: John Hillelson Agency, London.
169l. "Guardians of the Revolution" celebrating Iranian Women's Day: John Hillelson Agency, London.
169r. Poster from the Iranian Revolution: The Observer Magazine, London.
170. Crowds assembled around the Shayyad monument in Teheran: Frank Spooner/Gamma, London.
173. Muslim leaders at prayer during the second Islamic summit in Lahore: Frank Spooner/Gamma, London.
176tl. Regent's Park mosque, London: Angelo Hornak, London.
176tr. Cartoon by Trog, reproduced by permission of *Punch*.
176bl. Malcolm X: Popperfoto, London.
177. A *mihrab*: John Brennan, Oxford.
178–79. Muslim at prayer: Roland Michaud, John Hillelson Agency, London.
180. The *Fatiha* in a 13th/14th-century manuscript: British Library, London, Ms. Add. 4810 fol. 1b.
181l. Quran school in Oman: Roger Wood, London.
181tr. Javanese peasant reading the Quran: UNESCO, London (photo: World Health Organization).
181br. Ornamental panel from a Moroccan Quran, 16th century: British Library, 1405. fol. 400a.
182l. An old man making his way across the courtyard of the Umaiyad mosque in Damascus: Alan Hutchison Library, London.
182r. Man washing before prayer at the fountain of the al-Aqsa mosque in Jerusalem: Jane Taylor, Sonia Halliday Photographs, Weston Turville, England.
183. Evening prayers at the mosque of Mahabat Khan, Peshawar: Douglas Dickins, London.
184–85. Parts of the mosque: Dick Barnard, Milverton, England.
186tl. The representative of a saint in his consulting room: Francis Robinson, Windsor.
186c. Pilgrims at the shrine of Saiyid Shah Abd al-Razzaq of Bansa: Francis Robinson, Windsor.
186b. The shrine of Muin-al-Din Chishti at Ajmere: Robert Harding Associates, London.
186tr. The dance of the Mawlawiya: Sonia Halliday Photographs, Weston Turville, England.
187. The tomb of Mawlana Jalal-al-Din Rumi at Konya: Sonia Halliday Photographs, Weston Turville, England.
188t. A newborn baby's first call to prayer: Andrew Lawson, Oxford.
188b. A boy prepared for circumcision, Turkey: Colorific! London.
189t. A marriage ceremony, England: Courtesy D. Mower, Oxford (photo: B. J. Harris).
189b. A funeral, Karachi: Robert Harding Associates, London.
190l. Prayers at the end of Ramadan, at Balikpapan, Borneo: Vautier Photothèque, Paris.
190–91. The Muslim calendar: John Brennan, Oxford.
190r. An *id* card, exchanged by Muslims at the time of Id al-Fitr and Id al-Adha.
191. Modern poster of the night journey of the Prophet: Equinox archive, Oxford.
192. Pilgrims wearing their *ihram* before arriving at Jedda: Mohamed Amin of Camerapix, Nairobi.
193. The great mosque at Mecca: Mohamed Amin of Camerapix, Nairobi.
195. Location map of Mecca: Dick Barnard, Milverton, England.
196. The plain of Arafat: Mohamed Amin of Camerapix, Nairobi.
197t. Pilgrims running from Mecca to Marwa: Mohamed Amin of Camerapix, Nairobi.
197b. Pilgrims circiuting the Kaaba: Mohamed Amin of Camerapix, Nairobi.
198–99. Glazed brick on the wall of a tomb in Shah-i Zindeh: C. M. Dixon, Dover.
200l. The *basmala* written in 10 different scripts.
200r. "Muhammad" written in Taliq: from A. Khatibi and M. Sijelmassi, *The Splendour of Islamic Calligraphy*, New York, 1976.
201r. The 29 letters of the Arabic alphabet in their unjoined final form.
202l. The calligrapher at work, from al Qazwini's *The Wonders of Creation*, Turkish, 16th century: British Museum, London.
202r. Hilya-i Nabi (Description of the Prophet), by Uthman b. Ali, Istanbul, 1642–98: Chester Beattie Library and Gallery of Oriental Art, Dublin, Ms. Add. (photo: Pieterse-Davison International Ltd).
203tr. Representation of the declaration of faith written in the form of a boat: after Cragg.
203bl. The *mihrab* of the Maidan mosque in Kashan: Islamisches Museum, East Berlin (photo: Angelo Hornak, London).
204l. Arabesque mosaic in the drum of the dome of the Lutf Allah mosque in Isfahan: Henri Stierlin, Geneva.
204r. Floral tiled panel, Iznik: Topkapi Sarai, Istanbul.
205. Tiled mosaic dado in the Saadian tombs at Marrakesh: Josephine Powell, Rome.
206r. Principal knots used in carpet weaving: John Brennan, Oxford.
207tl and r. Details from the Ardabil carpet: Victoria and Albert Museum, London.
207bl. The Ardabil carpet: Victoria and Albert Museum, London.
208tl. Turkish girls from Sivas weaving a rug: Phaidon archive, Oxford.
208bl. Ghiordes silk prayer rug, Turkish, 19th century: Phaidon archive, Oxford.
208tr. Sumak saddlebag from the Caucasus: Private Collection (photo: Andrew Lawson).
208bc. Kazak rug, 19th century: Phaidon archive, Oxford.
208br. Bidzhov rug, 19th century: Phaidon archive, Oxford.
209t. Turkmen guruband: Christopher Legge Collection, Oxford (photo: Andrew Lawson).
209b. Rug from Yarkand or Khotan in the Tarim Basin, 19th century: Phaidon archive, Oxford.
210–11. Man with camel: Middle East Photographic Archive, London (photo: George Wright).
212c. Afghan truck driver on the Solang pass: Roger Gurney, London.
212bl. Moroccan nomads surveying their flock from inside their tent: Colorific! London.
212br. Nomads camped in the Unai pass in Afghanistan: Robert Harding Associates, London.
213t. Nomads in Afghanistan praying in the desert: Alan Hutchison Library, London.
213b. The Qashqai from southwest Iran moving from winter to summer pasture: Robert Harding Associates, London.
214t. Women threshing grain in southeastern Anatolia: Edith Chabrier, Paris.
214b. Painted house wall in Egypt: Alan Hutchison Library, London.
215. The village of Aqra in Iraqi Kurdistan: David Oates, Cambridge.
216l. A street in the old town of Algiers: Alex Starkey, London.
216r. The old city of Sana in the Yemen: Werner Forman Archive, London.
217t. The approach from the bazar to the mosque in Qum,

図版リスト

Iran: Roger Wood, London.
217bl. The new town of Madinat Isa, Bahrein: M. Rice, London.
217br. Plan of Tunis: John Brennan, Oxford.
218l. House front in Fez, Morocco: Colorific! London.
218r. Courtyard of a house in Cairo: Werner Forman Archive, London.
219t. Wooden, screened verandas in Jedda old town: Middle East Photographic Archive, London (photo: Anthony Hutt).
219c. Plan of a house in Isfahan: John Brennan, Oxford.
219b. Yemeni men chewing *qat* leaves in a house in Sana: Werner Forman Archive, London.
220–21. Woman and child: John Donat, London.
222–23. Afghan women wearing the *burqa*: Roland and Sabrina Michaud, John Hillelson Agency, London.
222b. Veiled woman looking in a shop window in Qum: Colorific! London.
223t. Halide Edib: from Halide Edib, *The Turkish Ordeal*, London, 1928.
223c. Women waiting at the back of the mosque while their menfolk pray: Popperfoto, London.
223bl. Nurses at the Qandahar hospital, Afghanistan: UNESCO (photo: World Health Organization).
223br. Begum Sultan Jahan of Bhopal visiting India Office in London: BBC Hulton Picture Library, London.

参考文献

次の文献目録は包括的であることを目指したものではなく、より進んだ研究に向けての出発点というべきものにすぎない。翻訳書は別の世界へと人々を導く最も思いやりのある通路であるから、歴史、史料集、文学の翻訳についてはできる限り注意をはらった。また、ペーパーバックで出版されているものには＊の印がついている。

Basic works of reference are *The Encyclopaedia of Islam* 2nd edn (ed. J. H. Kramers *et al.*) (Leiden 1954–), which is now just over halfway through the alphabet, and *The Shorter Encyclopaedia of Islam* (ed. H. A. R. Gibb and J. H. Kramers; Leiden 1953), which brings up to date, especially in bibliography, selected articles from *The Encyclopaedia of Islam* 1st edn (Leiden 1913–38). This last is largely out of date but can still be referred to for areas not yet covered in the second edition. Taken together the editions of the *Encyclopaedia* form the basic work of reference for any subject to do with Islam or Islamic civilization, particularly in premodern times. All entries have substantial bibliographies. Further bibliographical guidance may be gained from J. D. Pearson (ed.), *Index Islamicus 1906–55*, which continues to issue supplements, Jean Sauvaget, *Introduction to the History of the Muslim East* (Berkeley, Calif. 1965), and *P. M. Holt, A. K. S. Lambton and B. Lewis (eds.) *The Cambridge History of Islam* (2 vols.; Cambridge 1970). *Marshall G. S. Hodgson, *The Venture of Islam: Conscience and History in a World Civilization* (3 vols.; Chicago, Ill. 1974), mildly idiosyncratic and weaker on the modern period than the premodern, remains a remarkable achievement and the most satisfying treatment of Islamic history as a whole. Those who wish to acquaint themselves with recent research and opinion at a general level should consult: *The Middle East Journal* (1946–), published by the Middle East Institute, Washington, D.C., and *The Muslim World* (1911–), published by the Hartford Seminary Foundation, Hartford, Conn., primarily designed for Christian missionaries. *The Islamic Quarterly* (1954–), published by the Islamic Cultural Centre, London, is edited by Muslim missionaries. Those interested in the latest work of current scholarship might begin by consulting the reviews and articles in: *Revue des études islamiques* (Paris 1927–), *Bulletin of the School of Oriental and African Studies* (London 1917–), and *Studia Islamica* (Paris 1953–).

イスラムに対する西洋の姿勢

Trail-breaking work in this field has been done by Norman Daniel, in *Islam and the West: the Making of an Image* (Edinburgh 1960) and *Islam, Europe and Empire* (Edinburgh 1966). Richard W. Southern's *Western Views of Islam in the Middle Ages* (Cambridge, Mass. 1962) offers a first-class summary of what its title announces. A recent overview is also valuable, Maxime Rodinson, "The Western Image and Western Studies of Islam" in *Joseph Schacht and C. E. Bosworth (eds.), *The Legacy of Islam* (Oxford 1974), pp.9–62. The whole subject, however, has come to be dominated in recent years by a book of pugnacity and passion: *Edward W. Said, *Orientalism* (London 1978), which asserts that, practically to the present day, Western studies of Islam tell us more about the West than they do about Islam. Most scholars, while admitting that Said has a point, find his conclusions immoderate. Another approach to this problem is through art and here Philippe Julian, *The Orientalists* (Oxford 1977), reveals in sumptuous illustration the discovery of the East by 19th-century painters.

第 1 部 啓示とイスラム史

最初の 9 世紀間、622—1500 年

There are several brief and excellent treatments of Islam in general: *H. A. R. Gibb, *Islam* (retitled 2nd edn; Oxford 1975); *Fazlur Rahman, *Islam* (2nd edn; Chicago, Ill. 1979); *A. Guillaume, *Islam* (2nd edn; Harmondsworth 1976); *Kenneth Cragg, *The House of Islam* (2nd edn; Encino, Calif. 1975). They are all good, but of these the first and oldest, originally published in 1949, remains the best. However, Kenneth Cragg's *House of Islam* is designed to accompany the first-class *anthology he has compiled with Marston Speight, *Islam from Within* (Wadsworth, Calif. 1980), and taken together these two books convey most to the general reader about the development of Islam and about what devout Muslims believe and feel.

The following offer useful general treatments of part or all of the first nine centuries of Islamic history: Bernard Lewis, *The Arabs in History* (4th edn; London 1966); *F. Gabrieli (trans. V. Luling and R. Linell), *Muhammad and the Conquests of Islam* (London 1968); *John J. Saunders, *A History of Medieval Islam* (London 1965); G. von Grunebaum (trans. K. Watson), *Classical Islam: History 600–1258* (London 1970). But the outstanding coverage by one man remains the first two volumes of *Marshall G. S. Hodgson, *Venture of Islam*. Several recent treatments of the life of Muhammad should be noticed: William M. Watt, *Muhammad at Mecca* (Oxford 1953) and *Muhammad at Medina* (Oxford 1956), which bring out the social and political implications of Muhammad's work, and the treatment by the French Marxist scholar *Maxime Rodinson (trans. A. Carter), *Mohammed* (London 1971). Anthologies and translations of documents and literature abound; of excellent value, covering politics and war and religion and society down to a delightful section on Muslim humor, is *Bernard Lewis (ed. and trans.), *Islam: from the Prophet Muhammad to the Capture of Constantinople* (London and New York 1974). But strongly recommended as well are two of the masterworks of the period: Ibn Battuta's *Travels in Asia and Africa 1325–54* (translated and abridged by H. A. R. Gibb; 3 vols.; Cambridge 1971), the introduction to Ibn Khaldun's world history (trans. Franz Rosenthal), *The Muqaddimah: An Introduction to History* (3 vols.; New York 1958). Two excellent illustrated surveys of this period have recently been published: Michael Rogers, *The Spread of Islam* (Oxford 1976), an illustrated survey of Islamic history to 1500 using architectural and archaeological evidence to illustrate various themes, and Bernard Lewis (ed.), *The World of Islam: Faith, People, Culture* (London and New York 1976), to which a powerful team of scholars contributes.

Molding forces of Islamic civilization: Many feel that the best translation of the Quran for overall effect is *A. J. Arberry, *The Koran Interpreted* (London 1980). Notable for its precision is that of Muhammad Ali of Lahore, *The Holy Quran* (6th edn; Lahore 1973), the version used with one exception throughout this book. Ignaz Goldziher, *Muhammedanische Studien* vol. two (Halle 1890; edited and trans. by C. R. Barber and S. M. Stern as *Muslim Studies* vol. two, Chicago, Ill. 1966, London 1971), is the classic study of the growth of the *Hadith*. A popular anthology of *Hadiths* from the six major compilations has been translated and is readily available: Al-Haj Maulana Fazlul Harim (trans.), *Al-Hadis: an English Translation and Commentary of Mishkat-ul-Masabih* (4 vols.; Lahore 1938). On Islamic law, *Noel J. Coulson, *A History of Islamic Law* (Edinburgh 1964), offers an excellent brief introduction to the *Sharia* and modern developments. The following works should also be noted: Joseph Schacht, *The Origins of Muhammadan Jurisprudence* (Oxford 1950; reprint 1979) and *An Introduction to Islamic Law* (Oxford 1964). On sufism useful brief introductions are: *R. A. Nicholson, *The Mystics of Islam* (London 1914; reprint London 1963), and Arthur J. Arberry, *Sufism, an Account of the Mystics of Islam* (London 1950). However, a more substantial work and the outstanding recent introduction is Annemarie Schimmel, *The Mystical Dimensions of Islam* (Chapel Hill, N.C. 1975). The basic works on the early development of sufism are by Louis F. J. Massignon, *La Passion d'al-Hosayn-ibn-Mansour al-Hallaj, martyr mystique de l'Islam exécuté à Bagdad le 26 Mars 922* (2 vols.; Paris 1922), and *Essai sur les origines du lexique technique de la mystique musulmane* (Paris 1922; 2nd edn, Paris 1954). Fortunately there is a readily accessible biography of al-Ghazzali: *William M. Watt, *Muslim Intellectual: a Study of al-Ghazali* (Edinburgh 1963). The most recent study of Rumi's thought is Annemarie Schimmel, *The Triumphal Sun* (Boulder, Colo. 1978). Rumi's works are easily found in translation: *R. A. Nicholson (ed. and trans.), *The Mathnawi of Jalaluddin Rumi* (London 1926); *R. A. Nicholson (ed. and trans.), *Selected Poems from the Divani Shamsi Tabriz* (Cambridge 1898); while for the newcomer to Islam, in prose and extremely approachable, is *A. J. Arberry (ed. and trans.), *Discourses of Rumi* (London 1961). As for Ibn al-Arabi, A. E. Affifi, *The Mystical Philosophy of Muhyid Din-ibnul Arabi* (Cambridge 1939), offers an attempt to reduce Ibn al-Arabi's writings to an orderly system. There is also Henry Corbin (trans. Ralph Manheim), *Creative Imagination in the Sufism of Ibn Arabi* (Princeton, N.J. 1969; London 1970). Ibn al-Arabi's summary of his life's work has recently been translated: Ibn al-Arabi (ed., trans. and introduction by Ralph W. J. Austin), *The Bezels of Wisdom* (London 1980).

The processes of transmission: Scholarly work in this field is still in its infancy; for example, A. L. Tibawi, *Islamic Education: its Traditions and Modernization into the Arab National Systems* (London 1972). "The Ulama of Medieval Damascus and the International World of Islamic Scholarship" by Joan E. Gilbert (unpublished Ph.D. thesis, University of California, Berkeley 1977) sets out before us the scholarly world of the *ulama* of medieval Damascus. The most trenchant exposition of how teachers should be venerated can be found in a fascinating Arabic document of the 13th century: Burham al-Din, al-Zarnuji (trans. G. E. von Grunebaum), *Ta'lim al-Muta'allim at-ta'allum (Instruction of the Student; Method of Learning)* (New York 1947; Oxford 1948). Further work which illuminates the process of transmission, although based on evidence from a later period, is: Francis Robinson, "The Veneration of Teachers in Islam by the Pupils: its Modern Significance", *History Today* (London; March 1980) and Francis Robinson, "The Ulama of Firangi Mahal and their Adab" in B. Metcalf (ed.), *Moral Conduct and Authority: The Place of Adab in South Asian Islam* (Berkeley, Calif., forthcoming). *J. S. Trimingham, *The Sufi Orders in Islam* (Oxford 1971), is the pioneering work on the development of institutional sufism as a worldwide phenomenon, and further evidence can be gleaned from Annemarie Schimmel's *The Mystical Dimensions of Islam*. For a history of one of the major orders see John K. Birge, *The Bektashi Order of Dervishes* (London 1937). Richard M. Eaton, *Sufis of Bijapur 1300–1700: Social Roles of Sufis in Medieval India* (Princeton, N.J. 1978), is a fascinating and pathbreaking study of the functions performed by sufis in one region over 400 years.

中心地域の諸王朝、16 世紀および 17 世紀

Safavids: Just one book serves most excellently as a starting point for further reading on Safavid Iran, R. M. Savory, *Iran under the Safavids* (Cambridge 1980). It is good on the changing relationship between Shiism and the Safavid state. Several good works exist on aspects of Safavid painting: L. Binyon, J. V. S. Wilkinson and B. Gray, *Persian Miniature Painting* (London 1931); B. Gray, *Persian Painting* (London 1930); S. C. Welch, *A King's Book of Kings* (London and New York 1972) and his *Royal Persian Manuscripts* (London 1976). Arthur Upham Pope (ed.), *A Survey of Persian Art* (6 vols.; Oxford 1938–58), is majestic in its range and places Safavid art in the context of the overall development of Iranian art. Anthony Welch, *Shah Abbas and the Arts of Isfahan* (New York 1973), focuses on the remarkable artistic flowering under that great monarch; Wilfrid Blunt and Wim Swann, *Isfahan: Pearl of Persia* (London 1966), provide a colorful introduction to the city of Isfahan.

Mughals: There is no effective up-to-date general history of the Mughal empire, although this deficiency will be made good by the volumes in Gordon Johnson, Christopher Bayly and John Richards (eds.), *The New Cambridge History of India* (Cambridge, forthcoming). The best point at which to begin is the appropriate chapters in *The Cambridge History of Islam* vol. two. M. Mujeeb, *The Indian Muslims* (London 1967), is also useful, and I. Habib, *The Agrarian System of Mughal India, 1556–1707* (Bombay 1963), is an important revisionist study. There are, fortunately, several superb contemporary works in translation, of which the following should not be missed: Babur (trans. A. S. Beveridge), *The Babur-Namah in English* (2 vols.; London 1922), the vital and highly intelligent autobiography of the founder of the Mughal house; Abul Fazl (trans. H. Beveridge), *The Akbarnama* (3 vols.; Calcutta 1907, 1912, 1939), and the same author's description of state and society (trans. H. Blockmann and H. S. Jarrett) *The Ain-i-Akbari* (2 vols.; Calcutta 1872 and 1874), offer a full description by Akbar's close friend and personal adviser; Jahangir (trans. A. Rogers, ed. H. Beveridge), *Tuzuk-i-Jahangir or Memoirs of Jahangir* (2 vols.; London 1909 and 1914), enables us to witness Mughal life and Indian nature through the eyes of this gifted emperor and art connoisseur. There are also two good and readable illustrated books: Bamber Gascoigne, *The Great Moghuls* (London 1971), and Gavin Hambly,

Cities of Mughal India: Delhi, Agra and Fatehpur Sikri (London 1968).

Ottomans: There are two up-to-date general accounts of Ottoman history: Halil Inalcik, *The Ottoman Empire: The Classical Age 1300–1600* (London 1973), and N. Itzkowitz, *Ottoman Empire and Islamic Tradition* (New York 1972). For Ottoman institutions see H. A. R. Gibb and H. Bowen, *Islamic Society and the West* vol. one, parts one and two (Oxford 1950 and 1957), Bernard Lewis, *Istanbul and the Civilization of the Ottoman Empire* (Norman, Okla. 1963), and for a striking first-hand account of the court of Sulaiman the Magnificent and the empire, see Ogier Ghiselin de Busbecq (trans. E. S. Foster), *Turkish Letters* (Oxford 1967). Elias J. W. Gibb, *A History of Ottoman Poetry* (6 vols.; London 1900–09), offers insight into the whole of Ottoman cultural life. A remarkable novel by *Ivo Andric, winner of the Nobel prize for literature, evokes the nature of Ottoman rule in the Balkans over 400 years, *The Bridge on the Drina* (trans. L. F. Edwards; London 1959). Michael Levey, has most lucidly surveyed Ottoman art in general, *The World of Ottoman Art* (London 1975), a subject O. Aslanapa treats in greater detail, *Turkish Art and Architecture* (London 1971). Geoffrey Goodwin's *A History of Ottoman Architecture* (London 1971) is first class. Arthur Stratton has written a biography of the greatest Ottoman architect and archetypal Ottoman figure, *Sinan* (London 1972). Titus Burckhardt shows off Sinan's achievement to great effect in an inspired section of his *Art of Islam: Language and Meaning* (trans. J. P. Hobson; London 1976).

16 世紀から 18 世紀までの辺境部のイスラムの国々

This introduces the problem of Islamization which can be followed up in two trail-blazing books: *C. Geertz, *Islam Observed: Religious Development in Morocco and Indonesia* (New Haven, Conn. 1968), the work of a cultural anthropologist who has been influential in breaking down old academic stereotypes of Islam, and Nehemia Levtzion (ed.), *Conversion to Islam* (London 1979), which brings together studies of Islamization from many areas of the Islamic world and is an important step towards the comparative study of the subject.

Southeast Asia: The best introduction to this period is H. de Graaf, "South-East Asian Islam in the Eighteenth Century" in *The Cambridge History of Islam* vol. two. Unfortunately most other work is locked away in journal articles (see the excellent bibliographies in Nehemia Levtzion's *Conversion to Islam*), of which those by S. M. al-Attas, G. W. J. Drewes and A. H. Johns should be noted in particular. Two important books by S. M. al-Attas deal with aspects of sufism in Aceh, *The Mysticism of Hamza al-Fansuri* (Kuala Lumpur 1970) and *Raniri and the Wujudiyah* (Kuala Lumpur 1966). D. Lombard, *Le Sutanat d'Atjeh au temps d'Iskandar 1607–1636* (Paris 1967), examines the sultanate of Aceh at its height.

Africa: The study of Islam in Africa, particularly West Africa, has seen an explosion of activity over the last 20 years and there is an enormous amount of first-class work, but still only in article or thesis form. The most useful starting points are syntheses of recent scholarship to be found in *The Cambridge History of Islam* vol. two; J. F. A. Ajayi and M. Crowder, *A History of West Africa* vol. one (London 1971); R. Oliver (ed.) *The Cambridge History of Africa* vol. three, c.1050–c.1600 (Cambridge 1977), and R. Gray (ed.), *The Cambridge History of Africa* vol. four, c.1600–c.1870 (Cambridge 1975). E. N. Saad, "Social History of Timbuktu: the Role of Muslim Scholars and Notables" (unpublished Ph.D. thesis, Northwestern University, Ill. 1979), is an important piece of recent research. *Thomas Hodgkin (ed.), *Nigerian Perspectives: an Historical Anthology* (2nd edn; London 1975), offers a lively collection of documents. Islamic art in Africa is so far poorly served. *R. A. Bravmann, *Islam and Tribal Art in West Africa* (London 1974), makes a brave start; for architecture one must turn to the brief survey in George Michell (ed.), *Architecture of the Islamic World: its History and Social Meaning* (London 1978). Turning to Morocco, *Jamil M. Abun-Nasr provides an outstanding introduction in *A History of the Maghreb* (2nd edn; Cambridge 1975). *Anthony Hutt offers a pleasant introduction to Moroccan architecture in the context of that of North Africa generally in *North Africa: Islamic Architecture* (London 1977), which can be followed in greater detail in Derek Hill and L. Golvin, *Islamic Architecture in North Africa* (London 1976).

Central Asia and China: Most work on Islam in Central Asia is in Russian. B. Spuler, "Central Asia from the Sixteenth Century to the Russian Conquests," *The Cambridge History of Islam* vol. one, and G. Hambly (ed.), *Central Asia* (London 1978), present the most accessible introductions. Coverage of Islamic architecture in the region after 1500 can be found in: M. Hrbas and E. Knobloch (trans. R. Finlayson-Samsour), *The Art of Central Asia* (London 1965), K. Gink and K. Gombos, *The Pearls of Uzbekistan* (Budapest 1976). The Muslims in China are even more poorly served than those in Central Asia, and for this period *R. Israeli, *Muslims in China: a Study of Cultural Confrontation* (London 1980), stands alone.

18・19 世紀における衰退，改革，復興

The ebbing of Muslim power: This is usually presaged and in part explained in the works which deal with the great empires at their height. To those for Iran should be added two works by Laurence Lockhart, *Nadir Shah* (London 1938) and *The Fall of the Safavi Dynasty and the Afghan Occupation of Persia* (Cambridge 1958); the decline of the Mughal empire still awaits its effective historian, although "Symposium: Decline of the Mughal Empire," *Journal of Asian Studies*, February 1976, is a good starting point; to the works on the Ottoman empire might be added the short essay by Bernard Lewis, "Ottoman Observers of Ottoman Decline," in Bernard Lewis, *Islam in History: Ideas, Men and Events in the Middle East* (London 1973).

Reform and Revival: There is no overall treatment of this process at the moment. *Fazlur Rahman offers a brief introduction in chapter 12 of his *Islam* (London 1966). Suggestive articles are: J. Joll, "Muhammad Hayya al-Sindi and Muhammad Ibn Abd al-Wahhab: an Analysis of an Intellectual Group in Eighteenth-Century Medina," *Bulletin of the School of Oriental and African Studies*, part one, 1975, which examines the major school of *Hadiths* at Medina and those who studied at it; Hamid Algar, "The Naqshbandi Order: a Preliminary Survey of its History and Significance," *Studia Islamica*, vol. 44, and A. Hourani, "Shaikh Khalid and the Naqshbandi Order" in Samuel M. Stern, A. Hourani and V. Brown (eds.), *Islamic Philosophy and the Classical Tradition* (Columbia, S.C. 1973), which both illustrate the international connections of the Naqshbandiya and their significance for the revival; and B. G. Martin, "A Short History of the Khalwati Order of Dervishes" in *N. R. Keddie, *Scholars, Saints and Sufis: Muslim Religious Institutions in the Middle East since 1500* (Los Angeles, Calif. 1972). The story of the rise of the first Saudi-Wahhabi empire is told succinctly by G. Rentz, "Wahhabism and Saudi Arabia" in D. Hopwood (ed.), *The Arabian Peninsula* (London 1972). W. R. Roff, "South-East Asian Islam in the Nineteenth Century," *The Cambridge History of Islam* vol. two, describes the three movements of holy war; Peter Carey, *Babab Dipanagara* (Kuala Lumpur 1981), offers the first detailed treatment in English of any of these movements. For a brief discussion of the revivalist movements in India see Peter Hardy, *The Muslims of British India* (Cambridge 1972); Mohiuddin Ahmad, *Saiyid Ahmad Shahid* (Lucknow 1975), is devoted purely to the leader of the Mujahidin movement. For the movement in the Caucasus see A. Bennigsen, "Un Mouvement populaire au Caucase au XVIIIe siècle" in *Cahiers du monde russe et soviétique*, part two, 1964, and Lesley Blanch's romantic study of Imam Shamil, *The Sabres of Paradise* (London 1960; reissued 1978). For a Russian view see Tolstoy's study of Shamil's deputy "Hadji Murad" in Leo Tolstoy, *The Death of Ivan Ilych and Other Stories* (London 1935). Chantal Quelquejay throws light on Baha al-Din's movement in Kazan in "La Vaisisme à Kazan" in *Die Welt des Islams* (N.S.) parts one and two, 1959. For the movement in China see Israeli, *Muslims in China*, and the following very early studies: Marshall Broomhall, *Islam in China: a Neglected Problem* (London 1910); H. D'Ollone, *Mission d'Ollone: recherches sur les musulmans chinois* (Paris 1911); E. Rocher, *La Province chinoise du Yunnan* (2 vols.; Paris 1879 and 1880). For the movement in Africa, in addition to the chapters in the general histories recommended for "The Further Islamic Lands," there is a valuable series of studies in Bradford G. Martin, *Muslim Brotherhoods in Nineteenth-Century Africa* (Cambridge 1976); Martin is concerned to emphasize the interconnections of the movements. In addition, there are three excellent monographs: P. M. Holt, *The Mahdist State in the Sudan 1881–1898: a Study of its Origins, Development and Overthrow* (2nd edn; Oxford 1970); E. E. Evans-Pritchard, *The Sanusi of Cyrenaica* (Oxford 1949); M. Hiskett, *The Sword of Truth: the Life and Times of the Shehu Usuman dan Fodio* (New York 1973).

ヨーロッパの勃興とイスラムの対応，20 世紀中葉まで

*M. G. S. Hodgson, "The Islamic Heritage in the Modern World," book six of his *Venture of Islam* vol. three, provides an introduction to the period full of ideas. *Bernard Lewis, *The Emergence of Modern Turkey* (2nd edn; London 1968), remains the best study of the transition from Ottoman empire to modern Turkey. For the Ataturk period it is usefully supplemented by a popupar biography, Lord Kinross, *Ataturk: the Rebirth of a Nation* (London 1964). P. J. Vatikiotis, *The History of Egypt* (2nd edn; London 1980), achieves for Egypt what Lewis has for Turkey. But see also R. P. Mitchell, *The Society of the Muslim Brothers* (London 1969). Two autobiographies offer fascinating insights into Egyptian society and the stresses of modernization: Ahmad Amin (trans. I. J. Boullata), *My Life* (Leiden 1978), and the three volumes of the autobiography of Taha Hussein, a blind man who became Egypt's minister of education, *An Egyptian Childhood* (trans. E. H. Paxton; London 1981), *The Stream of Days, a Student at the Azhar* (trans. H. Wayment; 2nd edn; London 1948), and *A Passage to France* (trans. K. Cragg; Leiden 1976). *A. H. Hourani, in *Arabic Thought in the Liberal Age 1798–1939* (London 1962), has written the authoritative account of the emergence of Arab nationalist thought, and for the later period *Sylvia G. Haim, *Arab Nationalism; an Anthology* (Berkeley, Calif. 1962), should also be consulted. For the emergence of Saudi Arabia see H. St. J. Philby, *Saudi Arabia* (London 1955); J. S. Habib, *Ibn Saud's Warriors of Islam: the Ikhwan of Najd and their Role in the Creation of the Saudi Kingdom, 1910–1930* (Leiden 1978), is a valuable study of the militant religious organization which helped to bring Abd al-Azis Ibn Saud to power. Robert Lacey, *The Kingdom* (London 1981), is an accessible overview. Iran is now well served with surveys of its recent history. There is A. K. S. Lambton, "Persia: the Breakdown of Society," and R. M. Savory, "Modern Persia," in *The Cambridge History of Islam* vol. two; moreover, N. R. Keddie, the leading scholar of modern Iran, has recently published *Roots of Revolution: an Interpretive History of Modern Iran* (New Haven, Conn. 1981). Nevertheless, the classic work on the first Iranian revolution should not be missed: Edward G. Browne, *The Persian Revolution of 1905–1909* (Cambridge 1910). Scholarship on Islam in modern Central Asia has come to be dominated by outstanding French work: A. Bennigsen and C. L. Quelquejay, *Les Mouvements nationaux chez les Musulmans de Russie I: le sultangalievism au Tatarstan* (Paris 1960), *La Presse et le mouvement national chez les Musulmans de Russie avant 1920* (Paris 1964), (trans. G. E. Wheeler and H. Evans) *Islam in the Soviet Union* (London 1967); and H. Carrère d'Encausse, *Réforme et révolution chez les Musulmans de l'empire Russe, Bukhara, 1867–1924* (Paris 1966). For south Asia, *P. Hardy, *The Muslims of British India* (Cambridge 1972), is the established general history of the 19th and 20th centuries, as is Aziz Ahmad, *Islamic Modernism in India and Pakistan 1857–1964* (London 1967), for the development of Islamic thought. For different aspects of Muslim responses to British rule see: C. W. Troll, *Sayyid Ahmad Khan: a Reinterpretation of Muslim Theology* (New Delhi 1978); D. Lelyveld, *Aligarh's First Generation: Muslim Solidarity in British India* (Princeton, N.J. 1978); F. Robinson, *Separatism Among Indian Muslims: the Politics of the United Provinces' Muslims 1860–1923* (Cambridge 1974). What the experience of modernization meant to a leading Mughal poet and courtier can be glimpsed in R. Russell and Khurshidul Islam (trans. and eds.), *Ghalib: 1797–1869* vol. one, *Life and Letters* (London 1969). The best starting point for Iqbal's thought is Muhammad Iqbal, *The Reconstruction of Religious Thought in Islam* (Oxford 1934; reprint, Lahore 1962). His poetry has been translated by Nicholson and Arberry. As yet there is no authoritative analysis of the rise of the All-India Muslim League; the process of partition is described from the British point of view by H. V. Hodson, *The Great Divide: Britain, India, Pakistan* (London 1969). The best introductions to 19th- and 20th-century Islam in southeast Asia remain: W. R. Roff, "South-East Asian Islam in the Nineteenth Century" and H. J. Benda, "South-East Asian Islam in the Twentieth Century" in *The Cambridge History of Islam* vol. two. D. Noer, *The Modernist Muslim Movement in Indonesia 1900–42* (Singapore 1973), studies the progress of the movement. *M. Ricklefs, *A History of Modern Indonesia* (London 1981), is the most recent overview and by a careful scholar. There is relatively little work on Islam in Africa south of the Sahara in recent times: under colonial rule leadership fell into the hands of Christians and pagans. See J. S. Trimingham, *The Influence of Islam upon Africa* (London 1968); two surveys of specific societies, *P. M. Holt, *A Modern History of the Sudan* (3rd edn; London 1967), and I. M. Lewis, *The Modern History of Somaliland from Nation to State* (London 1965); also Donal Cruise O'Brien's, *The Mourids of Senegal: The Political and Economic Organization of an Islamic Brotherhood* (Oxford 1971), which reveals how a sufi order found a major role to play in economic modernization. For North Africa, see again J. M. Abun-Nasr, *A History of the Maghrib*. Scholars have just begun to study in detail the responses of *ulama* and sufis to the rise of European rule and the modern state. A few works must serve as guides: *N. R. Keddie (ed.), *Scholars, Saints and Sufis*, and *An Islamic Response to Imperialism: Political and Religious Writings of Sayyid Jamal ad-Din "al-Afghani"* (Berkeley, Calif. 1968), *S. Akhavi, *Religion and Politics in Contemporary Iran: Clergy-State Relations in the Pahlavi Period* (Albany, N.Y. 1980), D. Green, *The Tunisian Ulama* (Leiden n.d.). For brief introductions to the position of Islam and the *Sharia* in the modern state see: Erwin I. J. Rosenthal, *Islam in the*

Modern National State (Cambridge 1965), and *N. J. Coulson, *A History of Islamic Law*. H. A. R. Gibb's lectures, *Modern Trends in Islam* (Chicago, Ill. 1947), remain stimulating.

20世紀後半におけるイスラムの再主張

In addition to the books mentioned above, W. C. Smith, *Islam in Modern History* (Princeton, N.J. 1957), examines the visions of progress of the essentially secular elites which came to power in Muslim societies when the colonial tide receded. The speeches and writings of major leaders are also valuable: Muhammad Ali Jinnah, *Speeches, 3 June 1947–14 August 1948* (Karachi 1948); Jamal Abd al-Nasir, *The Philosophy of the Revolution* (Cairo 1954); Muhammad Riza Shah Pahlavi, *Mission for my Country* (London 1961). As to the reassertion of Islam as a general phenomenon, Md Ayoob (ed.), *The Politics of Islamic Reassertion* (London 1981), has essays of varying quality devoted to different Muslim states. A. S. Cudsis and A. E. Hillal Dessouki (eds.), *Islam and Power* (London 1981), contains an excellent essay by P. J. Vatikiotis on the general problem. For quick summaries of the recent affairs of Arab states see Peter Mansfield, *The Arabs* (revd edn; Harmondsworth 1978). The reemergence of Islam in modern Turkey is covered in Annemarie Schimmel, "Turkish Islam," in A. J. Arberry (ed.), *Religion in the Middle East* (Cambridge 1969), J. M. Landau, *The National Salvation Party: Radical Politics in Modern Turkey* (Salt Lake City, Utah 1976) and J. M. Landau, *Radical Politics in Modern Turkey* (Leiden 1974). The background to and the process of the revolution in Iran are well covered by Keddie, *Roots of Revolution*, M. J. Fischer, *Iran: from Religious Dispute to Revolution* (Cambridge, Mass. 1980), and Hamid Algar's lectures (ed. K. Siddiqui), *The Islamic Revolution in Iran* (London 1980). Fundamental developments among the Muslims of the Soviet Union are studied in H. Carrère d'Encausse, *L'Empire éclaté: la révolte des nations en U.R.S.S.* (Paris 1978). Information on the development of pan-Islamic organization since 1962 will be found in W. A. Beling (ed.), *King Faisal and the Modernisation of Saudi Arabia* (London 1979).

第2部　ムスリムとして生きる

生活のなかの宗教

The best way to understand the Islamic life, the joy it can bring as well as the constant tensions between human desire and right conduct, lies in reading novels and biographies. Cragg and Speight's anthology, *Islam from Within*, is revealing, so is Constance Padwick's remarkable collection of Muslim prayers from throughout the world, *Muslim Devotions: a Study of Prayer-Manuals in Common Use* (London 1961), and so is Martin Lings, *A Sufi Saint of the Twentieth Century* (2nd edn; London 1971). Anthropologists have done much to reveal the activities and functions of sufi orders, for example, Ernest Gellner, *Saints of the Atlas* (Chicago, Ill. and London 1969), and Michael Gilsenan, *Saint and Sufi in Modern Egypt* (Oxford 1973). V. Crapanzano, *The Hamadsha: a Study in Moroccan Ethnopsychiatry* (Berkeley, Calif. 1973), examines the possession cults which are so often associated with sufi shrines. Muslim rites and festivals are explained simply by Riadh el-Droubie and Edward Hulmes, *Islam* (London 1980); G. E. von Grunebaum, *Muhammadan Festivals* (London 1976), studies them in greater detail. The pilgrimage, as befits the highpoint of religious life, has attracted most specific attention. C. Snouck Hurgronje, the Dutch scholar-administrator, who visited Mecca in disguise in the early 1880s, wrote a classic study (trans. J. H. Monahan), *Mekka in the Latter Part of the 19th Century* (Leiden and London 1931). It is not an infrequent practice to keep a journal of one's pilgrimage and these offer valuable insights: H.H. Nawab Sultan Jahan Begum (trans. Mrs Willoughby-Osborne), *The Story of a Pilgrimage to Hijaz* (Calcutta 1909); *H. T. Norris (trans. and ed.), *The Pilgrimage of Ahmad ... an Account of a 19th-Century Pilgrimage from Mauritania to Mecca* (Warminster 1977). *Malcolm X, with the assistance of Alex Haley, *The Autobiography of Malcolm X* (New York 1965, London 1966), tells how the experience transformed his racial outlook. Modern illustrated books can project moving images of the spectacle of the pilgrimage and the spiritual intensity it generates; see Emel Esin, *Mecca the Blessed, Madinah the Radiant* (London 1963), and *E. Guellouz and A. Frikha, *Mecca: the Muslim Pilgrimage* (London 1977). Serious study of the pilgrimage as the greatest annual international meeting in the world over 14 centuries has also begun; see D. E. Long, *The Hajj Today: a Survey of the Contemporary Makkah Pilgrimage* (Albany, N.Y. 1979), and Umar al-Naqar, *The Pilgrimage Tradition in West Africa* (Khartoum 1972). Finally, there is the autobiography of a German Jew who, as a newspaper correspondent in Arabia in the 1920s, slowly absorbed the Muslim vision of life; it is the moving self-analysis of a perceptive and intelligent European as he journeys into a Muslim consciousness: Muhammad Asad, *The Road to Mecca* (London 1954).

イスラムの芸術

Titus Burckhardt's *Art of Islam* offers a sensitive introduction to the relationship between Islam and Islamic art forms. The most comprehensive introduction to calligraphy is Y. H. Safadi, *Islamic Calligraphy* (London 1978), which can be supplemented by Annemarie Schimmel, *Islamic Calligraphy* (Leiden 1970), which carries this fine scholar's especial sufistic angle of vision. For much Moroccan calligraphy, which is not widely known, and for many very beautiful plates, see A. Khatibi and M. Sijelmassi (trans. J. Hughes), *The Splendour of Islamic Calligraphy* (New York 1977). Few works have been devoted to ceramics alone. David Talbot Rice, *Islamic Art* (London 1965), offers a very simple introduction to the context of Islamic art in general. There is also Arthur Lane, *Later Islamic Pottery* (London 1957). Some of the achievement in Iran can be gleaned from Arthur U. Pope's *Survey of Persian Art*, and some of that in Turkey from O. Aslanapa, *Turkish Art*, and Tahsin Oz, *Turkish Ceramics* (Ankara 1957). Books on carpets and rugs, on the other hand, are legion. K. H. Turkhan offers a brief introduction from his long experience in the trade, *Islamic Rugs* (London 1968). Useful wide-ranging treatments are: Jurt Erdmann (trans. C. G. Ellis), *Oriental Carpets, an Account of their History* (London 1961), and R. de Calatchi (trans. V. Howard), *Oriental Carpets* (2nd edn; Rutland, Vt. 1970). On tribal rugs, Jenny Housego, *Tribal Rugs: an Introduction to the Weaving of the Tribes of Iran* (London 1978), is excellent.

現代社会とかわりゆく社会

Studies of nomadic tribes are plentiful. Important recent studies include: Fredrik Barth, *Nomads of South Persia: the Basseri Tribe of the Khamseh Confederacy* (Oslo 1961, New York 1965), Daniel G. Bates, *Nomads and Farmers: a Study of the Yoruk of Southeastern Turkey* (Ann Arbor, Mich. 1973), T. Asad, *The Kababish Arabs: Power, Authority and Consent in a Nomadic Tribe* (London 1970), *D. P. Cole, *Nomads of the Nomads: the Al Murrah Bedouin of the Empty Quarter* (Chicago, Ill. 1975), and C. Nelson (ed.), *The Desert and the Sown: Nomads in Wider Society* (Berkeley, Calif. 1973). Isaaq Diqs, *A Bedouin Boyhood* (Oxford 1969), gives a first-hand account of growing up Bedouin in Jordan. John S. Habib, *Ibn Saud's Warriors* (Leiden 1978), and E. E. Evans-Pritchard, *The Sanusi of Cyrenaica* (Oxford 1949), illustrate the role nomads could play in making modern states. M. E. Meeker, *Literature and Violence in North Arabia* (Cambridge 1979), is an important recent book on pastoral nomadism and states. Moving to the village world, Joe E. Pierce, *Life in a Turkish Village* (New York 1964), is a straightforward account of growing up in a village; Hamed M. Ammar, *Growing up in an Egyptian Village: Silwa, Province of Aswan* (London 1954), is a classic. Village life can be savored in Z. S. Eglar, *A Punjabi Village in Pakistan* (New York 1960), and *Robert A. Fernea, *Shaykh and Effendi: Changing Patterns of Authority among the El Shabana of Southern Iraq* (Cambridge, Mass. 1970). Literature also provides a way in to village life; see the novels of Yashar Kemal, for instance *Memed my Hawk* (London 1961), and *V. M. Basheer (trans. R. E. Asher and A. C. Chandersekaran), *Me Grandad 'ad an Elephant!* (Edinburgh 1980). Regarding the Muslim town, an influential essay has been G. E. von Grunebaum's "The Structure of the Muslim Town" in his *Islam: Essays in the Nature and Growth of a Cultural Tradition* (Chicago, Ill. and London 1955). Three important collections of essays have appeared in recent years: A. H. Hourani and S. M. Stern (eds.), *The Islamic City* (Oxford 1970), I. M. Lapidus (ed.), *Middle Eastern Studies* (Berkeley, Calif. 1969), and L. Carl Brown (ed.), *From Madina to Metropolis* (Princeton, N.J. 1973). J. L. Abu-Lughud, *Cairo: 1001 Years of the City Victorious* (Princeton, N.J. 1971), and F. I. Khuri, *From Village to Suburb: Order and Change in Greater Beirut* (Chicago, Ill. 1975), are important new studies. Again, novels can tell us much about life itself: Najib Mahfuz (trans. T. Le Gassick), *Midaq Alley* (London 1975), is based in Cairo, and Ahmed Ali, *Twilight in Delhi* (2nd edn; Bombay 1966), takes place in the old Mughal city. A. H. Sharar (trans. E. S. Harcourt and F. Hussain), *Lucknow: the Last Phase of an Oriental Culture* (London 1975), is a marvelous description of the persianate urban culture of this north Indian city. For houses, Guy T. Petherbridge, "Vernacular Architecture: the House and Society" in George Michell (ed.), *Architecture of the Islamic World: its History and Social Meaning* (London 1978), is a good introduction with a useful bibliography. See also James S. Kirkman (ed.), *City of Sanaa: Exhibition Catalogue* (London 1976). There is an outline of the traditional position of women in Islam in Reuben Levy, *The Social Structure of Islam* (Cambridge 1957). Charis Waddy, *Women in Muslim History* (London 1980), offers a survey of the power and achievement of Muslim women. C. Nelson, "Public and Private Politics: Women in the Middle Eastern World," *American Ethnologist*, August 1974, reviews the handling of women as a subject in ethnographic accounts. E. W. Fernea and B. Q. Bezirgan (eds.), *Middle Eastern Muslim Women Speak* (Austin, Texas 1977), and C. Beck and N. Keddie (eds.) *Women in the Muslim World* (Cambridge, Mass. 1978), are two outstanding recent surveys. The case for the position of women in Islam as traditionally understood is argued in B. Aisha Lemu and Fatima Heeren, *Woman in Islam* (London 1976). The argument that Muslim family mores and assumptions are fundamentally opposed to the equality of women is put forward with great passion by Fatima Mernissi, *Beyond the Veil: Male-Female Dynamics in a Modern Muslim Society* (New York 1975). Two books reveal the horrors Muslim women can suffer: L. P. Sanderson, *Against the Mutilation of Women* (London 1981), which deals with female circumcision, and Ian Young, *The Private Life of Islam* (London 1974), which is set in an Algerian obstetric hospital, and is definitely not reading for the squeamish. It is instructive to read the autobiographical works of women who have "beaten" the system: H.H. Nawab Sultan Jahan Begum, *An Account of my Life* (vol. one trans. C. H. Payne, London 1910; vol. two trans. A. S. Khan, Bombay 1922); Halide Edib, *Memoirs* (London 1926); Begum Ikramullah, *From Purdah to Parliament* (London 1963). Literature is again valuable. Some of the work of Assia Djeber, the prominent Algerian woman novelist, can be found in L. Ortzen (ed. and trans.), *North African Writing* (London 1970). The novel by Attia Hosain, first woman graduate from a north Indian *taluqdari* or landowning family, *Sunlight on a Broken Column* (London 1961), which depicts the stresses of changing values for an educated woman against the background of the Indian independence movement, is excellent.

監訳者のことば

　読者の理解のために，豊富なデータ・資料・図版をもり込んだイスラム史の書物は，世に必ずしも稀というわけではない．しかし，本書は，高度に工夫されたあまたの地図や歴史資料としても価値ある多数の美しいカラー写真などをもつだけでなく，そのほかにも特筆・注目すべき特徴をおびた作品なのである．

　本書の原題は"Atlas of the ISLAMIC WORLD since 1500"となっている．西暦1500年に特別の意味があるわけではない．標題の意図は，ほぼ16世紀から後のイスラム世界の動向を概観しようとするところにある．16世紀はまことに興味深い時代だ．1501年，イランでサファヴィー朝が興る．他方，アナトリアを本拠としたオスマン朝は，1517年マムルーク朝を滅ぼし，29年にはウィーンを包囲したりして，アジア・アフリカ・ヨーロッパにまたがる大帝国を建設し，全盛期を迎える．さらにインド亜大陸では，1526年ムガル帝国が成立する．こうして，西からイスタンブル，エスファハーン，デリーをそれぞれ都とする三つのイスラム国家が並び立つのである．これらの動きの主役はすべて，既成の体制を打ち破る新顔であった．しかし，オスマン帝国はイスラム国家理念の完成者として，サファヴィー朝はイラン人国家の形成者として，ムガル帝国はインド・イスラム文化の体現者として自己主張していた．アジアにこれらのイスラム国家が出現したころ，そのアジアに，スペイン・ポルトガルをはじめヨーロッパ勢力が進出してきた．16世紀目前の1492年グラナダ征服を契機に，イベリア半島からムスリム勢力を追放した余勢を駆っての進出であった．

　本書は，イスラム成立以来900年間の歴史を無視してはいないが，主題はあくまでも上に述べた転換の時代以降にある．そして，初期イスラムの展開の主要舞台，つまり今日，西アジアとか中東とか呼ばれているような地域に視野を限らず，ひろくアジア諸地域に拡大したイスラムの姿を見渡そうとしている．それは，アジア諸地域の社会での近代に直接先立つ時代のイスラム的伝統を考える上で，またヨーロッパ優位に傾いていった時代のイスラムの危機の内実とそれからの脱出の衝動を解明する上で，さらにはアジア諸地域をおおうイスラム復興運動の現在を理解する上で，意味ある一つの試みだといえる．本書の原題は「イスラム世界の拡がり」と読み変えることもできよう．もっとも本訳書では，「世界」には「拡がり」の意味も込められていると考え，簡略なタイトルとして『イスラム世界』を選んだ．

　著者F・ロビンスン博士はインド・ムスリムの政治・社会史の専門家であり，そのことからも，アラブ世界中心のイスラム史像とは一味も二味も違うイメージが提示されることになった．本書のなかの各地のモスクのたたずまいを比較するだけでも，地域ごとにムスリム住民の背負っている伝統の質の違いと，それにもかかわらず人々を共通の信念と生活様式に統合していくイスラムの力について，あらためて考えさせられるのである．

　本書のもう一つの特色は，イスラム世界のそうした拡がりのなかで，生活文化に即して，伝統と革新のかかわり合い（相剋・インタラクション・支え合い）を具体的に，視覚的にとらえようとしていることである．この目標のためには，第1部末尾や第2部にもり込まれている材料と記述は，スペースの制約があるとはいえ，けっして十分とはいえない．しかし読者は，ヴィヴィッドで暗示的な図版の裏側を思いめぐらし見抜くことによって，より深い洞察へと導かれるであろう．

　また本書は，近年の欧米におけるイスラム研究の新しい気運を反映している．それは，序説や参考文献で述べられるように，ヨーロッパ旧来の歪んだイスラム認識，すなわちオリエンタリズムへの反省である．本書は，イスラムに対して抱かれてきた敵意と偏見とコンプレックスの結果としての歪みを正して，あるがままのアジアの姿を具体的に，共感的に描き直したいという動機づけに支えられているように見える．本書をひとまとまりの作品として吟味することにより，こうした研究動向の帰趨を占うことができるかもしれない．著者の意向にもかかわらず，オリエンタリズム的な鎧が衣の下からほの見えるところもある．巻末の用語解説の「ダール・アルハルブ」の項では脅威が云々され，「ズィンミー」の項では18世紀以降のイスラムの非寛容が暗示されるごとく．

　このような角度から本書の吟味ができるように，翻訳にあたっては原文の特徴あるニュアンスをできるだけ損なわないように努めた．しかし，説明内容の明らかな誤りについては訂正した．原著の記述に問題が含まれているとしても，訳文にそのまま生かすべきところと訂正すべきところとを，見分けるのに苦心を払った．著者の意図を汲み，日本における認識の歪みを正すためにも，イスラーム，アル・クルアーン，ハリーファ，マッカなどと表記したかったが，なお読者の慣用の状況を考慮して，イスラム，コーラン，カリフ，メッカなどとした．

　訳出は，以下の方々が分担した．各々の担当箇所は複雑に入りくんでいるので，ここでは省略する．

　　浅井信雄（神戸市外国語大学教授）
　　鈴木　均（アジア経済研究所地域研究部）
　　栗田禎子（東京大学大学院総合文化研究科地域文化専攻
　　　　　　博士課程）
　　赤堀雅幸（東京大学大学院総合文化研究科文化人類学専
　　　　　　攻博士課程）
　　黒木英充（東京大学東洋文化研究所助手）

訳文の調整・統一には監訳者があたったが，異常に長い時間を要し刊行が遅れたことについて，分担者の方々にも，朝倉書店の担当の方々にも，そして読者にもおわびしたいと思う．

1988年3月　板垣雄三

地名索引

ア 行

アイウン 27°10′N13°11′W　14, 158
アイン・ゲディ 31°27′N35°23′E　161
アイン・ジャールート 32°04′N35°19′E　24
アウサ 11°30′N40°36′E　95
アウジラ 29°05′N21°12′E　95
アウランガーバード 19°52′N75°22′E　59
青ナイル川 14, 126, 139
アガ・ジャーリー 30°45′N49°47′E　143
アガーディール 30°30′N9°40′W　88, 94
アガデス 17°00′N7°56′E　95
アカバ 29°32′N35°00′E　121, 161
アクサライ 38°22′N34°02′E　32
アクス 41°08′N80°13′E　101, 206
アクラ 5°33′N0°15′W　14
アーグラ 27°09′N78°00′E　59, 113, 150
アサイエ 20°15′N75°59′E　113
アザンムール 33°20′N8°25′W　94
アジス・アベバ〔アディス・アババ〕 9°03′N38°42′E　14, 134
アシュケロン 31°40′N34°35′E　161
アシュハーバード 37°58′N58°24′E　145, 206
アジメール 26°29′N74°40′E　25, 37, 59, 113, 119, 150
アスィーラー 35°32′N6°04′W　94
アスィールガル 21°31′N76°22′E　59
アスターラーバード →ゴルガーン
アストラハーン 46°22′N48°04′E　88, 101, 112, 145
アスユート 27°14′N31°07′E　95
アスワーン 24°05′N32°56′E　139
アゾフ 47°06′N30°26′E　73, 88, 100, 114
アダナ 37°00′N35°19′E　73, 132, 139, 141
アチェ 5°30′N95°20′E　115, 135
アッカー〔アッコ〕 32°55′N35°04′E　139, 141, 161
アットゥール 28°14′N33°36′E　161
アディ・ラング 6°56′S110°51′E　91
アテネ 38°00′N23°44′E　14, 24, 73, 114, 132, 139, 176
アデン〔アダン〕 12°47′N45°03′E　14, 73, 95, 121, 134, 142
アトバラ 17°42′N34°00′E　126
アトバラ川 126
アドリアノーブル →エディルネ
アーバーデ 31°06′N52°40′E　206
アビジャン 5°19′N4°01′W　14, 158
アブカイク 25°56′N49°40′E　121
アブー・ゼニーマ 29°03′N33°06′E　161
アブー・ハメド 19°32′N33°20′E　126
アフマダーバード 23°03′N72°40′E　25, 59
アフマドナガル 19°08′N74°48′E　113
アベシ 13°49′N20°49′E　95
アマシヤ 40°37′N35°50′E　45
アマディヤ〔アルアマーディーヤ〕 37°06′N43°29′E　141
アム川(アムダリヤ)(オクサス) 15, 24, 36, 45, 73, 103, 112, 118, 130, 143, 145, 195
アムステルダム 52°21′N4°54′E　14, 176
アムリツァル 31°35′N74°56′E　59, 206
アムール川 15
アヤイナ 25°58′N46°34′E　121
アラクス〔阿克蘇〕川 130
アラハバード〔アッラーハーバード〕 25°27′N81°50′E　59, 113, 150
アララト山 39°40′N44°23′E　14
アルアリーシュ 31°08′N33°48′E　139, 161
アルウバイド 13°11′N30°10′E　126, 139
アルカスルアルカビール 35°04′N5°56′W　94
アルカワ 13°34′N6°22′E　128
アルカンタラ 30°52′N32°20′E　161
アルクンティラ 30°00′N34°41′E　161
アルクンフィザ 19°09′N41°07′E　139
アルジェ〔アルジャザーイル〕 36°50′N3°00′E　14, 72, 95, 134, 157, 158
アルジェディーダ(マザガン) 33°19′N8°35′W　94
アルジャウフ 29°47′N39°52′E　121, 142
アルー諸島 2°23′S128°07′E　115
アルタウィーヤ 26°31′N45°21′E　142
アルデビール 38°15′N48°18′E　24, 45, 73, 112, 206
アルバート湖 14
アルベイダー〔アルバイダー〕 32°49′N21°45′E　126

アルメリア 36°50′N2°26′W　32
アレクサンドリア〔アルイスカンダリーヤ〕 31°13′N29°55′E　32, 73, 88, 114, 132, 139, 157
アレクサンドレッタ〔イスケンデルン、アルイスカンダルーナ〕 36°37′N36°08′E　141
アレッポ〔ハラブ〕 36°14′N37°10′E　32, 45, 73, 114, 139, 141
アンカラ 39°55′N32°50′E　14, 24, 73, 114, 118, 132, 134, 206
アンガラ川 15
アンコール 13°26′N103°50′E　89
アンシュン〔安順〕 26°15′N105°51′E　124
アンダマン諸島 15, 150
アンタリヤ 36°53′N30°42′E　114, 132
アンティオキア〔アンタキヤ〕 36°12′N36°10′E　45, 141
アンディジャン 40°50′N72°23′E　119
アントワープ 51°13′N4°25′E　88
アンナーバ 36°55′N7°47′E　73, 157
アンボン(島) 3°41′S128°10′E　89
アンマーン 31°57′N35°56′E　14, 132, 141, 142, 158, 161

イェニセイ川 101
イシク・クル湖 103
イシム川 15, 145
イスタンブル(コンスタンティノーブル) 41°02′N28°57′E　24, 29, 32, 45, 73, 88, 114, 118, 132, 139, 172, 206
イズニク(ニカエア) 40°27′N29°43′E　73
イスパルタ 37°46′N30°32′E　206
イズミル 38°25′N27°10′E　24, 73, 114, 132, 206
イスラマーバード 33°44′N75°11′E　15, 159, 172
イッコ 11°32′N3°33′E　128
イバダン 7°23′N3°56′E　155
イボー 4°36′N101°02′E　152
イラワジ川 15, 25, 89, 135, 195
イリ 101, 103
イルティシュ川 15, 37, 101, 103, 145
イロリン 8°32′N4°34′E　128
インダス川 15, 24, 29, 32, 36, 45, 59, 88, 101, 103, 112, 113, 118, 134, 143, 150, 158, 172, 195
インデラギリ 0°16′S103°14′E　115
インドゥラブラ 2°02′S100°56′E　91, 115
インドラギリ川 91
インドール 22°42′N75°54′E　113

ヴァルディカフカズ 44°58′N35°22′E　145
ヴィクトリア 22°16′N114°13′E　15
ヴィクトリア湖 14, 95, 131, 155, 194
ヴィジャヤナガル 15°20′N76°25′E　25, 59, 113
ヴィスワ川〔ヴィスラ川〕 14
ヴィティム川 15
ウィーン 48°13′N16°22′E　14, 73, 114
ウェタル島 7°50′S126°10′E　115
ヴェネチア 45°26′N12°20′E　73, 88
ウォイナ・デガ 11°47′N37°39′E　95
ヴォルガ川 14, 24, 29, 36, 73, 88, 100, 114, 130, 145
ヴォルタ川 95
ウーシャク 38°42′N29°25′E　206
ウバンギ川 14, 194
ウーフー〔蕪湖〕 31°23′N118°25′E　124
ウーファ 54°45′N55°58′E　101, 145
ウラル川 14, 24, 36, 73, 101, 103, 130, 145
ウラルスク 51°19′N51°20′E　145
ウランバートル 47°54′N106°52′E　15
ウルゲンチ 41°35′N60°41′E　101, 103
ウルファ 37°08′N38°45′E　132, 206
ウルムチ 43°43′N87°38′E　101, 103
ウンム・アビダ 31°38′N45°11′E　36
ウンム・ディワイカラート 12°10′N32°38′E　126

エイラト 29°33′N34°57′E　161
エスキシェヒル 39°46′N30°30′E　132, 206
エスファハーン 32°41′N51°41′E　24, 29, 45, 73, 88, 101, 112, 121, 134, 142, 143, 206
エッセン 51°27′N6°57′E　176
エディルネ(アドリアノーブル) 41°40′N26°34′E　73, 114, 132
エトナ山 37°45′N15°00′E　14
エベレスト山 27°59′N86°56′E　15
エリヴァン 40°10′N44°31′E　45, 112, 130, 132,

143, 145, 206
エリザベトポル 41°08′N46°15′E　145
エルサレム〔アルクドゥス、エルシャライム〕 31°47′N35°13′E　14, 24, 32, 73, 121, 132, 139, 141, 157, 158, 161
エルゼルム 39°57′N41°17′E　45, 132
エルブルス山 43°21′N42°29′E　14
エルベ川 14, 176

オカ川 14
オーデル川 14, 176
オビ川 15, 101, 103
オムスク 55°00′N73°22′E　103, 145
オムドゥルマン〔ウンム・ドゥルマーン〕 15°37′N32°29′E　126, 139
オヨ 7°50′N3°55′E　128
オラン〔ワフラーン〕 35°45′N0°38′W　157
オリンポス山 40°05′N22°21′E　14
オレンブルグ 51°50′N55°00′E　103, 145

カ 行

カイセリ 38°42′N35°28′E　45, 73, 206
カイラワーン 35°42′N10°01′E　24
カイロ〔アルカーヒラ〕 30°03′N31°15′E　14, 24, 29, 32, 45, 73, 88, 95, 114, 118, 132, 134, 139, 157, 158, 206
カヴァラ 39°44′N20°55′E　139
ガウル・タンダ 25°10′N87°47′E　59
カエディ 16°12′N13°32′W　94
ガオ 16°19′N0°09′W　24, 95, 118, 155
カギズマン 40°08′N43°07′E　206
ガザ(ガザ回廊) 31°30′N34°28′E　161
カサイ川 14
カサブランカ〔アッダール・アルバイダー〕 33°39′N7°35′W　128, 156
カザフ 41°05′N45°19′E　206
カザン 55°45′N49°10′E　24, 88, 101, 118, 145
カーシャーン 33°59′N51°35′E　45, 73, 206
カシュガル〔喀什〕 39°29′N76°02′E　25, 45, 88, 101, 103, 119, 206
ガーシュサーラーン 30°12′N50°50′E　143
カズィマイン 33°22′N44°20′E　45
カズヴィーン 36°16′N50°00′E　45, 73, 112, 143
ガズナ 33°33′N68°28′E　24, 45, 112
カタック 20°26′N85°56′E　113
カタナ 33°27′N36°04′E　161
ガダーメス 30°09′N9°30′E　95
カツィナ 13°00′N7°32′E　24, 95
カッサラー 15°24′N36°25′E　126
カッタロ →コトル
カーディシーヤ 31°18′N44°54′E　24
カティーフ 26°30′N50°00′E　121
カーディフ 51°30′N3°13′W　176
ガート 24°59′N10°11′E　95
ガートガート 24°30′N46°19′E　142
カトマンズ 27°42′N85°19′E　15
カナノール 11°53′N75°23′E　59
カノ 12°00′N8°31′E　24, 88, 95, 118, 128, 155
カーブル 34°30′N69°10′E　15, 24, 45, 59, 88, 101, 103, 112, 113, 134, 143, 158, 206
カマ川 14
カメルーン山 4°13′N9°10′E　14
カラオヴァ 37°07′N27°40′E　206
カラスブ 45°03′N35°06′E　145
カラチ 24°51′N67°02′E　118, 150, 172
カラマン 37°11′N33°13′E　32
カリカット 11°15′N75°45′E　25, 88
ガリポリ 40°25′N26°41′E　132
カルガン〔張家口〕 40°51′N114°59′E　124
カルス 40°35′N43°05′E　45, 112, 114, 130, 132, 206
カルナル 29°41′N76°58′E　112
カルバラー 32°37′N44°03′E　24, 45, 121
カルロヴィッツ 45°12′N19°24′E　114
ガレ 6°01′N80°13′E　59
ガンジス川〔ガンガー川〕 15, 24, 29, 37, 45, 59, 88, 113, 119, 135, 150, 159, 195
カンダハール 31°36′N65°47′E　45, 59, 112, 143
ガンチョウ〔甘州〕 38°58′N100°30′E　101
カンバラ 0°19′N32°35′E　14, 155
ガンビア川 94
カンベイ 22°19′N72°39′E　88

キエフ 50°25′N30°30′E　73, 100
キオス(島) 38°23′N26°07′E　73, 139

キガリ 1°56′S30°04′E　14
ギジェドヴァーン 40°07′N64°15′E　32
キジル・アルヴァト 39°00′N50°23′E　206
キュタヒヤ 39°25′N29°56′E　139
ギョルデース 38°55′N28°17′E　206
ギリ山 7°25′S112°31′E　91
キリマンジャロ山 14
キル 19°36′N19°36′E　126
キルクーク 35°28′N44°26′E　141
キルワ 8°55′S39°31′E　24
キルワ・キシーワニ 9°00′S39°30′E　95
キロババド 40°39′N46°20′E　206
キーロン 8°53′N76°38′E　59
キンシャサ 4°18′S15°18′E　14

クアラ・リピス 4°11′N102°00′E　152
クアラ・ルンブル 3°08′N107°42′E　152, 159, 173
クイビシェフ(サマラ) 53°10′N50°10′E　145
クウェイト 29°20′N48°00′E　14
クカワ 12°55′N13°31′E　95
クセイル〔アルクサイル〕 26°04′N34°15′E　95
クチャ〔庫車〕 41°43′N82°58′E　88
クチュク・カイナルジ 43°57′N27°50′E　114
クート 32°30′N45°51′E　132
グドゥ 13°10′N4°55′E　128
クドス 6°46′S110°48′E　91
クネイト 33°08′N35°49′E　161
クバ 41°23′N48°33′E　206
クーファ 32°02′N44°25′E　24
クフラ〔アルクフラ〕 24°19′N23°17′E　95, 126
グマーラ 33°31′N3°56′W　128
クラ 38°33′N28°38′E　206
クラクフ 50°03′N19°55′E　73
グラスゴー 55°53′N4°15′W　176
クラスノヴォーツク 40°01′N53°00′E　143
グラーツ 47°05′N15°22′E　73
グラナダ 37°10′N3°35′W　24, 32
クラフ 21°16′N40°55′E　139
クリシュナー川 15, 25, 59, 113
クルジャ〔庫爾勒〕 44°00′N81°32′E　101, 103
グレシク 7°12′S112°38′E　89, 91, 115
クルシェヒル 39°09′N34°08′E　206
クルモンフェラン 45°47′N3°05′E　176
グロース・グロックナー山 47°05′N12°44′E　14
グロズヌイ 43°21′N45°42′E　145
グロスワルダイン 47°03′N21°55′E　73, 114
黒ボルタ川 14
グワーリオス 21°28′N77°25′E　113
グウリオル 39°57′N78°09′E　59, 113
グワンドゥ 12°30′N4°41′E　128
グントゥール 16°20′N80°27′E　113
クンミン〔昆明〕(ユンナンフ〔雲南府〕) 25°04′N102°41′E　101, 124

K_2(山)(ゴッドウィン・オースティン山) 35°53′N76°32′E　15
ケシュム島 26°58′N56°17′E　143
ケソン市 14°39′N121°02′E　15
ケダー 6°06′N100°23′E　89, 91, 115, 152
ケッピ川 128
ケニア山 0°10′S37°19′E　14
ケフィ 8°51′N7°47′E　128
ケランタン 6°07′N102°15′E　89, 91, 152
ケランダン川 152
ケリマネ 17°53′S36°51′E　95
ケルアン 2°01′N103°18′E　152
ケルキ 37°53′N65°12′E　206
ケルマーン 30°18′N57°05′E　24, 45, 73, 112, 143, 206
ケルマンシャー 34°19′N47°04′E　112, 206

ゴア 15°31′N73°56′E　59, 113, 150
コイリン〔桂林〕 25°21′N110°11′E　124
ゴーダヴァリ川 59, 113
コーチン 9°56′N76°15′E　59, 113
コトル(カッタロ) 42°27′N18°46′E　73, 114
コナクリ 9°30′N13°43′W　14, 158
コニヤ 37°51′N32°30′E　24, 32, 36, 73, 114, 118, 132, 206
コペンハーゲン 55°43′N12°34′E　14, 176
コム(ゴム) 34°39′N50°57′E　24, 45, 206
コモロ諸島 14, 95, 134, 155, 158, 172, 175
ゴルガーン(ジュルジャーン)(アスタラーバード) 36°50′N54°29′E　32, 45, 73, 112, 130, 206

地名索引

ゴルコンダ 17°24′S78°23′E　25, 59, 113
コルティ 18°06′N31°33′E　139
コルドバ 37°53′N4°46′W　24, 32
ゴルナーバード 32°50′N59°55′E　112
コロンボ 6°55′N79°52′E　15, 59, 150
コワントン〔広東〕23°08′N113°20′E　88, 89, 124
コンゴ川 134
ゴンゴラ川 128
コンスタンティーヌ〔クサンティーナ〕36°22′N6°40′E　157
コンスタンティノープル →イスタンブル
ゴンダル 12°39′N37°29′E　126
ゴンベ 10°17′N11°14′E　128

サ 行

サイゴン 10°46′N106°43′E　89
サイダーバード 29°28′N55°44′E　206
ザイラ 11°21′N43°30′E　88, 95
サーヴァ川 114, 176
サウス・シールズ 55°00′N1°25′W　176
サトレジ川 15, 25, 45, 59, 112, 113
サナー〔サンアー〕15°24′N44°14′E　14, 73, 121, 142
ザビード 14°10′N43°18′E　95
サビーラ 26°24′N45°08′E　142
サフィ 32°18′N9°20′W　95
サブゼバール 36°18′N9°02′W　95
サボン・ガリ 128
サーマッラー 34°13′N43°52′E　24, 45, 112
サマラ →クイビシェフ
サマルカンド 39°40′N66°57′E　24, 29, 32, 45, 59, 88, 101, 103, 112, 118, 130, 134, 145, 206
サムスン 41°17′N36°22′E　132
サムドゥラ 5°09′N97°09′E　89
サモス〔島〕73
ザラ 39°55′N37°44′E　206
サライェヴォ 43°52′N18°26′E　132
サラーブ 37°56′N47°35′E　206
サラフス 36°32′N61°07′E　32, 206
ザリア 11°01′N7°44′E　24, 95, 118, 128
サリーマ 21°22′N29°19′E　95
サルウィン川 15, 25, 89, 124, 195
ザンジバル 6°10′S39°12′E　24, 88, 95, 134
サンバス 1°22′N109°12′E　115
ザンベジ川 14, 95

シアク 0°50′N102°05′E　91
シーアン〔西安〕34°16′N108°54′E　124
ジェッダ〔ジュッダ〕21°30′N39°10′E　24, 95, 118, 121, 139, 142, 172
ジェノア 44°25′N8°56′E　73, 88
ジェバラ 6°32′S110°40′E　115
シェフィールド 53°23′N1°30′W　176
シェマハ 40°38′N48°37′E　112, 130, 206
ジェリコ〔アリーハー〕31°51′N35°27′E　161
シェンディ 16°41′N33°22′E　139
ジェンネ 13°55′N4°31′W　24, 94, 118
死海〔アルバフル・アルマイト〕31°30′N35°30′E　161
シゲトヴァール 46°01′N17°50′E　73
シー〔西〕江 15
ジーザーン 16°56′N42°33′E　142
ジシルマーサ 31°53′N3°03′W　95
シノベ →スィノブ
シビル 68°29′N158°30′E　101
ジブティ 11°36′N43°11′E　14, 158
シャイガーン 19°01′N30°19′E　126
ジャイサルメール 26°52′N70°55′E　59, 150
ジャイプル 26°53′N75°50′E　59, 113
ジャウンプル 25°44′N82°41′E　25, 59
ジャカルタ〔バタビア〕6°08′S106°45′E　15, 89, 91, 115, 135, 159
ジャグブーブ 29°42′N24°38′E　118, 126
ジャフナ 9°40′N80°01′E　59
ジャムナ川 59, 113
シャルムッ・シェイフ〔シャルム・アッシャイフ〕27°51′N34°16′E　161
シャンハイ〔上海〕31°06′N121°22′E　124
ジャンビ 1°36′S103°39′E　91, 115
シャンファン〔襄陽〕31°59′N112°04′E　124
ジュルジャーン →ゴルガーン
ショコドラ〔スクータン〕42°03′N19°01′E　132, 176
ジョーシャガーン 33°34′N51°12′E　206
ジョドパル 26°18′N73°08′E　59, 113
ジョホール・バール 1°29′N103°45′E　89, 91, 152
シーラーズ 29°38′N52°34′E　24, 29, 32, 45, 73, 88, 112, 143, 206
シル川〔シル・ダリヤ〕15, 24, 36, 45, 101, 103, 112, 118, 130, 143, 145
シレバル 4°07′S102°30′E　115
白ナイル川 14, 126, 131, 139, 155

シンカト 18°55′N36°48′E　126
シンガポール 1°18′N103°50′E　15, 89, 91, 115, 152, 159, 194
シンタイ〔邢台〕37°47′N114°30′E　124
ジンデル 13°46′N8°58′E　95, 128, 134
シンバン・キリ川 91

スィヴァス 39°44′N37°01′E　32, 45, 73, 114, 132, 206
スィノブ〔シノベ〕42°02′N35°09′E　45, 73, 132
スィベルト島 1°20′S98°50′E　91
スィムルー島 2°30′N96°00′E　91
スィルヒンド 30°39′N76°28′E　59
スィーワ 29°11′N25°31′E　95
スィンケル 2°16′N97°47′E　89, 91, 119
スエズ〔アッスウィース〕29°59′N32°33′E　161
スエズ運河 161
スカダナ 1°15′S109°57′E　115
スクタリ →シュコドラ
スコピエ 42°00′N21°28′E　176
スコベレフ 40°23′N71°17′E　145
スーチョウ〔肅州〕39°47′N98°30′E　101
スパラト →スプリト
スファックス 34°45′N10°34′E　157
スプリト〔スパラト〕43°31′N16°28′E　73
スラト 21°10′N72°54′E　113
スラバヤ 7°14′S112°45′E　115
スリーナガル 34°08′N74°50′E　59, 113, 150, 206
スール〔ティール〕33°16′N35°12′E　161
スルタナーバード 34°05′N49°42′E　206
スワーキン 19°08′N37°17′E　73, 95, 121, 126, 139
スンバワ島 8°50′S118°00′E　89, 115, 135

セウタ〔セブタ〕35°53′N5°19′W　94, 134
セグエラ 7°58′N6°44′W　155
セネガル川 14, 24, 94, 155
セバストポリ 44°36′N33°33′E　114
セビリャ 37°24′N5°59′W　24, 32
ゼファト〔サファド〕32°57′N35°27′E　161
セミパラチンスク 50°26′N80°16′E　103
セムナーン 35°30′N53°25′E　206
セラム島 115
セラーンポール 22°44′N88°21′E　59
セリンガパタム 12°25′N76°41′E　113
センバン 2°42′N101°54′E　152
センタ〔ツェンタ〕45°55′N20°06′E　114
センナール 13°31′N33°38′E　88, 95, 126, 139, 155
センネ 35°18′N47°01′E　206

ソウル 37°30′N127°00′E　15
ソコト 13°02′N5°15′E　118, 128, 134
ソファラ 19°49′S34°52′E　88, 95
ソフィア 42°40′N23°18′E　14, 73, 114, 132, 176
ソロ川 91
ソンバン〔松潘〕32°40′N103°30′E　124

タ 行

ターイフ〔アッターイフ〕21°15′N40°21′E　172
タイペイ〔台北〕25°05′N121°32′E　15
タウデニ 22°38′N3°58′W　95
ダカール 14°40′N17°27′W　14, 155, 158
タケッダ 17°26′N6°07′E　95
タージュ 36°34′N54°46′E　32
タシュケント 41°16′N69°13′E　24, 45, 88, 101, 103, 118, 130, 134, 145, 206
ターチェンル〔打箭炉〕30°05′N102°04′E　124
ダッカ 23°42′N90°22′E　15, 59, 113, 159
タッタ 24°41′N67°34′E　59, 113
タートン〔大同〕40°12′N113°12′E　124
タナ湖 12°00′N37°20′E　95, 126
タフィラルト 31°24′N4°08′W　128
タブティール 105
タブーク 28°23′N36°35′E　121
タブリーズ 38°05′N46°18′E　24, 45, 73, 88, 100, 112, 114, 118, 130, 143, 206
ダブリン 53°20′N6°15′W　14
タボラ 5°02′S32°50′E　155
ダボラ 10°48′N11°02′E　155
ダマーヴァンド山 35°56′N52°08′E　14
ダマスクス〔ディマシュク〕33°30′N36°19′E　14, 24, 29, 32, 45, 73, 88, 100, 112, 114, 118, 121, 132, 134, 139, 141, 142, 158, 161, 206
ダマン 20°26′N72°58′E　59
タマーンラーセト 22°50′N5°28′E　95
ダームガーン 36°09′N54°22′E　24, 103
ダーレッサラーム 6°51′S39°18′E　134, 155, 158
タンガニーカ湖 14, 155
タンジュンビナン 0°55′N104°20′E　91

タンジュンブラ 0°02′S113°32′E　89
タンジール〔タンジャ〕35°48′N5°50′W　24, 88, 94, 128, 156
タンター 30°48′N31°00′E　36

チェントン〔承徳〕40°59′N117°52′E　124
チェントウー〔成都〕30°37′N104°06′E　124
チキシュリアル 37°36′N53°57′E　143
チッタゴン 22°20′N91°48′E　59, 88, 113, 150
チトーグラード 42°28′N19°17′E　176
チトール 24°54′N74°39′E　59
チーナーン〔済南〕37°20′N103°39′E　124
チャオトン〔昭通〕27°20′N103°39′E　124
チャド湖 14, 24, 88, 95, 118, 126, 128, 155
チャルディラン 39°10′N43°52′E　45, 73
チャンデルナゴール 22°52′N88°21′E　59, 113
チュー川 103
チュニス〔トゥーニス〕36°50′N10°13′E　14, 32, 73, 88, 95, 134, 157, 158
チュメニ 57°11′N65°29′E　101
チューリッヒ 47°23′N8°33′E　176
チュリボン 6°46′S108°33′E　89, 91, 115
チョンチョウ〔鄭州〕34°45′N113°38′E　124
チンチアン〔清江〕28°02′N115°23′E　124
チント山 42°23′N8°57′E　14

ツェチニェ 42°25′N18°56′E　132
ツェンタ →センタ
ツンツワ 13°46′N6°11′E　128

ディウ 20°41′N71°03′E　59
ティグリス川〔ディジュラ川〕14, 24, 29, 32, 36, 45, 73, 88, 100, 112, 114, 118, 121, 132, 134, 142, 143, 158, 172, 194
ティドル〔島〕0°40′N127°25′E　89
ティベリアス〔ティベリヤー〕32°48′N35°32′E　161
ティベリアス湖 32°45′N35°38′E　161
ディヤルバクル 37°55′N40°14′E　45, 73
ティラナ 41°20′N19°49′E　14, 176
ティンブー 27°32′N89°43′E　15
テッサロニキ 40°38′N22°58′E　132
デッパ〔アッデッパ〕18°02′N30°56′E　139
テトウーン 35°34′N5°22′W　128
テデゼン 37°26′N60°30′E　206
テヘラーン 35°40′N51°26′E　14, 45, 73, 112, 134, 143, 158, 206
デマク 6°53′S110°40′E　25, 89, 91, 115
テミル・ハン・スラ 43°48′N47°22′E　145
テメスヴァル 45°45′N21°15′E　73, 114
デュッセルドルフ 51°13′N6°47′E　176
デリー 28°40′N77°14′E　15, 25, 29, 45, 59, 88, 112, 113, 119, 135, 150, 159
テル・アヴィヴ 32°05′N34°46′E　161
テルナラ 0°50′N127°19′E　89
テルハッザ 23°38′N5°22′W　94
デルベント 42°03′N48°18′E　112, 130, 143, 145, 206
テロク・アンソン 4°00′N101°02′E　152

トゥアト 27°12′N2°29′E　95
トゥーカル 18°37′N37°41′E　126
トゥガル 6°52′S109°07′E　91, 115
トゥシュキー 21°56′N31°12′E　126
トゥース 36°30′N59°31′E　32
トゥバン 6°55′S112°01′E　89, 91
トゥラバ 21°15′N41°34′E　139
トゥールカルム 32°19′N35°02′E　161
ドゥルミトル山 114
トゥンホワン〔敦煌〕40°05′N94°45′E　101
ドドマ 6°10′S35°40′E　14
ドナウ川 14, 24, 29, 36, 73, 114, 132, 176
ドニエストル川 14
ドニエプル川 14, 24, 29, 36, 73, 101, 114, 145
トバ湖 2°40′N98°50′E　91
トビリシ〔ティフリス〕41°43′N44°48′E　45, 73, 100, 143, 145, 206
トボリスク 58°15′N68°12′E　101
トボール川 145
トムスク 56°30′N85°05′E　101
ドラバ川 114
トランケバル 11°04′N79°50′E　59
トリコマリー 8°33′N81°13′E　59, 113
ターリー〔大里〕25°45′N100°06′E　124
タリム盆地 25, 88, 101, 103
ダルイーヤ 24°45′N46°35′E　118, 121, 139
ダーレッサラーム →（上記）
トルファン〔吐魯番〕42°55′N89°06′E　101, 103
ドルレス 41°18′N19°28′E　132
トレド 39°52′N4°02′W　24

トレビゾンド 41°00′N39°43′E　45, 73, 88, 114, 132
トレムセン〔ティリムサーン〕34°53′N1°21′W　24, 32, 36, 72, 95, 157
トレンガヌ 5°20′N103°07′E　89, 91, 152
トロイツク 54°08′N61°33′E　145
ドンクラ 19°10′N30°27′E　126, 139
トンディビ 16°57′N0°18′W　95
トンブクトゥ 16°49′N5°29′W　24, 29, 88, 95, 118, 134, 155
ドン川 14, 24, 36, 73, 100, 114, 145

ナ 行

ナイル川〔アンニール〕14, 24, 29, 32, 36, 73, 88, 95, 100, 114, 118, 126, 131, 134, 139, 155, 157, 158, 172, 194
ナイロビ 1°17′S36°50′E　14
ナヴァリノ 37°15′N21°40′E　139
ナウパクトス 38°23′N21°50′E　73
ナガバタム →ナガバッティナム
ナガバッティナム〔ナガバタム〕10°45′N79°50′E　59
ナクソス〔島〕37°06′N25°24′E　73
ナーグプル 21°10′N79°12′E　113
ナザレ〔アンナーシラ〕32°42′N35°18′E　161
ナジャフ 31°59′N44°19′E　45
ナジュラーン 17°31′N44°19′E　121
ナーセル湖 14
ナターニヤー 32°20′N34°51′E　161
ナディア 23°22′N88°32′E　25
ナハーリーヤ 33°01′N35°05′E　161
ナーブルス 32°13′N35°16′E　161
ナポリ 40°50′N14°15′E　73
ナルマダー川 59, 113
ナンキン〔南京〕32°03′N118°47′E　124

ニアス島 91, 115
ニアメー 13°32′N2°05′E　14, 155, 158
ニジェール川 14, 24, 29, 88, 95, 118, 128, 131, 134, 155, 158, 172, 194
西ベルリン →ベルリン
ニシャプール〔ネイシャーブール〕36°13′N58°49′E　24, 32, 45, 103, 112, 143
ニーシュ 43°20′N21°54′E　114, 132
ニューデリー →デリー

ヌアクショット 18°09′N15°58′W　14, 158
ヌガウンデレ 7°20′N13°35′E　155
ヌガザルガム 13°00′N12°32′E　95, 128
ヌグル 12°53′N10°30′E　128
ヌジャメナ 12°10′N14°59′E　14, 158

ネイリーズ 29°14′N54°18′E　206
ネゴンボ 7°13′N79°51′E　59
ネヘーヴァンド 34°13′N48°21′E　112, 114
ネン〔嫩〕江 15

ハ 行

バイカル湖 15
ハイデラーバード 17°22′N78°26′E　113, 135, 150
バイナン 1°21′S100°34′E　115
ハイファー 32°49′N34°59′E　141, 161
ハイフォン 20°50′N106°41′E　89
ハーイル 27°31′N41°45′E　132
パオティン〔保定〕38°52′N115°29′E　124
バガルユング 40°45′S100°42′E　15
バクー 40°22′N49°53′E　45, 73, 97, 112, 130, 134, 143, 145
バクサル 25°35′N84°00′E　15
バグダード 33°20′N44°26′E　14, 24, 29, 32, 36, 45, 73, 88, 100, 112, 114, 118, 121, 132, 141, 142, 143, 158, 206
パサイ 5°12′N96°40′E　25, 29, 88, 89, 91, 119
バサイド 38°06′N55°19′E　143
パジャン 7°22′S110°50′E　89, 91
バスラ 30°30′N47°50′E　45, 73, 88, 112, 121, 132, 141, 142
バセイン 19°21′N72°52′E　59
バタビア →ジャカルタ
パダン 1°00′S100°21′E　91, 115
パダン・ベサル 6°38′N100°14′E　152
パッサロヴィッツ 44°37′N21°12′E　114
パッターニー 6°50′N101°20′E　89, 91, 115
パテ〔島〕2°08′S41°02′E　95
ハデジヤ川〔コマドグヨベ川〕128
ハデラ〔アルハデイラ〕32°26′N34°55′E　161
バトゥーム 41°37′N41°36′E　45, 114, 132, 143
バートカル 13°59′N74°34′E　59
バトナ 25°37′N85°12′E　59, 113, 150
パトラス 38°14′N21°44′E　139
バドル 17°52′N43°43′E　24
バナルカン 7°40′S113°55′E　89, 91

地名索引

バーニーバット 29°24′N76°58′E 59, 113, 150
ハノイ 21°01′N105°52′E 15
バハレーン〔バフライン〕（島）26°05′N50°31′E 73, 121, 142, 158
バハン 3°50′N103°19′E 89, 91, 152
バフチサライ 44°44′N33°53′E 145
ハフト・ゲル 31°28′N49°35′E 143
ハマー 35°09′N36°44′E 141
バマコ 12°40′N7°59′W 14, 134, 155, 158
ハマダーン 34°46′N48°35′E 24, 45, 73, 112, 114, 143, 206
ハミ〔哈密〕42°37′N93°32′E 101, 103
バーミンガム 52°30′N1°50′W 176
バム 29°07′N58°20′E 206
バラー 13°42′N30°21′E 139
バラコト 34°28′N73°24′E 119
バラナシ（ベナーレス）25°20′N83°00′E 25, 59, 113, 150
ハラル 9°20′N42°10′E 29, 95
パリ 48°52′N2°20′E 14, 24, 72, 176
バリアマン 0°36′S100°09′E 91, 115
ハリ川 91
バリ島 89, 91
ハルイス川〔クズルイルマク川〕 132
バルカ 32°30′N20°50′E 73, 95
バルス（ファンスル）2°02′N98°20′E 89, 91, 115
バルダル（マスリーパトナム）16°13′N81°12′E 59, 113
ハルトゥーム 15°33′N32°32′E 14, 118, 134, 139, 158
バルハシ湖 15, 25, 37, 45, 88, 101, 103, 119, 130, 145
バルフ 36°48′N66°49′E 24, 45, 59, 88, 101, 103, 112, 130
ハルマヘラ島 115
パレンバン 2°59′S104°45′E 89, 91, 115
バローダ 22°19′N73°12′E 113
バンギ 4°23′N18°37′E 14
バンコク 13°44′N100°30′E 15
バンジェルマシン 3°22′S114°33′E 89, 115
バンジュル 13°28′N16°39′W 14, 158
バンダネイラ（島）4°31′S129°50′E 89
バンダハラ山 3°46′N97°47′E 15
バンダル・アッパース 27°12′N56°15′E 45, 112, 121, 142, 143
バンダル・スリ・ブガワン 4°56′N114°58′E 15
ハンチョウ〔杭州〕30°18′N120°07′E 88, 124
バンディルマ 40°21′N27°58′E 206
バンテン 6°06′S106°09′E 89, 91, 115
ハンブルグ 53°33′N10°00′E 176

ビアトゥカ 58°30′N49°40′E 145
ヒヴァ 41°25′N60°49′E 32, 36, 45, 101, 103, 112, 130, 143, 206
ビエンチャン 17°59′N102°38′E 15
ビカーネル 28°01′N73°22′E 59, 113, 150
ビジャーブル 16°47′N75°48′E 25, 59, 113
ビジャヤ →ビン・ディン
ビシャール 35°52′N47°39′E 206
ビスクラ 34°50′N5°41′E 32
ビゼルト〔ブンゼルト〕37°18′N9°52′E 157
ビダ 9°06′N5°59′E 128
大ビター湖 30°15′N32°20′E 161
ビダル 17°55′N77°00′E 25
ビッデリ 11°11′N15°20′E 95
ビドン 13°29′N85°50′E 59
ビュイ・ド・サンシー山 45°32′N2°48′E 14
ヒュマイミラ 23°29′N34°50′E 36
ピョンヤン〔平壌〕39°00′N125°47′E 15
ビリトゥン島 91, 115
ビール・ギフガファ 30°28′N33°19′E 161
ビールジャンド 32°55′N59°10′E 206
ビルニン・グワリ 11°00′N6°50′E 128
ビルニン・ケッビ 12°30′N4°11′E 128
ビルニン・コンニ 13°49′N5°19′E 128
ビルマ 18°46′N13°04′E 95
ビレジク 37°03′N37°59′E 141
ビンダン島 91
ビン・ディン（ビジャヤ）13°53′N109°07′E 89
ビン・ヤウリ 10°46′N4°45′E 128
ピンヤン〔平涼〕35°27′N106°31′E 124

ファーシェル〔アルファーシル〕13°37′N25°22′E 88, 95, 126, 155
ファショダ 9°50′N32°00′E 126
ファテプル・スィークリー 27°06′N77°39′E 59
ファンスル →バルス
フィリップヴィル 36°53′N6°54′E 157
フィリッポポリス →プロヴディフ
フエ 16°28′N107°35′E 89
フェス〔ファース〕34°05′N5°00′W 24, 32, 72,

88, 94, 128, 134, 172
フェトヒエ 36°37′N29°08′E 206
ブカレスト 44°25′N26°07′E 14, 73, 114, 132
フーグリー 22°59′N88°24′E 59
ブーシェヘル 28°59′N50°50′E 143
ブジャーヤ（ブージー）36°49′N5°03′E 32, 73, 157
ブジュンブラ 3°22′S29°19′E 14
ブダ →ブダペスト
ブダペスト（ブダ）（ベスト）47°30′N19°03′E 14, 73
フーチョウ〔福州〕26°09′N119°17′E 88
ブッサ 9°55′N4°26′E 128
ブーナ 18°34′N73°58′E 59, 150
ブトゥン島 115
ブノンペン 11°35′N104°55′E 15
ブハーラー 39°47′N64°26′E 24, 29, 36, 45, 88, 101, 103, 112, 118, 130, 134, 143, 145, 206
ブー・ベリーフ 34°16′N4°50′W 128
ブライ 5°22′N100°17′E 152
ブラザビル 4°14′S15°14′E 14
ブラッシー 23°41′N88°29′E 113
ブラッドフォード 53°48′N1°45′W 176
ブラバ 50°06′N14°26′E 14
ブラバ 1°02′N44°02′E 95
ブラーマプトラ川 59, 113
ブランタス川 91
ブリカット 13°26′N80°20′E 59
ブリスティ 42°39′N21°10′E 176
ブリダ〔アルブリーダ〕36°30′N2°50′E 157
ブリタル 8°06′S112°12′E 91
ブリュッセル 50°50′N4°21′E 14, 176
ブルサ 40°12′N29°04′E 24, 73
ブルネイ 4°56′N114°58′E 89, 135, 159
ブルハンプール 21°18′N76°08′E 59
ブルラク 4°50′N97°48′E 91
フレンダ 35°04′N1°03′E 32
ブロウディフ（フィリッポポリス）42°08′N24°45′E 132
フロレス島 115, 135

ベイト・シェアン 32°30′N35°30′E 161
ベイルート〔バイルート〕33°52′N35°30′E 14, 141, 158
ベオグラード 44°50′N20°30′E 14, 114, 176
ペキン〔北京〕39°55′N116°26′E 15, 25, 88, 101, 124
ベグー 17°18′N96°31′E 89
ペシャーワル 34°01′N71°40′E 59, 112, 150
ペシル 38°15′N64°45′E 206
ベスト →ブダペスト
ペトログラード →レニングラード
ペトロパヴロフスク 54°53′N69°13′E 145
ベナーレス →バラナシ
ペナン（島）5°26′N100°16′E 115
ベヌエ川 14, 95, 128, 155
ヘブロン〔アルハリール〕31°32′N35°06′E 32, 161
ペラ 4°17′N100°36′E 115
ペラク川 152
ヘラート 34°20′N62°10′E 24, 29, 32, 45, 88, 101, 103
ヘリース 38°15′N47°08′E 112, 143, 206
ベルガマ 39°08′N27°10′E 206
ベール・シェバー 31°15′N34°47′E 161
ベルベラ 10°28′N45°02′E 95, 134
ベルベル 18°01′N34°00′E 139
ベルリン 52°32′N13°25′E 14, 176
ベルン 46°57′N7°26′E 14
ベンガージー 32°07′N20°05′E 73, 114, 132, 134, 157, 172
ベンクルー 3°46′S102°16′E 91, 115
ベンデルシャー 35°16′N62°37′E 206
ベンデル 46°50′N29°29′E 73
ベン・ネビス山 56°48′N5°00′W 14
ペンバ（島）13°00′S40°30′E 134

ポアティエ 46°35′N0°20′E 24
ボー川 176
ホーカンド 40°33′N70°55′E 45, 101, 103, 118, 130, 145, 206
ホータン〔和田〕37°07′N79°57′E 88, 101, 103, 206
ポーチ 42°11′N41°41′E 130
ホデイダ 14°50′N42°58′E 95, 121, 142
ホムス〔ヒムス〕34°44′N36°43′E 139, 141
ボーヤン〔波陽〕15
ポル 37°53′N34°38′E 206
ポルト・ノボ 6°30′N2°47′E 14, 158
ホルマ 21°55′N42°02′E 142
ホルムズ 27°31′N54°56′E 45, 73, 88
ホワイキンプ〔淮京府〕35°15′N114°17′E 124
ホワン〔黄〕河 15, 25, 88, 101, 119, 124
ボン 50°44′N7°06′E 14

ポンディシェリー 11°59′N79°50′E 59, 150
ボンベイ 18°56′N72°51′E 59, 113, 119, 135, 150

マ 行

マイコプ 44°37′N40°48′E 130, 145
マイソール 12°18′N76°37′E 59, 113, 150
マカッサル 5°09′S119°28′E 15, 89, 115
マザガン →アルジェディーダ
マジャパヒト 7°34′S112°47′E 89, 91
マシュハド 36°16′N59°34′E 45, 101, 103, 112, 143, 206
マスカット 23°37′N58°38′E 15, 88, 121, 134, 142, 158
マスジド・ソレイマーン 31°59′N49°18′E 143
マスリーパトナム →バンダル
マセニャ 11°21′N16°09′E 95
マダバ 31°44′N35°48′E 161
マタラム 8°36′N116°07′E 91
マタンカリ 13°47′N4°00′E 128
マッサワ 15°37′N39°28′E 73, 95, 121, 139
マドライ 9°55′N78°07′E 59
マドラス 13°05′N80°18′E 59, 113, 150
マドラ島 6°50′S113°10′E 91
マドリード 40°25′N3°43′W 14, 72
マハナディ川 59, 113
マハッラト 33°54′N50°28′E 206
マフラク 32°20′N36°12′E 161
マラウィ湖 14, 95
マラーケシュ 31°49′N8°00′W 24, 88, 94, 128
マラズギルト（マンジケルト）39°09′N42°30′E 24
マラッカ 2°14′N102°14′E 25, 29, 88, 89, 91, 115, 135, 152
マラディ 13°29′N7°10′E 128
マラティヤ 38°22′N38°18′E 32, 45, 73, 206
マラボ 3°45′N8°48′E 14
マリ（メルヴ）37°42′N61°54′E 24, 45, 88, 101, 103, 112, 118, 130, 143
マリンディ 3°14′S40°05′E 95
マルギラン 40°29′N71°44′E 206
マルセイユ 43°18′N5°22′E 88, 176
マルタ島 73
マルタプラ 3°25′S114°47′E 89, 115
マルディン 37°19′N40°43′E 206
マンガロール 12°54′N74°51′E 59, 113, 150
マンジケルト →マラズギルト
マンチェスター 53°30′N2°15′W 176

ミズダ 31°25′N13°02′E 126
ミスラ 31°02′N35°32′E 161
ミスラータ 32°24′N15°04′E 157
ミソロンギ 38°21′N21°26′E 139
ミニヤー（アルミニヤー）28°06′N30°45′E 139
ミラス 37°19′N27°48′E 206
ミンダナオ島 115

ムウェル湖 9°00′S28°40′E 14
ムカッラー 14°34′N49°07′E 121
ムクデン〔瀋陽〕41°50′N123°26′E 124
ムコムコ 2°30′S101°05′E 91
ムジル 39°05′N34°25′E 206
ムスイ川 91
ムスタガーネム 35°54′N0°05′E 128, 157
ムラセン山 37°04′N3°19′W 14
ムルシア 37°59′N1°08′W 32
ムルズク 25°56′N13°55′E 95
ムルタン 30°10′N71°36′E 24, 45, 59, 112, 113
ムルーヤ川〔アルムルーヤ川〕 128

メギッドー 32°35′N35°11′E 132
メクネース 33°53′N5°37′W 94
メコン川 14, 25, 29, 88, 119, 124, 135, 195
メシュキンシャフル 38°24′N47°40′E 206
メッカ〔マッカ〕21°26′N39°49′E 24, 29, 32, 73, 88, 95, 118, 121, 126, 134, 139, 142, 172, 194
メディナ〔アルマディーナ・アルムナッワラ〕24°30′N39°35′E 24, 29, 73, 95, 118, 121, 139, 142
メトゥッラ 33°17′N35°34′E 161
メトニ 36°50′N21°43′E 139
メナド 1°32′N124°55′E 115
メフラバン 38°03′N47°09′E 206
メリリャ〔メリーラ〕35°20′N3°00′W 157
メルヴ →マリ
メルシン 36°47′N34°37′E 141
メロウェ 18°30′N31°49′E 126
メンフア 25°15′N100°20′E 124

モガディシュ 2°02′N45°21′E 14, 24, 88, 95, 118, 134, 155, 158
モザンビーク 15°00′S40°47′E 95, 155
モスクワ 55°45′N37°42′E 14, 100, 145
モースル〔マウシル〕36°21′N43°08′E 32, 45, 112, 141, 206

モハー 13°20′N43°16′E 121
モハーチ 46°00′N18°40′E 73, 114
モルディヴ諸島 135, 159
モルドヴェアヌ山 45°37′N24°49′E 14
モンバサ 4°04′S39°40′E 95
モン・ブラン山 45°50′N6°52′E 14
モンロヴィア 6°20′N10°46′W 14

ヤ 行

ヤウンデ 3°51′N11°31′E 14
ヤーシ 47°09′N27°38′E 73, 114, 132
ヤシィ 43°38′N68°16′E 36, 101, 103
ヤズド 31°55′N54°22′E 45, 112, 143, 206
ヤナオン →ヤナム
ヤーファー〔ヤッフォ〕32°04′N34°46′E 161
ヤルカンド〔葉爾羌〕38°27′N77°16′E 101, 103, 206
ヤナム（ヤナオン）16°45′N82°16′E 113
ヤンツー〔揚子〕江 15, 25, 29
ヤンブー 24°07′N38°04′E 121, 139

ユーフラテス川〔アルフラート川〕14, 24, 29, 32, 36, 45, 73, 88, 100, 112, 114, 118, 121, 132, 134, 139, 141, 143, 158, 172, 194
ユンナンフ〔雲南府〕→クンミン〔昆明〕

ヨアンニナ 39°40′N20°51′E 139
ヨーラ 9°41′N12°32′E 128
ヨルダン川〔オルドン川〕 161

ラ 行

ライン川 14, 73, 176
ラグーザ →ドブロヴニク
ラクナウ 26°50′N80°59′E 113, 150
ラゴス 6°27′N3°28′E 14, 95, 118, 158
ラダンボル 25°32′N76°02′E 59
ラディク 38°16′N31°57′E 206
ラバ 9°14′N4°59′E 128
ラバート 34°02′N6°51′W 14, 128, 156, 158, 172
ラファハ 31°18′N34°15′E 161
ラホール 31°34′N74°22′E 25, 59, 88, 112, 113, 135, 150, 172, 206
ラマッラー 31°55′N35°12′E 161
ラーム 2°17′S40°54′E 95
ラムレ 31°56′N34°52′E 161
ラングーン 16°47′N96°10′E 15
ランチョウ〔蘭州〕36°01′N103°45′E 88, 101, 119, 124

リヴァプール 53°25′N2°55′W 176
リスボン 38°44′N9°08′W 14, 24, 88
リーブルヴィル 0°30′N9°25′E 14
リヤード 24°39′N46°46′E 121, 134, 142
リヨン 45°46′N4°50′E 176
リロングウェ 13°58′S33°49′E 14

ルアンダ 8°50′S13°15′E 14
ルクセンブルク 49°37′N6°08′E 14
ルサカ 15°26′S28°20′E 14
ルドルフ湖 14
ルフィジ川 95
ルンバン 6°45′S111°22′E 115

レシュト〔ラシュト〕37°18′N49°38′E 112, 143
レニングラード（ペトログラード）59°55′N30°25′E 145
レーニン山 39°21′N73°01′E 15
レバント →ナウパクトス
レンガト 0°26′S102°35′E 115
レンベルク 49°50′N24°00′E 73

ロアール川 14, 176
ロッド（リッダ）31°57′N34°54′E 161
ロードス（島）73, 139
ローヌ川 14
ローマ 41°53′N12°30′E 14, 73
ロメ 6°10′N1°21′E 14
ロンドン 51°30′N0°10′E 14, 172, 176
ロンボク島 8°29′S116°40′E 89

ワ 行

ワウ・アルカビール 25°21′N16°41′E 126
ワガドゥグ 12°20′N1°40′W 14, 158
ワーディー・アラバ川 161
ワーディー・ハルファ 21°46′N31°17′E 126, 139
ワード・マダニー 14°24′N33°30′E 126
ワタラ 17°15′N6°55′W 94
ワルグラ〔ワルクラ〕32°00′N5°16′E 73, 95
ワルシャワ 52°15′N21°00′E 14

索　引

イタリック数字の頁は，図版または地図の説明文に対応する．

ア 行

アイン・ジャールート　26
アヴィケンナ　16
アヴェロエス　16
アウグスティヌス　31
アウサ　98
アウド　113, 115
アウラングゼーブ　58, 63, *63*, 114
「赤い城塞」　*63*, *68*, *69*
アカヴィーヴァ，ルドルフ　*61*
アガデス　128
アキーカ　188
アキット家　98
アクサー・モスク　*161*, *174*, *183*
アクス　103
アクバル　58, *61*
　──の墓廟　*70*
アクバル・アッラーハーバーディー　149
アクバルナーマ　*61*, 63
悪魔　40, 43
アクラ　214
アーグラ　63, *68*, *69*
アグラブ朝　25
悪霊　40
アジュメール　*61*, *186*, *186*
アーシューラー　47, 190
アスカラーニー　32
アスキア朝　99
アスキア・ムハンマド　97
アストラハーン　100, *101*
アストラハーン・ハーン国　103
アズハル　120, 138, 167
アズハル学院　33
アズハル大学　*140*, 152
アゼルバイジャン　45, 72, 171
アゼルバイジャン人　147
アタチュルク，ムスタファ・ケマル　132, *136*, 165
アタチュルク橋　*78*
アーダト　30, 151
アダマワ　129
アダム　41
アダル　96
アチェ　90, *90*, 93, 115, 116, 171
アチェ戦争　121
アッシリア人　144
アットリーキー　*162*
アッバース　23
アッバース1世　*64*
アッバース2世　110
アッバース朝　26
アッラーフ　40
アディ・ラング　93
アテネ　22
アトラス山系　23
アニミズム　32, 97
アパダーン　159
アフガーニー，ジャマール・アッディーン　145, 155
アフガニア　151
アフガニスタン　58, 132, *134*, *213*, *222*
アフガン人　58
アフザール・アルホセイニー　*51*
アフザル・ハーン　115
アフシャール朝　112
アブダッラー・ハーン　101, *103*
アブダッラー・ハーン2世　104
アブダッラー・ブン・ハーン　19
アブデュル・バキー　77
アブデュルハミト2世　*136*, *136*
アブド・アッラー　*140*, *141*
アブド・アッラーフ　94, 120, 124
アブド・アッラーフ　22, *126*
アブド・アッラー・ブン・サウード　120
アブド・アッラー・ブン・サウード　141, *142*, *143*
アブド・アルカーディル　36, 129
アブド・アルカーディル・ギーラーニー　*186*
アブド・アルガニー　120
アブド・アルカリーム　155
アブド・アルハック　62
アブドゥス・サマード　63
アブドル・カイユーム・アンナーシリー　147
アブー・ハニーファ　29
アフマド・アッダルカーウィー　129, *129*
アフマド・アッティジャーニー　125
アフマド・アブダリー　115
アフマド・アミーン　216
アフマド・アルマンスール　97
アフマド・グラン　96, *96*
アフマド・シャー　115
アフマド・バーバー　98
アフマド・ブン・イドリース　125
アフマド・ブン・トゥールーン　23
アフマド・ブン・ハンバル　29
アフマド3世　*116*
アブー・ミデヤン　37
アフメト　76
アブラハム　20, 22, 41, 191, 192
「アフリカの角」　95
アブール・ハサン　*64*
アブール・ファズル　61
アミール・スルタン・ブン・アブド・アッラフマーン・アッダウィーシュ　*143*
アミール・ハムザ　93, 95
アム川　23
アメリカ　160, 176
アヤ・ソフィヤ　79, 84, *84*, *86*
アラウィー家　97
アラカン　26, 90
アラビア　121
アラビア語　24, 30, 33, 99, 141, 167
アラビア半島　22, 141
アラビア文字　200
『アラビアン・ナイト』　18, 23
アラブ　18, 22
アラファート，ヤーセル　160, *161*
アラファートの野　43, *194*, *197*
アラブ絵画　163
アラブ芸術　*162*, *163*
アラブ社会主義　167
アラブ首長国連邦　173
アラブ反乱　140
アラブ文学　33
アラブ連合共和国　160
アラベスク(唐草)文様　204
アーラムギール2世　115
アラム文字　202
アリー　23, 36
アーリア文明　20
アーリー・カーブ宮殿　49
アリーガル　*147*, 149
『アリーガル協会報』　146
アリー・シャリーアティー　168
アーリム　31
アリー・レザー　49
アルジェ　216
アルジェリア　17, *19*, 129, 155, *157*, 160, 171, 173
アルジェリア戦争　157
アルタイ山脈　26
アルタウィーヤ　*143*
アルタフ・フセイン・ハーリー　148
アルデビル　*45*, *206*
アルバニア　138
アルメニア人　45, 77, 144
『アワド・パンチ』　*146*, *147*
アンカラ　77
アングロ・イラニアン石油会社　143, 159
アンサール　126
アンディジャン　124
アンド・アグ・ムハンマド　98
アンボン　90
イヴァン雷帝　103
イエズス会　*61*, *61*
イェニチェリ　80, *81*, 116, 135, *135*
イェニチェリ軍団　74
イエメン　132, *134*, 216
医学　77
イギリス　17, 115, 130, 143, *143*, 148, 176
イギリス東インド会社　*113*
イクバール，モハンマド　134, 149, 158, 163
イジャーザ　34
移住　190
イジュティハード　29
「イジュティハードの門」　29
イジュマー　29
イシュマエル　43, 192
イスカンデル・ムダ　90, 94
イスタンブル　72, 85
イスティクラール党　155
イズニク　79, 81, 82, *82*, 204
イスマーイール　45
イスマーイール派　46
イズラーイール　42
イスラエル　41, 160, 161, 173
イスラエル人　190
イスラーフィール　42
イスラム改革思想　148
イスラム共和国　168, *170*
イスラム芸術　200
イスラム四法学派　28
イスラム社会主義　167
イスラム諸国会議　171, *172*
イスラム諸国首脳会議　*172*
イスラム神秘主義　25, 31
イスラム世界フェスティヴァル　176
イスラム世界連盟(ラービタ・アルアーラム・アルイスラーミー)　171
イスラム同盟　152
イスラム復興　118, 152
イスラム復興運動　149
イスラム法　23
イタリア　130, 155
イーティマドゥッダウラ　71
イード・アルアドハー　190, 191
イード・アルフィトル　190, 191
イドリース・アローマ　97, 99
イドリース教団　*119*, 125, 126
イドリース朝　25
イナーヤト・ハーン　63, *66*
──の肖像　*64*
エチオピア　96, *96*, 125, 153
「祈りの家」　*61*, *61*
イブラーヒーム・アッラシード　128
イブラーヒーム・アルクラーニー　94, 120
イブラーヒーム・パシャ　116
イフラーム　*192*, 194
イブリース　40
イフワーン運動　141, 212
イフワーン・ヒジュラ　*143*
イブン・アルアラビー　31, 34, 62, 89, 94, 167
イブン・スィーナー　16
イブン・タイミーヤ　120
イブン・ハルドゥーン　32
イブン・バットゥータ　27, 30, 34
イブン・ファルトゥワ　99
イブン・ルシュド　16
イベリア半島　23, 28, 46, *182*, 185
イマーム・シャーミル　124, *124*
イマーム・ホセイン　170
イマーム・マンスール　124
イラク　23, *23*, 140, *141*, 158, *162*, *162*, 171, 173
イラク人　23
イラフ　40
イラン　23, 112, *134*, 142, *143*, 163, 167, 173
イラン革命　167, 169, *170*
イラン高地　23
イル・ハーン　26
イロリン　129
岩のドーム　*161*
イーワーン　*104*, *106*
インダス渓谷　23
インドシナ　94

インド政庁　20
インドネシア　17, 151, 158, 171, 173
インド・マレー語族　90
インド民族主義　149
インド洋　25
ヴァン湖　26, *26*
ヴィジャヤナガル王国　22, 58
ウィーン　72, *81*
ヴェトナム人　90
ヴェネチア人　72
ヴェルジリオ，ポリドロ　16
ヴォルガ川　22
ヴォルガ盆地　26
ヴォルタ川　89
ヴォルテール　16
ウォロフ族　153
ウガンダ　154
「浮き世と来世の酩酊」　50
ウクライナ　72
牛　61
ウーシャク　206
ウズベク　45, 100, 147
ウスマーン　23
ウスマーン・ダン・フォディオ　128, *129*, 154
ウスマーン・ブン・アリー　*203*
ウナイ峠　*213*
ウマイヤ　*182*
ウマイヤ朝　27
ウマル・マーヤー　*93*
ウラマー　30, 33, 77, 135, 144, 157, 167
ウルグ・ベク　26
──のマドラサ　*104*, *107*
ウルドゥー語　63, *147*, 148, 163, 167
ウルバン　80

エヴレヤ・チェレビー　77
エカテリーナ女帝　103, 145
エーゲ海　22
エジプト　17, 23, 72, 130, 138, *140*, *147*, 158, 159, *162*, *163*, *166*, *166*
エジプト人　23
エシャーラート・ハーネ　104
エスファハーン　37, 46, 49, 52, *52*, 56, *56*, 111, 204, 219
エチオピア　96, *96*, 125, 153
エディサン　116
エディルネ　79, *85*
エリザベス1世　97
エリトリア　125
エルサレム　*183*
エルバカン，ネジメッティン　166
遠隔地商業路　*88*

オアシス　22
オイラート　103
「王家の奴隷」　110
王室モスク　49, *52*
応接間　219
オクソス川　23
オーストリア　116
オスマン1世　72
オスマン絵画　77
オスマン海軍　*74*
オスマン語　73
オスマン朝　44, 114
オスマン帝国　17, 72, *72*, 115, 131, 132, *134*, 140
──のカリフ　155
オスマン・ロココ様式　116
オスマン・ロコ　76
オックスフォード大学　20
オックリー，サイモン　20
OPEC　173
オマーン　96, *181*
オランダ　17, 115, 120, 130, 151
オリッサ　58
織物　49, *56*, *57*
オレンブルグ　145
『御恵みのしるし』　100

カ 行

カアルタ　128
絵画　49
　サファヴィー朝の──　50

　ムガル朝の──　64
改革　116
街区　77, 216
カイセリ　79
快楽主義　50, *51*
カイラワーン　23
カイロ　*19*, 22, 23, *218*
カイロ会議　*140*
カエサル　23
ガオ　97
家屋　*218*, *218*
科学　33
「革命の記念碑」　*162*, *163*
カザク　209
ガザーリー　28, 31, 34
カザン　22, 100, *101*, *124*, 145
カザン・ハーン国　103
カシミール　58, 66, 103, *108*, 151
カージャール族　112
カージャール朝　112, 114, 144
カーシャーン　*203*, *206*
カシュガーイー　*206*, *212*, *213*
カシュガル　*101*, 103
ガーズィー　27
カズヴィーニー　40
ガズナ　25
ガズナ朝　25
カスピ海　143
ガスプリンスキー，イスマーイール・ベイ　*146*, *146*, 147
火葬　93
カダフィー，ムアンマル　167, *173*
カタル　173
カツィナ　97
学校　33
割礼　188
カーディー　30, 33, 77
カーディ・アルハージ家　98
カーディリー教団　37, 39, 62, 104, 129
ガーナ　27, 154
カネム・ボルヌ　97
カノ　97, 99, *108*, 154
カーバ　28, *192*, *194*, *197*
ガブリエル　22, *22*, 40, 191
ガボン　173
カマール・アミーン・アワード　*162*
神　27, 40, *40*
上エジプト　96, 214
「神の意志決定の夜；威力の夜」　190
「神の宗教」　61
上ボルタ　154
仮面劇　94
火薬　44
「ガユマルスの庭園」　50, *51*
唐草文様　*204*
ガラタ橋　78
カラチ　163
カラムカール　57
カラ・ムスタファ　76
ガラン　18
カランダリー教団　37
カランダル　31
カーリー　*180*, *185*
カリグラフィー(書道)　50
カリフ　18, 23, *136*
カリフ制　136
カリーム・ハーン・ザンド　112
カルカッタ　*133*
カルタ　125
カルトスウィルヨ，S・M・　171
カルバラー　23, 47, 120, *121*, *168*, 190
カルマト派　46
カルロヴィッツ条約　115
慣習法　30
カンスー(甘粛)　27, 100, 103, *108*, *124*, *124*
カンダハール　112, *112*, *222*
官能主義　50
ガンビア　154

キオスク　79
幾何学文様　*204*
喜捨　40, 43
「犠牲祭」　191
北アフリカ　23, *128*, 130
キッチナー　*126*

索引

ギニア　109, 153, 154
ギニア海岸　27
ギニア高地　129
絹　49
ギブ、ハミルトン　20
キプチャク　26
キプチャク・ハーン国　26
キプロス島　72
ギボン、エドワード　16
キヤイ　93
キヤース　29
キャーティブ・チェレビー　77
キャラバン　43
キャラバンサライ　56, 216
旧行　124
旧ポルトガル領ギニア　154
キュチュク・カイナルジャ条約　116
ギュルハネ(バラの間)憲章　136
『狂信、あるいは預言者ムハンマド』　16
ギョカルプ、ズィヤ　136
キョプリュリュ家　76, 115
ギョルデース　206, 209
ギョルデース結び　206
ギラーン　36, 45
ギリ　91
ギリシア　23
ギリシア医学　23
ギリシア人　77
ギリシア数学　23
キリスト　16, 22
キリスト教　30, 41
キリスト教宣教師　148, 153
キリスト教徒　16, 77, 147
キルギズ人　147
ギルド　77
キルワ　22, 88, 96
キレナイカ　23, 128
金　97
金角湾　78
金角湾陶器　79
金属細工　56
近代国家　133
金帳汗国　101
金曜モスク　57

クウェイト　173
偶像崇拝　22
グジャラート　26, 58
クズルバシュ　45
クテシフォン　23
クドゥス　90, 94
クトゥブ　31
グバール体　202
クーファ　23, 27
クーフィー体　27, 202
クブラウィー教団　104
クーヘ・スーフィー　52
グラッドストン　20
グラナダ　26
グラナダ王国　22
「クラナダのムーア人の王による略式処刑」　19
グラーム・アッラーフ　98
クリミア　72, 100, 101
クリミア・タタール人　146, 147
クリミア戦争　135
クリミア・ハーン国　103
クリミア半島　22
グルジア　112
グルジア人　45
クルシー　184, 185
クルディスタン　214
クルド人　144, 214
クレタ島　72
グーレ・ミール　104
軍事封土制　115
軍隊　135, 135

啓示　22, 180
啓典　40, 41
ゲズィーラ　96
結婚　30, 188, 221
ゲーテ　18
ケニア　154
ゲバス　26
ケリム織　206, 206
兀　27
現実主義　50, 51
拳銃　44
建築　153
原理主義　166

『後宮からの誘拐』　18
公衆浴場　216
攻城砲　80
コーカサス　23, 26, 123, 124, 130, 171, 209
黒人　176
国民国家　157
コサック　143
孤児院　33
「五柱」　40
黒海　22, 72
国家救済党　166
コニヤ　39, 186
ゴビ　91
コプト　77
コム　47, 168, 216, 222
コモロ諸島　129
コーラン　16, 22, 180, 181
ゴラン高原　160
ゴルコンダ　58, 114
ゴルダル　96
ゴルトツィーハー、イグナツ　20
コルドバ　25
コルドファーン　96
ゴワ　90
コンスタンティノーブル　22, 72

サ行

サイード・アフマド　121
サイード・アフマド・ハーン　146, 149
サイード・イドリース　155
サイード・シャー・アブド・ラッザークの廟　186
サイクス卿、マーク　140
サイクス・ピコ協定　140, 140
最後の審判　180
財産相続　30
『西東詩集』　18
ザイド派　46
サイード・ハーン　103
細密画　41, 49, 78
ザイラ　96
ザーウィヤ　128, 128
サウディ・アラビア　120, 142, 142, 172, 173, 194
サウード家　141, 142
サウード・ワッハーブ運動　138
サウード・ワッハーブ派勢力　121
ザカート　42
サガナヌグ家　98
サーサーン朝　23, 47
サシ、シルヴェストル・ド　20
サーダート、アンワール　166
サタン　43
ザックーム　42
サッダーム・フサイン　173
サッファール朝　25
サーディー　26, 49, 56, 99
サーデク・ヘダーヤト　163
サード・アッディーン・タフタザーニー　26
サード・ザグルール　138
サード朝　97, 204
サナア　216, 219
サヌーシー運動　212
サヌーシー派　126, 128, 155
裁きの日　40
サハラ　22, 25, 126
サバンナ地帯　22
サビーラの戦い　142
サファヴィー教団　37
サファヴィー朝　17, 34, 50, 110, 112, 206, 206
サファヴィー朝絵画　50
サフィーッディーン　44, 45
サマーッラ　23
サマルカンド　23, 26, 45, 104, 106, 107, 147
サーマーン朝　25, 25
ザムザム　28
──の井戸　194
サモリ・トゥーレ　129
サラディン　16
サラーフ・アッディーン　16
『サラーマンとアブサール』　32
ザリア　97
サーリヒー教団　128
サルキン朝　99
サレカト・イスラム　152
三角法　77
サンコレ・モスク　98
サンスクリット　63
ザンド朝　112
サンマーニー教団　125
サン・レモ会議　140
サン・レモ条約　17

詩　26, 77
死　189

シーア　23
シーア派　46, 47, 144, 170, 170, 171, 190
シヴァージー　114, 115
シヴァ神　92
ジェッダ　173, 219
シェフザーデ・モスク　79, 84, 85, 86
シエラ・レオネ　153, 154
シェール・シャー・スールの墓廟　70
シェール・ハーン・スール　58
シェンシー(陝西)　124
塩　97
シオニスト　140, 160
シオニズム　140
シゲトヴァル　44
『地獄篇』　16
ジズヤ　61, 63
シチリア　22, 26
シナイ砂漠　160
ジハード　40
シハーブッディーン・マルジャーニー　147
ジブリール・ブン・ウマル　128
詩篇　41
シャー　169
シャー・アッバース　45
シャー・アッバース1世　46, 52
シャー・アブド・アルカーディル　125
シャー・アブドル・アズィーズ　115, 148
シャー・アフマド・アブダリー　120
シャー・アーラム　115
シャー・イスマーイール　46, 72
シャー・イスマーイール1世　45
ジャイナ教徒　61
シャイバーニー朝　101, 103
シャイフ　31, 34
シャイフ・アフマド　129
シャイフ・アフマド・スィルヒンディー　62, 114, 119
シャイフ・アフマド・ヤサヴィー　148
シャイフ・アフマド・ヤサヴィー廟　104
シャイフ・アルイスラーム　76
シャイフ・イブン・マウラーナー　91
シャイフ・ザーヒド　45
シャイフ・サリーム・チシュティー　61, 63, 68
シャイフ・バハーオッディーン・モハンマド・ハミーディゥ・カーネ　52
シャイフ・ブルハーン・アッディーン　33
シャイフ・ムハンマド・サンマーン　120, 125
ジャイブル　60
「ジャヴィドナーマ」　165
ジャカルタ憲章　171
シャージャハーナーバード　63, 68, 216
シャー・ジャハーン　58, 65, 71
シャジャル・アッドゥル　222
シャーズィリー教団　39, 129
ジャズ一体　202
ジャズーリー　100
シャー・スルターン・ホセイン(ホセイン1世)　168
シャー・スレイマン　147
シャハーダ　40
ジャハーン　222
ジャハーンギール　46, 58, 64, 64, 66, 222
シャヒヤード広場の記念碑　170
シャーフィイー　29
シャーフィイー派　28, 29, 29, 76
ジャフリー教団　124
シャーベ・バラト　190
ジャマーアテ・イスラーミー　167
シャーマニズム　32
ジャマー・マスジド　68, 68
ジャーミー　26, 32, 39, 49
シャムス・アッディーン・アッラーニーリー　94
シャムスッディーン　33
ジャムナ川　63
シャー・ムラード　101, 104
シャリーア　29, 76, 135, 149
シャリーフ　100

シャリーフ・フサイン　140, 140, 141, 142
シャー・ルッフ　101
シャールール　45
ジャワ　22, 26, 27, 89, 89, 91, 92, 116, 120, 151, 153, 171, 181
『ジャワーイブ』　146
ジャワード・サリーム　162, 163
シャー・ワリーウッラー　120, 124, 148
シャンシー(山西)　100
ジャーン朝　101
銃　80
自由将校団　140, 159
絨毯　49, 79, 206
十二イマーム　45
十二イマーム派　46, 168
祝祭　190
首長国　154
ジュマー・マスジド　222
ジュラ族　116
ジュルジャーニー　32
ジュンガリア　100
殉教者　168, 170
巡礼(→メッカ巡礼)　36, 40, 43, 192
小アジア　26
商業　25
「昇天の夜」　191
『書簡(リサーラ)』　17
女性　169, 221
書道　200
ジョーンズ、サー・ウィリアム　20
シーラーズ　213
シリア　23, 26, 72, 140, 141, 158, 160, 171
シリア人　23
シルクロード　88, 88
シール・ダール　107
シール・ダール・マドラサ　104, 106, 107
ジン　40
神権政治　49
信条　40
神殿区域　161
新行　124, 124
ジンナー、モハンマド・アリー　149, 150
審判の日　42
神秘主義　30, 37
ズー・アルヒッジャ月　192
スィヴァス　209
スィカンドラ　70
スィク　115
スィク教徒　113, 114, 151
ズィクル　19, 34
ズィッル・アッラーヒ　47
スィナン・パシャ　79, 84, 84
スィーニー体　201
スィパーヒー　80
ズィヤー・ウルハック　167
『スィーラトゥ・アルムスタキーム』　94
スィルスィラ　36
スィンケル　94, 124
スィンド　23, 151
ズィンミー　77
数学　77
スエズ運河　159, 159
スタナップ、レディ・ヘスター　18
スターリン　147
スーダン　27, 126, 153, 154
スナン・カリ・ジャガ　93
スヌーク・フルフローニュ　152
スーフィー　25, 30, 31, 34, 89, 100, 157, 214
スーフィー教団　36, 171
スーフィズム　30, 31, 119
スペイン　22, 94, 151, 155
スマク織　206, 209
スマトラ　22, 27, 108, 116, 120, 152
スユーティー　99
スラウェシ　171
スラカルタ　92
スリーナガル　108
スール諸島　90
スルスィー体　202
スルターン　74
──の宮殿　82
スルタン・アグング　93
スルタン・アフメト・モスク　79, 184
スルタン・ガリエフ、ミール　147
スルターン・スライマーン　125
スルタン制　26, 136

スルタン・ホセイン　110, 112
スルタン・ムハンマド5世　155
スルタン・モハンマド　34, 51
スール朝　58
『スールナーメ』　78
スレイマニエ・モスク　77, 78, 84, 85, 86
スレイマン大帝　72, 74, 81, 222
『スレイマンナーメ』　78
スレイマン・フズーリー　77
スンナ派　29, 189

西欧　176
「正義の統治者」　121
製紙　50
青磁　82, 57
聖者　89
聖書　16
聖戦　80, 118, 118, 148, 154
青年トルコ党　136
聖都　186
聖法　27
西洋　176
聖ヨハネ騎士団　72
『世界歴史』　22
石油　172, 173
石油価格　176
石油輸出国機構(OPEC)　160
世俗主義　49
説教　185
説教檀　184
セネガル　116, 125, 153, 154, 173
セネガル川　25, 27
セネガンビア　128
セポイの反乱　68
セマーニエ・マドラサ　77
セム　20
セラグリオ　82
セラーミーエ・モスク　79, 84, 85, 86
セリム1世　72
セリム2世　72, 74
セリム3世　116, 116
『セリムナーメ』　78
セール　20
セルジューク　26
セルビア　116
セレウキア　23
セレベス　91
全インド・ムスリム連盟　149, 150
泉亭　184
センネ結び　206

象牙海岸　154
『創造の不思議とその特異なる性質』　40
相続　33
ソコト　128
ソコト・カリフ国　129
ソコト・スルタン国　129
ソコル・メフメト・パシャ　84, 86
ソビエト連邦　171
ソファラ　96
ソマリア　154
ソマリ人　96
ソラン峠　212
ソロアスター教徒　61, 144
ソンガイ　27, 99
ソンガイ帝国　97

タ行

タイ　171
第1次十字軍　26
第1次世界大戦　140
太陰暦　61, 190
大宰相　74
代数　23
第2次十字軍　26
大反乱　148
大砲術　44
大モスク　192, 216
太陽暦　61
第4次中東戦争　173
タイル　49, 204, 204
タウキー体　202
タオチョウ　108
タオデニ　97
タガザ　97
ダカール　154
タクフィール・ワ・ヒジュラ(悔い改めと罪からの離脱)　166
ダゲスターン　123
タシクマラヤ　153
タージ・マハル　63, 70, 71
タシュケント　23, 148
タタール人　103, 116, 124, 145, 146

索引

タッロ 91
タバコ 144
ダビデ 41
ターヒル朝 25
タフタザーニー 32,94
タブリーズ 26,45,50
タブリーズ画風 49
ダマスクス 23,182
ダマスクス織 49
ダマスクス陶器 79
ダマスクス焼 82
タメルラン 26
ダーラー・シコー 62,62
タラス川 23
ターリー(大里) 125
タリーカ 34
タリーカ・ムハンマディーヤ 119,122
タリーク体 201,202
タリム盆地 22,88,100,103,116
ダール・アルイスラーム反乱 171
ダルイーヤ 120
ダール・フール 96
タンガニーカ 153
短剣 27
タンザニア 129,154
断食 40,43,190
「断食明けの祭」 191
断食月 190
誕生 188
タンジール 27
ダンテ 16

チェヘル・ストゥーン 46
チェリボン 91
チェルケス人 27,45
チシュティー, ムイーヌッディーン 61,186,186
チシュティー教団 37
チトール城 61
チヒル・ソトゥーン 111
チャガタイ家 103
チャガタイ・ハーン国 26,104
チャド 154
チャド湖 97
チャドル 169
チャハール・バーグ 49,52
チャム人 90
チャルディラン 45
——の戦い 46,72
チャンドニ・チョーク 68
中央アジア 23,100,103,106,116,124,130,147,157
中国 22,26,27,116,124,124
——のモスク 108
中国語 125
中国人ムスリム 105
抽象主義 162
チュニジア 23,155,160,162,171
チュニス 72,216
チューリップ 79
彫刻 163
朝鮮 26
地理学 23,77
チンギス・ハーン 26

庭園 50
帝国主義 134,143
ティジャーニー教団 125,165
ディッカ 184,185
「ディーネ・イラーヒー」 61
ディバネガラ 120,123
ティフリス 146
ティマール 72,76,80
ティムール 27
ティムール朝 107
ティムールナーマ 63
ティムール・ラング 26
ディヤー・アルアザヴィー 162
ディヤルバクル 45
デウシルメ 72
デオバンド 148
デカン高原 22
哲学 23,31,33
鉄道 136,136,154
テヘラン 114,163,168,170,216
テヘラン大学 145
デマク 90,91
テメスヴァル 116
デューラ族 109
デューラ様式 109
テラー・キャーレ・マドラサ 104,107
デリー 26,63,68,68,148
デリー・スルタン朝 27
『テルジュマーン』 146
テルナーテ 90

デルブロ, バルデルミー 16
天使 40,40
テント 26,212
『天方至聖実録』 104
天文学 26,77
電話 136
ドイツ 130
統一と進歩の委員会 136
杜文秀(トゥー・ウェン・シウ) 124,125
トゥグルク朝 27
陶磁器 49,79,204
東南アジア 89,90,115,130,151
陶磁器陶器 79
『東洋全書』 16
トゥルファン 101,103,105
トゥルーマール体 202
トゥールーン朝 25
トーゴ 154
図書館 49
ドナウ川 79
トプカプ宮殿 82,204
トプカプ博物館 78
トランシルヴァニア 115
トランスオキシアナ 26,100,101
トランス・ヨルダン 140,140,141
トリエステ 72
ドリス・チュライビ 181
トルキスタン 88,130,148
トルクメン 209
トルコ 134,165
トルコ語 147
トルコ人 136
トルコ族 25
奴隷 18,27
トンブクトゥ 27,98,98,109,128

ナ 行

ナイジェリア 108,109,153,154,154,173
ナイル河谷スーダン 98,130,153
ナイル渓谷 26
ナギーブ・マフフーズ 192
ナクシュバンディー教団 39,63,103,104,114,119,120,122,124,152,165
ナザレ 26
ナジャフ 168
ナジュド 120,134,142
ナジュド地方 141
ナスィール・アッディーン・アットゥーシー 26
ナスタリーク体 202
ナスヒー体 202
ナースーフ 78
ナーセル 159,159,163,166
ナーセロッディーン・シャー 144,145
ナーディル・シャー 112
ナーディル・ハーン 112,116
ナーディル・アスル 66
『七つの王座』 49
ナバタイ文字 202
ナフダトル・ウラマー 152
ナポレオン 17,17
ナム 109
ニガリー 74,78
ニケーア 79
ニコロ・マヌッチ 69
ニザーミーヤ学院 33
ニザームッディーン・アウリヤ 39
西アフリカ 125,128,130
西スーダン 88
西ドイツ 176
日本 152
ニューデリー 216
ヌビア 96
ヌベ 129,153
ヌール・アッディーン・アッラニーリー 94
ヌール・ジャハーン 71,222
ヌールジュ 166
ネオ・デストゥール党 155
ネルー, ジャワハルラル 150
ノア 41,190
農村 214
農民 214
ノリッジ大聖堂 16

ノルマン人 26

ハ 行

バイダーウィー 33
ハイデラーバード 113,115
ハイレッディン 72,74
——の墓 84
バイロン, ロバート 52
ハウサ 97,153
ハウサ語 99
ハウサ・フラニ様式 99,108
ハウサランド 97,128
ハガル 43,192
ハキーカ 31
パキスタン 149,150,151,158,163,167
パキスタン人民党 167
バギルミー 97
バグダード 22,23,26,162,186
バグダード・キオスク 83
白帳汗国 101
パゴダ 95
バサイ 90,91,94
バーザール 49,56,56,57,168,216
ハサン・アッディーン 90,91
ハサン・アルバンナー 140
ハーシム家 140
バース主義者 160
バース党 141,171
バスマラ 188,203
バタヴィア 93
バタニ州 171
バダウニー 61
バチカン公会議条約 116
ハッジ・ウマル・タッル 125
ハッジ・シャリーアト・アッラー 122
ハッソ 128
ハッラージュ 31
バテ 96
バーディー宮 100
ハディース 28
ハディース派 119
バティック 92
ハドソン, マーシャル 151
ビドゾフ 209
ハナフィー派 28,29,33,76
花(植物)文様 204
バーニーバット 58
バヌー・サード 97
バハー・アッディーン・ヴァイスィー 124
バーレーン 216
ハーフェズ 26,32,34,49
ハーフェゼ・アブルー 41
バフティヤーリー 144,206,212
ハフト・アウラング 39
バフレヴィー, シャー・モハンマド・レザー 143,145,159,163
バフレヴィー朝 168
バーブル 58,58,64
バーブルナーマ 63
バム 103
ハミ 103
ハムザ 94
ハムザナーマ 63
ハムド・アッラー・アルアマスィー 203
バヤズィット2世 203
バラカ 98,100,187
バラコートの戦い 122
ハラム 219
ハラル 96,98
ハリーデ・エディブ 223
ハリーフ 34
ハリーム 219
ハリーリー 43
ハリム・ハトゥーン 26
バリ島 92
ハルジー朝 27
ハルツーム 126,126
バルトリド 20
バルバロッサ 72,74
ハルマティー教団 119,120,125
パルミラ 125
ハルワ 125

ハールーン・アッラシード 23
パレスティナ 23,72,140,140,141,160,161
——の大義 160
パレスティナ解放機構 161
ハレム 19,74,83,221
バロック様式 109
ハーン 216
ハーン・アーラム 46
パン・イスラーム主義 171
パン・イスラーム組織 171
ハンガリー 44,72,115
パンサ 91
パンジャーブ 115,148,149,150
バンテン 91
パン・トルコ主義 147
バンドン会議 160
ハンバル派 28,29,29,119,120
ハンマーム 58
ヒヴァ 101
ヒヴァ・ハーン国 101
ピエトラ・ドゥーラ 69,71
東アフリカ 130
東インド会社 94
東エルサレム 160,161
東地中海 24
東トルキスタン 103,124
東ベンガル州 122
ヒカーヤト・ラージャ・バサイ 89
ピコ, ジョルジュ 140
ビザンツ 16
ビザンツ帝国 16
ビシートル 65
ヒジャーズ 134,142,142
ビジャープル 58,114,115
ヒジュラ 142,190
ヒジュラ暦 190
ビシュン・ダース 46,64
ヒダーヤ 33
ビドア 29
非同盟グループ 160
ビドゾフ 209
火縄銃 80
ビハール 58,70
ビフザード 26,49,50,63
ビブリオテク・オリアンタール 16
『ヒュネルナーメ』 78
ヒュルフローニエ, スヌーク 20
病院 33
ヒラー山 22,22
ビール 31
ビルマ 26,90,94
ピレネー山脈 23
ビロード 49
ヒンドゥー教 32
ヒンドゥー教徒 20,60,148,186
ヒンドゥー・クシュ山脈 23
ヒンドゥー・ジャワ文化 151,171
ヒンドゥー復興運動 149
ファイサル 140,140,141
ファイサル国王 172,173,173
ファイズィーヤ学院 168
ファキール・アッラー 63
『ファタワーイ・アーラムギリー』 63
ファーティハ 181
ファーティマ 47
ファーティマ朝 25
ファテブル・スィークリー 61,63,68,68
ファトフ・アリー・シャー・カージャール 145
ファトワー 33
ファラーイズィー運動 122
ファラーイズィー運動 122
ファールーク王 140
ファンスール 94
フィランギ・マハル 186
フィランギ・マハル学派 148
フィリピン 22,27,90,171
フィレンツェ 69
風刺漫画 146
フェス 100,155,218
フェルドゥースィー 25,49
フォースター, E・M 70
ブガチョフの乱 103
ブカレスト条約 132
福音書 41
服装 138
フサイン(ホセイン) 23,47,190

フサイン・マクマホン協定 140
『ブスターン』 56
フーゼスターン 159
フタ・ジャロン 125,128,129
フタ・ジャロン高地 109
フタ・トロ 125,128,129
豚肉 91
復興 116
ブットー, ズルフィカル・アリー 167,173
ブハーラー 101,101,104,106,130,147
ブハーラー・ハーン国 101
ブハーリー 29
フマーユーン 58,58,63
——の墓廟 70
舞踊 186
フラグ 26
ブラーク 191
ブラック・モズレムズ 176
フラニ族 109,116,125,128,128,129
フランク人 23
フランス 16,17,72,130,155,176
ブランバナン 92
ブリティッシュ・ペトロリアム 159,143
ブルキーバ 160
ブルクー 222
ブルサ 79,82
プロイセン 135
フローベール, ギュスターヴ 17
フンジー 96
分離主義 148,150,171
ベオグラード 72,80
壁龕 42,184
北京 26
ベクターシュ教団 37
ベグム家 222
ペシャーワル 182
ベッサラビア 116
ベドウィン 18,212
ベナレス 22
ヘブライ人 22
ヘラート 26,104
ヘラート画風 49
ベラール 58
ベール 145,169,223
ペルシア語 25
「ペルシア賛歌」 158
ペルシア人 23
『ペルシア人からの手紙』 18
ペルシア結び(センネ結び) 206
ペルシア湾 143
ヘルツェゴヴィナ 27
ベルトー, イポリット 116
ベルベル 25,30
ペルベル帝国 27
ベンガル 26,58,90,148,150
ベンガル・アジア協会 20
ベン・ベッラ 160
ヘンリケス, フランシス 61
ポアティエの戦い 23
法 27
ホーカンド 124
ホーカンド・ハーン国 101
ホジャ 103,124
ホジャ・チェレビー 76
ホジャ・バキー・ビッラー 62
ボスニア 27
ボスフォラス海峡 27,72
ホセイン 168
ホータン 103,209
ホッカーシュテールング様式 92
北極 26
ボッコーク, エドワード 20
ボドリア 115
ボパール 222
歩兵 80
ホメイニー, アーヤトッラー 160,161,168,169
ホラーサーン 26,45,100,112
ポーランド 26
ボールサイード 159
ポルトガル人 90
ボルヌ 128
ボルネオ 90
ボロブドゥール 92,94

マ 行

マイソール 17

マイノリティー　77
マウドゥーディー，マウラーナー　167
マウラー・イスマーイール　100,*100*
マウラー・イドリース　100
マウラー・イドリース1世　*98*
　――の廟　100
マウラーナー・アブド・アルハック　119
マウラーナー・アブドルアーリー・バフルル・ウルーム　186
マウラーナー・ハーリド・バグダーディー　123
マウリド　119
マウリド・アンナビー　191
マカッサル　90,*91*
「マカーマート」　*43*
マギーリー　99
マクドナルド，D・B・　20
マクマホン卿，ヘンリー　*140*
マグリブ　25,129,*129*,155
マコーレー　20
マーザンデラーン　145
マシニオン，ルイ　20
マジャパヒト王国　90,*92*
マシュハド　47,*206*
マシュミ　152
マスィナ　128,129
マスジド　182
「マスナヴィー」　31
マダガスカル　22
マタラム　90,*93*,115
マタラム・スルタン国　116
まち　216
マディーナ・イーサー　*216*
馬徳新(マー・テ・シン)　124
マドラサ　33,104,106,*106*,107
マハーバト・ハーン・モスク　*182*
『マハーバーラタ』　*63*,95
馬化龍(マー・ファ・ルン)　124
マフディー　125
マフディー運動　*126*,154
マフドゥーメ・アザム　103
マフムード　112,*112*
マフムード・アルクルディー　125
マフムト2世　135,*135*
マフラジュ　219
馬明新(マー・ミン・シン)　124
マムルーク　26,138,*138*
マムルーク体制　72
マムルーク朝　222
『迷いからの救い』　31
マライ　152,*153*
マラケシュ　97,100,*204*
マラータ　113,114,115,*115*
マラッカ　90
マラッカ海峡　*90*
マラッチ　20
マラブー　39,97,*98*,100
マリ　27,*109*,154
マリア　20
マーリク派　28,29,*29*,76
マーリク・ブン・アナス　29
マリ・ソンガイ型　99
マルクス主義　147
マルコムX　*176*
マルタ島　72
マルワ　43,194,*197*
マールワー　58,*61*
マレー　89

マレー海峡　26
マレー語　124
マレーシア　171,173
マレー半島　22
マンギット朝　101
マンクヌガラ王家　*92*
マンサブダール　58,*115*
マンスール　63,66,*66*,67
マンズィケルト　26
マンズール・ハーン　103
ミカエル　*42*
水ぎせる台　*56*
ミッレト　77
ミナー　43,194,*194*
南アジア　148
ミナレット　*84*,184,*184*
ミナンカバウ　90,108,116,120
ミフラーブ　42,*86*,184,*184*,203,206
ミフリマ王女　84,*86*
ミュアー，サー・ウイリアム　17
『ミーラージュナーマ』　*43*
ミール・サイード・アリー　63
ミーレ・アラブ・マドラサ　106
明　22
民族解放戦線　155
民族主義　155
ミンダナオ島　22,94
ミンバル　184,*185*
ムーア人　72
ムアッズィン　70,182
ムガル絵画　63
ムガル朝　34,*113*,114
ムガル帝国　17,58,*58*,*115*
ムジャッディディー　63
ムジャーヒディーン運動　121
ムジュタヒド　47,112,144,168
ムスタファー・アルバクリー　120
ムスタファ・ナイーマ　72,77
ムズダリファ　*176*,194,*194*
ムスリム共産党　147
ムスリム近代主義　157
ムスリム商人　88
ムスリム人口　174
ムスリム同胞団　140,166,171
ムッソリーニ　155
ムッラー・アフマド・アルデビーリー　47
『ムッラー・ナスレッディーン』　146,*146*
ムハッカク体　202
ムハッラム月　47,168,*170*
ムハンマディーヤ　152
ムハンマド　16,22,180
ムハンマド・アブド・アッラー・ハサン　128
ムハンマド・アブド・アルワッハーブ　120
ムハンマド・アブドゥフ　141,152,155
ムハンマド・アフマド　126,*126*
ムハンマド・アリー　114,120,138,*138*,146,147
ムハンマド・アリー・アッサヌースィー　126
ムハンマド・アリー・ランブーリー　*183*

ムハンマド・アルガーリー　125
ムハンマド・アルヒフナーウィー　120
ムハンマド・アルムンタザル　46
ムハンマド・ウスマーン・ミルガーニー　126
ムハンマド教団　122
ムハンマド・シャイバーニー・ハーン　45
『ムハンマド伝』　17
ムハンマド・ハヤー・アッスィンディー　120
ムハンマド・ブン・サウード　120
ムハンマド・ブン・サーリフ　128
ムハンマド・ルムファ　97
ムフティー　33
ムムターズ・マハル　*71*
ムラート3世　78,*82*
ムラート4世　*83*
ムラービト朝　37
ムリーディー教団　154
ムリード・スーフィー教団　153
ムワッヒド朝　37
メイダーン　49,*52*,*57*
メヴレヴィー教団　33,37,*39*,186
メクネス　100,*100*
メソポタミア　25
メッカ　22,43,120,*121*,171,*192*,194
メッカ啓示　22,31
メッカ巡礼　152,*176*,192,*194*,214
メディナ　22,120,*120*,*121*
メディナ啓示　22
メフメト　78
メフメト・キョプリュリュ　76
メフメト2世　73,*80*
メリッラ　98
メンゲ・ハーン　26
メンデレス　166

「もうひとつの不十分な贈り物」　50
モガディシュ　96
モザイク　204
モサデク　159
文字文様　204
モスク　23,33,108,182,*182*
モスクワ　147
モースル　76
モーセ　22,41,*41*,190
モーツァルト　18
モハッチの戦い　72,*81*
モハンマド・バーキル・マジュリスィー　112,119,168
モハンメダン・アングロ・オリエンタル・カレッジ　149
モムターズ・マハル　63
モーリタニア　154
モルッカ諸島　27,90
モルディブ　30
モロ　171
モロッコ　22,97,98,155,*181*,*212*
モンゴル　22,*24*
モンゴル人　26
モンテスキュー　18
モンバサ　96

ヤ 行

ヤークーブ・ベク　124

ヤコブ　41
ヤサ　30
ヤズィード　23
ヤズダギルド3世　47
野戦砲　*44*,*80*
ヤルカンド　103,*209*
唯一神　22
遊牧民　206,*212*,*212*
ユゴー，ヴィクトル　17
ユスティニアヌス帝　79
ユダヤ教　41
ユダヤ教徒　61,77,144
ユダヤ人　141,*161*
ユンナン(雲南)　27,100,103,124,*124*,*125*

ヨ河　97
預言者　40,41
ヨセフ　41
ヨブ　41
ヨルダン　158
ヨルダン川西岸地区　160
ヨルバ人　153
ヨーロッパ　132,*132*
ヨーロッパ人　*133*
ヨーロッパ人入植地　*157*

ラ 行

ライハーニー体　202
ラーイ・バレーリー　121
雷文模様　204
ライラ・アルカドル　190
ライラ・アルミーラージュ　191
ラクア　34,42,*182*,183
ラクダ　18
『ラーグ・ダルバン』　63
ラクナウ　146,148
ラクナン　186
ラゴス　*109*,154
ラシード・アッディーン　22,26
ラシード・リダー　141,*161*
ラージブターナ　58
ラージプート　58,*61*,114
ラージャスターン　58,*61*,68
ラダ　103
ラトゥ・アディル　93,121
ラーナ　61
ラバト　171
ラービア　30
ラホール　68,*172*
ラマダーン月　43,190
『ラーマーヤナ』　*63*,95
ラーング・マハル　69
ランチョウ(蘭州)　124

リヴィングストン博士　17
リカー体　202
リーゲスターン　104
離婚　30,189,221
リージェント・パーク　*176*
リスボン　26
立憲革命　156
律法書　41
リビア　128,155,167,173
リーフ共和国　155
リーフ山地　155
リベリア　154
リヤード　*142*

劉智　104
『旅行の書』　77
理論学　23
ルター，マルティン　16,31
ルトフィ・パシャ　74
ルナン，エルネスト　20
ルニョー，アンリ　19
ルノアール　19
ルーミー，マウラーナー・ジャラールッディーン　31,*33*,37,166,*187*
ルーミーの墓　*187*
ルムゼ・ベフーディー　149
ルーメリア　27
霊鬼(ジン)　18
礼拝　40,42,*182*
レイン，エドワード　17
レヴィ，マイケル　*86*
レヴニ　116
『歴史』　41
レギスターン広場　*107*
レザー・アッパースィー　*50*,*51*
レザー・シャー　168,*213*
レザー・ハーン　145
レバノン　140
レパント海戦　72
レベ・ロンタング　94
連合州　148,*150*
ロイター，バロン・ド　143
ろうけつ染め　94
クソラン　222
　――の墓　84
ローザンヌ条約　*132*
ロシア　17,116,130,*130*,143,*143*,145,*145*
ロシア人　171
ロスタム・パシャ　79,*84*
ロディー朝　58
ロードス島　72,*81*
ロードス陶器　79
ロードス焼　*82*
ロトフォッラー・モスク　49,*204*
ロバート　16
ローマ・カトリック教会　16
『ローマ帝国衰亡史』　16
ロル　144,*206*
ロレスターン　112
ローレンス，T・E・　18
ロンドン　19,*176*

ワ 行

ワダイ　97
ワダイ王国　128
ワッタース朝　97
ワッハーブ派　120,*120*,141,*142*
ワフド党　138
ワヤン　92,*93*,95
ワヤン・クリット　*93*
ワヤン・ゴレック　*93*,95
ワラキア　116
ワラタ　98
湾岸　130

ン

ンガザルガモ　97,*98*

監訳者

板垣雄三(いたがきゆうぞう)

1931年　東京に生まれる
1953年　東京大学文学部西洋史学科卒業
現　在　東京大学東洋文化研究所教授
　（専攻　中東地域研究）

図説 世界文化地理大百科
イスラム世界（普及版）

1988年 5 月20日　初　版第 1 刷
1997年 9 月10日　　　　第 3 刷
2008年11月20日　普及版第 1 刷

監訳者　板　垣　雄　三
発行者　朝　倉　邦　造
発行所　株式会社　朝　倉　書　店
　　　　東京都新宿区新小川町6-29
　　　　郵便番号　162-8707
　　　　電　話　03(3260)0141
　　　　FAX　03(3260)0180
　　　　http://www.asakura.co.jp

〈検印省略〉

Ⓒ 1988〈無断複写・転載を禁ず〉　　凸版印刷・渡辺製本

Japanese translation rights arranged with EQUINOX (OXFORD) Ltd.,
Oxford, England through Tuttle-Mori Agency Inc., Tokyo

ISBN 978-4-254-16871-6　C 3325　　　　　Printed in Japan

ASIA
recens summa cura delineata
Auct: Jud: Hondio.
EURO
PÆ PARS
RUS
TAR
NOVA ZEMBLA
NATOLIA
MARIS MEDITERRANEI PARS
Pontus Euxinus sive Mare Maggiore
Mare de Sala vel Bachu seu Chualesko more
ARABIA DESERTA
PERSIA
FARSIA
AYAMAN olim
ARABIA FELIX
MARE RUBRUM
AFRI
CÆ PARS
ABISSINÆ
MARE ARABICUM et INDICUM
OCEANUS
ORIEN
Æquator
SYRI
ARABES
ARMENIUS PERSE
BALAGUATÆ
INSULANI SUMATRÆ